서유견문

西遊見聞

한국 보수주의의 기원에
관한 성찰

유길준 원저 | 장인성 저

규장각 013
새로 읽는
우리 고전

아카넷

차례

해제

유길준의 실학과 보수주의

『서유견문』, 한국 보수주의의 원점

1. 프롤로그: '진미극선한 경역'—유길준의 정치미학

"화미(華美)한 경상(景象)과 장려한 배치는 필묵으로 형용할 수 없어 고사(姑舍)[姑捨]한다"(『서유견문』제20편, 이하 편명은 숫자로 약기함). 유길준은 팔레 루아얄(Palais-Royal)의 화려한 경관에 감탄해서 이렇게 적고 있다. 튈르리 궁(Palais des Tuileries)의 장엄하고 화미한 건축, 조각, 회화에 압도당했을 때도 "글로 다 쓸 수 없고 말로 다 얘기할 수 없다. 어렴풋한 모사와 모호한 논평은 그 화미한 제도와 웅장한 규모를 오히려 줄어들게 하니 여기서는 잠시 그만둔다"(20)라고 말했다. 화미함의 극치를 이루는 서양문명을 말과 글로 아무리 표현한들 '허영(虛影)'에 지나지 않고 '진경(眞景)'을 해칠 뿐이니 묵필로 형용하는 걸 그만둔다는 말이다. 유길준은 체험과 독서를 통해 얻은 지식으로 서양 도시들의 '화미한 경상'을 상세히 묘사하였다. 궁전, 기념비, 박람회장 등 장려한 건축물에 경탄하였다. 도시의 넓고 아름다운 공원에도 깊은 인상을 받았다. 도시의 넓은 거리와 깨끗한 주택도 눈여겨보았다. 유길준이 본 서양문명은 '화미한 경상' 그 자체였다.

유길준은 정치경제의 화미한 경상에 대해서도 말한다. '미물(美物)'의 정치경제학을 논한다. '미물', 즉 '정미(精美)한 물품'은 화려한 겉모양이 아니라 '의식주의 미'를 나타낸다. 사물이 '정미한 지경'에 이른 것을 보여준다. 미물은 사치품이 아니라 국부의 원천이다. 조잡한 물품을 사용하는 것이 검약의 미덕은 아니다. 사치는 오히려 인민의 편리를 가져오고 장인의 제작을 권면한다. 물품이 '정미한 지경'에 이르면 국내 생산품이 정미해져 국부가 늘고 놀고먹는 인민이 줄어든다. 이처럼 유길준은 제조품의 아름다움과 추함에서 정치경제적 함의를 읽어냈고, 사치를 개화의 경역으로 이끄는 미덕으로 전환시켰다. 유길준은 '의식주의 미'를 추구하는 욕망은 '인생의 자연한 성정'으로서 사람들을 경려하게 만들고 이익을 추구하게 만든다고 보았다. '미리공익(美利公益)'이란 말도 썼다. 공공이익은 아름다움으로 표현되었다.

이상정치를 표현하는 '미정(美政)'도 유길준의 미의식이 담긴 말이다. 유길준은 인민구휼이나 세금감면 같은 군주의 덕성과 시혜에 의존하는 '혜정(惠政)'은 애민(愛民)의 정치가 아니라 인민의 나태함을 조장하고 나라의 기강을 뒤흔드는 '소인(小仁)', '소혜(小惠)'의 정치에 불과하다고 비판한다. 그는 아름다운 정치, 좋은 정치, 훌륭한 정치를 뜻하는 '미정' 개념을 동원한다. '미정'은 정부와 인민이 동심협력하는 큰 정치이며, 정부가 공공사업을 통해 국부를 늘려 인민의 생계를 보장하고 일국의 안녕과 개화를 실현하는 정치를 가리킨다. 정부가 '덕택(德澤)'을 골고루 베푸는 정치를 말한다. 유길준은 정치의 아름다운 경상을 상상하였다.

유길준의 미적 감각은 이상적인 정치를 상상하는 힘으로 작용한다. 유길준이 많은 인민들이 공유하는 객관적 미가 반영된 '미물'을 제시한 것은 세계관과 문명관의 일정한 전환을 보여준다. 유길준이 새로운 경제윤리와 정치윤리를 제시한 것은 주자학적 가치관과 결부된 기존의 '양물(洋物)', '검약' 개념과 '혜정'(인정) 개념으로 대응하기 어려운 1880년대 개방개혁의 상황에 들어섰음을 시사한다. 유길준은 인민의 편리와 국부가 증대되는 상업사회와, 인민의 생계와 국가의 안녕을 보장하는 공공정치를 꿈꾸었다. '미물'은 상품경제를 지향하는 상업사회를, '미정'은 공공정치를 지향하는 문명사회를 상정한다. '미물'을 제조하고 '미정'을 실천하는 것이야말로 '진미극선한 경역'에 이르는 길일 것이다. '미물', '미정'은 그 이면에 거대한 질서의 변화가 작용한다. '미물' 개념이 상품경제가 인생의 편리를 도모하는 상업사회의 출현을 표상하는 말이라면, '미정' 개념은 공공정치가 작동하는 문명사회의 출현을 기대하는 말이다. '미물', '미정' 개념의 출현은 서양문명의 아름다운 경상을 목도한 견문의 체험에서 촉발되었지만, 1880년대 한국이 '양물'과 '인정'으로 대변되는 기존의 정치 관념을 낯설게 만드는 새로운 문맥에 들어섰음을 시사한다. 미적 수식어는 검약(절검)이 윤리 문제가 아니라 미물을 제작하지 못하는 '사세(事勢)'에서 어쩔 수 없이 요구된 덕목이었음을 드러내는 데 기여할 것이다.

'진미극선한 경역', '완미한 지경', '정미한 지경'은 유길준이 개화된 상태인 문명사회를 가리킬 때 사용한 말이다. 서양문명의 화미한 경상을 견문한 체험이 있었기에 이처럼 완전한 지경을 상상하는 일이 가능했을 것이다. 유길준은 도달하기 어려운 완미한 상태를 상정하고 그것을 향한 부단한 면려를 요구하는 구도를 설정하였다. '선미(善美)'라는 말도 많이 썼다. 유길준은 서양문명의 '선미한 풍속'을 말한다. '자기의 선미한 것'을 보수해야 한다고 말한다. 진선미는 문명사회와 좋은 정치를 추구하는 자신의 정치미학을 표상하는 말이었다.

2. 1880년대 시공간과『서유견문』

유길준과『서유견문』

『서유견문』은 1880년대 개방개혁의 사세에 대응한 유길준의 근대국가와 문명사회 구상이 담긴 책이다. 1895년 4월 일본 동경의 교순사(交詢社)에서 간행되었다. 교순사는 후쿠자와 유키치[福澤諭吉, 1835-1901]가 창립한 일종의 지식인 단체로 출판사업도 겸했다. 1894년 10월 유길준은 의화군 이강(李堈)을 정사로 하는 보빙사의 일원으로 일본을 방문했는데, 귀국 전 유학생 윤치오와 어윤적에게 원고를 맡겼고, 이들의 교열을 거쳐 교순사에서 출간되었다.『서유견문』총 20편은 국한문 혼용체로 저술되었다. 저간의 사정은 서문에 소상히 나와 있다.

구당(矩堂) 유길준(1856~1914)은 유년기에 유학교육을 받았고 1870년대 박규수의 사랑방에 드나들면서 그의 지도를 받는 한편 김옥균, 박영효, 서광범 등 개화파 인물들과 교유하였다. 위원(魏源)의『해국도지』를 읽은 것도 이때였다. 유길준은 청국의 경세학과 양무운동에 관심을 가졌다. 이 시기에 과거제 폐지를 주장한「과문폐론」(1877)을 저술하였다. 1881년 4월 조사시찰단(신사유람단) 어윤중의 수행원이 되어 일본에 건너간 유길준은 1881년 6월부터 1년 6개월간 후쿠자와 유키치의 게이오의숙(慶応義塾)에서 수학하였다. 그는 1883년 1월 귀국하여 통리교섭통상사무아문의 주사로서『한성순보』발간에 간여하기도 했다. 이때「언사소(言事疏)」,「경쟁론」,「세계대세론」(1883) 등을 저술하였다. 유길준은 1883년 7월 보빙사 민영익의 수행원이 되어 미국에 건너가 1883년

말부터 1885년 초까지 약 1년 6개월간 생물진화론자 에드워드 모스 (1838-1925)의 집에 기숙하면서 매사추세츠 주 샐럼 시 인근 바이필드에 소재한 덤머아카데미(Governor Dummer Academy)에서 공부하였다. 유길준은 갑신정변이 발발하자 귀국길에 올라 런던을 거쳐 일본을 잠깐 들른 뒤 1885년 12월에 귀국했는데, 바로 체포되어 포도대장 한규설의 가택과 별장(취운정)에서 연금생활을 하게 된다. 이 시기에 『서유견문』 을 비롯하여 「중립론」(1885), 「국권」(1888), 「지제의(地制議)」(1891), 「세제 의(稅制議)」(1891) 등을 집필하였다.

　유길준은 1892년 연금생활에서 풀려났고, 1894년 내부협판, 내부대신이 되어 갑오개혁을 주도하였다. 또한 1894년 10월 일본의 청일전쟁 승전을 축하하고자 파견된 보빙사 의화군을 수행하여 총리대신 이토 히로부미를 비롯한 유력 정치가들을 만나 조선개혁, 차관 공여, 사관 파견 등에 관해 자문을 구하기도 했다. 1896년 2월 아관파천으로 김홍집 내각이 붕괴되자 유길준은 일본으로 건너가 12년간 망명생활을 보내게 된다. 유길준은 한국인 청년 장교들과 고종폐위 쿠데타를 계획하지만 이 음모가 한일 외교문제로 비화되면서 일본의 외딴 섬에서 유폐생활에 처해졌다. 유길준은 1907년 고종 퇴위 후 사면을 받고 귀국한다. 귀국 후에는 1908년 『폴란드쇠망사』, 『프러시아 프리드리히 대왕 7년 전쟁사』를 번역하였고, 『크리미아 전쟁사』, 『이탈리아 독립전쟁사』 등을 번역 출간하였다. 라트겐의 『정치학』을 번역하기도 했다. 또한 「평화극복책」(1907), 국문 문법서 『대한문전』(1909), 계몽서 『노동야학독본』 (1908) 등을 출간하였다. 유길준은 1914년 사망할 때까지 흥사단, 한성

1894년 유길준이 의화군과 도일했을 때의 수행원들 사진. (고려대학교 박물관 제공)

부민회, 노동야학회 등을 설립하여 사회활동에 전념하였고 교육사업에 참여하였다.

『서유견문』은 유길준이 서양 체험과 독서를 토대로 저술한 것이다. 유길준은 일본 유학 시절에 메이지 근대화를 추동한 서양문명의 실체를 알고 싶어 했고 미국 유학을 통해 서양문명을 직접 체험할 수 있었다. 『서유견문』은 일본에서의 간접적인 서양 경험, 미국에서의 직접 체험, 그리고 귀국길의 유럽 견문을 토대로 저술된 것이다. 서양의 도시, 풍습, 시설, 제도 등에 관한 서술은 이러한 체험에 기초하였다. 하지만 서양문명과 정치, 경제, 사회제도에 관한 지식과 정보는 주로 일본과 중국에서 발행된 서양문명론 서적들에서 얻었다.

『서유견문』은 1895년에 간행되었지만 원고는 1889년 늦봄에 완성되었다. 서문에 따르면, 저술 구상은 이미 일본 유학 때부터 시작되었고 1884년부터 본격적인 자료 수집이 이루어졌다. "서유한 때에 학습하는 여가를 틈타 문견을 수집하고, 본국에 돌아온 뒤에 서적에 의거"해 저술하였다고 한다. 유길준의 가택연금은 그를 보호하기 위한 조처였는데, 특히 한규설의 배려로 1887년 취운정(현 감사원 부근)으로 거처를 옮긴 후에 본격적으로 원고를 정리할 수 있었다. 가택연금의 기회가 없었다면 『서유견문』은 빛을 보기 어려웠을지도 모른다. 두 차례의 해외견문과 연금생활은 1880년대 개방개혁의 상황에 대응하는 국가와 사회를 사색하고 성찰할 기회를 제공하였다.

유길준의 생애를 관통한 사상은 실학적 태도와 보수주의로 요약할 수 있다. 유길준의 실학정신과 보수주의는 특히 1880년대 주권 보전과 개혁이 요구되는 상황에서 강하게 나타났다. 1880년대는 사대자소와 예의 원리로 운용되는 사대체제와 주권평등, 국제법, 세력균형을 원리로 삼는 주권국가체제가 공존한 시기였다. 청국은 한중 사대관계를 근대적 종속관계로 전환시키고자 했고 임오군란 개입을 계기로 내정 간섭을 강화하였다. 한국은 이러한 청국의 속방화 정책에 대응하면서 주권국가체제에 합당한 자주독립을 모색해야만 했다. 또한 1880년대는 서양의 근대문명을 받아들이면서 한국사회의 변혁이 요구된 때였다. 개혁은 두 방향에서 모색되었다. 청국의 양무운동을 모델로 전통적 방식의 개혁을 추구한 친청파의 구상과 일본의 메이지유신을 모델로 근대적 개혁을 모색한 친일 개화파의 구상이 그것이다. 유길준의 문명사회 구상은 양자의 중간에 있었다.

기왕의 유길준 연구는 근대사상과 근대문명 수용, 국민국가 형성에 초점을 맞추어졌다. 특히 국민국가 형성의 관점은 널리 공유되었다(최덕수 2014). 이를테면 쓰키아시 다쓰히코[月脚達彦]는 『서유견문』의 핵심 주장을 "조선왕조를 근대적 주권국가로 개혁함과 동시에 독립하여 생계를 꾸리고 주체적으로 '충군애국'하는 정신을 가진 '국민'을 창출하는 것", "인민의 정치참여가 아니라 군주와 궁중의 자의적 정치운영 참여를 배제하여 민생을 안정시키고, 동시에 군주친정의 체제를 형식적으로 정비하여 '일군만민' 체제를 확립하고, 군주의 존엄 아래에 '충군애국'을 실천하는 '국민'을 창출하는" 것으로 정리하였다(쓰키아시 2014, 142). 요령을 얻은 견해다. 다만 유길준의 근대(주권)국가 구상이 국민국가(nation-state)를 상정한 것이었는지는 세심하게 따져봐야 한다. 유길준은 국민 형성보다는 법과 인민 계몽에 기초한 문명사회를 구상하였다. 인민의 정치참여에 부정적이었고 국민 개념에 유보적이었다.

기왕의 유길준의 근대지향성은 높은 평가를 받아 왔다. 유길준 비판은 근대지향성의 불완전함에 초점을 맞추었다. 군주제 옹호와 보수적 개혁 구상을 들어 사상적 한계를 지적하는 경우가 많았다. 『서유견문』은 후쿠자와의 『서양사정』을 베낀 것으로 독창성을 결여했다는 비판도 심심찮게 보였다. 이러한 비판은 일면적인 것으로 정당하지 않다. 유길준은 완전한 형태를 상정한 근대성이나 민주주의를 상정하지 않았는데, 이것을 잣대로 유길준의 사상을 평가하는 것은 합당하지 않다. 독창성이 없다는 비판은 텍스트를 꼼꼼히 읽지 않은 피상적인 관찰과 비평자의 주관적 판단에서 나온 것이다. 지적 나태함을 보여주는 비판일 뿐이다. 유길준은 타인의 저작을 베낀 것이 아니라 참고로 삼으면서 자신의 논리를 구성하였고 자신의 견해를 밝혔다. 독자적인 생각을 분명하게 드러냈다. 그것을 어떻게 읽어낼 것인지가 문제다.

유길준은 1880년대 개방개혁의 문맥에서 전통과 근대의 문제와 대면하였다. 급진 개화파의 근대적 개혁구상을 높이 평가하는 논자들은 유길준의 근대지향성에 주목할 수도 있다. 온건 개혁이나 보수를 지향하는 자들은 유길준의 보수성에 주목할 수도 있다. 이러한 양가성(ambivalence)은 유길준 사상의 중간자적 혹은 양면적 성격을 보여주는 것일 수도 있지만, 비평자 자신의 관점에서 초래되었을 가능성이 크다. 유길준 사상의 실체를 제대로 파악하려면 개방개혁의 콘텍스트를 끊임없이 의식하면서 텍스트에 담긴 유길준의 논리와 심리를 세밀하게 읽어 내야만 한다. 유길준의 문명사회론에 나타난 실학정신과 보수주의의 양태를 면밀히 파악할 필요가 있다. 개혁개방의 콘텍스트와 계몽의 콘텍스트는 구분해야 한다. 한국에서 근대적 계몽은 1907~1910년 애국계몽기와 1910년대 문화계몽기에 본격적으로 시작되었다. 유길준은 1880년대 개혁개방의 상황을 선구적으로 감지하고 민감하게 반응하면서 계몽사상을 드러냈다. 하지만 1880년대 한국이 계몽의 시대였던 것은 아니다. 유학 언설과 유학적 사유가 지배적인 시기였음을 염두에 두어야 한다.

언어와 현실, 실학과 보수

『서유견문』은 질서변동 혹은 정치변동이 지식변동을 초래하는 상황에서 생산된 텍스트다. 1880년대 이래 1910년 국망 때까지 한국의 지식사회는 유교패러다임에서 근대패러다임으로 전환되는 과정에 있었다. 유교패러다임과 근대패러다임이 중첩된 시기였다. 질서변동은 현실(실재)과 언어(명목)의 분리를 초래한다. 사회질서가 안정된 시기에는 실재와 명목의 불일치가 상대적으로 적지만, 질서가 변동하게 되면 기존 질서를 지탱했던 명목과 변화하는 실재는 차질이 생기게 된다. 기존의 언어가 변화하는 현실에 대응하지 못하는, 달리 말하면 언어의 현실 해석력이 떨어지는 사태가 발생한다. 한국의 1880년대는 서양문명과 주권국가체제가 부과되면서 현실이 새롭게 구성되기 시작한 시기였다. 유학적 언설과 언어는 현실에 대한 해석력이 떨어지고, 막 들어오기 시작한 근대언어들은 아직 현실을 규정하는 힘을 갖지 못하였다. 언어가 현실을 설명하지 못해 현실과 언어가 분리되는 상황에서 전통적인 유학자들은 집요하게 기존의 유학 언어로 현실을 설명하고자 했다.

서양문명의 실제('경상')를 보여주고자 할 때 기존의 언어로는 설명하기 어려운 상황이 발생한다. 변화하는 실상과 기존의 명목 사이에 놓인 간극을 줄이기 위해서는 실제 자체를 바꿀 수 없는 한 새로운 현상에 적합한 언어를 만들어 낼 필요가 있다. 혹은 새로운 의미를 부여하면서 기존 언어의 의미를 변형시킬 수도 있다. 유길준은 새로운 언어를 만들어 내거나 언어의 의미를 변용시켜 현실에 대응하였다. 유길준은 정의하지 않은 채 신조어를 사용하였기 때문에 그 의미를 정확히 파악하기 어려운 경우가 적지 않다. 아마도 당시의 독자들은 한자 어소의 의미를 조합하여 신조어나 개념어의 의미를 유추했을 것이다. 개념어 혹은 일상어도 변화하는 현실에 맞추어 조금씩 의미를 변용한 것들이 있다. 앞에서 언급한 '미물'은 '양물'에 대항하여 새롭게 제시된 말로서 상업사회의 출현을 예시한다. '미정'은 기존의 '인정' 개념을 비판적으로 변형시킨 말로서 문명사회의 도래를 상정한다.

새로운 언어나 변용된 언어의 당대적 의미를 제대로 파악하기 위해서는 언어들의 용법과 저자의 의도를 보다 정확히 읽어내려는 노력이 요구된다. 오늘날의 언어로 번역하는 것은 현재의 관점에서 유길준을 독해하는 셈이 된다. 번역자나 연구자가 어떠한 언어에 주목하고 어떠한 번역어를 사용하느냐에 따라 유길준의 사상은 달리 읽힐 수밖에 없다. 알기 쉬운 현대어로 번역(재해석)할수록 유길준의 실체적 사상에서 멀어지는 역설이 생겨난다. 물론 과거의 텍스트는 현재에 읽히는 한 얼마간 현재의 시선으로 조명될 때 다양한 해석이 나올 수도 있다. 하지만 유길준을 현대적으로 이해하는 것이 아니라 유길준이 당대에 무엇을 얘기하고자 했는지를 알고자 한다면, 유길준 사상의 실체를 보다 객관적으로 해명하고자 한다면, 현재적 함의를 음미하기에 앞서 텍스트에 나타난/숨겨진 저자의 의도를 정확히 읽어내지 않으면 안 된다. 『서유견문』의 언어세계로 들어가 그 언어의 당대적 의미를 음미하면서 유길준의 생각을 파악할 필요가 있다.

기존의 『서유견문』 번역서들은 지금의 독자를 위해 신조어, 개념어, 일상어를 오늘날 통용되는 언어로 읽기 쉽게 풀어썼다(채훈 1972; 김태준

1976; 허경진 2004). 오늘날의 독자가 읽기 쉬운 번역이라는 점에서는 의미가 있다. 하지만 이 경우 유길준이 사용한 언어의 본래 의미가 잘 드러나지 않거나 왜곡될 수도 있다. 언어와 개념에 주목하여 유길준의 사상을 파악하고자 할 때 유길준이 당대의 독자를 의식하면서 자신의 언어를 사용했음을 염두에 둬야 한다. 이를테면 유길준은 '제도(制度)', '규모(規模)'라는 말을 많이 썼는데, 이 말은 현재 통용되는 의미와는 차이가 있다. '제도'는 제도(institution)의 뜻도 있지만 규범(norm)이란 뜻에 더 가까웠다. '규모'도 지금은 크기를 지칭하는 말이지만 주로 국가의 운용과 관련하여 규범, 제도에 가까운 의미로 사용하였다. 이들 용어는 지금은 기능국가를 연상시키지만 유길준의 용례에서는 규범과 윤리를 갖춘 공동체국가의 의미가 강했다.

'인민'의 용례도 짚어봐야 한다. 후쿠자와는 『서양사정 외편』에서 버튼의 『정치경제학』에 사용된 'people', 'men', 'nation'을 상황에 따라 '인민' 혹은 '국민'으로 번역하였다. 그런데 유길준은 몇 군데 빼고 모두 '인민'으로 바꿔 썼다. 몇 군데 보이는 '국민'도 '국중의 인민'을 가리키며 '인민'과 같은 뜻이다. 유길준은 왜 '국민'을 '인민'으로 치환했을까. '국민' 개념을 몰라서가 아니라 '인민' 개념이 1880년대 한국의 현실이나 자신의 정치구상에 맞는다고 생각했기 때문일 것이다. 현대어 번역서들은 하나같이 '인민'을 '국민'으로 바꿔 적었다. 현대 한국에서 통용되는 '국민' 개념을 투사시킨 탓이겠지만, '국민'이라는 번역어를 접한 독자들은 1880년대 유길준의 문명론과 정치적 구상을 국민국가론으로 오해할 소지가 있다. 근대적 '국민(nation)' 개념이 성립하려면 인민을 정치적 주체로서 상정해야 하는데, 유길준에게 인민은 정치적 주체가 아니었다. '인민' 개념에 집중할 때 유길준의 담론을 민본주의의 연장선상에서 포착할 여지가 생겨난다.

실재와 명목 사이의, 현상과 언어 사이의 간극 혹은 괴리를 어떻게 좁힐 수 있을까. 실상에 어떻게 접근할 것인가. 이는 1880년대 개방개혁의 상황에서 문명사회를 지향한 유길준의 핵심적인 문제의식이었다. 이 간극을 실제에 준해서 좁히려는 유길준의 의식적인 노력은 실학정신과 보수주의로 표현할 수 있다. 실학정신은 이념에 의해 현실을 규정하는 것이 아니라 실제(현상) 자체에서 의미를 찾는 의식이다. 기존의 명목과 언어를 고집하면서 변화하는 실재를 부정한 위정척사론자들의 원리주의적 사유와 대조를 이룬다. 실재와 명목 사이의, 현상과 언어 사이의 거리를 좁히는 방법이 개화(변통, 변혁)의 방법론이다. 유길준은 "보수란 완고한 고집[堅執]이 아니고 개진이란 경솔한 망거(妄擧)가 아니다"(제11편 제1절, 이하 11-1과 같이 약기함)라고 말한다. '극선진미한 경역'을 향한 부단한 개화는 '경려(競勵)'의 윤리를 요구한다. 사세(시세와 처지)를 중시하는 사고법, 점진적 개혁과 과불급의 중용, '경려'의 정신에서 보수주의를 읽을 수 있다. 『서유견문』은 1880년대 개방개혁의 상황에 대응하는 실학과 보수주의의 한 모습을 보여준다. 유길준의 '개화' 개념은 실학과 보수주의의 관점에서 파악할 수 있다.

3. 『서유견문』의 지적 원천과 구성

『서유견문』과 동아시아 지식사회

1880년대 유길준의 실학사상과 보수주의는 서양체험뿐 아니라 서적에서 영향을 받았다. 우선 위원(魏源)이 저술한 세계지리서인 『해국도지』의 영향을 들 수 있다. 유길준은 젊은 시절 박규수의 사랑방에서 『해국도지』를 읽었다. 『해국도지』는 해방(海防), 병기제작, 천주교 비판, 세계지리 및 각국 사정의 소개 등으로 구성된 텍스트였다. 박규수는 일찍이 『해국도지』 초판본(1844)이 전래되자마자 이 책을 참고로 지세의(地勢儀)를 제작한 바 있다. 박규수의 친구 윤종의(尹宗儀)도 『해국도지』를 참고로 『벽위신편』을 저술하였는데, 박규수는 이 책 말미에 평설을 붙이기도 했다. 윤종의는 『해국도지』에서 해방책을 받아들였지만 소략한 편이었고 오히려 벽사론 관련 논설을 많이 취하였다. 박규수의 평설도 천주교 배척(벽사)에 관한 것이었다. 김윤식도 박규수와 거의 같은 논조의 벽사론을 보였다. 다만 벽사의 방법론에서 박규수와 김윤식은 주자학자들의 벽사론과는 달리 효율적으로 천주교를 배척할 수 있는 현실적인 방법을 강구하였다. 김윤식은 병인양요 때 『해국도지』에서 병기제작법을 읽었던 기억을 떠올리면서 정예 군사를 양성하고 정밀한 병기를 제작해야 한다고 주장하기도 했다(장인성 2002, 326). 유길준은 『서유견문』에서 천주교에 대한 부정적인 생각을 군데군데 드러냈는데, 이러한 분위기와도 무관하지 않았을 것이다. 유길준이 『해국도지』에서 어떤 영향을 받았는지에 관해서는 향후 면밀한 검토가 필요하다.

주권 문제와 관련해서는 마틴의『만국공법』(1866)과 데니의『청한론』(O. N. Denny, *China and Korea*, Shanghai, 1888)이 중요하다. 유길준은 1880년대 한중관계를 다룬 제3편「방국의 권리」에서『만국공법』을 참조하여 증공국-수공국 관계에 관해 서술하였다. 특히 조선정부의 외교고문 데니가 묄렌도르프(Möllendorf)를 비판하면서 인용한 국제법학자들의 견해를 재인용하는 형태로『청한론』을 적절히 활용하였다. 유길준이 자연법적 만국공법관을 보이면서 주권론을 전개한 것은 이들 두 저서와 관련이 있을 것이다.

재정과 부국 문제와 관련해서는 포셋의『부국책』(Henry Fawcett, *Manual of political economy*, 1876)을 참조한 것으로 알려져 있다. 포셋은 애덤 스미스, 존 스튜어트 밀을 잇는 영국 고전파 정치경제학의 마지막을 장식한 경제학자였다.『부국책』의 한역본은 마틴이 주도하여 북경 동문관에서 3책으로 출간되었다(法思德著, 汪鳳藻譯, 丁韙良校閱,『富國策』, 同文館, 1880). 이 한역본이 동경에 전래되었고 이듬해 훈점본이 나왔다(法思德(ホフセット)著, 汪鳳藻漢訳, 岸田吟香点,『富国策』, 東京: 楽善堂, 1881, 3책). 1884년에는 교과서용 번역본도 출간되었다(フォセット氏 原著, 中隈敬三先生 講述,『經濟原論』, 專修學校教科書, 1884). 영어 원서를 리프린트하기도 했다(1883, 1886). 1905년에도 번역본이 나왔다(鈴木京孝譯,『フォセット氏 小經濟論』, 東京: 金刺芳流社, 1905). 포셋의『부국책』은 부국강병과 근대국가 형성을 추진한 메이지 일본에서 지속적으로 관심을 받았던 것이다. 유길준은 동문관 번역본(1880)이거나 일본판 훈점본(1881)을 읽었을 가능성이 있다.

후쿠자와 유키치의 『서양사정 외편』과 버튼의 『정치경제학』 속표지.

유길준의 상업사회론과 문명사회론은 일본서적들, 특히 후쿠자와 유키치의 저술에서 영향을 받았다. 서양문명과 근대제도에 관해서는 『서양사정』, 『학문의 권장』, 『문명론의 개략』 등을 참조하였다. 『장중만국 일람(掌中萬國一覽)』, 『세계국진(世界國盡)』과 같은 후쿠자와의 초기 저작도 참고한 것으로 보인다. 일본 유학 중에 우치다 마사오[內田正雄]의 『여지지략(輿地志略)』, 나카무라 마사나오[中村正直]의 『서국입지편(西國立志編)』 같은 베스트셀러 계몽서도 접했을 것이다. 유길준의 「세계대세론」은 『여지지략』을 참고한 것으로 알려져 있다(박한민 2013). 유길준이 가장 많이 참조한 책은 후쿠자와 유키치의 『서양사정』(전4책 총10권)이었다. 특히 『서양사정 2편』(1870) 권1과 『서양사정 외편』(1868) 전3책을 많이 참조하였다. 유길준은 『서양사정 2편』 권1의 〈비고〉 "인간의 통의" 항목을 참고하였는데, 후쿠자와의 이 책은 18세기 영국의 법학자 블랙스톤의 『영법요의』(William Blakstone, *Commentaries on the Laws of England*, 1765-68) 전4권 가운데 제1권 제1장을 초역(抄譯)한 것이다.

서양도시를 소개한 제19편과 제20편은 『만국명소도회(萬國名所圖繪)』라는 여행안내서를 참고해서 저술되었다. 기존에 유길준은 미국 유학에서 귀국하는 길에 유럽의 주요도시를 방문한 것으로 알려져 있었는데, 최근의 연구에 의하면 유길준은 경비 문제로 유럽대륙의 도시를 들르지 않고 런던에서 일본을 거쳐 바로 귀국하였다고 한다. 유길준은 일본에서 구입한 아오키 쓰네사부로[靑木恒三郎]가 편찬한 세계여행 안내서 『만국명소도회』 총 7권 중에서 제1권~제3권을 참고해 서양도시를 소개하였다. 이 책은 1885년 1권 초판이 간행된 이후 1889년 개정판이 나올 때까지 5만 부가 판매된 베스트셀러였다(서명일 2017).

무엇보다 『서양사정 외편』은 유길준이 가장 많이 원용한 책이다. 『서양사정 외편』은 후쿠자와가 버튼의 『정치경제학』(John Hill Burton, *Political Economy, for use in schools and for private instruction*, London and Edinburgh: William and Robert Chambers, 1852)의 전반부를 번역한 것이다. 버튼의 책은 사회경제(social economy)를 다룬 14개의 짧은 장과 정치경제(political economy)를 다룬 22개장으로 되어 있다. 후쿠자와는 자유경쟁 반대론을 비판한 제7장을 제외하고 제18장까지를 번역하였다. 후반부의 정치경제 편은 오늘날의 경제학에 해당하는데, 총론과 사적 소유권을 다룬 장만을 번역하였다. 후쿠자와는 명륙사(明六社) 동료 지식인이었던 간다 다카히라[神田孝平]의 번역서 『경제소학』이 이미 비슷한 내용의 정치경제를 다루었기에 생략했다고 밝히고 있다. 후쿠자와는 사회적 경제가 근대사회, 근대국가의 형성이 요구되는 일본의 현실에 부합한다고 생각했을 것이고, 유길준도 이러한 문제의식에 공감했을 것이다.

유길준은 후쿠자와의 버튼 번역문을 참고하면서 작성한 자신의 논설을 『서유견문』 제3편~제6편에 배치하였다. 후쿠자와는 부분적으로 첨삭을 하기도 했지만 대체로 버튼의 텍스트를 충실히 번역하였다. 이와 달리 유길준은 필요한 부분만을 고르고 자신의 생각에 맞게 고쳐 쓰는 방식으로 『서양사정 외편』을 이용하였다. 제3편 「방국의 권리」가 대표적인 사례다. 유길준이 『서양사정 외편』의 어느 대목을 어떤 방식으로 이용했는지를 면밀히 따지면 1880년대 유길준의 사상과 문제의식을 상당 부분 밝힐 수 있을 것이다. 유길준의 인민, 사회(인세), 국가(방국), 정부에 관한 생각이 후쿠자와(혹은 버튼)와 어떤 편차를 보였는지는 평설에서 부분적으로 언급하였다. 버튼, 후쿠자와, 유길준의 세 저작의 목차를 대비하면 다음과 같다.

Political Economy(1852)	『西洋事情外編』(1868)	『西遊見聞』(1895)
Introductory: Social Organisation	人間(권1)	×
The Family Circle	家族(권1)	×
Individual Rights and Duties	人生ノ通義及ビ其職分 (권1)	人民의權利(第4編)
Civilisation	世ノ文明開化(권1)	×

Political Economy(1852)	『西洋事情外編』(1868)	『西遊見聞』(1895)
Equality and Inequality: Divisions of Rank	貴賤貧富ノ別(권1)	×
Society a Competitive System	世人相勵ミ相競フ事(권1)	人世의競勵(第4編)
Objections to the Competitive System Considered	×	×
Division of Mankind into Nations	人民ノ各國ニ分ルルコトヲ論ズ(권1)	×
Intercourse of Nations with Each Other	各國交際(권1)	邦國의權利(第3編)
Origin of Government	政府ノ本ヲ論ズ(권1)	政府의始初(第5編)
Different Kinds of Government	政府ノ種類(권2)	政府의種類(第5編)
Laws and National Institutions	國法及ビ風俗(권2)	政府의治制(第5編)
Government Functions and Measures	政府ノ職分(권2)	政府의職分(第6編)
The Education of the People	人民ノ教育(권3)	人民의教育(第3編)
The Nature of Political Economy	經濟ノ總論(권3)	人民의納稅하는分義(第7編) 政府의民稅費用하는事務(第8編)
Origin and Nature of Property	私有の本を論ず(권3)	×
The Protection of Property	私有を保護すること(권3)	×
Protection of the Profits or Fruits of Property	私有の利を保護すること(권3)	×

『서양사정 외편』과 『서유견문』의 목차 비교는 김태준(1976)에 의거함

대조표에서 알 수 있듯이 『서유견문』의 각 장이 『서양사정 외편』의 해당 장과 정확히 일치하지는 않는다. 특히 정부를 다룬 장은 구성이 상당히 다르다. 각 장의 내용도 상당한 차이가 있다. 유길준이 「인간」, 「가족」, 그리고 「세상의 문명개화」, 「빈부귀천의 구별」의 장들을 생략한 것도 눈에 띈다. 또한 사적 소유권에 관한 장을 전혀 취하지 않은 것도 특기할 만하다. 로크 이래 사적 소유권은 자유 개념에서 중요한 의미를 갖는데, 유길준은 개인의 자유와 권리를 옹호하면서도 사적 소유권에 관해 깊이 고민하지 않았음을 엿볼 수 있다.

스코틀랜드 계몽사상과 유길준

유길준의 상업사회론과 문명사회론은 스코틀랜드 문명사회론과 맞닿아 있다. 유길준은 후쿠자와의 『서양사정 외편』을 매개로 자신도 모르게 버튼의 『정치경제학』과 조우하였다. 버튼의 책은 18세기에 성행한 스코틀랜드 계몽사상을 요령 있게 정리한 학생용 교과서였다. 버튼(1809~1881)은 스코틀랜드의 변호사, 역사가, 경제학자이자 문필가였다. 스코틀랜드 계몽사상은 1740년에 데이비드 흄이 『인간본성론』을 출판한 이래 1790년에 애덤 스미스의 『도덕감정론』 제6판이 발행된 전후까지 약 반세기 동안 스코틀랜드 에든버러를 중심으로 데이비드 흄(David Hume), 토머스 리드(Thomas Reid), 애덤 퍼거슨(Adam Fergurson), 윌리엄 로버트슨(William Robertson), 애덤 스미스(Adam Smith) 등 스코틀랜드 지식인들이 만들어 낸 지적 활기를 가리킨다(Berry, 327; 이종흡 2003, 180; 이영석 2014). 버튼의 교과서는 스코틀랜드 지식인 사회에 생겨난

정치경제론의 핵심 내용을 정리한 것이다.

18세기 스코틀랜드 계몽사상은 유럽 중심의 역사서술에 대한 이의 제기였다. 18세기 이전 유럽의 역사가들은 성서적 역사와 십자군의 사례를 제외하고 유럽세계만을 보았다. 유럽 이외의 세계는 이교의 야만적인 세계로 여겨졌다. 이와 달리 스미스, 퍼거슨, 로버트슨 등 스코틀랜드 사상가들은 유럽 이외의 세계에 주목하였다. 그들은 유럽의 왕, 여왕, 전쟁, 정치적 음모를 다루는 기존의 역사서술을 비판하였다. 대신 무역, 기술, 법, 제도 등에 관한 세속적인 역사를 비교적 관점에서 서술하였다. 스코틀랜드 사상가들은 인간이 이성적임을 부정하지는 않았지만 인간이 이성적이기 이전에 사회적(sociable)이라는 사실에 주목하였다(Berry, 30). 스코틀랜드 계몽사상은 사회질서에 주목하였다. 인간의 자유와 이성을 사회질서에서 파악하고 인민의 경제적 자립에서 성립하는 상업사회에서 문명화, 즉 진보가 가능하다고 보았다. 스미스, 퍼거슨, 로버트슨, 밀러 등은 상업에 기초한 문명사회론, 야만과 문명의 사회단계설을 주장하였다.

스코틀랜드 계몽사상의 중요한 특징은 자연상태와 사회상태에 관한 견해에서 드러난다. 그들은 사회계약론자들과 달리 자연상태와 사회상태를 구별하지 않았다. 스코틀랜드 지식인들은 자연상태(자유와 평등=자연법)와 사회상태를 구별하면서 사회계약(생명권, 자유권, 소유권)을 통해 자연상태에서 시민사회로 도약한다는 로크의 견해를 부정하였다. 다만 사회상태가 어떻게 작동하는지에 관한 견해는 똑같지 않았다. 스미스는 수렵, 목축, 농경, 상업의 사회상태의 각 단계에서 재산이 소유권 주장과 재산 보호, 법과 정부의 성질을 결정한다고 보았다. 법과 풍습과 도덕은 경제적 발전과 나란히 자동적으로 진보한다고 생각했다. 퍼거슨은 스미스의 경제적 결정론을 비판하면서 경제적 요소와 정치적 요소의 상호작용을 강조하였다. 상업적 기예와 정치적 기예는 동시에 진보한다는 것이다. 정치적 기예는 인민의 정신과 시민적 미덕의 수준을 나타낼 뿐 아니라 정부의 형태를 결정한다. 인민이 강건하고 공공심이 많다면, 또한 공동체의식이 강력하다면, 국가는 강력해진다. 반면 사회가 시민적 미덕을 잃고 부를 위해 부를 추구하고 부로써 지위를 결정한다면 국가는 쇠퇴한다. 퍼거슨도 자연상태를 부정하면서 태곳적 인간도 집단의 일원이었고 세련된 문명도 야만과 마찬가지로 자연이라 보았다. 인간의 자연상태는 사회적 삶(life in society)이기 때문에 규범들이 생성된 전제도 사회적이어야만 한다. 시민적 미덕을 유지하려면 얼마간의 위험, 곤란, 투쟁, 모험이 필요하다고 보았다(30-32). 특히 데이비드 흄은 계약적 발상에 가장 비판적이었다. 흄은 스미스처럼 경제적 발전이 진보의 기초라고 생각한 한편, 퍼거슨처럼 도덕적, 지적 요소에는 자율적인 힘이 있다고 보았다.

스코틀랜드 계몽사상가들은 사회상태에 관한 견해가 약간씩 달랐지만 대체로 이론적 추론보다 역사적 사실을 중시하였고, 사람은 인종, 문화의 차이를 떠나 평등하다고 생각했으며, 사회의 진보를 믿었다. 로버트슨은 인간은 어떤 수준의 사회의 진보에도 적응하는 능력을 갖고 태어나며, 자신이 태어난 사회에서 형성된다고 보았다. 사회의 발전은 직선적인 것으로 야만인이 문명사회를 침략하는 일은 있을 수 있지만 문명화된 사회가 조야해지거나 상업사회가 목축사회로 돌아가는 일은 없다고 보았다. 퍼거슨은 가장 세련된 사회도 영구적 상태가 아니라 한 단계에 불과하다고 생각하였다. 밀러는 인간은 자신의 상황을 개선하려는 기질과 능력을 갖추고 있고 이를 행사함으로써 진보의 한 단계에서 다음 단계로 나아가며, 이러한 기질에 의해 무지에서 지식으로, 조야에서 문명화된 풍습으로 자연의 진보가 생겨난다고 보았다.

버튼의 『정치경제학』은 이러한 스코틀랜드 문명사회론을 총괄적으로 정리한 교과서였다. 버튼은 사회계약 발상에 비판적이었다. 인간은 원래 사회상태를 구성하는 사회적 존재이고 사회적이기 때문에 사회 이전의 자연상태는 있을 수 없고 사회계약으로써 결합할 필요도 없다는 것이다. 버튼은 사회는 자연이고, 사회는 경쟁적이며, 사회는 문명단계에 따라 다른 행동 패턴을 보인다고 정리하였다(Craig, 67). 버튼은 초기 스코틀랜드 사상가에 비해 그다지 리버럴하지는 않았지만, 19세기 중반 자유방임의 리버럴리즘이 사회주의자에 공격받는 시대를 살면서 리버럴리즘의 옹호자를 자처했고 따라서 혁명적 변화에 부정적이었다(Craig, 76).

유길준은 후쿠자와를 매개로 이러한 버튼을 만났고 스코틀랜드 계몽사상에 접속하였다. 따라서 후쿠자와가 버튼의 원저를 어떤 언어를 사용하여 번역하고 유길준이 후쿠자와의 번역을 어떻게 재해석했는지를 따지는 일은 유길준의 문명사회론과 사상을 파악하는 데 대단히 중요한 작업이 될 것이다. 크게는 문명사회론을 받아들이는 일본적 방식과 한국적 방식의 양태를 비교할 수 있는 소재가 될 수 있다. 다만 이러한 작업은 1880년대 한국의 문맥에서 그것을 받아들이는 유길준의 사상적 영위 자체를 밝히는 것과 병행할 필요가 있다.

버튼과 후쿠자와를 비교분석한 크레그(Albert Craig)는 서양의 신(God)과 유교의 천(天)의 유사성에서 후쿠자와와 버튼의 접점을 찾았다. 스코틀랜드 자연철학에서도 자연은 신의 피조물이고 유교적 전통에서도 자연은 천에 의해 형성되고 천은 자연에 내재한다는 것이다. 인간은 교육과 도덕적 훈련, 혹은 자기계발에 의해 진보한다는 견해도 공유한다고 말한다(Craig, 62-63). 이 견해는 주자학적 천 개념을 매개로 만국공법의 자연법적 이해가 가능했다는 논의와도 상통한다. 유길준이 인민의 자유와 권리를 '천지 무편(無偏)한 정리'(3-1)라는 준거를 들어 자연법적 관점에서 파악했을 때 이러한 논의가 적용될 수도 있다. 하지만 1880년대 자주독립이 요구되는 상황에서 유길준은 자연철학적 관점에서 신과 천의 상동성을 상정하기보다는 사회의 진보를 말하는 문명사회론에서 오히려 상동성을 발견했을 여지가 있다. 유길준이 후쿠자와의 『서양사정 외편』에 끌렸던 것은 그것이 후쿠자와의 견해였기 때문이 아니라 후쿠자와의 번역문에 버튼의 애기, 즉 질서와 덕목을 중시하는 스코틀랜드 정치경제론이 담겨 있었기 때문일 것이다. 하지만 유길준은 버튼(스코틀랜드 계몽사상)을 무조건 조술하지는 않았다. 버튼의 문명사회론을 원용하면서도 끊임없이 유학적 규범과 이용후생의 실학정신을 환기시키고 있다. 자신의 생각을 넣어 후쿠자와(그리고 버튼)를 재해석하였다.

『서유견문』의 구성과 개요

『서유견문』의 개략적 내용은 평설에서 얘기하겠지만, 간략히 정리해 보도록 한다. 제1편, 제2편에서는 지구세계의 과학적 재구성을 시도한다. 태양계와 지구에 관한 자연과학적 설명, 그리고 세계지리에 관해 서술하고 있다. 제1편에서는 지구과학적 측면에서 세계의 과학화(분류와 배열)를 시도하고 땅과 관련된 대륙, 방국, 산의 경상을 소개한다. 제2편은 물과 관련된 형상(바다, 강, 호수)과 땅을 살아가는 인종, 그리고 인간이 영위하는 물산을 분류하고 구별한다. 유길준의 시선은 천체에

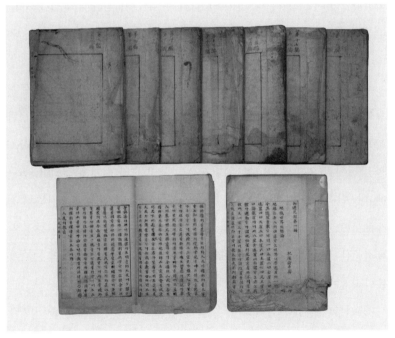

『서유견문』 초고. (고려대학교 박물관 제공)

서 땅으로, 인간으로 하강한다. 대(大)에서 소(小)로 좁혀진다. 태양계의 행성, 지구세계의 육지와 바다, 인간세계의 국가, 인종, 물산 등은 대소, 등급, 차이에 따른 구획(구별)과 분류를 통해 배열된다. 사물의 수치화, 통계화는 비교의 관점을 유발하고 구획과 분류는 사물을 질서 지운다. 유길준은 지구세계의 과학적 재구성(분류, 배열)을 통해 독자들에게 지구세계에 관한 새로운 상상력을 유발하고 독자들을 근대지식의 세계로 이끌고 있다.

제3편과 제4편은 주권론, 자유론, 권리론이다. 유길준은 문명사회를 구축하고 자주독립을 모색하는 데 주권과 권리가 핵심 문제임을 논증하였다. 「방국의 권리」와 「인민의 권리」는 주권의 밖(방국의 권리)과 안(인민의 자유와 권리)을 논증한 논설이다. 제3편에는 「방국의 권리」와 「인민의 교육」 두 글이 실려 있다. 「방국의 권리」는 조공체제와 국제법 체제가 공존하는 1880년대 이중질서 상황에서 자주독립을 모색한 국제 정치론이다. 「인민의 교육」은 인민의 계몽을 통해 보국의 길을 모색한 계몽교육론이다. 국가 주권과 인민교육은 국가의 자주독립과 문명사회의 발전에 필요한 조건이며, 인민교육은 국권 보전의 전제가 되어 있다. 제4편 「인민의 권리」와 「인세의 경려」에서는 방국의 권리를 보전하는 전제로서 인민의 권리를 얘기하는 한편, 인민의 사회적 경쟁을 논하였다. 유길준은 인간의 진보와 사회적 이익을 보장하는 문명사회의 모습을 유학적 언어로 묘사하였다.

제5편부터 제10편까지의 글은 근대국가의 내적 구성에 관한 정치체제론, 정부론, 국가론에 해당한다. 유길준은 한국의 국가와 인민이 나아

갈 방향을 서양의 제도와 규범에서 찾는 한편, 한국적 적실성을 모색하였다. 유길준은 입헌군주제를 옹호하였고 정부와 인민의 관계를 논하면서 정부의 직분을 강조하였다(5). 정부는 인민이 '천연한 즐거움'을 향유하도록 인민의 생업을 보장하되 인민의 삶에 지나치게 관여해서는 안 된다고 말한다. 정부의 직분은 인민의 자주능력을 배양하고 규칙을 제정하는 한편 정치를 안정시키고 외국과 교제하는 데 있지만 인민에 대한 간섭을 최소화해야 한다고 말한다(6). 국가 운용에 필요한 재정문제도 다루었다. 또한 서양의 교육제도와 더불어 국가의 제도인 군사, 화폐, 법률, 경찰을 소개하였다. 유길준은 이들 제도에서 법과 규칙에 입각한 공공성을 발견한다. 제7편은 조세론(수세론, 납세론)에 해당한다. 유길준은 직접세와 간접세를 병행한 수세를 주장하면서도 증세가 쉬운 간접세를 중요한 세원으로 보았고 인민의 납세하는 분의, 즉 납세의 의무를 강조하였다. 제8편은 인민을 위한 정부의 공적 사업을 논한 글이다. 정부는 인민을 위해 세운 것이므로 세금을 사용하여 인민을 위한 공적 사업을 수행해야 한다고 주장한다. 제9편에서는 서양의 교육제도와 군사제도를 소개한다. 유길준은 서양의 교육이 세상의 안락과 편리를 도모하는 실용, 즉 이용후생을 추구하며, 규칙과 규율에 따라 이루어진다는 점에 주목하였다. 군사력은 자위와 방비를 위한 수단이며 군인도 법과 규칙을 준수해야 한다고 강조하였다. 제10편에서는 상업에 기초한 문명사회의 정치와 사회를 유지하는 국가 제도로서 화폐, 법률, 순찰을 소개한다. 화폐는 국가의 명맥이고 생민의 기혈이고, 법률은 대중의 질서를 유지하는 큰 도구이며, 순찰은 국가의 치평을 도와 개명한 진보를 지키는 큰 정치의 하나다.

　제11편~제13편에서는 글의 성격이 조금씩 다르지만 대체로 정치현상과 사회윤리의 문제를 다루었다. 유길준은 정당의 공론정치, 자주적 생계, 사회적 양생(위생)을 공공정치의 요체로 보았다. 또한 규칙과 공론, 오륜에 의해 규율되는 사회적 윤리, 군주에 대한 충성심과 애국심, 생업에 기초한 직분 윤리 등을 논하였다. 제11편에서는 공론에 의거한 공공정치를 논하고, 지식이 있어야 생업을 얻고 자주적인 생계를 이룰 수 있음을 주장하였다. 또한 신체운동을 통한 양생을 소개하는 한편 양생을 일신뿐 아니라 사회, 국가 수준에까지 넓혀 논의한다. 공공정치는 규칙과 공론에 의한 공적 규율뿐 아니라 오륜과 도리의 작용에 의존하는 것이었다. 제12편에는 애국심론과 아동교육론에 관한 두 글이 실려 있다. 유길준은 외국인에게 수치와 업신여김을 받지 않고 나라의 존귀한 지위를 보전하려면 군주를 존중해야 한다고 말한다. 애국심은 군주에 대한 충성을 뜻한다. 한편 서양의 아동교육에서 아동의 자연적 성질을 맞추는 양육 방식과 더불어 규율과 훈육의 중요성을 발견한다. 애국심론은 군주에 충성하는 애국 인민의 형성을 한국적 특수성의 차원에서 다루고 있다면, 아동교육론은 인간의 보편적 심성과 사해동포주의적 인간관에 입각해 있다. 제13편에서는 서양의 학술, 군사제도, 종교에 관한 정보를 제공하고 있다.

　제14편「상인의 대도」와「개화의 등급」은 유길준의 핵심 사상을 보여주는 상업론, 개화론이다. 『서유견문』의 총괄적 결론으로 볼 수 있다. 「상인의 대도」가 상업사회에 기초한 문명사회론이라면, 「개화의 등급」

은 문명사회를 구현하기 위한 개화의 한국적 방법론이다. 유길준의 주체적인 관점과 방법이 제시되어 있다.

이 책에 수록하지 못한 제15편~제20편은 서양의 풍속, 문물, 도시를 소개하는 글이다. 일종의 권말부록 같은 글이다. 서양 풍속의 소개와 도시 풍경에 관한 서술에는 흥미로운 대목도 적지 않다. 증기선, 철도, 전보와 같은 근대문명의 기기들뿐 아니라 보육원, 양로원 같은 사회복지 시설에 관한 상세한 소개, 서양의 결혼과 장례 풍습, 식사 예법에 관한 상세한 묘사도 주목할 만하다. 유길준은 서양문명의 '선미함'을 이러한 기기와 시설에서 감지했을 터다. 유길준이 개화 혹은 문명화를 지향했을 때 서양의 문명한 풍속을 떠올렸을 것이다. 서양의 문명한 풍경을 묘사하면서 유길준이 간혹 드러낸 감성을 포착해 내는 것도 흥미로운 일일 수 있다.

『서유견문』은 다양한 주제들을 다루었지만, 대체로 다음과 같은 물음에 대한 답을 모색하고 있다. 국가주권을 어떻게 확보할 것인가, 자립적인 국가를 만들려면 어떠한 정체가 적합하고 정부는 어떠한 직분을 수행해야 하는가, 인민은 자립적 삶을 위해 어떠한 직분을 갖고 정부에 어떠한 의무를 져야 하는가, 국가는 인민의 삶을 보장하기 위해 어떠한 제도를 갖추어야 하는가, 국가의 생존 발전과 인민의 삶을 위한 공공정치는 어떠한 것인가.

『서유견문』의 가치는 1880년대 개항기 한국의 국가와 사회, 인민의 근대적 구성에 관한 논설에 있다. 자주독립은 중요한 주제였다. 유길준은 조공체제와 조약체제가 공존하는 이중질서에 놓인 한국의 자주독립을 모색하였다. 그런데 주권론에 집착할 경우 『서유견문』은 국가주권론과 주권독립에 부응하는 국민국가론이라는 인상을 받을 수 있다. 하지만 「방국의 권리」 편은 『서유견문』 전체의 체재에서 보면 약간 이질적이다. 「방국의 권리」 편은 가장 늦게 집필되었지만 본론의 첫머리에 배치된 까닭은 유길준이 집필을 완료하고 서문을 쓴 1889년 당시의 한중관계를 반영했기 때문일 것이다. 하지만 제3편 제2절 「인민의 권리」 이후 제14편까지 논설에서는 주권국가의 국내적 조건과 서양문명의 소개로 일관하였다. 제15편 이후의 글도 모두 서양의 문명에 관한 소개다. 국제사회의 권력정치에 대응하는 국가주권을 논한 국제정치론으로서 『서유견문』을 읽는다면 유길준의 저술 의도를 제한시키게 된다. 유길준은 「세계대세론」, 「중립론」, 「국권」 등의 논설에서 국제정치와 자주독립의 문제를 다루었지만, 『서유견문』에서는 원래 문명사회와 군주국가의 이상적 양태를 모색하는 데 저술 의도가 있었다고 봐야 한다. 이는 유길준의 서문에서도 확인할 수 있다. 주권론을 다룬 「방국의 권리」 편은 『서유견문』의 전체 구성에서 오히려 예외적인 것이다. 『서유견문』은 문명사회와 정치체제에 관한 구상으로 읽을 필요가 있다.

1880년 한국이라는 시공간에 대응하는 유길준의 사상적 과제를 생각했을 때 다음 질문을 상정할 수 있다. '방국'의 대내적 측면으로서의 '국가'란 무엇인가. 군주제에 기초한 문명사회에서 인민과 정부와 국가는 어떠한 관계여야 하는가. 문명사회로 나아가기 위한 주체적 개화의 방법은 무엇인가. 유길준은 실학정신과 보수주의를 가지고 이러한 질문에 대한 답을 모색하였다.

4. '국가', '인세', '인민'

'방국'과 '국가'

『서유견문』은 크게 보면 개인, 사회, 국가의 존재 양태에 관한 서술이다. 유길준은 '인민'(혹은 '국인', '각인'), '인세', '방국'(혹은 '국가')이라는 말을 사용하면서 이 문제를 다루었다. 1880년대 개항개방은 주권국가체제로의 편입과 질서변동을 초래하였다. 국가, 사회, 개인의 출현은 동시적이고 상관적이었다. 유길준은 이들 현상의 출현을 누구보다도 선구적으로 민감하게 인지하였다. 1880년대 한국은 새롭게 부과된 보편적인 주권국가체제와 중국의 속방화 정책으로 강화된 개별적인 한중 조공체제가 공존하는 이중질서에 놓여 있었다. 한국은 주권(자주독립) 확보와 근대국가 형성을 통해 이러한 상황에 대처해야 했다. '방국', '인세', '인민'은 자주독립과 근대국가를 모색하는 유길준의 정치적 사유를 규정하는 언어들이었다.

유길준은 주권의 밖(방국의 권리)과 안(인민의 자유와 권리)을 논증한 「방국의 권리」와 「인민의 권리」를 본론의 첫머리에 배치함으로써 국가의 주권과 인민의 권리를 보전하는 일이 중요한 과제임을 보여주었다. 유길준은 인민이 우애하는 신의와 서로 돕는 편리로써 '인세의 광경'을 이루듯이 방국이 교제하는 국제사회를 상정한다. '인세'는 사회를 지칭하며, '방국의 교제'는 국제사회를 상정한다. 국내사회에서 국법의 공도가 인민의 사회적 관계를 규율하듯이 국제사회에서는 만국공법이 방국의 교제를 규율한다. 유길준은 방국의 교제를 규율하는 '공도'(만국공법)

「세계대세론」(1883) 원고 표지. 「중립론」(1885)과 더불어 유길준의 대표적 국제정치론이다. (고려대학교 박물관 제공)

와 '천지의 무편한 정리'를 상정하면서 "대국도 일국이고 소국도 일국"이라는 자연법적 만국공법관에 입각한 주권평등을 표방하였다(3-1).

유길준은 증공국(한국)-수공국(중국) 관계를 근대적인 주종관계로 간주하여 한국의 주권을 제약하려는 중국의 속방화 정책에 대항하여 '방국의 권리', 즉 국가주권을 주권국가체제의 일반적 원칙으로 내세웠다. 조공관계와 조약관계를 구별하면서 증공, 수공은 한중관계의 계약에 의한 특수한 것이며 주권평등의 원칙에 입각한 제3국과의 조약관계를 손상하는 것은 아니라는 논리를 폈다. 내치외교를 자주하고 외국의 지휘를 받지 않는 나라는 정당한 주권독립국이며, 다른 주권국가들과 동등한 수호통상 조약을 체결한 것은 주권이 있다는 명확한 증거이며, 약소국이 급박한 경우를 당해 타국의 명령을 받고 복종한다고 해도 주권이 손상을 당하지는 않는다고 주장하였다(3-1). 유길준은 국제사회의 '공도'와 보편적 '정리'를 표방한 만국평등의 논리를 내세우는 한편, 계약적 발상을 동원하여 조공체제를 주권국가체제에 포섭하는 논리를 폈다. 「방국의 권리」는 만국평등의 원리와 계약의 논리를 내세워 한국이 주권국가임을 논변한 글이다.

유길준의 주권평등론은 소국 한국의 주권을 정당화하는 정치적 수사였다. 만국평등과 계약의 논리는 대국에 대항하는 소국의 명분이자 투쟁 수단이었다. 그런데 유길준은 「세계대세론」(1883)과 「국권」(1885)에서 현실주의적 관점에서 국제사회의 권력정치를 논한 바 있다. 제3편 「방국의 권리」는 「국권」을 저본으로 하면서 초대 주미공사 박정양 소환 사건(영약삼단 사건)의 사후 처리에 관여했던 유길준의 경험이 반영된 글이다. 이 논설은 데니의 『청한론』(1888)을 원용하고 있고 「서유견문 서(序)」가 1889년 늦봄에 작성된 사실을 생각하면 『서유견문』의 글 가운데 가장 늦게 완성된 논설이라 할 수 있다. 유길준은 맨 나중에 정리한 「방국의 권리」를 본론의 맨 앞에 배치함으로써 국가주권의 중요성을 분명히 하였다. 이러한 배치는 주권을 중시하는 유길준의 의도를 보여준다. 하지만 앞에서 말했듯이 독자에게 『서유견문』이 주권국가론과 이에 부응하는 국민국가론이라는 이해 혹은 오해를 줄 수도 있다. '방국'은 대외적 주권을 가진 주체로서 「방국의 권리」 편이 조선조 말기 한국의 주권과 자주독립을 논한 정치한 언설이자 주권론으로서 중요한 의미를 갖는다는 점은 말할 나위 없다. 다만 이 편에만 주목할 때 『서유견문』이 국가의 내적 존재 양태를 다룬 문명사회론이라는 사실을 보지 못할 수도 있다. 『서유견문』은 문명사회 구상에 관한 논설들이 먼저 구상, 집필되었고 주권론인 「방국의 권리」 편은 맨 나중에 추가되었다고 보는 것이 타당하다. 여기서 대외적 주권체를 표상하는 '방국' 개념과 더불어 대내적 정치체로서의 '국가' 개념에 주목해야 할 필요가 있다. 「방국의 권리」 편을 제외한 거의 모든 논설에서 유길준은 '방국'과 더불어 '국가'

라는 말을 많이 사용하였다. 유길준의 '국가' 용례에 주목했을 때 문명사회의 관점에서 국가(state)를 이해하고 이 국가 개념에 함축된 전통적 의미를 포착해 낼 가능성이 열린다.

유길준의 '방국' 개념에는 근대적 국가 개념과 전통적 '국가' 개념이 혼재되어 있다. 유길준은 "방국은 일족의 인민이 한 지방의 산천에 할거하여 정부를 건설하고 다른 나라[邦]의 관할을 받지 않는 것이다. 그러므로 그 나라[國]의 최상위를 차지한 자는 군주이고 최대권을 가진 자도 군주다. 인민은 군주를 섬기고 정부에 순응하여 한 나라[國]의 체모를 지키고 온 백성의 안녕을 유지한다"(3-1)라고 말한다. '방국(邦國)'은 'state'의 번역어인데, 고대 중국에서 '방'과 '국'은 구별되는 말이었다. 유길준은 원래의 뜻을 의식한 것으로 보인다. 유길준에게 '방국' 개념은 주권국가체제에 부응하는 국가(state)의 대외적 측면에서 사용되는 '방'과 왕조와 사직을 가리키는 전통적인 '국'이 결합한 것으로 볼 수 있다. '방'은 국제사회에서 행동하는 주권체로서의 국가이며, 인민을 위해 '국'이 '국'이 되는 도리를 실천하는 정치체이다. '방'이 국가와 국가의 관계 설정에서 사용된다면, '국'은 군주와 인민, 정부와 인민이라는 관계 설정에서 사용된다. 유길준의 국가('방국') 관념에는 전통적인 '국가' 관념이 들어 있었던 셈이다. 유길준은 '방'이 서야만 '국'이 제대로 기능한다는 생각을 가졌다. 다음 발언에서도 확인할 수 있다.

국가(國家)의 권리는 적당한 품례와 명확한 조리가 스스로 있으므로 가혹한 대우를 받아도 손상되지 않고 강요된 복종을 행하여도 거리낄 바 없다.

고수(固守)하여 잃지 않는 것과 극신(克愼)하여 스스로 지키는 것이 국인의 공통[共同]된 도리이고 정부의 가장 큰 직책이다. 권리를 한번 잃으면 비록 **방국의 이름**이 있어도 속이 텅 빈 껍질로 자주[自由]하는 행동을 할 수 없어 **나라[國]의 나라 되는 체모**를 손상하고 만방의 교섭을 스스로 끊는다. 완루한 기습[習氣]을 아직 벗어나지 못해 허망한 의론을 멋대로 하는 자는 엄청난 욕을 인군[君]과 나라[國]에 끼쳐 면하기 어려운 죄를 범하는 것이다 (3-1).

이 글에서 '국가'와 '방국'은 구별된다. '국가'는 '국'을 지칭한다. '국가의 권리'는 나라가 나라 되는 대내적 권리다. '방국의 이름'이 성립하려면 '국가'가 제대로 서야만 한다. '국가'는 국인(인민)이 스스로 나라를 고수하고 스스로 지키는 도리를 실천할 때, 다시 말해 군주를 섬기고 정부에 순응하여 한 나라[國]의 체모를 지키고 백성의 안녕을 유지할 때 존립할 수 있다. 사직왕조를 뜻하는 전통적인 '국가' 관념을 읽어 낼 수 있다. 다음 언설에서도 확인할 수 있다.

때[機]를 보아 세(勢)에 응한 뒤에 **국가**를 보수할 수 있다. 만일 그렇지 않고 선왕의 제도를 변경하는 일이 불가하다고 하여 당시 이미 고쳐진 것을 고치지 않고 마땅히 바꿔야 할 일을 바꾸지 않는다면, 여간한 화해(禍害)는 고사하고 **종묘와 사직**의 위태함이 눈앞에 있어도 깨닫지 못할 것이다. **국가를 보수하는 일**은 사람의 가장 큰 직분이다. 옛법을 변경할지라도 선왕의 묘사(廟社)를 보안해야 하는데, 이는 선왕의 제도를 고수하는 것과 같다. 옛법을 따른다고 해서 변통하는 대도를 모르고 국가의 위급함을 구하지 못하는 지경에 이른다면, 이는 선왕의 죄인이다. 정부의 사무는 사철이 바뀌는 것과 같은 것으로, 때에 따라 변(變)에 응하는 도는 여름에 갈옷을, 겨울에 갖옷을 입는 것과 같다. 만세의 불변하는 규범[規模]은 천지의 자연한 이치로서 사계절의 공효[功]를 이루는 것이다(5-1).

여기서 '종묘사직의 위태함'과 '국가의 위급함'은 거의 같은 말이다. '국가를 보수하는 일'은 종묘사직 혹은 '선왕의 제도'를 보수하는 것과 같은 뜻이다. '국가'는 군주를 표상하는 전통적 의미로 사용되고 있다.

'국가'는 '방국'을 지탱하는 조건이다. '한 나라의 체모', 즉 국가의 체면은 유길준의 국가론에서 중요한 핵심어다. 나라가 외국에게 모멸을 받는 것은 군주가 '만모(慢侮)', 즉 업신여김을 받는 것으로 여겼다. '방국'이 타국의 지휘를 받지 않는 권리를 갖는다는 말은 최상위와 최대권을 가진 '국'의 군주가 모멸을 받지 않는다는 말이다. '방국'은 주권국가체제에 부응하는 주권체로 상정되었지만, 주권체 내부에서 '방국' 개념을 지탱하는 군주 중심의 전통적 '국가' 개념이 1880년대 개방개혁의 문맥과 문명사회 구상에서 어떻게 작용하였는지를 파악하는 것은 유길준의 국가론을 이해하는 관건이다. 유길준은 합의의 계약적 발상과 공도의 자연법적 발상을 가지고 '방국'의 국제적 교제를 규율하는 공법(국제법)의 공적 기능을 이해(혹은 주장)했는데, 이러한 발상이 국내의 사회적 관계를 규율하는 국법(국내법)의 공적 기능에도 그대로 반영되었을까. 이것을 알려면 '국가'와 사회질서에 관한 유길준의 생각을 살펴보

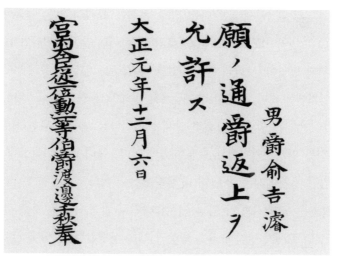

1910년 유길준은 일본으로부터 남작 작위를 수여받았으나 이를 거부했다. 결국 1912년 12월 일본은 '원하는 대로 작위 반환을 허락한다'는 내용의 문서(사진)를 유길준에게 보냄으로써 작위 수여를 공식 철회했다. (고려대학교 박물관 제공)

아야 한다. 인군(군주)과 인민, 정부와 인민, 그리고 인민의 사회적 관계에 관한 탐색이 필요하다.

'인세'와 '인민'

주권국가의 형성과 사회의 출현은 서로 결부된 현상이다. 사회는 국가를 매개로 탄생한다. 방국 개념이 주권국가 개념뿐 아니라 전통적 국가 개념을 함축한 것이고 군주제가 바뀔 수 없는 것으로 상정했을 때 국가 구상은 사회 영역의 양태와 정부의 체제에 의존할 수밖에 없다. 유길준은 사회 영역의 출현에 민감하였고 사회질서의 보전을 중시하였다. 문명사회와 상업사회를 지향하는 개화는 사회 영역의 문명화였다. 유길준은 '인세(人世)'라는 말로 사회를 묘사하였다. 일본에서는 'society'의 번역어로 '인간교제', '동료집단' 등 여러 말이 쓰이다가 1870년 대 말부터 번역어 '사회'가 통용되었다. 유길준도 일본을 통해 '사회' 개 념을 인지했을 터다. 하지만 '교제', 특히 '인세(人世)'라는 말을 주로 사용 하였다. '인세'는 인민이 사회적 관계를 영위하는 세상을 뜻한다. '인세' 는 사회를 연상시키기에는 충분한 말이었다. 근대적 사회현상에 익숙 하지 않은 독자에게는 이 말이 더 유용했을 것이다.

유길준은 인세(사회)의 광경을 서술하면서 법적 규율을 자주 얘기한 다. 인민의 교제가 법적 규율을 받는 인세를 상정한다. 인세에서는 군생 (群生)이 무성하게 잡거하는 가운데 서로 경쟁하고 교제하는데, 기강 (윤리)과 법률이 이러한 경쟁을 조율하고 권리의 경역을 정한다. 이웃한 인민들이 '인세의 교도(交道)'를 유지하면서 '우목(友睦)하는 신의'를 맺 고 '국가의 법기(法紀)'를 준수하면서 '자익(資益)하는 편리'를 도모한다. 이러한 인세(사회)는 공공성과 공공이익을 모색한다. 사회의 공공성은 법률과 기강에 의해 확보된다. 공공이익은 '인세의 공공한 큰 비익(裨益)', '인세의 보편적 이익'으로 표현된다. 유길준은 서양의 사회—노동자 사회, 법률가사회, 정치사회 등—가 규칙과 공론에 의거한다는 사실 에 주목했다. 사회적 공공성은 상호성과 형평성에 기초한다. 유길준은 '인민의 상여(相與)하는 권리', '인민이 상여하는 사이', '대중의 상여하 는 도'와 같은 말을 사용하면서 '상여'라는 말로 호혜평등의 사회적 교제 를 모색하였다. '상여'는 서로 더불어 지낸다는 뜻이다. 인민의 상여하는 권리는 상칭(相稱)한 법률이 인민의 사회적 관계를 규율할 때 성립한다.

'상칭'은 서로 걸맞다, 서로 부합한다는 뜻이다. 또한 여중(興衆)은 상등(相等)한 지위를 가지고 상사(相司)한 직을 행한다. '상사'는 서로 맡은 직분을 행한다는 뜻이다. '상등', '상사', '상여'는 상호성과 형평성에 기초한 사회를 상정한다.

사회의 발견은 '인민'의 발견과 통한다. 유길준은 상여하는 인민들을 '여중', '공중', '대중'으로 표현했는데, 이것들은 사회 영역에서 교제하는 인민을 상정한 말이며, 공적 인민의 탄생을 나타낸다. '여중', '공중', '대중'은 인민의 단순한 집합이 아니다. 사회적 관계를 영위하는 인민이며, 법률과 윤리에 의해 규율되는 인민이다. 『서유견문』에서는 근대적 의미의 'nation'은 잘 보이지 않는다. 후쿠자와 유키치는 『서양사정 외편』에서 버튼의 텍스트에 사용된 'people', 'men', 'nation' 등을 문맥에 따라 '국민'으로도, '인민'으로도 번역하였다. 'civil liberty'를 '인민 보통[보편]의 자유'(『西洋事情外編』 卷1)로 번역하기도 했다. '국민'을 'nation'의 번역어에 국한하지 않고 문맥에 따라 사용하기도 했다. 후쿠자와는 국민(nation)과 국민국가(nation-state) 형성을 지향하였다. 유길준은 후쿠자와가 사용한 '국민'을 상당수 '인민' 내지 '국인(國人)'으로 고쳐 썼다. 몇군데 사용된 '국민'도 나라 안의 인민을 뜻하는 '국인'의 뜻으로 쓰였다. '국민'이란 말이 당시 식자층에게 낯선 말이었기 때문일 수도 있지만 유길준 자신이 국민국가에 유보적이었기 때문일 수도 있다. '인민' 개념은 근대적 '국민'보다는 유교적 '민' 개념이 유길준의 국가, 사회 개념에 맞추어 재규정된 것일 수도 있다. '국', '국가' 개념이 전통적 국가의 의미를 함축한다면 '인민', '국인' 개념도 이러한 국가 개념과 결부되기 마련이다. 『서유견문』의 '인민', '국인' 개념을 국민국가의 주체인 국민 개념으로 파악한다면 본질을 놓칠 수 있다. '인민'과 그 총체인 '국인'은 국민국가의 주체로서 상정되는 국민과 달리 문명사회의 사회적 주체로 보아야 한다. 유길준이 생각한 군주제 국가와 관련해서 파악해야 한다.

그렇다면 '인민'은 '개인'으로서 간주되었을까. 『서유견문』에 '개인'의 용례는 전혀 없다. 당시 일본에서는 'individual'의 번역어 '개인'이 이미 유통되었지만 유길준은 차용하지 않았다. 하지만 인민을 개체로 보는 의식은 있었다. 유길준이 사용하는 '각인(各人)', '한 몸(一己)', '한 사람(一人)', '일신(一身)'이란 말은 개체를 표현한다. '각인', '한 몸', '한 사람'은 권리를 갖는 존재로 상정된다. '여중', '공중', '대중'을 상정하는 인민들의 상여하는 권리는 '각인'의 권리를 전제로 한다. 유길준은 "방국을 굳게 지켜 권리를 보유하려면 국인, 각인의 권리를 잘 지켜야 한다"라고 말한다.

> 방국을 굳게 지켜 권리를 보유하려면 국인, 각인의 권리를 잘 지켜야 한다…
> 만일 국중의 인민이 상여(相與)하는 때에 강한 자가 약한 자를 모욕하고 귀한 자가 천한 자를 업신여긴다면, 강국과 약국이 상대가 안 된다는 것을 자연스러운 이세(理勢)라 여겨 강국이 약국의 권리를 침월해도 인민이 당연한 도라 생각하고 사소한 분노도 일으키지 않을 것이다. 그러므로 인민은 저마다 자기 권리의 귀중함을 사랑한 연후에 자기 나라 권리의 귀중함도 알아 죽음으로 지킬 것을 맹서한다. 이는 교육으로 개도하여 실효를 볼 수 있는 것이지 법률의 보호에만 맡겨 성과를 낼 수 있는 것은 아니다(4-1).

인민은 지식을 갖추어야만 권리의 중요성을 알고 방국의 권리를 지킬 의지를 갖게 된다. 유길준이 인민의 권리를 논한 핵심 취지는 여기에 있다. 인민이 권리 의식을 갖고 서로 업신여기지 않아야만 방국의 권리가 침해당했을 때 분개심을 느껴 충성할 수 있다. 유길준은 "인민의 지식이 고명하고 국가의 법령이 균평하여 각인이 일인의 권리를 보호한 후에야 만민이 저마다 지키는 의기(義氣)를 다하여 일국의 권리를 지키는 것이다"(3-1)라고 말하기도 했다. '각인'은 권리의 주체로서 개인을 의미한다고 봐도 무방하다. 그런데 "방국을 굳게 지켜 권리를 보유하려면 국인, 각인의 권리를 잘 지켜야 한다", "각인이 일인의 권리를 보호한 후에야 만민이 저마다 지키는 의기를 다하여 일국의 권리를 지키는 것이다"라는 발언에서 '방국', '일국'을 굳게 지키는 '국인, 각인'에 주목했을 때 '방국'에 부응하는 '국민'의 모습을 떠올릴 수도 있다. 하지만 '국인, 각인의 권리'를 잘 지켜야 '방국의 권리'를 보전할 수 있다는 논리에서 '국민'과 '국민국가'의 의식이 곧바로 도출되지는 않는다.

"각인이 일인의 권리를 보호한 후에야 (⋯) 일국의 권리를 지킨다"라는 말은 '일인의 권리'를 강조한 발언이다. '각인의 권리'는 각인이 저마다 태어날 때 갖는 불기독립(不羈獨立)하는 정신으로서 자유와 통의의 권리다. 자유는 마음이 좋아하는 대로 어떤 일이든지 얽매이지 않음을 말한다. 통의는 인간의 자유를 보전하는 동시에 자유가 방탕으로 흐르지 않게 규율하는 '당연한 정리'이다. 태어나면서 갖게 된 한 사람의 몸에 속한 것이다('무계(無係)의 통의'). 이러한 자유와 통의는 빼앗을 수 없는 천부의 권리다. 그런데 자유와 통의의 권리는 상여하는 인간교제,

즉 사회적 관계에서 영위된다. 국가의 법률을 받들고 정직한 도리로 보전하여 자기가 행해야 할 사회적 직분('인세의 직분')으로서 타인을 방해하지도 타인에게 방해받지도 않고 하고 싶은 바를 자주[自由]하는 "처세의 자유", 즉 사회적 자유, 그리고 사회적 관계를 영위하면서 법률의 규율을 받는 "유계(有係)의 통의"는 엄정한 법률을 준수하고 정직한 도리를 갖추어야 향유되는 권리다. 개인은 '각인의 분한'을 규율하는 법과 도리에 의해 자유와 통의를 규제한다(4-1). 유길준은 사회적 관계에서 '각인의 분한'을 통해 법률과 도리의 규율을 받으면서 각인의 자유가 실현된다고 보았다. '각인의 분한'('인세의 직분')에 한정된 처세의 자유를 규율하는 법률과 도리를 통해 통의가 구현된다고 생각하였다. 개인은 법률과 도리의 규율을 받으면서 '각인의 분한'에 맞는 권리를 행사하는

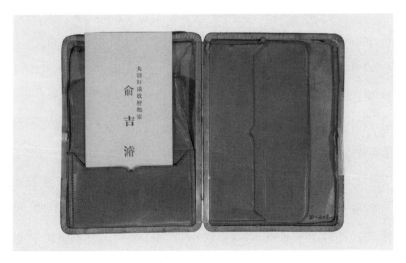

유길준의 명함. (고려대학교 박물관 제공)

사회적 존재였다. 유길준이 생각한 법률과 도리는 무엇일까. 유길준이
구상한 사회와 정치는 어떠한 것이었을까. '각인의 분한'이 어떤 모습으
로 구체화되었을까.

5. 문명한 사회란 무엇인가

'이익'과 '도리': 상업사회

유길준은 공평한 법률과 정직한 도리가 작동하는 사회를 구상하였
다. 이익을 추구하는 개인의 욕망이 공공이익을 추구하는 사회적 공공
성으로 연결되는 사회를 상정하였다. '지선극미한 경역'은 개화된 문명
사회였다. 상업(교역)에 기초한 문명사회였다. 문명사회는 상업 활동을
통해 구현될 수 있다. 문명개화의 발전과 상업사회의 출현은 상관적이
다. 유길준은 교역은 문명화 수준과 관계없이 어느 사회에서나 존재하
지만 교역의 양상은 인심과 시세에 따라 다르다고 보았다(14-1). 사회
는 상품의 생산과 유통을 토대로 사회와 국가가 운용되는 상업사회를
전제로 성립한다. 인민이 사회적 존재로서 '인민의 분한'을 실천하는 길
은 '자주하는 생계'를 갖는 것, 즉 경제적 자립 능력을 갖추는 데서 시작
한다.

상업사회는 이익을 추구하는 사회다. 상인은 교역을 중개하고 이익
을 얻는다. 교역은 이익을 늘림으로써 '인생의 편리'를 증대시켜 준다.
문명개화가 진행될수록 교역은 중요해진다. 제조업이 발달하면서 농업

과 제조업 간에 분업이 필요해지고 공산품의 수요가 늘면서 판매를 중개하는 상인의 역할이 커진다. 상업은 "천하의 안락한 생업이고 선미한 습속"이다. 유길준은 천심을 해친다고 이익 취하는 것을 부정하고 상인의 도를 경시하는 관습적 사고를 비판한다. 상인이 이익을 얻는 행위는 상업 윤리로서 용인된다. 이익을 취하는 것을 사람을 이롭게 하는 '인의(仁義)'의 행위로서 정당화한다. 이익을 추구하는 상인의 교역 행위는 나쁜 방도가 아니라 좋은 방책이다(14-1).

상업사회에서는 경쟁이 작동한다. 유길준은 도리와 지력을 써서 공명과 부를 얻고자 하는 '인생의 자연한 습관'을 인정하였고 사회의 발전을 위해서는 경쟁이 필요하다고 보았다. 하지만 과도한 경쟁이 '인생의 자연한 습관'을 무너뜨리고 개인의 지나친 사욕이 상호부조의 대도를 해쳐서는 안 된다. 유길준은 인간의 '미리공익(美利公益)'을 이루고 질서를 보수하는 데 서로 겨루고 격려하는 '경려(競勵)'의 필요성을 강조한다. 서로 겨루면서 격려한다는 뜻의 '경려'는 인간의 이익을 증대시키고 사회 진보와 질서 보전에도 필요하다. 과도한 경쟁을 제어하고 사회질서를 유지하는 기제는 천도, 인리의 자연적 규범과 더불어 법률과 교육이었다(4-2).

그런데 상업은 인민의 생업을 보장할 뿐 아니라 개화를 추동한다. 교역은 '천생한 물품'(농산품)과 '인작하는 물품'(공산품)을 교환하는 것뿐만이 아니다. 상업은 재주를 계발하고 물품 제조를 장려하여 세계적 지식과 인민의 복지를 늘리게 해준다. 상업은 인민의 생계를 위한 교역 행위, 인생의 편리를 늘리는 데 그치지 않고 '국가의 대본', '방국의 대도',

'국가의 대정(大政)'을 이룬다(14-1). 상업은 인민의 생계를 구하는 방책이자 국부를 늘리는 양책이다. 상인은 "민간의 물화를 서로 통하는 것은 사람의 노고를 대행하는 것이고, 나라 안의 물화를 평균하는 것은 정부의 사무를 방조하는 것이며, 본국과 외국의 물자를 교역하는 것은 양국의 화목한 교제를 협보(協輔)하는 것"(4-1)이다. 개화된 나라의 정부가 통상조약을 체결하는 것은 토지와 인민을 엿보기 위해서가 아니라 "인생의 아름다운 일[美事]을 남과 같이 행하여 나의 넉넉한 것을 가지고 저들의 부족한 것을 돕고 저들의 넉넉한 것을 취하여 나의 부족한 것을 채우며 사람의 재력(才力)으로 천생한 복을 향유하는 것"이다(14-1). 교역은 개인, 국가, 국제 수준에서 물화의 상통, 평균, 교제를 도와주는 기능을 수행한다. 상인은 인민의 삶을 편리하게 하고 국부를 증대시키는 직분을 수행함으로써 국가의 대본을 이룬다.

　교역에 관한 생각은 유길준의 사회 개념과도 결부된다. '인간의 교제'도 일종의 교역이다. 인간은 남는 것을 바꾸어 부족한 것을 채우는 교역을 통해 천생한 복을 향유한다. 유길준이 인세에서 "대중의 상여(相與)하는 도는 부족한 것을 서로 돕고 편리한 것을 서로 바꾸는 것"이다(13-4). 학자들은 "각기 한 가지 잘하는 것"을 닦아 "공용(功用)"을 이루어야 한다(13-4). 여기에는 교역과 직분의 발상이 작용한다. 유길준은 개인과 사회의 관계를 "일신의 자유의 일부를 양도하고 인세의 규칙[規矩]을 좇아 그 혜택을 입어 피차의 교역을 행하는 것과 같은 것"으로 보았다(4-1). 일신의 자유의 일부를 양도하고 사회의 규칙을 준수함으로써 비익(裨益)을 얻는 것을 교역 관계로 파악하였다. 유길준은 '정부의 직분'은 세금을 써서 인민의 삶을 위한 정책을 시행해야 하며, 인민은 이러한 정부에 신의를 지키고 '인민의 분의'를 다해야 한다고 말한다(7-2). 정부의 '덕화와 은택의 공평함'과 '인민의 성의와 바람'(5-1)은 일종의 교역 관계이다. 정부의 직분과 인민의 분의도 일종의 교역 관계로서 이해된다. 상업사회의 교역 원리는 유길준의 정치사회 구상에서도 의미를 가졌다.

교역은 부국, 부민의 정치경제학과 관련된다. 여기서 '미물(美物)'의 정치경제학이 등장한다. 유길준은 '미물'과 '사치' 개념을 새롭게 정의한다. '미물'은 겉모양만 꾸미는 행실이 아니라 의식주의 아름다움을 나타내는 것으로, 사물이 정미한 지경에 이른 것을 말한다. 사치는 미를 추구하는 인간의 자연한 성정으로 자연스러운 것이다. 검약을 미덕으로 생각하여 미물을 구매하지 않는다면 미물을 제조할 기회가 없어진다. 조잡한 물품을 애용하는 것이 검약이 아니다. 미물을 못 만들어 수입에 의존하는 것이 오히려 사치다. 사치는 인민의 편리도 되거니와 장인을 권면하는 길이다. 인민이 사치를 위해 심력을 기울여 나라가 풍요로워지면 나라 안의 모든 물건이 정미해져 국부가 늘어나 놀고먹는 인민이 줄어들면 국가의 큰 복이다. 사치는 국부의 표현이자 원천이다. 유길준은 개인의 경제윤리와 국가경제를 분별하였다. 개인 차원에서 의식주의 미를 얻기 위해 심력을 다해 경려해서 이익을 추구할 때는 검약이 덕행이지만, 국가 차원에서 미물은 국부를 늘리고 인민의 산업 활동과 생활수준을 높이는 경제적 자원이고 사치가 미덕이다. 정미한 미물을 많이 제조할수록 인민의 생산 활동이 활발해지고 국부가 늘어난다. 검약은 미물을 제작하지 못한 농업사회에서 어쩔 수 없는 '사세(事勢)'로서 성립한 윤리였다. 상업사회에서는 사치가 과거의 검약과 같은 덕행이다. 사치는 문명개화의 경역으로 이끄는 미덕이다(16). 유길준의 사치, 검약의 재해석에서 상업사회의 출현을 기대하는 마음을 엿볼 수 있다.

그런데 이익을 취하는 데 도리와 행실이 있어야 한다. 상인은 직분을 수행하는 데 합당한 윤리가 요구된다. 상인은 '심사(深思)와 원려(遠慮)', 즉 사려(prudence)의 덕목이 있어야 상업 활동을 국가와 관련해서 생각하는 공공심을 가질 수 있다. 상인은 인의예지신의 덕목을 갖추어야 '당연한 도리'를 실천할 수 있다. 상인은 상업 지식을 갖추어야 할 뿐 아니라 학문을 숭상하고 언행을 삼가며 어른을 공경하는 도리를 가져야 한다. 임금에게 '충성하는 분의'를 닦아 국가의 선량한 민이 되어야 한다. 상인은 다른 나라와 교역할 때도 이익을 추구하는 욕심을 규제해야 한다. 정당한 상업의 도를 실천하고 물품을 정밀하게 제작하여 외국의 간섭과 통제를 받지 않아야 한다. '인민 되는 도리'를 다해 '염치의 절개'로써 신명을 아껴야 하고 '충독(忠篤)한 의기'로써 나라를 존중해야 한다 (14-1). 유길준은 통상의 윤리 문제를 중시하면서 신의와 자기책임의 윤리를 강조하였다.

상인은 '규칙'과 '도리'에 맞게 교역해야 한다. 그렇지 않을 경우 상인의 체면뿐 아니라 자국도 욕을 먹게 된다. 상업의 융성을 도모하려면 법률로써 상품 교환에 관한 제도를 확립해야 하고, 상품 운송에 필요한 도로를 개설해야 한다. 상품 매매 시에는 법률을 엄격히 준수해야 하고 상품 유통에 관한 규칙도 만들어야 한다. 유길준은 상업의 대권과 나라의 이권을 빼앗기지 않기 위해서는 상업하는 도를 정대하게 하여 타인이 감히 이를 범하지 못하고 물화의 제작을 정밀하게 하여 타인의 제어를 받지 않아야 한다고 말한다. 국제통상도 '상업의 본의'와 '정대한 도'에 입각해야 한다고 말한다(14-1).

유길준이 구상한 상업사회는 유학적 덕목과 직분 윤리가 작동하는 사회였다. 도덕적 윤리가 작동하는 이익사회였다. 상업사회에서 '의'와 '리'는 가치의 문제가 아니라 윤리의 문제가 된다. 유길준은 상품경제를 진작시켜 인민이 상업이익을 추구하는 것을 허용하는 한편, 국가가 광명한 도리와 정직한 제도로서 이익의 편중을 통제해야 한다고 보았다.

법률과 교육, 규칙과 공론: 문명사회

인민이 법률과 기강(윤리)을 알도록 하려면 교육이 필요하다. 인민이 법과 규칙을 지키는 것, 도리를 아는 것은 교육을 통해 가능하다. 인민이 무지하면 경거망동하게 되어 국법을 범하고 '인세의 교도(交道)'를 해칠 수 있다. 지식이 있어야 법률을 준수하고 기강을 지킬 수 있다. '인세의 교제'를 규율하는 것은 법과 교육이다. 인민이 지식을 갖게 되면 '인세의 교제'를 관제(管制)할 뿐 아니라 '인세의 공공(公共)한 큰 비익(裨益)', '인세의 공공[公普]이익'을 성취할 수 있다. 나아가 나라의 번영, 세계의 공공이익을 늘릴 수도 있다(3-2).

'완미(完美)한 지경'인 문명사회에 이르는 길은 법률과 교육에 있다. 유길준은 문명사회를 보전하는 요체로서 법률과 규칙, 그리고 교육과 도리를 되풀이해서 강조한다. 법률과 교육은 인민과 방국의 권리를 보수하는 대본(大本)이다. 인민의 권리와 방국의 권리는 교육과 법률에 의해 보전될 수 있다. 인민의 권리는 교육으로 근본을 세우고 법률로 호위를 삼아야 한다. 인민의 권리는 국법을 엄격히 적용해야 보전되며, 방국의 권리는 인민의 고명한 지식과 국가의 균평한 법령에 의해 확보된다. 어느 나라건 '상칭(相稱)한 법률'이 있어 '인민의 상여(相與)하는 권리'를 보수한다. 하지만 그 방법은 지혜의 수준에 달려 있다.

또한 유길준은 법과 규칙을 중시한다. 그는 '합당한 규칙', '엄격한 규칙', '상세한 법규'와 같은 말을 되풀이하였다. 법률과 규칙은 사회질서를 보전하는 기제다. 이러한 법률과 규칙이 사회에 작동하려면 인민의 지식(교육)이 필요하다. 인민뿐 아니라 정부도 법과 규칙을 따라야한다. 정부는 법과 규칙에 의거해 공정하게 세금을 부과해야 하고 인민을 위해 세금을 사용해야 한다. 징세는 관리의 농간을 막고 인민의 불만을 사지 않으려면 '명백한 조목'과 '엄정한 규칙'을 따라야 한다. 빈민을 위해서는 법률과 규칙에 따라 국가예산을 공평하게 사용해야 한다(7-1). '자주하는 생계'를 보장하여 궁민을 없애는 정부의 공적 구제도 '합당한 규칙', '엄격한 규칙', '상세한 법규'에 의거해야 한다(6). 유길준은 국내사회뿐 아니라 국제사회를 규율하는 규범으로서 규칙과 공론을 중시하였는데, 만국공법과 만국공론은 국제사회에서 작동하는 규칙, 공론이었다.

유길준이 서양사회에서 주목한 것도 법과 규칙이었다. 유길준은 서양사회의 많은 사례를 들면서 문명사회를 규율하는 법과 규칙에 주목하였다. 영국의 사례에서 빈민 구휼이 '규칙'과 '분수'에 맞게 이루어져야

함을 확인한다. 일부러 빈민 구제소에 들어오는 것을 막기 위해 빈민의 분수를 넘지 않도록 빈민 구휼에 일정한 통제와 규칙이 필요하다는 사실을 확인하였다(6). 법과 규칙은 사회의 질서와 공공성을 확보하는 요체였고 유길준 문명사회론의 핵심이었다. 유길준이 서양사회에서 발견한 공공성의 요체는 '규칙'과 '공론'이었다. 등짐장수, 마부의 노동자사회는 무게, 거리를 정하는 규칙과 노동자의 공론에 의거하여 생계를 영위한다(6). 법률가사회에서는 율사들의 공론이 시비를 따지는 근거이고, 법관이 내리는 공결(公決)의 근거는 법 규칙이다(11-2). 정치사회에서는 정부가 민간의 공익을 위해 규칙을 세우고 인민의 자주는 시정(市井)의 공론에 따른다(6). 법률과 공론에 부응하는 공론정치가 이루어진다(5-2).

법률과 규칙의 엄정한 적용은 정치의 공공성을 보전하는 조건이었다. 정치의 공공성은 '법률의 공도'에 의거한다. 유길준은 '법률의 공도'에 의거해 사회질서를 유지, 보전하고자 했다. 법률은 개인의 권리를 보전하는 공도로서 기능한다. "자기의 권리를 아끼는 자는 타인의 권리를 보호하여 감히 침범하지 못한다". '법률의 공평한 도'는 타인의 권리를 침범하는 것을 불허하며, 사람의 권리는 스스로 해치기 전에는 누구도 훼손할 수 없고 법률만이 스스로 훼손한 자의 권리를 제한하는 '당연한 의(義)'를 갖는다. 여기서 법률은 권리 신장과 질서 유지 사이의 형평을 취하는 공도로서 기능한다(4-1). 법률의 공도는 국인이 그 뜻을 같이 좋아하는 데 있고, 인민의 권리를 보호하여 무도불공(無道不公)한 침벌을 방어하는 데 있다(10-2). 국제사회에서도 공법과 공론은 강국의 협박과 횡포를 견제하는 보편적 준거로 상정된다. 만국공론과 만국공법은 속국의 자유권을 침탈하는 상국의 잔인한 조치와 가혹한 대우를 규율하는 '천하의 공도'를 실현하는 규범이라 생각했다(3-1).

그런데 법률과 규칙은 '사람의 도리'를 실천하는 조건이다. 천연의 '좋은 자유'와 이것을 지키는 '참 통의', 인위의 '나쁜 자유'와 이것을 자행하는 '거짓 통의'를 구별하는 기준은 '천리의 정직함'과 '인욕의 사벽함'이다. 그런데 자유의 좋고 나쁨과 통의의 참 거짓을 판정하는 규준은 법률이다. 좋고 나쁨과 참 거짓을 판별하는 천리, 인욕은 인간의 사회적 관계를 규율하는 법률을 통해 파악할 수 있다. 법률은 천리, 인욕의 작용을 판별하는 기준이며, 오륜의 윤리는 법률을 제정하는 근거가 되어 있다. 오륜의 윤리는 법률보다 근원적인 것이다. 법률과 교육은 문명사회(개화)의 조건이지만, 교육이 법률보다 근본적인 것이다. 유길준은 인민이 권리의 소중함을 알고 나서 방국의 권리가 소중하다는 것을 아는 것은 교육을 통해 실효를 볼 수 있는 것이지 법률의 보호로만 성과를 내는 것이 아니며 권리는 교육으로 근본을 세우고 법률로 호위를 삼아야 한다고 말한다. 두 가지가 구비되어야만 '완미(完美)한 지경'에 이르고 개도(開導), 즉 교육의 공효(功效)를 이룰 수 있다(4-1).

'사람의 도리'는 문명화의 조건이다. 미개화, 반개화, 개화의 문명화 단계는 '인생의 도리'를 지키는 정도와 '사물의 이치'를 궁구하는 양상에 달려 있다. 문명과 야만, 개화와 미개화의 위상은 고정된 것이 아니라 도리에 따라 달라진다. 이 도리는 교육에 달려 있다.

사람의 천품이 본래 야만은 아니다. 야만은 **교육**을 받지 못해 지식이 미개하여 **사람의 도리**를 행하지 못한 것을 가리킨다. 오늘 야만의 이름이 있어도 내일 사람의 도리를 닦는다면 이들도 개화의 영역에 있는 인민이다…세계에 야만의 종자가 따로 있는 것이 아니다. 개화 인민이 변하여 야만이 되는 자도 있고, 야만이 변해 개화인이 되는 자도 있다. 도를 어떻게 수행하는지를 살펴보는 것이 옳다(5-1).

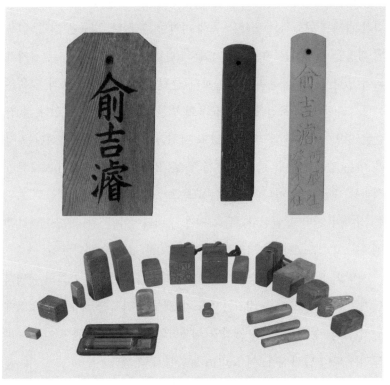

유길준의 문패와 호패 및 그가 사용한 인장류. (고려대학교 박물관 제공)

인간의 천성은 원래 야만이 아니므로 교육을 받아 '사람의 도리'를 행하기만 하면 개화의 영역에 들 수 있는 것이다. '사람의 도리'를 개화의 조건으로 상정했을 때 야만도 문명이 될 수 있는 여지가 열린다. '사람의 도리'를 여는 것은 교화이며, 교화에서는 교육이 법률보다 우선하는 것이었다. 인민이 '자주하는 생계'를 영위하여 타인에게 의존하지 않도록 하는 것은 "교육으로써 덕화를 선양하고 법률로써 공도를 유지하는" 것에 지나지 않는다(6). 유길준은 법률은 인민의 권리와 사회의 질서를 보전하는 장치이지만 법률은 교화가 미치지 않는 곳을 대비하는 것이기 때문에 인세의 풍속을 바로잡기 위해서는 법률을 엄격히 하는 것보다 교화를 힘써야 한다고 말한다(10-2).

6. 아름다운 정치란 무엇인가

'좋은 정부'와 '미정(美政)'

유길준은 어떠한 국가, 어떠한 정부를 구상했을까. 국가와 정부에 대해 인민을 어떠한 존재로 상정했을까. 그가 생각한 좋은 정치란 무엇인가. 좋은 정치는 인민이 생업을 가지고 생계를 유지할 수 있게 하고, 사회질서가 보전되는 한에서 인민의 권리를 보장하며, 다른 나라로부터 자국이 만모(慢侮)를 받지 않는 나라를 만드는 정치다. 공정성, 공평성이 구현되는 공공정치다. 유길준은 정부의 공공정책의 공정성, 조세정책의 공개성과 공평성, 국가재정의 투명성, 정치의 공공성을 통해 공공정치를 구현해야 한다고 보았다. 공공정치는 법률과 규칙에 의거해서 공공사업을 통해 정부의 직분을 행사하는 것이었다.

유길준은 '안민(安民)'과 '편민(便民)'의 공공정치를 지향하였다. 정부의 직분은 인민의 안녕을 보전하는 데 있다. 인민이 각자 힘을 쓰고 재주를 다해 의식주의 생계를 마련하여 자연한 즐거움을 갖게 해주어야 한다. 궁민의 사사로운 구휼이 아니라 인민이 생업을 갖고 '자주하는 생계'를 영위하도록 해줘야 한다. 노심자나 노력자나 생업을 가져 '자주하는 생계'를 꾸림으로써 인민이 타인에게 의존하는 일이 없게 해야 한다. 달리 말하면 정부의 직분은 인민을 편리하게 하는 '편민'에 있다. '좋은 정부'[良政府]란 인민의 편리를 생각하는 정부다(6).

유길준은 정부의 법률 제정은 '편민'에 둬야 한다고 말한다. 뒤집어 말하면 안민과 편민은 법률과 교화에 의해 가능하다는 말이다. 인민의 자주하는 생계와 공공생활은 법적 규율을 통해 가능하다. 인민의 자주를 위해서는 엄정한 규칙이 필요하다. 인민복지와 공공생활에 필요한 법규범을 제정하는 것도 정부의 직분이다. 정부는 교화와 법률을 가지고 인민을 위해 직분을 행사한다. 정부는 법률을 제정하는 한편 제정된 법률을 위반하지 않도록 인민을 교화해야 한다. 인민이 자주하는 생계에서 향유하는 '자연한 즐거움'은 정부의 법률과 교화에 달려 있는 셈이다. 법과 규칙은 정부의 간섭과 인민의 자주 사이를 매개한다. 정부가 지나치게 간섭하는 것은 게을러 간섭하지 않는 것과 같다. 정부가 인민의 동정을 자세히 살펴 온갖 일에 간섭한다면 인민도 괴롭고 정부의 합당한 직분에도 어긋난다. '자연한 즐거움'도 법률과 자주의 사이에 존재한다. 정부의 교화(교육)는 인민이 법률의 강제를 느끼기보다 법률 속에서 '자연한 즐거움'을 느끼게 하는 기제다(6).

한편 유길준의 공공정치 구상은 정당과 공론에 관한 논의에서 엿볼수 있다. 유길준은 정당들이 작은 이익을 바라는 일신의 사욕이 아니라 공개성과 공공성에 의거하여 인민과 나라의 대계를 위해 득실을 논하는 정치를 말한다. 당내 논의를 통해 국가의 정령과 인민의 경황에관한 '당의 공의', 즉 당론을 내세우고 '천하의 여론'으로 그 시비를 정하는 정당정치를 상정한다. 사를 버리고 공을 지향하는, 공심(公心)이 편심(偏心)을 지양하는 정당정치다. 정당은 공평한 도를 사용하여 정법을 논의하는 기틀을 세우고 권력을 자행하는 것을 제어하는 기제로서 상정된다. 유길준의 공론정치론도 정치의 공공성을 말한다. 당론의 시비를결정하는 것은 '국인의 공론'이다. 인민의 지지를 받은 당이 정권을 잡고 국가의 정령을 행한다. '편당의 국견(局見)'에 묶여 '공평한 법도'를 따르지 않으면 '국중의 공론'이 일어나 집권당은 권력을 잃게 된다(11-1). 정당정치와 공론정치에 관한 이러한 견해에서는 조선조의 붕당을 대체하는 공당(公黨)의 출현, 유교적 공론을 대체하는 근대적 공론의 출현을기대하는 심리를 읽을 수 있다. 1880년대 조선조 말기의 한국사회에 공공영역 혹은 공론영역의 출현을 기대하는 정치사회적 변동을 예고하는것일 수 있다. 실제 1890년대 중후반 독립협회를 중심으로 한 공론정치와 공공영역의 출현이 기다리고 있었다.

그런데 유길준이 서양정치에서 체험했거나 서양문명서를 통해 학습한 정당과 공민이 주체가 되는 공공정치 구상은 공평성과 공개성에

유길준의 미국 덤머대학교 명예졸업장. 유길준은 1883년 7월 보빙사 민영익의 수행원이 되어 미국에 건너가 1884년 9월부터 1885년 6월까지 매사추세츠주 샐럼시 인근의 바이필드에 소재한 덤머아카데미(Governor Dummer Academy)에서 공부하였다.

기초한 공공정치의 이상을 보여주지만 유길준의 전반적인 정치론, 정체론에 부합한다고 보기는 어렵다. 유길준은 인민을 정치적 주체로서 상정하지 않았고 인민의 정치 참여를 긍정하지도 않았다. 원론적 차원에서 인민이 대신을 '천거'하는 것을 지나치듯 언급한 대목이 있지만, 유길준은 인민의 정치참여에 관한 이론적, 제도적 논의를 할 의향이 없었다. 인민을 정치적 주체로 보지 않았기 때문이다.

정치의 주체는 인민이 아니라 정부였다. 유길준이 생각한 공공정치의 요체는 정부의 공적 사업이었다. 공적 사업은 정부가 빈민의 구제를 위해 인민이 생업을 갖도록 해준다. 여기에는 공적 자금(세금)이 들어가야 한다. 유길준은 국가 운용과 공적 사업을 위한 조세의 필요성을 강조한다.

세금은 사사로운 정치에 쓰여서는 안 되고 의식주가 어려운 빈민을 위해 공정하게 써야 한다. 가난한 인민을 불쌍히 여겨 구휼하는 데 세금을 사용해서는 안 된다. 세금을 감면해 주는 대신 세금으로 공적 사업을 일으켜야 한다. 군주의 덕성에 의존하여 인민의 세금을 감면해 주는 정치를 해서는 안 된다. '공평한 도리'를 실천하는 정치여야 한다(7-1).

유길준은 공평한 도리의 실천과 일시적인 인민 구휼을 구별한다. 유길준은 '측은지심'에 의탁하는 '혜정(惠政)'을 구별한다. 기근이 들었을 때 세금을 감해 주는 건 당연한 이치다. 하지만 일상적으로 빈민을 구휼하고 세금이나 감면해 주는 '혜정'은 진정한 애민(愛民)의 정치가 아니라 나라를 병들게 하는 실정이다. 인민의 게으른 습관이나 길러주는, 치국하는 대도를 해치는 '정치를 모르는 소혜(小惠)'일 뿐이다. 측은지심에서 인민을 구휼하는 것은 공평한 도리를 행하는 것이 아니라 '측은한 정치의 소인(小仁)'에 불과하다. 군주의 시혜에 의존하는 '인정'은 '혜정'일 뿐이다. 유길준은 아름다운 정치, 훌륭한 정치를 뜻하는 '미정(美政)' 개념을 제시한다. '미정'은 '공평한 도리'를 실천하는 정치다. 국방, 도로 건설, 학교 설립 등의 공공사업을 통해 국부를 늘려 나라의 안녕과 문명개화를 실현하는 정치다. 이러한 정치에서는 세금의 경중이 문제가 되지 않는다. 공적 자금을 투여한 공공사업을 통해 국부를 늘리고 인민의 생계를 보장할 수 있는지가 중요하다. 국부가 늘고 인민이 잘 살게 되면 중세를 매겨도 가난한 나라의 경세보다 가벼운 것이다(7-1). '미정'은 부민과 부국에 기초한 공공정치라 볼 수 있다. 여기서는 '명백한 조목'과 '엄정한 규칙'에 의거한 수세와 투명한 재정을 통한 세금 사용의 공정성을 확보하는 것이 전제가 된다. 유길준은 재정의 운용을 민간에 널리 알리는 공개성(publicity)을 제안한다.

'미정'은 정부가 인민의 자주적인 생계를 위해 '공평한 도리'를 실천하는 정치다. '공평한 도리'란 무엇인가. 국가에 대해 인민들이 '응공(應公)하는 분의'를 갖는 것이다. 군주의 덕성에 의존하는 혜정이 아니라 정부와 인민이 동심협력(同心協力)해서 이루는 큰 정치, 정부가 주도하는 공공사업을 통해 정부의 '덕택'을 골고루 베푸는 정치이다. 정부의 취지는 인민의 '합심일체', 즉 '중심(衆心)의 일체'를 기초로 삼되 정부의 권세를 사용하여 '사람의 도리'를 보수하는 데 있다(5-1). 정부는 법과 규칙에 의거해 공정하게 세금을 부과해야 하고 인민을 위해 세금을 사용해야 하며, 인민은 이러한 정부에 대해 신의를 지키고 인민의 분의를 다해야 한다. 정부의 세금 사용과 관련해서 불평을 가져서는 안 된다(7-2). 정부의 '덕화와 은택의 공평함'과 '인민의 성의와 바람'은 '미정'을 지탱하는 공공정치와 민본주의를 표상한다(5-1).

> 정부의 덕택은 손으로 만지고 눈으로 보는 유형의 물건이 아니다. 자연한 가운데 국인마다 몸에 옷을 입고 음식을 먹는 것과 같아 잠시라도 떨어질 수 없고 물고기가 물을 두는 것과 같아 깨닫지 못한다. 그 광박함은 줄먹[繩墨]으로도 잴 수 없고, 그 중대함은 저울[權衡]로도 달지 못한다(7-2).

좋은 정치('미정')는 "공평한 도리로써 덕택을 골고루 베풀어야 한다[均布]". 미정은 위민의 정치, 정부의 '덕택'이 골고루 베풀어지는 정치다.

'미정'은 덕화 관념, 유학적 민본주의의 표현이다. '미정'은 조선 유교사회의 '인정(仁政)' 개념에 연속하는 것이었다고 추정할 수 있다. '미정'은 전통적 인정 개념이 근대정치를 만나 변모하거나 그 의미를 확장한 것으로 볼 수 있지 않을까. '미정'은 1880년대 개방개혁의 '시세와 처지'를 고려한 실학적 사유의 표현일 수 있다. 유길준이 체험한 서양의 근대적(시민적) 공공성은 1880년대 한국의 시공간에서 민본주의적 공공성으로 변형되었다고 볼 수 있다.

군주제와 '애국성(愛國誠)'

유길준은 군주의 덕성에 의존하는 '혜정'을 대신하여 정부가 인민의 생계를 위한 공공사업을 실행하는 '미정'을 제시하였다. '군주의 혜정'이라는 유교적 인정을 비판하고 '정부의 미정'이라는 새로운 형태의 인정을 제시한 것은 군주의 덕성에 의존하는 시혜정치에서 정부의 제도에 의해 작동하는 공공정치로의 이행을 기대한 것일 수 있다. 이는 인민에 대한 군주(인군)의 정치적 지위와 역할이 약해지고 인민에 대한 정부의 관련성이 강해진 것을 뜻할까. 인민과 군주의 관계, 인민과 정부의 관계에서 어떤 의미가 있을까. 다음 발언을 보자.

나라 안에 있는 논밭과 생산하는 물품은 모두 **국가가 관장[掌守]**하는 것이다. **인민**이 논밭에 농작을 하든 물품으로 무역에 종사하든 이는 사사로운 일로 저마다 생업을 경영하는 것이며, 공본(公本)된 권세는 **정부**가 갖고 있다. 그러므로 **정부는 주인을 대신하여 사무를 행하니**, 인민의 세금은 땅 주인에게 내는 소작료나 돈 주인에게 내는 이자와 한가지다(7-2).

국가, 정부, 인민의 관계가 잘 묘사되어 있다. 국가는 토지 주인이고, 정부는 이 주인을 대신하여 행정을 하는 존재이며, 인민은 토지를 소작하는 존재다. 여기서 '국가'는 '주인'으로 비유되는, 대내적 최고 권력을 가진 존재이다. 유길준이 최상위를 차지하고 최대권을 보유하는 것으로 상정한 군주를 지칭하는 것으로 봐도 무방할 것이다. 군주(인군)는 정부를 대리자로 삼는 최대권을 가진 존재이고, 인민은 군주의 대리자인 정부에 '사무'에 대한 응분으로서 세금을 내는 존재다.

예의를 중시하고 행실을 단정히 하면서 애국하는 인민은 인군의 우려를 걱정하고 인군의 낙을 즐거워하여 정부의 비용을 자기의 담당이라 생각한다. 그러므로 납세하는 데 기한[期約]에 맞추지 못할까 두려워하고 국가에 의외의 사변이 일어나면 자청하여 재물을 바치기도 한다. 이는 백성의 분의를 알기 때문이다(7-2).

군주의 정치적 위상은 약화된 것이 아니다. 유길준의 경우 법률 제정권은 군주에게 있었다. 군주는 경쟁을 조절하고 습속을 제어하여 서로 영역을 범하지 않고, 엄격히 조목을 세워 윤리를 바르게 하고 풍속을 바로잡는 데 필요한 법률을 제정하는 권한을 보유한다. 국왕이 천하[여기서는 국가]의 대위(大位)에 앉아 천하의 대권을 잡고 일국을 주재해야만 뭇 사람들이 법을 만들고 법을 행사하는 폐단을 피할 수 있다. 국왕의 법률 제정권은 대권을 맡아 '인민을 보호하는 도(道)'와 '고르게 하는 정(政)'을 행하기 위해서다. 왕은 넓은 토지와 많은 인민을 혼자 도맡아 도(道)와 정(政)을 행할 수는 없기에 법의 적용(집행)을 사법관에게 위임한다. 사법관은 왕의 명령을 받들어 법률을 적용함으로써 천하의 공도를 구현하는 법 집행의 대리자다(10-2). 군주는 사법부를 능가한 최대권을 가진 존재였다. 군주는 (행)정부를 주관하는 존재이기도 했다. 정부는 인민을 보호하는 도(道)와 고르게 하는 정(政)을 공공정책(행정)의 영역에서 행사하는 존재다.

인민과 군주의 관계를 직접 보여주는 것은 정체론이다. 유길준은 군주와 인민이 법의 규율을 받으면서 공치하는 입헌정체(군민공치제)를 언젠가 실현해야 할 가장 훌륭한 정체로 생각하였지만, 인민의 풍속과 국가의 경황을 불문하고 이 정체를 택하는 것은 결단코 옳지 않다고 말한다. 인민의 지식이 부족한 나라에서는 선미한 정체를 본받아 갑자기 인민이 정치에 참여한다면 "대란의 싹"이 퍼지기 때문에 인민이 지식을 갖춘 뒤에야 군민공치제를 논의할 수 있다는 것이다. 정체는 장구한 세월을 거쳐 형성된 인민의 습관이므로 갑자기 변개할 수 없다는 것이다 (5-2). 유길준은 유럽의 군민공치제가 "수백 년의 고험(考驗)"을 거쳐 전제군주정을 점차 변경하면서 성립한 사실에 주목하였다. 무엇보다 세계 제일로 치는 영국의 입헌군주정은 인민의 천거를 받아 대신을 등용하는 공화제적 요소와 귀족을 대신으로 임용하는 귀족제적 요소가 가미되었지만, 인군의 허락 없이 법을 결단할 수 없는 "군주가 천단하고 명령하는 체모(體貌)"를 보전한 정체라는 사실에 주목하였다(5-2). 유길준은 대통령제나 인민대표제에 부정적이었다. "의사원처럼 중인(衆人)이 회의하는 대국(大局)을 행하는 것은 대단히 불편하다"(10-2)라고 비판하였다. 인민은 통치의 대상이었고 인민의 정치참여는 유보되었다. 군민공치제는 인민이 교육을 받아 문명화되었을 때 구현될 수 있다고 보았다. 유길준은 군주(국왕, 인군)를 규율하는 헌법(constitution)을 상정하지 않았다. 군주를 법률 제정권을 가진 존재, 즉 법의 연원(source)으로 보았다. 유길준은 군주의 전권을 용인하는 군주제에 애착을 보였다.

여기서 이상적 정체로서 입헌군주제를 상정한 유길준의 논리보다 한국의 시세와 처지에서 '성법(成法)'으로서 성립한 군주에 의탁한 유길준의 심정에 주목할 필요가 있다. 유길준은 군주를 법적 제도로 보지 않았다. 유길준이 "나라의 최상위를 차지한 자는 군주이고 최대권을 가진 자도 군주다. 인민은 군주를 섬기고 정부에 순응[承順]하여 일국의 체모를 지키고 온 백성의 안녕을 유지한다"(3-1)라고 말했을 때, 군주는 법적 제도가 아니라 외국인에게 수치와 업신여김을 받아서는 안 되는, 일국의 체모를 지키고 인민의 안녕을 보전하는, 존귀한 지위에 있는 존재로서 상정되고 있다. 인군이 인민 위에 서서 정부를 설치한 제도와 태평을 도모하는 대권, 그리고 인민이 인군을 위해 충성을 다해 정부의 명령에 복종하는 것을 변하지 않는 '국가의 규범[規模]'이자 '인생의 큰 벼리'로 보았다. 이는 "해와 달처럼 광명하며 천지와 더불어 장구하기 때문에 인력으로 옮기거나 움직일 수 없"는 것이었다(5-1). 유길준은 세습군주제를 뒤흔드는 자를 법질서를 어지럽히는 "임금도 모르는 역신(逆臣)", "어버이도 모르는 패자(悖子)", "제왕 정부의 죄인"이라고 비난하였다(5). 최상위, 최대권을 가진 권위체로서의 군주를 향한 절절한 심정을 느낄 수 있다.

　권위체인 군주를 향한 인민의 심정은 '애국성(愛國誠)' 혹은 '애국심'으로 표현된다. 애국성은 군주에 대한 충성을 뜻한다. 애국성 개념에서도 '국가'는 '군주'와 결부되어 있음을 알 수 있다. 애국하는 충성은 군주의 신자(臣子)된 도리를 다하는 것이다. "인군은 아버지이고 인민은 자식"(7-2)이라는 유비도 보인다. 애국하는 충성은 천부의 직분이다. 애국심은 인민의 교화와 성심에서 나온다. 인민의 직분은 사사로운 한 몸의 생사에 얽매이지 않고 임금의 근심을 막아내고 "나라의 공명(公名)"을 보전하는 데 있다. 인민의 애국하는 충성은 치욕이 임금에게 미칠까 두려워하고, 치욕이 정부에 돌아갈까 걱정하는 심정, "나라의 공명"을 보전해야 한다는 의식, 군주를 위해 일제히 떨쳐 일어나 죽음을 무릅쓰고 기꺼이 전쟁터에 나아갈 수 있는 기개다. 개별 인민의 이름은 '사칭(私稱)'이지만 '조선인'이라는 '공명(公名)', '공칭(公稱)'을 지키려면 용감한 의기로써 조선의 존귀한 지위를 지켜야 하고, 군주의 지위를 존중해야 한다. 외국인에게 수치와 업신여김을 당하는 것은 조선인이라는 공명을 훼손하는 것이다(12-1). 애국심은 군주가 적국외환의 우려를 갖지 않고, 정부가 외국인으로부터 모욕과 수치를 받지 않도록 하는 절개와 충심, 충의의 심성을 가리킨다. 애국심의 요체는 교화에 기초한 지성의 감발, 외국으로부터 모욕을 받지 않도록 군주를 공경하는 충성심이다.

　국인이 저마다 생각하되 자기 일신의 생사에 얽매이지 않고 **인군의 한을**

풀어주고 방국의 공명을 보전하는 것이 우리의 직분이라 한다면, 그 충의와 공효(功效)가 산골짜기로 달아난 나라를 배반한 겁쟁이에 비해 어떠할 것인가. 실로 이와 같다면 살아도 천지간에 부끄러움이 없고 죽어도 영예가 있을 것이니, **애국하는 인민의 아름다운 일**[美事]이 이보다 더할 것은 없을 것이다 (12-1).

'인군의 한을 풀어주고 방국의 공명을 보전하는 것'이라면 일신의 생사를 무릅쓸 수도 있다는—위정척사론자들의 충군의식을 연상시키는 듯한—모사(冒死)의 정신마저 느낄 수 있다. 더할 나위 없는 '애국하는 인민의 아름다운 일[美事]'로 여기는 마음에는 숭고함마저 엿보인다. 수치와 업신여김으로부터 군주의 존엄을 지키는 것과 국가를 보전하는 것은 거의 동일시된다. 군주는 전통적인 국가 관념과 결부되어 있다. 여기서 "강국의 군주도 군주이고, 약국의 군주도 군주다. 일국의 위에 서서 지존한 지위에 있고 최대의 권한을 잡아 정치를 시행하고 법령을 제정하는 것은 피차가 다름이 없다"(3-1)라는 언설은 새롭게 음미할 수 있다. 외견상 이 발언은 주권평등을 주장한 언설로 읽히겠지만, '지존한 지위'와 '최대의 권한'을 가지고 정치를 시행하고 법을 제정하는 군주의 존엄과 권위에 대한 심성을 드러낸 발언일 수 있다.

인민의 애국성=충군의식은 인민-정부 관계의 경우와 마찬가지로 '직분', '분한', '분의' 의식에 기초한다. 애국, 애군, 충군의 의식은 '상칭(相稱)'의 교역('환매') 관계가 아니라 인군을 향한 심정의 비대칭적 혹은 일방적 투사로서 표출되었다. 상업사회의 교역 논리는 충군의 심정에

침투되지 못했다. 충군의 심정(에토스)은 타국으로부터 수치와 멸시를 당하는 것을 예상했을 때 생겨나는 '모사(冒死)'의 열정(파토스)에 촉발된 것만은 아니다. 오히려 유교사회에서 습관화된 뿌리 깊은 인군의식이 발현된 것으로 봐야 할 것이다. 유길준의 윤리의식은 '이익'을 말하면서 끊임없이 '도리'를 말하는, 법률과 교육을 말하면서 교육에 '교화(敎化)'의 의미를 담았던 것보다 훨씬 강고하게 애군, 충군의식에서 작용했다고 할 수 있다. 이러한 심정윤리를 생각하면 인민이 선출하는 대통령제나 인민이 함께하는 군민공치제를 받아들이기 어려웠을 것이다. 후쿠자와 유키치처럼 군주(천황)를 정치적 제도(기관)로 여기는 군주관도 쉽게 용납할 리 없었다.

7. 실학으로서의 개화

'실용'과 '공용'

유길준은 『서유견문』 전체를 통해 이용후생, 격물치지, 실사구시와 정덕(正德)의 사유를 반복해 드러냈다. 실학정신을 표출한 것이다. 유길준의 실학정신은 격물궁리(격물치지)와 이용후생과 정덕으로 귀결된다. 이 사실은 법률과 더불어 정치사회를 규율하는 요소로서 중시한 교육의 대강에서 쉽게 확인할 수 있다. 유길준은 '도덕교육'은 사람의 마음을 교도(敎導)하여 인륜의 기강을 세우고 언행의 절조를 삼가니 인세의 교제를 규율하는 것이고, '재예교육'은 사람의 지혜를 양성하여 사물의 이유를 통달하고 본과 말의 공용(功用)을 헤아려 인세의 지식을 관장하는 것이며, '공업교육'은 마음과 힘을 써서 인세의 생계[生道]를 이루는 것이라 말한다. 각각 사회생활에 요구되는 '인세의 교제'(도덕), '인세의 지식'(재예), '인세의 생도(生道)'(공업)와 결부된다(3-2). 이들 교육의 취지는 각각 정덕(正德), 이용(利用), 후생(厚生)에 상응한다. 정덕과 이용후생은 유길준 실학정신의 요체였다.

유길준의 문명사회 구상에서 실용과 효용('공용', '공효')은 국가, 정부, 인민이 각자의 직분을 실천하는 데 중요한 덕목이었다. 유길준은 국가의 일대 근본은 실용에 있고, 인민의 일대 실용은 공부하는 성벽에 있다고 주장하였다(13-4). 지식은 허명이 아니라 실효를 구하는 데 필요하다고 보았다. 인민이 지식을 가져야만 우견을 깨고 생계의 방도를 강구할 수 있고 군색한 삶을 벗어날 수 있다고 생각하였다. 정부의 정책은 실용과 효용을 지향한 것이었다. 정부의 직분은 기술과 학문을 장려하여 신제품을 발명함으로써 부국(富國)과 이민(利民)을 모색하고, 학교교육을 통해 인민의 재능을 높여 공업을 진흥시키며, 인민이 생업을 잘 영위하도록 해주고, 병원이나 빈민원 같은 시설을 만들어 가난한 인민을 구휼하는 데 있다고 보았다(5-3). 유길준은 인세에 이익(비익)과 실효가 되는 새로운 발명품을 통해 인민의 생업을 제공하고 인세의 비익(裨益)을 늘리는 공업의 실효(實效)에 주목하였다.

지식과 학술은 실용성과 효용성에서 모색되었다. 지식은 실상과 실리를 추구하는 실용지식이어야 했다. 지식을 취득하는 공부는 "인세의 안락과 편리"에 이바지하는 행위였다. 유길준은 "실(實)을 위주로

은로학교 졸업식 광경. 가운데 열 중간에 유길준의 모습이 보인다. (고려대학교 박물관 제공)

하는 학업"을 강조한다. "옛사람의 찌꺼기를 주워 모으기만 하고 실용하는 공력(功力)이 없다면 비록 공부라 하지만 실제로는 아니다. 인간에게 해를 끼침이 오히려 많다"라고 말한다(9-1). 배움은 실상이 있어야 하며 허명으로 공(功)을 이루면 쓸모가 없다. 학업은 실용이 있는 도가 아니면 공부하는 성벽이 굳건하지 않고 공(功)을 이루기 어렵다. 한편 학자들은 한 가지 잘하는 학술을 닦아 "공용(功用)"을 나타낸다(13-4). 학술교육의 큰 강령은 "사물을 규명하고 이치를 궁구하는 것[格物窮理]"을 통한 이용후생에 있다(8-1). 학술연구의 목적도 이용후생과 정덕에 있다. 학자들은 부족한 것을 서로 돕고 편리한 것을 서로 바꾸는 상호부조와 교역이 이루어지는 사회생활에 도움이 되는 실용성과 효용성이 있는 학문을 제공해야 한다. 공용(효용성)과 쓸모(실용성)를 가져야만 '실상' 학문이다(13-4).

유길준이 서양의 학술에서 찾아낸 것도 실용과 효용이다. 서양 학술은 만물의 원리를 연구하고 그 공용(功用)을 발명하여 '인생의 편리한 도리'를 돕는다. 관리에게 필요한 정치학은 일신, 일가, 일국, 천하에 적합한 경륜을 제공하는 학문이다. 물리학은 서양의 부강을 가져다준 기초 학문이고, 화학도 물리학과 짝을 이루는 효용성이 무한한 학문이다. 지리학은 지구가 생겨난 묘리를 배우는 공부다. 학술 연구의 취지는 이용후생에 있고 이를 통해 덕을 바르게 하는[正德] 데 있다. 서양의 학술은 공효(功效)와 교화(敎化)가 매우 크다. 유길준은 학술의 공덕(功德)으로서 화륜기계, 화륜차, 화륜선, 전신, 전기등, 가스등, 방적기계, 우두법, 농작기계 등 문명의 기기들을 예시하였다(13-1). 서양의 교육은 허명을 생각하지 않고 실효를 구하고 '인세의 안락과 편리'를 도모한다. 유길준은 서양의 교육에서도 '실효', '실용', '주실(主實)'을 추구하는 공부를 발견한다(9-1).

천사만물이 지선극미한 경역에 나아가는 개화는 '인민(인생)의 편리'와 '인세의 비익'을 증대시키는 것, 즉 실용과 효용을 늘리는 것과 다를 바 없다. '학술의 개화'는 학술을 궁구해서 만물의 이치를 밝히는 것이고, '정치의 개화'는 국가의 정치를 정대하게 해서 백성에게 태평한 낙이 있게 하는 것이며, '법률의 개화'는 법률을 공평히 하여 백성에게 억울한 일이 없게 하는 것이었다. '기계의 개화'는 기계의 제도를 편리하게 해서 사람의 쓸모를 이롭게 하는 것이고, '물품의 개화'는 물품의 제조를 정교하게 만들어 사람의 생을 두텁게 하고 거친 일이 없게 하는 것이다. '행실의 개화'는 오륜의 행실을 독실하게 해서 사람이 도리를 아는 것이다. 개화는 격물치지, 실사구시, 이용후생, 정덕의 실천과 다를 바 없다. 개화는 "고금의 형세를 짐작(斟酌)하고 피차의 사정을 비교(比較)하여 좋은 것[長]을 취하고 나쁜 것[短]을 버리는 것"을 뜻한다(14-2). 인민의 편리와 사회적 이익의 증대라는 점에서 개화와 실학은 통한다. 개화는 실학의 표현이었다. 학술의 실용성과 교화력을 중시하는 학술관은 유학의 실학정신과 통한다.

'실상'과 '실리(實理)'

유길준의 실학적 사고는 생업과 이익을 추구하는 심성에서만 아니라 현상의 실체를 파악하려는 정신에서도 엿볼 수 있다. '실상(實狀)'과 '허명(虛名)', '실리(實理)'와 '허명(虛名)', '진경(眞景)'과 '허영(虛影)'을 대비하면서 실상과 실리와 진경을 모색하는 마음도 실학정신이다. 유길준은 '실상개화'와 '허명개화'를 준별한다. 둘을 가르는 기준은 지식(이론)과 실제(처지와 시세)가 일치하는지 여부다. 처지와 시세에 맞는 것이 실상개화다. 실상개화는 사물의 이치와 근본을 궁구하고 헤아려 나라의 처지와 시세에 합당하게 하는 것이다. 허명개화는 사물에 대한 지식이 부족하고 앞뒤를 헤아리는 지식이 없어 시행하지만 실용이 분수에 미치지 못하는, 실용성이 없는 개화이다(14-2). 학업에도 허명(虛名)과 실상(實狀)의 분별이 있다. 이치를 따지지 않고 문자만 숭상하여 죽을 때까지 혼자 시문이나 즐기면서 "이용하는 책략과 후생하는 방도"가 없는 것은 허명의 학업이며, 사물의 이치를 궁격(窮格)하여 그 성(性)을 다하고 부지런히 오로지 실용을 추구하는 것이 실상의 학업이다. "허실의 차이는 구름과 진흙만큼 다르다". 실상이 없고 허명만 있으면 배움이 공(功)을 이룬들 쓸모가 없다(13-4).

유길준은 '허명'과 대비되는 '실리(實理)'를 강조하기도 했다. 이는 「방국의 권리」 편에서 엿볼 수 있다. 유길준은 증공국과 수공국의 관계를 논하면서 증공국이 수공국에 대해 스스로 낮추는 것은 '적례(敵禮)하는 호의'의 표시일 뿐인데 수공국이 이러한 호의를 근거로 자신의 지위가 더 높고 권리의 분한을 구별하는 것은 '허명'을 높이고 '실리'를 버리는 행위라 비판하였다(3-1). 조세론에서 세금의 경중만을 가지고 세법의 편리 여부를 따지는 것은 '실리'를 통달하지 못한 편견이라 비판한다. 세금이 무거워도 정부가 그 세금으로 국가의 안녕을 지키고 문명을 일으키고 개화를 추진하면 당연한 과세이고, 세금이 가벼워도 정부가 합당한 도리를 지키지 않고 사욕을 부리고 망령된 뜻을 자행한다면 가혹한 과세라는 것이다(7-1). 허명이 외견상의 형식을 명분화한 것이라면, 실리는 실제 내용상의 정당한 이치를 뜻한다. 유길준은 '실리'는 '허명'의 요동을 받지 않는다고 말한다(3-1).

'진경'과 '허영'의 대비는 존재와 인식의 차원에서 실체를 포착하려는 의식의 표현이다. 유길준은 『서유견문』을 저술하면서 제한적 체험과 불완전한 정보는 허영을 만들어 낼 수밖에 없고 진경을 온전히 드러내지 못한다고 보았다. 허영은 진경의 그림자라는 것이다. 유길준은 끊임없이 '경황(景況)'이라는 말을 사용하였다. 실제의 모습을 그려내고자 하는 의식은 『서유견문』을 관통하였다. 서문에서 보듯이 유길준은 자신의 기록이 '진경'을 온전히 묘사할 수 없는 '허영'의 측면이 있을 수밖에 없음을 자각하였다.

유길준은 '허명', '허영'에 치우친 행위를 비판한다. 옛사람의 찌꺼기나 즐겨 공부하는 '썩은 선비[腐儒]'의 유의유식(遊衣遊食)의 나태한 행실을 '국가의 해충', '인민의 도적'이라 비난한다(12-1). 개화를 부정하는 자를 '개화의 죄인'이라 비난할 뿐 아니라 개화 흉내를 내는 자를 '개화의 원수'라고, "개화의 허풍에 빠져 심중에 주견이 없는" 허명개화를 일삼는 자를 '개화의 병신'이라고 비난한다(14-2). 온건한 유길준이 이렇게 과격한 비난을 퍼붓는 것은 의외이지만, 이러한 비난에서 '실상', '실리'를 결여한 '허영', '허명', '허풍'에 얼마나 비판적이었는지를 쉽게 짐작할 수 있다.

그런데 이러한 비난은 '허영', '허명', '허리'만을 고집했을 때 성립한다. 유길준은 '허영'이 완전한 허구는 아니라고 말한다. 화가는 산의 형상을 그릴 때 '7할의 진경'도 묘사하지 못하고 산의 허영을 그리지만 그 허영은 산의 실재를 반영한 것이므로 이 허영을 통해 산의 진경을 유추할 수 있다는 것이다. 유길준은 미개한 나라가 처음 개화하는 때는 허명개화를 겪지 않을 수 없다고 말한다. 외국과 처음 통하는 자는 우선 허명개화를 거친다고 말한다. '실상', '실리', '진경'으로 나아가는 과정에 '허영', '허명', '허리'가 일정한 의미를 가짐을 용인한 것이다. "이름은 실상의 손님"이다(4-1). 명목은 실재의 반영이다.

문제는 '허'에서 '실'로 가야 한다는 사실이다. 허명개화에서 실상개화로 가려면 경험을 축적해야 한다. 오랜 세월과 무한한 경험[練歷]을 거쳐야 실상개화로 나아갈 수 있다. 이를 위해서는 지식과 기술의 주체적 습득도 필요하다. 외국 기계를 구매하거나 외국 기술자를 고용만 해서는 안 되고 인민이 기술을 배워야 한다(14-2). 경험의 축적은 개화가 '나라의 처지와 시세'에 합당한 적실성을 확보하는 데 필요하며, 지식 기술의 주체적 습득은 지식(이론)과 실제(처지와 시세) 사이의 간극을 줄이는 방책이다. 점진적 보수주의와 주체성을 확인할 수 있다. 개화의 병신이 개화의 손님, 개화의 주인이 되는 데에는 인민의 지식과 진취하는 기상이 필요하다(14-2). 주체성은 단순한 '보수'만이 아니라 진취하는 기상을 가진 '개진'에서 가능한 것이다. 유길준은 유럽 국가들, 특히 영국이 '수백 년의 고험(考驗)'을 거쳐 '점차' 전제군주제를 변경하여 군민공치제를 실현시킨 역사적 사례에서 이상적 입헌군주제라는 "허리(虛理)"(논리)와 대비되는 나라의 "실정(實情)"(경험)에 의거한 '개진'의 중요성을 확인하였다(5-2).

실학과 개화와 '정덕(正德)'

1880년대는 동아시아 정치질서와 지식패러다임이 현실(reality)의 변화를 촉발한 시기였다. 1880년대 '방국의 교제'(외교)가 시작된 주권국가체제와 개방개혁의 문맥은 '방국의 교제'가 없었던 기존의 유교사회와 농본사회의 관습과 언어로 대처하기 어려운 새로운 현실이 전개되었다. 개화는 주권국가체제와 문명사회에 부응할 국가와 '인간의 교제'(사회)와 인민의 삶의 새로운 방식을 모색하는 것이었다. 개화는 실학의 1880년대식 표현이었다.

유길준의 개화관은 실학적 지식관에 기초한다. 유길준에게 지식은 철학적 사유나 도덕적 수양을 모색하는 철학지(哲學知)가 아니라 생업과 편민, 부민과 부국에 유용한 실용지(實用知)였다. '공효'라는 공리적 효용성은 지식을 판단하는 준거였다. '사물의 이치'는 형이상학적, 철학적 리(理)가 아니라 인생에 도움이 되는 과학적, 물리학적 원리였다. 유길준이 말하는 이용후생과 격물궁리(격물치지)는 학술지식의 실제적 효용성을 중시하는 공리적 지식관과 결부된다. 유길준의 실용주의 지식관은 1880년대 개항개방의 현실에 대응하는 실학적 사유의 표현이었다. 개화는 근대화(modernization)와 서양화(westernization)로 이해될 수도 있다. 하지만 1880년대, 1890년대 동시대인들이 유학적 관점에서 개화를 '시무', '변통'으로 이해했음을 잊어서는 안 된다. 유길준도 문명화와 실학의 양면에서 개화를 생각하였다. 유길준은 서양사회에서 이용후생과 실사구시의 정신을 읽어냈다. 이러한 유길준의 관찰은 서양 학술과 학업을 접한 체험에서 촉발된 것일까. 아니면 유교사회의 실학 전통을 계승한 실학정신과 실학관에서 비롯된 것일까.

『서유견문』에서 서양문명의 수용은 실학정신의 표현이다. 사상은 외부의 자극에 의해 형성되기도 하지만 자신의 사고법에서 비롯되기도 한다. 1880년대 유길준이 개화와 서양문명을 실학적 관점에서 파악한 것은 그 자신 본래의 실학적 사유에서 기인하는 바가 크다. 유길준이 서양문명에서 실학을 발견한 것은 그 자신이 실학정신의 소유자였기 때문이다. 개화는 1880년대에 대응하는 유길준의 실학정신의 표현이었다. 여기서 1880년대 개방개혁의 상황에 대한 사상적 대응으로서 위정척사

유길준의 단령(서구형으로 개량화된 관복). (고려대학교 박물관 제공)

론자들의 주자학적 명분론이 제시된 것과 더불어 실학정신이 분기한 사실을 상기할 필요가 있다. 임오군란 이후 개방개혁을 지지하는 개화 상소의 분출도 1880년대 개방개혁의 상황에 대응한 실학정신의 표출이다. 유길준도 개방개혁의 사상적 분위기를 공유하였다. 더 나아가 서양 정신의 수용까지 언급하였다. 1880년대는 개방개혁이 논의되는 시대였지만 계몽의 시대는 아니었다. 유학적 사유와 유학 언설이 강하게 작동했던 시기였다. 계몽의 시대는 1907년~1910년 애국계몽과 1910년대 문화계몽기에 전개된다. 유길준은 서양체험을 토대로 선구적으로 민감하게 1880년대 개혁개방의 상황에서 반응하면서 계몽사상을 드러냈지만,

시대적 맥락은 서구의 근대적 계몽이 아니라 실학정신에서 파악되어야 하는 것이었다. 유길준의 개화사상은 1880년대에 전개된 실학정신의 소생에 비추어 이해해야 한다. 『서유견문』에 나타난 유길준의 개화사상은 1880년대 실학사상의 재현일 수도 있다. 물론 조선후기 실학의 재판(再版)이라는 말은 아니다.

유학은 원래 실학이다. 공맹유학(원시유학)은 실천적인 가르침이다. 주자학(신유학)은 주희의 철학적 해석에 기초한 유학의 특수한 형태다. 조선조 한국에서는 주자학이 정통 유학의 자리를 차지하면서 유학과 거의 동일시되었다. 조선후기 실학은 주자학의 철학적 해석을 극복하고 유학의 실천적, 실학적 성격을 되찾으려는 사상적 경향이었다. 조선후기 실학은 사승(師承) 관계의 네트워크나 지식인 운동으로 전개된 것이 아니다. 임진왜란 이후의 사회경제적 상황과 서양과학, 종교의 전래라는 콘텍스트에 부응하여 출현한 사상적 경향이다. 조선후기 실학은 유학패러다임 내에서 이루어진 주자학 비판이었다. 유학의 실학적 성격은 실용과 실천을 요구받는 상황에서 표출된다. 이와 달리 개화사상은 1880년대 개방개혁이 요구하는 근대패러다임을 대면하면서 근대의 제도와 정신을 받아들이면서 실학성을 발현한 것이었다.

실제와 허상의 괴리를 강하게 의식한 것도 실학정신의 표현이다. 1880년대 질서변동 과정에서는 기존의 언어로 새로운 현실을 설명하지 못하는 일들이 생겨났다. 유학사회에서 일상화된 언어들이 근대적 현상을 설명하지 못하는 사태가 벌어졌다. 언어와 현실이 괴리를 보이기 시작한 것이다. 실제(현실)를 반영하지 못할 때 표상(언어)은 허구

(허상)가 된다. 유길준은 이러한 괴리를 민감하게 감지하였고, '실상'과 '허명', '실정'과 '허리', '실리'와 '허명' 등 실상과 허상에 관한 이항 언어로 그 괴리를 표현하였다. '허명', '허리'에 대항하여 '실상(實狀)', '실리(實理)'를 파악하려는 의식은 '실용', '공용'과는 다른 차원에서 사물의 참모습을 찾으려는 실학정신을 보여준다. '진미극선한 경역'(문명사회)은 실상과 허상의 괴리가 없는 사회, 실제와 언어가 일치하는 사회일 것이다. 유길준은 근대적 현상과 사유가 구성하는 새로운 현실을 마주하면서 기존 언어의 의미를 재규정하거나 새로운 언어(신조어)를 창출함으로써 괴리를 메우고자 했다. 유길준이 『서유견문』에서 내내 강조한 법률과 교육(혹은 '敎誨', '敎化')은 근대의 규율 방식을 받아들여 실상과 허상의 간극을 축소하려는 시도로도 읽힐 수 있다.

그런데 정치변동에 따른 새로운 사회의 형성은 사물(현상)의 허실 문제뿐 아니라 질서 문제를 제기한다. 교역에 기초한 근대적 이익사회와 오륜에 기초한 공동체 사이에도 괴리가 생겨난다. 유길준은 유학적 윤리(오륜)에 기초한 질서의 연속성을 상정한다. 유길준은 격물치지와 이용후생의 실학정신을 드러내면서 '정덕(正德)'을 함께 말한다. 정덕은 '인간의 도리', '올바른 도'를 실천하는 덕성을 갖는 것으로서 '사람 되는 도리'와 '행실'을 통해 드러난다. 도리와 행실은 개화와 야만을 가르는 핵심 준거다. 유길준은 개화의 행실을 가장 중요한 덕목으로 꼽으면서 여러 영역의 개화는 양상은 바뀔 수 있지만 행실의 개화는 시간이 지나도 바뀌지 않는다고 했다. 행실의 개화는 '오륜의 행실'을 독실하게 해서 사람의 도리를 아는 것이다(14-2). 사람의 생계는 사람의 자연한 정리에 기초한 오륜의 행실과 관련된다. "도리에 법이 없으면 사람은 금수와 다를 바 없다. 그래서 생민의 자연한 정리(正理)에 근거하여 오륜의 행실을 작정하고 사람의 대도를 밝힌 것이다"(11-2). 인민의 삶을 증진시키는 '실용'과 '공용'은 '오륜의 행실'과 결부되며, 정덕은 올바른 도리와 행실을 실천하는 것과 다를 바 없다.

8. 주체적 변통과 보수주의

'변통'과 '득중'

1880년대 질서변동은 시간과 공간에 관한 의식을 자극하였다. 고금의 시간축과 피차의 공간축은 재설정되고 시공간을 둘러싼 가치관은 변용하였다. 보편주의적 사유를 전제로 한 변용이다. 유길준은 "사람의 재주와 지혜는 고와 금이 다르지 않다"라고 말한다. 후인이 전인에 미치지 못한다는 주장은 "학업에 태만하여 세상을 병들게 하는 의론"에 불과할 따름이며, 학문을 힘써 고인이 밝히지 못한 것을 비추고 미치지 못한 것을 채우고 신기술을 발명하여 전인을 능가해야 한다고 말한다 (13-1). 여기서 옛것을 중시하는 상고(尙古)의식은 쇠락하지 않을 수 없다. 이용후생과 정덕의 실학정신에서 비롯된 변화이지만 그것만은 아니다. 18세기 조선후기 실학자들은 실상에 어두운 '허학'(주자학적 명분론)을 비판하면서 현재의 개혁을 위해 옛것의 가치와 제도를 끌어들였다. 서양의 과학문명과 청조 문물의 우수성이 촉발할 피아 공간축의 변용 가능성은 강력한 유교패러다임에 작동하는 고금의 시간축에 포섭되었다. 유길준은 이러한 유교패러다임이 도전을 받는 1880년대 문맥에서 옛것을 능가하는 현재의 가치와 제도의 실용성과 효용성에 주목하면서 고와 금의 관계를 변용시켰다. 근대패러다임을 갖춘 이질적 타자인 서양이 들어오는 개항개방의 문맥에서 새롭게 성립한 피차의 공간축이 고금의 시간축을 변형시킨 것이다. 유길준은 근대체험―실학의 재발견!―을 통해 공간축의 존재를 강하게 의식하였고 새롭게 부상하는 공간축이 시간축을 변형시키는 콘텍스트의 출현을 민감하게 읽어냈던 것이다. 물론 옛것을 다 버렸다는 말은 아니다. 그는 변하지 않는, 고수해야 할 옛것[成法, 成規]에 관한 분명한 생각을 가지고 있었다.

개화는 고금과 피차에 관한 의식에서 성립한다. 개화의 방법은 "고금의 형세를 짐작하고 피차의 사정을 비교하여 장점을 취하고 단점을 버리는 것"(14-2)이다. 개화는 짐작과 비교에 의거한 사단취장의 실천이다. '짐작'과 '비교'는 구별된다. 짐작은 시간적으로 옛날의 자기에 비추어 현재의 자기를 살피는[審] 것이고, 비교는 공간적으로 자기와 타자의 같고 다름을 헤아리는[量] 것이다. 옛날과 현재의 형세(시세)를 짐작하고 저들과 우리의 사정(처지)을 비교하는 것은 시간적으로 고와 금이 맞지[合] 않고 공간적으로 피와 차가 맞지[適] 않는 콘텍스트에 들어섰기 때문이다. 고금의 짐작과 피차의 비교를 통한 사단취장은 시세와 처지를 고려하는, 경험적 합리성을 중시하는 실제적인 방법이다. 고금을 짐작할 때 옛날 이치와 지금 이치의 정합성, 고법과 신법의 상관성이 의식된다. 피아를 비교할 때 사단취장의 방법과 정도가 문제된다.

개화하는 일은 타인의 장기(長技)를 취할 뿐 아니라 **자기의 선미(善美)한 것을 보(補)하는** 데 있다. 타인의 장기를 취하는 뜻도 자기의 선미한 것을 보(補)하기 위한 것이다(14-2).

피아 비교에 의한 사단취장은 자기의 선미한 것을 보완(補完) 내지 보수(補修)하기 위해서다. 개화는 자기의 선미한 것을 보완, 보수하기 위한 채장(採長)의 행위이다. 자기의 선미한 것을 보완, 보수한다는 것은 '선미한 것'이 자기의 역사적 시간의 흐름 속에 축적되고 전승된 것을 가리킨다. '선미한 것'은 고금의 시간축에 존재한다. 그렇다면 선미한 것의 보완, 보수는 '고금의 짐작'을 살펴 행해져야 한다. 자기의 선미한 것을 보완한다는 것은 자기의 선미한 것은 변하지 않음을 뜻한다. 변하지 않는 '자기의 선미한 것'은 무엇일까. 무엇을 보수, 보완한다는 말인가.

유길준은 "법(규범)이 오래되어 폐단이 생기고 때가 바뀌면서 일이 변하는 것은 세상의 자연스러운 도"라고 생각했다. 유길준은 "인군이 인민의 위에 서서 정부를 설치하는 제도와 태평을 도모하는 대권이고 인민이 인군을 위해 충성을 다하고 정부의 명령에 복종하는 것은 전혀 바꿀 수 없다"라고 말한다(5-1). 유길준에게 군주제는 바뀌지 않는 '성법(成法)'이었다. 세습군주제는 유길준의 심정에 내면화된 '자기의 선미한 것'이었다. 보수해야만 할 '성법'이었다. 서양의 군민공치제(입헌군주제)는 가장 이상적인 정체이지만 그대로 받아들일 것도 아니며, 한국의 시세와 처지를 생각했을 때 당장 요구되는 것도 아니었다. 조선조 한국의 군주제는 인민의 습관에서 나온 역사적 형성물인데, 인민이 무식한데 다른 나라의 정체를 선미하다고 받아들이면 오히려 큰 혼란만 초래한다는 것이었다(5-2). 유길준은 선왕의 제도를 '수성(守成)' 혹은 '고수(固守)'해야 한다, '국가'를 '보수(保守)'하고 종묘사직을 '보안(保安)'해야 한다고 말한다(5-1). 군주제를 '보수'해야 한다는 말이다.

유길준은 선왕의 제도를 보전하려면 시세와 처지에 맞게 바뀌거나 바꾸어야 한다고 생각하였다. 그는 시세와 처지에 맞는 변화를 '변통(變通)', '변역(變易)', '변환(變幻)', '응변(應變)' 등으로 표현한다. '자기의 선미한 것'을 보전하기 위해 뭔가가 바뀌거나 뭔가를 바꾸어야 한다는 것을 뜻한다. '변역', '변통'은 선왕의 제도를 보수하기 위해 시세와 처지에 맞게 정부의 사무가 변하는 것을 뜻한다. 사무의 '변역'은 '자기의 선미한 것' 혹은 '성법'을 보수하기 위해 필요하다. 시세에 응해야 국가를 보수할 수 있다. 정부의 사무는 사철의 변화처럼 시세에 따라 '변역'한다. 옛법을 따른다고 해서 '변통'을 하지 않아 국가의 위급함을 구하지 못한다면 이는 '선왕의 죄인'이다(5-1). 유길준은 개화에 대해서도 행실의 개화는 "천만 년의 장구함을 열력(閱歷)하여도 변치 않는 것"과 달리, 정치, 법률, 기계, 물품 등의 개화는 시대에 따라 '변개(變改)'하고 장소에 따라 다르다고 말한다. 유길준은 '변역', '변통'을 사계절의 변화와 같은 자연적인 변화로서 이해하였다.

유길준은 '과불급(過不及)'과 '득중(得中)'의 논리를 제시하기도 했다. 개화는 불급(不及)도 안 되지만 과(過)도 안 된다. 허명개화를 일삼는 '개화의 죄인', '개화의 병신'의 지나침과 개화를 부정하는 '개화의 원수'의 미치지 못함 사이에서 중용을 모색한다. 지나침[過]과 미치지 못함[不及]은 같지만, 지나친 개화가 모자란 개화보다 나라를 위태롭게 할 수 있다. 나라가 위태로움에 빠지는 것을 막으려면 득중의 자세가 필요하다. 중용은 유길준의 핵심적 사유였다. 원래 유길준에게는 중용으로써 인간의 사회적 자유를 규율하고자 하는 의식이 있었다. 자유의 지나침과 모자람 사이에서 중용을 취하는 '득중'은 주체의 분한과 법률의 공도를 매개로 표출되는 통의를 전제로 한 것이었다. 인간의 사회적 자유를 규율하는 '유계의 통의'는 법률의 공도를 통해 상경(常經)과 직분을 스스로 보수하도록 해주는 규제적 원리로서 도리를 분별하지 못하는 자를 계몽하여 분한에 맞게 조화시켜 '중(中)'을 보수하는 작용을 한다는 것이다. '득중'은 처지와 시세에 부응하여 남의 장점을 취해 자기의 선미한 것을 지키는 데 지나친 것을 규제하고 미치지 못한 것을 권면하는 것이었다. '득중'은 시세와 처지에 부응하는 보수적 개화의 논리였다.

'윤색'과 '경려': 보수적 점진주의

유길준은 주체적 개화를 주장한다. 자기 것만 존숭하고 개화를 부정하는 자는 '개화의 원수'이며, 허영으로 개화를 행하는 자는 '개화의 죄인'이며, 개화의 허풍에 빠져 외국 흉내나 내고 외국 풍속이나 떠들어대는 주견 없는 자는 '개화의 병신'이다. 모두 허명개화를 일삼는 자들이다. 개화는 어떻게 실천할 것인가. 어쩔 수 없이 개화하는 자를 따르는 '개화의 노예'는 남의 지휘를 받고 수치를 당할 뿐더러 속국이 될 수도 있다. "인력으로 어찌할 수 없는 시세와 처지"를 감안하면 개화를 주체적으로 실천하는 '개화의 주인'은 못 되더라도 개화를 부러워하여 배우는 '개화의 손님'은 되어야 한다. 진취적 기상을 가지고 '면행'하여 분발하면 언젠가 '개화의 주인'이 될 수도 있기 때문이다(14-2).

주체적 개화와 점진적 응변의 사고법을 지탱하는 것은 '성법(成法)'이다. 성법은 예로부터 축적된 관습이다. '응변', '변통', '변역'은 궁구하고 또 궁구하여 편리한 도리를 경영하고 옛법을 윤색(潤色)하는 노력이다. 성법을 윤색한다는 발상은 점진적 보수의 모습을 보여준다. 유길준은 천지의 자연한 근본은 고금의 차이가 없으며, 고인은 궁격(窮格)을 다하지 않았고 금인은 궁구하여 터득한 차이가 있을 뿐이다. 금인의 재식(才識)이 고인보다 월등한 것이 아니라 고인이 처음 만든 것을 윤색할 따름이다. 금인의 신묘한 제작들은 고인이 만든 제도를 윤색한 것이다. 화륜선은 신묘하지만 고인이 배를 만든 제도를 벗어나지 않는다. 화륜차가 기이한들 수레를 만든 고인의 법에서 나왔다. 고인의 성법이 없었다면 금인의 신규(新規)는 없었다. 금인은 고인이 처음 만든 것을, 신규는 성법을 '윤색(潤色)'하는 것에 지나지 않는다(14-2).

'윤색'은 혁명적 개혁이 아닌 점진적 보수를 뜻한다. 유길준은 새로운 법을 시행하려면 고전을 깊이 살펴 보태거나 줄여 '개정'하는 취지로 '윤색'한 조례를 덧붙이고, 국인의 습관에 순적(順適)하여 이목을 놀래지 않게 해야만 점차 안전한 경역에 나아가 문명한 법도를 끌어올릴 수 있다고 말한다. 법률은 고풍구례(古風舊例)에서 생겨났는데, 고풍구례는 그 취향(趣向)을 개정할 수는 있지만 전체를 폐기할 수는 없다. 옛것은 신중히 개정해야 한다. 지상의 공론을 망신(妄信)하여 신기한 것을 좋아하고 옛것을 버린다면 경솔의 극치다. 개인의 자유도 마찬가지다. 각인 일신의 무계(無係)한 자유가 금수의 자유로 흐르지 않게 하려면 법률의 규도(規度)를 세워 세인의 자유를 '윤색'해야 한다(10-2).

'윤색', '개정'은 전통만을 고수하는 것도 아니고 개혁을 부정하는 것도 아니다. 유길준은 "보수는 완고한 고집[堅執]이 아니고, 개진은 경솔한 망동[妄擧]이 아니다"(11-1)라고 단언한다. 유길준에게 '보수'와 '개진'은 서로 대립되는 개념이 아니라 서로 보완되는 개념이었다. 그 실천의 방법이 '경려(競勵)'다. '인간의 미리공익(美利公益)'을 성취하고 '천하의 현체실경(現體實景)'을 보전하려면 서로 겨루고 서로 격려하는 '상경상려(相競相勵)'가 필요하다. 경려는 서로 다투는 분경(紛競)이 아니라 "선으로 나아가는 면려(勉勵)"다(4-2). 경려는 인간의 이익을 늘릴 뿐 아니라 사회질서를 보수하는 데 필요한 원리다.

유길준에게 '지선극미한 경역'은 점진적으로 나아가야 할 영역이었다. 개화는 지선극미한 경역을 향해 나아가는 과정이다. 여기서는 그것을 향해 부단히 나아가는 '면려', '경려'의 정신과 노력이 필요하다. 진보주의자들은 유토피아를 꿈꾼다. 아름답지 못한 현실의 혁명적 개혁을 통해 일거에 지선극미한 경역에 도달할 수 있다고 믿는다. 하지만 지선극미한 경역은 점진적 개혁, 즉 면려를 통해 도달할 수 있다. 지속적인 면려, 점진적 변화를 통해 반개화한 자, 미개화한 자도 개화하는 자의 경역에 이를 수 있다. 개화하는 것은 온갖 사물을 궁구하고 경영해서 날로 새롭고 또 날로 새롭기를 기약하는 것이다(14-2). '면려'는 짐작과 비교를 통해 사단취장을 되풀이하는 과정이다. 고금의 짐작과 피아의 비교는 윤색과 개정에 의한 점진적 보수의 방법이다. 보수(保守)는 보수(補修)하는 것이다.

9. 에필로그: 한국 보수주의의 원점

유길준의 개화 개념과 실학정신은 한국 보수주의의 한 기원을 보여준다. 유길준은 비서구사회에서 서양의 근대를 수용했을 때 출현하는 보수의 존재 양태를 자기 방식으로 보여주었다. 1880년대 위정척사파나 수구파와는 다른 유형의 보수주의를 보여주었다. 개화파의 진보주의적 혁명적 개혁 구상과도 구별되는 보수주의였다. 그것은 한국 보수주의의 원점이라 할 수 있다. 유길준이 제시한 실학적 사유와 보수주의는 이후에 전개될 한국사상을 이해하는 하나의 준거가 될 수 있다. 극단적 보수(우파)와 극단적 진보(좌파)의 행태와 양자간의 비관용적 쟁투만이 있을 뿐 진정한 이념으로서의 '보수주의'와 '진보주의'를 찾아보기 어려운 현대 한국의 사상지형에 관한 반성적 성찰을 제공한다. 이러한 이해방식은 유길준의 사상을 보수주의로 파악했을 때 가능해진다. 유길준의 문명사상을 근대사상의 진보적 수용으로 간주하고 그의 보수적 사유를 한계로 지적하는 이해방식으로는 유길준 사상의 '실상'을 포착해 내기 어렵다.

오늘날 한국에서 보수주의를 논하기는 쉽지 않다. 보수주의의 일차적 조건은 역사로 이해되는 전통과 전통에 축적된 경험과 지혜를 중시하는 것이다. 현대 한국에서는 전통이 무엇인지 말하기 어렵다. 유교사회의 것이 더 이상 전통은 아니다. 식민지 시대의 근대 경험도 전통일 수 없다. 박정희 시대에 '만들어진 전통'도 전통으로 여겨지지 않는다. 진보는 역사에 축적된 전통을 보려 하지 않는다. 역사청산은 전통의 청산 내지 부재를 뜻한다. 진보는 무엇을 보수할 것인지를 생각하지 않는다. 보수와 보수주의에 대한 이해 없이 습관적으로, 배타적으로 보수를 부정한다. 보수도 전통이 무엇인지, 보수주의가 무엇인지를 성찰하지 않는다. 보수의 이념적 근거가 무엇인지를 생각하지 않는다. 진보건 보수건 이즘(ism)에 관한 성찰은 찾아보기 어렵고 편협한 정치적 행동만이 있을 뿐이다. 이러한 양상은 잇단 정치변동을 거치면서 역사(전통)의 단절을 반복한 한국의 특수한 사정과도 무관하지 않을 것이다.

1880년대 유길준은 보수주의의 준거로 삼을 전통을 상정할 수 있었다. 보수해야 할 제도(군주제)와 가치(유교윤리)가 있었다. 앤서니 퀸튼 (Anthony Quinton)에 따르면 보수주의는 전통주의, 유기체주의, 정치적 회의주의의 세 가지 원리에 기초한다. 전통주의는 확립된 관습과 제도에 대한 애착이나 존경을 가리킨다. 보수주의자들은 혁명적 변화를 기피한다. 유기체주의는 사회는 자연스럽게 성장하는 일체적인 것이며, 기계적 집합물이 아니라 살아있는 조직체라는 사회관에 기초한다. 사회는 추상적 개인이 아니라 계승된 관습과 제도에 묶여 고유의 사회성을 갖는 인간에 의해 구성되며, 사회질서는 공동체에 축적된 지혜의 결정이다. 정치적 회의주의는 인간의 정치적 지혜는 사변적 이론이 아니라 사회적 경험에서 발견된다는 신념과, 지식은 전통적 관습이나 제도의 퇴적, 정치적 경험을 축적한 사람들에 의해 구현된다는 견해에 기초한다(Quinton 1978, 16-22). 정도의 차이는 있겠지만 유길준의 보수주의에서 이러한 요소를 찾아내기는 어렵지 않다.

유길준은 진보와 여러 측면에서 대비되는 보수의 모습을 보였다. 진보는 완전함 혹은 완벽함(perfection)을 믿고 그것을 현실에 적용하고자 한다. 보수는 완전함을 생각하지만 쉽게 실현될 것을 기대하지 않고 인간과 사회의 불완전함(imperfection)을 전제로 삼는다. 유길준은 '진미극선한 경역'이라는 완전함을 상정하고 그것을 지향했지만 그것에 이르기 위한 부단한 정진을 얘기하였다. 보수주의는 전통을 보수하되 개혁을 부정하지 않는다. 전통을 보전하기 위한 점진적 개혁을 주장한다. 유길준은 지켜야 할 '자기의 선미한 것'과 타자의 장점을 받아들여 '윤색'과 '개정'에 의거해 '변통', '변역'을 해야 한다고 주장하였다. 개혁은 "자기의 선미한 것을 보수"하기 위한 것이었다.

진정한 보수주의자들은 균형감각(평형감각)을 중시한다. 개인의 자유도 존중하지만 이를 사회질서 속에서 파악한다. 보수와 개혁의 균형, 전통과 근대의 평형을 말한다. 유길준은 '득중'이라고 했다. 진보주의자는 완전한 인간을 상정하지만, 보수주의자는 인간의 불완전함을 인정하고 역사에 축적된 경험과 지혜에 기초한다. 유길준은 실상과 경험을 중시하였다. 지식과 이론에 입각한 허명개화를 벗어나 사물의 이치와 근본을 궁구하고 나라의 처지와 시세에 합당한 실상개화로 나아가는 일은 "세월이 오래되어 무한한 연력(練歷)이 있은 후에" 가능하다고 보았다.

진보가 이념을 중시하고 이념에 의탁하여 세상의 급진적 개혁을 시도하는 데 비해, 보수는 체험을 중시하고 인간/역사의 체험을 토대로 점진적 개혁을 모색한다. 유길준은 전통을 중시하고 시세와 처지에 맞는 변통, 즉 점진적 개혁을 주장하였으며 과불급의 중용 이념을 제시하였다. "사물의 이치와 근본을 궁구하고 고량(考諒)하여 나라의 처지와 시세에 합당하게 하는" 개화는 '득중(得中)'을 통해 가능하다고 보았다. 경험주의와 점진주의는 유길준의 보수주의를 지탱하였다.

1880년대는 서양 수용을 위한 진보의 발상과 전통 보전을 위한 보수의 발상이 교착한 시기였다. 비서구사회에서 서양문명을 수용했을 때 보수주의는 전통의 보수뿐 아니라 생존을 위한 개혁을 동시에 모색해야 하는 사상 과제를 안게 된다. 유길준은 이 사상과제에 민감하게 반응하면서 전통에서 무엇을 보수하고 생존을 위해 무엇을 개혁해야 하는지를 분명히 하였다. 유길준은 '진미극선한 경역'(또는 '완미한 경역')을 상정하면서도 '고풍구례'를 말한다. '진미극선한 경역'과 '고풍의례'는 각각 진보와 보수를 상징하는 대립 개념으로 비칠 수도 있다. 하지만 유길준은 '진미극선한 경역'을 상정하되 그것은 완전함이기 때문에 도달하기 어려운 목표라 생각하였다. 도달하기 어려운 완전함을 향한 '면려', '경려'는 인간의 불완전함을 전제로 한다. '고풍구례'는 인간의 불완전함이 역사적 세계에서 만들어 낸 '면려', '경려'의 축적으로서 변화를 위한 중요한 준거로서 작용하는 것이다. 변통과 변역의 논리는 인간과 사물의 완전함에서 나오는 것이 아니라 인간과 사물의 불완전성에서 도출되는 것이다. 여기서 '진미극선한 경역'과 '고풍의례'는 대립 개념이 아니라 보완 개념이 된다.

일러두기

1. 이 책은 『서유견문』(1895년 4월 동경 교순사(交詢社) 간행본)을 우리말로 옮기고 평설(評說)을 붙인 것이다.

2. 이 책에서는 『서유견문』의 서문과 비고, 본론 제1편~제14편을 실었다. 서양의 풍속과 도시를 소개한 제15편~제20편은 분량 및 이 책의 주제와 관련하여 생략하였다.

3. 원문은 국한문 혼용체다. 번역은 의역을 원칙으로 했다. 다만 유길준의 의식과 사상을 함축한 개념어, 시대적 의미를 표상하는 한자어의 경우 번역을 하지 않고 원 한자어를 그대로 사용한 곳도 있다. 현행 한자어로 옮겼을 경우 원 한자어를 병기한 곳도 있다.

4. 각 편의 주요 단락을 망라하였지만 생략한 단락도 있다. 수록한 단락 중에도 일부 생략한 대목도 있다. 생략한 부분은 [전략] [중략] [후략]으로 표기해 두었다.

5. 번역문은 읽기 편하도록 문단을 나누고 구두점, 인용 부호를 붙였다.

6. 번역문 각 단락의 글머리에 붙인 숫자([1], [2], [3]…)는 원문에서 두주(頭註) 형태로 붙여진 문단 번호를 가리킨다. 평설에 쓰인 대괄호 숫자도 마찬가지다.

7. 책명, 신문잡지명에는 겹낫표 『 』를 붙였고, 편명, 기사명, 논문명에는 홑낫표 「 」를 사용하였다.

8. 번역문에 사용된 소괄호( )는 원문에 사용된 것이다. 대괄호〔 〕는 역해자의 보충 설명이다.

9. 원문은 번역문의 문단에 맞추어 단락을 나누었다.

서유견문 서

성상(聖上)[고종]이 등극하신 지 18년째 되는 신사년[1881] 봄에 동(東)으로 일본에 건너가[遊] 저들 인민의 부지런한 습속과 사물의 번창한 경상(景像)을 보았는데 내가 생각했던 것과 달랐다. 그 나라 안의 다문박학한 선비와 더불어 의견을 나누고 글을 주고받으면서 저들의 생각을 듣고 신견기문(新見奇文)의 책을 읽고 되풀이해서 탐구하는 동안 저들의 사정을 생각하고 실경(實境)을 파헤쳐 알고 진계(眞界)를 깨쳐 열었는데, 저들의 시책[施措]과 법규[規矱]가 서양의 풍을 모방한 것이 십의 팔구였다.

일본은 유럽의 네덜란드와 통교한 지 200여 년이 넘었지만 이적(夷狄)이라 물리치고 변문관시(邊門關市)를 허용했을 뿐이다. 그러다가 구미 나라와 조약을 체결한 뒤부터 교의(交誼)의 돈밀(敦密)함을 좇고 시기

(時機)의 변개(變改)함을 살펴 저들의 장기를 취하고 제도[規製]를 받아들여 30년 동안에 이처럼 부강을 이룰 수 있었다. 그렇다면 홍모벽안(紅毛碧眼)[서양인]의 재예(才藝)와 견식이 남보다 뛰어남이 반드시 있으니, 내가 예전에 생각했던 것처럼 순전한 야만종에 그치지 않을 것이다.

나는 이번 유람(遊覽)에 한 편의 기록이 없을 수 없다고 해서 마침내 문견을 수집하고 또 서적을 참고[傍考]하여 일부 기록을 만들었다. 때는 임오(壬午)년[1882] 여름이었다. 우리나라도 구미 나라에 우호 조약을 허용하게 되었는데 그 소식이 에도[도쿄]에 들려왔다. 나는 기록하는 데 오로지 힘을 쏟으면서 '내 몸이 서양 여러 나라에 가지 않고 타인의 찌꺼기[緖餘]를 엮어 모아 이 기록에 옮겨 쓴 것이 꿈속에서 남의 꿈을 얘기하는 것과 다를 바 없지만, 저들과 사귀는데 저들을 모르면 안 되기 때문에 저들의 일을 싣고 저들의 습속을 논하여 국인(國人)에게 고람(考覽)을 제공하면 터럭이나마 도움이 없지 않을 것이다'라고 생각하였다. 하지만 목격한 진경(眞景)을 아직 그리지 못한 것이 스스로 미심쩍었다.

그런데 얼마 되지 않아 나라 안에 갑자기 변란이 일어났다. 전보의 풍문으로 비록 그 실거(實據)는 확실치 않았지만, 이역[殊域] 산천을 방황하면서 임금과 어버이 생각이 더욱 간절하였다. 그 즈음 운미(芸楣) 민(閔)공(공의 이름은 영익(泳翊)이며, 운미는 그의 호다)이 배를 타고 와서 난이 평정된 전말을 말하였다. 또한 나의 우졸함을 멀리하지 않아 그해 겨울 돌아갈 적에 함께 데려다주었다. 어찌 여러 해 된 객심(客心)이 깊이 감동받고 기쁘게 뒤따르지 아니하겠는가. 이듬해 계미(癸未)년[1883]

에 외무낭관(外務郎官)에 뽑혀 윤허하신 성은을 욕보이니, 감격하여 스스로 힘써 갚고자 하는 뜻은 더욱 굳었지만 나이가 아직 어리고 학식이 아직 모자라 감히 그 자리를 사양하였다. 일동(日東)[일본]에서 견문한 기록을 편집했는데, 어떤 이가 원고를 가져가 없어져 탄식을 금할 수 없었다.

이때 합중국 전권공사가 내빙(來聘)하였고, 우리나라도 보빙(報聘)하는 예를 논의하여 문무와 재덕을 겸비한 인재를 구하게 되었다. 민 공이 이 선발에 응했고 나는 공의 [미국]행을 수행하여 만 리 여정에 나서게 되었으니, 또한 유람을 위해서였다. 미국의 수도에 이르러 보빙사일이 끝나고 공이 장차 복명을 하게 되자 나를 [미국에] 머물게 하여 탐구하는 책무를 맡기셨다. 그리고 [미국] 외무부에 부탁하여 돌보아주는 혜의(蕙意)를 구하였다. 외무부도 기뻐하며 공의 심원한 뜻을 따르고 친목한 정의를 느꼈다. 나는 단지 하찮은 일개 서생으로 학식은 나라를 빛내기에 부족하고 재능은 남에 견주기에 미치지 못한다. 그런데 감히 사신의 명을 받아 외국에 유학하는 이름을 짊어지니 나의 영예는 아주 크다. 하지만 만일 사소한 성취가 없다면, 첫째로는 국가에 부끄러움을 끼치는 것이고, 둘째로는 공의 정중한 부탁을 욕되게 하는 것이다. 이를 두려워하고 이를 경계하여 언행을 스스로 삼가고 지기(志氣)를 스스로 굳게 하며 근면하는 뜻을 더하고 수진(修進)하는 공(工)을 기약하였다.

그 나라의 사물을 알고자 하면 그 문자를 모르면 안 되고, 그 문자를 알고자 하면 그 언어를 배우지 않으면 안 될 것이다. 이것들은 여러 해 동안 익혀야만 성과를 얻을 수 있지, 여러 날 만에 성과를 볼 수는 없다.

매사추세츠 주의 학문 대가 모스(毛氏)[Edward Morse]에 나아가 가르침을 청하였다. 매사추세츠 주는 합중국 문물의 중심지라 불리는데, 위대한 인물들(鴻匠巨擘)이 배출된 고장이다. 때문에 이 고장 사람들의 학술 공예가 미국에서 으뜸인데, 모스는 재주가 뛰어나고 지식이 넓어 미국 전체에서 학식의 우두머리[統領] 위치에 있고 그 명성[名聞]을 세계에 떨친 자다. 나에게 공부하는 순서를 일러주었고, 학교를 출입하는 제반 규정을 알려주었으며, 자기 집에 머무를 수 있게 해주었다. 학술[理術]의 가르침이 지극히 간곡하였고 친구를 사귈 때도 문인이나 학자와 사귈 것을 권하였다. 그리하여 개진자익(開進資益)하는 데 그의 도움이 적지 않았다. 보는 바가 차라리 치우칠지언정 허황된 비난은 벗어났고, 듣는 바가 차라리 간략할지언정 거칠다는 폐단은 면하였다.

저들의 말을 조금씩 알게 되고 저들의 풍속에 점차 익숙해지면서 술 마시는 연회[燕集]에 초대받았고 가무하는 모임[會遊]에도 참석하였다. 저들의 한일우락(閒逸憂樂)하는 풍습을 알게 되었고, 혼례나 장례의 의례[儀節]를 살펴보았으며, 길흉의 규례(規禮)도 알게 되었다. 학교의 제도를 살펴 교육하는 깊은 뜻을 연구하였고, 농공상의 일을 보고 부유한 경황(景況)과 편리한 제도[規模]를 탐색하였으며, 무비(武備), 문사(文事), 법률, 조세의 규칙을 알아보고 그 나라 정치의 대강을 이해하였다.

그런 뒤에 비로소 크게 탄식하고 매우 두려워하여 '민 공이 내가 재주 없음을 미더워하지 않고 이곳에 유학하게 한 뜻은 까닭이 있는 것이다. 내가 게으른 습성으로 시간을 소모한다면 어찌 옳겠는가?'라고 생각하였다. 그래서 들은 것을 기록하고 본 것을 베끼고 또 고금의 서적에서 참고되는 것을 발췌하여 한 질을 만들었다. 하지만 학업에 힘써 여가를 얻지 못해 번잡한 것을 미처 고치지 못하고 목차[編次]도 아직 정하지 못했다. 궤짝 속에 묶어둔 채 귀국하면 이 일을 마치겠노라고 스스로 기약하였다.

갑신년[1884년] 겨울 강의실에서 토론하고 있었는데, 한 학생이 신문 조각을 들고 와, "너희 나라에 변고가 일어났다"라고 하였다. 깜짝 놀라 안색이 변해 숙소로 돌아왔다. 마침 큰 눈이 정원 소나무에 쌓여 있었고 음산한 바람이 유리창을 두드렸다. 밤새도록 침상에서 뒤척거리면서 잠을 이루지 못하고 고국 생각이 만 리 바다[重溟]를 사이에 두고 오락가락했지만 달려가 문안하는 의(義)를 펴지 못했다. 그 사이에 소식이 막연해졌다. 애정(哀情)의 분개함이 밤낮으로 더욱 격해졌지만 떨쳐 날아갈 수 없음이 한스러웠다.

이듬해 을유년[1885년] 가을에 대서양의 파도와 홍해의 무더위를 무릅쓰고 지구를 돌아 그해 겨울 제물포에 도착하였다. 이때부터 강석(江石) 한(韓) 공(이름은 규설(圭卨)이며, 강석은 그의 호다)의 집에 머물렀다. 공은 뜻있는 군자로서 나의 집술(輯述)하는 일을 돌봐주었다. 정해년[1887년] 가을에 한적한 숲속 정자로 거처를 옮기도록 허락해 주었다. 묵은 원고를 펼쳐보았더니 태반이 산실(散失)하여 몇 년 동안 들였던 공이 눈 녹은 진창의 기러기 발톱자국이 되어버렸다. 남은 것을 편찬하고 이미 없어진 것을 증보하여 20편의 책을 만들었다.

'서유'와 '견문'

유길준은 서문에서 일본에 동유(東遊)하고 미국에 서유(西遊)하게 된 경위와 『서유견문』을 집필하게 된 동기를 적고 있다. 동유는 동쪽에서 노닌다는 뜻이고, 서유는 서쪽에서 노닌다는 말이다. 노닌다는 것은 유람(遊覽)이라 말하기도 한다. 유람은 익숙한 자연풍경을 즐기거나 사적을 살펴보는 것을 뜻한다. 옛날 문인들은 동쪽의 금강산, 주왕산과 같은 산이나 옥산서원과 같은 명승고적을 유람할 때 동유(東遊)라는 말을 썼다. 서유는 서쪽 지방의 개성이나 강화도를 유람하는 것이다. 예컨대 유휘문(柳徽文, 1773~1832)은 송도와 강화도 일대를 유람한 뒤 스러진 고려 역사를 회고하는 심정을 담은 『서유록(西遊錄)』을 남겼다. 조선의 선비들에게 노닌다는 것은 단순한 유희가 아니었다. 유학(遊學), 유력(遊歷)이란 말은 노닐면서 세상을 경험하고 배운다는 뜻이 있었다. 도쿠가와 말기 일본의 무사들도 견식을 넓히고 다른 번의 무사들과 교유하기 위해 자기가 속한 번(藩)을 벗어나는 행위를 유학, 유력이라 했다. 지금은 유학은 머무르면서 배운다[留學]는 한자어를 쓰지만 이때는 달랐다.

해외 유람은 나라밖 세계를 노니는 행위로서 세계를 향하는 심성을 담고 있다. 해외 유람은 일정한 의도와 특정한 기획과 비상한 결단이 요구되는 비일상적인 행위였다. 1880년대 한국은 개항과 더불어 근대 주권국가체제에 편입되고 서양문명을 받아들여야만 했다. 이제 서유는 서양으로의 유람을 뜻하게 된다. 서유의 행위는 주권국가를 상정하는 새로운 국제관계가 전개된 것과 관련된다. 유길준이 한국인 최초로 일본과 미국을 노닐며 배우는 기회를 갖게 된 것은 한국이 개항을 하고 신사유람단(조사견문단)과 보빙사를 일본과 미국에 파견하면서였다. 유길준은 일본에 동유할 기회를 얻었고 미국에도 서유할 수 있었다. 유길준의 유학은 민영익의 주선 혹은 의도로 성사된 일이었지만, 새로운 국제관계가 시작되고 서양문명을 받아들이게 된 시대적 맥락에서 필연적으로 발생한 일이었을 것이다. 유길준이 아니더라도 누군가가 일본에, 서양에 유학을 떠났을 터다. 하지만 다른 사람이 아니라 유길준이었기에 『서유견문』은 탄생할 수 있었다. 유길준은 1880년대 개항과 개방의 상황을 예민하게 읽어 내는 감성과 새로운 지식과 현상을 받아들이는 지적 능력을 갖추었던 인물이다. 무엇보다 그는 한국을 문명사회로 이끌고자 하는 의지가 있었기 때문에 『서유견문』을 쓸 수 있었다.

유길준은 일본에서 유학하면서 일본 인민의 근면한 습성과 일본사회의 번창한 실체("실경", "진계")를 보았는데, 발전의 실체는 유길준이 생각했던 것과 많이 달랐다. 유길준이 보기에 일본은 개항 이후 쇄국에서 벗어나 외국과 우호관계를 유지하면서 시세의 변화에 따라 서양의 장기를 취하고 법제를 받아들여 한 세대 만에 부강을 이루었다. 사단취장 (捨短取長)의 발상이 엿보인다. 유길준은 메이지 지식인과 대화하고 토론하면서, 그리고 일본에서 간행된 서양문명서를 열심히 읽고 깊이 생각하였다. '다문박학한 선비'는 유길준의 선생이었던 후쿠자와 유키치 [福澤諭吉]를 지칭하며, '신견기문의 책'은 후쿠자와의 『서양사정』, 『문명론의 개략』을 포함한 메이지 계몽서를 가리킬 것이다. 유길준은 토론과 독서를 통해 일본사회의 발전을 가져다준 "서양의 풍"을 읽어냈다. 서양의 근대문명을 발견하였다. 그리고 서양이 야만이 아니라 재주와 견식이 뛰어난 문명임을 깨달았다. 동유는 일본관의 변화뿐 아니라 서양관의 전환까지 초래한 것이다. 유길준은 동유에서 서유에의 길을 발견하였다.

서유는 민영익의 배려도 있었지만, 유길준이 동유에서 접하게 된 서양문명을 알고자 하는 욕망에서 비롯되었을 것이다. 서유는 서양세계에 노닌다는 말이다. 전통시대에 중화체제가 한중관계를 규율하고 해금(海禁)체제가 배를 이용한 나라밖 여행을 제한하는 상황에서 서유는 중화세계의 중심인 중국에의 유력(遊歷), 유학(遊學)을 가리킨다. 유학생이 많았던 신라, 고려 때와 달리 명청조 때 조선시대에는 제한된 사대사행(연행사행)이 서유의 통로였다. 중원 중심의 중화세계에서는 동쪽 바다를 건너가는 동유의 발상은 보이지 않았다. 조선통신사의 사행은 '동사(東槎)', '해행(海行)'으로 표현되곤 했다. 왜국 일본으로의 유람, 유학이라는 발상은 없었다. 아마도 유람, 유학은 조선 유학자들의 천하관과 지정학적, 지문화적 자기규정과 관련될 것이다. 문명에 노닌다는 뉘앙스가 있을 것이다. 유길준의 선배 김윤식은 1910년 동양학자 이마제키주마로[今關壽麿]가 "도덕을 하나로 만들고 풍속을 함께하려는" 뜻을 갖고 중국 지식인들과 교유하기 위해 중국행에 나선 것을 "서유중화(西遊中華)"라 표현한 적이 있다. 그는 이마제키의 서유가 유학의 도에 따라 "동아 대국(大局)을 지키고 함께 태평의 복을 누리려는 것이지 막연한 유람이 아니다"라고 변호하였다(「送今關天彭(壽麐)西遊中華序」『雲養續集』
卷2).

유길준이 말하는 서유에서 '서'는 서쪽 방향을 가리키는 말이 아니다.
유길준의 미국행은 나가사키를 거쳐 미국에 도착할 때까지 '동'으로 이
동하는 여정이었다. '서'는 방위적 의미를 상실하고 서양세계를 가리키
게 된다. '서유'는 서양의 문명세계를 유람하는 것이었다. 1880년대는
중화적 가치와 동아시아 국제관계가 분리되기 시작한 1880년대 맥락에
서 이제 '유람', '유학'의 대상은 새로 부상한 일본으로, 그리고 그것을
추동한 서양으로 향한다. 이제 '견문'은 서양을 대상으로 한 것이란 점
에서 이전과 다르다. 일본과 서양 열강에 문호를 개방한 이후 '서유'와
'견문'의 의미는 바뀌었다. 강화도조약 체결 이후 수신사가 두 차례 일
본에 파견되었는데 유길준은 두 차례 모두 수행원으로 '동유'에 나섰다.
사절단의 명칭은 신사유람단(紳士遊覽團)인데, 사절단 명칭에 '유람'을
사용했음에 주목할 필요가 있다.

'견문'과 정체성

견문은 남과 나를 비교하는 의식을 수반한다. 유길준은 서양의 문명
과 제도와 풍속을 서술하는 구상을 하면서 지피지기(知彼知己)와 사단
취장(捨短取長)의 논리를 동원한다. 이 논리는 개항, 개방의 시대상황에
서 자기와 타자의 관계를 설정할 때 널리 보인다. 도쿠가와 말기 일본
무사들도 페리 내항으로 개항을 강요당한 이래 지피지기와 사단취장의
논리를 내세웠다. 이와 더불어 직접 체험이라는 문제가 부상한다. 나,

우리의 기준으로 생각해서는 남을 제대로 알 수 없다. 남을 제대로 알려면 그들의 세계를 직접 체험해야만 한다. 페리 내항 이후 사쿠마 쇼잔[佐久間象山], 요시다 쇼인[吉田松陰]과 같은 막말 무사들은 적(서양 열강)을 이기기 위해서는, 지피지기를 위해서는 실지(實地)에 가서 서양 열강의 부국강병을 실제로 확인하고자 했다. 실지를 직접 체험해야 한 다는 의식이 비록 부정확하거나 막연한 것일지언정 이는 유럽세계에 대한 지식이 있을 때 가능하다. 무지하면 실지를 체험한다는 의식조차 생겨날 수 없다.

유길준의 서유는 견문이라는 직접 체험을 의도한 것이다. 박규수 밑에서 위원(魏源)의 『해국도지(海國圖志)』를 읽었던 유길준은 서양세계에 대한 지식이 있었을 터다. 그는 일본에 가서 메이지유신 이후 일본에 반영된 서양근대의 모습을 보았다. 하지만 일본을 매개로 서양을 보는 데에는 한계가 있었다. 그것은 번역된 서양이기 때문이다. 유길준은 토론과 독서만으로 서양을 이해하는 것은 "내 몸이 서양 여러 나라에 가지 않고 타인의 나머지를 엮어 모아" "꿈속에서 남의 꿈을 얘기하는 것"과 다를 바 없으며, 서양의 진짜 모습("진경")을 제대로 파악하기는 어렵다고 토로한다. 실경(實景), 진계(眞界), 진경(眞景)이란 말에는 서양문명의 진정한 모습과 서양세계의 진실을 보고 싶어 하는 유길준의 심리가 담겨 있다. 유길준은 문명의 진보를 상정할 때 도달할 수 없는 "가장 아름다운 경지"라는 말을 쓰곤 했다. 서유(미국행)는 서양의 실경, 진계, 진경을 직접 견문할 기회였다. 유길준에게 만리 길의 서유는 '유람'이었다.

聖上御極ᄒ신十八年辛巳春에余가東으로日本에遊ᄒ야其人民의勤勵ᄒ 習俗과 事物의繁殖ᄒ 景像을見ᄒᆷ이竊料ᄒ든배아니러니及其國中의多聞博學의士를從ᄒ야 論議唱酬ᄒᄂ際에其意를掬ᄒ고新見奇文의書를閱ᄒ야反覆審究ᄒᄂ間에其事를 考ᄒ야實境을透解ᄒ며眞界를披開ᄒ則其施措規矱이泰西의風을摹倣ᄒ 者가十의 八九를是居ᄒ니

盖日本이歐洲和蘭國과其交를通ᄒᆷ이二百餘年에過ᄒ나夷狄으로擯斥ᄒ야邊門 關市를許ᄒᆯᄯᆞ름이러니爾來歐美諸邦의約을訂結ᄒ 後로브터交誼의敦密ᄒᆷ을隨ᄒ며 時機의變改ᄒᆷ을察ᄒ야彼의長技를是取ᄒ며規製를是襲ᄒᆷ으로三十年間에如斯히 其富强을致ᄒᆷ이니然則紅毛碧眼의才藝見識이人에過ᄒ 者가必有ᄒᆷ이오余의舊日 量度ᄒ바ᄯᅩ치純然ᄒ 蠻種에不止ᄒᆷ이라

余의此遊에一記의無ᄒᆷ이不可ᄒ다ᄒ야遂乃聞見을蒐輯ᄒ며亦或書籍에傍考ᄒ 야一部의記를作ᄒᆯ시時ᄂ壬午의夏라我邦이亦歐美諸國의友約을許ᄒ야其聞이江 戶에達ᄒ거ᄂ余가其記에力을用ᄒᆷ이頗專ᄒ야曰余身이泰西諸邦에未至ᄒ고他人의 緒餘를綴拾ᄒ야此記에寫ᄒᆷ이夢의中에人의夢을說ᄒᆷ과其異가不無ᄒ나彼를交ᄒᆷ이 彼를不知ᄒᆷ이不可ᄒ則彼의事를載ᄒ며彼의俗을論ᄒ야國人의考覽을供ᄒ야猶且 絲毫의補가不無ᄒ다호디目擊ᄒ 眞景을未寫ᄒᆷ으로自疑ᄒ더니

未幾에國中의變이倉卒에起ᄒᆷ이電報의風聞으로雖其實據ᄂ未瑩ᄒ나殊域의山 川에彷徨ᄒ야君親의念이方切ᄒ 際에芸楣閔公(公의名은泳翊이니芸楣ᄂ其號라)이 航至ᄒ야亂平ᄒ 顚末을語ᄒ고且余의迂拙ᄒᆷ을不遐ᄒ야其冬의歸ᄒᆷ에與俱ᄒ則經 年ᄒ 客心이엇지湥感ᄒ며樂從치아니리오越明年癸未에外務郎官의選을被ᄒ야允可 ᄒ신聖恩을猥忝호니感激自勵ᄒ야欲報ᄒᄂ志ᄂ益堅ᄒ나年紀의未長ᄒᆷ과學識의

未達홈으로敢히其職을辭호고日東에見聞의記호바를編輯호다가其藁가人의袖去홈을被호야烏有를化혼지라咨嗟홈을不勝호더니

是時에合衆國全權使가來聘홈이我邦이報聘호는禮를議호야文武才德의兼備혼材를求호싀閔公이是選에實膺호고余는公의行을是從호야萬里의行을作호니亦遊覽을爲홈이라及其國都에至호야使事가完홈이公이쟝첫命을復홀싀余를留호야探究호는責을授호고乃其外務府에托호야顧護호는惠意를求호니外務府가亦悅호야公의淺遠혼意를服호고親睦혼誼를感호는지라余惟眇少혼一書生으로學識은國을華호기不足호며才能은人에齒호기不及호고乃敢使臣의命을受호야外國에留學호는名을擔호니余의榮은極大호나若些少의成就가無호면一則國家에羞를貽홈이오二則公의鄭重혼托을辱됨이라是를慄호며是를戒호야言行을自愼호며志氣를自强호야勤勉호는意를加호고修進호는工을期홀싀

其國의事物을欲知홈애其文字를不解홈이不可호고其文字를欲解홈애其言語를不學호면不得홀디니此는累載의肄習을從호야其功을獲奏호는者오時日의頃에成效를立見호기不能혼事라磨沙州學問大家毛氏에就호야其敎를請호니盖磨沙州는合衆國의文物主人이라稱호니鴻匠巨擘의輩出혼地라是以로其地人의學術工藝가美洲에冠호며且毛氏는宏才博識이美洲全幅學識統領의位에居호야其名聞이宇內에轟振혼者라余의修業호는次序를指授호야學校에出入홈애百爾規程을擔認호며且其家內에許留호야理術의訓誨가極懇호고朋輩의追逐에至호야도文人學士의交를勸證호는故로開進資益호는道에其助가不鮮호니所視가寧偏이언뎡浮虛혼譏는脫호고所聞이寧略이언뎡荒麤한弊는免호야

其語를稍解호고其俗에漸慣홈이航觸의燕集에招接홈을被호며歌舞의會遊에參觀홈을獲호야其間逸憂樂호는風習을知호고婚葬의儀節을考호야吉凶의規禮를得

ᄒ며學校의制度를究ᄒ야敎育ᄒᄂ深意를窺ᄒ고農工賈의事를見ᄒ야其富盛ᄒ景
況과便利ᄒ規模를探繹ᄒ며武備文事法律賦稅의諸規則을訪問ᄒ야其國政治의梗
槩를畧解ᄒ

　然後에始乃浩然히歎ᄒ고瞿然히懼ᄒ야曰閔公이余의不才ᄒ음을不鄙ᄒ고此地에
留學케함은其意가有以ᄒ이니余ᄂ遊怠ᄒ習性으로日月을消耗ᄒ이豈可ᄒ리오ᄒ야
聞ᄒᄂ者를記ᄒ며見ᄒ者를寫ᄒ고又古今의書에披考ᄒᄂ者를撮繹ᄒ야一帙을成
ᄒ나學業을從修ᄒ야餘暇를不得ᄒᄂ故로繁冗을未刪ᄒ며編次를未定ᄒ고箱篋中
에束實ᄒ야歸國ᄒᄂ日에其工을竣ᄒ기로自期ᄒ더니

　甲申의冬을當ᄒ야講室問難ᄒᄂ際에學徒一人이新聞小片을手ᄒ야曰子의國에
變이有ᄒ다ᄒ거늘愕然히顏色이動ᄒ야寓舍에歸ᄒ則時에大雪이庭松을壓ᄒ고陰風
은牕鏡을打ᄒ니終夜枕上에輾轉ᄒ야睡를不成ᄒ고故國의念이萬里重溟을隔ᄒ야
來往호ᄃᆡ奔問ᄒᄂ義를未伸ᄒ고中間에音聞이漠然ᄒ애衷情의憤懣홈이晝宵彌激
ᄒ나能히奮飛치못함이恨이로다

　明年乙酉秋에大西洋의風濤와紅海의薰熱을凌ᄒ고地球를繞ᄒ야是年冬에濟物
浦에抵ᄒ애此로從ᄒ야江石韓公(公의名은圭卨이니江石은其號라)의家에客ᄒ니公
은有志ᄒ君子라余의輯述ᄒᄂ事를顧ᄒ야丁亥秋에間僻ᄒ林亭에移處홈을許ᄒ거
늘舊藁를披閱ᄒ니其太半이散失ᄒ야數年의工이雪泥의鴻爪를作ᄒ지라餘存ᄒ者
를輯纂ᄒ며已失ᄒ者를增補ᄒ야二十編의書를成호ᄃᆡ

　우리글[我文]과 한자를 혼용하고 문장의 체재(體裁)를 꾸미지 않고 속
어를 사용하여 뜻을 전하는 데 힘썼다. 원래 여러 해 보고 들은 실사(實事)

와 배워 익힌 졸렬한 것[拙工]을 모호하게 꾸며놓았기 때문에 소루(疏漏)하다는 비난을 벗어나기 어렵고 잘못된 실수도 있을 것이다. 하지만 비유하자면 산을 그리는 것과 같다. 그림을 잘 그리고 못 그리는 것은 손놀림의 운용과 의장(意匠)의 경영에 달려 있다. 아직 7할의 진경(眞境)에도 다가가지 못하였지만, 우뚝 솟아있는 것은 큰 봉우리이고, 한없이 널린 것은 돌이며, 들쑥날쑥하면서 무성하고 짙고 옅으면서 깊고 수려한 것은 초목이다. 때로 구름연기의 변태이상(變態異狀)을 그려내는 것은 바로 화공의 기량이다. 이 책도 비록 서툴지만 이와 같을 따름이다. 산의 그림을 가리켜 산이라 말하는 것은 그림자[虛影]를 가리키는 것이지만, 그것이 유래한 근본은 고유한 것이다. 이 책을 읽는 사람도 이러한 생각을 가져야 할 것이다.

책이 완성된 뒤 어느 날 친구에게 보이고 비평을 구하였다. 친구는 말하길, "자네 뜻은 매우 깊지만 우리글과 한자를 혼용(混用)하는 것은 글하는 사람의 법도[軌度]를 벗어나 안목이 있는 자의 비웃음을 면치 못할 것이다"라고 했다. 나는 이렇게 답하였다. "이는 까닭이 있어서다. 첫째, 말뜻의 평순(平順)함을 취하여 문자를 조금 아는 자라도 알기 쉽게 하기 위해서다. 둘째, 내가 책을 읽은 것이 적어 작문하는 법에 미숙하므로 베껴 적는 편의를 위해서다. 셋째, 우리나라 칠서언해(七書諺解)의 법을 대략 본받아 상세히 밝히기 위해서다. 또한 우내(宇內) 만방을 둘러보건대 각 나라의 언어가 다르며, 따라서 문자도 같지 않다. 언어는 사람의 사려가 성음(聲音)으로 나타난 것이고, 문자는 사려가 형상(形像)으로 나타난 것이다. 그러므로 언어와 문자는 나누면 둘이고 합하면 하나다. 우리글은 바로 우리 선왕조가 창조하신 글[人文]이며, 한자는 중국과 통용하는 것이다. 오히려 나는 우리글을 순용(純用)할 수 없음을 한탄한다. 외국인과 사귀는 것을 이미 허용했으니 국인들이 상하, 귀천, 여자, 어린애를 막론하고 저들의 정형(情形)을 모르면 안 될 것이다. 서툴고 어려운 문자로 어지러운 이야기를 지어 정실(情實)과 어긋남이 있기보다는 쉽게 창달(暢達)할 수 있는 글뜻[詞旨]과 친근한 말뜻[語意]에 기대어 진경의 상황을 힘써 나타내야 할 것이다. 국인이 고람(考覽)할 수 있도록 민 공이 나에게 유학(遊學)과 기록[記寫]을 명했는데, 이 책을 완성하여 공의 부탁을 저버리지 않게 된 것이 매우 다행스럽다." 친구는 말했다. "그렇군. 자네 말이 혹 옳을 듯도 하다만 사람들이 어찌 말할지 훗날 공정[稱停]한 얘기를 기다리는 것이 좋을 듯하네."

(개국) 498년 기축년[1889] 늦봄 유길준 자서(自序)하다.

❈

질서변동과 언어

유길준은 직접견문(체험)을 통해 서양의 실체(진경, 실경, 진계)에 접할 수 있었다. 그런데 직접 실지를 본다고 해서 '진경'을 오롯이 파악할 수 있는 걸까. 설사 진경을 포착한다고 한들 그것을 남에게 제대로 전달할 수 있을까. 유길준은 자기가 견문한 것을 이해하기 쉬운 말로 독자에게 전달하고자 했다. 서양문명론을 저술하는 데 국한문 혼용과 속어 사용을 시도하였다. 말뜻을 평이하게 하고 서술을 용이하게 했다. 작문이 서툴러 쉽게 쓰려 했다는 말은 아마도 겸사일 것이다. 유길준은 한문, 한시에 능했다. 그래도 일본어, 영어 자료를 우리말로 옮기는 작업은 아주 번거로운 일이었을 것이다. 유길준은 사서삼경을 우리말로 옮긴 칠서언해를 참조했다고 한다. 한자와 가나를 혼용하는 메이지 일본의 문장에서도 영향을 받은 것으로 보인다. 유길준은 일본 유학에서 돌아올 때 국한문혼용체로 된 신문을 창간할 계획이었다. 신문 창간을 위해 한성부 신문국 장정(章程)을 기안하였고 신문 창간사를 써두기도 했다. 후쿠자와의 제자 이노우에 가쿠고로[井上角五郎]는 도쿄에서 주조한 한글 활자를 들고 왔다. 하지만 한성부 신문국을 만들고 신문제작 책임을 맡았던 박영효가 광주유수로 좌천하면서 유길준의 창간 계획은 좌절된다. 결국 한국 최초의 근대적 신문 『한성순보』는 순한문으로 발간되었다.

　질서변동과 언어개혁은 상관적이다. 진나라가 통일을 이루었을 때 이사(李斯)는 고대 중국의 문자를 통일하는 작업을 하였다. 신해혁명의 질서변동에서도 고전한문을 구어체 백화문으로 대체하는 언어개혁이 뒤따랐다. 일본에서도 막말 정치변동과 메이지 문명개화 과정에서 국어개혁은 중요한 쟁점이었다. 마에지마 히소카[前島密]는 쇼군에게 올린 「한자 폐지의 의(議)」라는 상신서에서 한자 폐지와 로마자 채용을 주장하였고, 메이지유신 이후 난부 요시카즈[南部義籌]와 모리 아리노리[森有禮]는 일본어의 로마자화를 둘러싸고 논쟁을 벌인 바 있다. 패전 후 민주화 개혁 과정에서도 로마자 채용을 주장한 국어개혁론이 부상한 적이 있다.

유길준이 국한문 혼용과 속어 사용을 생각한 것은 언문일치를 의도해서였다. 각 나라의 언어 문자는 서로 다르다. 한국인도 언어와 문자가 일치하는 언어생활을 해야 한다. 언어는 사유가 성음으로 나타난 것이고 문자는 사유가 형상으로 표출된 것이다. 언어와 문자는 다르지만 둘 다 사유를 표현한다는 점은 같다. 언문일치라는 발상은 기존의 언어 패러다임으로는 대응하기 어려운 상황이 출현했음을 뜻한다. 개혁개방의 상황에서는 외국과 소통해야 하며 따라서 외국어를 습득해야 할 필요성이 생긴다.

언어는 사물과 현상을 표상한다. 다른 문화권의 언어(외국어, 외래어)를 수용하는 과정에서는 그 언어가 나타내는 사물과 현상이 수용자 측에 없는 한 번역어 문제가 발생하지 않을 수 없다. 문화수용은 언어체계의 변용을 수반한다. 질서변동과 개방개혁의 상황에서 국어문제—문체와 국자(國字)의 문제—는 두 국면이 있었다. 첫째 국면에서는 한문과 국문, 외국어와 국어의 관계를 재설정하는 과정이 출현하였다. 둘째 국면에서는 국어의 규칙화 문제, 즉 문법 문제가 나타났다. 유길준은 첫째 국면에 대응하여 국한문 혼용과 속어 사용을 시도하였다. 둘째 국면과 관련해서는 한국 최초의 국문 문법서인 『대한문전(大韓文典)』(1909)을 저술하였다. 유길준은 이 문법서 서문에서 "우리 민족은 단군의 뛰어난 후예로서 고유한 언어가 있고 특유한 문자가 있어서 그 사상과 의지를 성음(聲音)으로 드러내고 기록(記錄)으로 보여주었다. 그리하여 언문일치의 정신이 4000여 성상을 이어져와 역사의 진면(眞面)을 보전하고 습관의 실정을 증명하였다"(현대어 번역)라고 말했다. 언문일치에 필요한 문법을 제정하는 일은 한국 역사를 관통하는 역사의 진실과 습관의 실정을 밝히는 행위였다.

국한문 혼용과 속어 사용이 필요한 까닭은 뜻의 전달이 중요하기 때문이다. 조선시대의 문장가들도 문장(문체)은 인간의 심성을 드러낸다고 보았다. 유길준은 문장의 체재와 저술가의 뜻을 구별한다. 뜻(의미)을 알기 쉽도록 하려면 체재(문체)를 변혁해야 한다고 말한다. 어문론은 정체성을 모색하는 행위였다. "우리글은 바로 우리 선왕조가 창조하신 인문이고, 한자는 중국과 통용하는 것이다. 나는 오히려 우리 문자를 순용할 수 없음이 불만스럽다"는 발언에서도, 언문을 아문(我文)이라 부르고 식자층이 사용한 진문을 한자(漢字)라는 중립적 호칭을 사용한 대목에서도, 유길준의 자주적 언어관과 주체성을 엿볼 수 있다. 이제 기왕의 문체론(문장론, 시문론)은 해체의 길을 밟게 될 것이다. 정치세계의 질서 변동은 언어세계의 변동을 초래했다고 하겠다. 하지만 국문의 순용(전용)은 정치세계가 바뀌어야만 가능할 터이다.

외국인과 내국인이 교제하게 된 개항과 개방의 상황에서는 외국사정을 제대로 알아야만 한다. 난삽한 문자(한자)를 사용해서 오류를 초래해서는 안 된다. 뜻이 확실한 글자와 속어를 사용하여 외국의 진경(眞境)을 파악할 수 있어야 한다. 언어는 정형(情形), 진경을 이해하는 수단이다. 세종대왕의 한글 창제도 이러한 관점에서 이해할 수 있다. 유길준이 국문 전용을 생각한 까닭이기도 하다. 언어생활이 바뀌면 사회질서도 변할 수 있다. 국한문 혼용과 속어 사용을 통해 나라 안의 상하, 귀천, 여자, 어린애의 구별이 없는 질서가 생겨날 수도 있다. 국문 전용은 계몽된 문명사회로 나아가는 조건이다. 유길준은 1908년에 "문자로 말씀하면 우리나라의 글이 천하에 제일이오. 한문도 쓸데없고 일본문도 쓸데없고 영국문은 더군다나 쓸데없으니 우리나라 사람에게는 우리나라의 국문이라야 하지오. 우리가 이러한 좋은 글이 있는데 어찌하여 배우지 않고 나라에 무식한 사람이 많소. 여러분 배우시오 … 나라의 문명은 무식한 사람이 없어야 된다 하오"(『노동야학독본』)라고 말하기도 했다.

유길준은 화론(畵論)에 빗대어 문장론을 전개하는데, 이는 전통적인 문장론을 벗어나 있다. 유길준은 모습이나 풍경을 뜻하는 '경상(景象)'이란 말을 자주 쓴다. 이 말에서는 서양의 진경에 대한 기대감을 제공하는 동시에 진경과 거리가 생길 수밖에 없는 현실적 한계를 감지할 수 있다. 유길준은 진경과 허영을 대비시킴으로써 실상과 허상을 분별한다. 제한적 체험과 불완전한 정보는 허영을 만들어낼 수밖에 없고, 따라서 진경을 온전히 드러내주지 못한다는 것이다. 경상은 진경을 포착해야 온전히 드러낼 수 있다. 허영은 진경의 그림자다. 그렇다고 완전한 허구는 아니다. 유길준은 『서유견문』 저술을 산수화 그리는 일에 비유한다. 화가는 자신의 기량—손재주와 디자인 감각—으로 봉우리, 돌, 초목이 만들어낸 풍경, 구름연기의 형상을 그리지만, 묘사된 산은 "7할의 진경"에도 미치지 못한 것이다. 그려진 산은 산의 진경이 아니라 허영일 따름이다. 하지만 산의 허영은 산의 실체에서 나온 것이므로 허영을 통해 산의 모습을 유추할 수 있다. 자신의 저술도 서양의 허영을 묘사한 것에 지나지 않지만 이 그림자를 통해 서양의 경상을 유추할 수 있다.

유길준은 서양 대도시의 경상을 소개할 때도 비슷한 말을 했다. 자신이 직접 견문한 것은 괜찮지만 다른 사람이 유력(遊歷)한 책을 참고하여 여론(餘論)을 주워 모아 모호한 문자로 꾸며 놓은 부분은 분명 사실과 차이가 있고 참모습을 완전히 잃은 대목도 없지 않을 것이라 실토한다. "서투른 화공이 자연의 뛰어난 진경을 임하여 삼매경에서 신회(神會)하는 의장(意匠)이 없고, 구태의연하게 호리병박을 그려 안목 있는 자의 비웃음을 면치 못할 것"이라 고백하면서도 "명승지의 그림이라는 명칭은 아직 있으므로 누워 노는 자들에게 읽을거리로 제공하여 지척에서 만리 밖을 논하는 데 도움이 없지 않을 것"이라 스스로 위안한다(제19편, 489쪽). 체험과 독서에 기초한 저술은 경상의 일부만 묘사하는 불완전한 서술이지만 진경을 유추하거나 진경에 접근하는 실마리가 될 수 있다고 생각했던 것이다.

그런데 어떤 사물을 직접 보았다고 해도 그 진경을 완벽하게 그려낼 수는 없다. 견문에 의거한 서술조차 불완전한 허영일 뿐이다. 유길준은 1885년 미국 유학에서 귀국하는 길에 유럽에 들렀는데, 파리의 팔레 루아얄(Palais Royal)를 소개하면서 "상림원(上林苑)은 그 이름이 팔네노얄(八禮老逸)이라 하는데 그 화미(華美)한 경상과 장려한 배치는 필묵으로 형용할 수 없어 고사(姑舍)한다"(제20편)라고 적고 있다. 튀일리궁(Palais des Tuileries)의 건축, 조각, 회화의 웅장하고 화려한 경상을 묘사했을 때 "글로 다 쓸 수 없고 말로 다 얘기할 수 없다. 어렴풋한 모사(模寫)와 모호한 담평(談評)은 그 화미한 제도와 웅장한 규모를 오히려 줄어들게 하니 여기서는 잠시 그만둔다"(제20편)라고 실토한다. 화려함의 극치를 이루는 서양문명을 눈으로 보면서 어설픈 모사와 논평이 진경을 해치

므로 필묵으로 형용할 수 없는, 때문에 서술을 그만둘 수밖에 없는 고사
(姑舍, 姑捨)의 심정을 토로한 것이다.

我文과 漢字를 混集ㅎ야 文章의 體裁를 不飾ㅎ고 俗語를 務用ㅎ야 其意를 達ㅎ기로
主ㅎ니 元來累歲의 聽視ㅎ 實事와 學習ㅎ 苦工을 模糊糚出홈인則疎漏ㅎ 譏를 逃ㅎ기
是難ㅎ며 差誤ㅎ 失이 存ㅎ기 亦易ㅎ나 然ㅎ나 譬ㅎ건대 山을 畵홈과 同ㅎ야 繪事의 巧拙
이 手勢의 運用과 意匠의 經營에 在ㅎ니 七分의 眞境은 未逼ㅎ야도 猶其峨峨高者는 峯
嶽이오 磅礴者는 石이며 槎枒鬱密ㅎ며 濃淡溌秀ㅎ 者는 草木이니 有時 雲烟의 變態異
狀을 點綴홈은 特畵工의 伎倆이라 今夫是書가雖拙ㅎ나亦如是홀쏜름이니 山의 畵를
指ㅎ야 山이라 謂홈이 虛影을 指홈이나 其從來ㅎ 本은 固有ㅎ則是書를 對ㅎ는者가亦
如是觀을作ㅎ면可홀지라

書旣成有日에 友人에게示ㅎ고其批評을乞ㅎ니友人이曰子의志는良苦ㅎ나我文
과漢字의 混用홈이 文家의軌度를越ㅎ야具眼者의譏笑를未免ㅎ리로다余應ㅎ야曰
是는其故가有ㅎ니一은語意의平順홈을取ㅎ야文字를畧解ㅎ는者라로易知ㅎ기를
爲홈이오二는余가書를讀홈이少ㅎ야作文ㅎ는法에未熟ㅎ故로記寫의便易홈을爲홈
이오三은我邦七書諺解의法을大略倣則ㅎ야詳明홈을爲홈이라且宇內의萬邦을環
顧ㅎ건대各其邦의言語가殊異ㅎ故로文字가亦從ㅎ야不同ㅎ니盖言語는人의思慮
가聲音으로發홈이오文字는思慮가形像으로顯홈이라是以로言語와文字는分ㅎ則
二며合ㅎ則一이니我文은卽我先王朝의刱造ㅎ신人文이오漢字는中國과通用ㅎ는
者라余는猶且我文을純用ㅎ기不能홈을是歎ㅎ노니外人의交를旣許홈애國中人이
上下貴賤婦人孺子를毋論ㅎ고彼의情形을不知홈이不可ㅎ則拙澁ㅎ文字로渾圇ㅎ

說語를 作ᄒᆞ야 情實의 齟齬홈이 有ᄒᆞ기로ᄂᆞᆫ 暢達ᄒᆞᆫ 詞旨와 淺近ᄒᆞᆫ 語意를 憑ᄒᆞ야 眞境의 狀況을 務現홈이 是可ᄒᆞ니 國人의 考覽을 爲ᄒᆞ야 閔公이 余의 遊學及 記寫를 命홈인則 余ᄂᆞᆫ 是書의 成홈을 因ᄒᆞ야 公의 託을 不負홈으로 潊幸ᄒᆞ노라 友人이 曰 唯라 子의 言이 或可ᄒᆞᆯ듯ᄒᆞ나 然ᄒᆞ나 人이 如何ᄒᆞ다 謂ᄒᆞᆯ디 後來 稱停ᄒᆞᆫ 議를 俟홈이 可ᄒᆞᆯ듯ᄒᆞ다 ᄒᆞ더라

　四百九十八年己丑暮春에 兪吉濬은 自叙ᄒᆞ노라

서유견문 비고

1. 이 책에서는 우리글[我文]과 한자를 혼용하였다. 그 까닭은 서문에서 이미 논하였다.

1. 이 책에서 서력의 연월을 적었는데, 이는 저들의 일을 말하는 데 그 나라의 연호를 취한 때문이다. 지금 우리의 [개국] 498년은 서력 1889년이다. 그런데 이 책의 수집은 우리 493년에 비롯했으니 서력 1884년에 시작한 것이다.

1. 지명과 인명은 중국과 일본의 번역어가 이미 있다. 하지만 나의 견문이 미친 것은 우리 음에 맞지 않아도 채용하였다. 영길리(英吉利), 오지리(墺地利)의 부류다. 견문이 미치지 못한 것은 한자로 우리 음에 가깝게 역출(繹出)하였다. 희시오(喜時遨), 추시이(秋時伊)의 부류다.

1. 땅[地方]의 리(里)는 우리 리(里)의 리법으로 계산하였다.

1. 척(尺)이라 쓴 것은 영척(英尺)[피트]인데, 영국의 1척은 우리의 옷감 재는 자로 5치 5푼이다.

1. 근(斤)이라 쓴 것은 영근(英斤)[파운드]인데, 영국의 1근은 우리의 12냥쯤에 상당한다.

1. 1톤(噸)은 영국의 2000근이다. 이 책에서 간혹 불척(佛尺)[미터법]을 쓴 곳이 있는데, 그 밑에 영척(英尺)으로 주석을 달았다.

1. 방리(方里)는 사방 1리를 말한다. 가령 길이가 5리이고 너비가 6리 이면 30방리가 된다. 방척(方尺)도 이와 같은 이치로 헤아리면 된다.

1. 각리(角里)는 길이, 너비, 높이가 각각 1리를 말한다. 가령 길이 5리, 너비 6리, 높이 7리라면 210각리가 된다. 각척(角尺)도 이와 같은 이치로 헤아리면 된다.

1. 이 책에서 사물을 세는 수는 억을 끝 숫자로 삼았다. 그 이상은 10억, 100억, 1,000억 등 열 배씩 곱하는 식으로 했다. 억은 만의 만을 가리킨다.

1. 저들의 돈을 적을 때 우리 돈의 법으로 냥(兩)이라 표기한 것은 독자의 이해를 쉽게 하기 위해서다. 저들의 은전 1원(元)은 우리 당오전 14냥(14냥은 280매)으로 계산하면 된다. 자연히 은값의 높고 낮음에 따라 달라진다.

1. 서양국가에 통용되는 역서(曆書)는 태양력이라 하는데, 평년은 365일이고 윤년(4년에 한 번 씩 윤년)은 366일이다. 월의 일수는 항상 정해져 있다. [중략] 하루 낮과 밤을 24시간으로 나누어 오전 오후가 각 12시간이다. 그러므로 서양의 1시간은 우리의 반 시간이다. 한 시간을 60으로

나누어 그 한 부분을 1분시(分時)라 하고, 또 1분시를 60으로 나누어 그 한 부분을 1초시(抄時)라 한다.

1. 이 책을 집술(輯述)하면서 나 자신의 견문에 따라 논의를 세운 것도 있고, 타인의 책을 참고하여 번역한 것도 있다. 번역법에는 문역(文繹) [直譯]과 의역(意繹)[意譯]의 구별이 있다. 문역은 단지 저들의 글과 우리 글의 서로 맞는 글자를 취하기 때문에 때로 말뜻의 착오가 생긴다. 의역 은 저들과 우리의 글자는 다르지만 다만 그 말뜻을 풀어낸다. 가령 '사람 눈 속에 먼지 던지기[投塵人眼中]'라는 뜻을 가진 저들의 말은 우리말로 '사람 속이기[欺人]'라 번역한다. 이 책은 의역을 많이 따랐다.

1. 이 책은 내가 서유한 때 견문한 것을 적은 것이다. 그런데 때로 우 리의 현존하는 사실을 논의하거나 첨보(添補)한 까닭은 저들과 우리를 서로 비교하기[彼我相較] 위해서다. 때로 경사자집(經史子集)의 어구를 인 용한 까닭은 저들과 우리가 서로 부합하는[彼我相合] 뜻을 취하기 위해 서다.

1. 이 책 가운데 정치, 상업, 군비, 조세의 인용[撮繹]은 10여 년 전 또 는 5, 6년 전의 자료[考據]를 따른 것이다. 때문에 앞뒤의 이동(異同)이 없지 않다. 하지만 정치로 국체(國體)의 득실을 밝히고, 상업으로 인민 이 부지런한지 게으른지를 나타내고, 군비로 국세의 강약을 알며, 조세 로 정부의 빈부를 보여주기에는 족할 것이다.

1. 이 책에서 산천과 물산은 오로지 타인의 책에 의존하였다. 번역 할 때 산천의 이름은 글자소리[字音]를 취했을 뿐이므로 오히려 실제와 어긋나는 것이 없지만, 물산의 경우는 실물[本物]의 품질을 보지 않고

단지 자휘의 역어를 따랐으므로 착오가 없다고 말하기는 매우 어렵다.

1. 이 책은 내가 서유한 때에 학습하는 여가를 틈타 견문을 수집하고 또 본국에 돌아온 뒤 서적을 참고[考據]한 것이어서 전해들은 것이 잘못되고 사항[事件]을 빠뜨린 것이 저절로 많다. 썩지 않고 오래 전해지기를 의도한 것이 아니다. 일시나마 신문지의 대용(代用)이 될 수 있었으면 한다. 독자들이 이 뜻을 해량[體諒]하여 글[文字]이 잘되었는지 못되었는지에 구애받지 말고 주지(主旨)의 큰 줄거리를 잃지 않는다면 크게 다행이다. 그 밖에 미치지 못한 것은 훗날 박식한 사람[博雅]이 나타나 바로잡아 주기를 바랄 따름이다.

번역과 비교의 정체성

흔히 비고(備考)나 일러두기(범례)는 제대로 읽지 않고 건너뛰는 경우가 많지만, 유의 깊게 볼 필요가 있다. 이것들은 작자의 저술 의도와 원칙을 제시하는 지침이기 때문이다. 저자의 사상을 보여주는 경우도 있다. 『서유견문』의 「비고」에서도 몇 가지 의미 있는 관점을 읽어낼 수 있다. 『서유견문』은 유길준 자신의 직접견문뿐 아니라 간접견문을 토대로 저술한 것이다. 번역은 타자를 소개할 것인가, 어떻게 수용할 것인가라는 문제를 수반한다. 번역은 문화를 수용하는 행위다. 서양을 소개하고 수용하는 과정에서는 번역의 방식, 문체, 표기와 같은 언어학의 문제, 그리고 비유나 비교와 같은 수사학의 문제가 발생한다.

유길준은 서양문명을 소개하는 책의 서술을 원용하면서 직역보다 의역을 선호하였다. 말의 정확한 의미보다는 원저자의 의도를 전달하고자 했기 때문이다. 하지만 서양의 개념들을 번역하는 경우는 이와 달랐다. 산천의 이름과 같은 고유명사는 소리를 전달하면 되기 때문에 소리가 비슷하다면 어떤 번역어를 사용해도 문제가 없다. 하지만 물산의 이름과 같은 보통명사는 뜻을 번역해야 하기 때문에 기존의 언어에 이에 해당하는 번역어(개념어)가 없을 경우 착오나 오해를 초래하기 쉽다. 유길준은 타 문화의 언어를 번역하는 과정에서 명목과 실재의 문제를 의식한 것이다.

공간을 측정하는 도량형 표기법과 시간을 헤아리는 역법을 번역하는 문제도 있다. 도량형은 미터법이 아니라 피트, 파운드 등 대영제국에서 통용된 임페리얼 시스템(imperial system)을 따랐다. 세계표준인 미터법을 사용할 때도 영국의 단위로 주석을 달았다. 임페리얼 시스템이 세계표준이기 때문은 아니다. 유길준이 영국 문헌에 의거해 서양문명을 소개한 일본 책들을 주로 참고했기 때문일 것이다. 서양의 도량형과 태양력을 받아들였을 때 기존의 시공간 개념을 수용한 것이다. 그런데 우리에게 낯선 도량형과 역법을 얘기할 때 기존의 방식과 비교하지 않을 수 없다. 여기서 번역이 이루어진다. 역법과 도량형에 관한 번역은 세계표준(global standard) 내지 서양문명에 어떻게 연루되었는지를 짐작하게 해준다. 서양의 일을 말하기 때문에 서양의 연호를 사용한다는 발상이나―비록 서기를 연호로 오해하고는 있지만―, 서양의 도량형 제도를 가지고 서양 것을 말한다는 태도에는 타자의 표준과 시선에서 현상을 객관적으로 파악하려는 심리가 엿보인다. 다만 유길준의 머리에는 임페리얼 시스템과 전통적 도량형이 혼재되어 있다. 유길준은 서양의 도량형을 독자의 편의를 위해 번역하였다. 거리는 전통적 리법으로 옮겨적고 외국 화폐는 냥(兩)으로 표기하였다.

지명, 인명, 국명과 같은 고유명사의 표기법도 문제가 된다. 유길준은 지명과 인명을 번역할 때 우리 음에 맞지 않아도 직접 견문한 것은 중국, 일본의 기존 번역어를 채용하고(英吉利, 墺地利 등), 견문하지 못한 것은 우리 음에 가깝게 한자로 번역한다는 원칙을 세우고 있다. 이 말은 다음과 같이 해석할 수 있다. 사물과 그것을 지칭하는 음은 경험의 문제다. 고유명사의 번역은 뜻이 아니라 소리를 전하는 음차가 우선한다. 고유명사는 견문에 의해 그 실체가 확인될 때 관용화된 기존의 번역어가 원래 발음과 차이가 나더라도 문제되지 않는다. 번역어와 실체가 일대일 대응을 이루고 번역어를 통해 실체를 상상할 수 있게 되면 번역어는 어떤 글자이건 상관이 없는 것이다. 하지만 견문하지 못한 미확인의 사물은 어떤 번역어로 호명하건―음차(音借)가 중국어이건 일본어이건 우리말이건―실체를 모르기는 마찬가지다. 우리말 음차를 채용하는 것이 가장 편리할 것이다. 그런데 체험이 아니라 텍스트에 의거하여 고유명사를 번역했을 때, 소리글자로 음차하는 경우와 뜻글자로 사물을 호명하는 경우는 달라진다. 본문 제1편에서는 6대륙과 국가를 소개하면서 한역(漢譯)된 한자 표기와 영음(英音)의 한글 표기를 병기하고 있다. 이를테면, '亞細亞洲-에시야', '歐羅巴洲-유롭프', '大洋洲-어스트뤨늬야' 등 대륙명과 '朝鮮-코리야', '日本-잡판', '緬甸-버마', '波

斯-퍼시야', '大不列顚(英吉利)-쓰궷트브뤠텐' 등 국명이다. 이처럼 기존의 한자음이 아니라 영어 발음을 한글로 표기했을 때, 한자로 규정된 세계는 점차 상대화될 단초가 열릴 것이다. 이러한 발음의 문제는 세계와 자기를 비교하거나 세계 속에서 자기를 인식하는 시야가 열렸음을 시사한다.

다른 문화를 소개할 때 자기와 타자를 비교하는 의식이 생겨난다. 유길준은 『서유견문』을 저술하면서 "이 책은 내가 서유한 때 견문한 것을 적은 것이지만 나의 현존하는 사실을 논의 첨보(論議添補)하기도 한 것은 저들과 우리를 서로 비교하기[彼我相較] 위함이고, 경사자집(經史子集)의 어구를 인용한 것은 저들과 우리가 서로 맞는 의의를 취하기 위함"이라 밝혔다. 『서유견문』의 저술 의도가 조선의 사정에 비추어 서양을 비교하는 것이라면 조선의 사정을 의식하지 않을 수 없다. 동양 고전의 어구들은 서양문명을 수용하기 위한 준거로서 동원된다. 19세기 후반 동아시아에서는 근대문명을 수용하는 논리로서 부회설(附會說)이 작용했는데, 유길준이 말하는 "저들과 우리가 서로 맞는" 피아상합(彼我相合)도 동양 고전을 동원하여 서양문명 수용을 정당화하려는 의도를 담고 있을 것이다.

─────────

一是書의作이我文과漢字를混用ᄒ니其緣由ᄂ序文에論出홈이已有홈

一凡書中에西曆의年月을記ᄒ者ᄂ其人의事를言홈애其國의年號를取홈이니今我四百九十八年이卽西曆의一千八百八十九年이나然ᄒ나此書의蒐輯이我

四百九十三年에起흔故로西曆一千八百八十四年에始흠이라

一地名及人名의繙譯은中國及日本의繹字가固有ᄒ나然ᄒ나我의見聞에及ᄒ는
者는唯我音에不合ᄒ야도採用ᄒ니英吉利及墺地利의種類며見聞의不及ᄒ는者는
漢字로我音에務近ᄒ게繹出ᄒ니喜時遜及秋時伊의種類라

一地方의里는我里의里法으로數흠이라

一尺을記흔者는英尺이니英一尺이我布帛尺의五寸五分이라

一斤을記흔者는英斤이니英一斤이我의十二兩重과相當흠이라

一噸은英二千斤이라

一書中에或佛尺을記호ᄃᆡ其下에英尺으로註釋흠이라

一方里는四方一里를謂흠이니假令長이五里오廣이六里면卽三十方里를成ᄒ는
者라方尺도亦此里를推흠이라

一角里는長廣高가各一里를謂흠이니假令長이五里며廣이六里오高가七里면卽
二百十角里를成ᄒ는者라角尺도此里를推흠이라

一書中에記載ᄒ는物數는億으로終數를作ᄒ고其以上은十億百億千億의十倍相
加ᄒ는次序로定ᄒ니盖億은萬萬을指흠이라

一彼錢을記흠애我錢의法으로兩이라謂흠은覽者의考閱에便易흠을爲흠이니盖
彼의銀錢一元을我의當五錢十四兩으로(十四兩卽二百八十枚)打計相當흠인則自
然히銀價의低昂을隨ᄒ야有異흘者라 [중략]

一晝夜를二十四時에分ᄒ야午前後가各十二時니然ᄒ故로泰西의一時가卽我半
時라一時를六十에分ᄒ야其一分을一分時라謂ᄒ고又一分時를六十에分ᄒ야其一
分을一抄時라謂흠이라

一本書의輯述흠이或自己의見聞을隨ᄒ야論議를立한者도有ᄒ고他人의書를傍

考ᄒ야譯出ᄒᆫ者도有ᄒ니盖繹法은文繹과意繹의區別이存ᄒ야文繹은彼文과我文의相當ᄒᆫ字ᄅᆯ只取ᄒᄂᆫ故로或語意의齟齬ᄒᆷ이生ᄒᆷ이오意繹은彼我의字ᄂᆫ或異ᄒ나但其語意ᄅᆯ繹ᄒ야假令彼語에投塵人眼中이라ᄒᄂᆫ意ᄅᆯ我語로欺人이라繹出ᄒᆷ이니此書ᄂᆫ意繹을多從ᄒᆷ이라

一本書가吾人의西遊ᄒᆫ時의見聞ᄒᆫ者ᄅᆯ記ᄒᆷ이나或我의現存ᄒᆫ事實을論議添補ᄒᆫ者ᄂᆫ彼我相較ᄒ기ᄅᆯ爲ᄒᆷ이오或經史子集의句語ᄅᆯ引用ᄒᆫ者ᄂᆫ彼我相合ᄒᆫ意義ᄅᆯ取ᄒᆷ이라

一書中各邦의政治商買武備賦稅의撮繹이十餘年前或五六十年前의考據ᄅᆯ從ᄒᆫ故로前後의異同이不無ᄒ나然ᄒ나政治로國體의得失을明ᄒ고商買로人民의勤怠ᄅᆯ現ᄒ고武備로國勢의強弱을知ᄒ고賦稅로政府의貧富ᄅᆯ示ᄒ기ᄂᆫ足ᄒᆷ이라

一書中의山川物産은他人의記書ᄅᆯ專憑ᄒᆷ이니其繹出ᄒ기ᄅᆯ當ᄒ야山川의名은字音을取ᄒᆯᄯᆞ름인故로猶且爽實ᄒᆫ者가無ᄒ나物産에至ᄒ여ᄂᆫ本物의品質을不見ᄒ고但字彙의繹字ᄅᆯ從ᄒᆫ故로差誤의無ᄒᆷ이必ᄒ기甚難ᄒᆷ이라

一本書ᄂᆫ吾人의西遊ᄒᆫ時에學習ᄒᄂᆫ餘暇ᄅᆯ乘ᄒ야見聞을蒐輯ᄒ고又或本國에歸ᄒᆫ後에書籍에考據ᄒ니傳聽의誤謬와事件의遺漏가自多ᄒᆫ則不朽에傳ᄒ기ᄅᆯ經營ᄒᆷ아니오一時新聞紙의代用을供ᄒᆷ이可ᄒᆫ故로讀者ᄂᆫ此意ᄅᆯ體諒ᄒ야文字의巧拙에勿泥ᄒ고主旨의大槩ᄅᆯ勿失ᄒᆫ則幸甚이라其他不及ᄒᆫ者ᄂᆫ後來博雅의訂正을希待ᄒᆯᄯᆞ름

서유견문 목록

❀

「서유견문 목록」은 『서유견문』의 목차에 해당한다. 『서유견문』은 총 20편(編)이고 각 편은 2~4개의 논설로 구성되어 있다. 제6편만 1개 논설이 실려 있다. 편은 장(章, chapter)에 해당한다. 편명(編名)은 각 절의 논설 제목들을 합친 형태로 되어 있다. 편의상 각 절의 논설 제목을 절 제목으로 삼고 절 제목을 합쳐 편 제목을 붙였다.

유길준은 어떤 생각으로 논설들을 목차와 같이 배치했는지 밝히지는 않았다. 하지만 전체 목차의 내용을 살펴보면 유길준의 의도를 추정할 수는 있다. 전체 20편은 대략 7개의 부(part)로 나눌 수 있다.

제9편 교육제도와 양병제도 ┐
　　　　　　　　　　　　├ 제4부 국가제도
제10편 화폐, 법률, 순찰 ┘

제11편 편당, 생계, 양생 ┐
제12편 애국심과 아동교육 ├ 제5부 사적 윤리와 공적 윤리
제13편 서양의 학술, 군제, 종교 ┘

제14편 상인의 대도와 개화의 등급 ─ 제6부 상업사회와 문명사회

제15편 서양풍속 1 ┐
제16편 서양풍속 2 │
제17편 공공시설과 언론 │
제18편 서양의 과학문명 ├ 제7부 서양의 풍속, 문물, 도시
제19편 서양의 대도시 1 │
제20편 서양의 대도시 2 ┘

　제1부에서 유길준은 근대 지구과학과 지리학의 관점에서 세계를 재구성한다. 지구세계의 과학적 재구성(분류, 배열)을 통해 독자들에게 지구세계를 보여줌으로써 새로운 상상력을 갖게 하고 근대 지식의 세계로 이끌고자 했을 것이다. 이러한 배치는 동아시아의 초기 계몽사상서에 흔히 보이는 방식이다.

　제2부에는 국제체제, 국내체제의 수준에서 국가주권, 인민의 자유와 권리를 다룬 글이 배치되어 있다. 말하자면 주권론, 자유론, 권리론에 해당한다. 「방국의 권리」와 「인민의 권리」는 주권의 밖(방국의 권리)과 안(인민의 자유와 권리)을 논증한 유길준의 대표적 논설이다. 두 글을 본론

의 첫머리에 배치함으로써 유길준은 근대국가와 문명사회를 구축하고 자주독립을 모색하는 데 주권과 권리가 핵심 문제임을 분명히 하였다.

제3부와 제4부에서 유길준은 한국의 국가와 인민이 나아갈 방향을 서양의 제도와 규범에서 찾는 한편, 주체적 관점에서 한국적 적실성을 모색하였다. 제3부는 근대국가의 대내적 양태를 다룬 정치체제론, 정부론에 해당한다. 유길준은 서양의 정부 형태를 소개하면서 입헌군주제를 옹호하였고 정부와 인민의 관계를 논하면서 정부의 직분을 강조하였다. 국가 운용에 필요한 재정 문제도 다루었다. 제4부는 정체론, 정부론과 짝을 이루는데, 서양의 교육과 군사, 화폐, 법률, 경찰 제도를 소개한 일종의 국가론이다. 유길준은 이들 제도에서 법과 규칙에 입각한 공공성을 발견하였다.

제5부에는 성격이 다른 여러 논설이 실려 있다. 대체로 사회와 인민 영역에서 정치 현상과 사회윤리의 문제를 다루었다. 유길준은 정당의 공론정치, 인민의 자주적 생계, 사회적 양생(위생) 등을 다루는 한편 규칙과 공론, 오륜에 의해 규율되는 사회적 윤리, 군주에 대한 충성심과 애국심, 생업에 기초한 직분 윤리 등을 논하였다.

제6부는 제14편 「상인의 대도」와 「개화의 등급」에 해당한다. 상업에 기초한 문명사회에 이르기 위한 한국적 방법을 제시한 『서유견문』의 총괄적 결론이라 할 수 있다. 상업사회와 문명사회를 지향한 유길준의 사상이 집약된 상업론, 개화론이다. 「상인의 대도」가 상업사회에 기초한 문명사회론이라면, 「개화의 등급」은 문명사회를 구현하기 위한 개화의 한국적 방법론이다. 문명개화에 관한 유길준의 주체적인 관점과 방법

이 제시되어 있다.

이렇게 보면, 제1부에서 제6부까지에 실린 논설 총 14편은 정합적인 배치를 보인다. 각 편의 논설을 자세히 들여다보면 주제와 항목이 중복되기도 하고 논의의 수준도 차이가 있다. 하지만 책 구성의 전체적 모습 —유길준이 즐겨 사용한 말을 빌리자면 '경상(景像)'—을 훑어보면 어떤 경향성과 논리성이 있음을 확인할 수 있다. 『서유견문』은 사대체제에서 국제법체제로 이행하는 동아시아 질서변동에서 국가의 생존과 발전을 모색한 정책론이자 문명론이다. 국가주권을 어떻게 확보할 것인가, 자립적인 국가를 만들려면 어떠한 정체가 적합하고 정부는 어떠한 직분을 수행해야 하는가, 인민은 자립적 삶을 위해 어떠한 직분을 갖고 정부에 어떠한 의무를 가져야 하는가, 국가는 인민의 삶을 보장하기 위해 어떠한 제도를 갖추어야 하는가, 국가의 생존, 발전과 인민의 삶을 위한 공공정치는 어떻게 실현될 수 있는가. 『서유견문』은 이러한 질문들에 대한 해답을 서양문명이라는 프리즘을 통해, 하지만 유교사회에서 익숙해진 사고와 접맥시키면서 모색한 고민의 집적이다. 유길준은 상업(교역)에 기초한 문명사회를 향한 주체적 개화를 한국이 나아갈 길로서 제시하였다.

제7부에 해당하는 제15편~제20편은 서양의 풍속, 문물, 도시를 소개하는 글이다. 일종의 권말 부록과 같다. 서양 풍속의 소개와 도시 풍경에 관한 서술에는 흥미로운 대목이 적지 않다. 논설에서는 찾아보기 어려운 감성을 느낄 수 있는 묘사도 여러 군데 보인다. 하지만 『서유견문』는 단순한 여행기가 아니며, 여행기 형식의 저작도 아니다. 『서유견문』

의 가치는 1880년대 개항기 한국의 국가와 사회, 인민의 근대적 구성에
관한 논설에 있다. 이 책에서 제14편까지를 다룬 까닭이다.

———————

西遊見聞目錄

제1편

세계와 지리적 상상력

『서유견문』의 제1편, 제2편은 지구세계에 관한 소개다. 태양계와 지구에 관한 자연과학적 설명에 이어 세계의 대륙과 국가와 산, 바다와 하천과 호수, 세계의 인종과 물산 등 세계 지리에 관한 서술이 이루어진다. 유길준의 시선은 천체에서 땅으로, 인간으로 하강한다. 대(大)에서 소(小)로 좁혀진다. 독자들은 지구적 시야에서 인간세계를 바라보는 시선을 얻게 될 것이다. 사물의 배열은 분류를 필요로 하며, 분류는 서술자의 경험(견문)과 상상력(관점)에 의존한다. 태양계의 행성, 지구세계의 육지와 바다, 인간세계의 국가, 인종, 물산 등은 대소, 등급, 차이에 따른 구획(구별)과 분류를 통해 배열된다. 사물의 수치화, 통계화는 비교의 관점을 유발하고 구획과 분류는 사물을 질서 지운다. 사물의 배열은 저자의 시선과 의도를 나타낼 뿐 아니라 동시대인의 세계관과 질서관을 보여준다. 사물의 구획과 분류에 의한 배열은 19세기 세계지리서나 계몽서에서 널리 쓰인 방식이다. 이러한 배열 방식과 세계 구성은 독자들이 근대적 지식체계를 받아들이고 세계관을 바꾸는 데 일정한 의미를 가질 것이다.

지구세계의 개론

[1] 지구는 우리 인간이 사는 세계인데 역시 유성(流星)[행성]의 하나다. 이제 유성들을 헤아려 보면 첫째 수성, 둘째 금성, 셋째 지구성, 넷째 화성, 다섯째 목성, 여섯째 토성, 일곱째 천왕성, 여덟째 해룡성[해왕성]이다. 이 여덟 개의 별을 유성이라 하는 까닭은 그 자체가 떠돌아다녀 다른 항성(恒星)이 일정하게 머무르는 것과 다르기 때문이다. 또 130개의 작은 별이 있는데 유성을 따라다니므로 종성(從星)[위성]이라 부른다. 광채가 이지러졌다가 찼다가 하는 저 달이 바로 우리 인간이 사는 지구의 종성 가운데 하나다. 종성은 유성의 둘레를 돌고, 유성은 태양의 둘레를 돈다. 또 여러 혜성이 태양의 둘레를 돈다. 이것들을 합쳐 태양의 궤도라 한다. 태양도 항성의 하나이며, 허공에 점철된 여러 항성은 모두 유성과 종성을 고리처럼 거느리는 여러 태양이라고도 할 수 있다.

우리 인간세상의 태양과 여러 유성의 크기 및 태양과의 거리를 적어 보겠다. [후략]

[2] 태양의 크기는 지구에 비해 120만 배나 된다. 그러나 지구의 물질의 밀도가 태양보다 4배나 높기 때문에 태양의 물질은 지구의 30만 배가 될 뿐이다. 이제 지구의 전체 표면을 계산해 보면 대략 21억 4,533만 방리(方里)나 된다. 전체의 중량을 흙과 물의 비중을 계산하는 방법에 따라 추측해 보면 12억 근이나 된다. 우리가 일상적으로 쓰는 숫자를 초월한 것이라 상상하기도 어렵지만, 태양의 무게에 비하면 오히려 30만분의 1밖에 되지 않는다.

[3] 지구가 태양을 한 바퀴 돌면 일 년이 된다. 선회하는 궤도의 길이는 19억 7,340만 리이며, 따라서 지구가 태양의 둘레를 회전하는 속도는 하루에 540만 6,575와 73분의 25리다. 또 태양의 둘레를 회전하는 동안 자전하여 하루 낮과 밤을 이룬다. 자전이란 자기 스스로 회전하는 것을 가리킨다. 일 년에 365와 4분의 1회를 자전하기 때문에 음력에서는 3년마다 윤달을 한 번씩 두어 절기를 조절하지만, 양력에서는 4년에 하루씩 윤일을 두어 해마다 남는 4분의 1을 합하였다.

[4] 하늘[太空]은 형체도 없고 끝도 없으며, 지구는 묘연한 한 덩어리로 모양이 타원이다. 옛사람[古人]은 "지형이 만일 모나면 네 모퉁이를 가릴 수 없다", "달걀과 같다"라고 했다. 이는 명달한 식견으로 후세 사람[後人]의 의심 덩어리를 깨치는 것이었다. 혹 고집하는 자는 앞사람[前人]의 지방설(地方說)을 좇아 땅이 네모졌다고 말하지만, 땅이 네모졌다는 말은 지용(地用)의 편리를 가리킨다. 앞사람의 주장을 절충하면 지체

(地體)의 둥긂과 지용(地用)의 네모남을 나누어 말한 것이다. 그런데 후세 사람은 그 체(體)와 용(用)이 다름을 분별하지 않고 편협한 의심을 스스로 키우고 있다.

이제 지구가 둥글다는 이유를 증명해 보자. 바닷가에 서서 멀리서 들어오는 배를 바라보면 돛대 끝이 먼저 보이고 점차 선체가 보이게 된다. 만약 땅의 모습이 평평하다면 커다란 선체부터 먼저 볼 것이다. 어찌 돛대 끝처럼 작은 것부터 보겠는가. 선체가 지구의 둥근 모습 때문에 가려졌기 때문이니, 이것이 바로 첫 번째 증거다. 또한 끝없는 평야를 가면서 시력을 다하여 사방을 바라보든지, 높은 산의 정상에 서서 아래의 광경을 내려다보면, 하늘 끝의 둘레가 고리를 두른 것과 같아진다. 이러한 모습은 오직 원형의 물체만이 이룰 수 있으니, 이것이 두 번째 증거다. 또 월식하는 검은 그림자를 관찰하면 모습이 반드시 둥글어지니, 둥근 그림자는 둥근 물체가 만드는 것이다. 월식은 해와 달이 서로 마주 보는 때 지구가 그 중간에 끼어들어 달이 받을 햇빛을 가로막아 그 그림자가 달의 표면을 뒤덮기 때문이니, 이것이 세 번째 증거다.

[5] 지구에 위도를 그어 적도와 황도와 흑도를 구별하였다. 북극으로부터 남쪽으로 90도를 이동하고 남극에서부터 북쪽으로 90도를 이동하여 지구의 한가운데에 이르면 합하여 180도가 된다. [후략]

[6] 또 지구에 경도를 그어 땅의 위치를 정하는 데 편리하게 하였다. 위도가 기후를 정하는 것과는 다르다. 그러므로 영국의 그리니치 천문대로부터 경도의 기점을 정하여 어느 곳은 그리니치 동경 몇 도라 하고 또 어느 곳은 그리니치 서경 몇 도라 한다. 그런데 요즘 들어 말하기 좋

아하는 사람들이 "영국을 경도의 주인이라 말하는 것은 옳지 못하다"라고 하면서, 만국이 함께 소유하는 경도의 기점을 마련하자고 했다. 어느 나라와도 관계없는 바다 속의 섬을 찾는다고 하는데 아직 결정하지 못하였다. 경도는 360도다. 지구는 자전에 따라 낮과 밤을 이루므로 180도가 태양을 향해 낮이 되는 시간에 또 180도는 태양을 등지고 밤이 되어 있다. 지구의 자전은 거의 비슷하므로 360도가 각각 12시간씩 낮과 밤으로 일정한 차례가 있다. 지구의 자전은 서쪽으로부터 동쪽으로 향하므로 해와 달과 별이 모두 서쪽으로 가는 것처럼 보인다. 이 이치를 증명해 보자. 강 위에 조각배를 하나 띄우고 강물을 따라 내려가거나 거슬러 올라가다 보면 근방에 있는 산천과 초목이 뒤쪽으로 달리게 된다. 산천과 초목이 움직이는 것이 아니다. 사실은 배를 탄 사람 자신이 움직이므로 다른 물건도 움직이는 것처럼 느껴지는 것이다.

[7] 지구의 모양이 둥글고 남극과 북극이 비스듬하게 기울어져 서로 등지고 있기 때문에, 태양이 비치는 광채도 남극과 북극 가운데의 23과 2분의 1도를 넘지 못한다. 북황도의 낮이 긴 때는 북흑도의 낮도 더욱 길어지고. 북황도의 밤이 긴 때에는 북흑도의 밤도 더욱 길어진다. 남황도와 남흑도의 경우도 이와 같다. 그 까닭은 남극과 북극이 비스듬하게 기울어져 있어 북극이 태양의 광채를 받을 때는 남극이 받지 못하고 남극이 받을 때는 북극이 받지 못하기 때문이다. [후략]

[8] 적도 북쪽의 해의 길이가 이와 같을 때는 적도 남쪽의 밤의 길이도 이와 같다. 또 적도 남쪽의 해의 길이가 이와 같을 때는 적도 북쪽의 밤의 길이도 이와 같다. 이는 만고에 변치 않는 법칙이다.

[9] 지구를 둘러싼 것은 공기다. 그 높이는 165리라 하고 1,650리라고도 하는데 확실한 증거를 세우지는 못했다. 공기의 체질은 산소, 질소, 탄산가스가 서로 섞인 것이다. 이 세 요소가 어떤 비율인지를 알아보자. [후략]

[10] 동물(사람과 금수)은 공기의 산소를 들이마시며 삶을 보전하고, 식물(초목)은 공기의 탄소를 들이마시며 생장을 돕는다. 동물이 내뱉는 탄소는 식물이 받고 식물이 내뱉는 산소는 동물이 취하여 교역하는 도를 행하며, 이로써 공기 3원소의 균등한 비율[均配本元]을 보전한다. 이는 정확하게 동물과 식물이 반드시 서로 바꾼다는 말이 아니다. 들이마시고 내뱉는 원소의 같고 다름을 가리킨 것이다. 공기는 천지[鴻濛]가 처음 열린 뒤부터 오늘에 이르기까지 증감이 없고, 또한 오늘부터 언제까지라도 증감이 없을 것이다. 질도 변치 않고 양도 그대로일 것이다. 지구가 회전하는 연유로 미루어 생각하면, 우리가 지금 들이마시고 내뱉는 공기를 조금 후에는 구미 사람들이 호흡할 것이다. 또한 고금이 한결같다는 이치로 말한다면, 수백수천 년 전에 성현호걸이 내뱉고 들이마신 것을 또한 우리가 금일 이 땅에 앉아 호흡하고 있는 것은 아닐지 누가 알겠는가. 또 공기는 무게가 있어 지면에 가까운 것이 공중에 있는 것보다 더 조밀하고 무거우며 탁하다. 아래에 있는 공기가 위에 있는 공기의 압력을 받기 때문이다. 그러므로 성인의 온몸이 15방척(方尺)의 넓이를 가졌다고 계산한다면 3만 2,400근 무게의 공기 압력을 지탱하는 셈이다.

[11] 지구는 태양의 볕을 쬐어 표면에 열을 머금게 되고, 그 열을 반

사하여 공기를 따뜻하게 한다. 공기가 따뜻해지면 희박해지고, 희박해지면 가벼워지고, 가벼워진 공기는 위로 올라간다. 위로 올라간 따뜻한 공기가 공중에 있는 찬 공기와 서로 가까워지면 비가 내린다. 우박이나 눈은 비가 언 것이니 이것이 비, 우박, 눈이 생기게 되는 까닭이다. 공기가 희박해져 위로 올라가면 그 곁으로는 차가운 공기가 흘러 들어가게 되는데, 이 흘러 들어가는 공기가 바람이나 회오리바람의 원인이 된다. 또 습기를 머금은 공기가 떠돌아다니다가 공중의 차가운 공기와 서로 가까워지면 구름이 되고 아래로 내려오면 안개나 노을이 된다. 이것이 구름, 안개, 노을이 생기게 되는 까닭이다. 열기를 머금은 공기가 차가운 물질에 달라붙으면 이슬이 된다. 더운 날 차가운 물을 그릇에 담아 가만히 놓아두면 열기를 머금은 공기가 차가운 기운을 가진 그릇 바깥에 와 닿아 물방울이 되는 이치와 마찬가지다. 이것이 그 밝은 증거다. 서리는 이슬이 언 것이다. 이것이 서리와 이슬이 생기게 되는 원인이다. 그러므로 서리와 이슬은 공중에서 내려오는 것이 아니다.

천둥이나 번개의 묘한 이치를 추측해 보자. 전기는 공기 속에 저절로 있는 한 기운이다. 전기는 습기와 쉽게 화합하는 성질이 있으므로 습기를 따라 구름 사이 여러 곳에 모여 있다. 그렇게 모인 덩어리가 차츰 커지면 이쪽의 전기가 저쪽의 전기와 서로 작용하여 끄는 힘이 생기게 된다. 서로 끄는 사이에 번쩍하고 빛나면서 내달리는 힘이 공기를 꿰뚫기 때문에 공기가 흩어진다. 전기가 지나간 뒤에는 공기가 다시 합해지는데, 공기끼리 서로 마주치는 힘 때문에 천둥과 벼락의 요란한 소리가 일어나게 된다. 그러므로 번개가 번쩍하고 나서야 비로소 천둥소리가 들리게 된다.

[12] 지구의 중심 부분은 녹은 흙과 바윗돌로 이루어져 있는데, 이따금 그 열기가 지구의 딱딱하게 굳은 표면으로 밀고 올라오는데 이것이 화산과 지진의 원인이다.

[13] 화산은 산꼭대기에 있는 분화구에서 연기, 불꽃, 화산재와 용해된 흙이나 돌을 뿜어내는 산이다. 분화구의 크기는 화산에 따라 다르다. 이탈리아 베수비우스(Vesuvius) 화산의 분화구는 깊이가 3,948척이고 너비가 3,000척이다. 하와이 킬라우에아(Kilauea) 화산의 분화구는 깊이가 6,000척에다 길이가 10리나 되며 너비는 3리나 된다. 천하 각처에 흩어져 있는 화산이 수없이 많지만 항상 바닷가나 섬에 많이 있다. 대륙의 중앙에는 거의 없다. [후략]

[14] 지진은 지구의 중심에서 용해된 물질이 물결처럼 출렁이는 힘을 일으켜 표면의 딱딱한 부분을 뒤흔드는 현상이다. 지구상 어느 곳이든 지진이 없는 곳은 없다. 바다 밑에서부터 산꼭대기까지 이른다. 또한 바닷가 화산의 줄기를 따라 많이 일어나기 때문에 지진이 결국은 화산의 폭발을 가져오는 경우도 많다. [후략]

[15] 땅속의 열기가 밖으로 발산되는 현상은 화산과 지진 말고도 또 있다. 그중 하나는 평지에서 불을 내뿜는 현상인데, 아펜니노 산(Appennini)의 북쪽과 카스피 해의 서쪽에서 나타난다. 또 하나는 뜨거운 물이 솟아나는 현상인데, 북극 근방의 아이슬란드에는 7, 8리나 되는 지면에 뜨거운 물을 내뿜는 샘이 100여 곳이나 있고 그중 큰 것은 솟아오르는 물줄기가 200척까지 올라가는 것도 있다. 미국 캘리포니아 주 부라돈(富羅敦) 골짜기에도 뜨거운 물이 거의 200척이나 솟아오르는

곳이 있다. 온천은 이와 다르다. 흘러내리는 샘물줄기가 땅 속에 쌓인 유황을 뚫고 지나는 동안 그 열기를 빌려서 나오는 것이다.

✽

세계지리와 계몽

「지구세계의 개론」은 지구과학, 달리 말하면 지구의 과학적 분류와 배열에 관한 얘기다. 저자는 세계지리와 지구과학 영역에서 지구를 조명한다. 태양계를 소개하는 것은 태양의 한 행성인 지구를 말하기 위해서다. 태양계는 태양, 행성, 위성으로 분류되고 계층화된다. 태양과 행성의 거리, 태양의 크기나 지구의 자전, 공전 주기가 수치로 제시된다. 독자들은 이러한 수치를 통해 비교의 관점을 얻게 될 것이다. 지구과학과 세계지리에 관한 지식은 방국, 정부, 사회, 인민의 새로운 존재 양태를 설명하기 위해 동원된 것이다. 이러한 서술이 물론 유길준의 독자적인 방식은 아니다.

동아시아에서 지구과학과 세계지리에 관한 지식은 근대적 계몽을 위한 조건이었다. 전통적 천문관에서 하늘과 땅은 상동성을 전제로 천문(天文)과 지문(地文)을 이루며 서로 연결되었다. 천문은 인간의 상상력이 만들어냈지만 인간이 작위한 천문 지식은 인간의 세계관을 규율하였다. 근대적 세계지리의 표상은 일찍이 마테오리치의 『곤여만국전도(坤輿萬國全圖)』(1602)에서 제시되었다. 마테오리치의 세계지도에 나타난 '곤여(坤輿)' 표상은 하늘과 땅을 상관적인 것으로 보는 전통적인 건곤

(乾坤) 관념을 벗어나 땅(지구세계) 자체를 사유할 여지를 제공하고, 바둑돌과 별처럼 포진한 '만국' 표상은 중국 중심의 중화세계관을 완화할 소지가 있었다. 천원지방설(天圓地方說)과 중화세계관을 변용시킬 개연성이 있었다. 『곤여만국전도』는 조선에 전래되어 모사하여 유통되었다. 조선 후기에 제작된 원형 천하도에서 그 영향을 엿볼 수 있다. 조선후기의 실학자들은 서양의 천문학을 받아들여 기존의 천문관에 일정한 변경을 가했다. 하지만 근대적 세계지도와 천문학이 중화세계관을 바꾸지는 못했다. 원형 천하도에서 근대적 세계지리는 도교적 세계관과 중화적 세계관에 포섭된 형태의 변질을 보였다. 근대 천문학도 유교적 세계관을 무너뜨리지는 못하였다.

근대적 지리세계와 과학세계가 전통적 세계관을 전환시키는 데는 정치적, 군사적 계기가 필요하였다. 위원(魏源)의 『해국도지(海國圖志)』 (1842년 50권본, 1852년 100권본), 서계여(徐繼畬)의 『영환지략(瀛海志畧)』 (1850)과 같은 세계지리서는 아편전쟁을 계기로 출현했다. 『해국도지』는 도쿠가와 일본에 큰 충격을 주었다. 이 책의 아메리카를 소개한 편과 해방(海防)의 군사전략을 다룬 편을 도쿠가와 막부가 번각하여 널리 유통했고 이것은 페리 내항의 위기의식과 맞물려 무사 지식인들의 지대한 관심을 끌었다. 조선조 한국에서도 최한기(崔漢綺)가 두 세계지리서를 저본으로 『지구전요(地毬典要)』(1857)를, 윤종의(尹宗儀)가 『벽위신편』을 편술하였는데, 서세동점의 영향을 엿볼 수 있다. 하지만 『지구전요』는 개인적인 지적 호기심의 표현에 머물렀고, 『벽위신편』은 해안 방어책에 관한 내용도 실렸지만 천주교를 비판하는 벽사론이 주조를 이루었다. 둘 다 필사본으로 소장되었을 뿐 국내에 유통되지는 않았다. 『해국도지』는 여러 질이 전래되어 식자층도 읽고는 있었다. 하지만 지도의 세계 표상과 세계지리에 관한 정보는 벽사론적 분위기에 묻혀 한국의 지식사회 일반에 큰 영향을 주지는 못했다. 이 텍스트는 병인양요 (1866), 신미양요(1871) 등 군사적 충격을 직접 접하면서 의미를 갖게 된다. 고종도 주로 이 책에서 해외 사정에 관한 정보를 얻었다.

유길준도 젊은 날에 박규수의 사랑방에서 『해국도지』를 읽은 것으로 알려져 있다. 유길준도 이 책을 읽고 해외에 대한 지식을 얻고 세계에 눈을 떴을 것이다. 하지만 『서유견문』의 세계지리와 지구과학에 관한 서술이 『해국도지』에서 나온 것 같지는 않다. 유길준이 해외 유학에서 접한 지구과학서와 세계지리서가 정보원이었거나 1880년대 한국에 전래된 저작들에 의존했을 것으로 추정된다. 유길준은 일본 유학 시절에 과학지리 계몽서인 우치다 마사오[內田正雄]의 『여지지략(輿地誌略)』(1870~1877)을 접했을 것이다. 이 책은 서양문명을 소개한 후쿠자와 유키치의 『학문의 권장』, 스마일즈 『자조론(Self-Help)』의 번역서인 나카무라 마사나오 [中村正直]의 『서국입지편(西国立志編)』과 더불어 메이지 초기 일본에서 널리 읽힌 베스트셀러의 하나였다. 『한성순보』(1883.10~1884.12)에도 중국, 일본에서 들어온 정보를 토대로 작성된 천문학, 지구과학, 세계지리 관련 기사들이 많이 실렸다. 당시의 정보량과 지식 상황을 생각한다면 유길준이 천문학, 지구과학, 세계지리에 관한 최신 정보를 선구적으로 소개했다고 말하기는 어렵다. 하지만 일정한 기획을 가지고 세계에 관한 계몽을 시도했다는 사실이 중요하다.

군사적 충격 이후 근대적 계몽이 전개되는 양상은 근대국가 형성과 밀접히 결부되었다. 근대과학과 세계지리에 관한 지식은 전통적 세계관을 해체 내지 변용할 개연성을 제공하지만, 세계관의 해체나 변용은 정치권력의 개입을 필요로 한다. 근대국가 형성은 지식사회와 세계관의 변용을 추동하는 강력한 요인이었다. 1880년대 한국에서는 근대국가 형성의 동력이 약했고 따라서 계몽의 지식은 수용 단계에 머무를 수밖에 없었다. 계몽지식이 현실적 의미를 갖게 된 것은 역설적이게도 국가가 존망의 상황에 처한 때였다. 애국계몽기에 지리학 지식은 근대 지문학(地文學)과 지정학적 이해를 바탕으로 세계를 이해하는 유력한 수단으로 인식되기도 했다. 최남선은 국망에 즈음한 상황에서 지리학을 세계 인식의 기초로 삼았던 대표적인 사례다. 최남선이 생각하기에 지리학은 "세계의 대세를 교시하여 국민 개개인의 행동을 지도하고 세계 각국의 방토, 물산, 성정, 정법, 세력 등을 교시하는 세계적 지식의 교과서"였다(「初等大韓地理稿本」). 세계적 지식을 습득하는 일은 "세계를 알고자 하는 것이 아니라 곧 우리 대한을 아는 것이고, 타인에게 박학다문을 과시하고자 하는 것이 아니라 곧 자기가 사리와 물정에 어둡지 않으려는" 행위였다(「世界的 知識의 必要」). 지리적 계몽은 개항기에는 세계와 타자를 알기 위한 것이었다면 국가 존망의 상황에서는 자국의 정체성을 탐구하는 것으로 확장된 것이다.

과학적 분류와 상상력

유길준은 제1편에서 사물의 구획, 분류, 배열을 통해 세계의 새로운 질서를 보여준다. 사물은 분류와 배열을 통해 질서 지워진다(푸코, 『말과 질서』). 사람의 상상력은 세계를 구성하는 분류와 배열의 방식에 구속을 받는다. 유길준은 근대적 지식체계를 갖춘 과학적 지식과 세계지리 지식을 토대로 사물을 분류하고 배열한다. 하지만 때때로 자신의 관점과 해석을 은밀하게 끼워 넣었다.

유길준은 지원설(地圓說)을 소개한다. 다만 전통적 천문관의 당대적 의미까지 부정하지는 않았다. 땅이 네모지다는 지방설(地方說)이나 땅의 전체 모습을 달걀에 비유한 혼천설(渾天說)과 같은 전통적 천문관도 고대 세계에서는 나름대로 존재 의미가 있었다고 생각했다. 지방설은 "지용(地用)의 모남"을 변증한 언설이고 혼천설은 "지체(地體)의 둥글음"을 논증한 견해인데, 후대 사람의 의심을 깨친 "명달한 식견"이었다는 것이다. 유길준은 옛사람이 살았던 전통사회의 콘텍스트를 상정하고 본체와 작용을 구분하는 체용론의 관점을 끌어들인다. 땅의 체와 용을 구별하고 혼천설과 지방설을 각각에 대응시킴으로써 두 견해를 절충한다. 현재의 과학적 진리를 잣대로 과거의 견해를 판정하는 것을 유보하는 태도, 현상의 과학적 진리와 인간의 주관적 해석을 함께 고려하는 사고법을 읽어낼 수 있다. 전인(前人)과 후인(後人), 체(體)와 용(用)이라는 준거틀을 사용한 데서도 기왕의 사고법에 비추어 과학적 지식을 포용하는 유길준의 자세를 엿볼 수 있다.

위도, 경도에 관한 설명도 주목할 만하다. 유길준은 지구의 과학적 구획과 자연 현상이 상관적임을 보여준다. 위도는 기후(열대, 온대, 한대)를 결정하는 요소이며, 경도는 지방의 위치를 결정하는 요소다. 경도와 위도는 지구의 지리적 위치와 자연환경을 구획하는 과학적 분류를 뜻한다. 그런데 과학적 분류(구획)만이 지역을 결정하지는 않는다. 위도와 기후의 상관성을 얘기하고, 영국(그리니치 천문대)을 "경도의 주인"으로 인정하지 않고 만국이 공유하는 경도의 기점을 재설정해야 한다는 소문도 언급하였다. 과거 홍대용이나 정약용이 중화의 상대적 보편성을 제시함으로써 주변의 상대적 자율성 내지 중심의 변경 가능성까지를 생각했던 것과 비슷한 심정을 가졌던 것은 아닐까. 경도와 위도로써 지구를 구획하는 과학적 획정은 전통적 천문지리관을 해체하고 중화문명의 지식체계를 약화시키는 데 기여했을 것이다.

공기의 구성과 순환을 소개한 대목도 흥미롭다. 공기의 양과 질이 불변하기 때문에 옛 성현이 호흡한 공기를 현재 우리도 호흡하고, 우리가 호흡하는 공기는 지구가 자전하므로 서양인도 호흡한다고 말한다. 물론 잘못된 과학지식이다. 주목할 점은 공기의 불변성과 등질성을 매개로 시공간적 동질성을 확보하고 이를 통해 옛날과 현재를, 자기와 타자를 연속적으로 파악하는, 달리 말하면 시간적 간격과 공간적 거리를 초월하는 시점이 열린다는 사실이다. 이러한 초월적 시점은 "지구가 회전하는 연유"라는 과학적 원리와 "고금이 같은 이치"라는 경험적 신념에 기초한다. 고와 금, 자기와 타자라는 준거틀이 작용하는 가운데 공기의 자연현상은 과학적 원리와 경험적 신념에 의탁하여 보편주의 사유를 산출할 가능성을 보인다. 다만 불변적, 등질적인 공기를 매개로 시공간을 보편적으로 파악하는 관점에는 기(氣)를 세계 구성의 요소로 본 전통적 사유의 잔영이 감지된다. 하지만 공기의 구성과 순환에 관한 과학적 이해가 늘어나면 이러한 관점은 약해질 수밖에 없을 것이다.

재이(災異) 현상에 관한 과학적 설명도 새로운 세계관의 출현을 시사한다. 자연재해에 관한 과학적 설명은 『한성순보』의 여러 기사에도 보인다. 재이는 가뭄, 천둥과 번개, 유성 낙하, 분화(噴火)와 지진 등 하늘이 내리는 재앙과 땅에서 일어나는 기이한 현상을 가리킨다. 동아시아 전통사회에서 재이 현상은 하늘이 잘못된 통치를 행하는 위정자에 천벌을 내리는 천견(天譴)의 행위로 여겨졌다. 천견설은 하늘의 뜻과 인간의 행위를 결부시키는 천인상관(天人相關)의 발상에서 비롯된 것이며, 동중서(董仲舒)가 한나라 정권을 정당화하기 위해 이론화한 것이다. 천견설은 한국에서도 여말 이래 조선조에 걸쳐 재이가 발생할 때마다 국왕의 통치행위를 비판하고 국왕의 수신과 덕의 함양을 요구하는 언설로서 기능하였다. 천견론은 실제로는 신료들이 국왕의 통치 권력을 견제하는 언설이었다. 민간에도 천벌 사상이 있었다. 유길준이 재이 현상의 과학적 설명을 시도했을 때 천견설을 의식했는지는 알기 어렵다. 다만 유길준은 미국 유학 시절 워싱턴 기념탑을 방문했을 때 천벌을 언급한 적이 있다. 몇 년 전 워싱턴 기념탑이 벼락을 맞은 사실을 떠올리면서 "벼락이 죄 있는 자를 징벌하는 천벌이라 한다면 워싱턴 씨가 생전이나 사후에 어떤 큰 죄를 지었기에 기념비에 천벌이 내려진 것일까"(제19편)라고 자문하였다. 천견론적 사유의 잔영일 수 있다.

사람들이 자연재해에 관한 과학적 지식을 받아들이게 되면 점차 천견론적 재이관은 약해질 것이다. 다만 천벌의 발상은 약해져도 인간을 규율하고자 재이 현상을 천벌로 규정했던 그 정신은 살아남을 수도 있다.

유길준과 개항기 공간을 함께 겪었던 김윤식을 보자. 김윤식은 「재이설(災異說)」(1892)이란 논설에서 재이 현상의 과학적 설명을 받아들여 자연재해나 길흉화복은 하늘의 주재에 의한 천견이 아니라고 말하였다. 그런데 천견설을 비판하였지만 재이 현상의 존재 의미까지 부정하지는 않았다. 재이 현상은 사람이 스스로 하늘에 감응함으로써 자신의 선악을 판단하고 자각하는 계기를 제공한다는 것이었다. 하늘과 사람의 상관적 관계를 규정하는 방식이 바뀌었음을 보여준다. 과학적 지식은 인간을 규율하는 하늘의 구속력을 약화시키고 인간의 자율성을 높일 것이다. 다만 인간이 불안한 심리를 영위하는 한, 재이는 인간이 자신의 행위를 경계하게 만드는 불가지한 현상으로서 의미를 가질 수도 있다.

---

[1] 地球는吾人의居住ㅎ는世界니亦遊星의一이라今其遊星을數ㅎ건대一曰水星二曰金星三曰地球星四曰火星五曰木星六曰土星七曰天王星八曰海龍星이니此八星을遊星이라謂ㅎ는者는其體가遊動ㅎ야諸他恒星의定居혼者와不同혼然故며又一百三十小星이有ㅎ야諸遊星을從行ㅎ는故로從星이라名ㅎ니彼太陰光彩의虧滿ㅎ는者가卽吾人地球의一從星이라(地球와太陰의距離는七十九萬二千里)從星은遊星을繞行ㅎ고遊星은太陽을繞行ㅎ며又諸彗星이有ㅎ야亦太陽을繞行ㅎㄴ니此를合稱호딕太陽의軌道라太陽이亦恒星의一인故로虗空에點綴혼多少恒星이亦皆遊星과從星을環聚혼諸太陽이니吾人의太陽及諸遊星의大小며其太陽의距離를記ㅎ건대 [후략]

[2] 太陽의大홈이地球에比ㅎ야一百二十萬倍나然이나地球物質의粘密홈이太陽

에比ᄒᆞ야四倍가反多ᄒᆞᆫ故로太陽의物質은地球에셔三十萬倍가加ᄒᆞᆯᄯᅡ름이니今夫地球의全面을打計ᄒᆞ건대大約二十一億四千五百三十三萬方里며全體의蓄積은土水의比重ᄒᆞᄂᆞᆫ法例를因ᄒᆞ야重量을推測ᄒᆞ면十二億億億斤이니人生의日用ᄒᆞᄂᆞᆫ數量에越ᄒᆞ야思議ᄒᆞ기極難ᄒᆞ되猶且太陽의重에比ᄒᆞ야三十一萬分의一이라

[3] 地球가太陽을繞ᄒᆞ야一周ᄒᆞᆫ則一歲를成ᄒᆞᄂᆞ니其旋回ᄒᆞᆫ軌道의長이十九億七千三百四十萬里라然ᄒᆞᆫ故로地球의太陽을繞行ᄒᆞᄂᆞᆫ速度가一日에五百四十萬六千五百七十五里及七十三分里의二十五며又其太陽을繞行ᄒᆞᄂᆞᆫ間에自身動이有ᄒᆞ야一晝夜를成ᄒᆞ니自身動은自己의回轉을謂ᄒᆞᆷ이라一歲에三百六十五回及四分回의一을旋ᄒᆞᄂᆞᆫ故로三年에一閏月을實ᄒᆞ야太陰曆의節氣를調ᄒᆞᆷ이로되太陽曆은四年에一閏日을實ᄒᆞ야每歲의衍剩四分一을合ᄒᆞᆷ이라

[4] 太空은形體도無ᄒᆞ며端倪도亦無ᄒᆞ거니와地球ᄂᆞᆫ渺然ᄒᆞᆫ一塊로其形이楕圓ᄒᆞᆫ者라古人이云ᄒᆞ되地形이若方이면四角의不掩이라ᄒᆞ며又曰雞子와同ᄒᆞ다ᄒᆞ니此ᄂᆞᆫ明達ᄒᆞᆫ識見으로後人의疑團을破ᄒᆞᆷ이어늘或固執ᄒᆞᄂᆞᆫ者ᄂᆞᆫ前人의地方ᄒᆞᆫ說을因ᄒᆞ야地가方ᄒᆞ다謂ᄒᆞ나地의方이라謂ᄒᆞᆷ은地用의便利를指ᄒᆞᆷ이니前人의論을折衷ᄒᆞᆫ則地體의圓과地用의方을分言ᄒᆞᆷ이어늘後人은其體及用의異ᄒᆞᆷ을不辨ᄒᆞ고便濘ᄒᆞᆫ惑을自滋ᄒᆞᆷ이라

今에地圓ᄒᆞᆫ理由를證明ᄒᆞ건대海邊에立ᄒᆞ야遠來ᄒᆞᄂᆞᆫ船舶을視ᄒᆞᆷ애帆頭를先見ᄒᆞ고漸次로船身에及ᄒᆞ니地形이若平ᄒᆞᆯ진대船身의大ᄒᆞᆫ者를先見ᄒᆞᆯ디리奈何로帆檣의小ᄒᆞᆫ者를見ᄒᆞ리오마ᄂᆞᆫ船身은地球의圓勢를由ᄒᆞ야掩蔽ᄒᆞᆫ緣故니此其證의一이오又平野의無際ᄒᆞᆫ地에行ᄒᆞ야四望ᄒᆞᄂᆞᆫ眼力을窮ᄒᆞ던지高山의穹然ᄒᆞᆫ頂에立ᄒᆞ야下視ᄒᆞᄂᆞᆫ光景이成ᄒᆞ던지天涯의周回ᄂᆞᆫ環의圍繞ᄒᆞᆷ과同ᄒᆞ니此景은惟圓體의成ᄒᆞᄂᆞᆫ者라此其證의二며又或月蝕ᄒᆞᄂᆞᆫ黑影을察ᄒᆞᆫ則其形이必圓ᄒᆞᆫ則圓影은圓體物의作ᄒᆞᄂᆞᆫ

者니月蝕은地球가日月相望ᄒᆞᄂᆞᆫ中間에處ᄒᆞ야月의所受ᄒᆞᄂᆞᆫ日光을隔斷ᄒᆞ고其影을 月面에掩覆홈인故로此其證의三이라

[5] 地球에緯度를劃ᄒᆞ야赤道와黃道와黑道의分別을立ᄒᆞ니北極을從ᄒᆞ야南行 九十度ᄒᆞ며南極을從ᄒᆞ야北行九十度ᄒᆞ야地球의正中에至흔則合ᄒᆞ야一百八十度 라 [후략]

[6] 地球에又經度를劃ᄒᆞᄂᆞ니此ᄂᆞᆫ地方의位處를定ᄒᆞ기에便利ᄒᆞ기를爲홈이오緯 度의氣候를定ᄒᆞᄂᆞᆫ關係와ᄂᆞᆫ不同흔지라然흔故로英吉利의瞿仁利聚郡의天文臺를 從ᄒᆞ야經度의起首處를定ᄒᆞ야乃曰某地ᄂᆞᆫ瞿仁利聚東經幾度라ᄒᆞ며某地ᄂᆞᆫ又其西 經幾度라ᄒᆞ나然ᄒᆞ나近日에至ᄒᆞ야議者가謂호ᄃᆡ英吉利로經度의主人이라稱홈이 不可ᄒᆞ다ᄒᆞ야萬國의公同흔經度起首處를酌定흘식萬國에不關ᄒᆞᄂᆞᆫ海島로爲主흔 다호ᄃᆡ姑未定ᄒᆞ니大槩經度ᄂᆞᆫ三百六十度라地球의自身轉을由ᄒᆞ야晝夜를成ᄒᆞᄂᆞᆫ 故로一百八十度가太陽을向ᄒᆞ야晝되ᄂᆞᆫ時ᄂᆞᆫ又一百八十度가太陽을背ᄒᆞ야夜되ᄂᆞ 니其轉홈이亦漸近흔故로三百六十度가十二時間에各其晝夜의次序가有홈이오又 其轉回ᄒᆞ기ᄂᆞᆫ西를從ᄒᆞ야東에向ᄒᆞᄂᆞᆫ故로日月星辰이皆西行ᄒᆞᄂᆞᆫ듯함이니此理를欲 證흘진대江上에一葉船을泛ᄒᆞ고順流ᄒᆞ던지逆流ᄒᆞ던지其近傍에山川과草木은後 面으로走ᄒᆞᄂᆞ니此ᄂᆞᆫ山川과草木의動홈이아니라其實은登船人自己의動으로他物의 似動ᄒᆞᄂᆞᆫ關係를起ᄒᆞᄂᆞᆫ緣故라

[7] 地球의形體가圓ᄒᆞ고南北極이橫斜ᄒᆞ야相背흔故로太陽의照射ᄒᆞᄂᆞᆫ光彩가南 北極의二十三度二分度의一에不踰ᄒᆞ야北黃道의晝가長흔時ᄂᆞᆫ北黑道의晝가加長 ᄒᆞ고夜가長흔時ᄂᆞᆫ夜도加長ᄒᆞ며南黃道와南黑道의光景도亦然ᄒᆞ니其緣由ᄂᆞᆫ南北 極이橫似흔故로北極이太陽의光彩를受ᄒᆞᄂᆞᆫ時ᄂᆞᆫ南極이不受ᄒᆞ고南極이受ᄒᆞᄂᆞᆫ時 ᄂᆞᆫ北極이不受홈이라 [후략]

[8] 赤道北의日長이如此ᄒᆞ時ᄂᆞᆫ赤道南의夜長이如此ᄒᆞᆯ지오又赤道南의日長이如此ᄒᆞᆯ時ᄂᆞᆫ赤道北의夜長이亦然ᄒᆞᄂᆞ니此ᄂᆞᆫ萬古의不易ᄒᆞᄂᆞᆫ法이라

[9] 今夫地球ᄅᆞᆯ包圍ᄒᆞᆫ者ᄂᆞᆫ空氣라其高ᄂᆞᆫ或一百六十五里라ᄒᆞ며或一千六百五十里라ᄒᆞ야的實ᄒᆞᆫ證據ᄅᆞᆯ不立ᄒᆞ나其質은酸素淡素及炭素의相混ᄒᆞᆫ者라此三素의多少ᄅᆞᆯ推究ᄒᆞ건대 [후략]

[10] 動物(人及禽獸)은空氣의酸素ᄅᆞᆯ吸ᄒᆞ야其生을資ᄒᆞ고植物(草木)은空氣의炭素ᄅᆞᆯ吸ᄒᆞ야其長을助ᄒᆞ니動物의吐出ᄒᆞᄂᆞᆫ炭素ᄂᆞᆫ植物이受ᄒᆞ고植物의吐出ᄒᆞᄂᆞᆫ酸素ᄂᆞᆫ動物이取ᄒᆞ야交易ᄒᆞᄂᆞᆫ道ᄅᆞᆯ行ᄒᆞᄂᆞᆫ故로空氣三素의均配本元을保ᄒᆞᄂᆞ니此ᄂᆞᆫ的實히動物及植物이必相易한다謂홈아니오其呑吐ᄒᆞᄂᆞᆫ元素의異同을指홈이라此空氣ᄂᆞᆫ鴻濛의亦無ᄒᆞ리니其質이不變ᄒᆞ고其量이自如ᄒᆞᆫ지라地球의旋轉ᄒᆞᄂᆞᆫ緣由로推想ᄒᆞᆫ則吾人의此時呑吐ᄒᆞᄂᆞᆫ空氣ᄅᆞᆯ俄頃後歐美洲人의呼吸ᄒᆞᆯ者며又古今의一如ᄒᆞᆫ理致로言ᄒᆞᆫ則百千載以前聖賢豪傑의吐呑ᄒᆞ든者ᄅᆞᆯ亦吾人이今日此地에坐ᄒᆞ야呼吸을不爲ᄒᆞᄂᆞᆫ지誰人이知得ᄒᆞ리오又空氣ᄂᆞᆫ其重이有ᄒᆞ야地面에近ᄒᆞᆫ者가空中에在ᄒᆞᆫ者에서稠密ᄒᆞ고重濁ᄒᆞ니其故ᄂᆞᆫ在下ᄒᆞᆫ者가在上ᄒᆞᆫ者의壓覆ᄒᆞᄂᆞᆫ力을受홈이니然ᄒᆞᆫ故로壯成人의全體ᄅᆞᆯ十五方尺의廣으로視ᄒᆞᆯ진대三萬二千四百斤重의空氣壓力을撑支홈이라

[11] 地球가太陽의曝홈을因ᄒᆞ야外面의熱을含ᄒᆞ고其熱이反射ᄒᆞ야空氣ᄅᆞᆯ煖ᄒᆞᄂᆞ니空氣가煖ᄒᆞᆫ則稀薄ᄒᆞ고稀薄ᄒᆞᆫ則浮輕ᄒᆞ며浮輕ᄒᆞᆫ者ᄂᆞᆫ上升ᄒᆞᄂᆞᆫ지라上升ᄒᆞᄂᆞᆫ煖氣가太空의寒氣와相薄ᄒᆞᆫ則雨ᄅᆞᆯ降ᄒᆞ며雹雪은雨의凍ᄒᆞᆫ者니此ᄂᆞᆫ雨雹雪의緣由며又空氣가稀薄ᄒᆞ야上升ᄒᆞᄂᆞᆫ되로其傍의不煖ᄒᆞᆫ空氣가流入ᄒᆞᄂᆞ니此流入ᄒᆞᄂᆞᆫ者ᄂᆞᆫ風興의根因이며又空氣의含灑ᄒᆞᆫ者가浮遊ᄒᆞ야太空의寒氣와相薄ᄒᆞ면雲이오低降ᄒᆞᆫ則霧霞니此ᄂᆞᆫ雲霧霞의理由며此空氣의含熱ᄒᆞᆫ者가淸凉ᄒᆞᆫ物質에着ᄒᆞᆫ則露ᄅᆞᆯ

作ᄒᄂ니暑天에寒水ᄅ器에盛ᄒ야靜實ᄒ則空氣의含熱ᄒ者가其氣의寒冷ᄒ外面에來薄ᄒ야點水ᄅ成ᄂᄂ理와同ᄒ지라此其明證이오又霜은露의結ᄒ者니此ᄂ霜露의原因이라然ᄒ故로霜露ᄂ空中을從ᄒ야降下ᄒᄂ者아니오

雷電의妙理ᄅ推測ᄒ건대電氣ᄂ空氣中에自在ᄒ一氣라其性이濕氣와易合ᄒᄂ故로雲間各處에濕氣ᄅ因ᄒ야聚集ᄒ고其聚集ᄒ이漸大ᄒ則此處의電氣가彼處의電氣와相感ᄒ야牽引ᄒᄂ力을生ᄒᄂ니其相引ᄒᄂ際에閃行ᄒᄂ力이空氣ᄅ穿ᄒ則空氣가散ᄒ고電氣가過ᄒ後에更合ᄒ야空氣의相薄ᄒᄂ力으로雷霆의轟殷ᄒ聲을起홈이니然ᄒ故로電의閃爍ᄒ後에電聲이始發ᄒᄂ者라

[12] 地球의中心은鎔融ᄒ土石이라有時其熱氣가地球의堅凝ᄒ外面을升薄ᄒ야火山과地震의根由ᄅ作홈이니

[13] 火山은山頂의穴口ᄅ從ᄒ야烟熖灰燼及鎖融ᄒ土石을吐出ᄒᄂ者니其穴口의大小ᄂ火山을隨ᄒ야有異ᄒ지라利太利國比秀比亞火山의穴口ᄂ其潒이三千九百四十八尺이며其廣은三千尺이오布哇國吉魯利亞火山의穴口ᄂ其潒이六千尺이오其長은十里에過ᄒ며其廣은三里에及ᄒ고又天下各處에散在ᄒ者가無數ᄒ되恒常海邊과島中에多ᄒ며大地의中央에ᄂ絶無ᄒ니 [후략]

[14] 地震은地球中心의鎖融ᄒ物質이搖瀁ᄒᄂ氣力을發ᄒ야外面의堅實ᄒ部ᄅ震蕩홈이니地球上何處던지地震의無ᄒ處ᄂ無ᄒ야海底로브터山頂에至호되亦海邊火山의脉을從ᄒ야多ᄒ故로地震의究竟은火山의爆發을成ᄒᄂ者가多홈이라 [후략]

[15] 地中熱氣의發泄ᄒᄂ景像이火山과地震外에로亦有ᄒ니其一은平地의噴火ᄒᄂ者라阿片仁山의北方과哥秀比安海의西方에現出ᄒ고其二ᄂ熱水의湧騰ᄒᄂ者니北極近邊의氷島에七八里地面에百餘熱水가有ᄒ야大者ᄂ其噴騰ᄒᄂ水勢가

二百尺의高에至ㅎ며阿美利加洲合衆國葛尼布尼亞州富羅敦谷口에도熱水의噴出

ㅎ는勢가二百尺에幾至ㅎ는者가有홈이니溫泉은此種과有異ㅎ야其流出ㅎ는泉脈

이地中에堆積ㅎ硫黃을穿過ㅎ야其熱氣를借得홈이라

6대주의 구역

[1] 지구를 한가운데 나누어 두 반구(半球)로 만들어 동쪽을 동반구라 하고 서쪽을 서반구라 한다. 동반구에는 아시아 주, 유럽 주, 아프리카 주 및 오세아니아 주의 4대륙[大洲]이 있다. 서반구에는 북아메리카 주와 남아메리카 주 두 대륙이 있다. 가운데를 나누어 반구라 한 것은 지형이 본래 두 조각이기 때문이 아니다. 편리하게 구분하기 위해 인위적으로 나눈 것이다.

[2] 동반구에서 오세아니아 주를 제외한 아시아, 유럽, 아프리카 3대주의 길이와 너비를 살펴보자. 동과 서는 207경도인데, 아프리카 주의 서쪽 끝으로부터 아시아 주의 동쪽 끝까지 이른다. 남과 북은 110위도인데, 아시아 주의 북쪽 끝에서 아프리카 주의 남쪽 끝까지 이른다. 이 3대주의 지형은 서로 이어져 있지만, 아프리카 주는 요즘 수에즈 운하

가 개통되어 경계가 나누어졌다.

　[3] 오세아니아 주의 길이와 너비는 동과 서가 40경도이고, 남과 북은 30위도에 차지 못하니, 6대륙 가운데 가장 작은 대륙이다.

　[4] 서반구의 길이와 너비는 동과 서가 130경도를 넘으니, 동쪽으로는 베링 해에 닿고 서쪽으로는 상로케 곶까지 다다랐다. 남과 북은 126경도인데, 북쪽의 베로우 곶에서 남쪽의 마젤란 해협까지 이른다. 남북 아메리카 주의 지형은 장군[缶] 모양과 같다. 남북이 길고 그 가운데 파나마 지협에 이르러 서로 이어졌는데, 그곳의 너비는 90리도 못 된다.

　[5] 이 6대주 외에 별자리처럼 벌려지고 바둑돌처럼 깔린 섬들이 크기도 하고 작기도 한데, 대륙이라는 이름을 따로 붙인 곳은 없다. 저마다 가까이 있는 대륙의 이름을 따라 아시아 주에 가까이 있는 섬은 아시아 주의 (무슨) 섬이라 하고, 아프리카 주에 가까이 있는 섬과 유럽 주에 가까이 있는 섬은 이들 두 대륙의 이름을 따서 부른다. 또한 남북 아메리카 주에 가까이 있는 섬도 그렇게 부른다. 이는 구별하기 편리하도록 한 것이다. 6대주의 크기를 방리로 표시하면 이렇다.

[한역]	[영음]	[방리]
亞細亞洲	에시야	1억 8,264만 2,130방리
歐羅巴洲	유롭프	3,333만 3,680방리
阿弗利加洲	입흐리카	1억 2,267만 9,488방리
大洋洲어스트	웰늬야	1,057만 3,046방리
北阿美利加洲	노트 아메리카	9,240만 방리

南阿美利加洲　　　사우트 아메리카　　8,910만 방리

[6] 6대주 지면의 방리는 바닷물이 점거한 곳을 계산하지 않았다. 이를 생각한다면 아시아 주가 가장 크다.

✿

지상세계의 구획화

유길준은 지구의 과학적 구획에 이어 지상세계의 분류를 시도한다. 위도, 경도라는 선으로 지구를 나누고 지상세계를 대륙별로 분류한다. 지구를 동반구와 서반구로 구획하고, 동반구에는 아시아 주, 유럽 주, 아프리카 주, 오세아니아 주를, 서반구에는 북아메리카 주, 남아메리카 주를 배치한다. 동반구, 서반구의 구분은 '지형'에 의한 것이 아니라 '구역의 편리'를 위하여 인작(人作)한 것이다. 지리의 편의적 작위는 구획과 분류를 뜻한다. 편의적 작위는 근대적 지도 그리기(mapping)의 중요한 특징이다. 하늘과 땅이 천체에서 지구로 하강하는 식으로 조감되었듯이 지상세계의 구획과 구별도 지구 → 동·서반구 → 6대주 → 방국의 순으로 하강하고 있다. 이러한 구획과 분류는 세계적 시야가 성립해 있음을 보여주는 동시에, 세계적 시야에서 방국(邦國)을 인지할 여지를 제공할 것이다.

「6대주의 구역」은 지리적 사실을 객관적으로 보여주는 서술이다. 동반구와 서반구에 속하는 대륙을 지형과 면적을 가지고 비교하면서 각

반구에 자리한 대륙의 지형을 경도-위도와 대륙 간 인접 상태에 따라 대륙별 면적을 숫자로 제시하고 있다. 여기서는 대륙이 지형과 면적에 따라 비교되고 있지만 서열화, 등급화가 의도된 것은 아니다.

---

[1] 地球를中分ᄒ야二半球를作ᄒ니東曰東半球며西曰西半球라東半球에ᄂ亞細亞洲歐羅巴洲阿弗利加洲及大洋洲(此大洲ᄂ南洋中에在ᄒ大島라或은大洲라不稱홈이라)의四大地가有ᄒ고西半球에ᄂ北亞美利加洲와南阿美利加洲의二大地가有ᄒ니今此中分ᄒ半球ᄂ地形이本來二片아니오區域의便利를위ᄒ야人作ᄒ者라

[2] 東半球의長廣을大洋洲ᄂ除ᄒ고細歐弗三大洲로言ᄒ건대東西가二百七經度니阿弗利加洲의極西로亞細亞洲의極東에至ᄒ고南北은一百十緯度니亞細亞洲의極北으로阿弗利加洲의極南에至ᄒ니此三大洲의地形이相連ᄒ나然ᄒ나阿弗利加洲ᄂ近日蘇西運河의鑿通홈을因ᄒ야界分ᄒ者라

[3] 大洋洲의長廣은東西가四十經度며南北이三十緯度에不滿ᄒ니此ᄂ六大洲中에最小ᄒ者라

[4] 西半球의長廣은東西가一百三十經度에過ᄒ니東으로排仍海를臨ᄒ고西으로茜鹿의海嘴에抵ᄒ며南北이一百二十六緯度니北은褎魯의地嘴를盡ᄒ고南은馬質蘭의海峽을壓ᄒ지라南北阿美利加洲의地形이岳의樣과同ᄒ야其南北이廣ᄒ고中間에波羅馬의地腰에至ᄒ야相連ᄒ니其廣이九十里에不滿홈이라

[5] 此六大洲外에星羅碁布ᄒ島嶼가或大或小ᄒᄃ大洲의名號를別立홈이無ᄒ고各其附近ᄒ大洲의名을從ᄒ야亞細亞洲에附近ᄒ者ᄂ亞細亞洲의島라ᄒ며阿弗利加洲와歐羅巴洲에附近ᄒ者ᄂ此二大洲의名을從ᄒ야稱ᄒ며又南北阿美利加洲에

附近ᄒᆞᆫ者도亦然ᄒᆞ니此ᄂᆞᆫ區別ᄒᆞ기便利홈을取홈이라六大洲의大小ᄅᆞᆯ方里로擧數ᄒᆞ건대

漢譯으로	英音으로	方里
亞細亞洲	에시야	一億八千二百六十四萬二千一百三十方里
歐羅巴洲	유롭프	三千三百三十三萬三千六百八十方里
阿弗利加洲	입흐리카	一億二千二百六十七萬九千四百八十八方里
大洋洲	어스트뢜늬야	一千五十七萬三千四十六方里
北阿美利加洲	노트아메리카	九千二百四十萬方里
南阿美利加洲	사우트아메리카	八千九百十萬方里

[6] 夫六大洲地面의方里ᄂᆞᆫ海水의占據ᄒᆞᆫ處ᄅᆞᆯ不計홈이니此ᄅᆞᆯ考ᄒᆞ건대亞細亞洲가最大ᄒᆞᆫ者라

제3절
방국의 구별

[1] 이제 이 6대주에 할거하는 나라를 대륙에 따라 구별하면,

○ 아시아 주

한역(漢譯)	영음(英音)	한역(漢譯)	영음(英音)
朝鮮	코리야	阿富汗	입흐기니스탄
淸國(支那)	창이나(시나)	印度	인디야
日本	잡판	醴八	네펄
安南	아남	西藏	팁벳트
暹羅	사이암	波斯	퍼시야
緬甸	버마		

이 밖에도 발루치스탄(벨누치스탄), 코친차이나. 투르키스탄과 싱가포르의 섬들, 캄보디아, 갈남비야(葛南菲野)[불명]와 또 다른 작은 섬들이 많아 그 수를 다 헤아릴 겨를이 없다. 이 중에는 겨우 자주하는 나라도 있고, 타인에게 부용하는 나라도 있다. 인도는 영국의 속지이지만 다른 나라와 동렬에 적어놓은 것은 영속(英屬)의 인도 말고도 이 중에도 입국한 나라가 있어 구분해 말하기 아주 어렵기 때문이다. 또한 터키에 부속한 지방도 있다. 소아시아, 시리아, 거마사탄(巨馬斯坦), 팔레스타인(팔네스탄), 메소포타미아, 아라비아, 아르메니아, 태탄(台丹)[불명]이다. 러시아국에 부속한 지방은 코카시아, 시베리아, 중앙아시아의 전 지역이다.

○ 유럽 주

한역(漢譯)	영음(英音)	한역(漢譯)	영음(英音)
大不列顚(英吉利)	스렛트브뤠텐	葡萄牙	포쥬걸
佛蘭西	프란쓰	端西	스윗절난드*
日耳曼	져만에	諾威	노어웨
墺地利	어스트뤼야	西班牙	스페인
匈牙利	항가뤠	土耳基	터계
伊太利	이틸네	希臘	스뤼쓰
荷蘭	할난드	瑞典	스위든*
山馬利路	산마리노	樓禰尼亞	루메니야
白耳義	벨지암	俄羅斯	롸시야
丁抹	쎈막크	西比亞	셔비야
安道羅	안도라		

[* 원문은 端西-스위든, 瑞典-스윗절난드인데 이를 바로잡음]

○ 아프리카 주

한역(漢譯)	영음(英音)	한역(漢譯)	영음(英音)
埃及	이집트	土蘭斯拔	트란스바올
杜尼斯	투니스	馬哥塞	미다가스가
阿排時尼亞	이베시니야	烏滿	오만
摩洛哥	모록코	屏支排	전지바
杜立八利	트림플늭	蘇丹	수단
羅伊比賴亞	나이베뤼야		

이 밖에도 알제리(알지뤄야)는 프랑스에 속하고, 구락과(瞿樂果)[불명]
등은 영국의 판도에 들어갔으며, 모잠비크는 포르투갈에 귀속되었다.
수많은 지방을 다 적을 수는 없다.

○ 남북 아메리카 주

한역(漢譯)	영음(英音)	한역(漢譯)	영음(英音)
合衆國(花旂國)	유나이텟드스텟즈	墨西哥(麥時古)	멕시코
瓜多磨羅	귀테멜나	混斗羅斯	혼듀라스
聖撤排多	산살베다	尼可羅果	니카라가
巴西	브라질	哥倫比	칼남비야
彬崖朱越那	벤에쥬멜나	高斯太樓哥	코스타뤼가
羅伊比賴亞	나이베뤼야	羅伊比賴亞	나이베뤼야
厄瓜多	이퀘더	秘魯	피루
拔利比亞	볼니비야	智利	칠늭
亞然丁	아젠턴	猶羅貴	유라궤
許太伊	허틔이	山道明澳	산쏘밍오
把羅貴	파라궤		

이 밖에도 북아메리카 주의 캐나다라는 지방은 모두 영국에 속하고, 알래스카라는 지역은 합중국에 귀속되었으며, 남아메리카 주의 가이아나라는 지방은 프랑스와 네덜란드와 영국의 세 나라에 분속(分屬)하고, 쿠바섬은 스페인에 귀속되었다. 이들 지방 외에 수많은 작은 지방을 일일이 다 말할 수 없다.

○ 대양주

이 대륙에는 입국한 나라가 없고 이 지역이 전부 영국에 속한다. 이 주의 마을[郡] 이름은 일일이 적기 너무 번잡하다. 또한 그 인근에 크고 작은 섬들이 수없이 많은데, 그 가운데 입국한 나라로 하와이(헤웨이)가 있다.

[2] 오늘날 세계에 점거한 방국은 대개 이상과 같다.

❋

방국의 할거와 분류

유길준은 이제 6대륙에 포진한 방국(국가)을 소개한다. 대륙별로 방국을 나열하고 개별국가를 일일이 호명한다. 세계에 포진한 수많은 개별국가의 존재를 드러냄으로써 만국의 형상을 구체적으로 보여주려 한 것이 아닐까. 방국이 제각기 자리를 차지한 모습을 '할거(割據)', '점거(占據)'라 표현하였다. 할거는 중국 춘추전국시대에 열국이 각자 영토를 차지하면서 경합하는 모습을 형용한 말이다. 일본에서도 전국시대에 주군(다이묘)들이 병립하면서 투쟁하는 상태 혹은 도쿠가와 일본에서 번(藩)이 병립한 상태를 할거라고 표현하였다. 세계에 점거한 방국의 병립도 할거 이미지로 표상된다. 개항을 전후한 시기에 한국과 일본의 지식인들은 만국이 투쟁하고 경쟁하는 국제사회에 대면했을 때 고대 중국의 춘추전국시대 혹은 일본의 전국시대에 군웅이나 다이묘들이 할거하던 모습을 기억해냈다.

유길준이 방국을 대륙별로 배치하여 서술한 방식은 소략하고 도식적이지만, 유길준 나름의 관점을 가지고 국가들을 분류하였다. 방국은 입국(立國)한 나라, 자주(自主)한 나라, 부용(附庸)한 나라, 속지(屬地), 부속(附屬)한 지방 등으로 구별된다. 입국, 자주, 부용, 속지, 부속 등의 용어에 관한 정의도 없고 용례도 충분치 않아 말의 차이를 정확히 이해했을지 의심스럽지만, 독자들은 이미 이들 용어에 익숙했을 수도 있고 설사 낯설어도 대략 한자로 그 의미를 추정할 수 있었을 것이다. '입국'은 나라를 세우는 것, 즉 정부를 갖추는 것을 뜻한다. '자주'는 완전한 주권(대외적 주권)을 갖지는 못했지만 국내 통치권(대내적 주권)을 보유하는 것을 의미할 것이다. 아시아 주에는 "겨우 자주하는 나라"도 있다는 서술에서 짐작할 수 있다. '부용', '부속'은 주권을 잃어 다른 나라에 종속하는 것을 뜻한다.

유길준은 주권 혹은 자주독립을 얼마나 보유하는지를 가지고 방국을 구별하였다. 이러한 구별이 통용된다면 바둑돌이나 별처럼 포진한 무차별적인 만국 이미지는 점차 약해질 것이다. 방국들이 세계 각지를 할거, 점거하는 형상의 이면에는 권력(주권)에 의해 차별화되는 지상세계가 펼쳐 있다. 대륙별로도 방국들의 주권 상황은 다르다. 특히 유럽 대륙과 다른 대륙은 방국들의 주권 상황이 크게 다르다. 과학적 관점에서 세계가 보편적으로 구성되는 것과 달리, 지상세계의 국가들은 권력에 의해 차별화되는 모습의 일단을 엿볼 수 있다. 구획(구별)과 분류는 과학세계에서는 객관적 차이—생물학에서는 종차(種差)—를 보여주지만, 지상세계(정치세계)에서는 서열화나 차별화를 수반하는 행위일 수 있다.

유길준은 대륙명과 국명을 일일이 호명할 때 기존의 한자어 음차(音借)와 영어 발음의 국문 표기로 병치시키고 있다. 한글 표기는 원래의 영어 발음에 가깝게 되어 있다. 유길준은 미국에서의 영어 학습을 통해 고유명사의 영어 발음을 알았고, 서양 고유명사의 한자 번역어를 우리말로 읽었을 때 영어 발음과 크게 차이가 있다는 점을 지나칠 수 없었을 터다. 유길준이 번역된 관습적인 발음[漢譯]과 실제의 발음[英音]을 병치한 것은 넓게 본다면 표상과 실재, 명목과 실재의 문제와 관련된다고 볼 수 있다. 문명개화와 더불어 서양사정에 익숙해지면, 그리하여 한자어 음차가 낯설어지고 영어 발음에 익숙해지면, 언젠가는 두 언어를 병치할 필요가 없어질 것이다.

「방국의 구별」은 《대한협회회보》 제5호(1908년 8월)에 같은 이름의 제목으로 실렸다. 필자는 나와있지 않지만 내용은 거의 같다. 다만 1908년의 시점을 반영해서 일부 보완된 곳도 있다. 아시아 주를 서술한 대목의 말미에 "又 安南과 緬甸은 帝王의 名이 僅有ㅎ나 安南은 法國領地며 緬甸은 英國領地나 無異ㅎ고 西藏과 蒙古는 淸國의 附庸이니 亞細亞

의 獨立國은 日淸暹 三國에 不過ᄒ고"라는 대목이 추가되었다. 아시아 국가들의 주권 상황에 관한 이해를 엿볼 수 있다. 애국계몽기 학회지에 「방국의 구별」이 재수록된 것은 유길준이 세계의 국가들을 소개할 필요가 있다고 생각했던 계몽의 상황이 여전히 지속되었음을 시사한다.

세계의 산

유길준은 「방국의 구별」에 이어 「세계의 산」이란 절을 두고 5대륙에 있는 수많은 산들을 소개한다. 세계 각지의 산을 대륙별로 배열하고 크기별로 분류한다. 산의 지형과 위치와 높이를 보여주고, 세계의 산을 '일등산', '이등산'으로 구별한다. 일등산은 대체로 주 산맥을 이루는 고산을, 이등산은 지맥을 이루는 산을 가리키지만, 대륙마다 약간씩 차이를 보여 구별의 기준은 일률적이지는 않다. 이 절은 생략한다. 각 대륙각 나라에 산재한 산맥과 산의 높이와 지형을 간략하게 나열하고 있을 뿐이다. 독자들이 지루함을 느낄 만한 서술이다. 어쩌면 지도적 표상에서 볼 수 없는 구체적인 파노라마식 풍경을 보여주고 싶었을지도 모른다. 후술하는 바다와 물에 관한 서술에 비해 산에 관한 묘사는 무미건조하다. 지형을 사실대로 소개하는 것에 그치고 있다. 유길준은 자신의 감흥이나 촌평을 철저히 배제하였다.

---

[1] 今此六大洲中에割據ᄒ諸國을各其大洲롤從ᄒ야區別ᄒ건대

○ 亞細亞洲

漢譯으로	英音으로	漢譯으로	英音으로
朝鮮	코리야	阿富汗	압흐기니스탄
淸國(支那)	창이나(시나)	印度	인듸야
日本	잡판	醴八	네펄
安南	아남	西藏	팁벳트
暹羅	사이암	波斯	퍼시야
緬甸	버마		

此外에도 鼈累稇斯坦(벨누치스탄)과 古親支那와 土基斯坦과 新嘉坡의 諸島와 甘保杜野(캄보듸야)와 葛南菲野며 又他諸小島가 多ㅎ야 其數를 枚擧ㅎ기 不遑ㅎ니 或其中에 僅自主ㅎᄂᆞᆫ 者도 有ㅎ며 他人에게 附庸ㅎᄂᆞᆫ 者도 有ㅎᆫ지라 印度가 英吉利國의 屬地로듸 諸他國과 同列ㅎ야 登載ㅎᆫ 者ᄂᆞᆫ 英屬印度外에도 其中 立國ㅎᆫ 者가 亦有ㅎᆫ 故로 分言ㅎ기 極難ㅎ야 然홈이며 又 土耳基國에 附屬ㅎᆫ 地方이 有ㅎ니 曰 小亞細亞 曰 世累野(셰뤼야) 曰 亘馬斯坦 曰 巴禮斯坦(팔네스탄) 曰 美昭布 太糜亞 曰 亞羅比亞 曰 阿美尼亞 曰 台丹이며 俄羅斯國에 附屬ㅎᆫ 地方은 曰 鋸蓋時亞 曰 沙耳比利亞 曰 中亞細亞의 全幅이라

○ 歐羅巴洲

漢譯으로	英音으로	漢譯으로	英音으로
大不列顚(英吉利)	끄궷트브뤠텐	葡萄牙	도쥬걸
佛蘭西	프란쓰	端西	스위든
日耳曼	져만에	諾威	노어웨
墺地利	어스트뤼야	西班牙	스페인

漢譯으로	英音으로	漢譯으로	英音으로
匈牙利	항가뤠	土耳墓	터계
伊太利	이틸네	希臘	스뤼쓰
荷蘭	할난드	瑞典	스윗졀난드
白耳義	벨지암	樓禰尼亞	루메니야
山馬利路	산마리노	俄羅斯	롸시야
丁抹	쎈막크	西比亞	셔비야
安道羅	안도라		

○ 阿弗利加洲

漢譯으로	英音으로	漢譯으로	英音으로
埃及	이집트	土蘭斯拔	트란스바
摩洛哥	모록코	馬哥塞	민다가스가
杜尼斯	루니스	鳥滿	오만
阿排時尼亞	이베시니야	屛支排	전지바
杜立八利	트림풀늬	蘇丹	수단
羅伊比賴亞	나이베뤼야		

此外에도 謁支累亞(알지뤼야)는 佛蘭西에 屬ᄒᆞ고 瞿樂果 等地는 英吉利의 版圖에 入
ᄒᆞ고 模潛伯은 葡萄牙에 歸ᄒᆞ니 盖許多ᄒᆞᆫ 地方을 彈記ᄒᆞ기 不能ᄒᆞᆫ 者라

○ 南北阿美利加洲

漢譯으로	英音으로	漢譯으로	英音으로
合衆國(花旋國)	유나이텟드스텟즈	厄瓜多	이퀘더
墨西哥(麥時古)	멕시코	秘魯	피루발
瓜多磨羅	귀테멜나	拔利比亞	볼늬비야

混斗羅斯	혼듀라스	智利	칠늬
聖撒排多	산살베다	亞然丁	아젠텬
尼可羅果	니카라가	猶羅貴	유라궤
巴西	브라질許	太伊	허틔이
哥倫比	칼남비야	山道明澳	산또밍오
彬崖朱越那	벤에쥬멜나	把羅貴	파라궤
高斯太樓哥	코스타뤼가		

此外에도北阿美利加洲의佳那多라ᄒᆞᄂᆞᆫ地方은全혀英吉利에屬ᄒᆞ고謁那斯哥라ᄒᆞᄂᆞᆫ地方은合衆國에歸ᄒᆞ며南阿美利加洲의歸崖那라ᄒᆞᄂᆞᆫ地方은佛蘭西와荷蘭과英吉利의三國에分屬ᄒᆞ고趙排島ᄂᆞᆫ西班牙에歸ᄒᆞ니此等諸地外에許多ᄒᆞᆫ小小地方을枚擧ᄒᆞ기不遑ᄒᆞᆫ者라

○ 大洋洲

此洲에ᄂᆞᆫ立國ᄒᆞᆫ者가無ᄒᆞ고그地方이英吉利에全屬ᄒᆞ니其洲郡의名은條記ᄒᆞ기太煩ᄒᆞ며又其隣比에大小의島嶼가無數ᄒᆞ되其中에立國ᄒᆞᆫ者를擧ᄒᆞ건대

漢譯으로	英音으로
布哇	헤웨이

[2] 現今世界에占據ᄒᆞᆫ邦國이大槩로如上ᄒᆞᆷ이라

제2편

세계의 물, 인종, 물산

제1편에서 지구과학적 측면에서 세계의 과학화(분류와 배열)를 시도하고 땅과 관련된 대륙, 방국, 산의 경상을 소개했다면, 제2편에서는 물과 관련된 형상(바다, 강, 호수)과 땅을 살아가는 인종, 그리고 인간이 영위하는 물산을 분류하고 구별한다. 바다는 과학적 분류를 통해 객관화된다. 인간도 5개 인종의 형질적 분류와 대륙별 분포를 통해 분류되고 구별된다. 세계의 물산도 대륙별, 국가별로 배열되고 물품도 생산품, 수출품, 수입품으로 구별된다. 여기서는 '세계의 강', '세계의 호수' 절은 생략하고, 세계의 바다, 인종, 물산을 중심으로 살펴본다.

제1절
세계의 바다

[1] 이제 세계의 바다를 말하면 다음과 같다.

한역(漢譯)	영음(英音)	한역(漢譯)	영음(英音)
北極海	악틱크	太平洋(大東洋)	픠시픡크
南極海	안틱악틱크	印度海	인듸얀
大西洋	잇틀닌틱크		

[2] 다섯 바다를 이상과 같이 나눠 말하지만, 실상은 하나의 물이 서로 통하는 것이다. 그러므로 그 분할한 경계는 혹 대륙의 막힌 곳으로 하고 혹 경도, 위도의 선으로 한다. 그 깊이를 논한다면 해저도 지면과 같아 높은 봉우리와 깊은 골의 들쑥날쑥함이 같지 않을뿐더러 바다 속을 측량하는 기계가 아직 진선(盡善)한 지경에 이르지 못했다. 태평양의 가장 깊은 곳은 4만 3,000척이고, 대서양의 가장 깊은 곳은 2만 5,000척

이다. 북아메리카의 뉴펀들랜드섬과 대브리튼의 아일랜드섬 사이에 대서양의 얕은 곳은 4,000척에서 1만 2,700척에 이른다. 이 바다에 전선을 가라앉혀 가설하여 유럽과 아메리카의 두 대륙을 연결하였다. 때문에 전선원(電線原)이라 부른다.

[11] 바다 속에 회선(回旋)하는 물이 있다. 그 이유는 논변하기 지루한데 그 공효(功效)를 대략 적어본다. 수토(水土)의 관계가 적지 않거니와 또한 바람을 일으키는 기원이다. 그 종류는 두 가지다. 하나는 회선하는 한류[寒水]이고, 하나는 회선하는 난류[熱水]다. 그 물은 다섯이 있다. 차가운 것이 둘이고, 뜨거운 것이 셋이다. 5대양에 각각 한 가지씩 있다. 북극해의 회선하는 한류, 남극해의 회선하는 한류, 인도해의 회선하는 난류, 태평양의 회선하는 난류, 대서양의 회선하는 난류.

[12] 바다는 괴어 있는 물이지 흘러가는 것이 아니다. 그러므로 파도가 바람에 격하게 일어나 산같이 솟고 눈같이 내뿜어도 제자리에서 움직일 따름이다. 이러한 이유에서 미루어 본다면 바다는 평지와 같고 회선하는 물은 강하(江河)와 같다. 그렇다면 바다 속에서 회선(回旋)하는 물은 평지의 강하와 같다고 보는 것이 가장 근사한 비교다. 대개 한류는 흑도에서 일어나고 난류는 적도에서 일어난다.

[18] 회선하는 바닷물이 흘러가는 형세는 이미 위에서 말한 것과 같거니와 인간생활[人生]과의 유익한 연관도 이 때문에 생겨나는 일이 많다. 대략 들어보자.

[19] 대서양의 회선하는 난류의 한 갈래가 멕시코의 바닷목[海項]을 나와 유럽주의 북쪽에 이르러 그 지방의 한랭한 기운을 경감하여 수토

(水土)가 인간생활에 서로 맞고 온갖 사물이 번식하니 영국의 지방이 만약 회선하는 난류 근처에 있지 않았으면 오늘날의 부성(富盛)한 일국이 되기는 고사하고 사람과 사물이 살아갈 수 없었을 것이다. 그 이치를 증명하기 위하여 북아메리카 주의 래브라도[Labrador] 반도의 경황을 들어 견주어 보자. 영국과 래브라도의 두 지방의 동과 서는 비록 다르지만 적도의 거리는 각각 50도 떨어져 있다. 영국은 이미 위에서 논한 것과 같아 난류의 공효(功效)로 그 수토의 균화(均和)함과 인물의 풍부함이 저와 같다. 래브라도는 북극해의 회선하는 한류가 가까워 사철의 기후가 한겨울의 혹한이고 만물이 성숙할 수 없으며 사람이 거주할 수 없다.

[22] 또한 각종 초목의 종자도 회선하는 해수의 파도를 따라 이 땅으로부터 저 땅으로 옮기며, 인간생활에서 일용하는 목재도 이 해수의 유세(流勢)로 인해 공급하기도 한다. 대양주의 섬들은 본래 초목이 없었는데, 각종 초목 종자가 이 해수를 타고 흘러와서 오늘날 울창한 수풀을 이루었다. 또한 아이슬란드[氷島]는 목재가 희귀한 지방인데 수없이 많은 산목들이 이 해수를 타고 떠 내려와 섬 주변에 이르기 때문에 주민의 집, 배, 사철의 땔감이 넉넉하다. 해상을 항해하는 자도 이 해수의 공력(功力)을 기린다. 돛을 펼치고 키를 잡아 회선하는 수세(水勢)를 따라 흘러가므로 그 나아가는 신속함이 갑절로 늘어난다.

이런 일들은 오히려 사소한 것이다. 옛일을 적어 만고에 일찍이 없었던 일대 공효를 적어보자. 유럽 주 이탈리아의 옛사람 콜럼버스가 지구가 원체임을 주장했지만 명확한 증거를 제시하지 못했는데, 해수에 떠

내려온 나뭇조각에 새겨진 물체 모양과 죽은 사람의 체형이 유럽 주의 인물과 다름이 있음을 발견하였다. 그래서 서쪽에도 반드시 사람과 사물이 거주하는 대지가 있다고 하여 여러 해 고생한 덕분에 예부터 통하지 못했던 아메리카 주의 대지를 발견하여 오늘날의 부강한 나라들의 터전을 열었다. 회선하는 해수의 공이 크지 않은가.

❋

물의 세계, 물의 과학

세계지리의 후반부인 제2편은 물의 세계를 다룬다. 세계의 바다, 하천, 호수의 종류와 크기, 성질을 상세히 소개한다. 물의 세계도 구획과 분류의 대상이 된다. 세계의 바다는 북극해-악틕크, 남극해-안틕악틕크, 대서양-잇틀닌틕크, 태평양-픠시픽크, 인도해-인듸얀으로 구별된다. 강은 땅속에 침류하는 강과 바다로 흘러가는 강으로 구분하는데, 땅속에 침류하는 강은 6대주별로, 바다로 흘러가는 강은 5대양별로 그 길이와 넓이를 상세히 기록하였다. 강은 6대륙으로 나누어 설명한다. 호수는 저지대에 물이 괴어 생성된 출구 없는 '무구(無口)한 호수'와, 강과 이어져 바다로 흘러가는 '유구(有口)한 호수'로 나뉜다. 호수도 대륙별로 상세히 소개한다. 대형 호수의 깊이와 넓이도 꼼꼼히 기록하였다.

바다는 물의 세계를 대표하는 표상이다. 지상에 분포한 방국들이 할거 상태로 표상되는 반면, 바다는 서로 통해 있는 '하나의 물[一水]'로 상정된다. 그 하나의 물은 대륙에 의해 구분되기도 하고 경도, 위도에 의해 분할되기도 한다. 방국이 할거의 형태로 대륙의 세계를 구성한다면, 바다의 물은 하나의 세계를 만들어 내는 질료다. 바다는 물이 흘러가는 대상이 아니라 괴어 있는 실체로서 이해된다. 바다는 해저전선을 통해 대륙과 대륙을 연결하는 매개로 상정되기도 한다.

유길준은 5대양의 위치를 하나하나 설명한다[3]~[8]. 또한 각 대양의 절대적 크기와 상대적 크기를 수치로 보여준다. 예를 들면 태평양의 면적은 8억 480만 방리이며, 5대양 전체 면적의 2분의 1을 차지한다. 대서양은 3억 8,115만 방리이며, 바다 전체 면적의 4분의 1을 차지한다. 가장 작은 북극해는 해양 전체 면적의 43분의 1이다[9]. 5대양의 전체 면적은 대륙의 전체 면적보다 4분의 3이나 많다[10]. 독자들은 바다에 관한 객관적 수치를 통해 비교적 시각을 갖고 5대양을 보게 될 것이다. 땅보다 거대한 바다의 존재를 새롭게 인식할 것이다. 바다에 관한 전통적 상상력은 해체되고 새로운 상상력이 열릴 것이다.

바다의 상상력

전통적 세계관에서 바다는 땅(중국)의 바깥에 있는 주변으로, 배제된 비관심의 영역이었다. 고대 중국의 지리서인 『산해경(山海經)』은 바다와 바다 바깥세상을 상상의 금수로 채우거나 해괴한 모습의 외인이 거주하는 공간으로 설정하였다. 바다는 땅 중심의 전통 지리 관념에서는 배제된 공간이었다. 마테오리치는 『곤여만국전도』에서 대륙과 대양의 배치를 보다 사실적으로 보여주었지만, 『산해경』의 상상력은 조선후기에 제작된 원형 천하도에도 그림자를 드리웠다. 만물을 실은 땅인 '곤여

(坤輿)' 세계(the world)에서 물의 세계는 여전히 배제되어 있었다. 여말 이래 조선에서 제작된 천하도들은 땅(중원, 중국) 중심의 세계를 담고 있었다.

바다에 관한 과학적 설명은 곤여와 달리 땅과 바다로 구성된 '지구(地球)' 세계(the globe)에 관한 상상을 자극할 것이다. 물의 세계에 관한 과학적 지식은 물의 이미지나 물에 관한 상상력을 바꿀 것이다. 바다는 더 이상 땅의 관습에서 상상되지 않는다. 바다는 과학적 설명을 통해 더 이상 불가지의 영역이 아니게 된다. 땅에 못지않은 의미를 갖는다. 바다는 더 이상 배제된 공간이 아니다. "해저도 지면과 같아 높은 봉우리와 깊은 골의 들쑥날쑥함이 같지 않다", "바다 속에서 회선하는 물은 평지의 강하와 같다"와 같은 비유를 통해 바다는 육지에 '근사한' 위상을 얻는다. 바다는 육지에 비견할 만한 위상을 얻는다. 더구나 바다는 인간의 삶을 규정하는 존재로까지 상정된다. 해류는 땅의 자연환경에 지대한 영향을 미치는 요소다.

바다는 단지 과학적 설명으로만 그 의미를 알게 되는 것은 아니다. 유길준은 어렴풋이나마 물과 인간과 국가의 상관성을 보여준다. 해류가 초목의 종자를 운반하는 통로가 되어 땅의 자연환경을 바꾸는 것은 '사소한 것'일 뿐이다. 해류는 인간생활에도 영향을 미친다. 영국이 부강해질 수 있었던 까닭은 주변을 흐르는 난류가 차가운 기운을 완화시켜 인간의 생활과 동식물의 번식에 적당한 자연환경이 조성되었기 때문이다. 영국이 회선하는 난류 근처에 있지 않았다면 오늘날과 같이 부성(富盛)한 나라가 되기는커녕 사람과 동식물이 살 수도 없었을 것이다.

바다는 인간에게 "만고에 일찍이 없었던 일대 공효"를 제공한다. 콜럼버스의 신대륙 발견은 바로 "회선하는 해수의 공"에서 시작된 것이다. 여기서 바다는 사람과 땅을 규정하는 일정한 요소로서 상정될 여지를 보인다. 해양의 문명사적 의미를 알았을 것이다.

그런데 과학적 설명이 바다의 사회정치적 표상을 금방 해소하는 건 아니다. 오히려 사회정치적 현상이 과학적 설명과 무관하게 바다의 이미지를 구속하는 일이 많다. 1880년대 한국에서 바다의 상상력은 정치적·군사적 사안들에 의해 제약을 받았다. 아편전쟁(1840-1842) 이래로 해양 관념 혹은 해양 이미지는 전략적 함의를 띠었다. 중국에서는 위원(魏源)이 『해국도지』를 저술하여 해양방어(해방)을 뜻하는 '주해(籌海)'의 전략을 제시한 바 있다. 새방(塞防) 대 해방(海防) 논쟁을 거치면서 바다는 땅에 못지않은 의미를 가진 전략 공간으로서 부상하였다. 일본에서는 아이자와 야스시[会沢安]가 『신론(新論)』(1825)에서 바다의 전략적 의미의 변용을 일찍부터 파악하였고 이에 대응하는 해양 전략을 모색하였다. 바다를 횡행하는 화륜선(증기선)의 출현은 바다의 전략적 의미를 변용시킨 요소였다. 동아시아 세계가 '해금(海禁)'에서 '개항(開港)'으로 바뀐 역사적 사실은 바다가 열렸음을 표상하는 상징적인 사건이었다. 바다는 정책적 의미를 갖게 된 것이다.

한국의 유학지식인들도 병인양요(1866), 신미양요(1871)의 군사적 충돌을 거치면서 바다를 전략 공간으로서 의식하기 시작했다. 특히 1880년대 개항의 상황이 도래하면서 서양국가들과의 외교를 둘러싸고 논쟁을 벌이는 과정에서 바다의 의미가 새롭게 인식되었다. 바다('重溟', '重洋')

로 '격절(隔絕)'된 미국과의 수호를 둘러싼 논쟁을 통해 땅과 바다의 전략적 가치에 대한 인식이 변용하게 된다. 유학자 관료들에게 관습화되어 있던 땅(중원) 중심의 '동번(東藩)' 의식은 바다의 출현과 더불어 약해졌다. 유길준도 「중립론」(1885)에서 해양을 매개로 한 외교의 중요성을 의식하였다. 하지만 유길준은 해양에 관한 상상력이 풍부하지는 않았다. 그는 해양의 문명사나 전략적 의미를 많이 생각해 보지는 않았다. 비단 유길준의 상상력 문제만은 아니다. 바다에 관한 상상력의 부재는 1880년대 한국의 유학지식인들에게 일반적이었다.

문명사적 해양 인식은 국권상실에 직면하면서 근대패러다임을 적극적으로 받아들였을 때 출현하였다. 최남선은 「해상대한사」(1908)를 저술하여 한국지리와 한국역사에서 해양의 의미를 재발견하고 해양의 문명사적 의미를 탐색하였다. 최남선의 신체시 「해(海)에서 소년에게」는 바다의 탄생을 통해 문명사, 문화사적 관점에서 근대적 세계의 출현을 알리는 상징이었다. 훗날 사론가 문일평도 고대 한국에서 해양을 중심으로 전개된 한국인들의 국제적 활동을 높이 평가하였는데, 이러한 해양의 재발견은 조선 유학자들이 대륙 중심적 사고로 '국제안'(국제적 시각)을 상실하고 이로 인해 국가 멸망에 이르렀다는 자기 성찰의 소산이었다. 유학 비판과 해양의 발견은 서로 연관된 현상이었다.

---

[1] 今夫世界의海를論ᄒ건대日

　漢譯으로　　　　　　英音으로

北極海	악틕크
南極海	안틔악틕크
大西洋	잇틀넌틕크
太平洋(大東洋)	픠시픽크
印度海	인듸얀

[2] 夫此五海를已上又치分言ᄒ나實狀은一水의相通ᄒ은者니然ᄒ故로其分割ᄒ境界가或大洲의阻隔으로以ᄒ고或經緯의度線으로以홈이오其深을欲論ᄒ면海底도地面과同ᄒ야高峰과深壑의參差홈이不一홀ᄲᆫ더러海中測量ᄒᄂ器械가姑且盡善ᄒ境에未至ᄒ니太平洋의最深處ᄂ四萬三千尺이오大西洋의最深處ᄂ二萬五千尺이라北阿美利加의旒華雲突蘭島와大不列顚의愛爾蘭島의間에大西洋의水淺ᄒ處가四千尺으로一萬二千七百尺에至ᄒᄂ故로此海에電線을沈架ᄒ야歐洲及美洲의二大陸을連ᄒ니此를由ᄒ야電線原이라稱ᄒᄂ者라

[11] 海中에回旋ᄒᄂ水가有ᄒ니其理由ᄂ論辯ᄒ기支難ᄒ나其功效를略記ᄒ건ᄃᆡ水土의關係가不少ᄒ거니와亦風의起源이니大槩其種이有二ᄒ야一曰回旋ᄒᄂ寒水며一曰回旋ᄒᄂ熱水라其水가有五ᄒ야寒者가二오熱者가三이니五海에其一이各有ᄒᆞᆯ지라

北極海의回旋ᄒᄂ寒水

南極海의回旋ᄒᄂ寒水

印度海의回旋ᄒᄂ熱水

太平洋의回旋ᄒᄂ熱水

大西洋의回旋ᄒᄂ熱水

[12] 夫海ᄂ淳滿ᄒ水라流行ᄒᄂ者아닌故로其波濤가風의激起홈되야山又치湧

ᄒᆞ며雪又치噴ᄒᆞ여도其本處에動蕩ᄒᆞᆯᄯᆞ름이니如此ᄒᆞᆫ理由로推觀ᄒᆞ면海ᄂᆞᆫ平地와同
ᄒᆞ고回旋ᄒᆞᄂᆞᆫ水ᄂᆞᆫ江河와同ᄒᆞᆫ지라然ᄒᆞ기海中에回旋ᄒᆞᄂᆞᆫ水ᄅᆞᆯ平地의江河로一視홈
이最近ᄒᆞᆫ比較니大槩寒水ᄂᆞᆫ黑道에起ᄒᆞ고熱水ᄂᆞᆫ赤道에起ᄒᆞᄂᆞᆫ지라

[18] 大槩回旋ᄒᆞᄂᆞᆫ諸水의流行ᄒᆞᄂᆞᆫ形勢ᄂᆞᆫ已上에論出홈과同ᄒᆞ거니와人生의有
益ᄒᆞᆫ關係가亦此ᄅᆞᆯ由ᄒᆞ야生出ᄒᆞᄂᆞᆫ者가多ᄒᆞ니畧擧ᄒᆞ건ᄃᆡ

[19] 大西洋의回旋ᄒᆞᄂᆞᆫ熱水의一支가墨西哥의海項에出ᄒᆞ야歐羅巴洲의北方에
至ᄒᆞ야其地方의寒冷ᄒᆞᆫ氣ᄅᆞᆯ輕減ᄒᆞ야水土가人生에相適ᄒᆞ고百物이蕃殖ᄒᆞ니英吉
利의地方의萬若回旋ᄒᆞᄂᆞᆫ熱水近處에不在ᄒᆞ얏스면今日의富盛ᄒᆞᆫ一國되기ᄂᆞᆫ姑舍ᄒᆞ
고人物의居生ᄒᆞ기도不能ᄒᆞᆯ디라今其理ᄅᆞᆯ證明ᄒᆞ기爲ᄒᆞ야北阿美利加洲의葉厓賴
多半島의景況을擧比ᄒᆞ노니英吉利와葉厓賴多의二地方의東西ᄂᆞᆫ雖異ᄒᆞ나赤道의
距離ᄂᆞᆫ各五十度의遠ᄒᆞᆫ者로ᄃᆡ英吉利ᄂᆞᆫ已上의論列홈과同ᄒᆞ야熱水의功效로其水
土의均和홈과人物의豊裕홈이如彼ᄒᆞ고葉厓賴多ᄂᆞᆫ北極海의回旋ᄒᆞᄂᆞᆫ寒水가相近
ᄒᆞ야四時의氣候가隆冬의祁寒이오百物이成熟ᄒᆞ기不能ᄒᆞ며人生의居住ᄒᆞᄂᆞᆫ者가無
홈이라

[22] 又各種草木의種子도回旋ᄒᆞᄂᆞᆫ水의波濤ᄅᆞᆯ隨ᄒᆞ야此地로브터彼地에移ᄒᆞ며
人生의日用ᄒᆞᄂᆞᆫ材木도此水의流勢ᄅᆞᆯ因ᄒᆞ야供給ᄒᆞ기도ᄒᆞᄂᆞ니大洋洲의諸島ᄂᆞᆫ本來
草木이無ᄒᆞ더니諸種의草木種子가此水ᄅᆞᆯ從流ᄒᆞ야今日에鬱蕊ᄒᆞᆫ林藪ᄅᆞᆯ成ᄒᆞ고又氷
島ᄂᆞᆫ材木이稀貴ᄒᆞᆫ地方이로ᄃᆡ無數ᄒᆞᆫ山木이此水에泛流ᄒᆞ야島邊에達ᄒᆞᄂᆞᆫ故로居人
의宮室舟楫及四時의火木이有餘ᄒᆞ며且海上行船ᄒᆞᄂᆞᆫ者도此水의功力을稱ᄒᆞᄂᆞ니
帆을張ᄒᆞ고柁ᄅᆞᆯ挼ᄒᆞ야回旋ᄒᆞᄂᆞᆫ水勢ᄅᆞᆯ順流ᄒᆞᆫ則其行進의迅速홈이倍增ᄒᆞᄂᆞᆫ지라

此等事ᄂᆞᆫ猶且小者어니와古語ᄅᆞᆯ記ᄒᆞ야萬古의未曾有ᄒᆞᆫ一大功을記ᄒᆞ건ᄃᆡ歐羅
巴洲伊太利國의昔時人閣龍이地球의圓體ᄅᆞᆯ說ᄒᆞ고顯明ᄒᆞᆫ證據ᄅᆞᆯ摸提ᄒᆞ기不能ᄒᆞ

더니此水에泛流ᄒᆞᄂ木片에刻劃ᄒᆞᆫ物形과死人의체體樣이歐羅巴洲의人物과有異

홈을見ᄒᆞ고乃思ᄒᆞ되西方에도必然人物의居住ᄒᆞᄂ大地가有ᄒᆞ다ᄒᆞ야累年의辛苦

ᄒᆞᆫ勤功으로往古의未通ᄒᆞ든阿美利加洲의大地ᄅᆞᆯ發現ᄒᆞ야今日의富强ᄒᆞᆫ諸國基址

ᄅᆞᆯ開ᄒᆞ니回旋ᄒᆞᄂ水의功이不大ᄒᆞᆫ가

제2절
세계의 인종

　[1] 인종의 시초를 거슬러 미루어 보면 한 사람의 지예(支裔)[지손(支孫)]가 천하에 퍼져 사는 것인지, 지방에 따라 저마다 거주인의 시조가 있는 것인지, 이는 추측하는 논변으로는 단정할 수 없다. 현세의 광경으로 여러 학자의 입론이 같지 않다. 혹 세 종(種)이라 하며, 혹 네 종라 하며, 혹 여섯 종이라 하며, 혹 열 한 종이라 하며, 혹 스물 두 종이라 한다. 하지만 모두 맞지 않다. 블루멘바흐 씨는 다섯 종이라 했는데 이 말이 근사하므로 이 책에서도 채용한다. 다섯 종은 황색인, 백색인, 흑색인, 회색인(또는 종려색(棕櫚色)), 적색인(또는 동색(銅色))이다.

　[8] [전략] 한편 다섯 종(種)이 저마다 갈라져 나온 족(族)이 있어 산천을 할거하여 방국(邦國)을 저마다 세우고 부락을 저마다 이루었다. 그리하여 언어가 2,750종 다른 것이 있고, 종교 문물도 같지 않게 되었다.

수토(水土)와 기후에 오래 익숙해져 동종의 인민이라도 얼굴 모양과 살색이 조금씩 차이가 나게 되었다. 또한 각 종이 잡거호혼(雜居互婚)하는 관계 때문에 새로 생겨난 인족(人族)이 있다. 하지만 그 구별을 세우지 않고 각기 붙어사는 큰 무리의 본종(本種)에 섞어 넣었다.

❋

인종의 과학적 분류

바다, 강, 호수에 이어 인종의 분류와 설명이 이어진다. 유길준은 블루멘바흐의 방식을 따라 인종을 분류한다. 블루멘바흐[弗漏縮](Johann Friedrich Blumenbach, 1752~1840)는 독일 생물학자로서 비교해부학과 형질인류학 분야의 권위자였다. 그는 1775년 두개골 측정으로 신체적 특징을 파악하여 인종을 코카서스 인종(백색인), 몽골 인종(황색인), 말레이 인종(회색인), 에티오피아 인종(흑색인), 아메리카 인종(적색인)으로 분류하였다. 두개골과 신체 형질에 관한 비교 연구를 통해 인간이 하나의 종으로 시작했지만, 기후, 생활양식, 거주지 등 환경이 바뀌고 혼혈이 생기면서 다섯 인종으로 분화되었다고 보았다. 후쿠자와 유키치도 이 분류법을 채택하여 『장중만국일람(掌中萬國一覽)』에서 백색 인종, 황색 인종, 적색 인종, 흑색 인종, 다색(茶色) 인종으로 나누었다.

유길준은 인종별로 피부, 두발, 얼굴이 어떤 형질적 특징을 보이는지, 어느 대륙에 주로 분포하는지를 소개한다[2]-[6]. 다섯 인종의 대륙별 분포를 대조표로 제시하기도 했다[7]. 유길준은 가치판단을 배제하고 각 인종의 형질적 특징을 중립적으로 서술하였다. 다만 적색인(아메리카 인디언)에 대해서는 "적색인은 살색이 붉고 머리는 곧고 검다. 코는 뾰족하고 입은 넓으며, 전체의 얼굴 모양은 태만하다. 이 종이 주거하는 지방을 논하면, 본래 남북 아메리카 주의 주인이었지만 이 대지가 발견된 뒤부터 백색인의 침략을 입어 저들의 땅을 양여했을 뿐 아니라 그 인종도 점차 줄어 오래지 않아 소멸할 우려가 있다"[6]라고 서술하였다. 미국 체험을 통해 미국 인디언의 사정을 알고 있었기에 이러한 서술이 가능했을 것이다. 인종차별과 백인의 침략을 관련시켜 생각했을 가능성도 없지 않다.

인종론과 '인종'

인종론은 16세기 이래 유럽인이 자신들의 문화적, 인종적 우월성을 드러낸 담론이었고 비유럽인에 대한 착취를 옹호하는 수단이었다. 인종론은 처음에는 문화적 원시성이나 종교적 요인을 중시했는데, 점차 노예제를 정당화하면서 신체적 차이를 내세워 흑인의 열등성을 주장하는 이념으로 변질하였다. 로크, 디드로, 달랑베르, 흄, 칸트, 헤겔 등 18세기 계몽사상가들은 유럽 백인을 이성과 문명으로, 반면 비백인은 비이성과 야만으로 간주하였다. 블루멘바흐의 인종 분류법도 백인종(코카서스 인종)의 우월성을 변증하기 위한 것이었다. 인종론은 19세기 중반에도 지속되었다. 고비노(J. A. de Gobineau)는 언어에 따라 햄어족, 셈어족, 인도-유럽어족으로 구분하였고 인도-유럽어족, 특히 코카서스 인종의 게르만족이 혼혈로 타락한 다른 어족을 지배해야 한다고 주장하였다.

한편 인종에 관한 과학적 해석은 18세기 중반 린네(C. Linnaeus)에서 비롯되었다. 린네는 인간을 하나의 종으로 분류하였고 지역에 따른 신체적 특성을 고려해서 교혼으로 재생산되는 변이를 인정하였다. 뷔퐁(G.de Buffon)은 이 생각을 받아들였고 인종적 차이를 퇴화 이론으로 설명하였다. 비유럽 대륙의 인종은 열악한 기후로 퇴화했다는 것이다. 블루멘바흐의 인종분류법은 이러한 과학적 해석의 계보를 잇는 것이었다. 이후 해부학, 생리학, 언어학 등에서 인종의 차이를 찾는 노력이 잇따랐다. 해부학자 녹스(R. Knox)는 두개골과 형질의 분석을 통해 인종에 해부학적 차이가 있고 외양적 특성이 6000년간 변하지 않았다고 주장하였다(강철구, 「서양문명과 인종주의」). 다섯 인종의 잡거 잡혼으로 새로운 인족이 생겨났다는 유길준의 서술은 블루멘바흐의 견해에 따른 것이다. 자연환경의 차이로 같은 종 내에서도 형체와 피부색이 차이가 난다는 서술도 마찬가지다. 다만 유길준은 서양의 인종분류법을 가치 중립적으로 채용하였다. 인종차별을 의도한 것은 아니다.

유길준이 '족'을 '종'의 분파로 보는 한편 방국과 부락을 세우는 주체로 상정한 것은 주목할 만하다. '인족'이 산천을 할거하여 부락을 이루고 방국을 세우고, 여기서 수많은 언어가 생겨나고 종교 문물의 차이가 나타난다는 서술은 세계지리에서 방국의 할거를 묘사한 것과 조응한다. '인종(人種)'과 '인족(人族)'의 용례는 유의할 필요가 있다. 유길준은 방국의 할거를 초래하는 '인족'을 상정하는 한편, '인족'을 "각기 붙어 사는 큰 무리"인 '인종'에 포함시켰다. 구획과 분류는 대범주에서 소범주로 이행하면서 범주별로 차별화와 동일화를 수반한다. 보편적 인류

('하나의 종')와 개별적 인종(5대 인종), 보편적 인종과 개별적 인족이라는 구도가 엿보인다. '인족'은 훗날 '민족(民族)'으로 연결될 수 있는 말이지만, '인종'에서 갈라져 나온 개념으로 아직은 방국을 구성하는 '민족'과 같은 개념이라 보기는 어렵다. 유길준은 『서유견문』에서 '종족', '인종', '족성', '종락'과 같은 말을 많이 사용했는데, 모두 'race'를 지칭한다. 1880년대에는 아직 '민족', '국민' 개념이 쓰이지 않았고, 1890년대 후반에도 『독립신문』에서 보듯이 '인종' 개념이 자주 쓰였다. '조선인종', '일본인종'과 같은 용법도 보인다. 이들 개념은 아직 분화되지 않고 '인종'이 넓은 의미를 갖고 사용된 것으로 보인다. 1880년대 유길준은 국내사회와 국내정치의 차원에서 '인민'이란 말을 주로 사용하였다. 1880년대 유길준이 국민국가보다 문명사회에 더 관심이 있었음을 시사한다.

---

[1] 人種의始初를推溯ᄒ건대或一人의支裔로天下에布居홈인지或地方을隨ᄒ야各其居人의始祖가有ᄒ지此ᄂ猜度ᄒᄂ論辨으로斷定ᄒ기不能ᄒ者니現世의光景으로諸學士의立議가不一ᄒ야或曰三種이라ᄒ며或曰四種이라ᄒ며或曰六種이라ᄒ며或曰十一種이라ᄒ며或曰二十二種이라ᄒᄃᆡ此皆不合ᄒ者요惟弗漏緬氏가曰ᄒᄃᆡ五種이라ᄒ니其言이近似ᄒ故로此書에亦採用홈이라其五種은曰黃色人曰白色人曰黑色人曰灰色人(或曰棕櫚色)曰赤色人(或曰銅色)이니

[8] [前略]却夫五種이亦各支分ᄒ族이有ᄒ야山川을割據ᄒ야邦國을各立ᄒ고部落을各成ᄒ故로其言語가二千七百五十種의殊異가有ᄒ며且宗敎文物의不同홈도起홈이라水土氣候의久服으로同種의人民이라도其形貌及肉色의少差홈이自現ᄒ거

니와 各種의 雜居互婚ᄒᆞᄂᆞᆫ 關係로 又 一種의 新出ᄒᆞᄂᆞᆫ 人族이 有ᄒᆞᄃᆡ 其區別을 不立ᄒᆞ

고 各其附生ᄒᆞᆫ 大衆의 本種에 混入홈이라

제3절
세계의 물산

　[1] 물품은 천생(天生)[천연품]과 인작(人作)[제조품]의 분별이 있다. 천생한 물품은 인력을 빌리지 않고 자연 생성한 것을 말한다. 인작한 물품은 사람의 재력(才力)으로 천생한 것을 제조한 것이다. 그러므로 농작과 목축과 같은 것은 천생하는 조화(造化)와 인작하는 공력(功力)을 겸유한 것이다.

　세계 어느 나라든 그 나라의 천생의 물품과 인작의 물품을 합쳐 나라의 물산이라 부른다. 천생한 물품은 이 땅에서 잘되는 것이 저 땅에서는 되지 않기도 하고, 저 땅에 있는 것이 이 땅에 전무하기도 하다. 이는 수토(水土)가 같지 않고 기후가 달라서다. 한지(寒地)에 무성한 것이 열지(熱地)에 자라지 않고, 열지에 성숙한 것이 한지에 맞지 않는 까닭이다. 귤이 회수(淮水)를 건너면 탱자가 되는 것과 같다. 그래서 천생하는 물품은 인력으로 어찌할 수 없지만, 저 땅과 이 땅의 수토와 기후가 균일한데 저 땅에서 생성하는 물품이 이 땅에 없으면 사람의 힘으로 옮겨 심어 천생하는 물품을 늘린다. 또한 인작하는 물품을 논하건대, 사람의 재예(才藝)와 공력(工力)이 같지 않아 저 사람이 잘하는 것을 이 사람이 못하고 저 땅에서 잘 짓는 것을 이 땅에서 잘 못한다. 이는 천부한 재예와 공력 때문에 그런 것이 아니라 기계와 공부의 차이로 말미암은 것이니, 필경 만물이 균일[齊一]한 지경에 이르기는 극히 어렵다.

세계의 대중(大衆)이 저마다 자기 땅에서 나온 천생 및 인작의 남은 것으로 남의 부족한 것을 채우고, 남의 남은 것을 취하여 자기의 부족한 것을 채운다. 그러므로 각국이 약관을 정하고 사절을 보내 그 상인과 인민을 보호하고 또한 미개한 나라를 권하여 판로[商路]를 넓힌다. [후략]

***

물산의 분류

유길준은 세계의 물산에 대해 소개한다. 물산은 생산품을 뜻한다. 세계의 물산을 대륙별로 구별하고, 각 대륙을 설명할 때는 국가별로 서술한다. 각국의 생산품을 '물산'(생산품), '판매물품'(수출품), '구구(購求) 물품'(수입품)으로 분류하고 품목의 이름을 장황하게 나열한다. 생산품은 자연에서 얻는 천생(천연)의 농산품과 사람이 만드는 인작(가공)의 제조품으로 나뉜다. 농업생산에서는 수토(수질과 토질)와 기후 같은 풍토가 중요하다. 귤이 회수를 건너면 탱자가 된다는 말은 『안자춘추(晏子春秋)』에 나오는 유명한 고사다. 원문은 "귤이 회남(淮南)에서 나면 귤이 되지만 회북(淮北)에서 나면 탱자가 된다[橘生淮南則爲橘 生于淮北爲枳]"이다. 춘추시대 제(齊)나라 재상 안영(安嬰), 즉 안자(晏子)의 말이다. 제나라 안영이 초(楚)나라 영왕(靈王)의 초청을 받아 초나라에 갔을 때, 영왕이 제나라 출신 죄인이 끌려가는 것을 보고 "제나라 사람은 도둑질을 잘 하는군"이라며 비꼬았는데, 안영이 귤과 탱자의 비유를 들어 제나라 사람이 죄인이 많은 초나라에 와서 죄를 짓게 되었다고 면박을 준 것이다. 안영은 귤이 회북에서 탱자가 바뀌는 것은 "수질과 토질이 다르기 때문[水土異也]"이라 했다.

그런데 자연에서 생산되는 농산품은 사람 힘으로 증산할 수는 없지만, 수토와 기후가 같다면 농산물을 옮겨 심어 생산량을 늘릴 수는 있다. 이와 달리 제조품 생산은 천부한 재예와 공력에 달려있지만 기계와 공부의 차이가 더 중요하다. 제조품 생산은 타고난 재주나 힘보다는 인간이 만들어낸 기계와 제조법 같은 문명에 의존한다. '공부(工夫)'는 ① 방법, 수단, ② 마음의 수양, 의지의 단련에 힘쓰는 것, ③ 공정, 부역 등의 뜻이 있는데, 여기서는 공정, 제조법의 의미로 쓰였다. 인위적 노동을 통해 생산량을 늘릴 수 있다는 생각, 자연과 대비해 작위를 중시하는 생각을 읽을 수 있다.

교역의 출현

생산론은 교역론으로 연결된다. 개항은 교역을 쟁점화한다. 천체와 세계지리에 관한 과학적 설명은 물산의 교역에 관한 서술로 끝을 맺는다. 농산품은 풍토(수토와 기후)의 차이에 의해, 제조품은 문명(기계와 공부)의 차이에 의해 나라마다 남거나 모자랄 수 있다. 여기서 남는 것과 모자라는 것을 서로 교환하여 보충하는 교역이 발생한다. 교역이란 나라끼리 조약을 맺고 사절을 보내 자국의 상인과 인민을 보호하고 상권을 확장하는 것인데, 개항은 교역을 허용하는 것이며 국제무역의 제도를 받아들이는 것이다. 유길준이 어떠한 형태의 무역을 선호했는지, 자유무역과 보호무역 어느 쪽을 옹호했는지 여기서는 알 수 없다. 유길준은 상업사회를 옹호하는 경제윤리관을 가졌고 이러한 점에서 자유무역을 선호했을 가능성이 있지만, 1880년대 관세불평등과 무역불균형을 겪는 상황에서 어디까지 자유무역을 주장할 수 있었을지 궁금한 대목이다.

———————

[1] 夫物品은 天生과 人作의 分別이 有ᄒ니 天生ᄒ 物品은 人力을 不藉ᄒ고 自然生成ᄒ 者를 謂홈이오 人作ᄒ 物品은 人의 才力으로 天生ᄒ 者를 製造홈이라 然ᄒ 故로 農作과 牧畜의 諸種은 天生ᄒᄂ 造化와 人作ᄒᄂ 功力을 兼有ᄒ 者니

世界上 何國이든지 其國의 天生 及 人作의 物品을 合擧ᄒ야 其國의 物産이라 稱ᄒᄂ니 天生ᄒ 物品은 此地에 宜ᄒ 者가 彼地에 不宜ᄒ기도 ᄒ며 彼地에 有ᄒ 者가 此地에 全無ᄒ기도 ᄒ나 此ᄂ 水土의 不均홈과 氣候의 有差홈으로 寒地에 茂盛ᄒᄂ 者가 熱地에 不成ᄒ고 熱地에 成熟ᄒᄂ 者가 寒地에 不適ᄒ 緣由니 橘이 淮를 渡ᄒ면 枳를 成ᄒᄂ 者와 同홈이라 然ᄒ기 天生ᄒᄂ 物品은 人力으로 如何ᄒ기 不能ᄒᄂ 者어니와 彼此地의 水

土氣候가均一호딕彼地의生成호는物品이此地에無有호則人의力으로移栽호야天生호는物類를增호며且人作호는物品을論호건대人의才藝와工力이不一호야彼人의能호者를此人이不能호고彼地이善做호는者를此地에不善호니此는天賦호才藝와工力을由호야然호者아니오器械와工夫의差殊를因홈이로딕畢竟은萬物이齊一호境에至호기는極難호지라

世界의大衆이各其地의天生及人作의有餘호者로他의不足호者를補호고他의有餘호者를取호야自己의不足호者를補호는故로各國이約欵을定호며使節를派호야其商賈와人民을保護호고且未開호國을勸호야商路를拓廣호느니 [후략]

제3편

방국의 권리, 인민의 교육

『서유견문』 제3편에는 「방국의 권리」, 「인민의 교육」 두 글이 실려 있다. 제14편 「개화의 등급」과 더불어 핵심적인 논설이다. 「방국의 권리」는 국제 차원에서 자주독립을 모색한 주권론, 국가론이다. 기존의 한중 조공체제에 새로운 주권국가체제가 부과되는 1880년대 국제질서 변동의 문맥에서 한국의 자주독립을 모색한 국제정치론이다. 「인민의 교육」은 인민의 계몽을 통해 보국의 길을 모색한 계몽교육론이다. 국가주권과 인민교육은 국가의 자주독립과 문명사회의 발전에 필요한 조건이며, 인민교육은 국권 보전의 전제가 되어 있다.

제1절
방국의 권리

[1] 방국(邦國)은 일족(一族)의 인민이 한 지방[一方]의 산천에 할거하여 정부를 건설하고 다른 나라[邦]의 관할을 받지 않는 것이다. 그러므로 그 나라[國]의 최상위를 차지한 자는 군주이고 최대권을 가진 자도 군주다. 인민은 군주를 섬기고 정부에 순응[承順]하여 한 나라[國]의 체모를 지키고 온 백성의 안녕을 유지한다. 한 나라[一國]는 비유한다면 한 집[一家]과 같아서 그 집의 사무는 그 집이 자주(自主)하여 다른 집이 간섭하는 것을 허락하지 않는다. 또 한 사람[一人]과 같아서 그 사람의 행동거지는 그 사람이 자유(自由)하여 타인의 지휘를 받지 않는 것과 한가지다. 방국의 권리도 그러하다.

이 권리(權利)는 두 가지로 나뉜다. 첫째는 내용(內用)하는 주권이다. 국중의 일체 정치와 법령이 정부의 입헌을 스스로 준수하는 것이다. 둘째는 외행(外行)하는 주권이다. 독립과 평등의 원리로 외국의 교섭을 보수하는 것이다. 이 때문에 일국의 주권은 형세의 강약과 기원의 좋고 나쁨, 토지의 대소와 인민의 많고 적음을 논하지 않고 다만 그 내외 관계의 진정한 형상에 의거하여 단정한다. 천하의 어떤 나라[邦]든 다른 나라[邦]가 똑같이 가진 권리를 범하지 않을 때는 독립자수(獨立自守)하는 기초로 주권의 권리를 스스로 행한다. 그러므로 각 나라[邦]의 권리는 상관[互係]된 직분의 동일한 경상으로 말미암아 그 덕행과 습관의 한도[限制]를 세우는 것이다. 이와 같이 방국에 귀속된 권리는 나라[國]의 나라[國] 되는 도리를 위해 현체(現體)의 긴절(緊切)한 요체[實要]다. 그러므로 이것을 입본(立本)한 권리라 말한다. 이 입본한 권리를 일일이 들어 본다.

첫째, 현존 및 자보(自保)하는 권리이다. 여기에서 나오는 것은 ① 신왕(伸枉)하는 권리: 평화적인 조정(調停)과 판리(辦理)와 호요(互饒), 그리고 권화(勸和)와 전단(專斷), 또한 면의(面議)와 국회(國會)의 도에 따라 임행(任行)하는 것. ② 보응(報應)하는 권리, ③ 답창(答搶)하는 권리, ④ 서로 다투는 사물을 잡아두는 권리, ⑤ 개입[揷理]하는 권리, ⑥ 선전과 강화하는 권리: 자보하는 권리로 인해 평권(平權)하는 도가 나온다.

둘째, 독립하는 권리. 평균과 경중(敬重)하는 권리를 포함한다.

셋째, 산업(토지)의 권리.

넷째, 입법하는 권리.

다섯째, 교섭과 사절 파견과 통상의 권리.

여섯째, 강화와 조약 체결하는 권리.

일곱째, 중립하는 권리.

[2] 현존 및 자보하는 권리는 자수(自守)하는 도이니, 국중 인민이 널리 함께하는[普同] 직책이다. 여러 권리 중에서 가장 중요하다. 그러므로 마음을 같이하고 힘을 합쳐 정부의 방향과 역능(力能)을 준봉해야 한다. 독립하는 권리는 국가의 지위 및 성명(聲名)의 실상(實狀)과 관계되니, 만국의 평균(平均)한 예교[禮數]와 경중(敬重)하는 대우를 서로 행한다. 그러므로 자중(自重)하는 의사로 굴하지 않는 기개를 지켜 다른 나라[他邦]의 치욕과 만모(慢侮)를 받지 말아야 한다. 산업의 권리는 전국의 해안, 산천의 물산을 지키는 도이다. 적확한 정리(正理)를 스스로 지켜 타인의 침범을 받지 말아야 한다. 입법하는 권리는 국중의 일체 정령과 법도의 폐혁(廢革)과 시행을 모두 자기 손안에 두고 타인이 간여할 것이 아니니, 자주하는 위권[威柄]을 잡아 다른 나라가 넘보는 걸 불허해야 한다. 교섭, 사절 파견 및 통상의 권리는 방국의 교호(交好)하는 도를 세우고 인민의 이익이 되는 근본을 세우되 자기가 편한지 아닌지에 따라 때[時機]를 취하고 버리거나 다른 나라의 지휘와 개입[挿理]을 받아들여서는 안 된다. 강화와 결약(決約)하는 권리는 자기의 사정과 시세, 지위와 방편의 여하로 인해 그것을 행하고 행하지 않음을 스스로 헤아리는 전단(專斷)에 있다. 중립하는 권리는 자수하는 방략으로서 다른 나라의 시비를 간여하지 않으며 좋고 싫음의 편심(偏心)을 행하지 않고 우방[與國]과 사귀는 도를 유지하는 것이다.

[3] 이는 방국이 스스로 가진 권리이므로 하나라도 없으면 나라[國]가 나라[國]될 수 없으며 또 되어서도 안 된다. 이제 세계의 광대함을 들어

하나의 향리에 비한다면, 저마다 한 모퉁이[一隅]를 점거한 나라들은 같은 마을에 울타리를 서로 접한 집들과 같다. 이웃[比隣]하는 경황은 우목(友睦)하는 신의를 맺고 자익(資益)하는 편리를 통해 인세(人世)의 광경을 조성한다. 사물이 같지 않으므로 사람들의 강약과 빈부는 반드시 차이가 있지만 각기 일가의 문호를 세워 평균한 지위를 보수하는 것은 국법(國法)의 공도(公道)로 사람의 권리를 보호하는 것이다. 방국의 교제도 공법(公法)으로 제어하여 천지의 무편(無偏)한 정리(正理)로 일시(一視)하는 도를 행하므로 대국도 일국이고 소국도 일국이다. 나라[國] 위에 나라[國]가 다시없고 나라 아래에 나라가 또한 없다. 일국의 나라[國]되는 권리가 피차가 동일(同然)한 지위로서 터럭만큼의 차이가 생기지 않는다. 그러므로 나라[國]들이 우화한 뜻으로 평균한 예를 써서 약관을 교환하고 사절을 파견하여 강약의 분별을 세우지 않고 권리를 서로 지켜 감히 침범하지 못한다. 다른 나라[邦]의 권리를 공경치 아니하면 이는 자기의 권리를 스스로 훼손하는 것이다. 자수하는 도에서 근신하는 자가 타인의 주권을 훼손하지 않는 까닭이다.

'방국의 권리'

　1880년대 한국은 미국, 영국, 프랑스 등 서양 열강들과 수호조약을 체결하여 국제법체제를 받아들이면서 전통적인 조공체제와 근대적인 국제법체제가 공존하는 이중 질서에 놓이게 된다. 「방국의 권리」는 조선이 조공체제가 작동하는 한중관계에서는 약정에 따라 청국에 조공을 바치는 증공국이지만, 국제법체제를 받아들여 조약을 체결한 제3국(서양국가)에 대해서는 자주독립국임을 논증한 주권론이다. 근대적 주권 개념과 만국평등 관념에 기초한 주권론이었다. 내용상 1889년에 쓰인 것으로 영약삼단(另約三端) 사건과 관련된 것으로 보인다. 1887년 조선 정부는 초대 주미공사로 박정양을 파견했는데, 청국은 종주권을 주장하면서 박정양 공사에게 미국 주재 중에 세 가지 원칙의 외교 의례, 즉 '영약삼단'을 준수할 것을 요구하였다. 하지만 박정양 공사는 이를 지키지 않았고, 청국은 이를 문제 삼아 조선정부에 압력을 가해 1889년 박정양 공사를 강제 귀국시켰다. 당시 백운정에서 유폐 생활을 하던 유길준은 조정의 요청을 받고 대응책을 제시한 바 있다. 「방국의 권리」는 이러한 한중관계가 반영된 글이다.

그런데 「방국의 권리」는 1885년에 한문으로 저술한 「국권」을 저본으로 하였고 영약삼단 사건을 반영하여 대폭 수정한 것이다. 유길준은 미국에서 귀국한 이후 줄곧 한국의 주권과 자주독립에 관해 고민하였음을 알 수 있다. 이는 일본 유학에서 돌아온 뒤 저술한 「세계대세론」(1883)이나 「중립론」(1885)에도 잘 드러난다. 조선의 주권과 자주독립은 유길준의 최대 관심사였다. 「방국의 권리」는 1880년대 한국의 주권 상황을 이해하고 자주독립을 모색한 국제정치적 성찰의 도달점이었다. 이 글이 본문의 첫머리에 배치된 것은 우연이 아니다. 이 글은 한반도 국제관계를 포착하는 치열한 문제의식과 예리한 현실 감각과 이론적 논리 구성을 잘 보여준 유길준의 대표 논설이다. 한국 국제정치론의 효시라 할 수 있다.

'방국의 권리'는 국가주권을 가리킨다. 유길준은 「국권」과 「세계대세론」에서는 '국권(國權)' 개념을 사용했지만, 『서유견문』에서는 '방국의 권리'로 고쳐 썼다. 제5편 「정부의 종류」, 제10편 「법률의 공도」에 '국권' 용례가 보이지만 이 경우는 국가권력을 가리킨다. 왜 방국이란 용어를 썼을까. 유길준에 따르면, 방국은 "일족의 인민이 한 곳의 산천에 할거하여 정부를 건설하고 다른 나라의 관할을 받지 않는 것"이다. 방국을 구성하는 인민, 산천, 관할은 대체로 국가를 구성하는 국민, 영토, 주권에 대응한다. 정확히 일치하지는 않지만, 산천을 영토로 보고, 관할을 주권으로 보아도 무방할 것이다. 그런데 유길준이 생각한 방국의 구성원인 인민은 국민과 구별되는 개념이다. 방국은 국민국가를 상정한 말은 아니다. 인민과 국가는 『서유견문』을 관통하는 주제였다. 여기서는 '방국' 개념에 주목하기로 한다.

'방국'은 원래 고대 중국에서 천자국에 대응하는 제후국을 가리키는 말이었다. '방국'은 '방(邦)'과 '국(國)'이 합쳐진 말이다. '국(國)'은 금문(金文)에서는 무장한 성읍인 '或'을 '口'으로 에워싼 형태로 되어 있다. 고대 중국에서 씨족적 결합에 기초한 읍제(邑制) 국가가 정치적으로 성숙된 대읍(大邑)을 중심으로 형성되는데, 이 대읍이 '국'이었다. '국'은 봉건국가의 국내적 측면에서 왕조, 사직을 뜻한 말이다. 한편 '방(邦)'은 봉건국가의 국제적 측면—천자국에 대한 제후국으로서의 '방'—을 드러낸 말이었다. '방'은 '봉(封)'과 통한다. 방국은 '국가'와 구별되는 개념이었다. '국가'는 나라를 통치하는 왕조나 황실, 즉 사직을 가리켰다. '대명국

(大明國)', '대청국(大淸國)'에서 '국'은 명 왕조, 청 왕조를 지칭한다. 조선에서 사용된 '개국(開國)'은 새로운 왕조를 개창한다는 말인데, 여기서도 '국(國)'은 왕조나 사직을 뜻한다.

개항기 한국과 일본에서 통용된 '방국'은 윌리엄 마틴의 한역어에서 비롯된 것으로 보인다. 마틴은 『만국공법』에서 'state'의 번역어로서 고대 중국에서 사용된 '방국'을 차용하였다. 포셋(Henry Fawcett)의 저서(Henry Fawcett, *Manual of Political Economy*, 1863)를 마틴이 한역한 『부국책(富國策)』(同文館, 1880)에서도 '방국'을 사용하였다. 막말유신기 일본에서는 'state'의 번역어로 '국', '국가', '방국', '정부' 등이 혼용되었지만, 1870년대에 들면 '방국'이 주로 쓰이게 된다. 나카무라 마사나오의 『자유지리(自由之理)』(1872), 우치다 마사오의 『여지지략』(1870~1877)에서도 이 말이 쓰였다. 『만국공법』이 널리 읽히면서 유통된 것으로 보인다. 마틴이 'state'의 번역어로서 '방국'을 차용한 것이나 이 말이 동아시아에 널리 유통된 까닭은 전통시대의 '국가' 개념으로는 'state'의 의미를 담을 수 없었기 때문일 것이다.

그런데 후쿠자와 유키치는 '방국'을 채용하지 않았다. '국가'를 쓰지도 않았다. 도쿠가와 일본에서 '국가'는 집권 세력의 가족을 지칭하는 말이었는데, 후쿠자와는 막부를 지칭하는 '국가'가 '권력의 편중'을 초래하였다고 보았기에 '국가' 용어에 부정적이었다. 그는 '국(國)'으로 번역하였다(『西洋事情初編』, 『文明論之槪略』). 번역어 '국가'가 학술어, 일상어로 확립된 것은 1880년대 천황제 국가가 성립하는 과정에서였다. 기존의 말이 근대국가 형성에 부합한 말로 변용한 것이다.

유길준은 『서유견문』에서 '방국'과 '국가' 개념을 둘 다 사용하였다. 유길준은 일본 유학 시절 틀림없이 이 말들을 접했을 개연성이 높다. 하지만 일본적 용법을 그대로 받아들이지는 않았다. 유길준은 '방국', '국가'를 자기 나름의 방식으로 이해하였다. 『서유견문』에는 '방국'보다 '국가'의 용례가 더 많다. 대략 '방국'이 40회 정도, '국가'가 130회 정도 나온다. 유길준은 두 개념을 혼용하기도 했지만 대체로 구별해서 사용하였다. 『서유견문』에서 '방국'은 때로 '국가'까지 포괄하거나 '국가'와 중첩되기도 하지만 주로 국제사회의 주체로서 국가를 상정했을 때 등장한다. 이와 달리 '국가'는 국내사회에서 인민을 위한 정치나 통치를 얘기할 때, 혹은 정부와 인민의 관계나 민본정치를 위한 정부의 역할과 직무를 소개할 때 등장한다. 이 '국가' 개념은 전통사회의 '국가' 개념과 일정 부분 연속된 것으로 볼 수 있다.

「방국의 권리」 편에서 '방(邦)'과 '국(國)'의 용법도 이와 관련된다. '방'은 국제관계에서 국가주권을 보전하는 주체이며, 이러한 국가('방')의 주권은 인민을 위해 '나라[國]의 나라[國] 되는 도리'를 실천하는 정치체를 상정한다. 방국의 권리인 주권은 '나라의 나라 되는 도리'를 위한 핵심적 요체, 즉 '입본한 권리'다. '방'이 국가와 국가의 관계 설정에서 사용된다면, '국'은 정부와 인민, 혹은 국가와 인민이라는 관계 설정에서 사용된다. '방'이 서야만 '국'이 제대로 기능할 수 있다. '방'과 '국'의 구별은 근대국가 관념에 전통적 국가 관념이 일정 부분 투영되어 있음을 시사한다. 물론 두 말의 용법이 확연히 구별되지 않는 경우도 있다. 유길준은 나라의 입본한 권리를 상세히 열거함으로써 주권 개념의 실제를 보여준다. '현존 및 자보(혹은 자수)하는 권리'는 '내용하는 권리'로서 '국'의 주권, 즉 대내적 주권에 해당하며, '독립하는 권리'는 '외행하는 주권'으로서 '방'의 주권, 즉 대외적 주권에 해당한다. 내용하는 주권과 외행하는 주권은 각각 마틴이 『만국공법』에서 말한 '재내의 주권[在內之 主權]', '재외의 주권[在外之主權]'에 해당한다.

유길준은 「국권」(1885)에서 몇 가지 입본하는 권리에 관해 부연 설명을 하고 있다. '신왕(伸枉)하는 권리'에 대해서는 "타국으로부터 부정한 일을 당했을 때는 마땅히 이를 해결할 수 있어야 한다. 경우에 따라서는 면의(面議)와 조정으로써, 혹은 타국의 권유와 상호 양보로써, 혹은 무력분쟁을 통해 독자적으로 결정한다"는 설명을 덧붙였다. '보응(報應)하는 권리'는 '보응권'이라 했는데, "상대국이 우리나라를 대하는 방식에 따라 같은 방식으로 대응한다"라고 해설하였다. 한편 '삽리(揷理)하는 권리'에 대해서는 "외국의 사실과 정황이 우리나라에 해로운 것이 있을 때 이에 참섭(參涉)하여 처리할 수 있다"라고 설명하였다. '삽리'는 간여해서 처리한다는 뜻이다.

한편 『서유견문』에는 '인민'과 '국인(國人)'의 용례가 압도적으로 많다. '민족'의 용례는 거의 없다. '국민', '방인(邦人)'의 용례는 아주 드물게 보인다. '국인'은 '인민'과 거의 같은 뜻으로 사용되었다. '방국', '국가' 개념을 사용했을 때 '국인'은 '방국', '국가'를 구성하는 '인민'을 가리키는 말로 사용된 것으로 보인다. 국가나 정부에 대응하는 '인민'은 근대적 '국민'을 형성한다는 의지에서 사용된 것이 아니다. 유교 정치사회에서 사용된 '민'이 새롭게 등장한 '방국', '국가' 개념에 투영되어 성립한 것이라 추정된다. 다만 '국'이 정부와 인민, 혹은 국가와 인민이라는 관계 설정에서 사용된 개념이라면 '국인' 개념에도 '국'의 이러한 용법이 투영되었을 것이다. 여기서 유길준은 국민국가(nation-state)보다는 민본국가의 관점에서 '방국'을 이해하였다고 가정할 수 있다.

'방국의 교제'와 '천지의 무편한 정리'

유길준은 방국이 주권을 행사하는 장, 즉 '방국의 교제'가 이루어지는 국제사회를 상정한다. 이웃하는 집들이 모여 마을을 이루듯이 방국들이 모여 국제사회를 구성한다. 이웃하는 집들이 우애하는 신의와 서로 돕는 편리에 의해 만들어 내는 '인세의 광경'에서 국제사회의 질서를 유추해낸다. '인세'는 사회를 가리킨다. 만국이 우애의 뜻과 평등한 예의를 가지고 조약을 맺고 사절을 교환하는 '방국의 교제'를 상상한다. '방국의 교제'는 국가들이 교제하는 국제사회를 상정한다. 마틴의 『만국공법』에 「방국 교제」라는 항목이 있다. 1860년대, 1870년대 후쿠자와 유키치는 '인간 교제', '외국 교제', '각국 교제'라는 말을 사용하였다. '교제'는 사회를 상정한 말이다. 일본에서 번역어 '사회'는 1870년대 말에 성립하였고 1880년대에 들어 통용되었다. 따라서 유길준은 일본유학 중에 번역어 '사회'를 접했을 터다. 하지만 '사회'가 아니라 '인세'와 더불어 '교제'를 선택하였다. 아직 근대사회에 낯선 한국적 상황에서 '교제'라는 기존 언어가 사회를 이해하는 데 적절했을 것이다. 1860, 70년대 일본의 지식인들이 그랬던 것처럼.

'방국의 교제'는 "저마다 한 모퉁이[一隅]를 점거한 나라들", 즉 주권국가들이 각자의 영토에 할거하는 국제사회를 상정한다. 방국들이 한 모퉁이를 점거, 할거하면서 경쟁하고 투쟁할 때 국제사회의 존재는 상상될 수 있다. 지난날 조선조 유학자들은 '중화' 중국에 대해 자국을 '동번(東藩)'으로 설정하고 자국이 바다(혹은 육지) 한 모퉁이에 치우쳐 있다는 '벽재일우(僻在一隅)'의 자의식을 가졌다. '한 모퉁이'는 중화세계에서 지리적 주변성과 문명적 주변성을 표상한다. '한 모퉁이에 벽재한다'는 지리적 주변성 혹은 지리적 고절은 중화세계가 이적(청국)에 의해 더럽혀지면 조선이 중화를 계승하여 유교문명을 보전할 수 있는 자부심(중화주의)의 근거가 되었다(장인성,『장소의 국제정치사상』). '한 모퉁이'는 주변성의 표현이건 문명적 자부심의 표현이건 중화와 주변의 관계성을 표상하는 말이다. '벽재일우'의 사유에서는 '교제'(외교)의 발상도, 국제사회 관념도 생겨날 수 없다. 제후의 나라에는 외교가 없다는 '인신무외교(人臣無外交)' 원칙이 이것을 보여준다. 제너럴 셔면호 사건과 신미양요의 사후 처리에 임했던 평안감사 박규수는 이 원칙을 내세워 미국과의 교섭을 거부했는데, 이 사례는 중화체제에서 '교제'가 성립할 수 없음을 보여준다. "저마다 한 모퉁이를 점거한 나라들"로 구성되는 세계를 상상할 수 있을 때, 국제사회를 상정할 수 있고 '교제'를 얘기할 수 있다. '한 모퉁이'를 점거한 방국들의 교제를 상정하는 주권 평등의 국제사회관에서는 '한 모퉁이'의 주변적 사유는 소멸하거나 의미 변용을 거치게 된다.

방국은 하나의 광대한 세계에서 공법(만국공법=국제법)에 따라 '평균(평등)한 예'를 행하는 주체다. 국제 영역에서 사회적 관계(교제)는 만국공법에 의해 규율된다. 유길준은 국내사회에서 '국법(국내법)의 공도'가 인민의 사회적 관계를 규율하듯이 국제사회에서는 만국공법이 '방국의 교제'를 규율한다고 생각하거나 규율해야 한다고 기대하였다. 모든 집들이 평등한 지위를 갖는 향리의 질서에서 끌어낸 유추를 통해, 나라 위에 나라 없고 나라 밑에 나라 없는, 모든 나라가 평등한 지위를 갖는 국제사회의 질서를 얘기한다. 인간은 강약 빈부의 차이를 넘어 일가의 문호를 영위하는 사람의 권리를 갖는다는 점에서 평등하며, 만국은 강약의 분별을 넘어 나라 되는 권리를 갖는다는 점에서 평등하다. 유길준은 방국 교제를 규율하는 '공도'와 세계 보편의 '정리'라는 보편적 원리를 내걸고 "대국도 일국이고 소국도 일국이다"라고 말한다. 만국평등론이다. 국제사회에서는 공법(만국공법＝국제법)에 기초한 "천지의 무편한 정리"가 국제관계를 규율하는 보편 규범으로 설정되어 있다. 국법(국내법)과 공법(국제법)을 연속적으로 파악하고 국내사회와의 유비(analogy)를 통해 국제사회의 규범 질서를 그려낸다. 자연법적 관점에서 국제법과 국제사회를 본 것이다. 이러한 질서관은 마틴의 『만국공법』에 반영된 자연법적 만국공법관이나 안과 밖, 개체와 전체를 연속적으로 파악하는 유학적 사유에서 영향을 받았을 수도 있다.

그런데 유길준은 '천지의 무편한 정리'라는 원리를 정말로 믿었을까. 만국이 평등하다고 생각했을까. 유길준은 힘의 격차로 인해 한국이 자주독립을 위협받는 상황에 대응하는 정치적 수사로서 보편주의적 만국평등관과 자연법적 만국공법관을 제시한 것이 아닐까. 19세기 유럽 열강이 비서구사회에 강제한 국제법은 지리적 기초, 종교적·윤리적 영감,

경제적 동기, 그리고 정치적 목적을 가진 일련의 규칙이었고, 실정법주의, 유럽중심주의, 팽창주의에 입각한 폭력의 규범이었다(김용구, 『만국공법』). 만국평등의 '공도'와 보편적 '정리'는 소국이 힘으로 대국에 대적할 수 없을 때 의탁할 수밖에 없는 명분이자 투쟁 수단이었다. 유길준은 「세계대세론」(1883)에서 "인권은 일신의 권리이며, 국권은 일국의 권리"라고 말하면서, "인권을 확장하려면 정치를 수량(修良)하고 행실을 정제(整齊)해야 하며, 국권을 확장하려면 병력을 양성해야 한다"라고 역설한 바 있다. 현실주의 국제정치관이 드러나 있다. 유길준의 만국평등론은 정치적인 언설이었다.

———————

[1] 夫邦國은一族의人民이一方의山川을割據ᄒ야政府를建設ᄒ고他邦의管轄을不受ᄒᄂ者니然ᄒ故로其國의最上位를占ᄒᆫ者ᄂ其君主며最大權을執ᄒᆫ者도其君主라其人民은其君主를服事ᄒ며其政府를承順ᄒ야一國의體貌를保守ᄒ고萬姓의安寧을維持ᄒᄂ니一國을比ᄒ건대一家와同ᄒ야其家의事務ᄂ其家가自主ᄒ야他家의干涉홈을不許ᄒ고又一人과同ᄒ야其人의行止ᄂ其人이自由ᄒ야他人의指揮를不受홈과一樣이니邦國의權利도亦然ᄒᆫ지라

此權利ᄂ二種에分ᄒ야一曰內用ᄒᄂ主權이니國中의一切政治及法令이其政府의立憲을自遵홈이오二曰外行ᄒᄂ主權이니獨立과平等의原理로外國의交涉을保守홈이라是를由ᄒ야一國의主權은形勢의强弱과起原의善否며土地의大小와人民의多寡를不論ᄒ고但其內外關係의眞的ᄒᆫ形像을依據ᄒ야斷定ᄒᄂ니天下의何邦이든지他邦의同有ᄒᆫ權利를不犯ᄒᄂ時ᄂ其獨立自守ᄒᄂ基礎로其主權의權利를

自行ㅎ則各邦의權利と互係ㅎ職分의同一ㅎ景像을由ㅎ야其德行及習慣의限制를
立홈이라如此히邦國에歸屬ㅎと權利と國의國되と道理를위ㅎ야其現體의緊切ㅎ實
要니是故로此를立本ㅎ權利라謂ㅎと者라今此立本ㅎ權利를枚擧ㅎ건대

第一現存과自保ㅎと權利니此를從ㅎ야流出ㅎと者と

甲伸枉ㅎと權利

和平ㅎ調停과辦理와互饒며勸和와專斷이며又面議와國會의道를由ㅎ야任行홈

乙報應ㅎと權利

丙答搶ㅎと權利

丁相爭ㅎと物을擒捉ㅎと權利

戊揷理ㅎと權利

己宣戰과決和ㅎと權利

自保ㅎと權利를因ㅎ야平權ㅎと道의轉出홈

第二獨立ㅎと權利니平均과敬重ㅎと權利를包홈

第三産業(土地)의權利

第四立法ㅎと權利

第五交涉과派使와通商의權利

第六講和와決約ㅎと權利

第七中立ㅎと權利

[2] 夫現存及自保ㅎと權利と即自守ㅎと道니國中人民의普同ㅎ職責이라各權利
中에最重ㅎ故로心을是同ㅎ며力을是協ㅎ야政府의方向과力能을遵奉홈이可ㅎ고
獨立ㅎと權利と國家의地位及聲名의實狀關係가存ㅎ야萬國의平均ㅎ禮數와敬重
ㅎと待遇를互行ㅎと故로自重ㅎと意思로不屈ㅎと氣槩를持守ㅎ야他邦의恥辱과

慢侮를 不取홈이可ᄒ고產業의權利ᄂ全國의海濱及山川物產의護守ᄒᄂ道라確的
ᄒ正理를自執ᄒ야他人의侵犯을勿受홈이可ᄒ고立法ᄒᄂ權利ᄂ國中의一切政令
과法度가其廢革及設施ᄂ皆自己의掌握에在ᄒ야他人의干預ᄒᄂ者아니니自主ᄒ
ᄂ威柄을執ᄒ야他邦의踰越을不許홈이可ᄒ고交涉派使及通商의權利ᄂ邦國의交
好ᄒᄂ道를建ᄒ고人民의利益ᄒ本을立호디自己의便否를從ᄒ야時機의取舍를行
ᄒ며他邦의指揮及挿理를不容홈이可ᄒ고講和及決約ᄒᄂ權利ᄂ自己의事情及時
勢와地位及方便의如何를因ᄒ야其行不行이自度ᄒᄂ專斷에在ᄒ고中立ᄒᄂ權利
ᄂ自守ᄒᄂ方略으로他邦의是非를不干ᄒ고愛惡의偏心을勿行ᄒ야與國의交道를
維持홈이라

[3] 此ᄂ邦國의自有ᄒ權利니其一이闕ᄒ則國이國되기不能ᄒ며又不可ᄒ지라今
夫世界의廣大홈을擧ᄒ야一鄕里에比ᄒ則各一隅에占據ᄒ諸國은同里에墻籬相接
ᄒ諸家와同ᄒ者라比隣의景況은友睦ᄒᄂ信義를結ᄒ며資益ᄒᄂ便利를通ᄒ야人
世의光景을助成ᄒᄂ니物의不齊홈으로諸人의強弱과貧富ᄂ必然其差異가有ᄒ다
나各其一家의門戶를立ᄒ야平均ᄒ地位를保守홈은國法의公道로人의權利를護홈
이니邦國의交際도亦公法으로操制ᄒ야天地의無偏ᄒ正理로一視ᄒᄂ道를行ᄒ則
大國도一國이오小國도一國이라國上에國이更無ᄒ고國下에國이亦無ᄒ야一國의國
되ᄂ權利ᄂ彼此의同然ᄒ地位로分毫의差殊가不生ᄒ지라是以로諸國이友和ᄒ意
로平均ᄒ禮를用ᄒ야約欵을互換ᄒ며使節을交派ᄒ야強弱의分別을不立ᄒ고其權
利를相守ᄒ야侵犯ᄒ기不敢ᄒ니他邦의權利를不敬ᄒ면ᄂ是自己의權利를自毀홈인
故로自守ᄒᄂ道에謹愼ᄒᄂ者ᄂ他人의主權을不損ᄒᄂ緣由라

[4] 하지만 나라의 대소와 강약으로 인해 형세가 대등하지 않는 일이 생겨난다. 그러므로 때로 강대국은 공도(公道)를 돌아보지 않고 자기 멋대로 힘을 행사한다. 약소국은 자보(自保)하는 길을 위해 다른 나라[邦]의 보호를 받으니, 이것이 수호국(受護國)이다. 또한 타방에 공물(貢物)을 증여하여 전해져 온 약장(約章)을 지키며, 새로 정한 조관(條款)에 의거하여 침탈한 토지를 돌려받고 훗날의 공벌(攻伐)을 면하니, 이것이 증공국(贈貢國)이다. 이들 두 권리는 주권을 확보하는 한도[分度]에서 나오기 때문에, 독립주권국의 향유한 권리를 행사하여 수호(修好), 항해 및 통상 조약을 스스로 맺는다면, 수호(受護)와 증공(贈貢)하는 관계로는 주권과 독립권은 터럭만큼 손실도 없다. 이는 공법의 확단선재(確斷善裁)한 규범이므로 주권국의 체제와 책임을 논변한 말에 의해 현실의 경상을 분명히 정하는 것이 옳다.

고금의 공법 대가들은 "어떠한 방국과 인민이든 국헌(國憲)의 체제와 품례가 어떠한지에 관계없이 나라를 스스로 주관하는 것이 주권 독립국이다. 주권은 일국을 관제(管制)하는 최대권으로서 안팎에서 실시된다. 내시(內施)하는 주권은 나라의 대법(大法)[municipal constitution—Denny]과 원리[fundamental laws—Denny]에 따라 인민에게 주어지고 [附傳] 또 주치자(主治者)에게 위임[委授]된다. 외시(外施)하는 주권은 일국 정치의 독립이 각국의 정치를 상대하고 이로써 화전(和戰)간에 그 교섭하는 관계를 보유하는 것이다"라고 말하였다.

외치(外治)와 내교(內交)를 자주하고 외국의 지휘를 받지 않는 나라가 정당한 독립국이니 주권국의 반열에 두지 않으면 안 된다. 독립주권의 명확한 증거는 다른 주권 독립국과 동등한 수호통상 조약을 의정(議定)하고 사신을 보내고 받으며 화친과 교전의 선포를 스스로 행하는 것이니, 이는 주권에 부착된 적합한 권리다. 일국이 이것을 가졌을 때는 독립국의 한 자리를 차지하지만, 없을 때는 약장의 관계를 살펴보아 반(半)독립국이나 속국의 반열에 두게 된다.

[5] 만일 약소국이 급박한 경우를 당해 내외 사무에서 때로 타국의 명령에 복종하고 권력을 허용해도 주권은 손상되지 않는다. 이러한 정형(情形)으로는 타국의 간섭으로 인해 일시의 정당한 동요[動撼]가 있을 따름이다. 근세의 공법학사는 "약소국이 독립을 보존함은 강대국의 뜻을 돌아보아 그 잠식하는 침벌을 두려워해서다. 이를 두려워하기 때문에 저들이 명언 혹은 암시하는 일시의 명령에 복종하지만, 그러한 명령과 복종은 적고 드물다[稀濶, comparative few and rare—Denny]. 이러한 일로 인해서는 강대국이 약소국을 통할하는 권력도 생기지 않고 약소국이 강대국에 부속하는 관계도 일어나지 않는다. 또한 이러한 명령과 복종에도 불구하고, 강대국이 항상 우세[尊重]하고 약소국이 항상 열세[卑亞]라 하더라도, 약소국도 하나의 독립주권의 정치[political society—Denny]이며 강대국이 통할권을 갖지 못하기에 약소국에 명령하는 정례(正例)[habit—Denny]도 없고 또 복종하는 정례도 없다. 그러므로 약소국이 독립을 보수할 수 없고 방비할 수 없을지라도 사실과 습관에서 [in fact and in practice—Denny] 강대국에 부속하는 일이 없다"라고 하였다.

[6] 이렇게 본다면 권리는 천연(天然)한 정리(正理)이며, 형세는 인위

(人爲)한 강력(剛力)이다. 약소국은 원래 강대국에게 자행할 강력이 없고 단지 스스로 가진 권리를 보수하는 데 겨를이 없다. 강대국이 자기의 유족한 형세를 남용[擅用]해서 약소국의 정당[適當]한 정리를 침탈함은 불의한 폭거이고 무도한 악습이니 공법이 불허하는 것이다.

❋

국권과 공법

유길준은 국가들마다 형세와 강약이 다르다는 사실을 분명히 인식하였다. 대국이 공도를 무시하고 소국에게 폭력을 행사하는 권력정치의 현실을 잘 알고 있었다. 유길준은 형세나 강약에 차이가 난다고 하더라도 소국이 타국의 지휘를 받지 않고 자주를 행하고 조약을 체결한다면 대국의 보호를 받건 대국에 조공을 바치건 주권과 독립권을 손상받지 않는다고 주장한다. 소국이 제3국과 조약을 체결했다는 사실 자체가 주권독립의 명확한 증거라는 것이다. 유길준은 국가를 특정하지 않고 대국-소국 관계의 일반적 양상인 것처럼 서술했지만, 이 글은 한중관계를 상정한 것이며 한국의 주권과 자주독립을 옹호하기 위해 작성된 논설이다. 증공국은 조선, 수공국은 청국을 가리킨다.

유길준의 서술은 데니(O.N.Denny)의 『청한론(*China and Korea*)』(1888)에 많이 의존하였다. 『청한론』은 조선 정부의 외교 고문 데니가 서양 국제법학자들의 견해를 활용하여 전임자 묄렌도르프(Möllendorf)와 중국 관료들의 조선속방론을 비판하고 한국의 주권을 변호한 논설이다. 유길준이 소개한 서양 국제법학자들의 견해는 『청한론』에서 끌어 온 것이다. '고금의 공법 대가들'은 서양의 국제법 대가들과 휘튼(Henry Wheaton)을 가리킨다. 유길준은 '고금의 공법 대가들'의 발언을 하나 의 인용문처럼 처리했지만, 『청한론』에서는 그렇지 않다. "어떠한 방국 과 인민이든 국헌의 체제와 품례가 어떠한지에 관계없이 나라를 스스 로 주관하는 것이 주권독립국이다"라는 말은 데니가 거의 모든 국제법 학자들의 일반적 견해라고 서술한 대목이다. 원문은 다음과 같다.

In general terms, a sovereign or independent state is defined by almost all authors on international jurisprudence to be any **nation** or people, whatever the **character** or form of its constitution may be, which governs itself independently of other nations(*China and Korea*, p.2).

뒤이어 나오는 "주권은 일국을 관제하는 최대권으로서 안팎에서 실 시된다…" 운운하는 직접 인용문은 휘튼의 말인데, 유길준의 착오로 보 인다. 몇 개의 번역어가 눈에 띈다. 'nation'을 '방국'으로, 'people'을 '인 민'으로 번역하였다. 국헌(constitution)의 성격(character)과 형식(form) 에는 각각 '체제'와 '품례'라는 번역어를 붙였다. 『서유견문』 여러 군데 에 보이는 용어들인데, 여기서 대략 말뜻을 짐작할 수 있겠다. 'political society'를 '정치'로 번역한 것도 눈에 띈다. 유길준은 정치사회의 존재 를 알았지만, 번역어 '사회'가 아직 유통하지 않은 상황에서 이 말을 제 대로 옮기기는 어려웠을 것이다.

한편 '근세의 공법학사'는 오스틴(John Austin)을 가리킨다. 오스틴은 약소국이 강대국의 잠식과 침벌을 두려워하여 때로 강대국의 명령에 복종하지만 그렇다 하더라도 강대국과 약소국 사이에는 '통할'과 '부속'의 관계, 즉 주종관계는 성립하지 않는다고 주장하였다. 유길준은 오스틴의 견해를 받아들여 약소국이 강대국의 명령에 따르고 강대국의 권력을 허용하는 것은 '급박한 경우'에 한정될 뿐이며 주권을 손상시킨다고 보지 않았다. 전통적 어법으로 말한다면, 약소국이 강대국의 명령을 따르는 것은 형세와 권도에 의한 일시적 변통인 셈이다.

유길준은 한중 주종관계를 부정하는 데니의 논지를 따랐다. 내치외교를 자주하고 외국의 지휘를 받지 않는 나라는 정당한 주권독립국이라는 것, 다른 주권 독립국과 동등한 수호통상 조약을 체결한 것을 주권의 명확한 증거로 삼은 점, 약소국이 급박한 경우를 당해 타국의 명령을 받고 복종한다 해도 주권은 손상되지 않는다는 견해도 데니의 주장을 따른 것이다. 아울러 유길준은 데니의 법적, 관행적 논의를 자연법적 논의로 전화시켰다. 데니는 국가의 체제나 강약과 관계없이 소국도 자주 능력을 갖추기만 하면 자주독립국이라 주장하였지만, 기본적으로 실정법적 차원에서 얘기하였다. 유길준은 만국공법을 '확단선재(確斷善裁)한 규범'으로 상정함으로써 국제관계의 형세와 강약을 규율하고 소국의 독립주권에 정당성을 부여하는 만국공법의 규범론적 성격을 강조하였다.

형세와 권리

유길준은 일시적 변통(형세)과 본질적 주권(권리)을 자연과 작위, 정리와 강력의 문제로 파악하면서 형세에 따라 행사되는 작위적 권력이 약소국의 주권을 침해할 수 없다고 주장한다. 작위적 형세와 자연적 정리를 대비시키면서 강대국의 침탈 행위를 "불의한 폭거", "무도한 악습"으로 규정한다. "권리는 천연한 정리이며, 형세는 인위한 강력"이란 말은 「국권」에서는 "權者天然之正理, 勢者人爲之剛力"이라고 했다. '권'은 유학적 사유에서는 '권도(權道)'의 용례에서 보듯이 형세에 따라 성인만이 행하는 일시적 변통을 뜻하는 말이다. 「방국의 권리」에서는 이러한 '권' 개념이 '천연의 정리'로 정의되면서 변용되어 있다. '권'이 '권리'로 대체되어 있다. 자연법적 '권리' 개념이 중첩되었을 것이다.

조약의 성립 여부와 내용을 가지고 독립국, 반독립국, 속국의 지위를 판정하는 대목에서는 유길준의 규범주의적 발상이 엿보인다. 공도를 무시하는 권력정치의 국제사회를 만국공법의 국제규범으로 규율하려는 태도가 엿보인다. 유길준이 말하는 "현실의 경상"은 현실주의의 관점에서 포착된 권력정치의 국제사회를 가리키는 것이 아니다. 소국의 '수호'와 '증공'이 실제 어떤 것인지 그 실상을 보여줌으로써 조선의 주권을 옹호하려는 의지가 담겨 있다. 이는 조선을 둘러싸고 중화체제와 주권국가체제가 중첩된 이중질서의 실상을 독해하는 것이기도 했다.

---

[4] 然ᄒ나國의大小와強弱을由ᄒ야其形勢의不敵홈이生ᄒᄂ故로有時強大國이

公道를 不顧ᄒᆞ고其力을自恣ᄒᆞᄂᆞ지라弱小國이其自保ᄒᆞᄂᆞ道를위ᄒᆞ야他邦의保護를 受ᄒᆞ니此ᄂᆞ受護國이오又或他邦에貢物을贈遺ᄒᆞ야或舊傳ᄒᆞᄂᆞ約章을遵ᄒᆞ며或新 訂ᄒᆞᆫ條欵을依ᄒᆞ야其侵奪ᄒᆞᆫ土地를索還ᄒᆞ며後來의攻伐을免ᄒᆞ니此ᄂᆞ贈貢國이라 此二者의權利ᄂᆞ其主權의獲保ᄒᆞᆷ分度를由ᄒᆞᄂᆞ故로獨立主權國의享有ᄒᆞᆫ權利를實 施ᄒᆞ야修好航海及通商諸約을自決ᄒᆞᆫ則受護及贈貢ᄒᆞᄂᆞ關係로ᄂᆞ其主權及獨立權 이毫末의減損도無ᄒᆞ니此ᄂᆞ公法의確斷善裁ᄒᆞᆫ規範으로主權國의體制及責任의論 辨ᄒᆞᆫ句語를遵ᄒᆞ야其現實의景像을明定ᄒᆞᆷ이可ᄒᆞᆫ지라古今의公法諸大家가曰ᄒᆞᄃᆡ 如何ᄒᆞᆫ邦國과人民이든지其國憲의體制及品例의如何ᄒᆞᆷ을不關ᄒᆞ고其國을自管ᄒᆞ ᄂᆞ者ᄂᆞ主權獨立國이니主權은一國을管制ᄒᆞᄂᆞ最大權이라內外에實施ᄒᆞᆷ을得ᄒᆞ야 內施ᄒᆞᄂᆞ主權은其國의大法과原理를由ᄒᆞ야人民에게附傳ᄒᆞ며又主治者에게委授 ᄒᆞ고外施ᄒᆞᄂᆞ主權은一國政治의獨立이各國의政治를相對ᄒᆞ고此를因ᄒᆞ야和戰間 에其交涉ᄒᆞᄂᆞ關係를保執ᄒᆞᄂᆞ者라ᄒᆞ니大槩外治와內交를自主ᄒᆞ고外國의指揮를 不受ᄒᆞᄂᆞ者ᄂᆞ正當ᄒᆞᆫ獨立國이라主權國의列에不實ᄒᆞ면不可ᄒᆞ니其獨立主權의明 確ᄒᆞᆫ證據ᄂᆞ他主權獨立國과同等의修好通商諸約을議定ᄒᆞᆷ이며使臣을派聘ᄒᆞᆷ과延 受ᄒᆞᆷ이며和親及交戰의宣告를自行ᄒᆞᆷ이니此ᄂᆞ主權에附着ᄒᆞᄂᆞ適合ᄒᆞᆫ權利라一國이 此를獲存ᄒᆞᆫ時ᄂᆞ獨立國의一座를占居ᄒᆞ고不存ᄒᆞᆫ者ᄂᆞ其約章의關係를遵照ᄒᆞ야半 獨立國或屬國의列에歸ᄒᆞᆷ이라

[5] 設或弱小國이急迫ᄒᆞᆫ境遇를當ᄒᆞ야其內外事務에有時他國의命令을服從ᄒᆞ 며權力을許行ᄒᆞ야도其主權은毁傷을不受ᄒᆞᄂᆞ니如此ᄒᆞᆫ情形으로ᄂᆞ他國의干涉을 由ᄒᆞ야一時의正當ᄒᆞᆫ動撼이有ᄒᆞᆯᄯᆞ름이라近世의公法學士가云ᄒᆞᄃᆡ弱小國이其獨 立을保存ᄒᆞᆷ은强大國의意旨를顧望ᄒᆞ야其蠶食ᄒᆞᄂᆞ侵伐을恐懼ᄒᆞᄂᆞ者라是를恐懼 ᄒᆞᄂᆞ故로其明言或暗指ᄒᆞᄂᆞ有時命令을服從ᄒᆞ나然ᄒᆞ나其命令과服從이稀潤ᄒᆞᆫ者

니此를由ᄒᆞ여ᄂᆞᆫ强大國이弱小國을統轄ᄒᆞᄂᆞᆫ權力도不生ᄒᆞ고弱小國이强大國에附屬ᄒᆞᄂᆞᆫ關係도不起ᄒᆞᄂᆞᆫ지라又此命令홈과服從홈은姑舍ᄒᆞ고强大國은恒常尊重ᄒᆞ며弱小國은恒常卑亞ᄒᆞ야도弱小國이亦一獨立主權이政治라强大國이統轄權의執有홈이不能ᄒᆞ야弱小國에命令ᄒᆞᄂᆞᆫ正例도無ᄒᆞ고又服從ᄒᆞᄂᆞᆫ正例도無ᄒᆞᆫ則弱小國이雖其獨立을保守ᄒᆞ기와防備ᄒᆞ기에不能ᄒᆞ야도事實과習慣으로强大國에附屬홈이無ᄒᆞ다ᄒᆞ니

[6] 此로由ᄒᆞ야觀ᄒᆞ건대權利ᄂᆞᆫ天然ᄒᆞᆫ正理며形勢ᄂᆞᆫ人爲ᄒᆞᆫ剛力이라弱小國이元來强大國을向ᄒᆞ야恣橫ᄒᆞᄂᆞᆫ剛力이無ᄒᆞ고但其自有ᄒᆞᆫ權利를保守ᄒᆞ기에不暇ᄒᆞᆫ則强大國이自己의裕足ᄒᆞᆫ形勢를擅用ᄒᆞ야弱小國의適當ᄒᆞᆫ正理를侵奪홈은不義ᄒᆞᆫ暴擧며無道ᄒᆞᆫ惡習이니公法의不許ᄒᆞᄂᆞᆫ者라

[7] 사람 중에는 시세에 통달하지 못하고 공법에 매우 어두워 증공국과 속국(屬國)의 분별을 세우지 않고 증공하는 관계를 들어 속방(屬邦)의 지위로 자처하는 자도 있다. 어떤 사람이 제 인군[君]을 사랑하지 않으며 제 나라[國]를 높이지 않겠는가. 시세의 대국(大局)에 익숙지 않아 지나치게 공경[足恭]하는 예도(禮度)로 자보(自保)하는 책략을 삼기 때문이다. 약소한 형세를 스스로 헤아려 극도로 두려워하는 지경에 이르러 분발하는 성력(性力)이 싹트지 않고 분노하는 의기를 스스로 삼킨 것이다. 그 근본을 미루어 생각하면 또한 충애(忠愛)하는 고심에서 나왔으니, 민념(憫念)할 것이 이것이고 경복(敬服)할 것도 이것이다.

국가(國家)의 권리는 적당한 품례와 명확한 조리가 스스로 있으므로

가혹한 대우를 받아도 손상되지 않고 강요된 복종을 행하여도 거리낄 바 없다. 고수(固守)하여 잃지 않는 것과 극신(克愼)하여 스스로 지키는 것이 국인의 공통[共同]된 도리이고 정부의 가장 큰 직책이다. 권리를 한번 잃으면 비록 방국의 이름[名號]이 있어도 속이 텅 빈 껍질로 자주[自由]하는 행동을 할 수 없어 나라[國]의 나라 되는 체모를 손상하고 만방의 교섭을 스스로 끊는다. 완루한 기습[習氣]을 아직 벗어나지 못해 허망한 의론을 멋대로 하는 자는 엄청난 욕을 인군[君]과 나라[國]에 끼쳐 면하기 어려운 죄를 범하는 것이다.

속방은 복사(服事)하는 나라의 정령 제도를 한결같이 준수하여 내외의 제반 사무에 자주하는 권리가 전혀 없고, 증공국은 강대국의 침벌을 면하기 위해 대적하지 못할 형세를 스스로 헤아려 비록 본심에 맞지 않아도 약장(約章)을 준수하여 공물을 보내고 향유한 권리의 한도[分度]에 따라 독립주권을 얻는다. 그러므로 증공국이 다른 독립국이 보유한 모든 권한을 행한다면 세계 속의 당당한 하나의 독립주권국이다.

속국은 조약을 체결할 권한이 없지만, 증공국은 다른 독립주권국과 동등한 수호, 통상, 항해 조약을 의정(議定)한다. 속국은 영사 및 무역 사무관 외에 총영사를 파견하는 권한이 없지만, 증공국은 체결한 약관에 의거하여 조약체결 국가들에게 각급의 사절을 파견하고 교전과 강화를 선언하는 권한이 있다. 속국은 이것이 없다. 증공국은 이웃나라들이 군사를 일으켰을 때 중립하는 권한이 있지만, 속국은 그 복사하는 나라를 향하여 이 권한이 없다. 증공국은 수공국과 사절, 영사를 서로 파견하는 권한이 있지만, 속국은 복사하는 나라에 대해 이 권한이 없다. 이 조목들은 같고 다름이 현격하다. 만국공법은 방국이 발달하는 사체(事體)를 주관[掌守]하며 또한 약국의 권리를 위호(衛護)하여 주권을 같게 만드는 것이다.

[8] 공법에 통달한 학자는 "속국은 현세에 맞지 않는 명칭이다"라고 말한다. 이 뜻은 비록 일국의 체제를 세운 자가 약소할지라도 강대한 자의 형세로써 통합할 권리가 없음을 가리킨다. 설령 약국이 강국의 사나운 공갈과 난폭한 핍박 때문에 스스로 보전하는 방편으로써 옛날에 없던 속국의 체제를 일시 자인하는 일은 있어도 이 때문에 완구(完久)한 권리를 잃지는 않는다. 협박[威逼]을 받아 스스로 수긍하는 승인은 없으며, 또한 그러한 승인은 합법적인 조치가 아니므로 백 번 승인을 강요하더라도 한 조목의 공법으로 소멸되고 만다. 여기에 한 사람이 있는데, 강포한 자의 위협을 받아 신명(身命)의 위난(危難)이 닥쳐 가산을 넘겨주는 증서를 만들었다. 하지만 증서의 형식[體格]이 완전한 법식[規式]을 갖추었다고 해도, 훗날 그 증서를 조사하여 원래 본인의 진의에서 나오지 않고 일시 신명의 위해(危害) 때문에 부득이 허용했다는 증거가 나오면, 그 증서는 한 조각 폐지가 될 따름이다.

국법은 한 나라 안에 행해져 각인의 상여(相與)하는 권리를 보수하고, 공법은 천하에 행해져 각국의 상여하는 권리를 유지한다. 진정한 공도(公道)는 대소의 구분과 강약의 분별로써 같고 다름을 세우지 않는다. 또한 약국 정부의 관리가 어떠한 때 어떠한 일로 강국에 대해 속방의 체제를 자인하더라도 이는 그 사람의 무식한 망동이다. 증거[憑據]도 없고 준거[準信]도 없다. 일국의 권리는 변변찮은 말에 동요되는 것이

아닐뿐더러 천만 인이 함께 지키는 주권을 한 사람의 사단(私斷)으로 결
정할 수 없음은 명정(明正)한 이세(理勢)다. 한 가지 비유를 들어보자. 남
의 집에 고용된 자가 주인의 지휘나 명령 없이 타인에 대해 주인집의
사무를 마음대로 처리한다면, 본래 일을 처리할 권한이 없었으므로 그
가 처리한 사무는 주인의 승인을 얻지 못한 것이다. 타인도 그 고용의
허무함을 비웃게 될 것이다. 그러므로 방국의 권리는 협박과 사단으로
양도[遷動]할 수 없다.

[9] 나라[國]는 처지와 형세를 스스로 아는 것이 중요하다. 약국이 불
행한 사정으로 강국에 증공하는 관계를 한번 갖게 되면, 양국끼리 교섭
하는 예도(禮度)와 법례(法例)를 정하여 강국이 수공하는 권리를 보유하
고, 공법의 승인하에 기초를 확립하여 타방의 개입[揷理]과 간섭을 허
용하지 않는다. 그러므로 증공국과 수공국이 회의해서 폐공(廢貢)하는
약관을 고쳐 정하기 전에는 증공국이 공물을 보내지 않는다면 이는
구약(舊約)을 지키지 않는 것이 된다. 약장 위반은 신의(信義)를 훼손하
는 일이므로 공법이 취하지 않는다. 수공국이 군사를 움직여 폐공하는
죄를 물어도 천하에 말이 된다. 만일 증공국이 예로부터 내려온 약속
[約旨]을 근수(謹守)하여 공물을 바치는 신의를 버리지 않는다면 수공국
은 그 밖의 권리를 침탈할 수 없다. 공물을 바치는 것은 약국이 권리
를 보존하기 위해 이것으로 저것을 바꾸려는 뜻에서 나왔다. 또한 하나
의 명확한 증거에 의해 우리의 공물을 받고 우리의 권리를 침범하지 말
라는 큰 뜻으로 강국과 약국이 서로 인정하는 약장인 것이다. 만일 공
물을 받고 [증공국의] 권리를 침범하려 한다면, 이는 수공국이 약장에서

약정한 큰 뜻을 어기고 강대한 형세를 자인하는 것이 된다. 증공국은 본래 대적할 수 없는 처지로 인해 이러한 관계를 이루었기 때문에 불공정한 학대와 무례한 폭거를 미워하여 마음이 미덥더라도 이따금 [수공국의] 지휘를 억지로 좇아 자보하는 계책을 삼는다. 그러므로 [증공국의] 권리에 영향이 미치지 못하고 자주[自如]의 형모(形貌)를 보전하는 것이다.

강국의 횡포한 행동은 천하의 이목을 꺼리고 공법의 제재[誅貶]를 두려워하여 은밀한 명령으로 협박[威逼]하는 기습(氣習)을 행한다. 밝게 드러난 예의[儀節]를 준수하여 규제하는 억압[抑勒]을 감히 행하지 못한다. 속국의 관계에 있더라도 그 복사하는 상국이 하국의 자주[自由]하는 권리를 침탈하여 잔인한 조처와 가혹한 대우를 자행하는 일이 너무 심하면 천하의 공도가 이를 불허한다. 그러므로 지난날 유럽의 대국들이 그리스를 원조하고 터키를 정벌[征討]하여 양국의 부속하는 관계를 영원히 끊었고 터키를 협박하여 그리스 독립을 승인시켰다.

❀

속국과 증공국

유길준은 속국과 증공국을 분별함으로써 증공국이 주권을 행사하는 자주국임을 논변한다. 증공국은 속국(속방)과 달리 자주독립국이다. 속국은 조약체결권이 없지만, 증공국은 독립주권국과 동등하게 수호, 항해, 통상 조약을 맺을 수 있다. 속국은 영사 및 무역관 이외에 총영사를 파견할 수 없지만, 증공국은 조약국에 사절을 보낼 수 있다. 증공국에는 개전과 강화를 선언할 권한이 있지만 속국에게는 없다. 증공국은 중립의 권한이 있지만, 속국은 중립할 권한이 없다. 증공국과 달리 속국에게는 사절이나 영사를 파견하는 권한이 없다. 만국공법은 약소국의 권리를 지켜주는 것인데, 이러한 만국공법이 통용되어 방국이 발달하게 되면 증공국과 수공국 간의 주권의 차이도 없어지게 된다. 데니가 블룬츨리(Johann K. Bluntschli)의 견해를 끌어들여 주장한 것이다. 데니는 "약소국들의 그러한 발전을 주목할 것이며 그들의 권리를 지켜보면서 국가의 독립성을 유지하기 위해 투쟁하는 조선을 주목할 것"이라 말하였다. 조선이 주권국가로서 국제사회(family of nations)의 일원이 된 상황에서 청국이 조선의 종속을 주장하는 것은 "말장난이요 지성의 유린일 뿐만 아니라 국제관계를 무시하는 시도"라고 비판하였다(Denny, *China and Korea*).

　증공국이 주권국가임을 논증하는 준거는 '시세'와 '공법'이다. 시세는 조공책봉체제에서 주권국가체제(국제법체제)로 이행하는 현실, 달리 말하면 만국이 주권국가로서 자주독립을 보전하는 질서로 전환되는 문맥을 가리킨다. 힘의 관계가 만들어 내는 시세다. 공법은 주권국가체제에서 방국의 권리를 보전해 주는 규범, 즉 '품례'와 '조리'다. 공법은 그러한 시세를 규율하는 규범이다. 강대국에 복종할 수밖에 없는 시세와 처지에 놓인 약소국이 주권을 보전할 수 있는 규범적 근거다. 속방론자들은—유길준은 이들에게서 애군존국(愛君尊國)의 심정을 읽어내고 이들의 '충애하는 고심'에 대해 우려와 존경의 양가적(ambivalent) 감정을 드러내지만—시세와 공법을 읽지 못하고 지나친 사대의 예법[事大之禮]에 집착하는 완루한 습성에 따라 속방을 자처할 따름이다. 묄렌도르프('특정 관리')가 독단적으로 속방을 자인하는 것은 권한 없는 피고용인의 허무한 작태, 무식한 망동일 뿐이다. 강대국의 협박에 의한 계약은 법적으로 무효이며, 국가의 주권은 강대국의 협박과 특정인의 사적 판단으로 훼손될 수 없다. 역시 데니의 견해에 기초한 주장이다.

상국-하국 간의 증공-수공의 행위는 처지와 형세의 산물로 간주된다. 처지와 형세는 현실 인식의 중요한 준거가 된다. 유길준은 문명의 보편적 원칙과 국가의 개별적 상황의 양면에서 주권 문제를 포착한다. 처지와 형세는 국가의 특수한 상황과 관련된 기준이다. 조공을 바치는 증공의 행위는 강국에 의존하여 자보할 수밖에 없는 약소국의 특수한 처지와 형세에서 비롯된 것이다. 증공국과 수공국 간의 약속('약장')에 의거한 것이다. 약소국의 증공은 수공국이 약소국의 권리를 보전하는 것을 대가로 한다. 증공과 수공은 양국이 정한 예도와 법례로서 일종의 계약 관계로 간주된다. 증공과 수공의 법적 관계는 만국공법이라는 보편적 법규범의 적용을 받는, 증공국과 수공국 사이의 특수한 양자 관계로 설정된다. 유길준은 증공-수공을 증공국-수공국 간의 양자 관계에 한정시킴으로써 만국의 국제관계를 규율하는 보편적 규범인 만국공법에 종속시켰던 것이다.

'근수'와 '신의', 그리고 '공도'

증공과 수공의 관계는 '근수(謹守)'의 마음가짐과 '신의'의 덕목이 요구된다. 증공국은 증공을 폐지하는 약정을 하지 않는 한 공물을 보내야 하며, 증공국이 공물을 바치는 약장을 근수하고 수공국에 대한 신의를 버리지 않는 한 수공국은 증공국의 다른 권리를 침탈할 수 없다. 여기에는 '약속은 지켜져야 한다(Pacta sunt servanda)'라는 국제법 원칙과 더불어 신의의 원칙이 제시되어 있다. 근수와 신의의 윤리는 사대의 정성[事大之誠]이 아니라 계약의 발상에 기초한다. 이러한 심성과 윤리는 '자보하는 계책'에서 나온다. 처지와 형세에서 나오는 계책이다. 김윤식도 근수와 신의의 윤리를 중시하였는데, 처지와 형세에 대한 고려보다는 사대의 심성에서 나온 소국의 윤리였다.

양자 관계의 특수한 처지와 형세에 대처하는 근수의 심성과 윤리만으로 강국의 횡포한 행동을 견제하기는 어렵다. 주권의 보편적 절대성은 대소와 강약을 따지지 않는 법률적 공공성에 의거한 '공도'에서 비롯된다. '공도'는 국내사회와 국제사회에서 주체들의 사회적 관계를 전제로 한다. '상여(相與)하는 권리'는 각각 국내 영역과 국제 영역에서 국법(국내법)과 공법(국제법)에 의해 보장되는 공공성을 상정한다. 완전 영원한 권리와 천만 인이 함께 지키는 주권은 강력과 독단으로 해칠 수 없는 분명하고도 올바른 '이세(理勢)'다. 공법의 규제력은 인위적인 것이 아니라 자연의 이세로 상정된다. "속국은 현세에 맞지 않는 명칭이다"라는 말에는 국가주권의 역사적 발전이 만국공법에 의해 보장된다는 믿음이 들어 있다. 데니는 "19세기에 들어서도 봉신국(封臣國)이 있다면 시대착오적이다"라는 칼노키(Gustav S. Kálnoky)의 발언을 인용하면서 봉신국이 주권국가로 바뀌는 역사적 전개에 주목하였고, 국제법이 이

역사적 과정에 간여하면서 약소국의 권리를 보전해준다는 전망을 피력하였다. 유길준이 이 말을 원용한 것이다. 칼노키는 오스트리아-헝가리 외상을 역임한 공법학자였다. 다만 원래 칼로키의 발언이 아닌데 데니가 착각했다는 견해도 있다.

　강국의 협박과 횡포를 견제할 보편적 준거는 만국공론('천하의 이목')과 만국공법('공법의 제재')이다. 만국공론(국제여론)과 만국공법은 속국의 자유권을 침탈하는 상국의 잔인한 조치와 가혹한 대우를 규율하는 '천하의 공도'를 실현하는 규범이다. 유길준은 국내사회뿐 아니라 국제사회를 규율하는 규범으로서 규칙과 공론을 중시하였는데, 만국공법과 만국공론은 바로 국제 영역에서 작동하는 규칙, 공론이라 할 수 있다. 만국공론과 만국공법에 의탁하는 심리는 청일전쟁 이후 조선의 처지와 형세가 외교력과 자강을 실현하지 못하고 열강, 특히 일본의 한반도 관여가 심화되면서 깊어진다. 위정척사 계열의 유학자들은 일본의 침략 행위를 비판하는 논거로 만국공론, 만국공법을 내세우면서 '천하의 공도'를 끌어들인다. 유길준의 견해는 이들 논의와 얼마간 연관성이 있을 것으로 추정된다. 유길준의 논의는 1890년대 한국 지식사회의 공공성 담론을 예비한 것이었다.

---

[7] 人이或時勢에未達ᄒ며公法에全昧ᄒ야贈貢國과屬國의分別을不立ᄒ고贈貢ᄒᄂ關係를擧ᄒ야屬邦의地位로自處ᄒᄂ者도有ᄒ니誰人이其君을不愛ᄒ며其國을不尊ᄒ리오마ᄂ時勢의大局에未練ᄒ야足恭ᄒᄂ禮度로自保ᄒᄂ策畧을作ᄒᄂ緣

由라弱小한形勢를自量ᄒᆞ야畏惻ᄒᆞᄂᆞᆫ極境에至홈으로奮發ᄒᆞᄂᆞᆫ性力이不萌ᄒᆞ고憤怒ᄒᆞᄂᆞᆫ義氣를自吞ᄒᆞ니其本을推想ᄒᆞᆫ則亦忠愛ᄒᆞᄂᆞᆫ苦心에流出ᄒᆞ야憫念홀者가此며敬服홀者가是로딕

國家의權利ᄂᆞᆫ切當ᄒᆞᆫ品例와明的ᄒᆞᆫ條理가自存ᄒᆞ야苟虐ᄒᆞᆫ待遇를受ᄒᆞ야도不損ᄒᆞ며逼勒ᄒᆞᆫ服從을做ᄒᆞ야도不慊ᄒᆞ니固守ᄒᆞ야勿失홈과克愼ᄒᆞ야自守홈이國人의公同ᄒᆞᆫ道理며政府의最大ᄒᆞᆫ職責이라權利를一失ᄒᆞ면邦國의名號ᄂᆞᆫ雖存ᄒᆞ나枵然ᄒᆞᆫ空殼으로自由ᄒᆞᄂᆞᆫ行動이不能ᄒᆞ야國의國되ᄂᆞᆫ體貌를毁傷ᄒᆞ고萬邦의交涉을自絶홈인則頑陋ᄒᆞᆫ習氣를未脫ᄒᆞ야虛妄ᄒᆞᆫ議論을自恣ᄒᆞᄂᆞᆫ者ᄂᆞᆫ莫大ᄒᆞᆫ辱을君國에貽ᄒᆞ야難逭ᄒᆞᆫ罪를犯홈이니

大槩屬邦은其服事ᄒᆞᄂᆞᆫ國의政令制度를一遵ᄒᆞ야內外諸般事務에自主ᄒᆞᄂᆞᆫ權利가全無ᄒᆞ고贈貢國은强大國의侵伐을免ᄒᆞ기爲ᄒᆞ여其不敵ᄒᆞᆫ形勢를自思ᄒᆞ고雖本心에不合ᄒᆞ야도約章을遵守ᄒᆞ야貢物을贈遺ᄒᆞ고其享有ᄒᆞᆫ權利의分度로獨立主權을獲存홈이라是故로贈貢國이諸他獨立國의保有ᄒᆞᆫ諸權을行홀진대世界中의堂堂ᄒᆞᆫ一獨立主權國이니

屬國은結約ᄒᆞᄂᆞᆫ權이無ᄒᆞ거ᄂᆞᆯ贈貢國은他獨立主權國과同等의修好航海及通商諸約을議定ᄒᆞ며屬國은領事及貿易事務官外에總領事도派出ᄒᆞᄂᆞᆫ權이無ᄒᆞ거ᄂᆞᆯ贈貢國은其訂結ᄒᆞᆫ約欵을憑遵ᄒᆞ야締約諸國에各級使節을派聘ᄒᆞ고交戰及決和의宣告ᄒᆞᄂᆞᆫ權이有ᄒᆞ되屬國은是가無ᄒᆞ고贈貢國은隣邦의搆兵ᄒᆞᄂᆞᆫ時를當ᄒᆞ야中立ᄒᆞᄂᆞᆫ權이有ᄒᆞ되屬國은其服事ᄒᆞᄂᆞᆫ國을向ᄒᆞ야此權이無ᄒᆞ며贈貢國은其受貢國과使節及領事의互派ᄒᆞᄂᆞᆫ權이有ᄒᆞ되屬國은其服事ᄒᆞᄂᆞᆫ國을對ᄒᆞ야此權이無ᄒᆞ니此諸條ᄂᆞᆫ其異同이懸殊홈인則萬國公法은邦國의發達ᄒᆞᄂᆞᆫ事體를掌守ᄒᆞ며且弱國의權利를衛護ᄒᆞ야主權을一致에歸ᄒᆞᄂᆞᆫ者라

[8] 公法에通暢ᄒᆞᆫ學士가曰호대屬國은現世에不合ᄒᆞᆫ名稱이라ᄒᆞ니此意ᄂᆞᆫ一國의體制ᄅᆞᆯ立한者가雖弱小ᄒᆞ야도强大ᄒᆞᆫ者의形勢로統合ᄒᆞᄂᆞᆫ權利가無홈을指홈이라設令弱國이强國의悖戾ᄒᆞᆫ恐嚇와暴厲ᄒᆞᆫ逼勒을因ᄒᆞ야其自保ᄒᆞᄂᆞᆫ道로舊無ᄒᆞᆫ屬國의體制ᄅᆞᆯ一時의自認이有ᄒᆞ야도此ᄅᆞᆯ由ᄒᆞ여ᄂᆞᆫ其完久ᄒᆞᆫ權利ᄅᆞᆯ不失ᄒᆞᄂᆞ니威逼ᄒᆞᄂᆞᆫ下에自肯ᄒᆞᄂᆞᆫ承認이無ᄒᆞ며又其承認은合法ᄒᆞᆫ擧措아닌故로百度의承認을勒行ᄒᆞ야도一條의公法으로消抹ᄒᆞᄂᆞᆫ者라今此에一人이有ᄒᆞ니强暴ᄒᆞᆫ者의威嚇ᄅᆞᆯ值ᄒᆞ야其身命의危難이迫近홈으로其家産給授ᄒᆞᄂᆞᆫ證書ᄅᆞᆯ作ᄒᆞ야其證書의體格이完實ᄒᆞᆫ規式을具ᄒᆞ야도後日其證書ᄅᆞᆯ辦ᄒᆞ야元來本人의眞意에不出ᄒᆞ고一時身命의危害ᄅᆞᆯ因ᄒᆞ야不得已許認ᄒᆞᆫ的據가現出ᄒᆞᄂᆞᆫ時ᄂᆞᆫ其證書가一片廢紙에歸홀ᄯᆞᄅᆞᆷ이라

國法은一國內에行ᄒᆞ야各人의相與ᄒᆞᄂᆞᆫ權利ᄅᆞᆯ保守ᄒᆞ고公法은天下에行ᄒᆞ야各國의相與ᄒᆞᄂᆞᆫ權利ᄅᆞᆯ維持ᄒᆞᄂᆞ니眞正ᄒᆞᆫ公道ᄂᆞᆫ大小의分과强弱의辦으로異同을不立홈이오且或弱國政府의官吏가如何ᄒᆞᆫ時에如何ᄒᆞᆫ事로强國을向ᄒᆞ야屬邦의體制ᄅᆞᆯ自認ᄒᆞᆫ든지此ᄂᆞᆫ其人의不知ᄒᆞᄂᆞᆫ妄動이라憑據도無ᄒᆞ며準信도無ᄒᆞ니一國의權利ᄂᆞᆫ汗漫ᄒᆞᆫ言詞의動搖ᄒᆞᄂᆞᆫ者아닐ᄲᆞᆫ더러千萬人의共守ᄒᆞᄂᆞᆫ主權이一人의私斷으로執定ᄒᆞ기不能홈은理勢의明正홈인則一譬ᄅᆞᆯ設ᄒᆞ건대人家의雇傭이其主翁의指揮와命令이無ᄒᆞ고他人을對ᄒᆞ야其主家의事務ᄅᆞᆯ擅辦ᄒᆞ야도本來其辦事ᄒᆞᄂᆞᆫ權을不有ᄒᆞᆫ則其議辦ᄒᆞᆫ事務ᄂᆞᆫ主翁의承認을不獲ᄒᆞ야他人도其雇傭의虛無홈을譏笑홀디니然ᄒᆞᆫ故로邦國의權利ᄂᆞᆫ威逼과私斷으로遷動ᄒᆞ기不能ᄒᆞᆫ者라

[9] 夫國은其處地와形勢ᄅᆞᆯ自知홈이貴ᄒᆞ니弱國이不幸ᄒᆞᆫ事情으로强國에贈貢ᄒᆞᄂᆞᆫ關係가一有ᄒᆞᆫ則兩國間의交涉ᄒᆞᄂᆞᆫ禮度와法例ᄅᆞᆯ遂定ᄒᆞ야强國이受貢ᄒᆞᄂᆞᆫ權利ᄅᆞᆯ保有ᄒᆞ고公法의承認으로其基礎ᄅᆞᆯ確立ᄒᆞ야他邦의揷理와干涉을不容ᄒᆞᄂᆞᆫ지라是故로贈貢國과受貢國이會議ᄒᆞ야廢貢ᄒᆞᄂᆞᆫ約欵을認訂ᄒᆞ기前에ᄂᆞᆫ贈貢國이其貢

을不贈ᄒ면是ᄂᆫ舊約을不遵홈이니夫約章의違背ᄂᆫ信義ᄅᆯ損毁ᄒ야公法의不取ᄒ
ᄂᆫ者라受貢國이干戈ᄅᆯ動ᄒ야其廢貢ᄒᄂᆫ罪ᄅᆯ問ᄒ야도天下에其辭가有ᄒ거니와若
贈貢國이舊來의約旨ᄅᆯ謹守ᄒ야修貢ᄒᄂᆫ信義ᄅᆯ不棄ᄒᄂᆫ時ᄂᆫ受貢國이其他權利
ᄅᆯ侵奪홈이不可ᄒ니夫貢物의贈遺ᄂᆫ弱國이其權利ᄅᆯ保存ᄒ기위ᄒ야此로彼ᄅᆯ易
ᄒᄂᆫ意에出흔者라亦一明確흔證據ᄅᆯ依ᄒ야我의貢을受ᄒ고我의權利ᄅᆯ勿侵ᄒᄂᆫ
大旨로强弱國의互認ᄒᄂᆫ約章이니若其貢을受ᄒ고又其權利ᄅᆯ欲侵ᄒ면此ᄂᆫ亦受
貢國이約章의明訂흔大旨ᄅᆯ背棄ᄒ고其强大흔形勢ᄅᆯ自認홈이로ᄃᆡ贈貢國은本來
處地의不敵으로如是흔關係가成就흔則其不公흔虐待와無禮흔暴擧ᄅᆯ疾惡ᄒ야
其心에不樂ᄒ야도其指揮ᄅᆯ有時强從ᄒ야自保ᄒᄂᆫ計ᄅᆯ作ᄒᄂ니是以로其權利에
ᄂᆫ影響이不及ᄒ야自如흔形貌ᄅᆯ支存홈이오

　且强國의橫暴한擧措ᄂᆫ天下의耳目을顧忌ᄒ며公法의誅貶을畏憚ᄒ야陰秘흔命
令으로威逼ᄒᄂᆫ氣習을行ᄒ고顯彰흔儀節을遵ᄒ야操制ᄒᄂᆫ抑勒은不敢ᄒᄂᆫ배니
屬國의關係가有흔者라도其服事ᄒᄂᆫ上國이其下國의自由ᄒᄂᆫ權利ᄅᆯ侵奪ᄒ야殘
忍흔施措와苛虐흔待遇ᄅᆯ恣行ᄒ기太甚흔則天下의公道가此ᄅᆯ不許ᄒᄂᆫ故로往時
歐羅巴洲의諸大國이希臘을助援ᄒ야土耳基ᄅᆯ征討ᄒ고因ᄒ야此兩國間의附屬ᄒ
ᄂᆫ關係ᄅᆯ永絶ᄒ고土耳基ᄅᆯ逼ᄒ야希臘의獨立을承認홈이라

[10] 공물을 주고받는 관계로는 방국의 권리를 논하지 않는다. 때문
에 수공국과 동등한 조약을 맺는 여러 나라들은 증공국에게 평균[평등]
한 의례[禮數]를 행하여 동등한 조약을 맺는다. 만일 증공하는 한 가지
일로 인해 내치외교의 모든 권리를 손실한다면, 이는 권리 없는 증공국

이다. 속국(屬國)과 다르지 않다. 속방(屬邦) 같은 증공국과 천하에 자존[自重]하는 나라들이 어찌 존경하는 동등 조약[同等約]을 맺고 싶어 하겠는가. 이로써 논하건대 증공국과 수공국의 관계[關涉]는 형세의 강약을 분별하는 것이지 권리의 다소를 정한 것이 아니다. 증공국이 수공국에 대해 비하하는 이름을 사용하는 것은 적례(敵禮)하는 호의를 표시하는 것이니, 수공국이 이를 들어 더 높은 지위를 자처하고 권리의 분한(分限)을 구별한다면 허명(虛名)을 높이고 실리(實理)를 버리는 것이다. 실리는 허명의 요동을 받지 않는다. 뿐만 아니라 천하의 존귀[尊重]한 독립 주권의 대국들과 수공국도 동등 조약을 맺고 증공국도 동등 조약을 맺으므로, 수공국의 동등 조약국[同等約國]은 증공국의 동등 조약국이고, 증공국의 동등 조약국은 수공국의 동등 조약국이다. 이러한 나라들은 수공국도 동등의 우방으로 대우하고 증공국도 동등의 우방으로 대접하여 존비의 예(禮)와 고하의 서(序)를 세우지 않을 것이다. 수공국의 지위가 증공국 위에 있어 이처럼 스스로 높다면 어찌 증공국의 동등 우방과 동등 예(同等禮)를 행하고 동등 조약을 맺겠는가. 그 세가 증공국으로 하여금 여러 나라의 동등 조약을 사절[辭却]하도록 하는 것이 옳을까. 아니다. 여러 나라들에게 간청한다면 증공국의 동등 조약을 없앨 수 있는 것일까. 불가하다.

증공국과 여러 나라들의 동등 조약은 저마다 수호(修好)하는 관계로 체결하는 권리를 갖는 것이지 증공국이 혼자 행하는 것이 아니다. 그러므로 다른 나라의 결화(結和)하는 우호[友睦]와 통상하는 이익을 간섭하거나 저지할 수 없다. 분명한 언사나 몰래 내리는 명령으로 강제하는 위세를 자행하기 극히 어려울뿐더러 스스로 높이는[自重] 나라들은 타인의 입술을 바라보고 턱으로 가리켜 시키는 것을 따르지 않고 공법을 들어 무례한 죄를 책망할 것이다. 그러면 어찌할 것인가. 수공국이 스스로 높이는 지위를 위해 여러 나라들의 동등 조약을 사절하고, 이미 보낸 사신을 돌아오게 하며, 이미 열어둔 항구를 폐쇄하여 만국 사이에서 오만하게 홀로 살아야만 할까. 이것도 불가하다. 자기의 이익에 손실을 끼치고 타인의 화호를 잃어 위난의 때를 스스로 유발할 것이다. 수공국이 그렇게 한다면 여러 나라들에 대해서는 동등의 예도(禮度)를 행하고 증공국에 대해서는 독존(獨尊)한 체모(體貌)를 멋대로 할 것이다. 이는 증공국의 체제(體制)가 수공국과 다른 나라들에 대해 앞뒤의 양절(兩截)이고, 수공국의 체제(體制)도 증공국과 다른 나라들에 대해 앞뒤의 양절이다. 여러 나라들이 수공국과 증공국의 양절체제(兩截體制)를 똑같이 보는[一視] 것은 무슨 까닭인가. 형세의 강약은 생각하지 않고 권리의 유무만을 따지기 때문이다. 강국이 제멋대로 높이면 공법의 비방이 저절로 따르고, 약국이 수모를 당하면 공법의 보호가 있게 된다. 그러므로 이처럼 같지 않은[不一] 편체(偏滯)는 공법이 시행되지 않아 약자가 스스로 보전하는 방도이니, 강자가 자행하는 오만한 버릇[驕習]을 조성하기 위해서는 공법의 한 조목도 두지 않는다.

　[11] 때로 수공국의 인민이 제 나라의 스스로 높이는 체제를 망용(妄用)하여 증공국을 업신여겨 국법을 법으로 지키지 않고 국례(國禮)를 예로 삼지 않아 준봉하는 경의(敬意)가 없다. 심한 경우는 그 몸이 수공국의 관작이나 사절의 이름을 띠고 오면 증공국의 군주에 대해 동등의 예를

함부로 행한다. 강국의 군주도 군주이고, 약국의 군주도 군주다. 일국의 위에 서서 지존(至尊)한 지위에 있고 최대의 권한을 잡아 정치를 시행하고 법령[典章]을 제정하는 것은 피차가 다름이 없다. 저 나라의 정치와 법령을 받들어 행하는 신하가 이 나라의 정치를 행하고 법령을 만드는 군주와 동등의 예(禮)로써 대[抗]한다면 합당하다고 할 수 있을까. 극도로 무엄하여 불경함이 심한 것이다. 증공국 군주는 동등 조약국의 군주를 향해 이와 같은 불법한 행동을 감히 멋대로 하지 못한다. 이 나라들의 군주는 또한 수공국의 군주와 동등의 예를 행하므로, 증공국의 군주는 곧 수공국 신민(臣民)이 복사하는 군주가 벗으로 여기는 동등 조약국 군주와 더불어 벗으로 여기는 동등 조약국의 군주다. 그러므로 증공국의 군주는 바로 수공국 군주가 경례하는 우인이 또한 경례하는 우인이다. 우인의 우인은 곧 자기의 우인과 같다. 어째서인가. 사람을 벗하면 그 사람의 벗도 또한 벗이다. 그렇다면 수공국 군주가 증공국 군주에게 동등의 예를 허용하지 않는다는 것은 곧 우인의 벗을 공경하지 않는 것이므로 만국의 품례에 맞지 않은 것이다. 하물며 그 신민의 무례함을 누가 옳다고 하겠는가. 이는 자기가 복사하는 군주에게 불경을 더하는 것과 다를 바 없다. 남을 사랑하는 자는 그 사람의 벗도 사랑하는 법이다. 제 군주를 공경하는 자가 그 군주의 벗을 공경하지 않을 수 있을까. 예를 아는 자는 이처럼 남월(濫越)하는 악행이 결코 없다.

[12] 외교하는 권리는 내치하는 제도로 말미암아 그것을 보수하는 방책과 형세가 선다. 인민의 지식이 고명(高明)하고 국가의 법령이 균평(均平)하여 각인이 일인의 권리를 보호한 후에야 만민이 저마다 지키는

의기(義氣)를 다하여 일국의 권리를 지키는 것이다. 인민이 권리의 중대함을 모르면 타국의 침월(侵越)을 당해도 분격한 노기(怒氣)가 일지 않는다. 두세 명의 정부 관리가 비록 심력을 써서 보수하는 도를 아주 잘 갖추어도 영향의 반응[應從]이 없어 그 효과[成効]의 실행은 막연하다. 옛말에 "사람이 많으면 하늘도 이긴다"라고 했다. 전국의 인민이 각기 나라의 소임을 스스로 맡아 우뚝 솟은 산 같은 기세를 이룬다면 천하에 이것을 꺾을 자 어찌 있겠는가. 그러므로 인민의 지식이 필요하다. 지식은 교육이 아니면 서지 않는다. 이에 교육하는 규범[規模]을 분명히 정해 권리의 본을 가르치는 것이다.

법률이 불명하면 인민이 권리를 서로 범하여 일국의 권리를 함께 지키기는 고사하고 이로 인해 다른 나라의 침탈을 받아도 방어할 수 없을 뿐더러 오히려 만모(慢侮)하는 계제를 만들게 된다. 때문에 국가의 법령은 엄명(嚴明)할 것이 요구된다. 이는 귀천과 빈부를 따지지 않고 일시(一視)하는 공도(公道)를 행하는 것을 벗어나지 않는다. 법률의 공도를 힘써 지켜 권리의 쓸모[用]를 정하는 것이다. 이로써 논한다면 교육과 법률이 곧 방국의 권리를 보수하는 대본(大本)이다.

✿

'증공'과 '수공', 그리고 '양절체제'

유명한 양절체제론이다. 유길준은 조공관계와 국가주권을 구별하고 증공국과 속국을 분별한다. 수공국과 제3국의 사이, 증공국과 제3국의 사이에 평등한 조약을 체결한 사실을 들어 증공국도 주권국가임을 논증한다. 수공국과 증공국이 동일한 제3국과 평등한 조약을 맺었다는 것은 증공국이 수공국과 평등한 조약을 맺은 제3국과 평등한 조약을 맺었다는 말이다. A(증공국)가 C(제3국)와 친구이고 B(수공국)도 C와 친구라면, A와 B도 친구라는 삼단논법이다. 제3국의 입장에서는 수공국, 증공국과 평등한 조약을 체결한 것으로서 수공국과 증공국 간에 공물을 주고받는 행위는 문제가 되지 않는다. 증공국이 공물을 바쳤다고 해서 주권이 없는 '권리 없는 증공국'이라 한다면 이는 속국과 같은 것인데, 제3국이 이러한 속국과 평등한 조약을 맺을 리는 없는 것이다.

공물을 주고받는 증공-수공의 행위와 방국의 권리는 구별된다. 공물을 바치는 행위는 형세의 강약에서 기인한 것이지 권리의 많고 적음을 규정하는 것이 아니다. 증공국이 수공국에 대해 스스로를 낮추는 칭호를 쓰는 것은 '적례(敵禮=抗禮)하는 호의'를 표시한 것일 뿐 권리의 많고 적음을 나타낸 것이 아니다. 수공국이 이러한 증공의 행위를 들어 자신의 지위를 높이고 권리의 분한(分限)을 구별하는 것은 헛된 명분(허명)을 높이는 것일 뿐이며, 참된 이치를 저버리는 행위다. 실리는 허명에 의해 결정되는 것이 아니다. 실리는 허명에 우선한다. 공물을 주고받는 증공과 수공은 허명이고 권리(주권)는 실리다. 이러한 증공국 주권론은 사대체제(조공체제)와 주권국가체제(국제법체제)가 병존한, 정확하게는 전자에서 후자로 이행하는 과정에서 겹쳐 나타난, 1880년대 한반도 국제질서 변동의 현실을 반영한다.

유길준은 두 국제체제를 병존이 아니라 포섭의 형태로 파악한 것으로 보인다. 사대체제는 주권국가체제에 포섭시키는 형태로 이해되거나 재해석되었다. 여기서 '적례(敵禮)하는 호의'라는 말에 주목할 필요가 있다. '적례', '항례(抗禮)'는 중화체제의 예법 질서에서 대국에 대한 '사대의 예(事大之禮)'와 달리 대등한 교린국에 대한 예를 가리킨다. 조선조의 한일관계가 전형적인 '적례', '항례'의 관계였다. 그런데 유길준은 시세와 처지로 인해 한국이 청국에 대해 증공하는 현실을 말하는 한편, 그 증공의 행위를 '적례(敵禮)하는 호의'로 파악한다. '적례', '항례'는 "강국의 군주도 군주이고, 약국의 군주도 군주"라는 만국평등관과도 부합한 것이다. 이제 공물을 바치는 증공은 더 이상 과거와 같은 사대의 행위는 아니다. 조선시대의 한중관계에서 표명된 '사대의 정성[事大之誠]'과 같은 심리는 느낄 수 없다. 증공은 형세에 의한 것이지 권리의 표현은 아니다. 평등한 조약은 권리의 표현이다. 여기에는 조공체제에서 작동했던 예법과 국제법체제에서 작용하는 주권 개념 사이의 간극이 엿보인다. 중화체제의 전통적 예법이 퇴조하고 주권국가체제의 주권(권리) 개념이 부상한 현실을 반영한다. 예법에 의거해 공물을 바치는 행위는 근대적 주권 개념에 포섭되어 재해석된다.

'증공', '수공'이라는 말 자체는 근대적인 언어다. 국사편찬위원회의 『조선왕조실록』을 검색해 보면, '수공'은 '收貢'(혹은 '收貢物')이란 한자어로 많이 쓰였는데, 이는 조정이 지방으로부터 공물을 받는다는 뜻이었다. '受貢'이란 한자어는 거의 쓰이지 않았다. '贈貢'의 용례는 전혀 없다. 명청실록에도 전무하고 한중일의 한자자전들에도 나와 있지 않다. '증공', '수공', '증공국', '수공국'은 전통 언어가 아니라 유길준이 만들어낸 신조어였다. 주권국가체제를 받아들이면서 기왕의 중화체제(사대체제)와의 모순을 인지했을 때, 주권 개념에 의거하여 한중 조공관계를 재해석하고자 했을 때, 한중관계를 근대적으로 설명하기 위한 새로운 언어가 필요했을 것이다. 신조어의 출현은 더 이상 '사대의 정성'이 통하지 않는 국제질서가 성립하였음을 뜻한다.

'양절체제'는 유길준의 국제관계론의 핵심을 보여주는 말로 연구자들의 많은 주목을 받아왔다. 유길준은 증공국의 체제가 수공국과 제3국에 대해 앞뒤의 '양절(兩截)'을 이루고, 수공국의 체제도 증공국과 제3국에 대해 앞뒤의 양절을 이루는 상황을 '양절체제(兩截體制)'라 불렀다. 유길준은 훗날 프리드리히 대왕을 언급했을 때도 '양절'이란 말을 사용하였다. 프리드리히 대왕이 내정에서는 인민의 복지를 추구하는 훌륭한 정치를 했지만, 외치에서는 속임수를 써서 영토 확장을 추구하는 전쟁을 일으키는 '양절'의 모습을 보였다는 것이다(『普魯士國厚禮斗益大王』序文. 본서 제13편 2절 참조). '양절'이란 책을 펼쳐놓았을 때 왼쪽 페이지와 오른쪽 페이지가 만나면서 갈리는 결절 부분을 가리킨다(김용구, 『세계관충돌과 한말외교사』). 반으로 앞과 뒤가 잘려졌다는 뜻으로 증공국(또는 수공국)의 입장에서 수공국(또는 증공국)과 양자 사이의 관계와 무관한 다른 나라들을 교섭하는 체제가 서로 같지 않음을 비유한 말이다. "증공국의 체제가 수공국과 다른 나라들에 대해 앞뒤의 양절이고, 수공국의 체제도 증공국과 다른 나라들에 대해 앞뒤의 양절이다"라는 말에서 보듯이, '양절'은 수공국과 증공국의 체제가 각각 양면성을 지닌다는 의미로 사용된다.

그렇다면 '양절체제'란 무엇인가. 흔히 양절체제는 조공체제와 국제법체제가 공존, 양립하는 국제체제를 가리키는 말로 이해된다. '체제'는 'system'이나 'institution'을 뜻한다. 하지만 현재 우리에게 익숙한 '체제'의 의미를 투사시켜 '양절체제'를 이해한 것이 아닐까. 유길준의 언어 사용에서 '체제'의 의미를 살펴보자.

수공국이 그렇게 한다면 여러 나라들에 대해서는 **동등의 예도**를 행하고 증공국에 대해서는 **독존한 체모**를 멋대로 할 것이다. 이는 증공국의 **체제**가 수공국과 다른 나라들[제3국]에 대해 앞뒤의 양절이고, 수공국의 **체제도** 증공국과 다른 나라들에 대해 앞뒤의 양절이다.

'증공국의 체제', '수공국의 체제'라는 용례에서 알 수 있듯이 '체제'는 동아시아에 실재한 두 형태의 국제체제를 지칭하는 것이 아니다. '체제'는 수공국이 다른 나라에 대해 행하는 '동등의 예도', 증공국에 대해 행하는 '독존한 체모'를 지칭한다. 즉 '체제'는 '예도', 체모와 관련된 말이다. 『한한대사전』(단국대학교 동양학연구소)에 의하면, '체제(體制=體制)'는 ① 시문, 서화 등의 체재와 격조, ② 짜임새와 격식, 또는 규격, ③ 구조, ④ 조직과 제도, ⑤ 예법, 규칙 등의 뜻이 있다. '조직, 제도'가 현재 사용되는 '체제'에 가깝다. 그런데 증공국, 수공국의 '체제'가 예도, 체모와 관련된다고 했을 때 '체제'는 '예법'이나 '격식'에 가깝지 않을까. 유길준은 『청한론』의 'the character or form of its constitution'을 '국헌의 체제와 품례'로 옮겼는데(제4문단), '체제'로 번역된 'character'도 '예법'과 연관된 의미를 가질 수도 있다. 그렇다면 '양절체제'는 예법 혹은 행동양식이 상이한 양면성을 가진 행동양식(예법) 정도로 해석될 수 있다. 양절체제론은 유길준이 증공(국), 수공(국)의 한중관계와 동아시아 국제관계를 국제시스템의 관점이 아니라 개별국가(한국, 중국)의 예적 행동양식이라는 관점에서 파악했을 개연성을 보여준다. 물론 양절체제 인식은 질서 원리가 상이한 두 개의 국제체제—사대체제와 국제법체제—의 병존에 의해 초래되었다.

양절체제는 형세의 강약에 의한 것이지만, 제3국은 권리(주권)의 유무만을 따지기 때문에 증공국과 수공국에 보이는 양절체제는 무의미하다. 형세의 강약은 보편적 원칙으로서 기능하는 만국공법에 의해 규율되기 때문이다. 증공국-수공국 관계는 보편적 국제관계를 규율하는 만국공법과 만국평등 관념에 의해 특수한 것으로서 상대화된다. 여기에는 친구 관계의 평등성과 상호 존중의 규범이 작동하는 국제사회가 상정되어 있다. 국제사회에서 국가 간 평등은 어떻게 확보될 수 있을까. 만국공법의 공정한 규범에 의존하는 국가 간 평등은 국내 차원에서 영위되는 군주-인민 관계에 달려 있다. 나라[國]가 나라 되는 자격을 갖추어야만 국제사회에서 나라[邦]는 권리를 행사할 수 있고 동등한 대접을 받을 수 있다. 방국의 권리는 '방'과 '국'의 존재 양태와 관련되는 셈이다.

인민의 권리와 방국의 권리

유길준은 대외적 주권(국가주권)을 논한 데 이어 나라[國]가 나라 되기 위한 조건으로서 인민과 정부의 문제를 다룬다. 다음 장인 제4편에서 인민의 권리를 논하고, 제5편 이하에서는 정부의 역할을 서술하는데, 제3편 말미에서 이를 위한 단서를 열고 있다. '외교하는 권리'는 '내치하는 제도'에 달려 있다. 국가의 권리는 인민의 권리와 상관된다. 훗날 『독립신문』 사설에서 되풀이된 논리다.

정치는 소수 관료의 심력만으로는 되지 않는다. 인민의 권리가 보장되어야 한다. 인민은 권리가 중요하다는 사실을 알아야만 타국의 침략적 행위에 분노할 수 있는 열정(파토스)을 가질 수 있다. 권리를 알아야만 분노할 수 있는 것이다. 분노의 파토스는 위정척사론자의 그것과 닮았지만 성격이 다르다. 이항로, 기정진, 김평묵, 최익현 등 위정척사론자들은 개항(개방)과 교역이 '사직(社稷)'과 '인류'(덕화된 사람들)를 멸망시킬 것이라 믿었고 서양에 대해 강렬한 분노심을 표출하였다. 유학 문명관과 유교적 에토스에서 비롯된 감정이다. 유길준은 달랐다. 분노심의 원천을 인민의 권리에서 찾았다. 분노의 파토스는 권리 의식에서 나와야 한다는 것이다. 인민의 권리가 서야 일국의 권리를 지킬 수 있기 때문이다. 인민은 "우뚝 솟은 산 같은 기세"를 가져야 한다.

방국의 권리를 보전하는 조건은 교육과 법률이다. 방국의 권리는 인민의 고명한 지식과 국가의 균평한 법령에 의해 확보될 수 있다. 인민의 권리가 서려면 인민의 지식이 필요하고, 따라서 인민의 교육이 필요하다. 또한 인민의 권리는 국법의 평등한 적용을 통해 보장되어야 한다. 귀천빈부를 따지지 않고 인민을 똑같이 여기는 '일시하는 공도'가 필요하다. 권리의 근본은 교육을 통해 세울 수 있고 인민의 권리는 국법을 엄격히 적용해야만 보전될 수 있다. 이제 인민의 권리를 확립하기 위한 지식교육과 법률제도에 관한 논의가 뒤따르게 될 것이다. 유길준은 교육과 법률을 문명사회를 형성하는 데 필요한 핵심 요소로 보았다.

이제 '인민'은 『서유견문』의 핵심 개념으로 부상한다. '인민'은 조선 사회에서는 '민'과 동일한 의미로 드물게 사용되었는데, 국가독립과 문명사회의 주체로 떠오른 것이다. '사람이 많으면 하늘도 이긴다'는 인용 구는 '사람이 많으면 하늘을 이기고, 하늘이 정해지면 또한 사람을 이길 수 있다(人衆者勝天 天定亦能勝人)'라는 신포서(申包胥)의 고사에서 유래한다(『史記列傳』第6 伍子胥列傳). 사람이 많아 세력이 강해지면 흉포함이 천리를 눌러 잘못을 저지를 수 있기 때문에 하늘의 뜻이 중요하다는 뜻이다. 따라서 '사람이 많으면 하늘도 이긴다'라는 앞부분의 말은 부정적인 의미로 쓰였다. 유길준은 인민의 "우뚝 솟은 산 같은 기세"가 천하를 바꿀 수 있다는, 천하도 막을 수 없는 인민의 권리를 강조하면서 이 말을 사용하였다. 사람과 하늘의 의미가 변용한 셈이다. 인민의 존재 양태가 변모한 것이다.

———

[10] 貢物의贈受ㅎㄴ關係로ㄴ邦國의權利를不論ㅎㄴ故로受貢國과同等의約을結ㅎㄴ諸國이亦贈貢國에平均흔禮數를行ㅎ야同等의約을結ㅎㄴ니若贈貢ㅎㄴ一事를因ㅎ야內治外交의諸權利를損失홀진대是ㄴ權利업ㄴ贈貢國이라屬國과無異ㅎ니屬邦又튼贈貢國과天下에自重ㅎㄴ諸國이尊敬흔同等約을訂結ㅎ기豈肯ㅎ리오 此를由ㅎ야論ㅎ건대贈貢國과受貢國의關涉이形勢의强弱을分別홈이오權利의多少를不定홈인則贈貢國이受貢國을對ㅎ야卑亞흔名號를稱用홈이敵禮ㅎㄴ好意를

表示홈이니受貢國이此를擧ᄒ야加尊ᄒ地位로自處ᄒ고權利의分限을區別ᄒ면虛名을尙ᄒ고實理를棄홈이라實理ᄂ虛名의搖動을不受홈ᄲᆫ더러天下의尊重ᄒ獨立主權의諸大國과受貢國도同等約을結ᄒ고贈貢國도同等約을結ᄒ則受貢國의同等約國이贈貢國의同等約國이오贈貢國의同等約國이受貢國의同等約國이라此諸國은受貢國도同等의友邦으로待ᄒ고贈貢國도同等의友邦으로接ᄒ야尊卑의禮와高下의序를不立ᄒ리니受貢國의地位가贈貢國의上에處ᄒ야若是自尊홀진대奈何로贈貢國의同等友邦과同等禮를行ᄒ며同等約을結ᄒ리오其勢가贈貢國을令ᄒ야諸國의同等約을辭却홈이可홀가曰不可라諸國을懇ᄒ야贈貢國의同等約을消抹홈이可홀가曰不可라

　贈貢國과諸邦의同等約은各其修好ᄒᄂ關係로結約ᄒᄂ權利를有홈이오贈貢國의獨行ᄒᄂ者아닌則他邦의結和ᄒᄂ友睦과通商ᄒᄂ利益을挿理홈과阻撓홈이不能ᄒ야明言或暗授ᄒᄂ命令으로勒制ᄒᄂ威를縱恣ᄒ기極難홀ᄲᆫ더러諸國의自重ᄒᄂ者ᄂ他人의唇吻을仰ᄒ야頤指ᄒᄂ役使를不遵ᄒ고公法을擧ᄒ야無禮ᄒ罪를責홀디니然則奈何오受貢國이其自尊ᄒᄂ地位를위ᄒ야諸國의同等約을辭絕ᄒ고已派ᄒ使를遞回ᄒ며已開ᄒ港을閉鎖ᄒ야萬國의間에傲然獨處홈이可홀가此도亦不可ᄒ니自己의利益에有損ᄒ고他人의和好를見失ᄒ야危難의機를自發홈이라受貢國이然則諸國을向ᄒ야同等의禮度를行ᄒ고贈貢國을對ᄒ야獨尊ᄒ體貌를擅ᄒ리니此ᄂ贈貢國의體制가受貢國及諸他國을向ᄒ야前後의兩截이오受貢國의體制도贈貢國及諸他國을對ᄒ야亦前後의兩截이라諸國이受貢國及贈貢國의兩截體制를一視홈은何故오形勢의强弱은不顧ᄒ고權利의有無를只管ᄒᄂ니强國의妄尊은公法의譏刺가自在ᄒ고弱國의受侮ᄂ公法의保護가是存ᄒ지라然ᄒ故로如是不一ᄒ偏滯ᄂ公法의不行으로弱者의自保ᄒᄂ道니强者의恣行ᄒᄂ驕習을助成ᄒ기爲ᄒ여ᄂ公

法의一條도 不設홈이라

[11] 有時受貢國의人民이其國의自尊ᄒᆞᆫ體制ᄅᆞᆯ妄用ᄒᆞ야贈貢國을藐視ᄒᆞ야其國法을不法ᄒᆞ고其國禮ᄅᆞᆯ不禮ᄒᆞ야遵奉ᄒᆞᄂᆞᆫ敬意가頓無ᄒᆞ고甚者ᄂᆞᆫ其身이受貢國의官爵或使節의名號ᄅᆞᆯ帶ᄒᆞᆫ則贈貢國의君主에게同等의禮ᄅᆞᆯ濫行ᄒᆞ니夫强國의君도君이오弱國의君도君이라一國의上에立ᄒᆞ야至尊ᄒᆞᆫ位에居ᄒᆞ며最大ᄒᆞᆫ權을執ᄒᆞ야政治의施發과典章의裁制ᄂᆞᆫ彼此의殊異가無ᄒᆞ거ᄂᆞᆯ乃彼邦의政治와典章을奉行ᄒᆞᄂᆞᆫ臣子가此邦의政治와典章을發裁ᄒᆞᄂᆞᆫ君主와同等의禮ᄅᆞᆯ抗ᄒᆞ면此ᄅᆞᆯ可히合當ᄒᆞ다謂홀가無嚴ᄒᆞᆫ極度에達ᄒᆞ야不敬의大者라贈貢國君主의同等約國의君主ᄅᆞᆯ向ᄒᆞ여ᄂᆞᆫ如此不法ᄒᆞᆫ行動을恣ᄒᆞ기不敢ᄒᆞ리니此諸國의君主ᄂᆞᆫ又受貢國의君主와同等의禮ᄅᆞᆯ行ᄒᆞᆫ則贈貢國의君主ᄂᆞᆫ乃受貢國臣民의服事ᄒᆞᄂᆞᆫ君主의友視ᄒᆞᄂᆞᆫ同等約國君主로더브러友視ᄒᆞᄂᆞᆫ同等約國君主라然ᄒᆞᆫ故로贈貢國의君主ᄂᆞᆫ即受貢國君主의敬禮ᄒᆞᄂᆞᆫ友人의亦敬禮ᄒᆞᄂᆞᆫ友人이라友人의友人은即自己의友人과同ᄒᆞ니何則고其人을友홀진대其人의友도亦友라然則受貢國君主가贈貢國君主에게同等이禮ᄅᆞᆯ不許홈이即友人의友ᄅᆞᆯ不敬홈이니萬國의品例에不合ᄒᆞᄂᆞᆫ者어ᄂᆞᆯ況其臣民의無禮홈을誰人이曰可ᄒᆞ다ᄒᆞ리오此ᄂᆞᆫ自己의服事ᄒᆞᄂᆞᆫ君主에게不敬을加홈과無異ᄒᆞ니人을愛ᄒᆞᄂᆞᆫ者ᄂᆞᆫ其人의友도亦愛ᄒᆞ거든其君主ᄅᆞᆯ敬ᄒᆞᄂᆞᆫ者가其君의友ᄅᆞᆯ不敬홈이可홀가知禮ᄒᆞᄂᆞᆫ者ᄂᆞᆫ如此濫越ᄒᆞᆫ惡行이必無홈이라

[12] 外交ᄒᆞᄂᆞᆫ權利ᄂᆞᆫ內治ᄒᆞᄂᆞᆫ制度ᄅᆞᆯ由ᄒᆞ야其保守ᄒᆞᄂᆞᆫ方策과形勢가立ᄒᆞᄂᆞ니人民의知識이高明ᄒᆞ며國家의法令이均平ᄒᆞ야各人의一人權利ᄅᆞᆯ衛護ᄒᆞᆫ然後에萬民의各守ᄒᆞᄂᆞᆫ義氣ᄅᆞᆯ擧ᄒᆞ야一國의權利ᄅᆞᆯ是守ᄒᆞᄂᆞᆫ지라人民이權利의重大홈을不知ᄒᆞᆫ則他國의侵越을見ᄒᆞ야도憤激ᄒᆞᆫ怒氣가不作ᄒᆞᄂᆞ니政府의二三官吏가雖其心力을費ᄒᆞ야保守ᄒᆞᄂᆞᆫ道ᄅᆞᆯ極備ᄒᆞ야도影響의應從이無ᄒᆞ야其成効의實行이漠然ᄒᆞ

지라古語에云호딕人이衆호면天도勝혼다호니全國의人民이各其國의重으로自任호
야屹然히山立혼氣勢를成혼則天下에是를摧抗호는者가豈有호리오是故로人民의
知識을要호느니知識은敎育아니면不立호는者라乃敎育호는規模를明定호야權利
의本을謀홈이어니와

　法律이不明혼則人民이其權利를相犯호야一國의權利를共守호기는姑舍호고是
를因호야他邦의侵奪을受호딕備禦호기不能홀쑨더러其慢侮호는階를反成호는지라
是以로國家의法令은嚴明호기를求호느니此는貴賤과貧富를勿論호고一視호는公
道를行호기에不出호지라乃法律의公道를務守호야權利의用을定호니此를由호야論
호건대敎育과法律이乃邦國의權利를保守호는大本이라

제2절
인민의 교육

[1] 사람은 어리석은 동물이다. 처음 태어날 때는 앎[知]이 없다. 아는 자는 가르침 때문에 그러한 것이다. 아이가 태어나면 부모가 아이를 가르쳐 앎을 먼저 열고, 나이가 점차 늘어나면 학교에 나아가 지식을 더욱 닦는다. 따라서 천하의 급무는 학교를 세우는 것이 먼저다. 인민이 어릴 때 배우지 않고 어른이 되어 무지하면 경거망동해서 앞뒤를 돌아보지 않게 되어 국가의 법기(法紀)를 어기고 인세(人世)의 교도(交道)를 훼손하는 자가 적지 않다. 또한 교육[教導]을 받아 지식이 많은 자라도 가르침과 앎을 가지고 덕의(德誼)를 기르기는 극히 어렵다. 때문에 예로부터 총명 영민한 자들 가운데 극악한 원한과 불의한 무도를 범한 자가 많았다. 교육하는 제도가 마땅함을 얻어 덕행을 권진(勸進)하고 도의를 훈화(薰化)한다면 성덕(盛德)의 사(士)도 양성될 수 있다. 또한 죄악을 범

하는 자가 악이 악인 까닭을 알 수 있다면 벌을 받아도 벌의 지당함을 승인하고 죄를 달게 받아 기왕의 허물을 고칠 줄 알게 된다. 하지만 사람이 지식이 모자라 시비곡직의 변별을 모르는 자를 벌하는 경우는 처치하기 매우 어렵다. 죄를 보고 바로 벌하기보다 그 사람으로 하여금 선악을 먼저 따져 죄에 빠지지 않게 하는 것이 형법의 진정한 도[眞道]이며 교육의 아름다운 일[美事]이다. 어찌 사람을 가르치지도 않고 벌하겠는가. 가르치지 않은 민을 벌하는 것은 극도로 참혹한 일이다. 절도나 살인 등은 죄상이 명백한 때에 상당한 형을 내려 국법[國典]을 밝히는 것이 옳다. 하지만 나라 안에 불학무지한 인민이 많으면 그 해를 일일이 들 수 없다. 이들 부류가 원래 시비를 분별하지 못하고 곡직을 판별하지 못하여 국법으로 인민의 사유물을 보호하는 도리에 어둡기 때문이다. 하루아침에 나라 안에 소란이 나면 그 틈을 타고 그 기회로 인해 벌떼처럼 일어나고 구름같이 모여들어 법도 두려워하지 않고 사람도 꺼리지 않아 참혹한 행동과 흉악한 행위는 말로 형용할 수 없다. 이제 그 일례를 말하면, 옛날에 프랑스가 소란했을 때 고금에 유례없는 폭행을 자행한 무리는 모두 못 배워서 의지할 곳이 없고 어리석고 방탕하여 좋은 정부[良政府] 밑에서 살아도 생계[活計]를 영위하지 못한 자들이었다.

[2] 궁민(窮民) 구제를 위해 돈과 재물을 많이 쓰는 것도 그 원인을 찾으면 하민(下民)이 무식하고 무지하기 때문이다. 사람은 지식이 없으면 반드시 원려(遠慮)가 없고 원려가 없으면 눈앞의 욕(慾)을 좇아 악행이 생기지 않을 수 없다. 양생하는 법을 모르고 절용(節用)하는 뜻을 모

르며, 사람과 사귀는 도를 모르고 예의염치와 재예공교(才藝工巧)를 몰라 인세의 풍속을 어지럽힌다. 빈곤한 고해(苦海)에 빠져도 근로의 참된 이치[眞理]를 몰라 힘을 부리는 경상이 아주 고달픈데, 방향을 그르쳐 편리한 방도가 적기 때문에 애를 써도 성과가 없다. 혹 그들이 살고 있는 지방에 생계[活計]가 부족하여 다른 곳으로 옮겨가면 안신[安身]할 방편을 얻을 수도 있지만 분발하는 뜻이 없어 나태에 빠져 가난에 시달린다. 서양처럼 이익을 좇는 세계에도 스코틀랜드 서방에 살고 있는 야민(野民)은 아주 무지하여 굶어죽을 정도로 매우 가난하다. 타지 사람이 이 모습을 불쌍히 여겨 고용하려는 자가 많지만 무식해서 향리를 떠나지 못하고 어리석게도 죽을 때까지 집에서 가난한 상황을 감내한다. 북아메리카 주의 적인[赤種人]은 대대로 나태한 종족[種落]으로 학습하는 성력(性力)이 소진되어 합중국의 백인[白種人]이 학교를 세워 교회(敎誨)하는 방도를 크게 갖추고 농작하는 법과 제조하는 기술을 부지런히 가르쳤지만 성공하는 자가 아주 드물었다. 교사의 지도와 학과목의 공부를 싫어해서 엽총 한 자루 들고 산림으로 돌아가 평생 가난한 노고를 면치 못한다. 아아, 교육이 서지 않는 유폐(流弊)가 이 정도로 심하다.

[3] 예로부터 새로 발명한 공업으로 인해 인세의 비익(裨益)을 조성하는 실효(實效)가 아주 많았다. 그런데 용렬한 자는 뜻 있는 사람의 이처럼 대단히 큰 공효(功效)를 알지 못한다. 그래서 오히려 새로 발명하는 공력(工力)을 기괴함의 소치라 말하고, 혹 무리를 부르고 당(黨)을 이루어 정교한 기관(機關)을 부숴버린다. 심한 경우에는 그 사람에게 능욕과 해를 가한다. 모두 배우지 못했기 때문이다. 또한 옛날 프랑스 수도

파리에 괴질이 창궐했을 때 시내 의사들이 심력과 기술을 다해 치료하는 처방과 예방하는 법을 행하였는데, 어리석은 소인배들은 괴질이 전염되는 것도 모르고 오히려 "의사들이 독약으로 사람을 해친다"라고 꾸짖으면서 의사들을 흉인(凶人)처럼 적대시하였고 심한 경우는 이들을 해치기까지 했다. 이 또한 무지가 극도에 달한 것이다. 개탄할 일이다.

무릇 새로 발명한 공업이 세상에 행해지면 혹 시물(時物)의 유행을 변환하기 때문에 사람도 영위하는 직업을 바꾸지 않으면 안 된다. 이때가 되면 사물의 이치에 통달하고 기계학의 취지를 깨달은 자는 시변(時變)에 응하여 생업을 고칠 수 있지만, 불학무술(不學無術)한 자는 그렇지 못해 변통(變通)하는 도를 모르고 자기의 우견을 고집하여 곤궁함을 감수할 따름이다. 게다가 어리석은 자들은 자기가 영업하는 것 말고는 천하에 영생(營生)하는 방책이 더없다고 스스로 생각한다. 이들 어리석은 자로 하여금 인간 사물의 이치에 점차 밝아져야 활계(活計)를 얻기 쉽다는 것을 자각할 수 있도록 한다면 빈궁한 고계(苦界)를 벗어날 것이니, 또한 부국(富國)하는 도에 큰 도움이 될 것이다.

[4] 사람이 교육을 받으면 지식의 귀함을 알게 되기 때문에 이것을 위해 심력을 다하고 비용을 써서 인세(人世)의 급무와 대사(大事)를 행한다. 그러나 우둔하고 몽매한 자들은 이것을 맛보는 일이 아주 적어 태연히 있으면서 그것이 있는지 없는지를 마음에 두지 않는다. 어리석은 사람들[愚夫愚婦][백성]이 자식을 가르치지 않는 마음을 따져 보면 이러한 일이 애처롭고 가증스럽다. 교육의 취지를 몰라 심력을 쓰지 않을 뿐만 아니라. 심지어는 타인이 후의로 자신의 자제를 교회(敎誨)하는 자가

있어도 그 은혜를 오히려 꾸짖는다. 그러므로 국중 인민의 지식 없는 자는 인세의 교육을 돕지 않는 데 그치지 않고 오히려 방해한다고 말할 수 있다. 그러므로 가난하고 무지한 자의 자제를 교육하는 사무는 부득이 타인에게 맡겨야만 할 것이다.

그러나 다른 사람도 이 일을 감수하고 이 일을 즐겨 행해야 한다. 번잡한 수고를 꺼리거나 피해서는 안 되는 이유가 있다. 지금까지 궁민을 구휼하고 죄인을 방제(防制)하기 위해 국인이 납부하는 세금은 이미 많다. 그러므로 이제 인민의 교육을 위해 비용을 쓰는 것은 사람들로 하여금 빈궁에 빠지지 않고 죄악을 저지르지 않게 하여 화환(禍患)을 미연에 방지하는 것이 큰 취지다. 이미 어려운 빈민을 구제하고 이미 저지른 죄인을 바로잡기 위해 세금을 납부하는 본뜻에 비한다면, [인민교육을 위해] 비용을 쓰는 공덕(功德)이 훨씬 낫다. 그러므로 국중의 교육하는 비용을 위해 인민의 세금을 거두는 것이 실상은 나중의 세액을 경감하는 것이다. 이처럼 교육을 위해 거두어들인 세금을 쓰는 것은 궁인(窮人)을 구제하고 악인을 벌하기 위해서가 아니라 사람의 생업을 권하고 사람의 선을 도와 인세의 경복(慶福)을 이루기 위해서다. 설령 명(名)과 실(實)에 어긋나는 일이 있어도 세금 내는 사람은 재물을 쓰는 취지를 믿고 스스로 흐뭇해할 것이다. 대개 사람의 상정(常情)은 남의 악을 벌하기보다는 남의 선을 보는 걸 즐거워하고 남의 어려움을 구휼하기보다는 남의 일을 도와주는 것을 기뻐한다.

[5] 어떤 사람은 "국민(國民)을 다그쳐 그 자제를 교육하게 하는 것은 남의 집 사사(私事)에 관계하는 것으로 그 처사가 마땅하다 할 수 없다"

라고 말한다. 그러나 이 설은 매우 그르다. 정부 되는 자는 그 직(職)이 항상 인세의 정도(正道)가 행해지는지 아닌지를 살피고 국민의 안녕이 지켜지는지 아닌지를 살피는 데 있다. 만일 터럭만큼이라도 어긋나는 것이 있다면 법률로 간섭하여 처치하지 않을 수 없다. 죄인을 벌하는 한 조목도 입장을 바꿔 논한다면 사람의 사사(私事)를 간섭[揷理]하는 것과 다를 바 없다. 그러나 설사 어떤 사람이 죄를 저질러 아들이 아버지를 위해 숨기고 아버지가 아들을 위해 덮어 주는 경우에도 국법은 용서할 수 없다. 서양인이 말하길 "정부가 사람을 벌하는 권한이 있다면 사람을 가르치는 권한도 있다"라고 했다. 이는 고금의 격언이다.

형벌은 사람의 신상에 고통을 가하는 것이지만 세간의 공공[普同]의 안녕을 위해 시행하는 것이 옳다. 하물며 교육은 사람의 마음을 이끌고 사람의 몸을 이롭게 하려는 본뜻에서 나왔으니 시행하는 데 어떤 장애가 있겠는가. 인세의 공공(公共)한 큰 비익(裨益)을 일으킨다면, 설령 사람의 신상에 고초통환(苦楚痛癏)을 미칠지라도 반드시 행하는 것이 옳다. 그러므로 국민 교육하는 법을 설정하는 일은 정부의 위령(威令)으로 강요하든 권유하든 널리 실시하는 규제(規制)를 주로 삼아야 한다. 사람의 사악을 교정하고 사람의 빈곤을 구하기 위한 것이므로 교육을 받는 자의 이익이 될 뿐만 아니라 이를 위해 돈쓰는 자도 이로울 일이 저절로 많다. 하지만 이러한 사실을 정부의 힘으로 사람마다 타이르고 집마다 설명해서 행하기는 어렵다. 그러므로 정부는 오로지 학교를 세우고 교사의 직책에 합당한 인재를 양성하며, 기타 각종 사무는 평인(平人)이 변통하기 어려운 비용을 지출해 주는 정도면 될 것이다.

[6] 사람이 고명한 배움에 뜻을 두어 궁격(窮格)한 앎을 이루면, 이로 인해 인세의 공공[公普]이익을 성취하는 것이 적지 않다. [중략] 무릇 부자의 자제는 온갖 필수품이 넉넉하여 놀고 행락하는 일에도 하루아침에 천금을 내던지지만 이와 같은 큰 뜻을 품은 자는 아주 드물었다. 예로부터 소년이 큰 공업(功業)을 꾀하는 자는 가난한 집의 자제였다. 부형의 도움을 얻지 못하고 그 공(工)을 이루게 되어 인세의 큰 편리, 큰 비익(裨益)을 일으켰다. 그러므로 나라 안 사람들[國中人]이 이들 가난한 학생을 돕지 않으면 안 된다. 국중에 대학교를 설립하는 것이 이러한 뜻에 기초한다. 대학교 안에 도서관[書庫]이 있고, 박물관[博物府]이 있고, 또한 이학(理學)과 화학의 각종 기계를 구비하여 비록 가난한 학생이라도 자신의 뜻에 맡겨 그 사용을 자유롭게 한즉, 뜻하는 학업을 연구하기 편이(便易)한 것이다.

대개 인민의 교육을 위해 거액의 돈을 쓰더라도 그 처치하는 방략이 마땅함을 얻으면, 한 나라의 번영[繁殖]을 이루고 세계의 공공이익[普利]을 가져오는 것은 조금도 의심할 여지가 없다. 지구를 포위하여 한순간에 소식을 전하는 전선과 넓은 바다를 부려 만리를 건너는 기선, 그리고 사방으로 통하여 수송의 편리한 방도를 더해준 철로의 기묘한 이치[理由]와 광대한 사업은 그 시작이 모두 가난한 학생의 연구에서 그 맹아가 나타난 것이다.

[7] 이상의 논의에서 보건대 교육하는 큰 법은 명목을 나눌 수 있다. 첫째는 도덕교육이고, 둘째는 재예(才藝)교육이며, 셋째는 공업교육이다. 도덕은 사람의 마음을 교도(教導)하여 인륜의 기강을 세우고 언행의

절조를 삼가니 인세의 교제를 관제(管制)하는 것이므로 교육이 없을 수 없다. 재예는 사람의 지혜를 양성하여 사물의 이유를 통달하고 본(本)과 말(末)의 효용[功用]을 헤아려 인세의 지식을 관장하는 것이므로 그 교육이 없을 수 없다. 공업은 온갖 마음을 쓰고 힘을 부리는 제조, 운용에 관계하여 인세의 생계[生道]를 이루는 것이므로 그 교육 또한 결여되어서는 안 된다. 이것을 교육의 세 가지 대강(大綱)이라 한다. 기실은 정덕(正德), 이용(利用), 후생(厚生)의 큰 취지이니, 방국의 빈부, 강약, 치란, 존망은 인민교육의 높고 낮음과 있고 없음에 있다.

❋

계몽교육과 부국

방국의 주권을 보전하려면 인민의 계몽이 선행되어야 한다. 「인민의 교육」을 「방국의 권리」 바로 다음에 배치한 까닭이다. 인민의 교육은 계몽사상의 핵심이다. 인민의 계몽은 우민(愚民)관을 전제로 한다. 인민이 무지하면 경거망동을 하여 국법을 범하고 '인세의 교도(交道)', 즉 사회적 질서를 해칠 수 있다. 인민으로 하여금 덕의를 길러 무도를 행하지 않게 하려면 인민에 대한 지식교육이 필요하다. 그런데 지식교육만으로 덕의를 배양하기는 힘들다. 덕행을 권하고 도의를 훈화할 교육제도가 필요하다. 그런데 교육은 사회질서를 유지하는 국법('국가의 법기')과 윤리('인세의 교도')와 결부해서 상정된다. 인민의 교육(계몽)은 사회질서의 확립과 보전을 의도한다. 형법과 교육은 죄를 범하는 것보다 선악을 구별할 능력을 갖게 해주는 역할을 한다. 교육은 국법을 준수하는 도의 있는 인민의 양성을 의도한다. 덕성 교육을 중시하는 유교적 가치관이 일정 부분 반영되었을 것이다.

「인민의 교육」 편은 후쿠자와 유키치의 『서양사정 외편』 제3권에 실린 「인민의 교육」을 저본으로 하였다. 해제에서도 말했듯이 유길준은 『서유견문』을 저술하면서 『서양사정 외편』을 많이 참조하였다. 그런데 『서양사정 외편』은 버튼의 『정치경제학』(John Hill Burton, *Political Economy, for use in schools and for private instruction*, London and Edinburgh: William and Robert Chambers, 1852)의 전반부를 번역한 것이다. 후쿠자와의 「인민의 교육」은 『정치경제학』의 "The education of the people" 장을 번역한 것이다. 후쿠자와는 "The education of the people"을 「人民の教育」으로 **직역**하였고, 유길준은 「人民の教育」을 「人民의 教育」으로 **의역**하였다. 후쿠자와는 일부를 제외하고 버튼의 글을 거의 모두 직역하였다. 이 경우 어떤 번역어를 선택했는지가 문제가 된다. 후쿠자와는 때때로 자신의 생각을 담은 번역어를 사용함으로써 자기 생각을 드러내기도 했다. 한편 유길준은 후쿠자와의 문장을 부분적으로 발췌 선택하고 자기 생각을 넣어 상당 부분 재서술하는 형태를 취했다. 이 경우 번역어 문제도 있지만 어떤 대목을 선택했는지, 무엇을 덧붙이고 뺐는지, 어떻게 재해석했는지 번안의 방식이 문제가 된다. 이를테면, 첫 대목에 나오는 "사람은 어리석은 동물이다"라는 말은 유길준이 덧붙인 말이다. 자신의 우민관을 명확히 한 것이다.

버튼의 원문, 후쿠자와의 번역문, 유길준의 선택적 번안문을 대조해 보면 세 사람의 사상적 영위의 차이를 파악할 수 있고, 나아가 세 장소 (스코틀랜드, 일본, 한국)의 사상적 특질을 어느 정도 짐작할 수 있다. 비교적 충실히 직역을 한 경우도 미묘한 차이를 읽어낼 수 있다. 위의 글에 실린 한 대목을 살펴보자.

"a right education, in which the moral principles are duly inculcated, and just religious sentiments are imparted, gives the opportunity for being upright and virtuous"(Burton, p.143)

➡ "교육의 법이 마땅함을 얻어 덕행으로 나아가고 성교(聖敎)에 교화될 때는 또한 성덕(盛德)의 사(士)를 낼 수 있다"(『西洋事情外編』 권3, 451쪽)

➡ "교육하는 제도가 마땅함을 얻어 덕행을 권진(勸進)하며 도의(道義)를 훈화(薰化)한다면 성덕(盛德)의 사(士)도 양성될 것이다"(『서유견문』)

후쿠자와는 'moral principles'를 '덕행(德行)'으로 번역했고, 유길준도 이 번역어를 차용하였다. 하지만 'religious sentiments'(종교적 감정)의 경우 후쿠자와는 원뜻을 살려 '성교(聖敎)'라 번역하였지만, 유길준은 '도의(道義)'로 바꿔치기했다. 유길준은 버튼을 몰랐지만 『서양사정 외편』의 기독교 관련 서술을 통해 '성교'가 유학적 용어가 아니라 기독교를 가리키는 것으로 이해했을 가능성이 있다. 기독교와 거리를 두었던 유길준은 이 말을 '도의'로 치환한 것이다. 이와 관련하여 후쿠자와는 버튼의 서술에 없는 '법', '형법' 개념을 사용하여 교육을 법제도에 연결시켰지만, 유길준은 "형법의 진정한 도"를 인정하면서도 "교육의 아름다운 일"을 덧붙임으로써 선악을 구별하는 능력을 배양하는 교육의 의미를 강조하는 쪽으로 변용시켰다. 유길준의 재해석에는 유교적 에토스와 유학교육관이 작용하였음을 알 수 있다. 유교적 사유가 유길준의 계몽사상을 규정했다는 말이 아니다. 유길준이 이해하는 방식의 유교적 사유가 유길준의 계몽사상에 의미 있게 작용했다는 얘기다.

지식교육은 국법 질서뿐 아니라 인민의 경제적 삶(생계)에도 중요한 의미가 있다. 사람은 지식이 없으면 생각이 깊지 않고 눈앞의 욕심을 좇아 나쁜 짓을 저지르기 쉽다. 양생이나 절용, 사교도 모르고 예의염치도 모른다. 하층민이 못사는 건 무지하고 무식하기 때문이다. 풍속을 어지럽히고 방향을 그르쳐 아무리 일해도 효과가 없다. 타지에 가면 생계를 찾을 수도 있는데 게으르고 분발하는 뜻이 없어 가난에 허덕일 뿐이다. 빈민을 잘살게 하려면 복지 예산이 필요하다. 그런데 복지 예산을 빈민구제 용도로만 써서는 안 된다. 무지함을 깨우칠 수 있도록 그들을 교육하는 데에 사용해야 한다. 지식은 눈앞의 욕심에 대해서는 '원려'를, 나태함과 가난함에 대해서는 '분발하는 의지'를 갖도록 해준다.

인민교육의 취지는 인민이 생계를 꾸리는 방도, 즉 생업을 갖게 해주는 데 있다. 생업을 가져야만 사회적 공공성도 실현될 수 있다. 유길준은 '새로운 공업'—후쿠자와의 경우 '신 발명'. 버튼의 원어는 'many useful inventions'—에 주목한다. 공업은 사회적 이익('인세의 비익')을 늘리고 사람들의 삶의 방식을 바꿀 수 있다. 그러므로 새로운 공업에 맞추어 생업을 가져야 한다. '인간 사물의 이치'(기초지식)와 '기계학의 취지'(응용지식)를 깨우치는 지식을 가져야만 '변통하는 도'를 알 수 있다.

그래야만 우견을 깨고 생계의 방도를 강구하여 군색한 삶을 벗어날 수 있다. 생계의 변통을 모색하는 것이야말로 나라를 잘살게 하는 부국책의 요체다.

교육에는 세금을 사용해야 한다. 가난한 사람을 구제하고 악인을 벌하기 위해서가 아니다. 사람의 생업을 권하고 사람의 선을 도와 인세의 경복을 이루기 위해서다. 무지몽매한 빈민은 자식 교육에 신경을 쓰기는커녕 방해만 하므로 자식 교육은 남에게 맡겨야 한다. 여기에도 세금이 들어가야 한다. 하지만 생업을 지원하는 데 세금을 쓰는 것이 무엇보다 중요하다. 돈이 들더라도 교육을 시켜 가난과 범죄를 예방하는 것이 빈민을 구제하고 범죄를 처벌하는 데 세금을 쓰는 것보다 효율적이다. 오히려 장기적으로 조세액을 줄일 수 있다.

지식은 인민의 생업을 돕는 실용지로서 생업을 보장할 변통을 위한 근거였다. 유길준은 철학지(哲學知)보다 실용지(實用知)를 중시하였다. 유길준이 말하는 '사물의 이치'는 형이상학적, 철학적 리(理)가 아니라 과학적, 물리학적 원리를 가리킨다. 유길준의 서술에서 사변적이고 철학적인 주자학적 지식관을 찾아보기는 어렵다. 유길준의 실용주의적 지식관은 1880년대 개항개방의 현실에 대처하는 실학적 사유의 표현이었다(본서 해제 참조).

사회적 공공성과 정덕·이용·후생

교육의 취지는 사람의 마음을 이끌고 사람의 몸을 이롭게 하는 데 있다. 교육의 궁극적 목적은 사람의 생업을 권하고 사람의 선을 도와

'인세의 경복', 즉 사회의 행복을 이루는 데 있다. 유길준은 사회의 행복을 질서와 이익의 두 측면에서 파악한다. '인세의 경복'을 성취하기 위해서는 '세간의 공공[普同]안녕'과 '인세의 비익(神益)'을 모색해야 한다. '세간의 공공안녕', 즉 질서를 보전하기 위해서는 형벌이 필요하다. 신체에 고통을 가하는 형벌은 사적 영역에 간여하는 일이 되지만 사회의 보편적 안녕을 위해 불가피한 것이다. '인세의 비익', 즉 공공이익을 확보하기 위해서는 교육이 필요하다. 법과 교육은 사회의 질서와 공공이익을 확보하는 조건인 것이다.

교육의 취지는 사회적 공공성을 확보했을 때 실현될 수 있다. 사회적 공공이익을 위해서는 심성을 교화하고 몸을 이롭게 하는 교육도 필요하다. 인민이 교육을 통해 지식을 갖게 되면 '인세의 공공이익', 즉 사회적 공공이익을 성취할 뿐 아니라 나라의 번영, 나아가 세계의 공공이익을 가져올 수 있다. 공공이익을 위해서는 가난한 학생에게도 공부할 기회를 주어야 한다. 가난한 자들이 공부해서 '인세의 큰 편리, 큰 비익'을 일으키는 일이 적지 않기 때문이다. 유길준은 교육의 평등보다는 공공이익의 관점에서 말하고 있다. 유길준은 인민의 교육에 간여하는 정부의 공적 역할을 강조한다. 정부는 공적 이익을 위해 인민의 사적 영역을 간섭할 수 있다는 것이다. 정부가 교육과 지식의 공공성을 높이고 사회의 바른 도와 인민의 안정을 확보하기 위해서는 세금을 들여 인민의 교육을 강제해야 한다. 다만 정부의 간섭은 법규범(국법)에 따라야 하며, 정부의 역할은 학교 건립과 인재 양성, 재정 지출에 한정되어야 한다.

유길준은 제3편을 마무리하면서 교육의 대강을 제시한다. 갑자기 불쑥 뛰어나온 감이 없지 않다. 이 대목은 버튼과 후쿠자와의 텍스트에는 없다. 유길준이 덧붙인 것이다. 유길준은 인민의 교육을 도덕교육, 재예 교육, 공업 교육으로 나누면서 각각을 사회생활에 필요한 '인세의 교제'(도덕), '인세의 지식'(재예), '인세의 생도(生道)'(공업)와 결부시킨다. 각각 정덕(正德), 이용(利用), 후생(厚生)에 대응시킨다. 서양의 인민교육을 실학적 관점에서 이해한 것이다. 방국의 생존과 발전을 위해서는 인민교육이 전제가 되어야 한다고 본 유길준의 교육관은 근대적이라 할 수 있는데, 근대적 교육의 공공성과 보편성을 이해하는 데에는 유학(실학)적 개념이 작용하였음을 알 수 있다.

한편 이 글에서는 '국민'이란 말이 쓰였는데, 이색적으로 느껴진다. 제6편 「정부의 직분」과 이곳 「인민의 교육」 제5단락에서만 '국민'의 용례가 보인다. '국민'은 '국인'과 거의 같은 뜻으로 쓰였다. '국중 인민'의 축약어로 보인다. 후쿠자와는 버튼이 사용한 'nation'을 '국민'으로, 'national education'을 '국민교육'으로 번역했는데, 유길준은 이 번역어를 무심코 사용했을 것이다. 유길준은 '국민'을 'nation'의 의미로 사용한 것은 아니다. 유길준은 분명 일본 유학 중에, 또한 후쿠자와의 텍스트를 통해 'nation'의 의미를 가진 '국민' 개념을 접했을 것이다. 하지만 유길준 자신은 국민 개념의 한국적 적실성에 의문을 가졌을 것으로 보인다. 『서유견문』에서는 국가에 일정한 의무를 지니면서 국가의 생존과 발전을 담지하는 정치적 주체로서의 '국민'이 아니라 국가를 구성하고 정부에 복사(服事)하면서 정부가 제공하는 복지를 향유하는 '인민'을 상정한다. 1880년대 개항기의 한국에서는 아직 '국민' 개념이 출현하지 않았다. 국민 개념은 1890년대 후반까지도 거의 통용되지 않았다. 『독립신문』 사설을 보면 '국민'보다는 여전히 '인민' 개념이 통용되었다. '국민' 개념은 러일전쟁 이후 국가의 멸망이 눈에 보이는 상황에서 유통된다.

─────────

[1] 人은 蠢然흔 動物이라 其始生에 知가 無ㅎ니 其知ㅎㄴ 者ㄴ 敎흠을 由ㅎ야 以然흠이라 子가 生흔 則 父母가 是ㄹ 敎ㅎ야 其知ㄹ 先開ㅎ고 年紀의 漸長을 隨ㅎ야 學校에 進ㅎ야 其知ㄹ 益錬ㅎㄴ 故로 天下의 急務ㄴ 學校ㄹ 設ㅎ기에 莫先ㅎ니 盖 人民이 其幼에 不學ㅎ고 及長에 無知흔 則 輕擧妄動으로 前後ㄹ 不顧ㅎ야 國家의 法紀ㄹ 觸犯ㅎ고 人世의 交道ㄹ 毁傷ㅎㄴ 者가 不鮮ㅎ며 且 或 敎導ㄹ 受ㅎ야 知識이 裕足흔 者라도 其敎其知ㄹ 由ㅎ야 其德誼ㄹ 養守ㅎ기 極難흔 故로 古來 聰明 穎悟흔 者流에 極惡大黜 不義無道ㄹ 犯흔 者가 亦多ㅎ나 然ㅎ나 敎育ㅎㄴ 制度가 厥宜ㄹ 得ㅎ야 德行을 勸進ㅎ며 道義ㄹ 薰化흔 則 盛德의 士도 養成ㅎㄴ니 却且 惡罪ㄹ 犯ㅎㄴ 者가 其惡의 惡되ㄴ 緣由ㄹ 能知흔 則 罰을 被ㅎ얀 其罰의 至當흠을 承認ㅎ며 其罪ㄹ 甘伏ㅎ야 旣件의 過ㄹ 改ㅎ기 知흘디나 然ㅎ나 人이 知識에 乏ㅎ야 是非曲直의 辨別을 不解ㅎㄴ 者ㄹ 罰ㅎ기에 至ㅎ여ㄴ 其 處實가 甚難ㅎ니 其罪ㄹ 見ㅎ고 直其罰을 行ㅎㄴ니에셔 其人으로ㅎ여곰 善惡을 先辨ㅎ야 罪辜에 勿陷ㅎㄴ 事가 是 乃 刑法의 眞道며 敎育의 美事라 奈何로 人을 不敎ㅎ고 從ㅎ야 罪ㅎ리오 不敎흔 民을 罪흠은 慘殘흔 極度에 至흠이니 假令 竊盜及殺越의 種類ㄴ 其罪狀이 明白흔 時에 相當흔 刑을 行ㅎ야 國典을 明흠이 可ㅎ나 然ㅎ나 國中에 不學無知흔 人民이 多흔 則 其害ㄹ 枚擧ㅎ기 不能흔 者ㄴ 此輩流가 元來 是非ㄹ 不分ㅎ며 曲直을 不辨ㅎ야 國法으로 人民의 私有物을 保護ㅎㄴ 道理에 暗昧흔 故로 一朝 國中에 騷亂이 有

ᄒᆞ則其釁을乘ᄒᆞ며其機를因ᄒᆞ야蜂쳐름起ᄒᆞ며雲ᄀᆞ치集ᄒᆞ야法도不畏ᄒᆞ며人도不憚ᄒᆞ야其慘酷ᄒᆞᆫ擧措와凶惡ᄒᆞᆫ行爲가名狀ᄒᆞ기不勝ᄒᆞ니今其一例를云ᄒᆞ면近古佛蘭西의騷亂ᄒᆞᆫ時에古今無比ᄒᆞᆫ暴行을縱恣ᄒᆞᆫ徒輩ᄂᆞᆫ皆不學無賴蚩愚放蕩ᄒᆞ야良政府下에居ᄒᆞ야도其活計를營求ᄒᆞ기不能ᄒᆞᆫ者라

[2] 窮民의救濟를爲ᄒᆞ여錢財를多費ᄒᆞᆷ도其原因을尋究ᄒᆞᆫ則下民의無識無知ᄒᆞᆷ을由ᄒᆞᆷ이라人이知識이無ᄒᆞᆫ則遠慮가必無ᄒᆞ고遠慮가無ᄒᆞᆫ則目前의慾을遂ᄒᆞ야其惡行의不至ᄒᆞᄂᆞᆫ배가無ᄒᆞ니養生ᄒᆞᄂᆞᆫ法을不知ᄒᆞ며節用ᄒᆞᄂᆞᆫ意를不知ᄒᆞ며交人ᄒᆞᄂᆞᆫ道를不知ᄒᆞ며禮義廉恥와才藝工巧를不知ᄒᆞ야뼈人世의風俗을亂ᄒᆞ고貧困ᄒᆞᆫ苦海에陷溺ᄒᆞ되勤勞의眞理도不知ᄒᆞ야或其力役ᄒᆞᄂᆞᆫ景像은甚苦ᄒᆞ나然ᄒᆞ나其方向을誤ᄒᆞ야便利ᄒᆞᆫ道가少ᄒᆞᆫ故로勞ᄒᆞ되功이無ᄒᆞ며或其居生ᄒᆞᄂᆞᆫ本地에活計가不足ᄒᆞ고他處에轉徙ᄒᆞ면足히安身ᄒᆞᄂᆞᆫ方便을求獲ᄒᆞᆯ者도有ᄒᆞ되奮發ᄒᆞᄂᆞᆫ意가尙無ᄒᆞ야懶惰에安ᄒᆞ고貧窮에困ᄒᆞᄂᆞ니泰西ᄀᆞ치趨利ᄒᆞᄂᆞᆫ世界에도蘇格蘭島의西方에居活ᄒᆞᄂᆞᆫ野民은其知의無ᄒᆞᆷ이亦甚ᄒᆞ야寠艱의極ᄒᆞᆷ으로餓死에至ᄒᆞ거늘他處人이其形像을矜憫ᄒᆞ야雇役ᄒᆞ기欲ᄒᆞᄂᆞᆫ者가多ᄒᆞ나無識의所致로其鄕里를遷ᄒᆞ기不能ᄒᆞ고蠢蚩히家에居ᄒᆞ야終歲貧乏ᄒᆞᆫ苦況을甘受ᄒᆞ며北阿美利加洲의赤種人은屢世의怠惰ᄒᆞᆫ種落으로學習ᄒᆞᄂᆞᆫ性力이銷盡ᄒᆞ야合衆國의白種人이學校를建ᄒᆞ야敎誨ᄒᆞᄂᆞᆫ道를盛備ᄒᆞ고農作ᄒᆞᄂᆞᆫ法과製造ᄒᆞᄂᆞᆫ工을勤孜히指授ᄒᆞ되能히其功을成ᄒᆞᄂᆞᆫ者가稀少ᄒᆞ고敎師의撫誘와工課의修究를厭避ᄒᆞ야一條의獵銃을携ᄒᆞ고山林中에逸歸ᄒᆞ야終身의艱困ᄒᆞᆫ勞苦를不免ᄒᆞ니따라敎育의不立ᄒᆞᆫ流弊가其甚ᄒᆞ기此에至ᄒᆞ도다

[3] 古來各種의新發造ᄒᆞᆫ工業을由ᄒᆞ야人世의裨益을助成ᄒᆞᄂᆞᆫ實效가極多ᄒᆞ나然ᄒᆞ나或庸拙ᄒᆞᆫ者ᄂᆞᆫ有心人의如是洪大ᄒᆞᆫ功效를不解ᄒᆞ고乃反其新發造ᄒᆞᄂᆞᆫ工力을奇恠의所致라謂ᄒᆞ야或群을招ᄒᆞ며黨을結ᄒᆞ야精巧ᄒᆞᆫ機關을毀碎ᄒᆞ고甚則其人

에게凌辱과賊害를加ᄒᆞ니此ᄂᆞᆫ皆不學ᄒᆞᆫ緣故라又昔日佛蘭西京城巴黎府에惟疾의熾盛ᄒᆞᆫ時를當ᄒᆞ야都下의衆醫士가其心力과技術을盡ᄒᆞ야救療ᄒᆞᄂᆞᆫ方과預防ᄒᆞᄂᆞᆫ法을行ᄒᆞ거ᄂᆞᆯ干蚩ᄒᆞᆫ小民輩ᄂᆞᆫ惟疾의傳染홈을不知ᄒᆞ고醫士를反咎ᄒᆞ야以爲호ᄃᆡ醫士가毒藥으로人을害ᄒᆞᆫ다ᄒᆞ야ᄶᅵ人ᄭᆞᆺ치敵視ᄒᆞ고甚者ᄂᆞᆫ犯傷ᄒᆞ기에至ᄒᆞ니此ᄂᆞᆫ亦無知ᄒᆞᆫ極度에達홈이라可히慨歎ᄒᆞᆯ者가此로다

　夫新發造ᄒᆞᄂᆞᆫ工業이世에行ᄒᆞᆫ則或時物의流行을變換ᄒᆞᄂᆞᆫ故로人이亦其營求ᄒᆞᄂᆞᆫ職業을不改ᄒᆞ면不可ᄒᆞ니此際를臨ᄒᆞ야事物의理에通鍊ᄒᆞ고器械學의趣旨를解悟ᄒᆞᄂᆞᆫ者ᄂᆞᆫ時變을應ᄒᆞ야其業을能改ᄒᆞ나不學無術ᄒᆞᆫ者ᄂᆞᆫ不然ᄒᆞ야變通ᄒᆞᄂᆞᆫ道를不知ᄒᆞ고自己의愚見을是執ᄒᆞ야窘困을坐受ᄒᆞᆯᄯᆞᄅᆞᆷ이니抑且愚夫의意見으로ᄂᆞᆫ自己의營業ᄒᆞᄂᆞᆫ外에ᄂᆞᆫ天下의營生ᄒᆞᄂᆞᆫ方策이更無ᄒᆞ기로自思ᄒᆞ나然ᄒᆞ나如此ᄒᆞᆫ愚夫로ᄒᆞ야곰人間事物의理에稍明ᄒᆞ야活計의求得ᄒᆞ기容易홈을自覺ᄒᆞ면貧寠ᄒᆞᆫ苦界를脫免ᄒᆞᆯᄃᆡ니亦富國ᄒᆞᄂᆞᆫ道의一大助라

　[4] 夫人이敎育을被ᄒᆞᆫ則知識의貴홈을知ᄒᆞᄂᆞᆫ故로此를위ᄒᆞ야心力을勞ᄒᆞ고財費를散ᄒᆞ야人世의急務와大事를作ᄒᆞ나然ᄒᆞ나愚癡蒙昧ᄒᆞᆫ者類ᄂᆞᆫ此味를嘗홈이絶少ᄒᆞ야恬然히處ᄒᆞ야其有無를心頭에不介ᄒᆞᄂᆞ니愚夫愚婦의其子不敎ᄒᆞᄂᆞᆫ心腸을究ᄒᆞ건대其事가可哀ᄒᆞ며可憎ᄒᆞ야敎育의趣意를不知홈으로心力을不榮ᄒᆞᆯᄯᆞᄅᆞᆷ아니라甚ᄒᆞ기에至ᄒᆞ여ᄂᆞᆫ他人이或厚意로其子弟를敎誨ᄒᆞᄂᆞᆫ者가有ᄒᆞ야도其恩을反讐ᄒᆞ니是故로國中人民의知識업ᄂᆞᆫ者ᄂᆞᆫ人世의敎育을不助ᄒᆞ기에不止ᄒᆞ고妨碍를反貽ᄒᆞᆫ다謂홈이可ᄒᆞᆫ지라然則貧窮無知ᄒᆞᆫ者의子弟를敎育ᄒᆞᄂᆞᆫ事務ᄂᆞᆫ不得已ᄒᆞ야他人의任을作ᄒᆞᆯᄃᆡ나

　然ᄒᆞ나他人도亦此任을甘受ᄒᆞ며此事를樂行ᄒᆞ야其煩勞를厭避홈이不可ᄒᆞᆫ理由가有ᄒᆞ니從來窮民을救恤ᄒᆞ기와罪人을防制ᄒᆞ기爲ᄒᆞ여國人의呈納ᄒᆞᄂᆞᆫ稅가旣多ᄒᆞ

則今此人民의教育을위ᄒᆞ야入用ᄒᆞᄂᆞᆫ財費ᄂᆞᆫ人으로ᄒᆞ여곰貧窮애陷치勿ᄒᆞ게홈과罪惡을犯치勿ᄒᆞ게홈에求ᄒᆞ야禍患을未然에防ᄒᆞᄂᆞᆫ大旨趣니旣窮ᄒᆞᆫ貧人을救ᄒᆞ기와旣犯ᄒᆞᆫ罪人을制ᄒᆞ기위ᄒᆞ야納稅ᄒᆞᄂᆞᆫ本意여比ᄒᆞ야其費財ᄒᆞᄂᆞᆫ功德이遙勝ᄒᆞᆫ지라然ᄒᆞᆫ故로國中의教育ᄒᆞᄂᆞᆫ入費로人民의稅를課收홈이其實은後來의稅額을減輕홈이니如此히教育을爲ᄒᆞ여徵集ᄒᆞᆫ稅를費用ᄒᆞᄂᆞᆫ處ᄂᆞᆫ窮人을濟ᄒᆞ기와惡人을罰ᄒᆞ기不爲홈이오人의業을勸ᄒᆞ고人의善을助ᄒᆞ야人世의慶福을佐成ᄒᆞᄂᆞᆫ지라假令名實에或齟齬ᄒᆞᆫ事端이有ᄒᆞ야도其稅를出ᄒᆞᄂᆞᆫ者의心으로ᄂᆞᆫ其費財ᄒᆞᄂᆞᆫ趣意를信ᄒᆞ야自慊홀디니大槩人의常情은人의惡을罰ᄒᆞ기로ᄂᆞᆫ人의善을見ᄒᆞ기樂ᄒᆞ고人의窮을恤ᄒᆞ기로ᄂᆞᆫ人의業을助ᄒᆞ기喜홈이라

[5] 或人이云호ᄃᆡ國民을逼ᄒᆞ야其子弟를教育ᄒᆞ게함이人家의私事를關係ᄒᆞ야其處實가可히得宜ᄒᆞ다不謂홀지라ᄒᆞ나然ᄒᆞ나此說이甚非ᄒᆞ니大抵政府되ᄂᆞᆫ者ᄂᆞᆫ其職이恒常人世의正道가行ᄒᆞᄂᆞᆫ가否ᄒᆞᆫ가是察ᄒᆞ며國民의安寧이保ᄒᆞᄂᆞᆫ가不然ᄒᆞᆫ가是審ᄒᆞ기에在ᄒᆞ야若分毫라도相違ᄒᆞᆫ者가有ᄒᆞᆫ則法律로干涉ᄒᆞ야其處實를不行홈이不可ᄒᆞ니罪人을罰ᄒᆞᄂᆞᆫ一條도其地를易ᄒᆞ야論ᄒᆞ면亦人의私事를揷理홈과無異ᄒᆞ나然ᄒᆞ나假使此에一人이有ᄒᆞ야罪를犯ᄒᆞ고子ᄂᆞᆫ其父를爲ᄒᆞ여隱匿ᄒᆞ며父ᄂᆞᆫ其子를爲ᄒᆞ여覆盖ᄒᆞ야도國法에ᄂᆞᆫ宥貸ᄒᆞ기不可ᄒᆞᆫ故로泰西人이曰호ᄃᆡ政府가人을罰ᄒᆞᄂᆞᆫ權이旣有ᄒᆞᆫ則人을教ᄒᆞᄂᆞᆫ權이亦有ᄒᆞ다ᄒᆞ니此ᄂᆞᆫ古今의格言이라

夫刑罰은人의身上에苦痛을加ᄒᆞᄂᆞᆫ事로ᄃᆡ世間의普同ᄒᆞᆫ安寧을爲ᄒᆞ여其施用홈이可ᄒᆞ거든況教育은人의心을導ᄒᆞ며人의身을利ᄒᆞᄂᆞᆫ本意에出ᄒᆞ니其行ᄒᆞ기에何等의障碍가有ᄒᆞ리오人世의公共ᄒᆞᆫ大裨益을起홀진대設令人의身上에苦楚痛瘝을轉及ᄒᆞ야도必行홈이可ᄒᆞᆫ지라是故로國民教育ᄒᆞᄂᆞᆫ法을設定ᄒᆞᄂᆞᆫ一事ᄂᆞᆫ政府의威令으로逼行ᄒᆞ든지勸誘ᄒᆞ든지博施ᄒᆞᄂᆞᆫ規制를主홈이可ᄒᆞ니人의邪惡을矯正ᄒᆞ기와人

의 貧困을 救給ᄒᆞ기 爲홈인則 敎育을 受ᄒᆞᄂᆞᆫ者의 利益되기에 不止ᄒᆞ고 此를 爲ᄒᆞ여 費財ᄒᆞᄂᆞᆫ者도 其利를 受홈이 自多ᄒᆞ나 其事實이 政府의 力으로 人마다 論ᄒᆞ며 戶마다 說ᄒᆞ야 行ᄒᆞ기ᄂᆞᆫ 亦難ᄒᆞᆫ則 政府ᄂᆞᆫ 惟 學校를 建ᄒᆞ고 敎師의 職責에 合當ᄒᆞᆫ 人材를 養成ᄒᆞ며 其他 各般事務에 至ᄒᆞ여ᄂᆞᆫ 平人의 難辨홀 冗費를 支出홀ᄯᅡ름이 亦可홈이라

[6] 人이 高明ᄒᆞᆫ 學에 志ᄒᆞ야 窮格ᄒᆞᆫ 知를 致ᄒᆞᆫ則 此를 由ᄒᆞ야 人世의 公普利益을 成就ᄒᆞᄂᆞᆫ者가 不少ᄒᆞᆫ지라 [중략] 夫豪富家의 子弟ᄂᆞᆫ 百般의 需用이 自足ᄒᆞ야 遊戱行樂ᄒᆞᄂᆞᆫ事로도 一朝에 千金을 棄擲ᄒᆞ되 如斯ᄒᆞᆫ 大志를 抱ᄒᆞᆫ者ᄂᆞᆫ 甚稀ᄒᆞ고 古來少年의 大功業을 企ᄒᆞᄂᆞᆫ者ᄂᆞᆫ 貧家의 子弟로 父兄의 顧助를 不得ᄒᆞ고 及其工을 達ᄒᆞ기에 至ᄒᆞ여ᄂᆞᆫ 人世의 大便利大裨益을 起ᄒᆞᄂᆞᆫ 故로 國中人이 此輩의 貧寒書生을 不助ᄒᆞ면 不可ᄒᆞ니 即國中에 大學校의 設施가 此意에 基礎홈이라 大學校의 內에 書庫가 有ᄒᆞ며 博物府가 有ᄒᆞ며 又理學及化學의 各般器械로 備具ᄒᆞ야 雖貧困ᄒᆞᆫ 書生이라도 其意를 任ᄒᆞ야 其用을 自由ᄒᆞᆫ則 其專志ᄒᆞᄂᆞᆫ 學業을 硏究ᄒᆞ기 便易홈이라

大槪 人民의 敎育을 爲ᄒᆞ야 巨額의 金을 費호되 其處實ᄒᆞᄂᆞᆫ 方畧이 得宜ᄒᆞᆫ則 一國의 繁殖을 致ᄒᆞ고 世界의 普利를 起홈은 其間에 小疑를 不容ᄒᆞ니 地球를 包圍ᄒᆞ야 一刻에 傳信ᄒᆞᄂᆞᆫ 電線과 滄海를 凌駕ᄒᆞ야 萬里에 利涉ᄒᆞᄂᆞᆫ 汽船이며 鐵路의 四通으로 輪運의 便易한 方道를 增益홈이 其理由의 奇妙홈과 事業의 宏大홈이 其始ᄂᆞᆫ 皆 貧寒ᄒᆞᆫ 書生의 硏究中을 從ᄒᆞ야 其萌芽를 現出ᄒᆞᆫ者라

[7] 以上의 論載홈으로 觀ᄒᆞ건대 敎育ᄒᆞᄂᆞᆫ 大法에 其名目을 分홈이 可ᄒᆞ니 一曰 道德의 敎育이며 二曰 才藝의 敎育이며 三曰 工業의 敎育이라 道德은 人의 心을 敎導ᄒᆞ야 倫彝의 綱紀를 建ᄒᆞ며 言行의 節操를 飭ᄒᆞ니 人世의 交際를 管制ᄒᆞᄂᆞᆫ者인則 其敎育의 無홈이 不可ᄒᆞ고 才藝ᄂᆞᆫ 人의 智를 養成ᄒᆞ야 事物의 理由를 達ᄒᆞ며 本末의 功用을 揣ᄒᆞ니 人世의 知識을 掌轄ᄒᆞᄂᆞᆫ者인則 其敎育의 無홈이 不可ᄒᆞ고 工業에 至ᄒᆞ여ᄂᆞᆫ 百千般心勞

力役의製造運用을關係ᄒ니人世의生道를建成ᄒᄂ者인則其敎育의缺乏홈이亦不可ᄒ야此를謂ᄒ되敎育의三大綱이라其實은正德利用厚生의大趣旨니邦國의貧富强弱治亂存亡이其人民敎育의高下有無에在ᄒ者라

제4편

인민의 권리, 인세의 경려

제4편에는 「인민의 권리」와 「인세의 경려」 두 글이 실려 있다. 「인민의 권리」는 제3편의 「방국의 권리」와 더불어 유길준의 권리론을 구성한다. 「인세의 경려」는 인간의 사회적 경쟁을 논한 글이다. 두 글은 각각 후쿠자와 유키치의 『서양사정 외편』 권1에 실린 「인생의 통의와 직분」과 「세인이 서로 힘쓰고 서로 겨루는 일」을 저본으로 하고 『서양사정』의 다른 편도 참고해서 저술되었다. 후쿠자와의 두 글은 일부 의역도 하고 보충한 곳도 있지만 버튼 『정치경제학』의 "Individual Rights and Duties"와 "Society a Competitive System"을 충실히 직역한 것이다. 유길준은 후쿠자와의 글을 취사선택하고 자기 생각을 넣어 보완하고 변용시켜 자기 글로 만들었다. 「인민의 권리」와 「인세의 경려」가 같은 장에 배치된 것은 일견 어색해 보이지만, 둘 다 '인간교제의 도'와 관련되기 때문일 것이다. 유길준은 '경려'를 통해 인간의 진보와 사회적 이익을 보장하는 문명사회의 모습을 유학적 언어를 끌어들여 묘사하고 있다.

제1절

인민의 권리

[1] 인민의 권리는 그 자유(自由)와 통의(通義)를 말한다. 이제 그 자유와 통의를 풀이해 보자. 자유는 마음이 좋아하는 대로 어떤 일이든지 좇아 궁굴구애(窮屈拘碍)하는 사려가 없음을 말한다. 하지만 결코 마음대로 방탕하는 의사도 아니고 법을 어기고 제멋대로 하는 행동도 아니다. 타인의 사체(事軆)는 돌아보지 않고 자기의 이욕(利慾)을 멋대로 하는 의사도 아니다. 국가의 법률을 경봉(敬奉)하고 정직한 도리로 스스로 보전하여 자기가 행해야 할 인세의 직분으로써 타인을 방해하지 않고 타인의 방해도 받지 않으며 하고 싶은 바를 자유(自由)하는 권리다. 통의는 한 마디로 말하면 당연한 정리(正理)다. 몇 가지 예를 들어보자. 가령 관직을 맡은 자는 책임을 행하는 데 상당한 직권을 보유하는 것이 당연한 정리이며, 가택을 가진 자가 주인의 명(名)과 실(實)을 갖추어 자

기 것이라 말하는 것도 당연한 정리다. 타인에게 돈을 빌려준 자가 약속한 이자를 요구하는 것이나 타인에게 논밭을 빌려준 자가 수확의 일정 몫을 요구하는 것도 당연한 정리다. 온갖 만물에 그 당연한 도를 지켜 고유한 상경(常經)을 잃지 않고 상응[相稱]한 직분을 스스로 지키는 것이 곧 통의의 권리다.

이 자유와 통의의 권리는 보천솔토 억조인민(普天率土 億兆人民)이 같이 갖고 함께 누리는 것이다. 각인이 저마다 그 일신(一身)의 권리는 태어나면서 함께 생기는 불기독립(不羈獨立)하는 정신으로 무리한 속박을 입지 않고 공정하지 않은 장애[窒碍]를 받지 않는다. 그러므로 옛사람이 이르기를 "일신을 자유(自由)하여 자수(自守)함은 모든 사람의 보편[通同]한 천성이니 명리부귀에 비할 바 아니다"라고 했다. 합중국의 유명한 프랭클린 씨도 "내 몸의 집은 정해진 곳이 없다. 자유가 있는 곳이 나의 집이다"라고 말했다. 자유를 보존하는 것이 참된 통의[實通義]의 공용(功用)이다. 통의는 인신(人身)에서 천연과 인위의 분별이 있다. 천연이라 함은 천생(天生)한 대로 흔들어 고치는 것이 없는 것이고, 인위라 함은 인지(人智)로써 법률을 세우고 이에 따라 진퇴하는 것이다. 또한 이 통의를 상론하면 유계(有係)와 무계(無係)의 구역(區域)이 있다. 무계의 통의는 한 사람의 몸에 속하여 다른 관계가 더없는 것이고, 유계의 통의는 세속에 살면서 세인과 사귀어 서로 관계하는 것이다.

[2] 이와 같은 까닭으로 무계한 통의는 사람의 천부에 속하니 천하의 사람이 누군지를 막론하고 세속 안에서 사귀어 교제를 행하는 자와 세속 밖에 있어 독립무반(獨立無伴)한 자라도 통달할 수 있는 정리다.

그러나 유계한 통의는 그 뜻이 대략 다르다. 인위한 법률로 강제하여 사람으로 하여금 반드시 지키도록 하는 것은 불가하다. 다만 법률의 본뜻은 사람의 행위 동작을 바로잡는 것이므로, 비록 각인 일신의 직분과는 관계가 없어도 세속교도(世俗交道)의 직분은 간섭할 수 있다. 가령 지금 여기에 한 사람이 있다고 치자. 마음이 자포자기하고 행동이 방벽사치(放僻奢侈)할지라도 악이 자기 일신에 그쳐 치세하는 규범[模範]을 해치지 않는다면, 법률이 아무리 살핀다 해도 죄의 근원[原由]을 벌할 수는 없다. 하지만 만취했는데도 고래처럼 술을 마셔대 도로 위에 고꾸라지는 광경을 보이는 자는 비록 자기의 일신을 해치고 타인을 방해하지 않는 것 같지만 그 거동이 세간에 이미 공연히 드러난 때는 악풍(惡風)을 끼치고 인심을 꾀어 인세의 일반 폐단을 양성하기 쉽다. 그러므로 법률의 권한을 빌려 그만두게 하지 않을 수 없다. 이로써 본다면 각인이 마땅히 맡아야 하는 직분을 파괴하는 데 있어서도 공(公)과 사(私)의 분역(分域)이 있어 법률이 미치는 한계[界限]를 세우는 것이다. 하지만 이는 인생의 직분에 비유한 의론이다. 통의의 경우는 이와 다르다. 인생의 통의는 한 사람의 무계한 몸으로 말하건 세속교제의 유계한 몸으로 말하건 공과 사의 구별이 없다. 인생의 통의는 반드시 그 사람에게 속하여 외물(外物)이 움직일 수 없는 것이다.

[3] 인생의 무계한 통의를 논한다면, 비록 조목(條目)이 많지만 강령(綱領)을 먼저 들어 명의(名義)를 정하면 즉 인생의 천부한 자유다. 자유는 내 마음이 좋아하는 바를 좇아 일을 행하는 것을 말한다. 일을 행한다는 것은 천지의 정리(正理)에 따라 취사(取捨)하는 것 이외에는 다

른 어떤 까닭이 있건 조금도 속박을 받지 않고 또한 굴요(屈撓)함이 없는 것이다. 사람이 이미 세상을 살면서 인간의 교제가 있는 때는 이 교제하는 도로 인해 받는 혜택과 비익(裨益)이 또한 크다. 이것을 갖기 위해 천부한 일신의 자유를 얼마간 양도하지 않으면 안 된다. 일신의 자유의 일부를 양도하고 인세의 규칙[規矩]을 좇아 그 혜택을 입어 피차의 교역을 행하는 것과 같은 것이다. 대소의 구분과 경중의 분별을 깨닫는 자는 자기 일신의 사욕을 좇기 위해 위력을 멋대로 부리는 일이 반드시 없다. 만일 사람이 자기 뜻을 마음대로 행한다면 타인도 저마다 자기 힘을 마음대로 써서 사욕(私慾)의 방정(放情)으로 상쟁호경(相爭互競)하여 사람들[生靈]이 의뢰하는 큰 법은 땅에 떨어질 것이다. 그러므로 처세하는 자유는 사람이 세상을 살면서 각기 인간의 한 사람 되는 신분으로서 향유하는 것이다. 때문에 천부한 자유에 인위한 법을 더하여 그 본뜻과 큰 뜻을 대강 바꾸어 천하의 보편[普同]한 이익을 꾀하는 것이다.

이 도로써 미루어 생각한다면, 법률을 만들어 사람을 방해하는 자의 죄를 금제(禁制)하는 것이 그것을 범하는 자 일신의 천부한 자유를 줄이거나 없애는 듯하지만, 실제로는 처세하는 자유를 크게 늘리는 것이다. 사실에 연유하지 않고 인민의 의사를 속박하는 것은 폭정이라 할 수 있다. 법률을 설정하는 데 임하여 기신(祇愼)하는 사려(思慮)를 더하지 않는다면 이러한 걱정은 모르는 사이에 실마리를 감추게 될 것이다. 경외[寅畏]하는 마음[小心]으로 사람의 권리를 보호하면 인민을 자유하는 영역으로 이끌 것이다. 세계 만국을 살펴보더라도 법률을 만들지 않고 인민의 자유를 보수하여 일국의 독립을 조성한 경우가 있었는가. 그러므로 정부가 입법하는 대요(大要)는 인민으로 하여금 각기 일신을 스스로 지키고, 이로 말미암아 처세하는 자유를 이루어 천하의 보편[普同]한 큰 이익을 꾀하는 데 있다.

[4] 이로써 개관한다면 자유와 통의는 빼앗을 수도 없고 흔들 수도 없고 구부릴 수도 없는 인생의 권리이지만, 법률을 준수하여 정직한 도리로 몸을 삼간 연후에 하늘이 준[天授] 권리를 보유하여 인세의 낙을 누려야 할 것이다. 자기의 권리를 아끼는 자는 타인의 권리를 보호하여 감히 침범하지 못한다. 만약 타인의 권리를 침범한다면 법률의 공평한 도가 반드시 이를 불허하여 침범한 정도[分數]만큼 범한 자의 권리를 박탈할 것이다. 이는 자기 손으로 자기 권리를 손상하는 것이다. 법률의 위령(威令)은 자신이 초래한 손상을 행할 따름이다. 그러므로 사람의 권리는 자기가 스스로 손상하기 전에는 천자[萬乘]의 위엄과 백성[萬夫]의 용맹으로도 구부리거나 빼앗을 수 없고, 스스로 훼손한 자의 권리를 제한[虧屈]하는 도는 법률만이 그 당연한 의(義)를 갖는다. 법률의 공도가 아니고서 권리의 여탈(與奪)을 행하는 것은 권리의 도적[竊盜]이라 할 수 있고 원수[讎敵]라 할 수 있다. 자유를 과용하면 방탕에 가까우므로 통의로써 조종하여 그 정도를 알맞게[均適] 해야 한다. 자유는 좋은 말에 비유할 수 있다. 만일 말을 부리는 도를 잃는다면 굴레와 고삐를 벗어버리고 방종[斥弛]하는 버릇[氣習]이 자꾸 생긴다. 때문에 통의로 굴레와 고삐를 삼는 것이다. 말을 부리는 도는 법률에 있다. 그러므로 통의는 사물의 정황에 따라 각인의 분한(分限)이 스스로 있는 것이다. 학식이 몽매하여 도리를 분별하지 못하는 사람은 그 분한을 넘어 완패(頑悖)

한 행동도 있을 것이고 미치지 못하여 유약한 상태도 있을 것이다. 이 것을 조화(調和)하여 중(中)을 보수하는 것은 윗사람의 큰 책임이다.

❖

'자유'와 '통의'

자유와 권리에 관한 탁월한 논고다. 이 글은 『서양사정 외편』의 「인생의 통의와 직분」을 저본으로 했고, 후쿠자와의 다른 글도 참고했다. 하지만 유길준은 단순히 후쿠자와를 조술(祖述)하지 않고 자신의 독자적인 생각을 넣어 자기 글로 만들었다. 1870년대 후반 1880년대 초반 일본에서 성립한 권리, 자유 개념을 반영하고 자신의 견해를 넣어 『서양사정 외편』의 논의와 차별화되는 권리론, 자유론을 전개하였다. 유길준은 인민의 권리를 '자유'와 '통의' 개념을 가지고 설명한다. 두 개념은 밀접하게 결부되어 있다. 자유는 마음이 좋아하는 바를 좇아 굴복하거나 구애받지 않는 것을 말한다. '궁굴구애(窮屈拘碍)'는 굴복하고 얽매이는 것을 뜻한다. 자유는 자신의 이욕을 좇아 제멋대로 하는 것이 아니다. 한편 '통의'는 '당연한 정리(正理)'를 가리킨다. 유길준은 자유, 통의 각각에 대해 권리를 붙여 '자유의 권리', '통의의 권리'라는 말을 사용한다. '자유의 권리'는 국법을 존중하고 정직한 도리로써 스스로 행하는 사회적 직분으로서 타인을 방해하지도 타인에게 방해받지도 않고 하고 싶은 걸 스스로 할 수 있는 권리다. '통의의 권리'는 당연한 도를 지켜 고유한 도리를 잃지 않고 그것에 맞는 직분을 지키는 것을 뜻한다. 자유의 권리와 통의의 권리는 어떠한 관련성이 있을까.

유길준의 자유와 통의 개념은 후쿠자와 유키치에서 차용한 것이다. 후쿠자와 유키치는『서양사정 2편』에서 자유와 통의에 관해 설명하였다. '자유'는 'liberty'의 번역어, '통의'는 'right'의 번역어임을 밝히고 있다. 후쿠자와는 중국인들이 '리버티'에 대해 '자주', '자전(自專)', '자득(自得)', '자약(自若)', '자주재(自主宰)', '임의(任意)', '관용(寬容)', '종용(從容)' 등의 번역어를 사용하지만 원뜻을 온전히 드러내지 못한다고 지적한 뒤, 자유를 "일신이 좋아하는 대로 일을 하여 궁굴(窮屈)한 생각이 없는 것"이라 정의하였다. 또한 자유는 결코 방자방탕함[我儘放蕩]도 아니며 타인을 해쳐 나를 이롭게 한다는 뜻도 아니다. 후쿠자와는 심신의 작용을 활발히 하여 사람들이 서로 방해하지 않고 일신의 행복을 이루는 것이라면서 '자유'와 '방자'를 구별하였다(『西洋事情二編』, 例言).『서양사정 초편』에서도 "자주임의, 자유의 글자는 방자방탕[我儘放盪]으로 국법을 두려워하지 않는다는 뜻이 아니다. 그 나라에 살고 사람과 사귀어 스스럼없고 거리낌 없이 자력으로 생각한 바를 한다는 뜻이다"(『西洋事情初編』卷之一, 備考)라고 밝히고 있다. 참고로 프랭클린의 말은『서양사정 2편』의「예언(例言)」에서 재인용한 것이다.

그런데 유길준은 후쿠자와의 자유 개념을 수용하면서도 자유는 "국가의 법률을 경봉(敬奉)하고 정직한 도리로 스스로 보전하여 자기가 행해야 할 인세의 직분으로써 타인을 방해하지 않고 타인의 방해도 받지 않으며 하고 싶은 바를 자유(自由)하는 권리다"라는 대목을 첨가하였다. 『서양사정 초편』에서 후쿠자와가 말한 것보다 사회적 직분('인세의 직분')

을 규율하는 법률과 도리의 맥락에 넣어 자유를 이해한 것이다. 법률의
준수와 도리의 보전은 자유를 규율하는 원리가 되어 있다.

　무리한 속박을 배제하는 보편적 이치와 불공정한 장애를 부정하는
'일신의 독립', 즉 '불기독립'의 자유가 천부적인 것이라는 생각도 후쿠
자와의 영향을 받은 것이다. 『서양사정 외편』에서는 천부적 자유의 보
편성과 절대성을 표방하였다. "어떤 나라건 어떤 인종이건 사람들이 스
스로 신체를 자유롭게 하는 것은 천도의 법칙(a law of nature—Burton)
이다. 즉 사람은 그 사람의 사람으로서 천하는 천하의 천하라 말하는
것과 같다. 사람은 태어나면서 속박받지 않으며 하늘(God—Burton)로
부터 부여받은 자주, 자유의 통의는 팔 수도 없고 살 수도 없다. 사람
으로서 바르게 행하고 남을 방해하지 않는다면 **국법으로도 몸의 자**
유를 빼앗을 수 없다(『西洋事情外編』 卷1; Burton, "Individual Rights and
Duties")." 후쿠자와는 'God'을 '천'으로, 'a law of nature'를 '천도의 법
칙'으로 의도적으로 옮기면서도 버튼의 천부인권적 자유 관념을 충실
히 전달하였다. 하지만 후쿠자와가 버튼의 견해에 동조했는지는 의문
이다. 『서양사정 2편』 권1의 「인간의 통의」에서 후쿠자와는 '천도'를 상
정한 자연법적 이해보다는 '국법'을 상정한 사회적 이해를 강조하였다.
이 「인간의 통의」는 천부적 자유보다는 사회적 자유를 중시한 블랙스톤
(William Blackstone)이 저술한 『영법요의(*The commentaries on the laws*
of England)』의 초역(抄譯)이었다. 유길준은 버튼의 서술은 빼뜨리고 블
랙스톤의 논의를 끌어들인 셈이다. 천부적 자유와 사회적 자유의 문제
는 후술하는 '유계의 통의'와 '처세하는 자유'의 문제로 연결된다.

한편 '통의'도 후쿠자와로부터 원용한 개념이다. 하지만 그 의미는 달랐다. 후쿠자와는 '통의'를 'right', 즉 권리의 번역어로서 사용하였다. 후쿠자와는 버튼의 『정치경제학』 제2장 "Individual Rights and Duties"를 「인생의 통의와 직분」으로 옮겼다. 'right'는 '통의'로, 'duty'는 '직분'으로 번역한 것이다. 번역어 '권리'가 성립하기 전이었다. 후쿠자와는 'right'에 네 가지 뜻이 있다고 보았다. ① 정직, ② 구해야 할 이치[理], ③ 일을 해야 하는 권리[權], ④ 마땅히 소지해야 할 것(소유권) 등이다. 후쿠자와가 'right'의 번역어로 '통의'를 차용한 것은 'right'가 가진 정직함이나 당연한 도리라는 뜻을 살리고 싶었기 때문일 것이다. 후쿠자와는 번역어 '權利'가 출현하고 나서도 얼마 동안 '通義'에 미련이 있었다. 후쿠자와는 『학문의 권장』(1871)에서 'right'의 번역어로서 '權理'(6회), '權利'(1회)라는 말도 썼지만, '權義'라는 말을 훨씬 다용하였다. '通義'는 주로 복합명사 '權理通義'의 형태로 사용되었는데, '權義'는 이 '權理通義'의 축약어로 보인다. 즉 후쿠자와는 번역어 '權理'와 '權利'가 경합하는 상황에서 '權利'보다는 '權理'를 선호하였고 '權義'('權理通義')를 즐겨 사용하였다. 『문명론의 개략』(1875)에서는 '權義'의 용례가 확립된다. '權理', '通義', '權理通義'라는 말은 사라졌고 '權利'도 두 군데 정도 쓰였을 뿐이다. 후쿠자와가 '權義'를 고집한 것은 '通義'에 대한 애착 때문이었을 것이다. 'right'에 담긴 정직, 마땅한 도리, 정리라는 뜻을 살리고 싶었던 것이다.

유길준은 후쿠자와와 달리 번역어 '권리'를 사용하였다. 유길준은 후쿠자와를 읽고 'right' 개념을 받아들였을 때, 후쿠자와가 사용한 '통의'

라는 말도 함께 숙지했을 터다. 동시에 동경유학 시절(1881-1882년) 일본에서는 통용된 번역어 '權理', '權利'도 접하였다. 실제 유길준은 「세계대세론」(1883)에서 '權理'를 썼다가 나중에 '權利'로 수정하기도 했다. 유길준이 '通義'와 '權利'를 함께 사용했다는 것은 '통의'와 '권리'의 의미를 구분해서 사용했다는 얘기가 된다. 또한 '통의', '권리' 둘 다 'right'의 번역어라면 '통의의 권리'라는 말은 성립할 수 없다. '통의'와 '권리'는 다른 뜻을 가졌다고 봐야 한다. '통의'는 어떤 특정 자격에 마땅한 올바른 이치를 뜻하는 '당연한 정리(正理)'로 한정될 수밖에 없다. "온갖 사물에 당연한 도를 지켜 고유한 경상(常經)을 잃지 않고 상응한 직분을 스스로 지키는 것이 통의의 권리"인 것이다. 그렇다면 유길준의 '通義'는 후쿠자와의 그것과도 구별될 수밖에 없다. 그런데 유길준에게 '통의'와 '권리'는 구분되는 개념이지만 의미상 서로 밀접히 결부되어 있었다. 유길준의 권리 개념을 파악하기 위해서는 통의 개념을 이해해야 한다.

'통의'라는 말은 고전 경서에 나와 있는 말이다. 맹자는 보편적 원리, 공통된 이치라는 의미로 사용하였다. 맹자는 "옛말에 이르기를 '어떤 이는 마음을 수고롭게 하고 어떤 이는 힘을 수고롭게 한다. 마음을 수고롭게 하는 자는 남을 다스리고, 힘을 수고롭게 하는 자는 남의 다스림을 받는다'고 하였다. 남의 다스림을 받는 자는 남을 먹여 살리고 남을 다스리는 자는 남에게 얻어먹는 것이 천하의 통의다[故曰 或勞心 或勞力 勞心者治人 勞力者治於人 治於人者食人 治人者食於人 天下之通義也]"(『孟子』 滕文公上)라고 말했다. 노심자와 노력자의 얘기인데, 보편적 원리, 이치로서의 '통의'는 일종의 직분 의식과 관련해서 사용되고 있다. 유길준의 '통의' 개념은 이와는 달랐다. 유길준은 '통의'를 '당연한 정리'라 말한다. 관료, 대금업자, 임대인은 각기 그 직분(일)에 상응하는 권한을 갖는다. 관료는 책임을 수행하는 데 필요한 권한을 가지며, 대금업자는 이자를 요구할 권한을 갖고, 토지임대인은 수확의 일정량을 받을 권한이 있다. 이러한 권한이 곧 '통의의 권리'다. '통의의 권리'는 당연한 이치(정리)에 합당한 권리를 가리킨다. 즉 각기 당연한 도를 지켜 고유한 상경(常經)을 잃지 않고 그에 걸맞은 직분을 스스로 지키는 권리다. 당연한 정리에 따라 의무(직분)에 상응하는 권리가 '통의의 권리'인데, 이 경우 '통의'는 'right'에 'duty(직분)'까지를 포섭한 개념이라 생각된다. 그렇다면 유길준의 '통의'는 후쿠자와보다는 맹자의 그것과 통하는 측면이 있다.

제4문단은 유길준이 덧붙인 글로서 유길준의 자유관을 잘 보여준다. 우선 "통의는 사물의 정황에 따라 각인의 분한(分限)이 스스로 있는 것이다"라는 말에 유의할 필요가 있다. '통의'는 '각인의 분한'을 전제로 한다. 통의는 인간의 자유를 보전할 뿐만 아니라 인간의 자유를 규율하는 양면성을 가진 당연한 정리다. 자유를 보전하는 것은 참된 통의[實通義]의 작용이지만, 자유가 방탕으로 흐르지 않도록 하려면 '통의'로써 자유를 조절해야 한다. "자유와 통의는 빼앗을 수도 없고 흔들 수도 없고 구부릴 수도 없는 인생의 권리이지만, **법률을 준수하여 정직한 도리로 몸을 삼간 연후에 하늘이 준[天授] 권리를 보유**하여 인세의 낙을 누려야 할 것이다"라는 유길준의 발언은 대단히 의미심장하다. 자유와 통의는 빼앗을 수 없는 하늘이 내린 '천수(天授)의 권리', 즉 천부의 권리이지만, 그 권리는 법을 준수하고 도리로써 몸을 삼간 후에야 향유될 수 있다. 공평한 법과 정직한 도리로써 몸을 삼간다는 것은 '각인의 분한'을 규율하는 법과 도리에 의해 스스로 자유와 통의를 규제한다는 것을 뜻한다. 통의는 자유가 방종에 흐르는 것을 제어하며, 법률은 자유와 통의의 전체적 방향을 이끄는 기능을 수행한다.

'법률의 공도'와 '법률의 위령'은 구분된다. '법률의 공도'는 타인의 권리를 침해하는 행위를 막아주지만, 사람이 스스로 권리를 손상시켰을 때 '법률의 위령'이 작동한다. '법률의 위령'은 사람이 자초할 때 작동하는 사회적 자유를 규율한다. '법률의 공도'는 통의의 작용과 관련된다. 사회생활에서 요구되는 처세의 자유가 법률에 의해 규율될 때, 통의는 정황에 따라 '각인의 분한(分限)'을 규정하게 된다. 통의와 법률의 관계는 말에 비유하자면 통의가 굴레와 고삐라면, 법률은 말을 부리는 도에 해당한다. 말을 부리는 도를 잃으면 말은 굴레와 고삐를 벗어버리고 제멋대로 행동하게 된다. 법률이 기능하지 않으면 통의도 작동할 수 없다. 여기에서 도리를 분별하지 못하는 몽매한 자를 계몽하여 '분한'에 맞게 "조화하여 중(中)을 보수하는" 통치가 상정된다. 결국 '통의'(당연한 정리)는 법률의 공도를 매개로 상경과 직분을 스스로 지키도록 만드는 규제적 원리로 작용한다. 이러한 통의의 양면성은 '천연의 통의'와 '인위의 통의', '무계의 통의'와 '유계의 통의'로 개념화된다.

'유계의 통의'와 '처세하는 자유'

'무계(無係)의 통의'와 '유계(有係)의 통의'를 논한 제2, 제3단락은 『서양사정 2편』 권1 「비고」의 "인간의 통의" 항목을 참고로 서술되었다. '천연의 통의'와 '인위의 통의'는 각각 '무계의 통의'와 '유계의 통의'와 관련된다. '천연'은 태어날 때 부여받은 대로 변경이 없는 것이지만, '인위'는 인간이 만들어낸 법률에 따라 진퇴하는 것이다. '무계한 통의'는 개인의 신체에 관계하는 천부적 권리로서 사회생활을 하는 사람이건 독립적인 생활을 하는 사람이건 통달할 수 있는 정리다. 반면 '유계한 통의'는 사회에서 행사되는 사회적 권리에 해당한다. 법률은 개개인의 직분에 강제할 수는 없지만 인간의 사회적 직분에는 간여한다. 통의는 개별적 신체에 관한 것이건 사회적 신체에 관한 것이건 공과 사의 구별이 없고 국법도 간여할 수 없지만, 직분은 어떤 경우건 공과 사의 구역이 있고 법률이 한계를 세운다. 법률은 공적 영역에서의 직분에만 간여하며, 무계한 통의가 관계하는 사적 영역에서의 직분에는 간여치 못한다. '직분'은 'duty'의 번역어다. 법률은 사회라는 공적 영역에서 활동하는 사람들의 사회적 직분을 규율하는 규범이다. 통의는 직분의 상위개념으로서 법률의 적용을 초월하는 개념이다. 자유 개념은 통의 개념과 상관된다. '무계한 통의'는 '천부한 자유'다. 자유란 내 마음이 좋아하는 바를 좇아 일을 행하는 것이며, '천지의 정리(正理)'에만 구속받을 뿐이다. 그런데 사회생활에서는 혜택과 이익을 받는 대신에 천부의 자유를 일부 양도해야 한다. '인세의 규칙[規矩]', 즉 법률에 순종해야 한다는 것이다. 법률은 천부의 자유를 없애는 것이 아니라 '처세하는 자유'(사회적 자유)를 늘리는 것이다. 법률을 매개로 천부의 자유와 처세하는 자유는 양립하게 된다.

처세하는 자유를 제어하는 법률의 효용성은 사욕이 넘쳐 서로 쟁투하고 경쟁하는 상황을 억제하는 데 있다. 사회적 경쟁에 대한 부정적인 생각이 엿보인다. 인민의 자유는 사회적 관계 속에서 기호(嗜好)와 사려(prudence)의 공존, 혹은 양자의 밸런스를 통해 확보될 수 있다. 법률을 만들어 사람의 죄를 금제하는 것은 일신의 천부한 자유를 줄이거나 없애는 듯 보이지만 처세하는 자유를 크게 늘리는 것이다. 신중한 사려와 경외하는 마음을 가지고 법률을 만들어 사람의 권리를 보호하면 인민은 더 많은 자유를 향유할 수 있다. 인민의 자유를 보수하고 일국의 독립을 보전하려면 법률이 요구된다. 입법의 요체는 인민이 각자 일신을 지키고 이를 토대로 처세하는 자유를 이루어 천하 보편의 이익을 도모하는 데 있다.

이상의 논의에서 보듯이 유길준은 법에 규율되는 사회적 자유를 중시하였다. 유길준은 자유와 통의를 천부의 권리로서 상정하는 한편, 자유가 방종에 흐르는 것을 제어하는 통의를 상정하고, 자유와 통의를 드러내면서 자유와 통의의 전체적 방향을 이끄는 규범으로서 법률을 설정한 것이다. 법률은 '유계의 통의'와 '처세하는 자유'(사회적 자유)를 제한하는 것이 아니라 오히려 늘려 주어 천부의 자유를 실현시켜 준다. '법률의 공도'다. 유길준은 사회적 자유를 확보하고 이를 통해 천부의 자유를 실현하는 데 있어 법률의 공도를 중시한 것이다. 유길준은 후쿠자와를 매개로 버튼의 『정치경제학』에 반영된, 사회와 질서의 관점에서 개인의 자유를 파악하는 스코틀랜드 계몽사상과 조우하는 한편, 사회적 자유를 법률의 공도에 규율함으로써 자신의 색깔을 분명하게 드러내고 있다. 유길준은 『서유견문』 곳곳에서 사람과 사회를 규율하는 법과 규칙의 중요성을 강조한다.

사회적 자유를 상정한 '유계의 통의'와 '처세하는 자유'와 관련하여 천 관념에도 주목할 필요가 있다. '천생', '천연', '천부'에서 말하는 '천'은 자연을 가리킨다. 동아시아 사상사에서 '천'은 자연천, 이법천(도리천), 주재천의 세 가지 의미를 갖는다. 여기서는 자연천이나 이법천(도리천)에 가깝다. 유길준의 천 관념은 천의 주재성, 절대성을 상정하는 주재천은 아니다. 유길준이 'God' 관념에 입각하여 신체의 자유를 '하늘로부터 부여받은', '천도의 법칙'으로 상정한 버튼의 번역문을 빼버리고 천부적 자유보다 사회적 자유를 옹호한 블랙스톤의 논의를 가져다쓴 것도 이러한 천 관념과 관련이 있기 마련이다. 이러한 유길준에게 절대자(God)의 주재성을 상정한 천부인권설이 성립할 여지는 적을 수밖에 없다. '천생한 자유'는 자연천이나 이법천과 관련되며, 사회적 자유는 이러한 천 관념과 결합되어 있다. 뒤에서 보겠지만, 유길준이 절대자를 상정하는 서양의 종교(기독교)에 거리감을 느꼈던 것도 이러한 천 관념과 관련될 것이다. 유길준이 자유와 통의의 권리를 보편적, 공공적인 것으로 상정하면서 '보천솔토 억조인민(普天率土 億兆人民)'이란 말을 사용한 것도 이러한 천 관념과 무관하지 않다고 생각된다.

---

[1] 夫人民의權利ᄂᆞᆫ其自由와通義ᄅᆞᆯ謂홈이라今其自由及通義ᄅᆞᆯ釋ᄒᆞ건대自由ᄂᆞᆫ 其心의所好ᄒᆞᄂᆞᆫ대로何事든지從ᄒᆞ야窮屈拘碍ᄒᆞᄂᆞᆫ思慮의無홈을謂홈이로ᄃᆡ決斷코

任意放蕩ᄒᄂ趣旨아니며非法縱恣ᄒᄂ擧措아니오又他人의事體ᄂ不顧ᄒ고自己의利慾을自逞ᄒᄂ意思아니라乃國家의法律을敬奉ᄒ고正直ᄒᆫ道理로自持ᄒ야自己의當行ᄒᆯ人世職分으로他人을妨害ᄒ지도勿ᄒ며他人의妨害도勿受ᄒ고其所欲爲ᄂ自由ᄒᄂ權利며通義ᄂ一言으로蔽ᄒ야曰當然ᄒᆫ正理라今에數例ᄅ擧ᄒ건대假令官職을供ᄒᄂ者ᄂ其任責을行ᄒ기에相當ᄒᆫ職權을保有ᄒᆷ이其當然ᄒᆫ正理며家宅을持有ᄒᆫ者가主人의名實을備存ᄒ야自己의物이라稱ᄒᆷ이亦當然ᄒᆫ正理며錢財ᄅ他人에게假貸ᄒᆫ者가其約償ᄒᆫ利息을討求ᄒᆷ과田土ᄅ他人에게假借ᄒᆫ者가其收穫의分與ᄅ要問ᄒᆷ이亦且當然ᄒᆫ正理니千事萬物에其當然ᄒᆫ道ᄅ遵ᄒ야固有ᄒᆫ常經을勿失ᄒ고相稱ᄒᆫ職分을自守ᄒᆷ이乃通義의權利라

今此自由와通義의權利ᄂ普天率土億兆人民의同有共享ᄒᄂ者니各人이各其一身의權利ᄂ其生과俱生ᄒ야不羈獨立ᄒᄂ精神으로無理ᄒᆫ束縛을不被ᄒ고不公ᄒᆫ窒碍ᄅ不受ᄒᄂ故로古人이云호ᄃ一身을自由ᄒ야以自守ᄒᆷ은千萬人의通同ᄒᆫ天性이니名利富貴의比ᄒᆯ者아니라ᄒ며又合衆國에有名ᄒᆫ厚蘭吉仁氏가曰호ᄃ我身의居ᄂ常處가無ᄒ야自由의所在ᄒᆫ處가則我의居라ᄒ니夫自由의保存ᄒᆷ이實通義의功用이라通義가人身에在ᄒ야天然과人爲의分別이有ᄒ니天然이라謂ᄒᆷ은天生ᄒᆫ대로搖改ᄒᆷ이無ᄒᆷ이오人爲라謂ᄒᆷ은人智로以ᄒ야法律을立ᄒ고此ᄅ從ᄒ야進退ᄒᄂ者어니와又此通義ᄅ詳論ᄒᆷ애有係와無係의區域이存ᄒ야無係의通義ᄂ一人의身에屬ᄒ야他關係가更無ᄒᆫ者며有係의通義ᄂ世俗에居ᄒ며世人을交ᄒ야互相關係ᄒᄂ者라

[2] 若玆ᄒᆫ故로無係ᄒᆫ通義ᄂ人의天賦에屬ᄒ니天下의人에何人이든지無論ᄒ고世俗內에交ᄒ야交際ᄅ行ᄒᄂ者와世俗外에處ᄒ야獨立無伴ᄒᆫ者라도可達ᄒᄂ正理나然ᄒ나有係ᄒᆫ通義ᄂ其旨가畧異ᄒᆫ지라人爲ᄒᆫ法律로迫責ᄒ야人으로ᄒ여곰

必守홈은 不可호디 但法律의 本旨는 人의 行爲動止를 糾正호는 者인則 雖各人一身의 職分에는 關係가 無호야도 世俗交道의 職分은 干涉홈이 可호 者니 假使今此에 一人이 有호야 其心이 自暴自棄호고 其行이 放僻奢侈호디 其惡이 自己一身에 止호야 治世호는 模範을 犯傷홈이 無호則 法律이 如何히 明察호든지 其罪의 原由를 罰홈이 不可호디 泥醉無厭호는 長鯨의 飮을 作호야 街路上에 顚倒호는 光景을 現出호는 者는 雖其人이 自己의 一身을 害호고 他人의 妨害를 不貽호는듯호나 其擧動이 世間에 旣然公現홀時 는 惡風을 流호며 人心을 誘호야 人世의 一般弊端을 釀成호기 容易한故로 法律의 權을 藉호야 不止홈이 不可호니 是를 由호야 觀호則 各人의 當務호는 職分이 其破毀홈도 公私의 分域이 有호야 法律의 施及호는 界限을 立함이나 然호나 此는 人生의 職分에 設譬 호 議論이니 通義에 至호여는 此와 亦異호지라 人生의 通義는 一人無係호 身으로 言호든 지 世俗交際의 有係호 身으로 喩호든지 公私의 別이 無호고 其通義는 必其人에게 屬호야 外物의 不動호는 者라

[3] 人生의 無係호 通義를 論한則 其箇條가 雖夥호나 然호나 其綱領을 先擧호야 名 義를 定호면 即人生의 天賦호 自由라 自由는 我心의 所好를 從호야 事爲를 行홈을 謂홈이 니 其事爲를 行호기는 天地의 正理를 從호야 取捨호는 外에는 其他何等의 事故가 有호 든지 秋毫라도 束縛홈을 不受홀디며 屈撓홈이 亦無홀디로디 人이 旣然히 世에 處호야 人 間의 交際가 有호 時는 此交際호는 道를 由호야 所受호는 惠澤과 裨益이 亦大호지라 此 를 償호기위호야 其天賦호 一身의 自由를 如干의 讓棄홈이 無호면 不可호니 一身自由의 一部를 讓棄호고 人世의 規矩를 從順호야 其惠益을 蒙被호야 彼此의 交易을 行홈과 同 호 者라 凡人이 大小의 分과 輕重의 辨을 解悟호는 者는 自己一身의 私慾을 從호기爲호여 威力을 妄逞홈이 必無호리니 若一人이 其意를 自恣호則 他人도 亦各其力을 逞호야 私 慾의 放情으로 相爭互競호야 生靈의 依賴호는 大法이 地에 塗호는 故로 處世호는 自由

는 人人이 此世에 處ᄒᆞ야 各其 人間의 一人 되는 身分으로 享有ᄒᆞ는 者라 然ᄒᆞ기 天賦ᄒᆞᆫ 自由에 人爲ᄒᆞᆫ 法을 加ᄒᆞ야 其本趣와 大旨를 畧變ᄒᆞ야 天下의 普同ᄒᆞᆫ 利益을 謀홈이니

　此道로 推想ᄒᆞᆫ 則 法律을 設ᄒᆞ야 人을 妨害ᄒᆞ는 者의 罪를 禁制홈이 其犯者 一身의 天賦ᄒᆞᆫ 自由는 減減ᄒᆞ는 듯ᄒᆞ나 其實은 處世ᄒᆞ는 自由를 大增홈이어니와 事實의 緣由가 無ᄒᆞ고 人民의 志意를 束縛ᄒᆞ는 者는 暴政이라 謂홈이 可ᄒᆞ니 法律을 設定ᄒᆞ기 臨ᄒᆞ야 祇愼ᄒᆞ는 思慮를 不加ᄒᆞᆫ 則 如是ᄒᆞᆫ 患이 不知中 其端緖를 隱伏ᄒᆞ나 寅畏ᄒᆞᆫ 小心으로 人의 權利를 保護ᄒᆞ면 人民을 自由ᄒᆞ는 域中에 導歸홀지라 世界의 萬國을 試見ᄒᆞᆫᄃᆞᆯ 法律의 設홈이 無ᄒᆞ고 能히 其人民의 自由를 保守ᄒᆞ야 一國의 獨立을 助成ᄒᆞᆫ 者가 有ᄒᆞᆫ가 然ᄒᆞᆫ 故로 政府의 立法ᄒᆞ는 大要는 人民으로 ᄒᆞ여곰 各其 一身을 自持ᄒᆞ고 因ᄒᆞ야 處世ᄒᆞ는 自由를 合成홈으로 天下의 普同ᄒᆞᆫ 大利를 謀ᄒᆞ기에 在홈이라

　[4] 此를 因ᄒᆞ야 槩觀ᄒᆞᆫ 則 自由와 通義는 人生의 不可奪 不可撓 不可屈ᄒᆞ는 權利나 然ᄒᆞ나 法律을 恪遵ᄒᆞ야 正直ᄒᆞᆫ 道理로 其躬을 飭ᄒᆞᆫ 然後에 天授ᄒᆞᆫ 權利를 保有ᄒᆞ야 人世의 樂을 享受홀디니 自己의 權利를 愛惜ᄒᆞ는 者는 他人의 權利를 顧護ᄒᆞ야 敢히 侵犯ᄒᆞ지 못ᄒᆞ는지라 萬若 他人의 權利를 侵犯홀진대 法律의 公平ᄒᆞᆫ 道가 是를 必不許ᄒᆞ야 其侵犯ᄒᆞᆫ 分數와 ᄯᅩ치 亦 其犯者의 權利를 剝奪ᄒᆞ리니 是는 自己의 手로 自己의 權利를 損傷홈이오 法律의 威令은 其自招ᄒᆞ는 損傷을 行홀 ᄯᅮᆷ이라 然ᄒᆞᆫ 故로 人의 權利는 自己가 自毀ᄒᆞ기 前에는 萬乘의 威와 萬夫의 勇이라도 撓奪ᄒᆞ기 不能ᄒᆞ고 其自毀者의 權利를 虧屈ᄒᆞ는 道는 惟 法律이 其當然ᄒᆞᆫ 義를 獨有ᄒᆞ니 法律의 公道아니오 權利의 與奪을 行ᄒᆞ는 者는 權利의 竊盜라 謂홈도 可ᄒᆞ며 讎敵이라 謂홈도 可ᄒᆞ나 然ᄒᆞ나 自由를 過用ᄒᆞᆫ 則 放蕩에 近ᄒᆞᆫ 故로 通義로 操縱ᄒᆞ야 其度를 均適ᄒᆞᄂᆞ니 自由를 比ᄒᆞ건대 良馬라 駕御가 其道를 若失ᄒᆞᆫ 則 羈靮을 脫棄ᄒᆞ야 斥弛ᄒᆞ는 氣習이 層生ᄒᆞ는 故로 通義로 其羈靮을 作홈이어니와 駕御ᄒᆞ는 道는 法律에 在ᄒᆞ니 是以로 通義는 事物의 情況을 隨ᄒᆞ야 各人의 分限이

自在호者라學識이蒙昧호야道理를不辨호는人은其分限에踰越호야頑悖혼擧措도
有홀지오不及호야儒殘혼狀態도有호니此를調和호야其中을保守호기는在上者의
大責이라

[5] 사람이 세상에 태어날 때 사람 되는 권리는 현우귀천, 빈부강약의
분별이 없다. 이는 세간의 지극히 공정한 원리다. 대중(大衆)은 이에 의
거하여 저마다 성(性)을 이룬다. 어떤 사람은 "사람이 사람 되는 권리는
각기 사람에 따라 각기 일정한 것이 있다"라고 말한다. 이는 하나만 알
고 둘은 모르는 말이다. 사람이 세상에 태어난 뒤 점유한 지위는 인작
(人作)한 구별이고 향유한 권리는 천수(天授)한 공도다. 사람이 사람 되
는 이치는 천자로부터 필부에 이르기까지 원래 터럭만큼의 차이도 없다.
형모가 서로 같고 성정이 서로 가깝다. 비록 크고 작은 구별은 있지만,
밖에서 오는 불의무도(不義無道)한 폭거를 받지 않고 안에 있는 호오
취사(好惡取捨)의 본심을 간직하는 것도 서로 같다. 사람을 가리켜 사람
이라 말하는데 어떤 사람이 안 된다고 하겠는가. 사람이 천지간에 태어
나 각기 사람 되는 이치로 보면 사람 위에 사람도 없고 사람 아래에 사
람도 없으니, 천자도 사람이고 필부도 사람이다. 천자라 하고 필부라
하는 것은 인세의 법률과 대기(大紀)를 가지고 지위를 구별한 것이다.
이에 비추어 차서(次序)를 만들어 지위의 등분(等分)이 저마다 차지한 층
도(層度)에 따라 이름이 붙여지고 존귀비천의 계급이 비로소 나뉘는 것
이다.

그렇다면 지위에도 자연히 당연한 통의가 있을 것인데, 어찌 그 권리가 없다고 할 수 있겠는가. 지위의 권리는 각기 대소의 차이로 인해 정도[適度]의 배합이 있지만, 사람이 사람 되는 권리와 같지 않기 때문에 고하의 질서와 대소의 경우를 정하고 형세의 변천과 득실로 인해 추이가 있고 없고 한다. 이름[名]은 실상[實]의 손님으로 우연히 오고 가는 것으로 인생의 권리에 증감하는 관계를 낳지 않기 때문에 있어도 좋고 없어도 좋다. 하지만 사람이 이 세상을 살면서 점유하는 지위는 없을 수 없다. 부귀한 자는 부귀를 행하고 빈천한 자는 빈천을 행하여 저마다 그 지위의 권리를 따르고 의지하는 것이다. 인생의 권리와 지위의 권리를 두 가지로 나누면 그 경중이 아주 다르다. 하나는 내유(內有)한 진리이고, 다른 하나는 외래(外來)한 세력이다. 고금의 사람 일을 미루어 생각하면, 세력을 선용(善用)하는 자는 동류(同類)의 진리를 보호하고 남행(濫行)하는 자는 동류의 진리를 손상한다. 생민의 휴척우락(休戚憂樂)과 나라의 안위존망이 실은 이 가운데 있다.

[6] 어떤 사람은 "사람의 강약은 시비(是非)로 판별하고 금수의 강약은 세력(勢力)으로 정한다. 그러므로 만일 사람의 강약을 시비로 판별하지 않고 세력으로 한다면 금수의 도와 다를 바 없다"라고 하는데, 참으로 그렇다. 천지의 이기(理氣)를 받아 생물의 자유를 얻는 것은 사람이나 금수나 마찬가지다. 하지만 금수는 자유를 사용하는 데 통의의 굴레[羈靮]도 없고 법률의 멍에[駕御]도 없어 강자가 약자의 고기를 먹으며 세력을 멋대로 행함으로써 상생(相生)하는 도를 이룰 따름이다. 사람은 상여(相與)하는 사이에 법률의 강기(綱紀)를 세우고 통의의 영역[界域]을

정해 자유를 제어[宰制]하고 조종함으로써 인간의 고르지 않은 경황을 바르게 한다. 그러기에 야만의 사람일지라도 행하는 자유는 금수에 비할 바 아니다. 진미극선(盡美極善)한 경역에 아직 이르지 못했기 때문에 이것을 만이(蠻夷)의 자유라 부른다. 사람이 만약 금수의 자유를 행한다면 천하에 윤리[倫彝]의 대강(大綱)이 붕괴될 것이며 명의(名義)의 달도(達道)가 문란해질 것이다. 인류의 생민[生養]이 무엇을 믿고 보전하며 무엇에 의뢰하여 편안하겠는가. 그러므로 "유식인의 자유는 부자유한 가운데 있다"라고 한다. 이는 인욕(人慾)을 막고 천리(天理)를 보전하여 정직한 도로써 그 권리를 지키는 것을 말한다.

[8] 이제 나열한 여러 조목은 대략을 설명한 것이다. 사람의 권리는 비길 데 없는 보배다. 그러나 각인 일신의 무계(無係)함으로 그 천연(天然)함을 멋대로 행한다면 금수의 자유와 같게 된다. 그러므로 유계(有係)한 통의의 짐작[酌斟]으로 과용(過用)하는 폐단을 제한하였지만, 또한 만이(蠻夷)의 자유에 가까워지기 때문에 법률의 규도(規度)를 세워 세인의 자유를 윤색한 것이다. 그러므로 처세하는 권리를 보전하려는 자는 법률을 경봉(敬奉)하여 대중(大衆)의 상생하는 공도를 지킨다.

법률의 본뜻은 사람의 권리를 삼가 존중하고 이로 인해 그것을 보호하는 것이다. 법률이 시행되지 않는다면 권리도 보존하기가 반드시 어렵다. 이로써 생각한다면, 권리가 비록 천하 사람들이 스스로 가진 보배라 하지만 기실은 법률에 부의(附依)하여 그 현상(現像)을 보전하는 것이니, 사람의 권리는 법률이 준 것이라 말해도 잘못된 얘기가 아니다. 법률은 장수이고, 권리는 졸병이다. 졸병이 장수의 명령과 절제를 따르지 않는다면, 졸병의 본분을 지키지 못했다 할 것이다. 그러나 장수가 만약 가혹한 기율과 포학한 규례(規例)로 졸병의 본분을 억누른다면 좋은 장수라 할 수 없다. 이러한 이치를 상세히 따진다면 법률과 권리의 서로 돕는 관계를 엿볼 수 있다. 법률이 권리를 보호하는 까닭은 박탈하는 세(勢)와 정지시키는 힘[力]이 있기 때문이다. 천하의 어느 나라에 살든 나라[邦家]의 법률을 공경하지 않고 몸의 권리를 보존하는 자는 아직 없다.

✦

천부의 권리와 지위의 권리, 진리와 세력

천부의 자유와 처세의 자유는 달리 말하면 '사람의 권리'(사람이 사람인 권리)와 '지위의 권리'다. 사람이 사람인 권리는 "사람 위에 사람도 없고 사람 아래에 사람도 없"는 천부의 공도다. '사람 되는 이치'에 관한 한, 형체와 성정, 현우와 귀천, 빈부와 강약을 불문하고 모든 사람은 같다. 천부인권설이 주자학적 본성론과 교착되어 있음은 앞에서 언급했듯이 하늘이 자연천, 도리천으로서 이해되었기 때문일 것이다. 태어나면서 부여된 천부적 권리와 사회에서 만들어진 인위적 지위는 구별된다. 천자, 필부라는 명칭은 사회의 법률과 기강에 의해 구별된 지위다. 지위의 구별에 따른 지위의 등분에 의해 이름이 붙여지고 존귀비천의 계급이 생겨난다. 하지만 지위에도 마땅한 통의가 있고 권리가 있다. 인간이 사회생활을 하면서 현우, 빈부, 강약에 따른 '지위'의 구별은 없을 수 없다.

유길준은 지위의 고하 대소와 형세의 변천 득실에 따른 사회의 '추이'를 강조한다. 보편적인 천부의 권리뿐 아니라 사회에 작동하는 '세력'을 주목한다. 천부의 권리라는 '내유(內有)한 진리'와 대비되는, 사회에 부과되는 지위의 권리라는 '외래(外來)한 세력'이 실제 정치생활에서 갖는 의미를 간과하지 않는다. 세력(지위)은 선용하면 진리를 보호할 수 있고 남용하면 진리를 해친다. 인민의 희로애락과 국가의 안위존망은 세력을 어떻게 선용하는가에 달려 있다. 이러한 견해는 인간의 권리에 관한 원리적 성찰뿐 아니라 세력(권력)이 사회와 정치를 추동해온 역사적 실제에서 도출된 것이다. 여기에는 명목[名]과 실재[實]를 구분하면서 실질을 모색하는 유길준의 시선이 작용한다. 명목은 실재의 반영―"이름은 실상의 손님"―일 따름이다.

진리와 세력의 문제는 문명론의 수준에까지 확장된다. 자유는 인류 대 금수의 틀에서도 논의된다. 천부의 자유는 사람이나 금수나 동일하지만, '사람의 자유'와 '야만의 자유'('금수의 자유')는 구별된다. 양자를 가르는 것은 통의의 구속과 법률의 규제다. 야만의 자유는 세력을 멋대로 부리는 약육강식의 자유에 불과하지만, 사람의 자유는 상여(相與)하는 인간 교제, 즉 사회적 관계를 영위하면서 법률과 통의로써 제어되는 자유다. 유길준은 야만의 자유와는 비할 바 아니지만 '진미극선(盡美極善)한 경역'에 아직 이르지 못한 야만인의 자유도 상정한다. 진미극선한 경역에 도달할 때 문명인의 자유는 실현될 것이다. 유길준의 이러한 논의는 후쿠자와와 그 영향을 받은 박영효의 자유 관념과도 일정 부분 상통한다. 후쿠자와는 문명과 야만의 틀을 가지고 자유의 문제를 보았고, 박영효도 천부의 자유와 처세의 자유에 관한 후쿠자와의 서술을 원용하면서 '야만의 자유'와 '문명의 자유'를 설정하였다(박영효 상소문). 비서구사회, 아시아의 야만상태를 비판하는 근거로 상정된 틀이다. 유길준도 문명-야만 틀의 영향을 받았다.

하지만 유길준이 '사람의 자유'와 '금수의 자유'를 대비시킨 것은 후쿠자와나 박영효가 '야만의 자유'와 '문명의 자유'의 틀을 설정한 것과 미묘한 차이를 보인다. 유길준에게 자유의 '진미극선한 경역', 즉 후쿠자와나 박영효가 말하는 '문명의 자유'는 구현하기 어려운 목표일 따름이다. 문명사회에서도 천부의 자유는 사회적 관계에 의해 일정한 제약을 받기 때문이다. "유식인의 자유는 부자유한 가운데 있다"는 발언은 의미가 깊다. "유식인의 자유는 부자유한 가운데 있다"는 말은, 유길준의 논법을 빌린다면, 자유는 '통의의 굴레'와 '법률의 멍에'를 받는 부자유를 감수하는 사회적 관계에서 얻을 수 있다는 말이다. 유길준은 이것을 "인욕을 막고 천리를 보전하여 정직한 도로써 그 권리를 지키는 것"이라 말한다. 자유와 부자유를 생각하는데 천리-인욕의 주자학적 사고틀을 동원한 것이 흥미롭다. 유학적(주자학적) 사고가 근대적 문명사회론에 포섭되거나 그것과 결합한 모습을 보여주는 것일까. 천리-인욕의 틀이 편의적으로 동원되었을 수도 있지만, 유길준의 머릿속에 내재된 무의식의 표현일 수도 있다.

어떤 사람은 "사람의 강약은 시비로 판별하고 금수의 강약은 세력으로 정한다. 그러므로 만일 사람의 강약을 시비로 판별하지 않고 세력으로 한다면 금수의 도와 다를 바 없다"라고 말하는데, 참으로 그렇다. 천지의 이기를 받아 생물의 자유를 얻는 것은 사람이나 금수나 마찬가지다. 하지만 금수는 자유를 사용하는 데 통의의 굴레도 없고 법률의 멍에도 없어 강자가 약자의 고기를 먹으며 세력을 멋대로 행함으로써 상생하는 도를 이룰 따름이다. 사람은 상여하는 사이에 법률의 강기를 세우고 통의의 영역을 정해 자유를 제어하고 조종함으로써 인간의 고르지 않은 경황을 바르게 한다. 그러기에 야만의 사람일지라도 행하는 자유는 금수에 비할 바 아니다.

여기에서는 주자학적 사유와 근대적 문명관의 결합이 분명하게 드러난다. "천지의 이기를 받아 생물의 자유를 얻는 것은 사람이나 금수나 마찬가지다"라는 발언은 '리일분수(理一分殊)'의 주자학적 발상과 통한다. 하지만 사람과 금수는 구별된다. 사람의 강약은 시비에 있고 금수의 강약은 세력에 있다. 사람이 세력으로 강약을 따진다면 금수와 다를 바 없다. 맹자는 사단(四端)[惻隱之心, 羞惡之心, 辭讓之心, 是非之心]이 없으면 사람이 아니라고 했다. "옳고 그름을 가리는 마음이 없으면 사람이 아니다[無是非之心 非人也]"(公孫丑·上). 주자에 의하면 '시비지심'은 지(知)의 단서다. 유길준은 시비와 세력을 근대사회의 자유를 논하는 준거로서 동원한다. 세력을 멋대로 행하는 것은 금수의 자유다. 사람의 자유는 통의와 법률에 의해 규율된다. 사람과 금수를 판별하는 지의 단서인 시비와 세력의 판별 기준을 온존하면서도 그것을 마음이라는 주관적 심성이 아니라 사람들의 사회적 관계('상여하는 사이')에서 작용하는 통의와 법률이라는 객관적 규범에서 찾았다.

'정직한 도'

생략한 제7문단에는 통의와 자유의 조목이 길게 나열되어 있다. '신명(身命)의 자유와 통의'(신명의 권리), '재산의 자유와 통의'(재산의 권리), '영업의 자유와 통의'(영업의 권리), '집회의 자유와 통의'(집회의 권리), '종교의 자유와 통의'(종교의 권리), '언론[言詞]의 자유', '명예의 통의' 등이다. 유길준은 신명, 재산, 영업, 집회, 종교의 권리와 관련해서는 자유와 통의로서 설명하지만, 언론에 대해서는 자유('언론의 자유')로, 명예에 대해서는 통의('명예의 통의')로 설명한다. 어떻게 구별해서 사용했는지는 유길준의 서술만으로는 파악하기 어렵다.

주목할 것은 통의와 자유의 여러 항목을 소개하면서 '정직한 도'를 강조한다는 사실이다. 유길준에 의하면, 신명, 재산, 영업은 정직한 도를 가지고 행해야만 자유를 가질 수 있다. 신명의 자유는 정직한 도로써 행동거지를 조심하고 자기 분수를 넘지 않을 때 비로소 향유될 수 있다. 재산의 자유는 재산을 이용하거나 처분하는 데 정직한 도로써 해야만 보장될 수 있다. 정직한 도로써 생업을 영위했을 때 영업의 자유는 방해받지 않고 금지되지 않는다. 합의에 기초하되 정직한 도를 가지고 집회를 열어야만 집회의 자유를 누릴 수 있다. 정직한 도는 자유를 향유하는 조건인 셈이다.

통의와 자유의 항목들을 서술하는 유길준의 용법을 보면, 정직한 도는 보편적 원리가 아니라 사람들이 자유를 확보하기 위해 사회적 관계에서 지켜야 할 윤리적 준칙이다. 유길준은 '자유'라는 말은 정직한 도를 행한다는 전제에서 주체적으로 행하거나 스스로 즐기는 행위를 말할 때 사용한다. '통의'는 남의 방해나 침해로부터 자유를 보전하고자 할 때 사용한다. 자유가 정직한 도를 사용한다는 전제에서 주체적으로 행하는 자율이라면, 통의는 정직한 도를 전제로 타자의 방해와 침탈을 받지 않고 각자의 자유(신체, 재산, 영업, 집회, 신앙의 자유)를 지키는 데 있다. 자유가 주체적으로 권리를 향유하는 것이라면, 통의는 권리의 타율적 침해를 배제하고 권리를 보전하는 것이다.

그런데 정직한 도는 자유와 통의의 권리를 규율하는 규준으로서 작용하지만 사람의 주관적 판단에 의존할 수밖에 없다. 법률은 이러한 정직한 도를 객관화하는 규범, 즉 유계한 통의의 객관적 규범이다. '일신의 무계'(천연)를 제멋대로 행하면 금수의 자유와 같다. '유계한 통의의 짐작'은 금수의 자유를 억제할 수는 있지만, 야만인의 자유를 초래할 수도 있다. 처세하는 권리를 보전하려면 법률의 규도(規度)가 필요하다. 법률을 존중해야만 '대중의 상생(相生)하는 공도'를 지킬 수 있다. 따라서 법률과 권리는 상관적이다. 사람의 권리는 천부적인 것이지만, 인간 교제가 이루어지는 사회적 관계에서는 법률을 통해 보전될 수 있다. 이러한 의미에서 사람의 권리는 법률이 부여한 것이다. 여기서 "법률은 장수이고, 권리는 졸병이다"라는 비유가 성립한다.

제9문단에서 제15문단에서는 신명의 권리, 재산의 권리, 영업의 권리, 집회의 권리, 종교의 권리, 언론의 자유, 명예의 통의에 관해 논의가 이어지고 있다. '교제하는 도'에 관한 권리도 설명되어 있다. 여기서도 '법률의 공도'가 강조된다. 국법은 명예 훼손과 같은 악행을 금하며 억울한 일을 풀어 주고 명예를 보호해 주는 기능을 한다. '법률의 공도'는 언론의 자유를 남용하여 사실과 다른 허황된 말을 하는 것을 억제하는 역할을 한다. 사람의 기본 권리는 법률에 의해 실체적 의미를 갖는다. 사람의 권리가 법률의 공도를 통해 구현된다는 생각은 법률적 공공성을 확보하려는 의지뿐 아니라 공평한 법의 적용을 통해 법률을 어기지 않는 한에서 사회적 소통이 이루어지는 공정한 문명사회를 형성할 수 있다는 믿음에서 나왔다. 다만 유길준은 그러한 법률이 어떻게 정당성을 확보할 수 있는지에 관해서 말하지는 않는다.

---

[5] 凡人이 世에 生호애 人되는 權利는 賢愚貴賤貧富强弱의 分別이 無호니 此는 世間의 大公至正혼 原理라 大衆이 是를 依호야 其性을 各遂호거늘 或人이 謂호되 人의 人되는 權利는 各其人을 隨호야 各其一定혼 者가 有호다 호니 此는 但其一을 知호고 其二는 未知호는 者라 人의 生世혼 後에 占有혼 地位는 人作혼 區別이오 享存혼 權利는 天授혼 公道니 人의 人되는 理는 天子로브터 匹夫에 達호야 毫釐의 差殊가 本無혼 故로 形貌가 相同호며 性情이 相近호야 大小의 分은 雖異호나 外至호는 不義無道의 暴擧를 不受홈과 內存혼 好惡取捨의 本心을 自持홈은 亦相似홈이니 人을 指호야 人이라 謂홈애 誰人이 曰不可리오 人이 天地間에 生호야 各其人되는 理로 視호면 人上人도 無호고 人下人도 無호니 天子도 人이오 匹夫도 亦人이로되 天子라 謂홈과 匹夫라 謂홈이 人世의 法律大紀로 乃 地位의 區別을 立홈인則 此를 遵照호야 其次序의 設行홈으로 地位의 等分이 各其占有혼 層度로 名號가 附成호느니 尊貴卑賤의 階級이 始分홈이라

然則 地位도 其當然혼 通義가 自有홀디니 其權利의 無홈이 奈何로 其可호리오 然호기 地位의 權利가 各其大小의 差異를 因호야 其適度의 配合이 有홈이로되 人의 人되는

權利와ᄂ不同ᄒ야高下의秩序와大小의境遇ᄅ定ᄒ고形勢의變遷得喪을由ᄒ야推移有無ᄒᄂ者니名은實의賓이라其儵來와儵去로人生의權利에增減ᄒᄂ關係ᄅ不生ᄒ야有ᄒ야도亦可ᄒ고無ᄒ야도亦可ᄒ나人이此世에居ᄒ야其占有ᄒᄂ地位ᄂ無홈이亦不可ᄒᆫ則富貴ᄒᆫ者ᄂ富貴ᄅ行ᄒ고貧賤ᄒᆫ者ᄂ貧賤을行ᄒ야各其地位의權利ᄅ遵依홈이니是故로人生의權利와地位의權利ᄅ二種에分ᄒᆫ則其輕重이懸殊ᄒ야其一은曰內有ᄒᆫ眞理며其二ᄂ曰外來ᄒᆫ勢力이라今古의人事ᄅ推究ᄒᆫ대勢力을善用ᄒᄂ者ᄂ同類의眞理ᄅ保護ᄒ고濫行ᄒᄂ者ᄂ同類의眞理ᄅ虧傷ᄒᄂ니生民의休戚憂樂과有國의安危存亡이其實은此中에存홈이라

　[6] 或人이云호ᄃᆡ人의强弱은是非로判ᄒ고禽獸의强弱은勢力으로定ᄒᄂ故로若人의强弱을是非로不判ᄒ고勢力으로以ᄒᆫ則是ᄂ禽獸의道와無異ᄒ다ᄒ니此言이誠然ᄒ도다天地의理氣ᄅ受ᄒ야生物의自由ᄅ得홈은人과禽獸의同然ᄒᆫ者로ᄃᆡ禽獸ᄂ其自由ᄅ用홈에通義의羈靮이無ᄒ며法律의駕御가亦無ᄒ야弱의肉을强이是食ᄒ야其勢力을縱恣홈으로其相生ᄒᄂ道ᄅ作ᄒᄂᄯᆞ름이오人은其相與ᄒᄂ際에法律의綱紀ᄅ立ᄒ며通義의界域을定ᄒ야其自由ᄅ宰制ᄒ며操縱홈으로人間의不齊ᄒᆫ景況을調平ᄒᄂ니然ᄒ기蠻夷의人이라도其任用ᄒᄂ自由가禽獸의比類홀배아니로ᄃᆡ盡美極善ᄒᆫ境에未達ᄒᆫ故로此ᄅ謂ᄒ야蠻夷의自由라홈이라人이萬若禽獸의自由ᄅ行ᄒ면天下에倫彝의大綱이崩壞홀지오名義의達道가紊亂홀디니人類의生養이何恃ᄒ야保ᄒ며何賴ᄒ야安ᄒ리오故로曰有識人의自由ᄂ不自由ᄒᄂ中에在ᄒ다ᄒᄂ니此ᄂ人慾을遏ᄒ고天理ᄅ存ᄒ야正直ᄒᆫ道로其權利ᄅ持守홈을謂홈이라

　[8] 今此臚陳ᄒᆫ諸條ᄂ其大槩ᄅ說出홈이니大抵人의權利ᄂ無雙ᄒ至實나然이나各人一身의無係홈으로其天然홈을縱恣ᄒᆫ則禽獸의自由와同歸ᄒᄂ故로有係ᄒᆫ通義의酌斟으로其過用ᄒᄂ弊ᄅ限制호ᄃᆡ猶且蠻夷의自由에相近ᄒᆫ故로法律의規度

룰立ㅎ야生世人의自由룰潤色홈이니然ㅎ則處世ㅎ눈權利룰欲保ㅎ눈者눈法律을
敬奉ㅎ야大衆의相生ㅎ눈公道룰守홈이라法律의本意눈人의權利룰愼重ㅎ고又因
ㅎ야是룰保護ㅎ느니法律의設施가無홀진대權利도其能存홈이必難홀지라此룰由ㅎ
야考ㅎ면權利가雖天下人人의自有ㅎ至寶라ㅎ나其實은法律에附依ㅎ야其現像을
保홈이니人의權利눈法律의所賜라謂ㅎ야도謬評이아니라法律은帥며權利눈卒徒니
卒徒가帥의命令과節制룰不遵홀진대卒徒의本分을不守ㅎ다謂홀디나然ㅎ나帥가
萬若苛酷ㅎ紀律과暴虐ㅎ規例로卒徒의本分을抑遏홈則亦良帥라謂ㅎ기不可홀디
니此理룰細究ㅎ면法律과權利의相濟ㅎ눈關係룰覰得홀디로딕法律은權利룰保護
ㅎ눈故눈亦剝奪ㅎ눈勢와停止ㅎ눈力이有ㅎ니天下의何邦에居ㅎ든지其邦家의法
律을不敬ㅎ고能히其身의權利룰保存ㅎ눈者가未有홈이라

[16] 이로써 보건대 인생의 제반 권리는 비록 천생(天生)이 구비한 것
이지만 인위한 법률과의 관계 때문에 그 한도[分度]에 증감이 있다.
천수(天授)의 권리를 인력으로 조종하지 못한다고 해서 자의[自便]에 맡
겨둔다면 방탕한 폐속과 어지러운 악습이 날마다 늘고 달마다 더해 그
한계의 크고 넓음을 헤아리지 못할 것이다. 사단(四端)과 오륜(五倫)의
강기(綱紀)와 질서에 의지하여 법률의 규제[禁防]가 아주 세밀한 제도를
마련하고 매우 신중한 규칙을 세운다 하더라도, 온갖 형태의 자질구레
한 방자한 성질[橫恣性]과 방종하는 마음[放縱心]을 다 솎아낼 수도 없고
잘라 없애기도 아주 어렵다. 창기가 매음하는 것은 자기가 자기의 마음
으로 금수의 자유를 행하는 것이고, 노비가 대대로 전해지는 것은 타인

이 타인의 몸에 만이(蠻夷)의 통의를 가진 것이지만, 습속의 침윤(侵潤)으로 인세의 일에 너무 익숙해져 법률의 공정한 도리와 위력으로도 억누르는 효과를 바라기 어렵다.

이러한 폐풍악속(弊風惡俗)도 사람의 권리라 할 수 있을까. 아니다. 일을 행하여 자기 마음에 옳다고 생각한 것은 천하 사람들이 모두 옳다고 할 것이며, 자기 마음에 옳지 않다고 여기는 것은 천하 사람들이 모두 옳지 않다고 할 것이다. 사람의 자유와 통의는 천하 사람들이 모두 공유[普同]하는 권리다. 그러므로 한 사람의 옳고 그름은 천하 사람들도 똑같이 그러한 것이다. 창기의 더러움은 정숙한 부인이 부끄러워하는 바이고, 노비의 천함은 상인(常人)이 싫어하는 바다. 이들이 부끄럽게 여기는 것을 저들이 행하도록 허락한다면 법이 막힌 것[滯]이고, 이들이 싫어하는 것을 저들에게 가하도록 허용한다면 법이 치우친 것[偏]이다. 천하 사람들이 옳다고 동의하는 것이 아니라면 그것이 옳지 않음은 저절로 그렇다. 하나는 악풍을 퍼뜨려 인세의 면목을 더럽히는 것이며, 하나는 왕자(王者)의 민을 사유(私有)하여 국가의 대권을 훔친 것이다. 문명한 궤도(軌度)가 차츰 넓어지면서 법이 개정되는 발걸음도 빨라졌다.

자유는 좋고 나쁨의 분별이 있다. 천리의 정직함을 좇으면 좋은 자유[良自由]이고, 인욕의 사벽(邪僻)함에 맡기면 나쁜 자유[惡自由]라 한다. 통의는 참과 거짓의 구획이 있다. 참 통의[眞通義]는 천연한 좋은 자유를 지키고, 거짓 통의[假通義]는 인위하는 나쁜 자유를 자행하는 것이다. 그러므로 법률은 좋고 나쁨과 참 거짓을 판별하여 인생 권리의 커다란

병을 치료하는 영약[金丹]이어야 한다.

[17] 인민의 교육이 모자라면 자유의 좋고 나쁨과 통의의 참과 거짓을 몰라 권리를 오용하기 때문에 자기의 궤도[軌轍]를 물러나기도 하고 타인의 경역을 유린하고도 태연히 상도(常度)로 여기기도 한다. 그러므로 인민의 권리를 고르게 하고자 한다면 먼저 교육에 힘써 사람들로 하여금 저마다 지키는 지식을 갖도록 하는 것이 정치의 대도다. 방국을 굳게 지켜 권리를 보유하려면 국인 각인의 권리를 잘 지켜야 한다. 천만 인이 집합하여 커다란 한 나라를 이룬다. 이는 많은 물줄기를 받아들여 넓고 큰 창해가 되고 토양을 쌓아 높고 높은 산악이 되는 것과 같다. 한 사람의 권리를 빼앗기 어려운 것은 한 나라의 권리를 범하기 어려운 것과 같다. 만일 국중의 인민이 상여(相與)하는 때에 강한 자가 약한 자를 모욕하고 귀한 자가 천한 자를 업신여긴다면, 강국과 약국이 상대가 안 된다는 것을 자연스러운 이세(理勢)라 여겨 강국이 약국의 권리를 침월(侵越)해도 인민이 당연한 도라 생각하고 사소한 분노도 일으키지 않을 것이다. 그러므로 인민은 저마다 자기 권리의 귀중함을 사랑한 연후에 자기 나라 권리의 귀중함도 알아 죽음으로 지킬 것을 맹서한다. 이는 교육으로 개도(開導)하여 실효를 볼 수 있는 것이지 법률의 보호에만 맡겨 성과를 낼 수 있는 것이 아니다. 권리는 교육으로 근본을 세우고 법률로 호위를 삼아야 한다. 두 가지가 갖춰진 연후에 비로소 완미(完美)한 지경에 이른다고 말할 것이니 개도(開導)의 공효(功效)를 기다려 이룰 수 있는 것이다.

폐풍악속과 '천하인의 공론'

자유에는 천연의 '좋은 자유'와 인위의 '나쁜 자유'가 있고, 통의에는 좋은 자유를 지키는 '참 통의'와 나쁜 자유를 자행하는 '거짓 통의'가 있다. 이것들을 구별하는 기준은 '천리의 정직함'과 '인욕의 사벽함'이다. 유길준은 천리, 인욕의 주자학적 개념틀을 가지고 자유, 통의 개념에 결합시키고 있다. 그런데 자유의 좋고 나쁨과 통의의 참 거짓을 판정하는 규준, 달리 말하면 윤리적 가치와 보편적 진리를 판별하는 기준은 법률이다. 법률은 좋고 나쁨과 참 거짓을 판별하여 사람의 권리를 보장하는 기능을 수행한다. '천리'와 '인욕'도 인간교제의 세상, 즉 인간의 사회적 관계에서는 법률에 의해 판정된다. 주목할 것은 '천리', '인욕'의 주자학적 개념이 법률에 의해 판별되고, '사단', '오륜'의 유학적 개념이 법규칙을 제정하는 근거로서 양해되어 있다는 점이다. 주자학의 윤리적 가치는 더 이상 근대문명사회를 노골적으로 규율하지는 못하지만, 근대적 규범에 포섭되어 살아남아 있다.

유길준은 하늘이 내린 천부의 권리와 인위한 법률 사이에서 긴장감을 드러낸다. 천연의 권리를 인력으로 조종하지 못한다고 해서 그대로 둔다면 방탕한 폐속과 어지러운 악습이 한없이 늘어난다. 법규칙을 아무리 정밀하게 만들어도 방자방종의 마음에서 나오는 자기 멋대로 행하는 '금수의 자유'를 통제하기 어렵고, 사회적 관습에 의해 타인의 몸에 부과된 '만이의 통의'가 습속으로 굳어져 '법률의 공정한 도리와 위력'으로도 제어하기 어렵게 된다. 폐풍악속에서 습관화된 '금수의 자유'와 '만이의 통의'는 법률로써 통제할 수 없게 되는 것이다. 폐풍악속에서 습관화된 '금수의 자유'와 '만이의 통의'를 법률로도 어찌할 수 없다면 어떻게 고칠 수 있을까. 유길준은 천하 사람들의 보편적 견해, 즉 '천하인의 공론'에 의탁해야 한다고 말한다. 자기 마음의 옳고 그름은 천하 사람의 보편적 견해에 비추어 판단해야 한다는 것이다. 한 사람의 옳고 그름을 천하 사람들의 옳고 그름과 동일시한다. 여기서 "사람의 자유와 통의는 천하인이 모두 함께하는 권리다"라는 언술이 가능해진다. 법률은 천하 사람들이 옳다고 동의할 때 옳은 것이다. 세상 사람들의 견해에 반하여 '금수의 자유'나 '만이의 통의'를 허용한다면, 법률은 막힌 것[滯]이거나 치우친 것[偏]으로서 제대로 기능할 수 없다. 즉 법률은 천하 사람의 보편적 견해, 즉 공론(혹은 여론)에 부응했을 때 제대로 작동할 수 있는 것이다.

그런데 천하 사람들의 공론이 곧 법원(法源, source)이 되는 건 아니다. 공론은 법률이 성립하는 근거가 아니라 법률을 집행하는 데 타당성을 부여하는 명분이다. '천하인의 공론'이 폐풍악속으로 습관화된 '금수의 자유'와 '만이의 통의'를 통제할 수 있을까. 여기서는 법률의 질적 수준이 중요해진다. 법률의 제정과 적용은 사회의 문명화 정도에 달려 있으며, 문명화 수준이 높아짐에 따라 법이 좋아진다. 유길준은 법률의 제정과 적용이 사회의 문명화에 달려 있다고 보았다. "문명한 궤도가 차츰 넓어짐에 따라 법이 개정되는 걸음걸이도 빨라졌다"는 말은 법의 수준이 문명 수준에 의존한다는 말이다. 그렇다면 사람의 자유와 통의를 규정하는 법률이 막힌 것, 치우친 것이 없이 보편성과 영속성을 어떻게 확보할 수 있는 것일까. 법률의 가변성이 상정될 때 법률의 규율을 받는 자유와 통의도 가변적이 되는 것이 아닐까.

법과 교육

인민의 교육이 모자라면 자유의 좋고 나쁨과 통의의 참과 거짓을 몰라 권리를 오용한다. 법률의 판별에는 교육이 중요하다. 지식을 갖추어야만 좋은 자유와 나쁜 자유, 참 통의와 거짓 통의를 분별할 수 있기 때문이다. 법률이 자유와 통의를 온전히 보장하지는 않는다. 법률의 한계는 교육으로 극복할 수 있다. 권리는 "교육으로 근본을 세우고 법률로 호위를 삼아야" 완전하고 아름다운 지경에 이를 수 있다. '개도', 즉 교육 혹은 계몽은 습관화된 "이세의 자연"을 깨고 법률이 작동하는 문명사회로의 진입을 추동하는 수단이다.

교육(지식)을 통해 인민이 자유의 권리와 통의의 권리를 갖는다는 것은 방국의 존립과 결부된다. 방국의 권리를 보전하려면 인민의 권리를 지켜야 한다. 인민은 지식을 갖추어야만 권리의 중요성을 알고, 그래야만 방국의 권리를 지킬 의지가 생겨난다. 유길준이 인민의 권리를 논한 핵심 취지는 여기에 있다. 일국의 권리를 빼앗기 어려운 것처럼 '국인 각인의 권리'를 빼앗기는 어렵다. 인민이 권리 의식을 확립해서 서로 업신여기지 않아야만, 나라의 권리가 침해당했을 때 분개심을 갖고 충성할 수 있는 것이다. 인민이 자기의 소중한 권리를 사랑한 연후에 자국의 귀중한 권리를 죽음으로 지킨다는 발상은 『서유견문』을 관통하는 핵심 사상의 하나다. 이 발상은 1890년대 후반『독립신문』논설에서 되풀이되는데, 유길준의 주장에서 영향을 받았을 것이다.

———————

[16] 此로由ᄒᆞ야觀ᄒᆞ건대人生의諸般權利가雖其天生의備具ᄒᆞ者나人爲ᄒᆞ法律의關係로其分度의增減이有ᄒᆞ지라天授ᄒᆞ權利ᄅᆞᆯ人力으로操縱ᄒᆞ기不可ᄒᆞ다ᄒᆞ야其自便을任實ᄒᆞᆯ진대放蕩ᄒᆞ弊俗과壞亂ᄒᆞ惡習이日로增ᄒᆞ며月로加ᄒᆞ야其涯涘의浩大ᄒᆞᆷ이測度ᄒᆞ기不能ᄒᆞ리니四端과五倫의網紀와秩序ᄅᆞᆯ依憑ᄒᆞ야法律의禁防이極密ᄒᆞᆫ制ᄅᆞᆯ設ᄒᆞ며至愼ᄒᆞᆫ規ᄅᆞᆯ立ᄒᆞ야도猶且其千岐萬條의絲棼毫細ᄒᆞᆫ橫恣性과放縱心은鋤除ᄒᆞ기不盡ᄒᆞ며剪減ᄒᆞ기甚難ᄒᆞ야娼妓의淫을賣ᄒᆞᆷ은自己가自己의心으로禽獸의自由ᄅᆞᆯ行ᄒᆞᆷ이오奴婢의世로傳ᄒᆞᆷ은他人이他人의身에蠻夷의通義ᄅᆞᆯ存ᄒᆞᆷ이로ᄃᆡ習俗의侵潤으로人世의當事ᄅᆞᆯ狃成ᄒᆞ야法律의公正ᄒᆞᆫ道理와威力으로도抑遏ᄒᆞᄂᆞᆫ功을難期ᄒᆞ니

如此ᄒᆞᆫ弊風惡俗도各其人의權利라謂ᄒᆞᆷ이可ᄒᆞᆯ가否라凡事ᄅᆞᆯ行ᄒᆞ야其心에可ᄒᆞᆫ者ᄂᆞᆫ天下人이皆曰可라ᄒᆞᆯ디며行ᄒᆞ야其心에不可ᄒᆞᆫ者ᄂᆞᆫ天下人이亦皆曰不可라ᄒᆞᆯ디니大抵人의自由와通義ᄂᆞᆫ天下人의普同ᄒᆞᆫ權利라然ᄒᆞᆫ故로一人의可不可가天下人의同然ᄒᆞᆫ者어ᄂᆞᆯ今夫娼妓의汗ᄂᆞᆫ貞婦의所羞며奴婢의賤은常人의所惡라此의羞ᄒᆞᄂᆞᆫ者ᄅᆞᆯ彼의行ᄒᆞ기許ᄒᆞᆷ은法의滯ᄒᆞᆷ이오此의惡ᄒᆞᄂᆞᆫ者ᄅᆞᆯ彼에加ᄒᆞ기準ᄒᆞᆷ은法의偏ᄒᆞᆷ이니天下人이其可ᄒᆞᆷ을同ᄒᆞᄂᆞᆫ者아닌則其不可ᄒᆞᆷ은自然ᄒᆞ야一則其惡風을流播ᄒᆞ야人世의面目을穢ᄒᆞ고一則王者의民을私有ᄒᆞ야國家의大權을竊ᄒᆞᆷ인故로文明ᄒᆞᆫ軌度가漸廣ᄒᆞᆷ을隨ᄒᆞ야法의改定ᄒᆞᄂᆞᆫ步趍가亦進ᄒᆞᄂᆞ니

盖自由ᄂᆞᆫ良惡의分別이有ᄒᆞ야天理의正直ᄒᆞᆷ을遵ᄒᆞᆫ則良自由며人慾의邪僻ᄒᆞᆷ을

任ᄒᆞ면則惡自由라謂ᄒᆞ고通義ᄂᆞᆫ眞假의區劃이存ᄒᆞ야眞通義ᄂᆞᆫ天然ᄒᆞᆫ良自由ᄅᆞᆯ守ᄒᆞ고假通義ᄂᆞᆫ人爲ᄒᆞᄂᆞᆫ惡自由ᄅᆞᆯ恣ᄒᆞᄂᆞᆫ故로法律이其良惡眞假의辨을立ᄒᆞ야人生權利의大病을醫治ᄒᆞᄂᆞᆫ金丹이라

[17] 人民의敎育이不足ᄒᆞ면則其自由의良惡과通義의眞假ᄅᆞᆯ不解ᄒᆞ야其權利ᄅᆞᆯ誤用ᄒᆞᄂᆞᆫ故로或自己의軌轍을讓退ᄒᆞ며或他人의境域을蹂躪ᄒᆞ야恬然히常度ᄅᆞᆯ作ᄒᆞᄂᆞ니是以로人民의權利ᄅᆞᆯ欲平ᄒᆞᆯ진대敎育을先務ᄒᆞ야人人으로各守ᄒᆞᄂᆞᆫ知識이有ᄒᆞ게함이政治의大道라邦國을固守ᄒᆞ야其權利ᄅᆞᆯ保有ᄒᆞᄂᆞᆫ者ᄂᆞᆫ其國人의各人權利ᄅᆞᆯ善護ᄒᆞᆷ이可ᄒᆞ니千萬人의集合ᄒᆞᆷ으로一國의大ᄅᆞᆯ成ᄒᆞᆫ則此ᄂᆞᆫ衆流ᄅᆞᆯ受ᄒᆞ야滄海의浩大ᄒᆞᆷ이오土壤을積ᄒᆞ야山岳의崇高ᄒᆞᆷ이라一人權利의難奪이一國權利의難犯과同ᄒᆞ거늘若國中의人民이其相與ᄒᆞᄂᆞᆫ際에强者가弱者ᄅᆞᆯ是侮ᄒᆞ며貴者가賤者ᄅᆞᆯ是慢ᄒᆞ면强國과弱國의不敵ᄒᆞᆷ도理勢의自然이라ᄒᆞ야强國이弱國의權利ᄅᆞᆯ侵越ᄒᆞ야도其人民이當然ᄒᆞᆫ道로視ᄒᆞ고些少의憤怒도不激ᄒᆞᆯ지라然則人民이各其自己權利의貴重ᄒᆞᆷ을愛ᄒᆞᆫ然後에其國權利의貴重ᄒᆞᆷ도亦知ᄒᆞ야死守ᄒᆞ기ᄅᆞᆯ誓ᄒᆞᄂᆞ니此ᄂᆞᆫ敎育으로開導ᄒᆞ야其實效ᄅᆞᆯ奏ᄒᆞᆷ이오法律의保護ᄅᆞᆯ獨任ᄒᆞ야其功을著ᄒᆞᆷ아니라是以로權利ᄂᆞᆫ敎育으로根本을立ᄒᆞ고法律로護衛ᄅᆞᆯ作ᄒᆞ야二者가具備ᄒᆞᆫ然後에完美ᄒᆞᆫ境에始抵ᄒᆞ다謂ᄒᆞᆯ디니開導의功效ᄅᆞᆯ須ᄒᆞ야克就ᄒᆞᄂᆞᆫ者라

제2절
인세의 경려

[1] 가족의 관계는 몸은 고달파도 괴롭지 않고 재물을 사용해도 꺼리지 않는다. 하지만 사람이 집을 나서 세인의 상교(相交)하는 도를 행하게 되면 그렇지 않다. 저마다 자기의 직분에 힘쓰고 자기의 호오(好惡)에 따라 자기의 뜻[趣意]을 이루기 위해 앞을 다툰다. 이것이 곧 세인이 상경상려(相競相勵)하는 일이다. 인간의 미리공익(美利公益)은 이러한 도로 성취되며, 천하의 현체실경(現體實景)이 또한 이 도로 인해 보존된다. 만일 세간에 경려(競勵)하는 인정이 없다면 마음과 힘을 써서 공명(功名)과 할일을 찾는 자는 그림자가 끊어질 것이다.

그런데 자기 뜻을 이루고자 세인을 생각하지 않고 공도(公道)를 방해하고 사욕(私慾)을 멋대로 부릴 염려가 없는 까닭은 교도(教導)하는 정화(政化) 때문이다. 만일 못 배운 야만인[夷民]이 군집한 곳에 재화 하나를

던지면 이 무리들은 별안간 난동을 일으켜 상쟁호홍(相爭互鬨)[상쟁호투] 할텐데 이 낡은 행태와 추한 습관[陋態醜習]은 불쌍하고 가증스러울 것이다. 이는 경려하는 도에 강기(綱紀)가 없기 때문이다. 하지만 이 습속도 한번 변하면 도에 이를 것이다. 배운 사람은 시비를 알고 예의를 지켜 타인에게 해를 끼쳐 자기의 뜻을 이루고자 하는 악습이 없다. 초매불문(草昧不文)의 세상에서는 사람을 해치지 않으면 자기의 이익을 얻을 수 없기 때문에 심신이 활발하여 일을 행하는 자는 방자한 무리가 항상 많다. 하지만 풍기(風氣)가 이미 열린 때에 이르면 부귀영달[富貴利達]을 이룬 자가 타인의 비익(裨益)을 이루게 된다.

　[2] 이로써 보건대 부귀영달을 이루는 도는 두 가지가 있다. 하나는 타인의 물건을 탈취하는 것이고, 다른 하나는 자기의 힘을 사용하여 일으키는 것이다. 무(武)를 높이고 힘을 잘 쓰는 나라에 살면서 부귀를 이루기 위해서는 타인의 물건을 탈취하는 것 말고는 길이 없다. 그러므로 문명하지 못한[不文不明] 세상에서 부귀한 사람을 보면 반드시 타인에게 손해를 끼친 자들이다. 명분 없는 군사를 일으켜 약소한 나라를 빼앗아 도적과 같은 거동으로 부귀를 스스로 이루는 자도 있고, 세력과 지위를 빙자[憑依]하여 힘없는 민인(民人)을 노복처럼 부리고 그 고혈을 빨아먹어 부귀를 스스로 즐기는 자도 있다. 모두 타인을 손상시켜 자기의 이익을 만드는 자들이다. [중략]

　세상의 풍기가 점차 열려 사람이 언행을 닦고 지식을 갈면서 국가의 법기(法紀)를 개정하고 민생의 권리를 보호하였고, 그리하여 경려하는 풍습도 따라서 변했다. 자기의 영달을 구하는 자는 타인의 영달을 이루고 자기의 경복(慶福)을 이루는 자는 타인의 경복을 이루어 자기의 힘으로 타인의 물건을 탐하는 폐풍악속이 마침내 끊어졌다. 이러한 까닭으로 근세의 증기기관, 선차(船車), 방적기계 등 온갖 새 기계를 발명한 대가들은 그 도로 인해 명성과 영달을 만국에 크게 떨쳤고 천하를 크게 이롭게 하였다. 또한 제작을 옆에서 도와준 자도 명리(名利)를 획득하여 즐거움을 타인과 함께하였다. 개명한 세상에도 남을 해치고 자기를 이롭게 하는 못된 사내가 없지 않지만, 이런 추악한 자들 따위는 온전히 경영을 할 수 없고, 또한 정치공익(政治公益)한 법률제도가 허용하지 않기 때문에 두렵고 곤궁한 상태에서 스스로 괴로워하는 심사를 면할 수 없다.

❋

'미리공익(美利公益)'과 '경려(競勵)'

「인세의 경려」는 사회에서의 경쟁을 논한 글이다. 「인민의 권리」와 같은 편에 배치되어 있는데, 좀 어색해 보인다. 두 글 모두 '인간교제의 도'를 다루었기에 함께 다룬 것이 아닐까. 이 글은 『서양사정 외편』 권1에 실린 「세인이 서로 힘쓰고 서로 겨루는 일」을 저본으로 저술되었다. 후쿠자와 번역문의 원문은 버튼의 『정치경제학』 제6장 "Society a Competitive System"이다. 유길준은 후쿠자와의 번역문을 참고로 하면서 자신의 경쟁관을 분명하게 밝혔다. 인간의 진보와 사회적 이익이 사회적 경쟁에 의해 보장되는 문명사회의 모습을 그렸다. 유길준의 '경려'

개념에는 유교적 사유가 들어 있다.

인간의 사회생활은 타인과의 경쟁과 협력이라는 교제 방식에 의존한다. 교제 방식은 사회의 성격을 보여준다. '경려(競勵)'는 서로 겨루면서 격려한다는 뜻이다. 사회적 교제의 한 방식이다. 가족은 육체적 수고나 경제적 이해를 따지지 않는 '정합(情合)'(후쿠자와의 'affection' 번역어)의 관계이지만, 사회는 가족과 달리 사람들이 직분과 호오에 따라 뜻을 이루고자 서로 다투고 서로 격려하는 '상경상려(相競相勵)'가 일상화된 영역이다. 경려는 인간의 이익을 증대시키고 사회를 진보시키는 데도 필요하며, 사회질서를 보수하는 데도 요구된다. 이는 유길준이 경려를 '인간의 미리공익(美利公益)'을 성취하고 '천하의 현체실경(現體實景)'을 보전하는 원리로서 파악한 데서 알 수 있다. '경려하는 인정'은 사회 영역에서 요구되는, 가족관계의 정합에 부응하는 연대 감정을 나타낸다.

경려는 인간의 욕망을 긍정하는 데서 출발한다. 호오(好惡)에 따라 자신의 뜻을 이루려는 욕망에서 비롯된다. 이는 경려가 공도를 방해하고 사욕을 자행할 수도 있음을 뜻한다. 여기서 경려를 제어할 교화('교도하는 정화(政化)')나 기강이 필요하다. 경려는 야만사회와 문명사회에서 다르게 나타난다. 야만사회에서는 남을 해치면서 이익을 다투는 상호투쟁이 일상적이다. 무력을 사용하거나 세력과 지위를 이용하여 다른 사람이나 나라를 해침으로써 부귀영달을 얻는다. 이와 달리 문명사회는 자신의 부귀영달이 남에게도 이익이 되는 상호이익의 세계다. '인간의 미리공익'과 '천하의 현체실경'은 기강 있는 경려가 작동하는 문명사회에서 실현된다. '인간의 미리공익', '교도하는 정화'는 유길준이 추가한 말이다. 이익 개념이 주는 부정적 이미지를 없애고 유학적 교화의 의미를 담고 싶었을 것이다. 혹은 유학적 교화의 발상이 문명사회론에 투영된 것일 수도 있다. 사회적 진보를 통해 경려의 풍습이 생길 때 야만사회의 폐풍악속은 사라진다. 기계 발명은 발명가의 개인적 명리만이 아니라 세계의 큰 이익을 늘림으로써 경려하는 풍습을 조성하는 사례로서 언급된다.

'경려'와 '경쟁'

'경려'는 '경쟁'과 말은 비슷하지만 뜻이 다르다. 유길준은 왜 '경쟁'을 쓰지 않고 '경려'를 사용했을까. 한자어 '경쟁(競爭)'의 어원은 "[말에는] 좌와 우가 있고, 논의와 논증이 있고, 분석과 변론이 있으며, 앞다툼과 맞겨룸이 있다. 이것을 여덟 가지 덕이라 부른다[有左有右 有倫有義 有分有辨 有競有爭 此之謂八德]"(『莊子』 齊物論)에서 유래한다. 곽상(郭象)은 '경(競)'과 '쟁(爭)'에 대해 "나란히 좇는 것을 경이라 하고, 마주보고 다투는 것을 쟁이라 한다[並逐曰競 對辨曰爭]"라는 주석을 달았다. '경(競)'은 나란히 겨루는 것이며, '쟁(爭)'은 맞서 다투는 것이다. 경주(競走), 경마(競馬), 경륜(競輪)과 전쟁(戰爭), 쟁패(爭霸), 쟁론(爭論)의 용례들에서 의미의 차이를 알 수 있다(와타나베 히로시, 「경쟁과 문명」). '경려(競勵)'는 기왕에 없던 말이다. 『한한대사전』, 『한어대사전』, 『대한화사전』에도 안 보인다.

'경려'는 『서양사정 외편』 권1의 장 제목 "서로 힘쓰고[勵] 서로 겨룬다[競]"라는 말에서 유래한 것으로 보인다. 이 장 제목은 후쿠자와가 버튼의 텍스트를 번역하면서 'competition'을 의역한 말이었다. 막부 말기에 후쿠자와는 고위 관리의 부탁을 받아 버튼의 『정치경제학』의 목차를 번역해 올렸는데, 그 관리로부터 '쟁'이란 말이 온건치 않다는 비평을 받았다. 도쿠가와 말기 일본에서 '경쟁'이 부정적 이미지를 가졌기 때문이다. 후쿠자와는 '경'과 '려'를 사용하여 장 제목처럼 풀어 썼다(『福沢諭吉全集』 제1권, 「福沢全集緒言」). 유길준은 후쿠자와의 번역을 보고 '경'과 '려'를 조합해서 명사화한 것으로 보인다. 유길준은 후쿠자와의 번역을 쉽게 받아들였을 것이다. '경쟁'에 부정적이었기 때문이다.

그런데 제10편 제2절 「법률의 공도」에 '경쟁'의 용례가 보인다. 유길준은 온갖 사물이 서로 얽혀 교제하는 사회생활에서 법률이 "경쟁을 조종하고 습속을 제어하여 서로 범하지 않는 계역(界域)을 분명히 정하고 서로 빼앗을 수 없는 조목을 엄격히 세워 윤리를 바르게 하고 풍속을 바로잡는 일"을 해야 한다고 말하고 있다(본서 499쪽). '경쟁'을 통제해야 할 현상으로 보았음을 알 수 있다. 앞 절 「인민의 권리」에 나온 다음 언설에서도 확인할 수 있다.

만일 사람이 자기 뜻을 마음대로 행한다면 타인도 저마다 자기 힘을 마음대로 써서 사욕의 방정(放情)으로 상쟁호경(相爭互競)하여 사람들이 의뢰하는 큰 법은 땅에 떨어질 것이다. 그러므로 처세하는 자유는 사람이 세상을 살면서 각기 인간의 한 사람 되는 신분으로서 향유하는 것이다. 때문에 천부한 자유에 인위한 법을 더하여 그 본뜻과 큰 뜻을 대강 바꾸어 천하의 보편한 이익을 꾀하는 것이다(제1절 [3]).

사람들이 제멋대로 힘을 행사하여 '사욕의 방정(放情)'으로 '상쟁호경(相爭互競)'할 경우 사회질서를 보전하는 법의 권위가 추락할 것이며, 천부한 자유에 인위한 법이 더해져 성립하는 사회적 자유(처세하는 자유)를 통해 세계의 보편적 이익을 도모할 수 있다는 내용이다. '상쟁호경(相爭互競)'은 '상호경쟁'과 같다고 보아도 무방할 것이다. 경쟁은 멋대로 힘을 행사하는 '사욕의 방정', 즉 방종으로 이해되었다.

그런데 유길준은 경쟁을 적극적으로 옹호한 바 있다. 일부러 「경쟁론」(1885)이란 글을 써서 경쟁에 의거한 진보를 주장하였다. 경쟁을 할 기력이 있어야 인민의 지덕, 문학, 과학기술, 농공상이 진보하고, 국가도 경쟁을 해야 광위(光威)와 부강을 증진시켜 문명의 경지에 나아갈 수 있다는 것이다. 아시아 국가들은 외국과의 교통을 통해 자타의 사물을 비교하고 우열 선후를 경쟁해야 하며, 외국과 경쟁하려면 아시아 국가들끼리 소통하고 적국외환(敵國外患)도 필요하다고 역설하였다. 다분히 후쿠자와의 『문명론의 개략』을 떠올리게 하는 논조다. 훗날 『노동야학독본』(1908)에서도 사회진화론의 관점에서 '경쟁'을 말하기도 했다(제47과 「경쟁」, 제48과 「경쟁 연설」). 우존열멸(優存劣滅)과 강승약패(强勝弱敗)가 '하늘도(天道)의 떳떳함(常)'이고 '사람일(人事)의 마땅함(當)'[훈독 병기는 유길준]이라 단언하면서 사람도 경쟁을 해야만 세상에 설 수 있고 나라도 경쟁의 역량을 가져야 국제사회에서 설 수 있다고 주장하였다.

하지만 유의할 점은 유길준이 이들 두 저술에서 경쟁을 말했을 때조차도 경쟁을 힘의 관점에서만 보지 않았다는 사실이다. 유길준은 이들 두 저술에서 "활 쏘는 데 읍양(揖讓)하며 오르고 내려와 마시는 것이 그

다툼이 군자라"[논어의 원문은 "君子無所爭必也射乎 揖讓而升下而飲 其爭也 君子"(『論語』八佾)]는 공자의 말을 인용했는데, 이 말에 대해 "경쟁 기력이 있고 또한 그 다투는 바가 천루하지 않음을 감탄하신 것"(『경쟁론』), 혹은 "군자는 어진사람(賢人)을 일컬음이라. 다투는 일이 만일 좋지 아닐진대 어찌 군자의 일이라 하였겠는가"(『노동야학독본』)라는 평석을 붙였다. "경쟁한다고 공경하는 예와 사랑하는 덕을 돌아보지 아니하면 나라가 도리어 위태하니 힘쓸지어다. 경쟁함은 그 도가 있느니라"(『노동야학독본』)라고 말하기도 했다. '경쟁'은 말과 힘으로 다투는 것이 아니라 "내가 남보다 낫고자 해서 잘하기를 힘쓰는 일"이었다. 남의 이익을 빼앗는 행위가 아니라 남보다 나아지기 위해 힘쓰는 행위였다. 유길준의 '경쟁'은 '경려'의 뜻을 함축한 말이었다.

유길준은 사회발전을 위해서는 경쟁이 필요하지만 그 경쟁이 초래할 질서 파괴의 부정적 측면을 명확히 의식하였다. 때문에 법과 윤리를 가지고 이를 통제하고자 했던 것이다. 유길준은 이익경쟁과 질서보전의 사이에서 '경려'를 선택했다고 볼 수 있다. '경려' 개념에는 근대의 경쟁세계, 이익세계를 받아들이면서도 유학적 심성을 동원하여 내부로부터 이를 완화하고자 하는 유길준의 사상적 고투가 들어있다.

---

[1] 大抵家族의 關係ᄂ 身을 勞ᄒ딕 不苦ᄒ고 物을 費ᄒ딕 不憚ᄒ나 然ᄒ나 人이 其家에 出ᄒ야 世人의 相交ᄒᄂ 道를 行ᄒ기에 至ᄒ여ᄂ 不然ᄒ고 各其自己의 職分을 務ᄒ며 自己의 好惡를 從ᄒ야 自己의 趣意를 欲達홈으로 先을 爭ᄒᄂ니 此ᄂ 即世人의 相競相

勵ㅎ는 事라 人間의 美利公益이 此道를 由ㅎ야 成就ㅎ고 天下의 現體實景이 亦 此道를 因ㅎ야 保存ㅎ니 若 世間에 競勵ㅎ는 人情이 無ㅎ면 其心 其力을 勞ㅎ야 功名事爲를 經求ㅎ는 者가 其影을 絶홀지라

却且 自己의 趣意를 欲達ㅎ야 世人을 不慮ㅎ되 公道를 妨害ㅎ고 私慾을 縱恣ㅎ는 患이 無홈은 敎導ㅎ 政化의 致然ㅎ 者니 今에 無敎ㅎ 夷民의 群集ㅎ 中에 一片의 寶를 投ㅎ면 則其衆이 忽然亂動ㅎ야 相爭互鬪ㅎ는 陋態醜習이 可矜ㅎ며 可憎홀디나 此는 競勵ㅎ는 道에 綱紀가 無홈을 因緣홈이니 此俗도 一變ㅎ면 可히 道에 至홀지라 然ㅎ 故로 有敎ㅎ 人은 是非를 解ㅎ며 禮義를 守ㅎ야 他人의 害를 貽ㅎ고 自己의 意를 欲達ㅎ는 惡習이 無ㅎ니 草昧不文ㅎ 世에 在ㅎ여는 人을 不害ㅎ고 自己의 利를 獲遂ㅎ는 事가 不能ㅎ 故로 身心이 活潑ㅎ야 事爲를 成ㅎ는 者는 縱恣ㅎ 類가 恒多홈이로되 風氣已開ㅎ 時에 抵ㅎ 則富貴利達을 致ㅎ는 者는 亦 他人의 裨益을 成홈이라

[2] 是를 由ㅎ야 觀ㅎ건대 富貴利達을 致홈도 其道에 二가 有ㅎ니 其一은 他人의 物을 奪取홈이오 又 其一은 自己의 力을 用ㅎ야 起發홈이니 武를 尙ㅎ고 力을 任ㅎ는 國에 居ㅎ야 富貴를 致ㅎ기는 他人의 物을 奪取ㅎ는 外에 其路가 更無ㅎ 故로 不文不明ㅎ 世에 富貴ㅎ는 人을 見ㅎ면 必 他人의 損害를 成ㅎ 者니 或 無名ㅎ 干戈를 擧ㅎ야 弱小ㅎ 國을 功取ㅎ야 盜賊同樣의 擧動으로 富貴를 自致ㅎ는 者도 有ㅎ고 又 或 勢力과 地位를 憑依ㅎ야 殘劣한 民人을 奴僕굿치 使役ㅎ고 其膏血을 浚竭ㅎ야 富貴를 自樂ㅎ는 者도 有ㅎ니 此는 皆 他人을 損害ㅎ야 自己의 利를 作ㅎ는 者라 [중략]

時世의 風氣漸開홈에 至ㅎ야 人이 言行을 修ㅎ며 智識을 硏홈애 國家의 法紀를 改正ㅎ고 民生의 權利를 保護ㅎ 則 競勵ㅎ는 風習도 亦從ㅎ야 變ㅎ지라 自己의 利達을 求ㅎ는 者는 他人의 利達을 亦致ㅎ고 自己의 慶福을 遂ㅎ는 者는 他人의 慶福을 亦遂ㅎ야 自己의 力으로 他人의 物을 貪ㅎ는 弊風惡習이 遂絶ㅎ니 是故로 近世의 蒸氣機關及船車

及紡績器械百般新工을發造흔諸大家는其道를由ᄒ야名聞利達이萬國에轟振ᄒ고
兼ᄒ야天下의大利를起ᄒ며又其工을傍助흔者도名利를獲致ᄒ야其好를他人과同
홈이라抑且開明흔世에損人益已ᄒᄂ鄙夫가不無ᄒ나如是醜悖흔者類ᄂ其經營을
穩成ᄒ기不能ᄒ며且政治公益흔法律制度의不許홈인故로其惝懼困窘흔狀態가自
苦ᄒᄂ心事를不免홈이라

[3] 사람이 타인에게 서로 손해를 끼치지 않고 저마다 부귀영달의 뜻
으로 상려(相勵)하는 정신을 일으키고 상경(相競)하는 기성(氣性)을 북돋
워 앞서기를 다투고 뒤지기를 싫어하면서도 폐환(弊患)이 없는 것은 세
계 공통[公同]의 이익을 추구하면서 서로 돕는 대도를 준수하기 때문이
다. 사람이 나쁜 짓을 저지르지 않고 도리와 지력을 써서 공명부달(功名
富達)의 뜻을 품는 것은 또한 인생의 자연한 습관이니 이것을 방해해서
는 안 된다. 그러나 사람이 열중하는 욕심을 멋대로 행하여 절검[檢節]
하는 도를 알지 못하면 청운의 뜻이 변해 야심이 되기 때문에 사람을
해치는 일이 많이 생겨난다. 이는 인생의 사리(事理)를 모르고 경려하는
진경(眞境)을 잃어 사욕을 혼자 부리다 평소의 바람을 스스로 저버리고
평생의 심사(心事)를 그르친 것이므로 사람의 일은 시작을 삼가야 한다.
천하 중인(衆人) 중에 배우지 못하고 의롭지 않고서도 부귀한 자가 없지
않지만, 천도(天道) 인리(人理)의 본연한 대경(大經)에 어긋나니 지(智)라
할 수도 없고 복(福)이라 할 수도 없다. 기화(氣化)가 아직 정해지지 않
은 것이다. 비유하자면 세차게 내리는 진눈깨비가 햇살을 보고 녹아버

리는 것과 같으니, 세인이 의지할 준거[準的]가 아니다. 또한 정치가 차츰 나아가는 추이를 따라 법률과 권리가 인세의 보편[普同]한 이익을 위해 고르고 치우치지 않는[平均不頗] 큰 기강을 세우니, 그 사이에서 타인에게 해를 끼치고 자기의 이익을 독점하는 악습은 사력(私力)이 미치지 못하는 것이다.

이로써 상세히 살펴건대, 인생이 저마다의 취의(趣意)를 따라 일신의 이익을 혼자 꾀하는 듯하지만, 그것이 이루어지는 데는 한 사람의 힘이 아니라 타인과 사귀어 일을 이루는 것이 많다. 천지간에 타인이 없고 자기 몸만 있다면 사물의 영위가 어느 곳에서 일어나겠는가. 그러므로 세인의 결교(結交)하는 도는 가족 간의 친애자정(親愛慈情)에 비해 원래 피차의 차별은 있지만 느림과 급함을 서로 구하고 걱정과 즐거움을 함께하여 현세의 광경을 꾸미고 대중의 복록(福祿)을 지키는 것이다.

[4] 고금의 인간사를 살펴보아 그 시작하는 기틀[機括]과 도달하는 목표[準的]를 자세히 풀어 보면, 나날이 달라지고 다달이 새로워지는 거대하고 섬세한, 분명하고 어렴풋한 천만 가지 변화가 실로 모두 경려하는 도의 한 가지 길을 따라 드나드는 것이다. 한 사람의 몸으로 논하면, 재학(才學)을 이루고 명성을 꾀하고 지위를 영위하고 산업을 구하여 높아지려는 심성과 진취하는 기개로써 한 걸음이라도 남에게 굴하지 않고 터럭 하나라도 남에게 양보하지 않고 길항하는 것이 사람의 일상적인 마음[活套生意]이다. 마음과 기(氣)를 갖추지 않으면 한 되 밥을 날마다 먹어도 산송장이다. 그러므로 이것을 배척[譏斥]해서도 안 되고 금지할 수도 없다. 사력(私力)을 제멋대로 써서 뜻을 이루는 자는 난세의

폐해다. 치세의 법도[軌度]는 사람이 각기 마음에 따라 삶을 편안히 하는 것이다.

한 나라의 부강은 나라의 인민이 이 도를 잘 닦는 데 있다. 학자는 학문에 힘쓰고 농부는 농사에 힘쓰며 장인[工匠]과 상인도 저마다 종사하는 일에 힘을 다하여 타인에 미치지 못할까 걱정하면, 자연히 경려하는 습관이 생겨나 극선진미(極善盡美)한 경지에 나아가게 된다. 이러한 후에 세계의 만국을 대하여도 정치가 다른 나라에 비해 좋지 않을까 돌아보며, 법률이 아름답지 않을까 살피며, 상업이 성하지 않을까 꾀하며, 학술이 온전치 않을까 힘쓰며, 병비(兵備)가 든든하지 않을까 염려하며, 공작(工作)이 번성하지 않을까 궁구하며, 기계가 정밀하지 않을까 생각하여, 국중 만백성의 성기(性氣)를 합쳐 모아 각립(角立)하는 큰 기틀을 서로 잡는 것이다. 경려라는 것은 논의쟁힐(論議爭詰)하는 분경(紛競)이 아니라 선(善)으로 나아가는 면려(勉勵)를 가리킨다. 경려하는 도를 선용(善用)하면 인세의 큰 복을 이루고, 경려하는 도를 오용(誤用)하면 인세의 큰 화를 빚게 된다. 그러므로 좌우의 취사(取捨)가 인세 화복의 요체[樞]다.

❋

'세계 공통의 이익'

제3단락도 후쿠자와의 텍스트를 저본으로 하면서 상당한 수정을 더한 것이다. 『서양사정 외편』에서는 가족생활에서 '상경(相競)하는 마음'

이 없고 노약자를 돕는 것은 '친애자정(親愛慈情)'의 감정 때문이며, 사회 생활에서 이익을 찾아 서로 다투는 데 폐단이 없는 것은 '세계 일반의 이익' 때문인데, 이것들은 모두 '조물주가 그렇게 시키는 바', 즉 조물주의 작용이라 진술하고 있다. 유길준은 사람들이 부귀 이익을 추구하는 '상려(相勵)하는 정신'을 발휘하면서도 서로 손해를 끼치지 않고 '상경(相競)하는 기성(氣性)'을 북돋워 서로 겨루면서도 폐단을 없애는 준거로서 '세계 공통[公同]의 이익'과 더불어 '서로 돕는 대도'를 상정한다. 유길준은 일부러 '서로 돕는 대도'라는 말을 추가했다. 경려의 폐단을 억제하는 준거는 세계 보편의 공익과 상호부조의 정신이다. 일신의 이익은 한 사람의 힘이 아니라 타인과의 교제를 통해 얻어진다. 사회생활에서는 가족의 애정과는 달리 '피차의 구별'이 존재하지만, 어렵거나 위급할 때 서로 구하고 걱정과 즐거움을 함께 나누는 '상구여동(相救與同)'의 상호부조가 이루어진다.

도리와 지력을 써서 공명과 부를 얻고자 하는 '인생의 자연한 습관'이 무너지고, 혼자 사욕을 부려 남을 해치게 된다면, '서로 돕는 대도'는 무너지고 그 결과 '경려의 참모습'은 사라지게 된다. 유길준에게 세계 보편의 공익과 상호부조의 대도는 후쿠자와와 버튼과 달리 조물주(God)의 작용이 아니라 '인생의 자연한 습관'과 이 습관의 일탈을 제어하는 '천도 인리의 본연한 대경'의 실천에서 모색되어야 하는 것이었다. 여기서 유길준은 후쿠자와의 저본에 없는 법률과 권리의 작용을 끌어낸다. '천도 인리의 본연한 대경'이라는 자연적 규범과 더불어, 법률과 권리는 '인세의 보편적 이익'을 위해 '고르고 치우치지 않는 큰 기강'을 세우는 사회적 규범으로 상정된다.

'선(善)으로 나아가는 면려'

경려는 개인의 차원에서 본다면 '높아지려는 심성'과 '진취하는 기개'가 있어야 가능하다. 개인의 몸 차원에서 난세의 경쟁은 사적 권력의 문제이지만, 법규범이 작동하는 치세의 경려는 마음의 문제다. 이와 달리 국가 차원에서는 부강을 가져오는 직분의 윤리로서 인식된다. 사농공상이 각자의 생업에서 경려의 도에 힘썼을 때 '경려하는 습관'이 '자연히' 생겨나고 '극선진미한 경지'에 나아가고 국가의 부강을 달성할 수 있다. 이 경우 경려는 습관의 문제가 된다. 경려는 '논의쟁힐(論議爭詰)하는 분경(紛競)'이 아니라 '선에 나아가는 면려'로 규정된다. 논쟁은 분경의 부정적 행위로 인식된다. 경려의 도를 선용할 것인지 오용할 것인지의 선택이 있을 뿐이다. 후쿠자와는 『문명론의 개략』에서 경쟁 개념에 기초한 '다사쟁론(多事爭論)'을 강조하였는데, 『서유견문』의 유길준은 아직 토론이나 쟁론을 허용하고 있지 않다.

직분에 기초한 사회생활에서 경려하는 습관의 자연적 형성을 통해 극선진미한 경지로 나아간다는 발상은 유길준식 문명사회론의 특징이다. 버튼 『정치경제학』의 "Society a competitive system" 편이 후쿠자와를 거쳐 유길준에게 수용되는 지점에 문명사회를 지향하는 전망(비전)이 자리한다. 유길준의 전망에는 버튼의 『정치경제학』을 관통하는 스코틀랜드 계몽사상에 대한 공감이 깔려 있다. 스코틀랜드 상업 자유주의의 전통에서 경쟁은 공공이익의 관점에서 옹호되며, 경쟁은 사적 욕망에 의거한 무한 투쟁이 아니라 사익의 자연적 조정으로서 이해된다. 사회질서의 관점에서 사익과 공익의 조절을 꾀하는 스코틀랜드 계몽사상은 후쿠자와의 텍스트를 매개로 근대한국의 문명사회 형성을 꿈꾸었던 유길준의 사상적 자원이 되고 있다.

유길준의 '경려'가 작동하는 공간은 국내사회였다. 유길준은 국제관계론의 관점에서 이를테면 "international society a competitive system"을 생각할 수 있었을까. 만일 생각했다면 국제적 경쟁이 치열해지는 권력정치의 국제사회에서 그의 경려 개념은 어떠한 행로를 보이게 될까. 타자와의 쟁투를 벌이는 국제사회를 상정하고 국가의 생존을 모색했을 때 「경쟁론」이나 『노동야학독본』에서 '경쟁'이란 말을 꺼냈던 것이 아닐까.

---

[3] 盖人이他人의損害를相貽홈이無ᄒ고各其富貴利達의志로相勵ᄒᄂ精神을起ᄒ며相競ᄒᄂ氣性을鼓ᄒ야先을是爭ᄒ고後를是嫌호ᄃᆡ其弊患의不至홈은世界公同ᄒ利益을營求ᄒ야相資ᄒᄂ大道를遵守ᄒᄂ緣由니是故로人이惡行을不作ᄒ고道理智力을用ᄒ야功名富達의志를抱ᄒ者ᄂ亦人生의自然ᄒ習慣이라是를妨碍홈이不可ᄒ나然ᄒ나人이熱中ᄒᄂ欲을妄行ᄒ야檢節ᄒᄂ道를不知ᄒ則青雲의志가變ᄒ야野心을成ᄒᄂ故로人을害ᄒᄂ事가滋生ᄒᄂ니此ᄂ人生의事理를不解ᄒ고競勵ᄒᄂ眞境을失ᄒ야私慾을獨逞ᄒ다가平日의望을自爽ᄒ고終身의心事를遂誤홈인則人의事ᄂ其始를謹홈이可ᄒ니夫天下衆人의內에無文不義ᄒ고富且貴ᄒ者가其有홈이不無ᄒ나天道人理의本然ᄒ大經에戾ᄒ야智라云홈도不可ᄒ고福이라

謂홈도不可ᄒ야氣化의未定홈이니譬ᄒ건대瀌瀌ᄒ雨雪이晛을見ᄒ則消ᄒ나니世人의倚恃홀準的아니라且政治의漸進ᄒᄂᆫ步趨ᄅᆯ隨ᄒ야法律權利가人世의普同ᄒ利益을위ᄒ야平均不頗ᄒ大紀ᄅᆯ建守ᄒᄂᆫ故로其間에居ᄒ야他人의害ᄅᆯ貽ᄒ고自己의利ᄅᆯ獨專ᄒᄂᆫ惡習은私力의不及ᄒᄂᆫ者라

此ᄅᆯ由ᄒ야詳考ᄒ건대人生이各其趣意ᄅᆯ從ᄒ야一身의利ᄅᆯ獨謀ᄒᄂᆫ듯ᄒ나其成에及ᄒ여ᄂᆫ一人의力아니오他人의交ᄅᆯ結ᄒ야其事ᄅᆯ成ᄒᄂᆫ者가多ᄒ니天地間에他人이無ᄒ고自己의身이獨存ᄒ면事物의營爲가何處에起來ᄒ리오然ᄒ故로世人의結交ᄒᄂᆫ道가家族間의親愛慈情에比ᄒ야彼此의差別은固有ᄒ나緩急에相救ᄒ고憂樂을與同ᄒ야現世의光景을飾ᄒ고大衆의福祿을保ᄒᄂᆫ者라

[4] 古今의人事ᄅᆯ俯仰ᄒ야其起發ᄒᄂᆫ機括과究竟ᄒᄂᆫ準的을細繹ᄒ則日異月新ᄒᄂᆫ洪巨纖細와顯彰幽微의千變萬幻이實皆競勵ᄒᄂᆫ道의一條門路ᄅᆯ從ᄒ야出入ᄒᄂᆫ니一人의身으로論홈애才學名聞地位産業을是作是謀是營是求ᄒ야欲高ᄒᄂᆫ心性과進取ᄒᄂᆫ氣槩로一步라도人에게勿屈ᄒ고一毫라도人에게勿讓ᄒ야頡頏低昂ᄒᄂᆫ者ᄂᆫ卽人의活套生意니是心是氣가不具ᄒ면一斗飯을日食ᄒ야도行屍走肉이라然ᄒ故로是ᄅᆯ譏斥홈이不可ᄒ며禁止ᄒ기不能호ᄃᆡ私力을妄逞ᄒ야其志ᄅᆯ得遂ᄒᄂᆫ者ᄂᆫ亂世의弊害니治世의軌度ᄂᆫ人이各其心을從ᄒ야其生을安홈이라

夫一國의富强은其國의人民이此道ᄅᆯ善修홈에在ᄒ니學者ᄂᆫ其學을各務ᄒ고農者ᄂᆫ其農을互勉ᄒ며工匠商賈도各其從事ᄒᄂᆫ業에其力을專ᄒ야他人에不及홀가是憂ᄒ則自然히競勵ᄒᄂᆫ習慣이成ᄒ야極善盡美ᄒ竟에趋進홈을致ᄒ리니如是ᄒ然後에世界의萬國을對ᄒ야도其政治가他邦에比ᄒ야不善홀가是顧ᄒ며法律이不美홀가是審ᄒ며商賈가不盛홀가是謀ᄒ며學術이不全홀가是勉ᄒ며兵備가不固홀가是慮ᄒ며工作이不繁홀가是究ᄒ며器械가不精홀가是思ᄒ야國中萬姓의性氣ᄅᆯ湊

合ᄒ야角立迭掎ᄒᄂ大機를相執홈이니且競勵라謂홈은論議爭詰ᄒᄂ紛競아니오
進善ᄒᄂ勉勵를指홈이나競勵ᄒᄂ道를善用ᄒ則人世의大福을成ᄒ고競勵ᄒᄂ道
를誤用ᄒ則人世의大禍를釀ᄒᄂ故로左右의取捨가人世禍福의樞라

제5편

정부의 시초, 종류, 치제

제5편은 제6편과 더불어 정치체제와 정부의 기원, 종류, 제도, 직분을 논한 글이다. 정치체제론, 정부론에 해당한다. 역시 『서양사정 외편』에서 정보를 얻었지만 유길준의 해석과 생각이 담긴 글이다. 버튼과 후쿠자와는 특히 영국의 정부와 의회를 우호적으로 보면서 국법과 풍속에 관해 상세히 서술하였는데, 유길준은 이를 간략히 처리하면서도 법과 관습을 중시하는 취지를 충분히 살리고 있다. 정부는 인민이 '천연한 즐거움'을 향유하도록 인민의 생업을 보장하되 인민의 삶에 지나치게 관여해서 안 된다는 것이 논설의 핵심이다.

정부의 시초

[1] 아주 옛날 혼돈한 세상에 사람의 종족(種族)이 법을 만들고 정부를 세웠을까 그렇지 않았을까. 풍기(風氣)가 아직 열리지 않아[未開] 인문이 초매(草昧)했으니 추론하는 관견으로 단언할 수는 없다. 하지만 사람의 삶이 있으면 법이 없을 수 없으므로 반드시 사람의 지식에 따라 차츰 법의 명칭이 생겨난 것이라 할 수 있다.

이제 천하의 대세를 살펴보자. 풍기가 차츰 열린[漸開] 지방에는 정부를 건설하는 제도가 스스로 있었음은 논의할 필요가 없다. 비록 만이(蠻夷)의 야만족[野族]이라도 각기 경우의 방편에 따라 정부의 명색이 반드시 있었다. 아프리카 주 남방에 부시맨이라는 부락은 세상 사람들이 "그 인민은 정부의 이름[名號]도 모르는 자들이다"라고 말하는데, 이는 토지가 광활하고 인민이 희소한 지방이라 그러한 것이다. 그 내지의 경우 인구가 조밀한 곳에는 그 가운데 명망이 가장 높은 자를 택하여 국군(國君)처럼 복사(服事)하는 풍속이 있다. 또한 남양대주[오세아니아 주]의 섬을 최초로 발견했을 때 세상 사람들은 "이 지방에는 정부 같은 것이 없다"라고 했다. 그 후 자세히 살펴보니 사람들이 모인 곳마다 우두머리[頭魁]가 있어 온갖 사무를 지휘하였다. 아메리카 주의 적인종도 각기 부락마다 두령의 규제[節制]를 받으며, 뉴질랜드라는 지방에도 기왕에 토착왕 몇 사람이 있었다. 대개 인종이 모여 살면 어떤 종족[族姓]이든 반드시 정부의 제도를 만들어 법을 행하는 것이 천지의 자연한 정리다. 벌, 개미 같은 미물도 군신의 분의(分義)를 지켜 정부의 형태를 이루는데, 하물며 사람이라는 자가 지각이 모자란다 해도 어찌 이 법이 없겠는가. 근일 야만의 경상을 미루어 살펴보면 아득한 옛날의 몽매한 풍속을 짐작할 수 있다.

사람의 천품이 본래 야만은 아니다. 야만은 교육을 받지 못해 지식이 미개하여 사람의 도리를 행하지 못한 것을 가리킨다. 오늘 야만의 이름이 있어도 내일 사람의 도리를 닦는다면 이들도 개화의 영역에 있는 인민이다. 이 이치를 상세히 따지면 오늘날 어리석고 어두운 야만은 먼 옛날의 미개한 사람과 같은 것이다. 세계에 야만의 종자[種落]가 따로 있는 것이 아니다. 개화 인민이 변하여 야만이 되는 자도 있고, 야만이 변해 개화인이 되는 자도 있다. 도를 어떻게 수행하는지 살펴보는 것이 옳다. 그 근본을 힐문하는 것은 옳지 않다.

[2] 또한 사람의 천품(天稟)이 일정하지 못해 근골이 강건한 자도 있고 형체가 허약한 자도 있으며, 또한 재질이 총명한 자와 심지가 유약

한 자의 차이가 있다. 또한 이 이치로 인해 남보다 앞서 남을 제어하는 것을 즐겨하는 자도 있고, 남보다 뒤져 그의 제어를 감수하는 자도 있다. 초매한 세계에서는 인품(人稟)의 차등 때문에 생민의 화해(禍害)가 더욱 심하지만, 풍기가 차츰 열리게 되면 고르지 못한 인품을 귀일(歸一)하는 도를 세운다. 하지만 천품한 재주와 기력은 사람의 지력으로 어찌할 수 없는 것이다. 그러므로 비록 그 천품의 귀일하는 도는 없을지라도 학문으로써 사람의 도리를 교회(敎誨)하고 법률로써 사람의 권리를 수호하여 인생의 정리(正理)로 신명과 재산을 보전하며, 이 일로 국가의 대업을 만들고 정부의 법도[規度]를 세운다. 이러한 법도의 창설은 사람의 강약과 현우를 따지지 않고 각기 사람의 사람 되는 도리와 권리를 귀일하기 위해서다. 그러므로 의롭지 못한 도당(徒黨)은 과격한 기질[氣性]로써 이와 같은 규범[規模]을 훼손하고 자기의 사욕을 자행하는 자도 적지 않지만, 이치로써 힘을 제어하여 일정한 제도를 시행하게 되었다. 이것이 정부가 시작된 본의다. [후략]

❋

'천지의 자연한 정리'와 '사람의 도리'

『서양사정 외편』 제1권 「정부의 근본을 논함」을 저본으로 서술한 정부론, 인성론이다. 먼저 정부의 기원을 얘기한다. 정부와 법은 인위적 산물이 아니라 자연히 출현한 것이다. 사람이 모여 살면 정부 제도를 만들고 법을 시행하는 것은 '천지의 자연한 정리'다. 개미나 벌도 '군신의 분의'를 지켜 정부 형태를 이루는데, 하물며 인간 세상에서는 어떤 사회건 정부와 법이 있기 마련이다. 이 같은 사실은 오늘날 야만인의 풍습을 통해 유추할 수 있다. 현재의 야만상태에서 옛날의 야만상태를 추정하는 것은 스코틀랜드 계몽사상의 문명단계설에 보였던 발상이다. 현재 지향할 문명의 준거를 옛날에서 찾았던, 상고(尙古)의 생각이 강했던 유학자들의 시간관념과는 어긋난다. 문명관의 전환을 뜻한다.

사람이 사는 한 인문이 열리지 않은 몽매한 야만의 시대에도 법은 있었다. 여기에서도 실재와 명목에 관한 사유를 엿볼 수 있다. 법은 사람이 모여 사는 곳이면 언제든 어느 곳에서든 실재한다. 법의 명칭은 지식에 따라 생겨날 뿐이다. 법의 명칭과 실재는 인문개화, 즉 지식 수준의 문제일 따름이다. 실재와 명목을 구분할 때, 아니 명목에 가려 있는 실재에 주목할 때, 사물의 보편성을 용인하는 '천지의 자연한 정리'를 상정할 여지가 생겨난다. 여기서 야만의 종자는 따로 있지 않다는 발상이 가능해진다. 야만과 문명의 본질적인 차이는 부정된다. 단지 교육을 받았는지 지식을 갖게 되었는지가 문제될 따름이다. 교육을 통해 지식이 열렸을 때 확보되는 '사람의 도리'가 야만과 문명을 가르는 기준이 된다.

'천지의 자연한 정리'와 '사람의 도리'는 어떠한 관계일까. 어느 곳, 어느 때든 사람이 모이면 정부와 법이 생긴다는 생각, 세상에 야만의 종자가 따로 없다는 발상은 '천지의 자연한 정리'에서 나오는 보편적 현상이다. 사람의 작위적 노력에 의해 야만이 문명이 되고 문명이 야만이 될 수도 있는 것은 '사람의 도리'와 관련된다. '사람의 도리'를 매개로 야만(인)은 개화(인)가 될 수도 있고 그 반대일 수도 있다. '천지의 자연한 정리'는 이러한 '사람의 도리'에 보편적 근거를 제공하지만 '사람의 도리' 자체는 아니다. '사람의 도리'는 지식을 얻는 교육을 통해 발현된다. '천지의 자연한 정리'는 인위적인 교육에 의해 습득된 '사람의 도리'를 매개로 사람에게 드러난다. '사람의 도리'는 만들어지지만, '천지의 자연한 정리'는 발견되는 것이다.

'천품'과 '인품'

'사람의 도리'는 '천지의 자연한 정리'와 통하지만 기본적으로 '인품(人稟)'의 문제다. 후쿠자와는 '천품(天稟)'만을 언급하면서 문명의 진보를 통해 천품의 불평균을 해소할 수 있다고 보았다. 유길준은 인간의 성품을 '천품'과 '인품'으로 나눈다. 근골, 형체, 재질, 심지. 즉 타고난 재주와 기력, 강약과 현우 등 천품은 사람마다 다르고, 천품한 재주와 기력은 사람의 지력으로 어찌할 수 없는 것이다. 이러한 천품은 고르게 할 수 없다. 하지만 후천적인 인품은 학문과 법률을 통해 고르게 할 수 있다. 인품의 차등은 개화하면 해소될 수 있다. "학문으로써 사람의 도리를 교회하고 법률로써 사람의 권리를 수호"할 수 있다. 정부는 이러한 인품을 제어하는 제도다. 정부의 법은 사람의 강약과 현우, 즉 천품을 따지지 않고 "사람의 사람 되는 도리와 권리를 일치시키기 위해", 즉 인품을 고르게 하는 제도인 것이다.

유길준은 후쿠자와를 매개로 버튼이 묘사한 문명사회의 구상에 동조하였지만, 유길준이 그것을 받아들이는 과정에서는 유학문명관이 은밀히 작용하였다. 이는 의미의 변용을 뜻한다. 인간본성(human nature)에 대한 낙관적 믿음은 스코틀랜드 계몽이나 유학적 계몽이나 상통한다. 교육(지식 획득)을 통한 '도리'의 수양을 매개로 야만과 문명의 고정성을 상대화하는 관점은 천하질서하에서 중화와 이적의 지리적 고정성을 해체함으로써 이적도 교화되면 중화가 될 수 있는 가능성을 열었던 홍대용이나 정약용의 논법과도 비슷하다. 지식의 기능이 개화(문명화)를 측정하는 '사람의 도리'를 육성하고 '사람의 도리'가 인품의 평균화를 의도하는 수준에 국한될 때, '도리'를 '천리'에서 유출된 것으로 상정한 주자학적 사유는 퇴조할 수밖에 없다.

제2단락의 후략 부분에서 유길준은 『서양사정 외편』의 내용을 빌려 미개한 정부의 야만적인 행실을 소개하고 있다. 터키에서는 인민, 노예가 지방 태수에게 예를 지키지 않으면 그 자리에서 살해되고, 일본에서도 평민이 말을 타면 무사가 목을 베는 풍속이 있었다고 전한다. 170년 전 스코틀랜드에서는 추장이 마음대로 백성을 죽이는 습속이 있었고, 독일에서는 사냥터에서 추위를 이기기 위해 신하를 살해한 뒤 사체의 피에 자신의 손발을 담가 따뜻한 기운을 얻은 귀족도 있었다는 등의 사례도 소개하였다. 일본의 사례는 유길준이 덧붙인 것이다. 『서양사정 외편』과 버튼의 『정치경제학』에는 보이지 않는다. 버튼은 미개사회의 야만적 행태를 예시할 때 간혹 동양이나 중국의 사례를 언급하는데, 후쿠자와는 버튼을 번역하면서 일본의 사례는 빼고 동양이나 중국의 사례를 다루었다. 버튼의 교본에 얼마간 오리엔탈리즘을 짐작할 수 있다면, 후쿠자와에게는 동양을 미개문명으로 타자화하는 의식이 보인다.

유길준은 동양과 중국의 사례를 생략하고 있다. 유교문명을 공유한다는 정체성 때문일까.

_____

[1] 上古鴻濛ᄒᆞᆫ世에人의種族이法을立ᄒᆞ고政府ᄅᆞᆯ建홈이有ᄒᆞ든가或不然ᄒᆞ든가風氣의未開홈으로人文이草昧ᄒᆞ니推想ᄒᆞᄂᆞᆫ管見으로決言ᄒᆞ기不能ᄒᆞ나然ᄒᆞ나人의生이有ᄒᆞ고ᄂᆞᆫ法의無홈이不可ᄒᆞᆫ者인則必然히人의知識을隨ᄒᆞ야漸次로法의名稱이立홈이라

今에天下의大勢ᄅᆞᆯ觀ᄒᆞ건대風氣漸開ᄒᆞᆫ地方은其政府의建設ᄒᆞᄂᆞᆫ制度의自有홈을議論ᄒᆞ기不必ᄒᆞ려이와雖蠻夷의野族이라도各其境遇의方便을因ᄒᆞ야政府의名色이必有ᄒᆞ니阿弗利加洲南方에保時滿이라ᄒᆞᄂᆞᆫ部落은世人이謂호ᄃᆡ其人民이政府의名號도不知ᄒᆞᄂᆞᆫ者라ᄒᆞ나此ᄂᆞᆫ土地가廣濶ᄒᆞ고人民이稀少ᄒᆞᆫ地方에然ᄒᆞ거니와及其內地에至ᄒᆞᆫ則人口의稠雜ᄒᆞᆫ處에其中의名望最高ᄒᆞᆫ者ᄅᆞᆯ擇ᄒᆞ야國君又치服事ᄒᆞᄂᆞᆫ風俗이有ᄒᆞ며又南洋大洲의諸島ᄅᆞᆯ最初發見ᄒᆞ든時에ᄂᆞᆫ世人이亦曰호ᄃᆡ此地方에政府의種類도無有ᄒᆞ다ᄒᆞ더니其後에審察ᄒᆞᆫ則人의會集ᄒᆞᆫ處에每其頭魁가有ᄒᆞ야凡百事務ᄅᆞᆯ指揮ᄒᆞ며阿美利加洲의赤種人도各其部落마다其頭領의節制ᄅᆞᆯ受ᄒᆞ며樓質蘭이라ᄒᆞᄂᆞᆫ地方에도已徃에土地王數人이有ᄒᆞ니大槩人種이生聚홈애如何ᄒᆞᆫ族姓이든지必然히政府의制度ᄅᆞᆯ組建ᄒᆞ야其法을行ᄒᆞᄂᆞᆫ者ᄂᆞᆫ天地의自然ᄒᆞᆫ正理라蜂蟻의微物이라도君臣의分義ᄅᆞᆯ守ᄒᆞ야政府의貌樣을成立ᄒᆞ거든況人이라稱ᄒᆞᄂᆞᆫ者가知覺이不足ᄒᆞ다謂ᄒᆞᆫ들此法이豈無ᄒᆞ리오近日野蠻의景像으로推溯ᄒᆞ면玄古의蒙昧ᄒᆞᆫ風俗을斟透홀디니抑且野蠻은

其人의天稟이本來野蠻아니라敎育을不被홈으로知識이未開ᄒᆞ야人의道理ᄅᆞᆯ不

行ᄒᄂᆞᆫ者ᄅᆞᆯ指目홈인故로今日에野蠻의名이有ᄒᆞ야도明日에至ᄒᆞ야人의道理ᄅᆞᆯ修ᄒᆞ면則此亦開化域中의人民이니此理ᄅᆞᆯ細究홀진대今日의蚩蠢ᄒᆞᆫ野蠻은即上古의未開ᄒᆞᆫ人과同ᄒᆞᆫ者며世界上에野蠻의種落이別有홈아니라然ᄒᆞᆫ故로開化人民이變ᄒᆞ야野蠻되ᄂᆞᆫ者도有ᄒᆞ고野蠻이變ᄒᆞ야開化人되ᄂᆞᆫ者도有ᄒᆞ니其道의修行홈이如何홈을審考홈이可ᄒᆞ고其根本은詰問홈이不可홈이라

[2] 且夫人의天稟이一定ᄒᆞ기不能ᄒᆞ야或筋骨의剛壯ᄒᆞᆫ者도有ᄒᆞ고或形體의虛弱ᄒᆞᆫ者도有ᄒᆞ며又或才質의聰明ᄒᆞᆫ者와心志의懦昏ᄒᆞᆫ者의差殊가有ᄒᆞ고又此理ᄅᆞᆯ由ᄒᆞ야人에先ᄒᆞ야人을制ᄒᆞ기樂ᄒᆞᄂᆞᆫ者도有ᄒᆞ며人에後ᄒᆞ야其制ᄅᆞᆯ甘受ᄒᆞᄂᆞᆫ者도有ᄒᆞ니草昧ᄒᆞᆫ世界에人稟의差等으로生民의禍害가滋甚ᄒᆞ나然ᄒᆞ나風氣가漸開ᄒᆞ기에至ᄒᆞᆫ則人稟의不調홈을歸一ᄒᆞ기로道ᄅᆞᆯ立호ᄃᆡ天稟ᄒᆞᆫ才操와氣力은人의智力으로無如何ᄒᆞᄂᆞᆫ者인故로雖其天稟의歸一ᄒᆞᄂᆞᆫ道ᄂᆞᆫ無ᄒᆞ야도學問으로ᄡᅥ人의道理ᄅᆞᆯ教誨ᄒᆞ며法律로ᄡᅥ人의權利ᄅᆞᆯ守護ᄒᆞ야人生의正理로其身命과財産을保全ᄒᆞ야此事로國家의大業을作ᄒᆞ고政府의規度ᄅᆞᆯ建ᄒᆞ니盖此規度의設始홈이人의强弱과賢愚ᄅᆞᆯ勿論ᄒᆞ고各其人의人되ᄂᆞᆫ道理와權利ᄅᆞᆯ歸一홈이라然홈으로無義ᄒᆞᆫ徒黨은過激ᄒᆞᆫ氣性으로如此ᄒᆞᆫ規模ᄅᆞᆯ毀破ᄒᆞ고自己의私慾을恣行ᄒᆞᄂᆞᆫ者도不少ᄒᆞ나理로ᄡᅥ力을制ᄒᆞ야一定ᄒᆞᆫ制度ᄅᆞᆯ施行홈에至ᄒᆞ니此ᄂᆞᆫ則政府의始初ᄒᆞᆫ本意라 [후략]

[3] 어떤 사람이 말했다. "초매한 시대에 정부가 시작된 형세를 궁구해 보면, 기운이 강건하고 심력이 용맹[雄勇]한 자는 추장의 자리를 차지하고, 나이가 많아 사물에 숙련된 자는 좌우의 보필[協輔]을 이루었다. 안으로는 애무(愛撫)하는 정령(政令)과 통솔하는 규칙[規制]이 적었고, 밖

으로는 이웃한 부락과 전쟁, 살육을 일삼았다. 그러므로 약소하고 무모한 자는 추장에게 복사하는 예를 다하여 타인의 강탈과 침략을 면할 따름이었다. 장구한 세월을 거쳐 세계의 인구가 점차 늘어나자 그동안에 자연히 총명한 자와 공평한 자가 적지 않게 되었다. 비로소 이들이 생민의 기강이 없음을 개탄하여 법[規模]을 정하고 제도를 세워 정부의 체재를 이루니, 사람에게 간신히 맞는 도리가 비로소 생겨났다. 그러나 사람의 혈기는 사욕에 빠지기 아주 쉬워 현자를 택하여 인군의 자리에 앉혀도 분쟁하는 폐단이 일어났다. 혈속(血屬)으로 세습[相傳]하는 법을 작정하여 패역한 자의 요행한 기대심[冀望]을 끊었지만, 아버지가 반드시 아들에게 전하는 법을 세우지는 않았다. 그리하여 아우에게 전하기도 하고 조카에게 전하기도 했다. 이 법도 오래 가지 못해 골육의 상쟁을 일으키고 국가의 화를 초래하게 되자 부자가 세습하는 세통(世統)으로 만대불변의 큰 법을 세웠다. 유럽 각국의 제왕(帝王) 가의 시초를 생각해 보면, 그 조상은 한 부락의 우두머리[酋魁]로서 약소한 자를 겸병(兼並)하여 토지를 할거하고 인민을 관할하여 오늘날 강성한 정부의 기업(基業)을 남겼다". 세습하는 제왕 정부가 시작된 연유를 고금의 역사책에 의거해 가만히 생각해 보면 이에 지나지 않을 것이다.

천명(天命)과 운수(運數)는 사람이 모르는 일이어서 감히 거론할 수 없지만, 사람이 보고 들은 바에 따라 미루어 헤아린다면 정부의 규모가 견고할수록 국가의 햇수는 영원할 것이다. 만약 하루아침의 우견(愚見)으로 만세의 큰 기틀을 뒤흔드는 자가 있다면 정부의 법을 문란하게 하는 데 그치지 않고 임금도 모르는 역신(逆臣)과 어버이도 모르는 패자(悖子)의 죄를 면치 못할 것이다. 인민이 많으면 재식(才識)과 덕망이 한 나라를 통어할 수 있는 자가 반드시 있다. 그래서 합중국에 대통령을 선택하는 법이 있다. 서양학자 중에 이 법을 채용해야 한다는 의론을 펴는 자가 있는데, 이는 사세에 통달하지 못하고 풍속에 매우 어두워 어린애의 우스갯소리에도 미치지 못할 뿐이다. 정부가 시작된 제도는 피차에 차이가 있다. 이 의론을 주창하는 자는 제왕 정부의 죄인이라 불러도 책임을 벗어나기 어렵다. 그러므로 제왕 정부의 인민은 저같이 어리석은 자의 용렬한 주장[庸議]을 변박(辨駁)하고, 정부의 대대로 전하는 법[規模]을 고수하고, 나라 안의 현능한 자를 천거하여 정부 관리에 임용하고, 국인의 생명과 산업을 안보하여 일정한 법률로 태평한 낙을 향유하며, 선왕이 창업한 공덕을 만세에 받들어 지켜야 한다.

[4] 정부가 시작된 제도는 제왕으로 전하든 대통령으로 전하든 가장 큰 취지[關係][趣意―후쿠자와]는 인민의 마음을 합하여 일체를 이루고 그 권세로 사람의 도리를 보수하는 데 있다. 따라서 중대한 사업과 심원한 직책은 인민을 위해 태평한 복기(福基)를 도모하고 보전하는 데 지나지 않는다. 국정의 방향을 지시하고 순서를 준정(遵定)하는 자는 인군과 대신이다. 이들의 보필(輔弼)과 참좌(參佐)의 수중에 있지 않으면 행하기 어려운 일이 많다. 인민은 그 권한을 갖고 있지 않다. 그러므로 위에 있는 자가 중심(衆心)을 일체로 만들지 않으면 안 된다. 또한 인사(人事)를 살피고 시기(時機)에 응하여 규범[規模]을 만들든 법률을 설립하든, 만약 정부의 조처로 하지 않으면 강자를 이롭게 하고 약자를 해칠 우려가 없지 않을뿐더러 시일을 끌어도 실효를 거두지 못하고 길가에

집을 짓는[作舍道傍] 비웃음을 면치 못할 것이다. 중인(衆人)의 의론이 공평하다 하여 대수롭지 않은 인민을 혼동(渾同)하여 정부의 권한을 함께 갖는 것이 어찌 옳겠는가. 국가가 정부를 설치하는 본뜻은 인민을 위한 것이고, 인군이 정부를 명령하는 큰 뜻도 인민을 위한 것이다. 인민이 정부를 경봉(敬奉)하는 일과 앙망(仰望)하는 바람은 그 덕화와 은택의 공평함을 일체 두루 받고 싶어 하기 때문이다. 정부가 인민의 이 같은 성의와 이 같은 바람을 저버리고 발행하는 정령(政令)과 시행하는 법률이 대공지정(大公至正)한 원리를 잃는다면 세간의 일개 유해무익한 무용지물[長物]이다. 그러므로 정부의 시작된 본뜻을 명심하여 인민으로 하여금 생업을 편안히 하고 신명을 보전하도록 하여 온갖 사물을 성실함으로 주장하고 공평한 의사를 굳게 간직한다면 일시의 잘못이 있어도 인민이 정부를 원망하지는 않을 것이다.

✿

군주제, '사세'와 '풍속'

제3단락에서는 후쿠자와의 서술을 빌려 미개사회에서 군주제가 출현한 역사적 과정을 소개한다. '어떤 사람'은 후쿠자와 유키치를 가리킨다(물론 원저자는 버튼이다). 『서양사정 외편』권1 「정부의 본을 논함」을 참고로 서술한 글이다. 미개사회에서는 기운이 강하고 심력이 센 자가 추장 자리를 차지하며, 연로하고 숙련된 자가 좌우의 협보(協輔)를 이루고 약한 자가 추장을 섬김으로써 타인의 강탈과 침략을 면하였다. 그런데 세월이 흘러 인구가 늘면서 총명한 자, 공평한 자가 많아지면서 백성에게 기강이 없음을 개탄하여 정부 제도를 만들고 현자를 군주로 택하였다. 하지만 사욕을 부려 분쟁이 발생하고 혈통에 의한 왕위계승이 나타났다. 형제간 골육상쟁이 벌어지면서 부자 세습제가 등장하였다. 유길준은 후쿠자와의 서술을 이렇게 약술한 뒤 "세습하는 제왕 정부가 시작된 연유를 고금의 역사책에 의거해 가만히 생각해 보면 이에 지나지 않을 것이다"라고 평가한다. 세습군주제의 출현에 관해 후쿠자와의 서술에 동의하고 있다.

하지만 이어지는 문장에서 다른 생각을 피력한다. 유길준은 후쿠자와(버튼)의 관련 서술을 고쳐 썼다. 후쿠자와는 수백 년간 문벌의 이름과 '하늘이 내린 작위'로써 권위를 가진 세습군주제가 '어찌할 수 없는 세'가 되었지만, 문벌을 떠나 인심을 얻은 명가의 재덕 있는 자를 '총대리인'으로 뽑는 선출 군주제가 '이외(理外)의 편리'라고 말하였다. 유길준은 이 대목을 빼버리고 군주제를 옹호하고 대통령제를 비판하는 내용으로 채웠다. 미국의 대통령제는 조선의 '사세'와 '풍속'에 맞지 않으며, 대통령제 옹호론은 '하루아침의 우견', '어리석은 자의 용렬한 주장'에 불과하다는 것이다. 대통령제 얘기가 불쑥 불거져 나온 것은 글의 맥락상 좀 어색하게 보이는데, 아마도 "일국 내에는 인물도 적지 않으므로 문벌에 관계없이 재덕 있는 자를 뽑아 군으로 삼"는다는 후쿠자와의 서술에서 대통령제를 연상한 것으로 보인다. 유길준에게 군주제는 '만세의 큰 기틀'이다. 세습군주제를 뒤흔드는 자는 법질서를 어지럽히는 '임금도 모르는 역신(逆臣)과 어버이도 모르는 패자(悖子)', '제왕 정부의 죄인'이다. 유길준은 세습 군주제를 옹호하였던 것이다. 후쿠자와나 버튼도 군주의 합리적인 선출 방식에 관해 언급했을 뿐 군주 자체를부정하지는 않았다.

동아시아에서도 유사한 논의가 없지 않았다. 도쿠가와 말기의 유학자 사토 잇사이[佐藤一齋]도 일종의 군주추대론을 피력한 바 있다. 사토는 사람이 모여 집단을 구성하면 자연스럽게 힘의 강약이 나타나고 약한 자들이 스스로를 보호하기 위해 강한 자 중에 자신을 보호해줄 군주를 추대하게 된다고 주장하였다(『言志四録』). 미국 대통령제에 대한 예찬은 『해국도지』와 『영환지략』에서 찾아볼 수 있다. 위원과 서계여는 워싱턴을 대통령직을 세습하지 않고 공정한 정치를 실천한 인물로 예찬하는 한편 미국의 대통령제를 요순정치의 구현으로 인식하였다. 『해국도지』를 숙독했던 무사 유학자 요코이 쇼난[橫井小楠]도 요순의 선양을떠올리면서 요순정치의 이상이 실현된 것이라 예찬하였고 혈통에 의한세습제를 비판하였다(장인성, 『장소의 국제정치사상』). 한국에서는 박제경(朴齊絅)이 『근세조선정감』(1886)에서 미국의 선출 대통령제를 상찬한 바있다. 1880년대 한국에서는 미국 대통령제에 관한 정보와 인식이 유포되어 있었다. 유길준은 이를 의식하면서 대통령제를 비판한 것으로 보인다. 유길준은 요순임금의 선양(禪讓)을 예찬하거나 대통령제에 호의를 보인 적이 없다(제13편 제2절의 평설 참조).

유길준의 정체론에서는 사세와 풍속의 장소적 특수성을 중시하는사고법, "사람이 보고 들은 바에 따라 미루어 헤아린다"는 경험적 사고법을 확인할 수 있다. 이러한 사고법은 정부의 대대로 전하는 제도를

'고수'하고 선왕이 창업한 공덕을 만세에 '받들어 지켜야 한다'는 보수적 발상에 기초한다. 유길준은 '천명과 운수'라는 비가시적 초월적 존재 근거를 '사람이 모르는 일'이라 유보한 채, '사람이 보고 들은 바에 따라 미루어 헤아리는' 가시적, 경험적 세계에서 군주와 정부의 존재 방식을 법과 규칙으로 규율하고자 했다. 능력 있는 어진 자를 천거하여 관리에 임용하고 인민의 생명과 산업을 보호하여 태평한 낙을 향유하게 한다는 견해는 전통적인 인재등용론과 크게 다르지 않다. 다만 유길준은 「언사소(言事疏)」(1883)에서 과거 폐지를 주장하였고, 갑오개혁 때 과거제를 폐지하였다.

'중심(衆心)의 일체'와 '사람의 도리'

정부는 어떠한 취지로 어떻게 구성해야 할까. 정부의 취지는 인민의 마음을 합하여 일체를 이루는 '합심일체', 즉 '중심(衆心)의 일체'를 기초로 삼고 정부의 권세를 사용하여 '사람의 도리'를 보수하는 데 있다. 후쿠자와는 정부의 취지를 '인심일체('a concentration of the national will' ─Burton)'와 더불어 '중민의 편리('public benefit'─Burton)'를 꾀하는 데서 찾았다. 유길준은 이 '중민의 편리'를 꾀한다는 말을 '사람의 도리'를 보수한다는 말로 고쳐 썼다. 후쿠자와는 '국민'에 대한 정부의 '덕택'을 '국민의 이익'이라는 관점에서 설명했지만, 유길준은 정부의 '덕화와 은택의 공평함'을 '인민의 성의와 바람'이라는 관점에서 설명한다. 후쿠자와는 정부의 인심일치를 다수와 소수의 이해관계로 이해했지만, 유길준은 강자와 약자의 이해관계로 파악하였다. 유길준의 경우 '합심일체',

'중심일체'는 질서 유지를 위한 국내 통합의 의지를 표현한 말인데, 동아시아 질서변동기에 흔히 보인 발상이다.

정부의 임무는 인민이 생업에 종사하면서 신명을 보전할 수 있게 하고 인민을 위해 태평한 토대를 도모하는 데 있다. 정부는 강자를 이롭게 하고 약자를 해칠 우려를 없애고 실효를 거두기 위해 법률과 규칙을 마련해야 한다. 정부는 인민을 위한 것이며, 군주가 정부를 명령하는 뜻도 인민을 위해서다. 하지만 인민이 정부의 권한을 공유하는 것은 옳지 않다. 인민이 정부를 받들고 바라보는 까닭은 정부의 공평한 덕화와 은택을 두루 받고 싶어서다. 정부의 정령과 법률은 정부를 경봉하고 앙망하는 인민의 성의와 바람을 반영해야 하며, 그렇게 하려면 '대공지정(大公至正)한 원리'에 입각해야 한다. 군주와 백성의 관계가 정부와 인민의 관계로 치환되어 있지만, 유학적 민본주의의 발상은 고스란히 살아 있다.

한편 유길준은 "국정의 방향을 보이고 순서를 **바르게 하는** 일은 한둘의 군상(君相) 또는 의정관의 손이 아니라면 행해지기 어렵다"라는 후쿠자와의 말을 "국정의 방향을 지시하고 순서를 **준정하는** 자는 인군과 대신이며, 이들의 보필과 참좌의 손 안에 미치지 않으면 행하기 어려운 일이 많다"로 고쳐 썼다. 유길준은 질서는 바르게 하는 것이 아니라 준수해야 한다고 생각한 것이다. "중인의 의론이 공평하다 하여 대수롭지 않은 인민을 혼동(渾同)하여 정부의 권한을 함께 갖는 것이 어찌 옳겠는가"라는 표현도 일부러 추가한 대목이다. 유길준은 인민이 정부의 권한을 공유하는 것에 비판적이었다. 유길준이 공화정치를 용인할 여지는 없었을 것이다. 참고로 "길가에 집을 짓는다[作舍道傍]"는 말은 의견이 달라 일을 결정하지 못함을 비유하는 말이다.

---

[3] 或人이云ᄒᆞ되 草昧ᄒᆞᆫ 時代에 政府의 始初ᄒᆞᆫ 形勢ᄅᆞᆯ 窮究ᄒᆞ건대 氣運이 剛健ᄒᆞ고 心力이 雄勇ᄒᆞᆫ 者ᄂᆞᆫ 酋長의 位ᄅᆞᆯ 占ᄒᆞ고 年紀가 長成ᄒᆞ며 事物에 熟鍊ᄒᆞᆫ 者ᄂᆞᆫ 左右의 協輔ᄅᆞᆯ 作ᄒᆞ야 居ᄒᆞᆫ則 愛撫ᄒᆞᄂᆞᆫ 政令과 統率ᄒᆞᄂᆞᆫ 規制가 少ᄒᆞ고 出ᄒᆞᆫ則 其隣近ᄒᆞᆫ 部落과 戰爭及殺伐에 從事ᄒᆞᄂᆞᆫ지라 然ᄒᆞᆫ 故로 弱小無謀ᄒᆞᆫ 者ᄂᆞᆫ 其酋長에게 服事ᄒᆞᄂᆞᆫ 禮ᄅᆞᆯ 盡ᄒᆞ야 他人의 强奪과 侵掠을 免ᄒᆞᆯᄯᆞ름이더니 長久ᄒᆞᆫ 歲月을 閱歷ᄒᆞ야 世界의 人口가 漸次로 增殖ᄒᆞᆫ則 其間에 自然히 聰明ᄒᆞᆫ 者와 公平ᄒᆞᆫ 者 不少ᄒᆞᆫ지라 若 人輩가 始乃 生民의 紀網이 無ᄒᆞᆷ을 慨歎ᄒᆞ야 規模ᄅᆞᆯ 定ᄒᆞ며 制度ᄅᆞᆯ 立ᄒᆞ야 政府의 體裁ᄅᆞᆯ 成ᄒᆞ니 人의 僅可ᄒᆞᆫ 道理가 始有ᄒᆞ나 然ᄒᆞ나 人의 血氣ᄂᆞᆫ 私慾에 陷溺ᄒᆞ기 最易ᄒᆞ야 賢者ᄅᆞᆯ 擇ᄒᆞ야 人君의 位에 實ᄒᆞ야도 紛爭ᄒᆞᄂᆞᆫ 弊가 起ᄒᆞᆯ지라 血屬으로 相傳ᄒᆞᄂᆞᆫ 法을 酌定ᄒᆞ야 悖逆ᄒᆞᆫ 者의 僥倖ᄒᆞᆫ 冀望을 絶ᄒᆞ되 其父가 必 其子에게 傳ᄒᆞᄂᆞᆫ 法은 不建ᄒᆞᆫ 故로 或 其弟에게 傳ᄒᆞ며 或 其姪에게 傳ᄒᆞᆫ則 此法이 亦 不久ᄒᆞ야 骨肉의 相爭을 起ᄒᆞᆷ이 有ᄒᆞ야 國家의 禍ᄅᆞᆯ 釀ᄒᆞᄂᆞᆫ지라 父子 相傳ᄒᆞᄂᆞᆫ 世統으로 萬代의 不易ᄒᆞᄂᆞᆫ 大法을 立ᄒᆞ니 大槩 歐洲 各國의 帝王家 始初ᄅᆞᆯ 考ᄒᆞ건대 其先은 一部落의 酋魁로 弱小ᄒᆞᆫ 者ᄅᆞᆯ 兼並ᄒᆞ야 其土地ᄅᆞᆯ 割據ᄒᆞ며 人民을 管轄ᄒᆞ야 近日의 强盛ᄒᆞᆫ 政府의 基業을 遺ᄒᆞᆷ이라 世傳ᄒᆞᄂᆞᆫ 帝王政府의 始初ᄒᆞᄂᆞᆫ 緣由ᄅᆞᆯ 古今의 史册으로 憑據ᄒᆞ면 竊恐ᄒᆞ건대 此에 不過ᄒᆞ니

天命과 運數ᄂᆞᆫ 人의 不知ᄒᆞᄂᆞᆫ 者라 擧論ᄒᆞ기 不敢ᄒᆞ거니와 人의 見聞이 及ᄒᆞᄂᆞᆫ 바로 推量ᄒᆞᆫ則 其政府의 規□가 堅確ᄒᆞᆯ스록 其國家의 歷年이 久遠ᄒᆞᆯ지오 萬若 一朝의 愚見으로 萬世의 大基ᄅᆞᆯ 搖動ᄒᆞᄂᆞᆫ 者가 有ᄒᆞ면 政府의 法을 紊亂ᄒᆞ기에 不止ᄒᆞ고 無君ᄒᆞᆫ 逆

346

臣과 無父호 悖子의 罪를 未免홀지라 却夫 人民의 衆多홈에 其才識과 德望이 足히 一國을 統御홀 者가 必有호 故로 合衆國의 大統領을 選擇호는 法이 有호니 泰西學士中에 其法을 取用홈이 可호다호는 議論을 唱出호는 者가 有호나 此는 事勢에 未達호며 風俗에 甚昧호야 童穉의 戲談에도 不及홀뿐더러 政府의 始初호 制度가 彼此의 殊異홈이 有호니 此議를 主倡호는 者는 帝王政府의 罪人이라 稱호야도 其責을 難逃홀지라 然호 故로 帝王政府의 人民은 如彼 愚妄호 者의 庸議를 辨駁호고 其政府의 世傳호는 規模를 固守호며 國中의 賢能호 者를 擧호야 政府의 官吏에 任用호고 國人의 生命과 産業을 安保호야 一定호 法律로 泰平호 樂을 享受호며 先王의 創業호 功德을 萬世에 奉守홈이 可호다호니

[4] 大槩政府의 始初호 制度는 帝王으로 傳호든지 大統領으로 傳호든지 其關係의 最大호 者는 人民의 心을 合호야 一體를 成호고 其權勢로 人의 道理를 保守호기에 在호 故로 其重大호 事業과 深遠호 職責이 人民을 爲호여 其泰平호 福基를 圖謀홈과 保全홈에 不出호니 國政의 方向을 指授홈과 次序를 遵定홈은 人君과 大臣이며 及 其輔弼參佐의 手中에 不在호 則難行홀 者가 多호지라 然홈으로 人民이 其權을 不有호나 上에 在호 者가 衆心을 一體에 成호기 不能호면 不可호고 又 人事를 審호며 時機를 應호야 規模를 刱始호든지 法律을 設立호든지 萬若政府의 處實로 不以호면 强者를 利호고 弱者를 害호는 憂慮가 不無홀뿐더러 時日을 延拖호도록 其實效를 不奏호야 道傍에 作舍호는 譏笑를 不免호리니 衆人의 議論이 公平호다호야 汗漫호 人民을 渾同호야 政府의 權을 同執홈이 奈何 其可리오마는 國家의 政府를 設實호는 本意는 人民을 爲홈이오 人君의 政府를 命令호는 大旨도 人民을 爲홈이라 人民이 政府를 敬奉호는 事와 仰望호는 願은 其德化와 恩澤의 公平홈을 一體均被호기를 欲홈인則 若政府되는 者가 人民의 如此호 誠意와 如此호 希圖를 背棄호고 其發行호는 政令과 施用호는 法律이 大公至正호 原理를 失호면 世間의 一有害無益호 長物이라 若是호기 政府의 始初호 本意를 明心호야 人民으로 호

야곰其生業을便安히ᄒᆞ고身命을保全ᄒᆞ게ᄒᆞ야千事萬物을誠實홈으로主張ᄒᆞ며公平훈意旨를確執훈則一時의過失이雖有ᄒᆞ야도人民이其政府를怨望ᄒᆞ기에不至ᄒᆞ
ᄂᆞᆫ者라

[5] 어떤 사람은 "선왕의 제도는 터럭 하나라도 변경할 수 없다"라고 한다. 집중(執中)하는 관점[主見]에서 생각한다면 이 말이 수성(守成)하는 대도라고 말할 자가 있을 수 있지만, 이는 하나만 알고 둘은 모르는 자다. 국가(國家)의 규모(規模)는 천만 년 지나도 바뀌지 않는 것이 있고, 시세에 따라 변개(變改)하는 것도 있다. 변하지 않는 것은 인군이 인민의 위에 서서 정부를 설치하는 제도와 태평을 도모하는 대권이고 인민이 인군을 위해 충성을 다하고 정부의 명령에 복종하는 것이다. 이는 인생의 큰 벼리다. 해와 달처럼 광명하며 천지와 더불어 장구하기 때문에 인력으로 옮기거나 움직일 수 없다. 정부의 사무는 대소를 막론하고 때에 따라 변역(變易)한다. 사람의 일은 옛날[古]에 합당했던 것이 오늘날[今]에 그렇지 않고, 저쪽[彼]에 아주 훌륭한 것이 이쪽[此]에 맞지 않는 것이 있다. 법이 오래되어 폐단이 생기고 때가 바뀌면서 일이 변하는 것은 세상의 자연스러운 도다.

그러므로 때[機]를 보아 세(勢)에 응한 뒤에 국가를 보수할 수 있다. 만일 그렇지 않고 선왕의 제도를 변경하는 일이 불가하다고 하여 당시 이미 고쳐진 것을 고치지 않고 마땅히 바꿔야 할 일을 바꾸지 않는다면, 여간한 화해(禍害)는 고사하고 종묘와 사직의 위태함이 눈앞에 있어도 깨닫지 못할 것이다. 국가를 보수하는 일은 사람의 가장 큰 직분이다. 옛법[舊規]을 변경할지라도 선왕의 묘사(廟社)를 보안해야 하는데, 이는 선왕의 제도를 고수(固守)하는 것과 같다. 옛법을 따른다고 해서 변통(變通)하는 대도를 모르고 국가의 위급함을 구하지 못하는 지경에 이른다면, 이는 선왕의 죄인이다. 정부의 사무는 사철이 바뀌는 것과 같은 것으로, 때에 따라 변(變)에 응하는 도는 여름에 갈옷을, 겨울에 갖옷을 입는 것과 같다. 만세의 불변하는 규범[規模]은 천지의 자연한 이치로서 사계절의 공효[功]를 이루는 것이다.

❋

'변경', '변개', '변통'

변통과 보수에 관한 유길준의 생각이 잘 나타난 글이다. 유길준은 1880년대 개방 개혁의 상황에 부응하면서 시대에 맞게 변용하는 '변통(變通)'에 대해 말한다. '선왕의 제도'는 절대 변경할 수 없다는 위정척사론자들의 견해를 비판하면서 국가와 사직을 보수하기 위한 변혁을 주장한다. 유길준은 변혁, 변화와 관련하여 '변경(變更)', '변개(變改)', '변역(變易)', '변통(變通)' 등 다양한 용어를 사용한다.

변통론은 시세와 장소가 핵심이다. 시세가 바뀌면 옛날[古]에 합당했던 것이 지금[今]에 맞지 않고, 장소가 바뀌면 저쪽[彼]에 훌륭한 것이 이쪽[此]에 맞지 않는 사태가 발생한다. 시세와 장소가 바뀌는 것은 기존의 질서가 감당할 수 없는 새로운 상황이 출현했기 때문이다. 고와 금의 시간축에서 움직이는 시세와 피와 차의 공간축에서 규정되는 장소는 서로 결부된다. 국제질서가 변동하는 과정에서는 피와 차의 관계에 관한 공간의식이 고와 금의 관계에 관한 시간의식의 변용을 촉발한다. 강력한 타자의 출현으로 피와 차의 관계를 변질시키는 것이다. 시세의 변화는 이러한 전략적 장소의 출현이라는 공간적 변화를 의식하고 이에 대응하면서 촉발된다. 공간의 변용이 시간의 변화를 유발하는 것이다. 피와 차를 '화이(華夷)'의 틀로 규정하면서 '선왕의 제도'를 고수하는 경우 고와 금의 시간축은 바뀌지 않는다(위정척사론자). 중화관념을 버리고 근대문명관과 근대정치관을 전적으로 받아들였을 때 '선왕의 제도'는 변혁되거나 폐기되어야 하며, 고와 금은 역전된다(급진개화파). 유길준은 그 어느 경우도 아니었다.

'변개', '변역', '변통'은 시세와 때에 따라 바뀌는 자동사적 용법이다. '국가의 법'이 시세에 따라 '변개'한다고 했을 때, 정부의 사무가 때에 따라 '변역'한다고 했을 때, 네 계절의 바뀜과 같이 '변통'한다고 했을 때, '변개', '변역', '변통'은 사물의 자연스러운 변화를 의미하는 자동사적 용법이다. 정부의 사무는 시세에 따라 자연적으로 변개, 변역, 변통한다. 때에 따라 변에 응하는, 때에 따라 변역하는 변통은 주역의 '변통'과 통한다[變通莫大乎四時 『周易』 繫辭上)]. '변통'은 사물이 변화하고 통달하는 것을 가리킨다. 유길준이 말하는 '변역'도 국가의 위급함을 구하기 위한 것이지만 작위적인 것이 아니라 사계절이 바뀌는 것처럼 '세상의 자연스러운 도'다. '변역'은 계절에 따라 옷을 바꿔 입는 것과 같다. '변역', '변통'의 사유는 '시무(時務)'의 논리와 연관된다. 조선조 중기 율곡 이이의 개혁론(『聖學輯要』)이나 조선조 말기 운양 김윤식의 개혁론(『時務說』)은 시무론이었다. 시무에 따른 변통은 유학자들의 일반적인 개혁 논리였다.

'수성', '보수', '보안'

유길준은 선왕의 제도를 작위적으로 '변경'하는 것까지 생각하지만, 핵심 제도(군주제)의 인위적 변경에는 유보적이었다. 유길준의 변통관은 보수적 사고를 내포한다. 유길준은 보수와 관련된 다양한 말을 구사한다. 유길준은 선왕의 제도를 '수성(守成)', '고수(固守)'하고, 국가를 '보수(保守)'해야 하며, 종묘사직을 '보안(保安)'해야 한다고 말한다. '수성하다', '고수하다', '보수하다', '보안하다'는 모두 타동사다. 보수와 관련된 이들 타동사의 용법은 '변역', '변통'의 자동사보다 주체적 의지를 강하게 느끼게 한다.

사철의 변화처럼 자연의 이치에 따라 바뀐다는 자동사적 변통의식과 무언가를 바꾸면서 보수해야 한다는 타동사적 보수의식은 구별된다. 유길준은 국가체제와 정부의 사무를 구별한다. 국가체제는 변혁할 수 없고 정부의 사무는 변역할 수 있다. 군주제는 변혁할 수 없는 제도다. 그것은 타동사적 보수의 대상이다. 인민은 군주에게 충성하고 정부에 복종해야 한다. 이러한 군주제는 바꿀 수 없다. 인군이 인민의 위에 서서 정부를 설치하는 제도와 태평을 도모하는 대권, 그리고 인민이 인군을 위해 충성을 다하고 정부의 명령에 복종하는 것은 바꿀 수 없다. 해와 달처럼 광명하며 천지와 더불어 장구하기 때문에 인력으로 옮기거나 움직일 수 없다. 이와 달리 정부의 사무는 시세에 따라 바뀌는 것이다. 자동사적 변통의 대상이다. 대소를 막론하고 사철이 바뀌는 것처럼 때에 따라 변역(變易)해야 한다. 여름에 갈옷을, 겨울에 갖옷을 입는 것처럼 때에 응하여 변해야 한다.

그런데 국가를 보수하기 위해 '선왕의 제도'는 변경할 수도 있다. 옛법을 변경할지라도 '선왕의 종묘사직'을 보안한다면 이는 선왕의 제도를 고수하는 것이 된다. 선왕의 제도를 변경함으로써 선왕의 제도를 보수할 수 있다는 역설의 논리가 성립한다. 이러한 역설은 선왕의 종사(宗社), 즉 군주제는 바꿀 수 없는 것이라는 전제에서 가능하다. 체용론을 빌려 말한다면, '선왕의 종사'를 보수하는 것이 체(體)가 되고, 그것을 보전하기 위해 '옛법'을 시세에 맞게 바꾸는 것은 용(用)이 될 수도 있겠다.

유길준은 국가와 종묘사직을 위협하는 강력한 타자(서양)와 대면한 비상 상태에서는 때를 보고 형세에 응한 변혁을 생각한다. "옛법을 따른다고 해서 변통(變通)하는 대도를 모르고 국가의 위급함을 구하지 못하는 지경에 이른다면, 이는 선왕의 죄인이다." 이제 변통은 사철의 바뀜과 같은 순환론적 변화에 머무를 수만은 없다. 서양에 대응할 준거틀을 받아들이고 그것에 맞추어 변통해야만 하는 진보론적 변혁까지도 포괄해야 한다. 자기 내부의 시간적 순환론에서는 내적 변화의 추세를 읽어 내고 스스로를 변역할 것이 요구되지만, 여기서 기존의 순환론적 변동과 진보론적 변통(진화)은 결합하는 양상을 보인다.

[5] 人이或曰호티先王의制度는一毫라도變更홈이不可호다호니執中호는主見으로生覺호면此論으로守成호는大道라謂홀者가或有홀디나然호나此는其一을知호고其二에未通호는者라大槩國家의規模가千萬年을經過호야도不變홀者가有호고又時勢를隨호야變改홀者도有호니其不變홀者는人君이人民의上에立호야政府를設實호는制度와又其泰平을圖成호는大權이며人民은人君을爲호여其忠誠을盡호고又其政府의命令을服從호는事니此는人生의大紀라日月又치光明호며天地로더브러長久호야人力으로遷動호기不可호者어니와政府의事務는大小를無論호고時를隨호야變易호는者니凡人의事는古에合當호든者가今에不然호者와彼에極善호者가此에不適호는者가有호야法이久홈애弊가生호고時가移홈애事가變홈은世間의自然호道라

然호故로機를投호야其勢를應호然後에可히國家를保守홀디어늘若不然호고先王의制度를變更호는事가不可호者라호야時의已改호者를不改호며事의當易홀者를不易호면如干禍害는姑舍호고宗廟와社稷의危殆홈이目前에在호야도不覺호리니夫國家를保守호는事는人의最大호職分이라舊規를變更홀지라도先王의廟社를保安홀진대此는則先王의制度를固守홈과同호거니와舊規를率由혼다호야變通호는大道를不知호고國家의危急홈이不救호는境에至호면此는則先王의罪人이라是以로政府의事務는四時의變改와同혼者며時를因호야變을應호는道는夏에葛과冬에裘를衣호는者며萬世의不變호는規模는天地의自然호理致로四時의功을成호는者라

정부의 종류

[1] 천지간에 사람이 처음 생겨날 때 태초의 제도는 몽매하여 고찰하기 아주 어렵지만, 인문이 차츰 열린 뒤부터 각 나라의 정치하는 제도를 미루어 살펴보면 저마다 풍습으로 인해 차이가 있다. 시원찮은 논평으로 서술할 수는 없지만, 그 종류를 나누어 말하면 다섯 종류에 지나지 않는다. 이제 대략 들어본다.

[2] 첫째, 군주가 천단(擅斷)하는 정체. 이 정체는 나라 안의 법률 정령의 일체 대권이 모두 군주 한 사람의 손안에 있는 것을 말한다. 그러므로 군주의 권한은 한정된 영역[界域]이 없고 그가 행하는 것이 정령과 법률이 되어 인명을 살리고 죽이거나 재산[民産]을 주고 빼앗는 데 모두 자기의 사욕을 좇아 거리끼는 바가 없다. 치국하는 도에 가장 공정치 못한 것이다.

[3] 둘째, 군주가 명령하는 정체(또는 압제정체라 한다). 이 정체는 나라 안의 법률과 정령을 군주 한 사람의 독단에 의하면서도 신하의 공론을 따르는 것을 말한다. 그러므로 군주의 권세가 한정된 경역이 있는 듯하지만, 실상은 본래 작정한 법을 준행하는 것이 아니라 풍속이 오래되어 자연히 성립한 것이다. 인군(人君)이 위세를 떨쳐 의롭지 못한 일을 하고자 하면 그 권세의 모호[茫迷]한 한계를 먼저 범하지 않으면 안 된다. 또한 이 한계를 넘어버리면 인민의 이목을 염려한다. 그러므로 군주가 천단하는 정체와 같고 다름이 있다.

[4] 셋째, 귀족이 주장(主張)하는 정체. 이 정체는 나라 안에 일정한 군주가 없고 정사(政事)와 법령이 귀족이 합의하는 권세에 있는 것을 말한다. 일국의 인민을 노예로 삼고 토지를 사유하여 생민의 도탄이 각 정체 가운데 가장 심하다. 중세[中古]에는 이 정체가 많이 있었지만 지금은 한 곳도 없다. 군주가 명령하는 정체에 합쳐진 경우가 간혹 있다.

[5] 넷째, 군민(君民)이 공치(共治)하는 정체(또는 입헌정체라 한다). 이 정체는 나라 안에 법률 및 정사의 일체 대권을 군주 한 사람이 독단하지 않고 의정(議政) 대신들이 반드시 먼저 작정하여 군주의 명령으로 시행하는 것을 가리킨다. 의정 대신들은 인민이 천거하여 정부의 의원이 되기 때문에 대신은 그 천주(薦主)인 인민을 대신하여 사무를 행한다. 또한 인군의 권세도 한정된 영역이 있어 법외(法外)에는 한 발짝도 나갈 수 없고, 군주로부터 서민에 이르기까지 작은 일이라도 사사로운 정으로 행하지 아니한다. 또한 사법 대신들과 행정 대신들은 군주의 명령을 받들어 각기 직무를 수행하고 정사와 법률은 의정 대신들이 작정한 것

을 시행한다. 그러므로 이 정체가 실상은 의정, 행정 및 사법의 세 대강(大網)으로 나뉜다. 군주는 세 대강의 원수(元首)다.

[6] 다섯째, 국인이 공화(共和)하는 정체(또는 합중정체라 한다). 이 정체는 세습하는 군주 대신에 대통령이 나라의 최상위(最上位)에 있고 최대권(最大權)을 잡는다. 정령과 법률과 온갖 사무는 모두 군민이 공치하는 정체와 같다. 대통령은 천하를 맡아 일정한 기한이 있다.

[8] 이상의 기록으로 미루어보건대, 아시아 나라에는 군주 명령하는 정체가 많고, 유럽 나라에는 군민 공치하는 정체가 많으며, 남북 아메리카 나라에는 국인이 공화하는 정체가 많다. 대개 귀족이 주장하는 정체는 현재 없지만 귀족이 아니면 정부 관리가 되는 것을 허용하지 않는 나라는 군주가 명령하는 정체라도 군주와 귀족이 합한 정체다. 정체가 어떠하든 그 본뜻을 상세히 살피면 인민을 위하는 한 조목을 벗어나지 않는다. 종류가 다른 까닭은 시세의 추세[湊成]와 인심의 추향(趨向)에 따라 자연히 침윤한 습관이 생겼기 때문이다. 사람의 지력을 빙자하여 일조일석에 저마다의 정체를 시작한 것이 아니다.

여기에 한 가지 큰 준칙[準的]이 있어 상세히 탐구할 것은 유럽 주와 아메리카 주의 나라들이 아시아 주 나라들보다 백 배 부강한 까닭이다. 어떤 사람이 제 나라 부강하기를 원치 않을까마는 정부의 제도와 법[規模]이 달라 이러한 차등이 생기는 것이다. 만약 사람의 재능[才智]에 등급[層級]이 있다고 말한다면 이는 결단코 그렇지 않다. 아시아 주의 황색인이 유럽, 아메리카 두 주의 백색인과 비교할 때 천질(天質)이 미치지 못하지 않음은 분명하다.

정체(政體)와 관습

정체론은 정부론의 핵심이다. 정체는 다섯 가지로 나뉜다. 군주가 천단하는 정체는 군주가 법률과 정령의 일체 대권을 장악한 정체다. 군주의 사욕이 무제한 행사되기 때문에 가장 불공정한 정치가 행해지는 정체다. 군주가 명령하는 정체(압제정체)에서는 법률과 정령이 군주의 독단에서 나오지만 군주는 신하의 공론을 따라야 하며, 인민의 이목 때문에 권세를 마음대로 할 수 없다. 군주의 권력은 법이 아니라 관습에서 성립한다. 귀족이 주장하는 정체는 군주가 없고 귀족의 합의에 의해 정치가 행해지고 법령이 제정되는 정체다. 인민의 노예화와 토지의 사유화로 인민의 도탄이 가장 심하다. 군민이 공치하는 정체(입헌정체)는 군주가 정치와 법률의 대권을 독단하지 않고 대신들이 작정한 뒤 군주의 명령으로 시행하는 정체다. 대신들이 인민을 대신하여 사무를 행한다. 군주의 권력은 법으로 정한다. 국인이 공화하는 정체(합중정체), 즉 공화정체는 인민에 의해 선출된 임기제 대통령이 대권을 잡는 정체다. 정령, 법률과 사무는 군민이 공치하는 정체와 같다. 현존하지 않는 전제군주제와 귀족정체를 제외하면 각국의 정체는 군주가 명령하는 정체, 군민이 공치하는 정체, 국인이 공화하는 정체의 세 가지 중 어느 하나에 속한다. 생략한 제7단락에서 유길준은 이들 정체를 대륙별로 배열한다.

정부의 형태

정부의 형태는 후쿠자와의 분류를 따르지 않았다. 후쿠자와는 『서양사정 초편』 권1 「비고」의 "정치" 항목과 『서양사정 외편』 권2에 수록된 "정부의 종류" 항목에서 정부의 형태를 네 가지로 분류하였다. 입군(monarchy), 귀족합의(aristocracy), 공화정치(republic)로 대별하고, 입군을 입군독재(despot)와 입헌정률(立憲定律, constitutional monarchy)로 나누었다. 유길준의 정체 분류는 오히려 가토 히로유키[加藤弘之]의 분류법에 더 가깝다. 가토는 『입헌정체략(立憲政體略)』(1868)에서 정체를 군정(君政)과 민정(民政)으로 대별하고, 군정은 군주천제(君主擅制), 군주전치(君主專治), 군민공치(혹은 上下同治)로, 민정은 귀현전치(貴顯專治)와 만민공치(萬民共治)로 세분하였다. 우치다 마사오도 『여지지략』 권1에서 가토의 분류법을 따랐다.

정체는 하루아침에 궁리해서 만들어진 것이 아니다. '시세의 추세'와 '인심의 추향'에 따라 생겨난 관습의 산물이다. 정체는 차이가 있어도 민을 위한다는 목적은 같다. 유럽과 아메리카의 나라들이 아시아 국가들보다 크게 부강한 까닭은 사람의 재능에는 등급의 차이가 있어서가 아니라 정부의 제도와 법이 다르기 때문이다. 천품은 같지만 인품은 같지 않다는 앞의 논의와도 상통하는 견해다. 유길준은 인품이 다른 이유를 정체의 성격에서 찾았다.

---

[1] 夫天地間에人이始生홈에其太初의制度ᄂᆞᆫ蒙昧ᄒᆞ야考論ᄒᆞ기極難ᄒᆞ나人文이

漸開혼後로붓터各國의政治호는制度를推觀호면各其風習을因호야差異가有호니 汗漫혼議評으로叙出호기不能호딕其類를分言호건대五種에不過혼지라今에槩擧 호노니

[2] 第一君主의擅斷호는政體

此政體는其國中에法律政令의一切大權이皆其君主一人의手中에在홈을云홈이 니然혼故로其君主의權은限定혼界域이無호고其行호는배가政令과法律되야人命 의生殺과民産의與奪에皆自己의私慾을縱호야忌憚호는處가無호니治國호는道에 最不公혼者러라

[3] 第二君主의命令호는政體(又曰壓制政體)

此政體는其國中의法律과政令을君主一人의獨斷홈을由호딕臣下의公論을從호 는者를云홈이니然혼故로其君主의權勢가限定혼境域이有혼듯호나實狀은本來酌定 혼法으로遵行호는者아니오風俗의久遠홈으로自然히成立혼者라人君이其威를張호 야不義호는事를欲行혼則其權勢의茫迷혼限界라도先犯치아니면不能호고又此限界 를犯越홈은人民의耳目을顧忌호는故로君主의擅斷호는政體와異同이有혼者러라

[4] 第三貴族의主張호는政體

此政體는國中에一定혼君主가無호고其政事와法令이貴族의合議호는權勢에在 혼者를謂홈이니一國의人民을奴隷호며土地를私有호야生民의塗炭이各政體中에 最甚혼者로딕中古에는此政體가多存호더니祗今은一處도無호나或君主의命令호 는政體에合혼者는間有홈이러라

[5] 第四君民의共治호는政體(又曰立憲政體)

此政體는其國中에法律及政事의一切大權을君主一人의獨斷홈이無호고議政諸 大臣이必先酌定호야君主의命令으로施行호는者를指홈이니大槩議政諸大臣은人

民이 薦擧ᄒ야 政府의 議員이 되ᄂᆞᆫ 故로 大臣은 其薦主 되ᄂᆞᆫ 人民을 代ᄒ야 其事務를 行ᄒᆞᆷ이며 且 人君의 權勢도 限定ᄒᆞᆫ 界境이 有ᄒ야 法外에ᄂᆞᆫ 一步도 出ᄒ기 不能ᄒ고 君主로 븟터 庶民에 至ᄒ야 雖少事라도 私情을 任行ᄒ지 아니ᄒ며 又 司法諸大臣과 行政諸大臣은 各 其職事를 君主의 命令으로 奉ᄒ고 政事와 法律마다 議政諸大臣의 酌定ᄒᆞᆫ 者를 施行ᄒᆞᆫ 者라 是故로 此政體가 實狀은 議政行政及司法의 三大網에 分ᄒᆞ니 君主ᄂᆞᆫ 三大網의 元首러라

[6] 第五 國人의 共和ᄒᆞᄂᆞᆫ 政體(又曰合衆政體)

此政體ᄂᆞᆫ 世傳ᄒᆞᄂᆞᆫ 君主의 代에 大統領이 其國의 最上位를 居ᄒ며 最大權을 執ᄒ야 其政令과 法律이며 凡百事爲가 皆 君民의 共治ᄒᆞᄂᆞᆫ 政體와 同ᄒᆞᆫ 者니 大統領은 天下를 官ᄒ야 其 一定ᄒᆞᆫ 期限이 有ᄒᆞᆫ 者러라

[8] 以上의 記錄ᄒᆞᆫ 者로 推究ᄒᆞᆫ건대 亞細亞의 諸國에ᄂᆞᆫ 君主命令ᄒᆞᄂᆞᆫ 政體가 多ᄒ고 歐羅巴의 諸國에ᄂᆞᆫ 君民共治ᄒᆞᄂᆞᆫ 政體가 多ᄒ며 南北阿美利加의 諸國에ᄂᆞᆫ 國人의 共和ᄒᆞᄂᆞᆫ 政體가 多ᄒᆞ니 大槩貴族의 主張ᄒᆞᄂᆞᆫ 政體ᄂᆞᆫ 現無ᄒᆞ나 貴族아니면 政府의 官吏 되기 不許ᄒᆞᄂᆞᆫ 國은 其政體가 君主의 命令ᄒᆞᄂᆞᆫ 者라도 君主와 貴族의 合ᄒᆞᆫ 政體라 凡政體ᄂᆞᆫ 如何ᄒ든지 其本意를 細究ᄒᆞᆫ則 人民을 爲ᄒᆞᄂᆞᆫ 一條에 不脫ᄒᆞ니 其種類의 有殊ᄒᆞᆫ 緣由ᄂᆞᆫ 時勢의 湊成과 人心의 趨向을 隨ᄒ야 自然히 浸潤ᄒᆞᆫ 習慣을 成ᄒᆞᆷ이오 人의 智力을 憑藉ᄒ야 一朝一夕에 其政體를 始初ᄒᆞᆷ 아니로ᄃᆡ

此에 一段의 大準的이 有ᄒ야 詳細尋究ᄒᆞᆯ 者ᄂᆞᆫ 歐美兩洲의 諸國이 亞洲의 諸國에 比ᄒ야 百倍로 富强ᄒᆞᆫ 事由니 何人이 其國의 富强ᄒ기를 不願ᄒ리오마ᄂᆞᆫ 政府의 制度와 規模가 有異ᄒᆞᆷ으로 如彼ᄒᆞᆫ 差等이 生ᄒᆞᆷ이어ᄂᆞᆯ 萬若 人의 才智에 層級이 有ᄒ다 謂ᄒ면 此ᄂᆞᆫ 決斷코 不然ᄒᆞ니 亞洲의 黃色人이 歐美兩洲의 白色人과 較ᄒᆞᆷ애 其天質의 不及ᄒᆞᆷ이 無ᄒᆞᆷ은 分明ᄒᆞᆫ 者라

[9] 군민이 공치하는 정체는 제도가 공평하고 조금도 사정(私情)이 없어 민이 좋아하는 것을 좋아하고 싫어하는 것을 싫어하여 나라 안의 정령과 법률을 여중(輿衆)의 공론으로 행한다. 그런데 사람마다 논의에 참여하기 때문에 오히려 매우 번잡스럽다. 그리하여 인민의 수를 정해 가령 1만 명에 한 사람이나 10만 명에 한 사람씩 재국(才局)과 덕기(德器)가 최고인 자를 추천[薦擧]하여 군주의 정치를 보필[贊襄]하고, 인민의 권리를 보수하여 행정 및 사법 대신의 직책[官守]과 직무를 살피고, 또 정령과 법도를 논의하고 작정한다. 정부가 한번 정한 제도는 인군과 백성이 함께 지켜 감히 이를 범함이 없고, 좋은 법[良法]과 훌륭한 제도[美制]를 새로 정하면 군민이 함께 지키기 때문에 폭군과 간신이 서로 만나도 학정(虐政)과 가법(苛法)을 자행할 수 없다.

그리하여 인민은 저마다 생업이 안정되고 일을 힘써 일가의 영화를 누릴 뿐 아니라 국인이 저마다 나라를 소중히 여겨 진취하는 기상과 독립하는 정신으로 정부와 마음을 같이하고 힘을 합쳐 나라가 부강할 기회를 도모하고 문명할 법도[規模]를 강구한다. 대개 진취하는 기상이 있은 뒤에 독립하는 정신이 비로소 생겨난다. 일신(一身)의 독립을 원하는 자는 일가(一家)의 독립을 구하고, 또한 이로 인해 일국(一國)의 독립을 기대한다. 인민의 진취하는 기상이 넉넉하면 나라가 작더라도 타인의 만모(慢侮)를 받지 않는다. 그러므로 유럽의 스웨덴이나 덴마크 같은 소국이 대국 사이에 끼여 있어도 자주하는 권세와 독립하는 영화를 보수할 수 있는 것이다.

[10] 군주가 명령하는 정체에 귀족의 주장(主掌)을 겸한 것은 나라에

본래 일정한 규제가 없어서가 아니다. 하지만 세대가 변천하면서 맞지 않는 것도 있고 사세가 바뀌면서 개정할 것이 있다. 그런데 정부의 관리는 공심(公心)을 가진 자가 많지 않고 또한 인민은 애국하는 정성이 부족하기 때문에, 일신의 사욕으로 전국의 기강을 돌보지 않아, 빈부와 귀천의 등급이 크게 다르다. 세력 있는 자는 법을 범해도 벌을 받지 않고, 잔약한 자는 죄가 없어도 제 손발을 쓸 수 없다. 이로 인해 국가의 전장(典章)이 일정치 못하다. 명군(明君)과 양신(良臣)이 국정을 행하여 공도(公道)에 힘써도 그 덕화와 은택은 군신이 살아있는 한때에 그친다. 아름다운 법[徽規]과 훌륭한 정치[美政]는 그 사람이 죽으면 없어지고, 만약 폭군과 간신이 국권을 잡으면 패란한 정령과 잔혹한 법률을 가지고 자신의 사의(私意)를 제멋대로 펼쳐 하지 않는 것이 없다. 그러므로 비록 태평한 때에도 인민의 기성(氣性)은 활발하지 못하고 정부를 초(楚) 나라, 월(越) 나라처럼 여겨 우국(憂國)하는 성의가 스스로 없을뿐더러 국가의 위급한 사세가 생겨도 알지 못하고 그들이 경영하는 바는 일신의 정욕을 채우기 위한 것일 뿐이다.

그리하여 정부와 인민 사이에 정의(情義)가 통하지 않고 사소한 일이라도 서로 맞지 않을 때면 정부가 인민을 속박하고 인민은 정부를 원망한다. 인민이 정부의 사무를 이해하지 못하므로 당연한 세금도 공연히 낸다는 생각을 갖는다. 이렇게 되면 진취하는 기상과 독립하는 정신이 부족하여, 국가가 수치를 당해도 인민은 분노하는 기분이 생기지 않고, 정부가 오욕을 입어도 인민은 세척하려는 의론이 일지 않는다. 온갖 사물이 구차한 경영이고 고식적인 계획이다. 아시아 주의 대국이 유럽 주의 소국에게 만모를 당하고 치욕을 받는 것도 오로지 이러한 이유에서 비롯된 것이니, 깊이 생각할 것이 여기에 있지 않는가.

[11] 국인이 공화하는 정체는 세습하는 군주만 없을 따름이고, 그 대강은 군민의 공치와 같은 것이므로 지루한 논의를 펴지는 않겠다.

[12] 각국의 정체를 서로 비교하면, 군민이 공치하는 것이 가장 훌륭한 제도[規模]다. 그러므로 어느 나라든지 인민의 풍속과 국가의 경황을 불문하고 이 정체를 택하여 행하는 것이 옳을 듯하지만 결단코 그렇지 않다. 나라의 정체는 세월이 오래되면서 인민의 습관을 이룬 것이다. 습관을 갑자기 변개(變改)할 수 없는 것은 언어를 변개할 수 없는 것과 같다. 갑작스런 소견으로 허리(虛理)를 숭상하고 실정(實情)에 몽매하여 변개하는 의론을 주창하는 것은 어린애의 희롱[嬉戲]이다. 군주와 나라에 유익하기는 고사하고 오히려 해를 끼치는 것이 적지 않을 것이다. 현재 유럽 각국의 정체는 원래는 군주가 천단 혹은 명령하는 것이었는데 수백 년의 고험(考驗)을 거쳐 그 규범[規模]과 제도를 점차 변경하여 오늘날 군민공치하는 지경에 이르렀다.

여러 나라 가운데 영국의 정체가 가장 훌륭하고 아주 잘 갖추어져 있어 세계 제일이라 불린다. 과세와 정령을 의논하는 대신을 인민의 천거로 등용하는 것은 국인이 공화하는 의사가 있는 것이고, 사법, 행정 및 의정(議政) 대신에 귀족을 많이 임용하는 것은 귀족이 주장(主掌)하는 풍습이 있기 때문이다. 나라 안에 시행하는 전장(典章)과 법도를 대소를 막론하고 인군의 허락 없이 결단할 수 없는 것은 군주가 천단하고 명령하는 체모(體貌)를 보전하는 것이다. 그러므로 일국의 정체에 다섯 가지의 본보기[規制]를 합쳐 편벽된 규모를 없앴지만 귀족이 자신의 지위가 탕평해졌다고 불평하는 원한을 품는 자가 없었고, 공본된 정사를 행하였지만 평민이 자신의 처지가 높아졌다고 무식한 의론을 내세우는 자가 없었다. 족히 칭송할 만한 것이다.

그러나 인민의 지식이 부족한 나라는 갑자기 인민에게 국정에 참여하는 권한을 허용해서는 안 된다. 만약 못 배운 인민이 먼저 학문을 배우지 않고 다른 나라의 선미(善美)한 정체를 본받으려 한다면 나라 안에 대란의 싹을 퍼뜨리게 될 것이다. 그러므로 당국의 군자(君子)는 인민을 교육하여 국정에 참여하는 지식을 갖춘 뒤에 비로소 이 정체를 의론하는 것이 옳다. 이 정체가 있은 뒤에 나라가 개화하기를 바랄 수 있다. 그러므로 이 정체가 보국(保國)하는 대도이고 애군(愛君)하는 정성이다. 나라의 정체는 언제나 인민의 학식의 단계[階梯]에 따라 제도의 등급이 이루어지기 때문에 정체의 종류가 어떠하든 실상은 모두 인민이 스스로 취한 것이다. 서양의 옛 학자가 "좋은 인민[善民] 위에 나쁜 정부[惡政府] 없고, 나쁜 인민[惡民] 위에 좋은 정부[善政府] 없다"라고 했는데, 참으로 맞는 말이다.

❖

'일국의 독립'과 '동심협력'

군민공치제는 유길준이 생각한 가장 이상적인 정체였다. 군민공치제는 사심이 없는 공평한 제도이며, 민이 좋아하는 것을 좋아하고 싫어하는 것을 싫어하며, 정령과 법률을 대중의 공론(여론)으로 행한다. 이 정체에서는 재덕이 뛰어난 자를 인민의 대표로 뽑아 군주의 정치를 돕고, 인민의 권리를 보수하며, 행정부, 입법부를 견제할 수 있다. 또한 인군과 인민이 좋은 법제도를 함께 준수하므로 군주가 제멋대로 학정과 악법을 자행할 수 없다. 이 정체에서는 정치의 공정성과 공공성이 확보되고, 인민이 진취적 기상과 독립의 정신을 가질 수 있다. 여기서 정부와 인민이 마음을 같이하고 힘을 합치는 '동심협력(同心協力)'이 가능해지고, 나라의 부강과 문명이 강구될 수 있다. 군민공치는 문명사회 형성과 국가 독립을 보장하는 정체인 것이다.

　진취적 기상과 독립정신을 강조하고 일신의 독립을 일국의 독립으로 연결시키는 발상은 후쿠자와의 영향을 받은 것으로 보인다. 후쿠자와는『학문의 권장』에서 "일신 독립해서 일국 독립한다"는 명제를 제시하였고,『문명론의 개략』에서 일신 독립에 필요한 인민의 진취적 기상과 독립하는 정신을 역설한 바 있다. 후쿠자와는 개인을 독립된 주체로 상정하고, 주체적 개인의 진취적 기상과 독립정신을 통해 국민국가 형성과 국가 독립을 모색하였다. 후쿠자와가 "일신 독립해서 일국 독립한다"라고 했을 때, 개인(individual)의 독립은 국가 독립의 전제였다. 유길준이 "일신의 독립을 원하는 자는 일가의 독립을 구하고, 또한 이로 인해 일국의 독립을 기대한다"라고 말했을 때는 이와 다르다. '일국의 독립'이 '일신의 독립'을 위한 전제처럼 이해되고 있다. '일신'은 '일개 인민(people)'을 뜻한다. 어쩌면 '수신 → 제가 → 치국 → 평천하'의 유학적 논법이 후쿠자와의 수용을 용이하게 했을 수도 있다. 하지만 유길준이 후쿠자와의 논법을 '일신 독립 ← 일가 독립 ← 일국 독립'의 역(逆) 논법으로 변형시키고 후쿠자와의 '일신 독립', '일국 독립' 개념에 '일가 독립'을 덧붙인 데서, 1880년대 한국의 유길준이 1870년대 일본의 후쿠자와와 다른 문제 상황에 있었음을 엿볼 수 있다.

일국, 일가, 일신의 역 논리와 더불어, 인민과 정부가 마음을 같이하고 힘을 합친다는 '동심협력(同心協力)'의 윤리가 요구된 것은 소국 한국의 생존, 독립을 전제로 한다. 인민의 진취하는 기상과 독립하는 정신은 나라가 '타인의 만모(慢侮)'를 받아서는 안 된다는 의식과 결부된다. 유길준은 군민공치를 국제정치적 관점에서 정당화한다. 스웨덴, 덴마크의 사례를 통해 군민공치가 소국이 자주 독립을 보전하는 데 적합한 정체임을 확인한다. 유길준은 「중립론」(1885)에서도 불가리아, 벨기에의 사례를 통해 소국의 생존 방식에 주목하면서 만국공법과 세력균형이라는 국제질서 원리에 의탁해 소국 한국의 생존을 모색한 바 있다. 제3편 「방국의 권리」에서도 국제질서론의 관점에서 소국의 생존을 모색하였다. 하지만 유길준은 이 장에서는 정치체제와 문명사회의 관점에서 논하였다. 국제질서론이 자주독립의 외적 조건을 따지는 것이라면, 정체론과 문명사회론은 자주독립의 내적 조건을 논하는 것이었다.

'보국하는 대도'와 '애국하는 정성'

전제정은 법규범이 있지만 시세에 변통하지 못해 관리의 공심(公心)과 인민의 애국하는 정성(애국심)이 약하고, 일신의 사욕이나 일신의 정욕을 추구하기 때문에 전국의 기강이 서지 않아 빈부귀천의 등급과 강약의 불평등이 심화된다. 국법이 일정하지 않아 군신의 덕화나 은택에 의존하는 정치는 당대에 국한될 뿐, 폭군이나 간신이 나타나게 되면 잔혹한 법률과 정령을 동원하여 사사로운 정치를 하게 된다. 인민끼리 정의(情意)가 통하지 않는다. 정부는 인민을 속박하고 인민은 정부를 원망하게 된다. 진취적 기상과 독립의 정신이 약해 다른 나라로부터 수치를 당해도 분개심을 드러내지도 않고, 정부가 잘못이 있어도 고치려 들지 않는다. 이것이 아시아 대국이 유럽의 소국에게 모욕을 당하고 치욕을 받게 된 까닭이다.

유길준은 '공'의 정치와 '사'의 정치에서 정체가 갖는 의미를 탐색하였다. 전제군주제는 공과 사의 관점에서 비판받는다. 전제군주정은 사욕과 사의가 개입된 사사로운 정치를 부추김으로써 공심, 공도의 공공정치를 해치는 정체다. 이러한 정체에서 인민의 애국심을 기대하기는 어렵다. 인민의 진취하는 기상과 독립하는 정신도 발양시킬 수 없다. 진취하는 기상은 정부의 잘못을 고치려는 의지이며, 독립하는 정신은 국가가 타국에게 수치를 당했을 때 분노하는 의기를 가리킨다. 전제군주제는 공공정치와 독립국가를 지향하는 데 맞지 않는 정체다. 유길준은 세습 군주만 없을 뿐 군민공치와 비슷하다고 하면서도 공화정치를 상세히 논하지는 않았다. 공화제에 부정적이었음은 앞에서 살펴보았다.

군민공치제는 보국하는 대도와 애군하는 정성을 보장하는 '가장 훌륭한 제도'다. 군민공치제는 문명화와 공공정치를 보장한다. 유길준은 유럽국가들이 '수백 년의 고험(考驗)'을 거쳐 '점차' 전제군주제의 법제도를 변경하여 군민공치제를 실현시킨 역사적 경험에 주목한다. 특히 영국의 군주제를 나라의 '실정(實情)'—'풍속'과 '경황'—이 반영된 정체의 모범으로 보았다. 영국의 군민공치제는 공화제적 요소, 귀족제적 요소, 군주제적 요소가 적절히 혼합된, 공공정치가 잘 구현된 세계 제일의 정체라는 것이다. 역사적 사실을 중시하는 경험주의와 나라의 사정을 감안한 점진주의를 중시하는 유길준의 생각이 엿보인다. "허리(虛理)"(논리) 대 "실정(實情)"(경험)의 대비를 통해 정체가 이념에 기초한 논리적 구성물보다 경험에 의거한 역사적 형성을 중시하는 정치적 사유가 드러나 있다.

영국의 군민공치제와 관련된 정보는 『서양사정 외편』 권2 "국법 및 풍속"(Burton, "Laws and National Institutions")에서 얻은 것이다. 하지만 유길준은 약간 논지를 달리하였다. 후쿠자와(그리고 버튼)는 영국의 국법을 논하면서 구례(舊例), 고풍(古風), 습속(習俗), 고풍구례(古風舊例) 등의 용어를 구사하였다. '고풍구례'는 'inveterate customs or institutions'(Burton)의 번역어다. 후쿠자와는 영국과 프랑스의 사례를 비교하면서 국법은 고풍구례를 따르고 습속에서 유래한다고 강조하였다. 버튼과 후쿠자와는 영국의 정체에서 구습의 보전과 사려의 덕목에 주목하였다. 이들과 달리 유길준은 영국 군민공치제의 혼합정체적 성격에서 사사로운 정치를 억제하고 공공의 정치를 조성하는 측면을 읽어 내고 있다.

그런데 이상적인 정체를 상정하는 것과 실제 그것을 수용하는 것은 별개의 문제다. 영국식 입헌군주제는 단지 군민공치의 모범일 뿐 그대로 수용될 수는 없다. 정체는 나라의 풍속과 경황에 따라 다르기 때문이다. 각 나라의 군민공치제가 인민의 풍속이나 국가의 경황과 무관하게 똑같을 수는 없다. 정체는 인민의 습관에서 나온 역사적 형성물로 갑자기 바꿀 수 없는 것이다. '실정'(역사적 경험)을 모르고 '헛된 이치'(논리적 정당성)만을 내세워 변혁을 주장하는 견해는 '어린애의 희롱'에 지나지 않는다. 문명개화는 한국의 정치현실과 인민의 습관에 부응하는 법규범을 어떻게 형성할지의 문제다. 무식한 인민에게 다른 나라의 선미한 정체를 받아들여 '갑자기' 참정권을 부여한다면 오히려 큰 혼란만 초래할 따름이다. 군민공치를 실현하려면 먼저 인민이 지식을 갖추어야 한다.

───────

[9] 夫君民의共治ㅎㄴ政體ㄴ其制度가公平ㅎ고些少도私情이無ㅎ야民의好ㅎㄴ者를好ㅎ며惡ㅎㄴ者를惡ㅎ야國中의政令과法律을輿衆의公論으로行ㅎㄴ니人마다其議論에參與ㅎ則其煩劇홈을反不勝홀지라人民의數를乃定ㅎ야假令萬人에一人이나十萬人에一人으로其中에才局과德器의最高훈者를薦擧ㅎ야君主의政治를賛襄ㅎ며人民의權利를保守ㅎ야行政及司法諸大臣의官守와職務를察ㅎ며又其政令과法度를論難ㅎ며酌定ㅎㄴ니政府의一定훈制度ㄴ人君과百姓이同守ㅎ야敢히是를犯홈이無ㅎ고良法과美制를新定훈則亦君民이共遵ㅎㄴ故로暴君과奸臣이相遇ㅎ야도其虐政과苛法을恣行ㅎ기不能ㅎ지라

然ㅎ기人民은各其業에安ㅎ며事를勉ㅎ야一家의榮華를營求홀쑨아니라國人이各其國의重홈으로自任ㅎ야進取ㅎㄴ氣像과獨立ㅎㄴ精神으로政府와心을同ㅎ며力을協ㅎ야其國의富强홀機會를圖謀ㅎ며文明홀規模를講究ㅎ니大槩進取ㅎㄴ氣

像이有克然後에獨立克는精神이始生克는지라一身의獨立을願克는者는一家의獨立을求克고又因克야一國의獨立을冀待克느니人民의進取克는氣像이足克면其國이雖小克나他人의慢侮를不受克는故로歐洲의瑞典과丁抹又튼小國이能히諸大國에間克야其自主克는權勢와獨立克는榮華를保守克는者라

[10] 君主의命令克는政體에貴族의主掌을兼克者는其國에本來一定克規制가無홈은아니나然克나世代의變遷홈으로或不適克者가有克며事勢의移易홈으로或改正홀者도有克딕政府의官吏는公心을包含克者가不多克며又人民은愛國克는精誠이不足克故로一己의私慾으로全國의紀綱을不顧克야貧富와貴賤의等級이懸殊克니勢力잇는者는法을犯克야도罰이無克고殘弱克者는罪가無克야도其手足을措克기不能克지라此를因克야國家의典章이一定치못克느니明君과良臣이國政을行克야公道를務克야도其德化와恩澤이其君臣의生世克一時에止克고徽規와美政이其人의歸와同滅克며萬若暴君과奸臣이國權을執克則悖亂克政令과殘酷克法律로其私意를放縱克야不爲克는者가無克지라然克故로雖泰平克時를當克야도人民의氣性은活潑홈이無克고政府를楚越又치視克야憂國克는誠意가自乏홀쑨더러國家의危急克事勢가有克야도不知克고其經營克는바는一身의情慾에足克기를爲홀쑨이니

政府와人民의間에情義가不通克고些少克事端이라도不相適克時는政府는人民을束縛克며人民은政府를怨望克야人民이政府의社務를不解克는故로當然克賦稅도空然히呈納克는意思를抱克니如此홈으로進取克는氣像과獨立克는精神이不足克여國家의羞恥가有克딕人民의憤怒克는氣가不作克고政府의汚辱이有克딕人民의洗滌克는論이不行克며百般事物이苟且克經營이오姑息克는計圖라亞洲의大國이歐洲의小國에게慢侮를當克며恥辱을受克는者도此故를職由홈이니深思홀者가此에不在克가

[11] 國人의共和ᄒᆞᄂᆞᆫ政體ᄂᆞᆫ世傳ᄒᆞᄂᆞᆫ君主만無ᄒᆞᆯᄯᆞᄅᆞᆷ이오其大槩ᄂᆞᆫ君民의共治와同ᄒᆞᆫ者니支離ᄒᆞᆫ論柄을不張홈이라

[12] 各國의政體ᄅᆞᆯ相較ᄒᆞ건대君民의共治ᄒᆞᄂᆞᆫ者가最美ᄒᆞᆫ規模라ᄒᆞ니然ᄒᆞᆫ則何國이든지其人民의風俗과國家의景況을不問ᄒᆞ고卽其政體ᄅᆞᆯ取行홈이可ᄒᆞᆯ듯ᄒᆞ나然ᄒᆞ나決斷코不然ᄒᆞᆫ者가有ᄒᆞ니凡國의政體ᄂᆞᆫ歷年의久長홈으로人民의習慣을成ᄒᆞᆫ者라習慣의卒然히變改ᄒᆞ기不能홈이言語의變改ᄒᆞ기不能홈과同ᄒᆞ니急遽ᄒᆞᆫ所見으로虛理ᄅᆞᆯ崇尙ᄒᆞ고實情에朦昧ᄒᆞ야變改ᄒᆞᆯ議論을唱起ᄒᆞᄂᆞᆫ者ᄂᆞᆫ小兒의嬉戲라君國에益이有ᄒᆞ기ᄂᆞᆫ姑舍ᄒᆞ고害ᄅᆞᆯ貽홈이反且不少ᄒᆞᆯ지라今夫歐洲各國의政體가其本은君主擅斷或命令ᄒᆞᄂᆞᆫ者로累百年의考驗을歷ᄒᆞ야其規模와制度ᄅᆞᆯ漸次로變更ᄒᆞ야今日의君民共治ᄒᆞᄂᆞᆫ境에抵홈이니

各國中에英吉利政體가最佳ᄒᆞ고極備ᄒᆞᆫ者라世界의第一이라稱ᄒᆞᄂᆞ니賦稅와政令을議論ᄒᆞᄂᆞᆫ大臣을人民의薦擧로進ᄒᆞᄂᆞᆫ者ᄂᆞᆫ國人의共和ᄒᆞᄂᆞᆫ意思가存홈이오司法行政及議政大臣에貴族을多用ᄒᆞᄂᆞᆫ者ᄂᆞᆫ貴族의主掌ᄒᆞᄂᆞᆫ風習이有홈이오國中에行用ᄒᆞᄂᆞᆫ典章과法度ᄅᆞᆯ大小엄시人君의許施아니면決斷ᄒᆞ기不能ᄒᆞᆫ者ᄂᆞᆫ君主의擅斷과命令ᄒᆞᄂᆞᆫ體貌ᄅᆞᆯ保홈이라然ᄒᆞᆫ故로一國의政體에五種의規制ᄅᆞᆯ合設ᄒᆞ야偏僻된規模ᄅᆞᆯ廢ᄒᆞ되貴族이其地位의蕩平홈으로不平ᄒᆞᆫ怨意ᄅᆞᆯ懷ᄒᆞᄂᆞᆫ者가無ᄒᆞ고公本된政事ᄅᆞᆯ行ᄒᆞ되平民이其處地의崇昻홈으로無識ᄒᆞᆫ議論을倡ᄒᆞᄂᆞᆫ者가無ᄒᆞ니足히爲ᄒᆞ여稱道ᄒᆞᆯ者나

然ᄒᆞ나人民의知識이不足ᄒᆞᆫ國은卒然히其人民에게國政參涉ᄒᆞᄂᆞᆫ權을許홈이不可ᄒᆞᆫ者라萬若不學ᄒᆞᆫ人民이學問의先修홈은無ᄒᆞ고他邦의善美ᄒᆞᆫ政體ᄅᆞᆯ欲效ᄒᆞ면國中에大亂의萌을播홈인故로當路ᄒᆞᆫ君子ᄂᆞᆫ其人民을敎育ᄒᆞ야國政參與ᄒᆞᄂᆞᆫ知識이有ᄒᆞᆫ然後에此政體ᄅᆞᆯ議論홈이始可ᄒᆞ니此政體가有ᄒᆞᆫ然後에其國의開化ᄒᆞ기ᄅᆞᆯ

冀圖홀지라是故로此政體가保國ᄒᆞᄂᆞᆫ大道며愛君ᄒᆞᄂᆞᆫ精誠이어니와國의政體ᄂᆞᆫ恒常
其人民의學識階梯ᄅᆞᆯ隨ᄒᆞ야其制度의等級이成ᄒᆞᄂᆞᆫ故로政體의種類가如何ᄒᆞᄃᆞᆫ지
其實은皆人民의自取ᄒᆞᆫ者니泰西의舊日學者가曰ᄒᆞᄃᆡ善民上에惡政府가無ᄒᆞ고惡
民上에善政府가無ᄒᆞ다ᄒᆞ니誠然홀딘져此言이로다

제3절
정부의 통치 원칙[治制]

   [1] 정부의 종류에는 정체의 차이가 있지만, 다스리는 큰 법은 그 뜻을 세운 강령을 생각하면 하나의 근본으로 귀결된다. 때문에 서양의 정치학자는 "문명개화의 정치는 여섯 가지 요결(要訣)을 벗어나지 않는다"라고 말하였다. 이제 그 여섯 가지를 적어본다.

   첫째, 자유로이 뜻에 맡기는 것[自由任意]('자유임의'는 결코 국법을 두려워하지 않고 방탕자자(放蕩自恣)한다는 뜻이 아니다. 그 나라에 살면서 무슨 일을 행하든 국법에 어긋나지 않은 때는 좋아하는 바를 따른다는 뜻이다). 이는 국가의 법률이 엄명(嚴明)하고 관후(寬厚)하여 인민의 권리를 보호하는 것이다. 인민이 저마다 좋아하는 바에 종사한다. 선비를 좋아하는 자는 선비가 되고, 농사를 좋아하는 자는 농사꾼이 되며, 만들기나 장사를 좋아하는 자는 장인이나 장사꾼이 된다. 사농공상의 사이에 지위의 구별을 세우지 않고 본래 문벌을 논하지 않는다. 그리하여 조정의 자리를 가지고 사람을 경멸하지 않고 상하귀천이 저마다 자리[所]를 얻고 타인의 권리를 범하지 않아 천품(天稟)한 재력(才力)을 각자 펼치는 것을 큰 취지로 삼는다. 다만 귀천의 구별은 공무의 시행을 위해 조정의 지위를 존중할 따름이며, 그 밖에 사민(四民)의 구별은 없다. 학문을 힘쓰고 이론[理術]에 통하여 마음을 쓰는 자는 군자라 해서 이를 높인다. 교육을 받지 못해 힘을 쓰는 자는 소인이다.

둘째, 종교를 신복(信服)하는 것. 이는 각인이 신복하는 종교[宗旨]를 믿을 수 있도록 허용하고, 정부가 이에 관여하지 않고 민간의 알력하는 분쟁을 제어[宰制]하는 것이다.

셋째, 기술과 학문을 장려하여 새로운 물건을 발명[發造]하는 길을 여는 것. 이는 부국(富國)하는 대도와 이민(利民)하는 묘리다. 신제품의 전매권을 허락하는 종류다.

넷째, 학교를 세워 인민을 교육하는 것. 이는 인민의 지식을 넓히며 재예(才藝)를 높이고 공업을 분발하게 하는 일이다.

다섯째, 안정[安穩]을 보장[保任]하는 것. 이는 정치가 일정하여 변개하는 일이 없고 호령을 반드시 믿어 기만함이 없어 인민이 국법을 신뢰하고 각자 사업[産業]을 잘 하도록 하는 것을 말한다. 가령 국채를 갚아주지 않고 통용 화폐의 품위를 떨어뜨리며 상인 회사의 법을 훼손하는 것은 모두 정치의 보임하는 본뜻을 잃어버린 것이다.

여섯째, 인민의 굶주림과 추위, 질병과 고통을 구제하는 것. 이는 인민의 사유한 재산[産業]을 보호하는 것에 그치지 않고 병원, 빈원(貧院)

의 시설을 만들어 빈곤한 민인(民人)을 구휼하는 것이다.

❀

'자유임의'와 생업

이 대목은 주로 『서양사정 초편』 권1 「비고」의 '정치' 항목에 의거하였다. 문명개화의 정치를 위한 정부의 통치 원칙을 나열한 글이다. 다른 글에 비하면 내용이 비교적 단순하다. 유길준은 왜 후쿠자와의 '정치' 항목에 주목했을까. 간단하지만 민본주의와 실학에 합당한 항목들이 간결하게 정리되어 있었기 때문이 아닐까. 여기서는 정부의 통치 원칙으로서 직업의 자유, 종교의 자유, 발명 권장을 통한 부국부민, 인민교육, 사업의 안정, 재산 보호와 빈민 구휼 등이 제시되어 있다. 생업에 자유롭게 종사할 수 있고, 사농공상 가릴 것 없이 제각기 자신의 생업을 잘 할 수 있도록 보장하는 것이 정부의 통치 원칙이다. 인민의 삶을 보장하는 것이 정부의 역할이다.

인민이 생업에 종사하면서 잘 살게 하는 길은 무엇보다 국법을 해치지 않는 한에서 인민이 좋아하는 바를 할 수 있도록 해주는 것이 중요하다. '자유로이 뜻에 맡긴다[自由任意]'라는 말은 후쿠자와의 자유 개념에서 차용한 것이다. 자유 개념은 「인민의 권리」에서 상세하게 논의했는데, 여기서 간략하나마 다시 언급한 것은 인민이 직업을 갖는 데 자유 개념이 중요하다고 생각했기 때문으로 보인다. 여기서 유길준은 자유 개념을 인민의 생업과 관련시켜 생각한다. 자유는 사농공상, 상하귀천의 구별 없이 모든 인민들이 저마다 자리를 얻고 타인의 권리를 범하지 않으며 타고난 능력을 발휘하는 것이다. 정부가 각인이 믿는 종교를 신앙하는 것을 허용하고 정부가 간여하지 않는 것도 '자유임의'의 정신과 통한다. 유길준은 기독교에 대해 유보적이었지만, 신앙의 자유가 자유주의 정신에서 갖는 의미를 알고 있었을 터다.

민본주의와 실학

유길준의 자유주의 정신은 직분 의식을 전제로 한다. 직분 의식은 경제적 자유주의를 산출하는 토대일 수도 있다. 유길준의 직분 의식은 사회적 직위의 차이에 따른 귀천의 구별을 용인하는 것이며, 공적 권위와 공적 제도를 준수한다는 전제 위에 성립한다. 이러한 직분 의식은 민본주의 정치관과 결부된다. 정부가 기술과 학문을 장려하여 신제품을 발명함으로써 부국(富國)과 이민(利民)을 모색하는 것, 학교교육을 통해 인민의 재능을 높여 공업을 진흥하는 것, 정부가 인민이 생업을 잘 꾸릴 수 있도록 해주는 것, 그리고 병원, 빈민원과 같은 시설을 만들어 가난한 인민을 구휼하는 것은 민본주의와 실학정신의 표현으로 볼 수 있다.

'군자', '소인'의 용법도 주목할 만하다. 유길준은 학문을 힘쓰며 이론에 통하는 마음을 쓰는 자, 즉 노심자(勞心者)를 '군자'로 부르고, 교육을 받지 못해 힘을 쓰는 노력자(勞力者)를 '소인'이라 지칭한다. 원래 군자, 소인 개념은 유학자의 덕의 실천 여부를 가지고 판별하는 것이며, 맹자의 노심자와 노력자 개념은 학자와 평민의 기능적 역할의 차이에서 성립한 것이다. 유길준은 군자, 소인 개념과 노심자, 노력자 개념을 결부시켜 노심자를 군자, 노력자를 소인으로 규정한 것이다. 새로운 지식사회에 맞는 직분 의식과 유교적 개념이 결합한 것으로 해석할 수 있다.

상속받은 재산이나 축내는 자들은 거지나 다름없다. 무위도식하는 자들은 '만물의 도둑'이다. 무위도식의 폐해는 나라에까지 미치는 것이다. 사람들의 나태한 행실은 국가에까지 영향을 준다. 이렇게 되지 않으려면 교육을 통해 '지술(智術)'을 익혀야 한다. 여기에 맹자가 말하는 노심자(勞心者)-노력자(勞力者)의 개념 틀이 동원된다. 맹자는 "옛말에 이르기를 어떤 사람들은 마음을 힘쓰고 어떤 사람들은 힘을 부린다. 마음을 쓰는 사람은 남을 다스리고, 힘을 쓰는 사람은 남의 다스림을 받는다. 남의 다스림을 받는 사람이 남을 먹이고 남을 다스리는 사람은 남에게 먹힌다. 이는 천하의 통의다[古曰 或勞心或勞力 勞心者治人 勞力者治於人 治於人者食人 治人者食於人 天下之通義也]"(『孟子』藤文公上)라고 말하였다. 또한 『춘추좌전(春秋左傳)』은 "군자는 마음을 쓰고 소인은 힘을 쓰는 것이 선왕의 제도다[君子勞心 小人勞力 先王之制也]"라고 해서 노심, 노력을 각각 군자, 소인에 대응시키고 있다. 군자=노심자, 소인=노력자로 이해한다. 이와 달리 맹자는 노심자=정신 노동자(지배자), 노력자=육체 노동자(피지배자)로 보았던 것이다. 농가(農家)는 모든 사람이 농작을 해야 한다고 주장했는데, 맹자는 이에 대항하여 분업과 협동의 필요성을 역설하였다. 유길준은 이것을 배운 자=노심자, 못 배운 자=노력자로 치환하였다. 식자-무식자의 개념틀을 가지고 군자-소인, 정신노동자-육체노동자의 개념틀을 대체하고 있다. 배움과 못 배움이 생계를 구하는 핵심 조건으로 부상한 것이다. 지식사회의 출현이라 볼 수 있지 않을까. 이제 생계 구하는 방도로서 '지술(智術)'이 중요해진다.

———

[1] 政府의 種類는 政體의 殊異가 現存ᄒᆞ나 然ᄒᆞ나 其 爲治ᄒᆞᄂᆞᆫ 大制는 其 立意혼 綱領을 考ᄒᆞ건대 一本에 歸ᄒᆞᄂᆞ니 是故로 泰西의 政治學士가 云호ᄃᆡ 文明開化의 政治는 六條의 要訣에 不出혼다ᄒᆞ니 今其 六條를 記ᄒᆞ노라

第一條 自由任意(自由任意는 決斷코 國法을 不畏ᄒᆞ야 放蕩自恣ᄒᆞᄂᆞᆫ 義 아니니 其國에 居ᄒᆞ야 何事를 行ᄒᆞ든지 國法에 不背ᄒᆞᄂᆞᆫ 時는 其所好를 任從ᄒᆞᄂᆞᆫ 趣意라)

此는 國家의 法律이 嚴明ᄒᆞ며 寬厚ᄒᆞ야 人民의 權利를 保護ᄒᆞ니 人民이 各其 所好를 從事ᄒᆞ야 士를 好ᄒᆞᄂᆞᆫ 者는 士가 되고 農을 好ᄒᆞᄂᆞᆫ 者는 農이 되며 工商을 好ᄒᆞᄂᆞᆫ 者는 工商이 되야 士農工商의 間에 地位의 區別을 不立ᄒᆞ고 本來 門閥을 不論ᄒᆞᄂᆞᆫ 故로 朝廷의 位로 人을 輕蔑히 視홈이 無ᄒᆞ야 上下貴賤이 各其 所를 得ᄒᆞ고 他人의 權利를 不犯ᄒᆞ야 天稟혼 才力을 各伸홈으로 大旨趣를 作홈이니 但 貴賤의 別은 公務의 施行을 爲ᄒᆞ여 朝廷의 位를 尊重홀 ᄯᆞ름이오 其他는 四民의 別이 無ᄒᆞ야 學問을 務ᄒᆞ며 理術에 通ᄒᆞ야 心을 勞ᄒᆞᄂᆞᆫ 者는 君子라 ᄒᆞ야 是尊ᄒᆞ고 敎育을 不被ᄒᆞ야 力을 勞ᄒᆞᄂᆞᆫ 者는 小人이라

第二條 宗敎信服

此는 各人이 其 信服ᄒᆞᄂᆞᆫ 宗旨를 崇奉ᄒᆞ기 許ᄒᆞ고 政府가 是를 勿關ᄒᆞ야 民間의 軋轢ᄒᆞᄂᆞᆫ 紛爭을 宰制홈이라

第三條 技術과 文學을 勵ᄒᆞ야 新物의 發造ᄒᆞᄂᆞᆫ 路를 開홈

此는 富國ᄒᆞᄂᆞᆫ 大道와 利民ᄒᆞᄂᆞᆫ 妙理니 新造物의 專賣權을 許施ᄒᆞᄂᆞᆫ 種類라

第四條 學校를 建ᄒᆞ야 人民을 敎育홈

此는 人民의 知識을 廣博히ᄒᆞ며 才藝를 高明히ᄒᆞ고 工業을 奮發ᄒᆞ게ᄒᆞᄂᆞᆫ 事라

第五條 保任安穩

此는 政治가 一定ᄒᆞ야 變改홈이 無ᄒᆞ며 號令을 必信ᄒᆞ야 欺僞홈이 無ᄒᆞ야 人民이 國法을 賴ᄒᆞ야 其 産業을 各安홈을 謂홈이니 假令 國債를 不償ᄒᆞ며 通用貨의 品位를 輕低ᄒᆞ고 或 商人社會의 法을 破毀홈이 皆 其 政治의 保任ᄒᆞᄂᆞᆫ 本意를 失홈이라

第六條 人民의 飢寒疾苦를 救濟ᄒᆞᄂᆞᆫ 事

此는 人民의 私有ᄒᆞᆫ 産業을 保護ᄒᆞ기에 不止ᄒᆞ고 病院貧院의 諸所를 設ᄒᆞ야 貧困ᄒᆞᆫ 民人을 救恤홈이라

제6편

정부의 직분

제6편은 정부의 직분(임무)을 논한 정부론이다. 『서양사정 외편』 권2 「정부의 직분」을 토대로 하면서 유길준 자신의 생각을 넣어 재구성한 것이다. 정부는 인민의 자주 능력을 배양하고 규칙을 제정하는 한편 정치를 안정시키고 외국과 교제하는 것이 주된 임무이지 만 인민에 대한 간섭을 최소화해야 한다고 유길준은 말한다.

[1] 정부의 직분은 본국의 정치를 안온하게 해서 인민이 태평한 즐거움을 누릴 수 있게 하고, 법률을 굳게 지켜 인민에게 원통한 일이 없게 하며, 외국 교제를 신실히 하여 인민과 나라[民國]가 분란의 우려를 면하도록 하는 데 있다. 이 세 가지 조목으로 직분의 대강령을 삼지만, 이 강령 외에도 정부가 마땅히 해야 할 일과 해서는 안 될 일에 관해 세간에 학자들의 의론이 같지 않다. 어떤 사람은 "정부가 민간의 미세한 일까지도 살펴 일꾼의 품삯과 장인(匠人)의 공임을 작정하고 유민(遊民)의 생업[業]을 구해 주고 물가를 안정시키고 가난한 사람을 구제해야 한다. 그 밖에 평인(平人)의 일체의 사사로운 일에 관계하여 가느다란 터럭과 가벼운 먼지라도 그 통의와 직책에 간섭[揷理]해야 한다"라고 말한다. 하지만 인민의 사사로운 일에 이처럼 간섭한다면, 정부는 본래 위엄

[威焰]과 권력[權柄]을 가졌기 때문에 그 사이에 반드시 횡포를 부리는 세(勢)와 가혹한 법이 인민의 자주하는 정리(正理)를 방해하는 단서가 된다는 것은 말할 나위 없이 분명하다. 뿐만 아니라 품삯과 공임은 물가의 고하와 일의 대소에 따라 등급이 있고, 물가는 시세의 귀천과 조만(早晚)에 달려 있다. 가령 유민의 생업을 정해도 사람이 각기 좋아하는 것과 잘하는 것이 있는데, 이와 같은 일은 사람의 권력으로 할 수 없다. 정부가 이 법을 취한다면 대단히 번거로울 뿐 아니라 잡비도 적지 않게 들 것이다. 정부는 본래 재물을 갖고 있지 않다. 근원 없는 물과 뿌리 없는 나무가 어디 있겠는가. 나라 안의 세액을 더하는 데 지나지 않아 정부의 조치가 마땅함을 얻었다고 할 수 없다.

이런 까닭에 규칙을 확실히 정하여 인민이 감히 이를 범하지 못하도록 하고, 범하는 자가 있으면 조금이라도 용서[寬恕]해서는 안 된다. 그 밖에는 무슨 일을 하건 능히 할 수 있는 재주에 따라 생계를 찾게 하는 것이 인간의 자연한 성품을 따르는 일이다. 이에 지나치면 사람의 자주하는 권리를 속박하여 반드시 폐해를 구할 수 없는 지경에 이를 것이다.

[2] 그러므로 정부가 인민의 동정을 자세히 살펴 온갖 사물에 간섭하는 법을 행한다면 인민에게 괴로울 뿐만 아니라 정부도 합당한 직분에 어긋나게 된다. 정부의 큰 직분은 인민을 위해 생업을 구해 주는 데 있지 않고, 그들이 소유한 생업을 보전해 주는 데 있다. 이는 교화를 힘쓰고 법률을 지키는 것을 벗어나지 않으니 또한 중복되는 얘기다. 가장 긴요한 큰 조목은 인민으로 하여금 저마다 힘을 쓰고 재주를 다하여 의복, 음식, 거처의 모든 생계를 마련하게 하고 사소한 동요도 일으키지

말고 자연한 즐거움을 갖게 하는 것일 뿐이다. 또한 사람이 세상에 살면서 일신의 공양뿐 아니라 가족의 관계도 있다. 이는 천연한 지정(至情)에서 나오는 것이므로 사람이 즐거워하는 것이지만 은연중에 정부가 상관되는 도가 스스로 있다. [후략]

❋

정부의 직분과 '자연한 즐거움'

우선 정부는 인민의 사적 영역에 간섭해서는 안 된다는 서술이 눈에 띈다. 정부가 인민의 동정을 살피는 것은 합당한 직분을 벗어난 간섭이다. 정부가 지나치게 인민의 사적 영역을 간섭한다면 횡포를 부리거나 가혹한 법을 집행하게 된다. 이럴 경우 '인민의 자주하는 정리'를 방해하고 증세를 초래할 것이다. 정부는 규칙을 제정하고 인민이 규칙을 위반하지 않도록 최소한의 임무만을 수행해야 한다. 생업을 찾는 것은 인민의 자주하는 권리이며, 생업을 보호하는 것이 정부의 역할이다. 최소정부론과 소극적 복지론이다.

유길준의 최소정부론은 『서양사정 외편』의 정부론과 상통한다. 후쿠자와 유키치(나아가 버튼)도 정부는 '비리비도(非理非道)'("serious wrong"—Burton)를 행하여 인민의 사적 영역에 간섭해서는 안 된다고 말한다. 하지만 자세히 들여다 보면 똑같지는 않다. 후쿠자와는 사적 영역의 침범을 '인간교제'(society—Burton)에 대한 침해로 간주했지만, 유길준은 인민의 자주하는 정리를 방해하는 것으로 보았다. 유길준은 사회의 공적 영역보다 인민의 사적 영역을 더 의식했던 것이다. 이 점은 정부의 직분에 관한 정의에서도 엿볼 수 있다. 후쿠자와(그리고 버튼)는 정부의 직분(역할, 기능)을 사회질서와 국법을 지키는 방향에서 생각했지만, 유길준은 정부에 대해 인민의 안녕을 바라는 마음을 표현하고 있다. 인민의 안녕을 인민이 사회의 공적 영역과 연루되는 방식에서가 아니라 인민을 위한 정부의 정책에서 찾았다. 정부의 직분이 "본국의 정치를 안정시켜 인민이 태평한 즐거움을 누릴 수 있게 하고, 법률을 고수하여 인민에게 원통한 일이 없게 하며, 외국 교제를 신실히 하여 인민과 나라가 분란의 우려를 면하도록 하는 데" 있다는 서술에서 알 수 있다.

'인민의 안녕'과 법률

정부의 직분은 인민의 안녕을 보전하는 데 있다. 인민의 안녕은 법률과 교화를 통해 확보된다. 정부는 교화와 법률을 가지고 인민을 위해 직분을 행사한다. 정부는 법률을 제정하며 제정한 법을 위반하지 않도록 인민을 교화해야 한다. 인민이 정부의 교화와 법률을 통해 자주적으로 생계를 마련할 때 인민은 '자연한 즐거움'을 갖게 된다. '자연한 즐거움'은 정부가 인민에게 강제하지 않고 인민의 편리를 따른다는 뜻이다. 유길준은 '좋은 정부'를 상정한다. 제20단락에 따르면 그가 말하는 '좋은 정부'란 인민의 편리를 따르는 정부다. 그렇다면 정부가 제정하는 법률도 '편민(便民)'을 위주로 해야 한다. 법률이 인민의 삶을 불편하게 한다는 것은 정부가 인민의 삶을 간섭하는 것이 되므로 그러한 법은 조속히 폐지해야 한다.

'좋은 정부'에 관해서는 제5편 2절 「정부의 종류」에서도 언급한 바 있다. 나라의 정체는 인민의 학식의 단계에 의존하므로 어떠한 정체든 인민이 스스로 취한 것이며, 좋은 인민[善民] 위에 나쁜 정부[惡政府] 없고 나쁜 인민[惡民] 위에 좋은 정부[善政府] 없다는 것이다. 인민의 좋고 나쁨이 정부의 좋고 나쁨을 결정한다는 말이다. 정부는 인민의 편리에 따라야 한다는 말이나 인민의 선악이 정부의 선악을 결정한다는 말이나 인민의 주체로서의 가능성을 보여준 것으로 볼 수도 있다. 하지만 인민의 편리든 인민의 선악이든 인민의 학식(지식)에 의해 결정되는데, 인민의 학식이 갖추어졌다고 판단되지 않는 한 정부가 인민을 교화하고 법률을 행사하며 주체로서 상정될 수밖에 없다.

------

　[1] 政府의職分은本國의政治를安穩히ᄒᆞ야人民으로泰平흔樂이有ᄒᆞ게홈과法律을固守ᄒᆞ야人民으로寃抑흔事가無ᄒᆞ게홈과外國의交際를信實히ᄒᆞ야民國으로ᄒᆞ야곰紛亂의憂慮를免케홈에在ᄒᆞ야此三條로其大綱領을作ᄒᆞ나此綱領外에도政府의當行홀事와不當行홀事를因ᄒᆞ야世間諸學者의議論이不一ᄒᆞ니或人이云호ᄃᆡ政府가民間의微細事라도顧察ᄒᆞ야役夫의雇錢과匠人의工價를酌定ᄒᆞ며遊民의業을求ᄒᆞ고物價를限定ᄒᆞ며貧人을救助ᄒᆞ고又其外平人의一切私事를關係ᄒᆞ야毛의細홈과埃의輕홈이라도其通義와職責을揷理홈이可ᄒᆞ다ᄒᆞ나人民의私事에如此히干涉ᄒᆞᄂᆞᆫ時ᄂᆞᆫ政府가本來威熖과權柄을執有흔者라其間에必然恣橫ᄒᆞᄂᆞᆫ勢와苛酷흔法이有ᄒᆞ야人民의自主ᄒᆞᄂᆞᆫ正理를妨害ᄒᆞᄂᆞᆫ端緒가辯論을不俟ᄒᆞ야分明홀쑨더러雇錢과工價ᄂᆞᆫ物價의高下와役事의大小를因ᄒᆞ야其層等이有흔者며物價ᄂᆞᆫ時勢의貴賤

과早晚을從ᄒᄂᆞᆫ者오假令遊民의業을定ᄒᆞ야도人이各其樂ᄒᄂᆞᆫ者와能ᄒᆞᆫ배가有ᄒᆞ
니如此ᄒᆞᆫ等事ᄂᆞᆫ人의權力으로末由ᄒᄂᆞᆫ者어늘政府가萬若此法을取ᄒᆞᆯ진대其煩劇
홈도不勝ᄒᆞ려이와雜費의入用이不少ᄒᆞᆫ則政府ᄂᆞᆫ本來財物잇ᄂᆞᆫ者아니라無源ᄒᆞᆫ水와
無根ᄒᆞᆫ木이何有ᄒᆞ리오國中의稅額을加ᄒᆞ기에不過ᄒᆞ야政府의處實가厥宜를得ᄒᆞ
다謂ᄒᆞ기不可ᄒᆞ리니

　然ᄒᆞᆫ故로但其規則을明定ᄒᆞ야人民으로ᄒᆞ여곰敢히是를犯치못ᄒᆞ게ᄒᆞ며犯ᄒᄂᆞᆫ
者가有ᄒᆞ거든一毫라도寬恕ᄒᆞ지勿ᄒᆞ고此外ᄂᆞᆫ何事를行ᄒᆞᆯ든지其能ᄒᆞᆫ대로才操를
隨ᄒᆞ야生涯를求ᄒᆞ게함이人間의自然ᄒᆞᆫ性稟을順히홈이라此에過ᄒᆞ면人의自主ᄒᄂᆞᆫ
權利를束縛ᄒᆞ야其弊害가畢竟은不救ᄒᄂᆞᆫ竟에至ᄒᆞ디니

　[2] 然ᄒᆞᆫ지라政府되ᄂᆞᆫ者가人民의動靜을審察ᄒᆞ야千事萬物에干涉ᄒᄂᆞᆫ法을行ᄒᆞ
면人民에게煩惱홀쑨에不止ᄒᆞ고政府도亦其合當ᄒᆞᆫ職分에有違홈이니政府의大職
은人民을爲ᄒᆞ여其業을求ᄒᆞ기에不在ᄒᆞ고其所有ᄒᆞᆫ業을保ᄒᆞ기에在ᄒᆞᆫ지라此ᄂᆞᆫ教化
를務ᄒᆞ고法律을守ᄒᆞ기에不出ᄒᆞ나猶且重複ᄒᆞ論이니最緊要ᄒᆞᆫ一大條ᄂᆞᆫ人民으로
ᄒᆞ여곰各其力을勞ᄒᆞ며才를窮ᄒᆞ야其衣服飮食居處의一切活計를供辨ᄒᆞ게ᄒᆞ고些
少의擾動이라도勿行ᄒᆞ야自然ᄒᆞᆫ樂이有ᄒᆞ게홀쑨이오又人이世에生홈애一身의供
養쑨아니라家族의關係가亦存ᄒᆞ니此ᄂᆞᆫ天然ᄒᆞᆫ至情에流出ᄒᄂᆞᆫ者인故로人의樂爲
ᄒᄂᆞᆫ者로ᄃᆡ隱然ᄒᆞᆫ中에政府의相關ᄒᄂᆞᆫ道가自有홀쑨더러 [후략]

　[3] 인세의 풍기(風氣)가 차츰 열릴수록 민생의 수요[需用]도 증가한
다. 거처는 편리함을 찾을 뿐만 아니라 화려한 제도를 숭상하고, 의복
과 음식은 가볍고 따뜻한 것과 좋은 맛을 원하게 된다. 이는 인생의 자

연한 성정이다. 이처럼 의식과 거처의 정미(精美)함을 찾는 자는 원하는 것을 얻기 위해 머리[心智]를 쓰고 근력[膂力]을 쓴다. 또한 이로 인해 물품을 제조하는 자와 판매하는 자는 타인의 수요에 맞추어 자기의 이익을 꾀하고 저마다 재력(才力)을 다한다. 이 때문에 세간의 사무도 점차 번잡해졌다.

사람들이 혹 사치[侈]와 검약[儉]을 의론하여 그 옳고 옳지 않음을 구별하는 데 시끄럽다. 그런데 사치와 검약도 분수가 있다. 대개 사치라 말하는 본뜻은 미물(美物)을 숭상하는 도를 지목하는 것이 아니라 지각 없이 씀씀이[用度]가 지나친 자와 가난한데 겉치레가 많은 자의 행실을 비평[評論]하는 것이다. 나라 안의 물품 제조하는 자가 재예(才藝)를 연구하고 수단을 연마하여 각각의 물건이 저마다 분수대로 화려함과 견고함을 갖추었다면 이는 그 나라의 물품이 완미(完美)한 지경에 이른 것이다. 또한 구매하는 자가 미물을 취하는 것도 자기 일신의 편리를 위하는 가운데 세간의 장인[工匠]을 권면하는 하나의 방법이다.

만약 그 값어치를 논하면 조잡한 물품에 비해 열 배나 백 배에 이르는 것도 있겠지만, 국인의 제조하는 바와 구매하는 자가 정미(精美)한 종류를 함께 좇기 때문에 조잡한 것은 처음부터 영향을 받지 않을뿐더러 물품이 정미한 지경에 이르면 나라 안의 재산이 흥왕(興旺)하여 놀고먹는 인민이 아주 드물어지게 될 것이다. 우리나라에서 미물(美物)을 제조하지 못하고 다른 나라에서 사들인다면 진실로 사치하는 폐단의 한 근원이고 국민의 간고(艱苦)함도 극에 달할 것이다. 하지만 우리나라 안에 좋은 물건이 많으면 사치가 아니라 국가의 큰 복이니, 사치라 해도 사치가 아니다. 조잡한 물품은 영향을 받지 않기 때문인데, 만약 검약의 본뜻도 모르고 조잡한 물품을 애용[崇用]하는 것을 미덕이라 하여 황잡한 제도를 존숭[尊尙]하고 정교한 재예를 배척한다면 나라 안의 장인[工匠]을 금제하는 것과 같아 정미한 물품이 점차 없어지는 지경에 이를 것이다. 뛰어난 장인이 아주 적어지면 국풍(國風)이 또한 야비한 지경으로 떨어짐은 물이 아래로 흐르는 것과 같고 괴로운 경황이 구차한 습속을 이루어 사치하는 자의 폐단보다 몇 배나 심할 것이다. 사치라 해도 인민이 각기 마음과 힘을 다하고 나라 안이 부유하여 서울과 시골의 분별이 없어지면 검약하는 덕행과 같을 것이다. 나라 안에 있는 물품이 다 훌륭하여 조잡한 것은 구하고 싶어도 그 그림자를 보지 못할 것이다.

그러므로 한 나라의 사치 검약[侈儉]은 한 사람의 사치 검약과 다르다. 미물을 제조하지 못하는 국인이 검약한 덕으로 야박한 물품을 취하기도 하지만 다른 나라 사람의 웃음을 면치 못하게 된다. 만약 다른 나라의 미물을 갖다 써 타인의 웃음을 면하려 한다면 오히려 나라에 큰 해를 끼칠 것이니 부득이 검소한 규범[規模]을 따라야 한다. 하지만 이는 실상 검약이 아니라 사세가 그렇게 만든 것이니, 정부는 장인의 기술[才巧]을 단련시키고 토지의 물산을 풍족하게 하여 야박한 풍습을 바꾸는 것을 주 임무로 삼아야 한다. 정미한 물품을 사치하는 근본이라 하여 일절 금지하는 것은 정부의 직분이 아니다.

또한 어리석은 자가 의식주의 미(美)를 오용하여 문명개화가 베풀어 준 바를 더럽히는 경우가 없지 않다. 세계의 대동(大同)한 경상에 견주어 살피면, 문명이 힘써 만들어낸 공덕(功德)이 거기서 나오는 폐해를 갚고도 남음이 있다. 천하의 어느 나라든 초매(草昧)한 시초의 사물을 개혁하지 않는다면 그 풍속이 야만의 부락과 무엇이 다르겠는가. 개화의 큰 목적은 사람을 권하여 사(邪)를 버리고 정(正)으로 돌아간다는 뜻이다. 사치와 검약의 분별도 개화의 등급에 따라 이루어지는 것이다.

✼

검약, 절용의 윤리

이 글은 유길준의 경제사상뿐 아니라 1880년대의 경제윤리의 전환을 보여주는 일종의 정치경제론이다. 1880년대 경제사상의 변용을 선구적으로 보여준 중요한 글이다. 유길준은 사치를 부정하고 절검, 절용을 중시하는 기존의 경제윤리를 해체시키고 있다. 유길준은 문명개화와 국부의 관점에서 사치-검약의 경제윤리를 재해석한다. '미물', 즉 '정미(精美)한 물품'의 유용성을 옹호하는 정치경제론을 전개한다.

유교사회의 경제윤리는 비용 절감과 소비 억제를 뜻하는 검약(儉約), 절검(節儉), 절약(節約), 절용(節用)이었다. 검약, 절검은 한 몸의 인격을 나타내는 윤리였다. 검약은 선이고 사치는 악이었다. 검약은 군주의 덕목이기도 했다. 이를테면, 이혁주(李赫周)는 대원군에게 올리는 글에서 "검(儉)은 덕(德)이 모인 것이다. 치(侈)는 검의 반(反)이고 덕의 적(賊)이다", "절용애민(節用愛民)은 선왕의 도이다. 선왕의 도를 행하면 다스려지고, 선왕의 도를 버리면 어지러워진다"(「宣傳官李赫周上書雲峴宮」, 『龍湖閑錄』 4)라고 말했다. '절용애민'은 『논어』에 나오는 말인데["節用而愛人"

(論語·學而)], 유학자들은 상투적으로 군주에게 이 덕목을 요구하였다.

검약, 절용의 경제윤리는 토지 생산력의 한계효용 때문에 생산량이 한정될 수밖에 없는 농업사회에서 불가피하게 성립한 것이었다. 그것은 '공지공민(公地公民)'의 관념에 적합한 농업사회의 경제윤리였다. 검약, 절용은 '한 몸'의 경제윤리였을 뿐 아니라 국가재정과 관련된 '한 나라'의 경제윤리였다. 유길준의 용어를 빌리면 '한 사람의 사치 검약'과 '한 나라의 사치 검약'은 같은 것이었다. 조선조 한국은 농업국가로서 국가재정을 토지조세로 충당해야 하는데, 한정된 토지생산성으로 인해 세입은 제한적일 수밖에 없었다. 따라서 세입을 헤아려 세출을 정하는 양입위출(量入爲出) 혹은 양입계출(量入計出)이 재정 정책의 기본 원칙이었다. 이러한 재정 정책에서는 '절용'의 윤리가 요구된다. 재화를 만들어 내는 '생재(生財)'보다는 재화의 소비를 다스리는 '이재(理財)'가 중요하다.

1880년대 개항개방의 상황에서 국가의 자주독립을 모색할 때 검약, 절검의 경제윤리는 어떠한 변용을 보이게 될까. 국가의 존립을 위한 부국과 강병이 요구되었을 때, 검약의 경제윤리와 재정 정책은 어떠한 행로를 보였을까. 1880년대 국가재정과 부국강병에 민감하게 반응했던 김윤식은 '이재치병(理財治兵)'을 말한다. '이재(理財)'가 있어야 '치병(治兵)'이 가능하다고 보았다. 개항 초기 운양은 '연병(練兵)'을 통한 국가 방비를 생각했고, 재원마련을 위한 절검, 절용을 강조하였다. 무익한 비용을 줄이고 급한 일을 먼저 행하는 '극기절용(克己節用)'을 주장하였다. 하지만 1890년대 초반 김윤식은 '치병'이 우선이 아니라 '부민(富民)'을 우선해야만 했다고 술회하였다. 강병은 절용만으로는 한계가 있고 먼저 부민을 통해 재원을 확충해야 한다고 생각을 바꾸었던 것이다. 1880년 대 유길준은 김윤식과 다른 생각을 보였다.

'미물(美物)'의 정치경제학

유길준은 사치는 악이며 검약(절검, 절약)이 미덕이라는 전통적 경제 윤리를 해체한다. 유길준은 미물이 사치품이 아니라 국부의 원천이라 말한다. 검약을 미덕으로 생각하여 사람들이 미물을 구매하지 않는다 면 장인들은 수요가 없어 미물을 제조할 기회를 갖지 못한다. 이렇게 되면 국내의 직공은 능력이 떨어져 정교한 기예를 발휘할 수 없고 정미 (精美)한 물품은 사라지게 된다. 인민은 미개한 상태를 벗어나기 어렵 다. 이러한 상황에서는 미물을 만들지 못하고 수입에만 의존하는 것이 사치하는 폐단이다. 하지만 생각을 바꿔야 한다. 조잡한 물품을 애용하 는 것이 검약의 미덕은 아니다. 사치는 인민의 편리도 되거니와 장인을 권면하는 길이기도 하다. 사치를 위해 인민이 심력을 기울여 나라가 풍 요해지면 나라 안의 모든 물건이 정미해져 조잡한 것이 사라진다. 제품 이 '정미한 지경'에 이르게 되면 국부가 늘어나 놀고먹는 인민이 줄어든 다. 좋은 제품이 많이 생산되면 국가의 큰 복이다. 국부가 늘어 서울과 시골의 분별이 없어지면 사치라 해도 사치가 아니다. 사치는 검약하는 덕행과 같다. 사치는 문명개화의 경역으로 이끄는 미덕이다.

유길준은 미물과 사치를 구별한다. 미물 자체가 사치의 근원은 아니 라는 것이다. 사람들이 말하는 사치란 '지각없이 씀씀이가 지나친 자'와

'가난하면서 겉치레가 많은 자'의 행실을 비판하는 말이다. 지나친 소비와 많은 겉치레를 가리키는 말이다. 유길준은 사치를 '미물을 숭상하는 도'로 정의한다. 사치는 '미물', 즉 '정미한 물품'은 겉모양만을 꾸미는 행실이 아니라 의식주의 아름다움을 나타내는 것으로서 사물이 '정미한 지경'에 이른 것을 가리킨다. 이러한 미물은 사치품이 아니라 국부(國富)의 표현이다. 이러한 사치 개념을 가지고 본다면 기존의 검약 개념도 바꾸어야 한다. 기왕에는 외국으로부터 미물을 들여올 경우 나라에 큰 해를 끼치게 되니 검약해야 한다는 생각이 강했다. 하지만 유길준이 보기에 검약은 미물을 제작하지 못하는 상황에서 어쩔 수 없이 요구된 덕목일 따름이다. 검약은 단지 윤리의 문제가 아니라 '사세(事勢)'의 문제다.

유길준은 '한 몸의 사치, 검소'와 '한 나라의 사치, 검소'를 구별함으로써 개인의 경제윤리와 국가경제를 분별한다. 사치와 검약의 의미를 인간의 본성에 기초한 경제윤리와 국가경제의 양 측면에서 파악하고 있다. 유길준은 의식주의 미를 추구하는 것이 '인생의 자연한 성정'이며, 의식과 거처의 정미함이 사람들로 하여금 마음과 힘을 써서 경려하게 만들고 이익을 추구하는 동기로 작용한다는 사실에 동의한다. 미를 추구하는 인간의 심성에서 사치의 의미를 파악한 것이다. 이러한 사치는 국가경제를 일으키는 원동력이 된다. '정미한 지경'을 이룬 미물을 많이 제조하면 인민의 생산 활동이 활발해지고 국부가 늘며, 그 결과 서울과 시골의 격차가 사라진다는 것이다. 이는 국가의 큰 복이다. 버튼과 후쿠자와는 개인의 한 몸처럼 가족도 의식주의 아름다움이나 환락을 공유하며, 이로 인해 세계 인류의 수요품이 증가할 것이라 했다. 유길준은 의식주의 아름다움이 한 몸, 한 나라, 세계에 연속적으로 파악하는 이들의 관점에 동의하지 않았다. 개인적 경제윤리의 차원에서 미물의 소비와 관련된 사치, 검소는 '의식주의 미'를 추구하는 개인 능력의 문제다. 하지만 국가경제의 차원에서 미물은 국가의 부를 늘리고 인민의 산업 활동과 생활수준을 높이는 경제적 자원이다. 이 경우 사치는 검약하는 덕행과 같다. 사치는 미덕이 된다. 그렇다면 미물은 사치, 검소의 문제일 수 없다.

'미물'은 개방의 문명사회와 상업사회의 출현을 상징하는 말이다. '미물(美物)'은 교역 거절의 논리를 펼 때 위정척사론자들이 사용한 '양물(洋物)'과 대응한다. 1860년대~1880년대 서세동점과 개방의 문맥에서 위정척사론자나 쇄국론자들은 '양물'이란 말을 다용하였다. '양물'은 서양의 제조품을 가리킨다. '양물'은 생활필수품이 아니라 사람의 인욕을 충족시키는 사치품으로 인식되었다. 무엇보다 양물은 유교문명의 인류를 훼손하고 사직을 위협하는 사물(邪物)로 여겨졌다. 그들은 외국에 교역을 허용할 경우 조선의 유한한 농업 생산품이 유출되고 서양의 무한한 제조품(공산품)이 유입되어 조선경제가 파탄하고 조선의 인류와 사직은 망할 수밖에 없다고 생각하였다. '양물'은 조선의 사회질서와 유교문명을 위협하는 표상이었고, 서양을 '금수'로 규정하는 도덕적 비난을 함축한 말이었다. '양물'은 천리 대 인욕의 틀로 세계를 파악하는 주자학적 세계관과 인류 대 금수의 틀로 동서양을 차별화하는 척사론적 문명관이 결합한 표상이었다.

유길준이 제시한 '미물' 개념은 세계관과 문명관의 일정한 전환을 보여준다. '의식주의 아름다움[미]'은 서양문명의 견문을 통해 형성된 미의식의 표현일 것이다. 유길준이 사용한 '미물'의 용례는 인민의 경제생활과 국가경제에 관련된 것으로서 도덕적 의미를 띠고 있지 않다. 유길준은 천리 대 인욕의 주자학적 세계관을 배제하고 경제현상(교역문제)과 관련된 용법으로 국한하고 있다. '미' 혹은 '정미(精美)'는 주관적 가치를 배제한 것이다. 조잡하지 않는 것, 사물 자체의 정교한 속성을 최대한 드러낸 객관적 미에 가까울 것이다. 유길준이 사치-검약 개념과 새로운 경제윤리를 제시한 것은 1880년대에 기존의 양물관과 검약의 논리로 대응할 수 없는 개항개방의 상황에서 상업사회에 대한 기대가 출현하였음을 보여준다.

미물을 국부의 원천으로 보는 경제관은 유길준이 자유주의 경제에 친화적임을 시사한다. 다만 자유무역을 적극 주장하지는 않았다. 후쿠자와(버튼)는 정부의 간섭을 배제하는 자유주의 경제를 적극 개진하였다. 또한 영국의 사례를 보여주면서 국내교역과 국제교역에 대한 법적 규제가 부정적 결과를 초래한다는 사실을 강조하였다. 유길준은 정부의 간섭을 최소화해야 한다는 이들의 취지에 동조는 했지만 이 대목을 적극 반영하지는 않았다. 사치와 검소의 분별도 개화의 등급, 즉 문명의 수준에 의존한다고 보았기 때문이다.

---

[3] 人世의風氣가漸開홀스록民生의需用도亦且增加ᄒ야居處ᄂ便利ᄒ기를求ᄒ

기에不止ᄒ고華麗ᄒᆫ制度를崇尚ᄒ며衣服과飮食은輕煖과甘旨를欲ᄒᄂ니此ᄂ人生의自然ᄒᆫ性情이라如此히衣食居處의精美홈을求ᄒᄂ者가其願을獲遂ᄒ기爲ᄒ여其心智를勞ᄒ며膂力을苦ᄒ고又此를因ᄒ야物品製造ᄒᄂ者와販賣ᄒᄂ者ᄂ他人의需求를供홈으로自己의利益을營ᄒ야各其才力을窮ᄒᄂ故로世間의事務가漸次로煩多ᄒ기에至홈이니

人이或侈儉을議論ᄒ야其可不可의區別이紛紜ᄒ나然ᄒ나侈와儉도亦其分數가有ᄒ니大槩奢侈라謂ᄒᄂ本意ᄂ美物을崇尚ᄒᄂ道를指目홈이아니오知覺업시用度의過ᄒᆫ者와艱難ᄒ고外飾의多ᄒᆫ者의行實을評論홈이라國中의物品製造ᄒᄂ者가才藝를究格ᄒ며手段을鍊精ᄒ야各種이各其分數대로華麗홈과堅固홈을具ᄒᆫ則此ᄂ其國의物品이完美ᄒᄂ竟에至ᄒᆫ者며又購求ᄒᄂ者도美物을取홈은自己一身의便利를爲ᄒᄂ中에世間의工匠을勤勉ᄒᄂ一道니

萬若其價를論ᄒ면麤薄ᄒᆫ物品에比ᄒ야十倍或百倍에至ᄒᆯ者도有ᄒᆯ듯ᄒ되國人의製造ᄒᄂ바와購取ᄒᄂ者가精美ᄒᆫ種類를俱從ᄒᄂ故로麤薄ᄒᆫ者ᄂ當初에影響도絶ᄒᆯᄲᆫ더러物品이精美ᄒᆫ竟에至ᄒᆫ則國中의財産이興旺ᄒ야遊食ᄒᄂ人民이稀罕ᄒᆯ지라我의國中에ᄂ美物을製造ᄒ기不能ᄒ고他邦에購取ᄒᆯ진대此ᄂ眞實로奢侈ᄒᄂ一弊源이며國民의艱苦홈도極臻ᄒ려니와我의國中에好物이多ᄒ면此ᄂ奢侈아니오卽國家의大福이니奢侈라謂ᄒ야도奢侈아니라物品이麤薄ᄒᆫ者ᄂ影響도絶無홈을由홈이어늘萬若儉素의本意를未解ᄒ고麤薄ᄒᆫ物品을崇用ᄒ기로美德이라ᄒ야荒雜ᄒᆫ制度를尊尚ᄒ고精巧ᄒᆫ才藝를棄斥ᄒ면國中의工匠을禁制홈과同ᄒ야精美ᄒᆫ物品이漸盡ᄒᄂ竟에至ᄒ리니巧匠이稀少ᄒᆫ則國風이亦且野鄙ᄒᆫ域에趍ᄒ기를水의就下홈과同ᄒ야艱辛ᄒᆫ景況으로苟且ᄒᆫ習俗을成ᄒ야奢侈ᄒᄂ者의弊에셔幾倍로滋甚ᄒᆯ지라奢侈라ᄒ야도人民이各其心과力을勞ᄒ고國中이富饒ᄒ야京鄕의分別이無

홀진대儉素ᄒᆞᄂᆞᆫ德行과等홀지라國中에所存ᄒᆞᆫ物品이盡善ᄒᆞ야麤薄ᄒᆞᆫ者ᄂᆞᆫ欲求ᄒᆞ야도其影子ᄅᆞᆯ不見홀디니

然ᄒᆞᆫ故로一國의侈儉이一人의侈儉과不同ᄒᆞᆫ지라美物의製造ᄅᆞᆯ不能ᄒᆞᄂᆞᆫ國人이或儉素ᄒᆞᆫ德으로野薄ᄒᆞᆫ物品을取ᄒᆞ나他邦人의笑ᄅᆞᆯ不免홀디로ᄃᆡ萬若他邦의美物을取用ᄒᆞ야他人의笑ᄅᆞᆯ欲免ᄒᆞ면其國의大害ᄅᆞᆯ反貽홈이니已ᄒᆞ기不得ᄒᆞ야儉素ᄒᆞᆫ規模ᄅᆞᆯ從홈이可ᄒᆞ나此ᄂᆞᆫ實狀儉素아니라事勢의致然홈인則政府되ᄂᆞᆫ者가工匠의才巧ᄅᆞᆯ鍛鍊케ᄒᆞ며土地의物産을富贍케ᄒᆞ야野薄ᄒᆞᆫ風習을變ᄒᆞ기로主務ᄅᆞᆯ作홈이可ᄒᆞ니精美ᄒᆞᆫ物品이奢侈ᄒᆞᄂᆞᆫ根本이라ᄒᆞ야一切禁斷ᄒᆞᄂᆞᆫ者ᄂᆞᆫ政府의職分아니라

抑且愚者ᄂᆞᆫ或衣食居의美ᄅᆞᆯ誤用ᄒᆞ야文明開化의所賜ᄅᆞᆯ汚穢ᄒᆞᄂᆞᆫ者가不無ᄒᆞ니世界의大同ᄒᆞᆫ景像으로推較ᄒᆞ면文明勤工의功德이其流出ᄒᆞᆫ弊害ᄅᆞᆯ償ᄒᆞ고餘地가綽然ᄒᆞᆫ者니天下의何邦이든지其草昧ᄒᆞᆫ始初의事物을改革홈이無ᄒᆞᆫ則其風俗이蠻野의部落과奚異ᄒᆞ리오開化의大目的은人을勸ᄒᆞ야邪ᄅᆞᆯ棄ᄒᆞ고正에歸ᄒᆞᄂᆞᆫ趣意니侈儉의分別도亦且開化의等級을從ᄒᆞ야成ᄒᆞᄂᆞᆫ者라

[5] 민간의 사무는 정부가 그 방략에 관계해서는 안 되지만, 정부가 한번 정한 법은 확실히 지켜 인민이 한결같이 준수하여 어기지 않도록 하는 것이 가장 중요한 요체[要道]다. 정부의 큰 직분을 한 마디로 말하면 인민의 생업을 작정할 권한은 없지만 보호할 책임은 있다는 것이다. 때문에 정부가 간섭하는 일이 적지 않다. 여기에 대략 적어본다.

[6] 궁민(窮民)을 구휼하는 정치는 국가의 중대한 일이며 인자한 도다. 사람이 어릴 때 교육을 받지 못해 늙어 자급[自奉]할 길이 없거나,

형체가 강건하지 못해 생계 구하는 방략에 기력이 부족하거나, 또는 불행한 운명[命道]으로 병신이 되거나, 어린애가 부모가 없어 양육할 자가 없는 등 여러 가지 사정 때문에 측은한 자가 많다. 이러한 사람들은 모두 자기 재력(才力)으로 몸을 받들 수 없고 타인의 구조를 기다려야만 구렁에 빠지는 우환을 면할 수 있다.

이 때문에 선인[先民]의 의론이 적지 않았다. 구휼하는 본뜻은 생각하건대 인혜(仁惠)를 베푸는 데 있지만, 기율이 없고 함부로 베푼다면 민간의 일대 폐단을 초래할 것이다. 다른 이유에서가 아니다. 어려운 친구와 가난한 친척을 구제하는 도를 사사로이 행한다면 인심과 풍속이 나태한 지경에 빠져 놀고먹는 자가 저절로 많아질뿐더러 구제를 행하는 사람의 일을 논하더라도 붕우와 친척을 애휼(愛恤)하는 도가 아니라 나태한 습성을 길러주는 셈이니 인자한 본심으로 독약을 권하는 것과 같다. 그러므로 정부가 아니라 [사사로이] 구휼하는 도를 행하는 일은 한 사람의 사사로운 행위[私行]로는 아름다운 풍속[美俗]이라 할 수 있지만, 일국의 공본된 정사[公政]로 따져 보면 규범[規模] 없는 한 건의 일이라 부를 뿐이다. 친척, 붕우 가운데 서로 구할 만한 자가 있는데 돌보지 않는 경우에도 정부의 위령(威令)으로 권해서는 안 된다. 또한 궁민의 친척, 붕우에 구제할 자도 없으면 어디에 고하겠는가. 이와 같기 때문에 궁민을 구휼하는 일은 정부가 규칙[規制]을 마련하여 전국의 세금으로 행해야 한다. 부유한 자가 어질고 착한 마음을 보여 궁민을 구제하려 한다면 빈자에게 사사로이 주지 말고 정부에 주어 구휼하는 비용에 충당하는 것이 좋다.

이 일을 행하는 데 합당한 규칙이 아주 어려워 시행하는 조목이 조금이라도 당연한 도를 잃으면 해만 있고 이익은 없을 것이다. 만약 일정한 규정[章制]도 없이 궁민이라 하는 자를 모두 구휼할 것을 주장한다면, 지체가 강건한 사람이라도 심지가 나태한 자는 일도 하지 않고 정부가 구휼해 주기만 바랄 것이다. 이는 사람으로 하여금 항업(恒業)을 저버리고 궁민이 되게 하는 것이다. 또한 불쌍한 노인과 병든 빈민을 보호하고 치료하는 것에도 엄절(嚴切)한 규칙이 없으면 그 폐해가 끝이 없을 것이다. 아비 없는 어린애와 기아를 양육하는 경우에도 명세(明細)한 법규를 세우지 않는다면 빈민이 자녀 양육하는 직분 때문에 제 본심을 저버리는 화근을 퍼뜨리게 될 것이니 삼가고 조심할 일이 여기에 있다.

[7] 때때로 신체가 강건하여 타인의 구조를 받지 않을 자도 힘든 노역[力役]을 괴로워하여 빈원(貧院)에 오기 때문에 영국은 법을 마련하여 그 사람에게 힘든 일을 해보게 했다. '힘을 시험하는 법'이라는 것이다. 또한 힘든 일을 하더라도 빈원 내의 구휼을 편하게 생각하여 상근직[常職]을 버리고 오는 자가 있을까 우려하여 원내의 힘든 일은 세간의 상근직에 비해 그 임금을 적게 하고, 문밖에 나가는 것을 불허하며, 의식주 도구들은 사람들 마음에 들지 않게 하여 간사한 자가 함부로 들어오는 폐단을 방지하였다. 이렇게 하자 일신의 생활을 영위할 만한 힘이 있는 자는 빨리 나가기를 원하게 되었다. 또한 나이 들어 쇠약한 자도 규모 없이 옷과 음식을 편하게 해 주면 인간의 일대 폐단을 낳게 되니, 인민으로 하여금 노후의 생계를 위해 재물을 저축하지 않고 타인의

구휼을 바라는 마음을 싹트게 할 것이다. 정부는 비용만 허비하고 인민의 태만한 길을 열어 주고 간교한 문을 세워 주게 된다. 그러므로 빈민을 구휼하는 법이 타인의 보호[顧護]를 받지 않으면 안 되는 자 이외에는 불허하며, 구휼을 받는 자라도 빈민의 자급[自奉]하는 분수에 지나침이 없도록 하는 것은 심원한 의사를 포함한 것이다. [후략]

[8] 이상의 논변한 취지를 깊이 생각하건대 궁민을 구휼하는 규칙은 매우 어려운 일이다. 정부의 직분은 실상 궁민을 구휼하는 데 있지 않고 궁민이 없게 하는 데 있다. 그러므로 궁민을 구제하는 도는 인정(仁政)의 큰일이라 말하지만, 실상은 정부가 어쩔 수 없이 행하는 사소한 일이다. 그 큰일은 인민으로 하여금 각기 자주하는 생계를 경영하여 타인에게 의탁함이 없게 하는 것이다. [후략]

[9] 이와 같은 일에 정부가 간섭하는 것이 번잡한 듯하지만, 이는 궁민을 권면하여 양민이 되게 하고 양민을 보호하여 궁민이 되지 않도록 하는 깊은 뜻이니, 실상 국내에 궁민이 없게 하는 큰 정치에 도움이 되는 것이다. [중략] 정부의 직분에서 중대한 요결은 나라 안의 양민을 보호하여 사람마다 의기를 중시하고 염절(廉節)을 지켜 전후의 순서와 본말의 마음을 가지고 노심(勞心)하는 자이건 노력(勞力)하는 자이건 각기 애써 얻은 대가로써 생업을 누리는 데 있다. 이는 교육으로써 덕화를 선양하고 법률로써 공도를 유지하는 데 지나지 않는다.

[20] 이상의 기재한 조목들을 정부의 법으로 정하여 국민(國民)에게 이롭게 하려는 것이다. 법은 편민(便民)하는 것을 위주로 하는데, 이와 같은 일에 법을 정하여 세간의 불편한 단서를 오히려 만든다면 빨리

폐지하여 정부의 간섭[關係]을 벗어나 국인의 편리를 따라야만 한다. 정부가 국민(國民)을 위하는 일에 크게 살피는 폐단이 나태해서 하지 않는 해(害)와 다르지 않음은 과불급(過不及)과 동일하기 때문이다. 좋은 정부[良政府]는 그[국인]의 편리를 따라야 인민과 더불어 태평한 복록[禄]을 길이 누릴 수 있다.

❀

'자주'와 '규칙'

정부의 직분은 인민의 생활을 보호하는 데 있다. 특히 빈민 구제는 정부의 가장 중요한 직분이다. 유길준은 민간의 사사로운 구휼이 아니라 정부의 공적 구제를 주장한다. 사사로이 빈민을 구휼하는 사적 행위는 아름다운 일이긴 하지만 일시적 시혜일 뿐이며, 진정한 인정(仁政)이 아니다. 나태한 습관을 길러주는 독약과도 같은 것이다. 정부의 직분은 궁민을 구휼하는 것이 아니라 궁민을 없애는 데 있다. 남에게 의존하지 않고 '자주하는 생계'를 가질 수 있게 해주어야 한다.

유길준은 법과 규칙을 중시한다. '합당한 규칙', '엄격한 규칙', '상세한 법규'와 같은 말을 되풀이해서 사용한다. 영국의 사례에서 빈민 구휼은 '규칙'과 '분수'에 맞게 이루어져야 함을 확인한다. 사람들이 고생하기 싫어 일부러 빈민 구제소에 들어오는 것을 막기 위해서는 임금을 적게 주고 바깥출입도 금해야 하며, 빈민의 분수를 넘지 않는 선에서 구휼이 시행되어야 한다. 빈민 구휼은 일정한 통제와 규칙이 필요하다.

인민의 자주와 규칙은 상관적이다. 유길준은 정부의 간섭(규칙의 제정, 합리적 운영)과 인민의 자주 사이를 매개하는 규칙에 주목하였다. 제8단락 후략 부분에서는 자주하는 생계를 위한 제도 중에서도 특히 빈민을 위한 적금치소(積金寘所)(신용금고)와 상인 재산가를 위한 상조계(相助契)에 주목하였는데, 유길준은 이러한 제도들이 '명백한 규칙'에 의거해 운영되고 있음을 강조하였다. 유길준은 영국에서 적금치소가 늘면서 횡령과 같은 부정 사건이 발생하자 정부가 직접 관여하여 적금치소의 운영 규칙을 만든 사례를 소개하고 있다. 상조계가 재정 악화로 도산하는 경우가 많게 되자 정부가 법을 마련해 세목을 정하고 구제금 지급 방식을 합리화한 사례도 소개하였다. 정부가 직분으로서 관계해야 할 분야나 항목도 상세하게 기술되어 있는데(후략한 제10단락~제19단락), 역시 법과 규칙을 강조하고 있다.

한편 '양생하는 규칙'(위생 규칙)도 정부가 관계해야 할 조목이다. 전염병은 전쟁보다 혹독한 재앙이 될 수 있다. 정부는 양생법을 만들어 준수하도록 해야 한다. 유길준은 '양생'이란 전통 언어를 쓰고 있지만, 사회 수준의 근대적 공공위생을 상정한 것이다. 또한 정부는 학자들의 저작물에 대해 인세를 인정해야 한다. 전기와 수도는 공공재이므로 정부가 규칙을 마련하여 전매권을 인정해 주되 관리가 감독할 수 있게 해야 한다. '시민[도시민] 단속하는 규칙'(시민단속법)을 마련하는 것도 정부의 직분이다. 시민을 단속하는 규칙은 인민의 자주하는 도를 방해할 듯하지만, 단속하는 조치가 타당할 때는 민간에게 공동한 유익이 된다. 건축법, 주점법, 아편담배 금지법 등 공공생활을 유지하는 데도 정부의 규칙이 필요하다. 등짐꾼, 가마꾼, 마부에게도 품삯을 규제하는 규칙이 필요하다 .

정부의 직분도 법 규칙을 통해 시행되어야 한다. 인민복지와 공공생활에 필요한 법규범을 제정하는 것은 정부의 중요한 직분이다. 인민의 자주하는 생계와 공공생활은 법적 규율을 통해 가능하다. 인민의 사적 영역을 간섭하는 법적 규율의 경계선에는 공(公)과 사(私)의 문제가 걸려 있다. 앞에서도 나왔지만 유길준은 정부의 직분이 인민을 편리하게 하는 '편민(便民)'에 있다고 총괄한다. 정부의 직분이 타당한지 여부는 정부의 법 제정이 인민의 편리에 맞는지에 달려 있다. '좋은 정부'는 인민의 편리에 따르는 정부다. 정부가 지나치게 간섭하는 것은 게을러서 안 하는 것과 같다.

———————

[5] 夫民間의事務를政府가其方略에關係홈이不可ᄒ나然ᄒ나政府의一定혼法은確守ᄒ야人民으로ᄒ여곰一遵無違홈이最大혼要道니政府의大職分을一言으로蔽ᄒ건대人民의業을酌定ᄒᄂ權은無ᄒ나保護ᄒᄂ責은有혼지라此를因ᄒ야政府의干涉홀者가亦不寡혼則今에略記ᄒ건대

[6] 窮民救恤ᄒᄂ政事는國家의重大혼事며仁慈혼道니大槩人生이幼時에敎育을不被ᄒ야老來에自奉ᄒᄂ道가無ᄒ거나其形體가强健치못ᄒ야生涯求ᄒᄂ方略에氣力이不足ᄒ거나又或不幸혼命道로病身되거나幼穉가父母업셔養育홀者가不存ᄒ거나ᄒ야如此혼累條의事端으로惻隱혼者가多ᄒ니此等人은皆自己의才力을藉ᄒ야其身을奉ᄒ기不能ᄒ고他人의救助를待ᄒ야溝壑에顚倒ᄒᄂ憂患을免홀지라

此를由호야先民의議論이不少호니夫救恤호는本意를考諒호면仁惠를施호기에 在호나然호나紀律이無호고妄施혼則民間의一大弊源을釀成호는者는無他라窮交 와貧族의救濟호는道를私行혼則人心과風俗이懶怠혼境에陷溺호야遊食호는者가 自多홀뿐더러救濟를行호는其人의事로論評호야도其朋友와親戚을愛恤호는道아 니오怠惰혼習性을養成홈이니仁慈혼本心으로毒藥을勸호는者와同혼지라然혼故 로政府아니오救恤호는道를行호는事가一人의私行으로는美俗이라謂홀디나一國의 公政으로審究호면規模업는一件事라稱홀뿐더러或族戚朋友의足히相救홀者가有 호디不願호는時라도政府의威令으로勒行홈이不可호고又窮民의族戚朋友에救濟 홀者도無호면告홀데가何處리오如此혼지라窮民救恤호는事는政府가規制를設호야 全國의賦稅로行호며富饒혼者가仁善혼心을發호야窮民을救濟코져호거든貧者에 게私授호지勿호고政府에獻호야救恤호는用費에充홈이可호니

此事를行호기에合當혼規則이極難호야其施行호는條目이些少라도當然혼道를 失혼則害는有호디利는無홀지라萬若一定혼章制가無호고窮民이라호는者는一切 救恤호기로主張호면肢體의强健혼人이라도心志가懶怠혼者는事爲를不營호고政 府의救恤호기만希望호리니此는人을敎호야其恒業을投擲호고窮民되게호는事며又 可哀혼老人과有病혼貧民을保護홈과治療홈에도嚴切혼規則이無호면其弊가無窮 홀지오孤獨의幼穉와棄兒를養育호는事에至호야도明細혼法規를不立혼則貧民으 로호여곰子女養育호는職分에其本心을□호는禍萌을播홈이니可히謹愼홀者가在此 홈이라

[7] 有時로身體가剛壯호야他人의救助를不受홀者도力役을苦호야貧院에來호는 故로英吉利는一法을設호야其人으로力役을供호느니此는試力호는法이라謂호는 者며又或力役을服事호야도院內의救恤을便히生覺호야其常職을捨호고來호는者

가有홀가慮ᄒᆞ야院內의力役은世間의常職에比ᄒᆞ야其賃錢을減少케ᄒᆞ고門外에出ᄒᆞ기를不許ᄒᆞ며衣食居의諸具ᄂᆞᆫ人意에不適ᄒᆞ게ᄒᆞ야奸譎ᄒᆞᆫ者의冒進ᄒᆞᄂᆞᆫ弊를防ᄒᆞ니如是홈으로其膂力이足히一身의生活을資ᄒᆞᄂᆞᆫ者ᄂᆞᆫ速히出院ᄒᆞ기를願홈이오又老年衰朽ᄒᆞᆫ者도規模업시衣食을便ᄒᆞ게한則人間의一大弊를生ᄒᆞ야人民으로ᄒᆞ여곰老來의生涯를爲ᄒᆞ여貯蓄ᄒᆞᄂᆞᆫ財物이無ᄒᆞ고他人의救恤을甘心ᄒᆞᄂᆞᆫ意萌이生ᄒᆞ게함이니政府ᄂᆞᆫ財用만虛費ᄒᆞ고人民의怠惰ᄒᆞᆫ路를開ᄒᆞ며奸狡ᄒᆞᆫ門을建홈이라窮民救恤ᄒᆞᄂᆞᆫ法은是故로他人의顧護를不受ᄒᆞ면不可ᄒᆞᆫ者外에ᄂᆞᆫ不許ᄒᆞ되救恤을受ᄒᆞᄂᆞᆫ者라도貧民의自奉ᄒᆞᄂᆞᆫ分數에有過홈이無ᄒᆞ게함은深遠ᄒᆞᆫ意思를含包ᄒᆞᆫ者니 [후략]

[8] 以上의論辯ᄒᆞᆫ意旨로究考ᄒᆞ건대窮民救恤ᄒᆞᄂᆞᆫ規則이極難ᄒᆞᆫ事니大槩政府의職分이實狀은窮民救恤ᄒᆞ기에不在ᄒᆞ고窮民이無ᄒᆞ게ᄒᆞ기에在ᄒᆞᆫ지라然ᄒᆞᆫ故로窮民救濟ᄒᆞᄂᆞᆫ道가仁政의大者라云ᄒᆞ나其實은政府의不得已ᄒᆞ야行ᄒᆞᄂᆞᆫ小事며其大者ᄂᆞᆫ人民으로ᄒᆞ여곰各其自主ᄒᆞᄂᆞᆫ生涯를經營ᄒᆞ야他人에게依托홈이無ᄒᆞ게홈이라 [후략]

[9] 夫如此ᄒᆞᆫ等事를政府가關涉홈이或煩劇ᄒᆞᆫ듯ᄒᆞ나然ᄒᆞ나此ᄂᆞᆫ窮民을勸勉ᄒᆞ야良民되게ᄒᆞ고良民을保護ᄒᆞ야窮民되지말게ᄒᆞᄂᆞᆫ深意니實狀國內에窮民이無ᄒᆞ게ᄒᆞᄂᆞᆫ大政의一助라 [중략] 政府의職分에重大ᄒᆞᆫ要訣은國中의良民을保護ᄒᆞ야人마다義氣를重히ᄒᆞ고廉節을守ᄒᆞ야前後의順序와本末의思量으로心을勞ᄒᆞᄂᆞᆫ者든지力을勞ᄒᆞᄂᆞᆫ者든지各其勞의所獲ᄒᆞᆫ報로其業을安享ᄒᆞ기에在ᄒᆞ니此ᄂᆞᆫ敎育으로써德化를宣揚ᄒᆞ고法律로써公道를維持ᄒᆞ기에不過ᄒᆞᄂᆞᆫ者라

[20] 以上의記載ᄒᆞᆫ諸條를政府의法으로定ᄒᆞ야國民에게利코져홈이라夫法은便民ᄒᆞ기로爲主ᄒᆞᄂᆞᆫ故로或如此ᄒᆞᆫ事에法을定ᄒᆞ야世間의不便ᄒᆞᆫ端緖를反成ᄒᆞ거든速히廢止ᄒᆞ야政府의關係를脫ᄒᆞ고國人의便利를隨홈이可ᄒᆞ니政府가國民을爲ᄒᆞᄂᆞᆫ

事에太察ᄒᆞ는弊가懈怠ᄒᆞ야不爲ᄒᆞ는害와無異홈은過不及이同一ᄒᆞ理由라惟良政府는其便利를隨ᄒᆞ야人民으로더브러泰平ᄒᆞ祿을永享홈이라

제7편

세금 거두는 법규,
인민의 납세하는 분의

국가 정책을 실행하는 데는 재정이 필요하며, 재정을 위해서는 세금을 거둬야 한다. 이 편은 조세론에 해당한다. 유길준은 직접세와 간접세를 병행한 수세를 주장하면서도 증세가 쉬운 간접세를 중요한 세원으로 보고 있다. 『서양사정 초편』 권1 「수세법」에서 관련 정보를 얻은 것으로 보인다. 한편 수세론과 짝을 이루는 납세론은 인민의 납세하는 분의(分義), 즉 납세의 의무를 논한 글이다. 유길준의 조세론은 상업사회를 전제로 한다.

제1절
수세하는 법규

　[13] 사람의 재산은 쉽게 옮길 수 있는 것이 아니다. 그러므로 직접 거두는[直徵] 법을 써서 세금을 마련해야 한다. 일용하는 물품은 있는 날도 있고 없는 날도 있다. 그러므로 대신 거두는[代徵] 법을 행하여 세금을 작정해야 한다. 대신 거두는 세[간접세]는 인구가 번성하고 국가가 부유할수록 액수가 따라서 늘어난다. 직접 거두는 세[직접세]도 그렇지 않은 것은 아니지만 대신 거두는 분수(分數)와 같을 수 없다. 부유한 나라의 세칙은 별로 변경하는 일도 없지만 변경하더라도 전에 비해 감소한다. 대신 거두는 세는 해마다 액수가 끊임없이 증가한다. 이는 다름이 아니다. 이 세는 일용하는 물품에 부과하는 것인데, 일용하는 물품은 국가가 부유해짐에 따라 그 수가 많아지므로 자연히 세금도 증가하는 것이다. 정부는 팔짱을 끼고 편안히 앉아 세입(歲入)하는 세금을 더

취하고 인민도 그 세가 증가함을 깨닫지 못해 국가의 재용(財用)이 풍족한 지경에 저절로 이른다.

[14] 어떤 법으로 세금을 거두든 명백한 조목과 엄절(嚴切)한 규칙이 없으면 세금 거두는 관리의 농간[幻弄]이 많을 것이다. 또한 인민도 적실한 명목을 몰라 의혹을 갖는 자도 있고 원망하는 자도 있을 것이다. 그러므로 정부가 올해에 지난해 이미 사용한 돈의 총액을 민간에 널리 알리고[頒布] 내년에 쓸 돈의 총액을 민간에 알려[布告] 거둬들일 세금의 총액을 정해야 한다. 프랑스 정치학자 르루아볼리외[賓利柔][Pierre Paul Leroy-Beaulieu]가 과세법을 논평한 조목을 들어본다. 첫째, 세금은 정부의 당연한 사무를 위한 것이니 풍족한 액수를 거둬들이지 않으면 안된다. 둘째, 납세하는 자의 능력[事力]에 맞게 매겨 거둬들여야 한다. 셋째, 세금 거두는 비용을 절약해야 한다. 넷째, 세금을 정하고 거둬들이는 데 인민의 생계[生涯]를 억제하지 말고 국가의 경제를 손상하지 말며 합당한 도리를 준수해야 한다.

[15] 수세하는 법은 힘써 가난하고 어려운 인민을 보호[顧護]하는 데 있다. 부귀한 자는 징납하는 총액이 비록 천금이 되더라도 각기 능력에 따르므로 곤란한 경우가 없지만, 어렵고 가난한 인민은 오늘 번 것으로 오늘 쓰고 내일 얻는 것으로 내일 쓰므로 하루에 벌어들인 돈이 하루 경비를 충당할 수 없는 자가 많다. 부모를 봉양하고 처자를 돌보느라 자기 한 몸이 먹고 입기에 구차하고 거처하기도 힘들어 해가 다하도록 즐거울 경황이 없다. 어느 겨를에 응공(應公)하는 분의(分義)를 생각하겠는가. 정부가 세금을 거두는 것은 사사(私事)를 위한 것이 아니라 국가

의 공비(公費)를 지출하는 것이므로 공평한 도리로써 덕택을 골고루 베풀어야 한다. 측은한 정치의 소인(小仁)을 부질없이 행하여 온 나라의 기강을 흔들어서는 안 된다.

그러므로 과세를 작정할 때 정부가 유념해야 할 일은 첫째, 인민의 재산에서 세금을 거두는 기준[準限]을 세워 백 냥으로 정하든 천 냥으로 정하든 그 기준 이하의 재산에는 세금을 부과하지 않고 또한 의복과 금침(衾枕)의 종류로부터 농작하거나 잡아먹기 위해 사육하는 소, 말, 돼지, 양 등 가축에도 세금을 매기지 않을 것. 둘째, 인생의 일용하는 물품에 가장 요긴한 종류는 세금이 없는 것이 좋다. 그러나 어쩔 수 없어 매겨야 한다면 아주 가볍게 마련할 것. 셋째, 어떤 물품이든지 인생의 일용에 긴요하지 않은 것과 사치한 종류는 정부의 뜻에 맡겨 세금을 아주 무겁게 매길 것.

[16] 이렇게 하는 까닭은 다른 데 있지 않다. 인생의 일용에 요긴한 물품은 대강 들어 말하자면 곡식과 땔감과 포목과 약재의 종류니, 이는 빈부와 귀천이 같이 쓰는 것이며 살아가는 데 필요한 물품이다. 그 세를 가볍게 하여 빈천한 인민의 생계를 구휼[顧恤]해야 한다. 요긴하지 않은 것은 술, 차와 담배와 비단의 종류니, 인생의 일용에 없어도 좋고 있어도 유익한 물품이 아니다. 그러므로 그것을 사용하는 사람은 반드시 부귀한 사람이 많을 것이고 또한 가난한 사람이 구한다면 이는 부랑자일 것이다. 그러므로 그 세를 무겁게 정하여 부랑한 자를 억제하고 또한 부귀한 사람이 사치하기 위해 낭비하는 재물을 취하여 정부의 경비에 보태는 것도 무방하다.

[19] 세금의 경중으로 단지 그 법[세법]의 편리 여부를 의론하여 그 속에 있는 다른 연유를 알지 못하는 자가 세상에 없지 않다. 이는 아직 실리(實理)를 통달하지 못한 자가 고집하는 편견이다. 가령 세금이 무거워도 정부가 그 재정[財用]을 써서 국가의 안녕을 지키고 문명을 떨쳐 일으켜 개화하는 모든 일에 뜻을 둔다면, 이는 당연한 과세다. 세가 가벼워도 정부가 그 재물을 쓰되 합당한 도리를 지키지 않고 사욕을 멋대로 채우고 망령된 뜻을 자행하여 인민이 납세하는 보답을 얻지 못한다면, 이는 가혹한 과세다. 가만히 생각해 보면 세금은 국인(國人)이 추렴한 재물의 총합[都合]이다. 대개 일신과 일가의 편안함과 부유함을 경영하는 것은 백성의 각기 자기 한 사람의 일이지만 전국의 사무이기에 정부가 국인이 추렴한 재물을 다 합치지 아니하면 거행하기 어려운 조목이 많다. 군인의 수비와 도로 건설과 학교 설립 같은 종류의 공본(公本)된 사업을 거행하지 않으면 일국의 안녕과 문명을 바랄 수 없다. 나라의 개화와 미개화의 구별은 정부가 공본된 사업을 시행하는지 여부에 있다. 군인의 수비가 없다면 외국의 침벌이나 국내의 반란이 있을 때 무슨 수를 써서 방어하고 진압하겠는가. 도로 건설이 없다면 인민이 수송하는 편리를 어찌 얻을 것이며, 학교 시설이 없다면 인민이 어찌 윤리[倫紀]에 밝고 학업[術業]에 정통하여 문란한 풍속과 빈곤한 지경에 이르지 않기를 기약하겠는가. 이 밖에 모든 사업이 다 그러하다. 정부가 이같이 공본된 사업들을 시행하려면 비용이 막대함은 어쩔 수 없는 형세이다. 그러므로 세금이 무거움은 결단코 불가한 일이 아니다. 다만 정부가 삼가야 할 것은 국인이 추렴하는 공재(公財)를 조금이라도 사용(私用)하지

말고 천하를 위해 천하의 재화를 아끼는 데 있다.

　예로부터 천하에 임금된 자는 조세를 감면[蠲免]하는 혜정(惠政)을 행하기도 하지만, 실제의 사상(事狀)으로 추론하면 차라리 감면할 세금의 몫[分數]을 사용하여 인민에게 유익한 공본된 사업을 일으키는 편이 낫다. 감세[蠲稅]하는 일은 실상은 애민(愛民)하는 본뜻이 아니라 나라를 병들게 하는 실책[誤策]이다. 인민의 게으른 풍습을 양성하기 십상이며 훗날 이 조치가 다시 없다면 반드시 원망하는 성색(聲色)을 초래할 것이므로 정치를 모르는 소혜(小惠)로 치국하는 대도를 크게 해치는 실마리가 된다. 후대의 사필(史筆)을 잡은 자가 이 조치를 칭송하는 것은 다른 까닭이 아니다. 옛날 제왕된 자는 인민의 세금을 중과하고 돈을 쓰는 경영에서는 사치[侈濫]를 좋아하여 겉만 화려한 집을 짓거나 공명을 탐하여 명분 없는 전쟁에 종사하는 따위의 사욕으로 국가의 공본된 사세(事勢)를 돌보지 않았는데, 때로 검약한 군주가 이러한 악행을 일삼지 않고 인민의 세금을 감면하였다. 만약 인민의 세금을 감면해준 것 때문에 전국의 공본된 사업을 행하지 못한다면 어느 누가 미정(美政)이라 칭하겠는가. 기근이 들었을 때 지방에 따라 감세하는 혜정[惠擧]을 베풀지 않을 수 없음은 당연한 사세다. 정부와 인민이 마음을 같이하고 힘을 합하여[同心協力] 세금의 경중을 따지지 말고 실행할 도리를 잘 행하여 대경영(大經營)과 공사업(公事業)으로 덕택(德澤)을 천하에 골고루 베풀어야 한다. 나라가 부유하고 백성이 번식하면 세금이 무거워도 가난한 나라의 경세(輕稅)에 비해 납부하기 쉬울 것이다. 무겁다고 말하는 것은 거두는 세금의 액수를 가리키는 것이니, 인민의 재화에 비교한다면 또한 가난한 나라의 중세(重稅)에 비해 매우 가벼운 것이다.

❃

수세하는 법

이 글은 『서양사정 2편』 권1에 실린 「수세론」의 일부를 뽑아 약술하고 여기에 자신의 견해를 덧붙인 것이다. 후쿠자와의 「수세론」은 웨일랜드 (Wayland) 『정치경제 요의(*The Elements of Political Economy*)』의 초역이 다. 영국을 사례로서 조세정책을 소개한 것은 이 때문이다. 직접세, 간 접세에 관한 소개는 『서양사정 2편』 권1 「공비(公費)를 보태는 데 두 가 지 법이 있음을 논함」을 저본으로 삼았다.

조세정책의 취지는 가난하고 어려운 인민을 돌보는 데 있다. 빈궁한 인민을 돌보기 위한 조세정책은 일차적으로 세수를 늘리는 쪽으로 이 루어져야 한다. 인민의 복지를 위해서는 국가재정을 늘려야 하고, 이 를 위해서는 세수를 늘려야 하는 것이다. 유길준의 수세론은 상품의 생 산과 유통을 토대로 사회와 국가가 운용되는 상업사회를 전제로 한다. 따라서 주로 농산물에 세금을 부과하는 아시아 국가와 달리 물품 생산 과 교역을 국가의 대본으로 삼고 공산품에서 세원을 확보하는 서양의 조세법과 조세정책을 중요한 전거로 삼았다. 유길준은 생략한 단락 들에서는 영국의 세법을 중심으로 세금의 종류와 과세 방식을 소개하 였다. 해관세, 물산세, 관허세, 증인세, 토지세, 가옥세, 가산세 등에 관 한 설명이다([1]~[9]). 『서양사정 초편』 권1 「수세법」에 의거하되 한국의 상황에 맞게 고쳐 쓴 것이다.

유길준은 직접세와 간접세에 관해 상세히 소개한다. 후쿠자와는 '분두세(分頭稅)', '물품세'라는 용어를 사용하였다. 유길준은 직접세와 간접세의 병행을 주장하지만 간접세를 늘리는 편이 효율적이라 생각하였다. 직접세만으로는 정부의 재정을 충당하기 어려우므로 간접세도 거둬야 한다. 하지만 간접세는 민생의 일용에 관계되므로 지나치게 의존해서도 안 된다([10]~[12]). 재산과 같은 부동산은 옮기기 어려운 것이니 직접세를 매기는 것이 좋고, 일용품은 유동적인 것이니 간접세가 좋다. 그런데 간접세가 더 중요한 재원이다. 인구가 많아지고 나라가 잘살게 되면 일용품도 많아져 일용품에 매기는 간접세도 자연히 늘게 되어 있다. 간접세는 민생과 관련되지만 민생을 위협하지는 않는다. 간접세를 활용하면 힘들지 않게 부자의 세금을 더 많이 징수할 수 있고 인민은 세금이 많아져도 깨닫지 못하므로 재정이 절로 풍족해진다.

르루아볼리외(1843-1916)의 과세법은 조세정책의 공공성을 알리고자 끌어들인 것이다. 르루아볼리외는 프랑스의 재정 전문가였는데, 일본 대장성 조사국은 르루아볼리외가 저술한 『재정론(*Traité de la science des finances*)』(1877)의 일본어 번역서인 『조세론』을 1880년대에만 세 차례나 간행하였다. 1882년에 우선 조세편 한 책만을 번역 출간하였고, 1885년에는 제2책부터 제4책까지를 발행하였다. 1886년에 전체 8편을 상, 하권으로 완간하였다. 1880년대 메이지 정부는 근대국가의 제도적 형성을 모색하면서 국가 운영과 관련된 많은 서양서적을 번역하였는데, 이 재정학 서적도 그중 하나였다. 조세편을 먼저 서둘러 간행한 사실에서 조세 문제가 메이지 국가 형성에 중요한 의미를 가졌음을 알 수 있다. 유길준이 르루아볼리외의 『조세론』를 직접 읽었을 가능성도 배제할 수 없다. 유길준도 근대국가를 형성하는 데 조세가 갖는 중요성을 인지했음이 틀림없다.

재정의 공공성

유길준은 조세정책의 공공성을 강조한다. 조세정책의 공공성은 정부의 세금 징수가 사사로운 일이 아니라 국가의 공적 비용을 지출하기 위한 일이며 "공평한 도리로써 덕택을 골고루 베풀어야 한다[均布]"는 균평(均平)의 윤리에서 찾을 수 있다. '공평(公平)', '균포(均布)'라는 말에서 정치의 공정성, 공평성을 바라는 유길준의 의지를 읽을 수 있다. 공정성을 통해 공공정치를 구현하려는 정치관이다.

법적 공정성도 조세 공공성의 근거다. 관리의 농간을 막고 인민의 불만을 사지 않으려면 '명백한 조목'과 '엄정한 규칙'에 따라 징세가 이루어져야 한다. 국가 예산을 빈민을 위해 공평하게 사용하려면 법과 규칙에 의거해 징세가 이루어져야 한다. 정부의 직분과 통치에서 언급했던 원칙이 여기서도 요구된다. 정치의 공공성을 위해서는 법 규칙을 엄정하게 적용해야 한다.

세금의 운용과 사용은 공개성의 원칙에 따라야 한다. 유길준은 국가재정의 결산액과 예산액을, 즉 정치의 핵심인 국가재정을 민간에 널리 알리는 '반포(頒布)'나 '포고(布告)'의 중요성을 강조한다. 공개성 (publicity)을 통해 공공성을 확보하려는 정치적 의지를 확인할 수 있다.

재정의 투명성은 공공정치를 구현하는 핵심 조건이다. 유길준의 수세론은 조세정책의 공개성과 공평성을 모색한 재정론이자 정치의 공공성을 추구한 정치론이었다. 정부가 내년에 사용할 예산을 민간에 알려 징수할 세액을 미리 정해야 한다는 것은 재정 관념의 중요한 전환을 뜻한다. 조선 유교사회에서는 수입을 헤아려 지출을 정한다는 양입위출(量入爲出)이 재정 원칙이었는데, 유길준은 지출을 헤아려 수입을 정한다는 양출위입(量出爲入)의 원칙을 생각했던 것이다. 상업사회에 맞게 재정 관념이 바뀐 것이다.

'혜정(惠政)'에서 '미정(美政)'으로

세금은 사사로운 정치에 쓰여서는 안 되고 어려운 빈민을 위해 공정하게 써야 한다. 인민들의 '응공(應公)하는 분의(分義)'를 만들어낼 수 있도록 '공평한 도리'를 행하는 데 세금을 써야 한다. 하지만 가난한 인민을 불쌍히 여겨 구휼하는 데 세금을 사용해서는 안 된다. 인민의 세금을 감면해 주는 것도 좋은 정치가 아니다. 측은지심(惻隱之心)에서 나온 인민의 구휼은 공평한 도리를 행하는 것이 아니고 '측은한 정치의 소인(小仁)'에 지나지 않을 뿐이다. 세금이나 감면해 주는 '혜정(惠政)'은 진정한 애민(愛民)의 정치가 아니다. 인민의 게으른 습관을 조장하고 나라를 병들게 하는, 정치의 대도를 해치는 '정치를 모르는 소혜(小惠)'에 지나지 않으며, 군주의 시혜에만 의존하는 인정은 '혜정'일 뿐, 이러한 소혜, 소인을 부질없이 행하는 일은 나라의 기강을 흔드는 일이 된다. 감세하는 일은 실상은 애민하는 본뜻이 아니라 나라를 병들게 하는 실책이다.

유길준은 공평한 도리의 실천과 일시적인 인민 구휼을 구별한다. 이러한 구별은 중대한 의미가 있다. 유길준이 생각한 '공평한 도리'는 '측은지심'에 의탁하는 기왕의 인정(仁政) 개념과 분리되어 있다. 여기서 측은지심에 정초하는 맹자의 인정 개념은 이제 정치와 법적, 제도적 공공성을 구상하는 정치관 앞에서 축소된다. 측은지심에 의한 인민의 구휼은 지난날에는 유학적 인정(仁政)의 표상이었지만 이제는 '소인(小仁)'으로 절하되어 있다.

유길준은 아름다운 정치, 훌륭한 정치를 뜻하는 '미정(美政)' 개념을 제시한다. '미정'은 국방, 도로 건설, 학교 설립 등 세금이 투입된 공공사업을 통해 국부를 증대시킴으로써 일국의 안녕과 개화가 실현되는 정치다. 인민에 유익한 공공사업을 펼치고 국부를 늘리는 것이 미정이다. 여기서는 세금의 경중이 문제가 아니라 공공사업을 통해 국부를 늘려 인민의 생계를 보장해 주는 정치가 중요하다. 이러한 미정의 관점에서 보면, 사욕을 추구하고 악행을 일삼는 제왕이건, 인민의 세금이나 감면해 주는 검약한 군주이건, 통치자의 개인적 덕성에 의존한다는 점에서는 똑같이 비판을 받을 수 있다. 둘 다 국가의 공공성을 생각하고 전국의 공적 사업을 시행할 능력이 결여되어 있다. 군주의 덕성에 의존하는 '인정'과 정부와 인민이 동심협력(同心協力)해서 이루는 큰 정치, 정부가 주도하는 공공사업을 통해 '덕택(德澤)'을 골고루 베푸는 정치가 필요하다.

유길준의 미정 개념은 인정론이 부국론으로 전환되는 지점에, "일신과 일가의 편안함과 부유함"을 "전국의 사무"로 전환시키는 지점에 성립한다. 군주가 시혜를 베푸는 정치에서 국부의 확대를 통해 인민이 자주하는 생계를 영위하는 정치로 바뀌는 지점에 성립한다. 여기서 '미정'은 '인정'을 대체하는 개념으로 해석할 수도 있다. 그런데 유길준이 상정한 미정은 유교사회의 인정(仁政)을 대체하거나 부정하는 개념일까. 유길준의 수세론은 인민을 위한 정치론, 위민정치의 표현이다. 정부가 세금을 거두는 목적은 빈궁한 인민을 돌보는 데 있다. 미정은 위민의 정치, 정부의 '덕택'을 골고루 받는 정치다. 덕화 관념, 유학적 민본주의의 잔영을 느낄 수 있다. 유길준은 '인정'이란 말을 쓰는 대신에 '혜정'이란 용어를 쓰면서 '소혜', '소인'이라 비판하였다. 유길준은 '혜정'을 '인정'과 구별해서 사용한 것이 아닐까. 인정 개념은 여전히 의미가 있었던 것이 아닐까. 미정 개념은 인정 개념이 근대적 공공사회에 걸맞게 변모했거나 그 의미를 확장한 것으로 볼 수도 있다. 시세와 처지를 고려하는 유길준의 실학적 사유를 생각한다면, 인민의 삶과 군주의 직분이 새로운 공공정치에 맞게 재구성되어야 한다면, 인정 개념도 그러한 맥락에 맞게 변용해야 할 것이다. 유길준의 수세론은 1880년대 개방 개혁의 상황에서 모색된 인정론일 수도 있다.

---

[13] 人의財産은容易히遷動ㅎ는者아니라然ㅎ故로直徵ㅎ는法을用ㅎ야其稅를磨鍊홈이可ㅎ고日用ㅎ는物品은日有日無ㅎ는者라然ㅎ故로代徵ㅎ는法을行ㅎ야其稅를酌定홈이可ㅎ니大槪代徵ㅎ는稅는人口가蕃盛ㅎ고國家가富饒홀스록其額數가隨增ㅎᄂ니直徵ㅎ는稅도不然홈은아니로듸代徵ㅎ는分數와同ㅎ기는不能ㅎ者라

富盛ᄒᆞᆫ國의稅則은別로變更ᄒᆞᆷ도無ᄒᆞ거니와變更ᄒᆞᆯ진대前에比ᄒᆞ야減少ᄒᆞᆯ지라도代徵ᄒᆞᄂᆞᆫ稅ᄂᆞᆫ歲ᄅᆞᆯ逐ᄒᆞ야其額이增加ᄒᆞᆷ이不絶ᄒᆞᄂᆞᆫ者ᄂᆞᆫ無他라此稅ᄂᆞᆫ日用ᄒᆞᄂᆞᆫ物品에課聚ᄒᆞᄂᆞᆫ者어ᄂᆞᆯ其日用ᄒᆞᄂᆞᆫ物品인則國家의富盛ᄒᆞᆷ을隨ᄒᆞ야其數가加多ᄒᆞᄂᆞᆫ故로自然히賦稅도加增ᄒᆞᆷ이라政府ᄂᆞᆫ手ᄅᆞᆯ拱ᄒᆞ고安坐ᄒᆞ야其歲入ᄒᆞᄂᆞᆫ賦稅ᄅᆞᆯ加取ᄒᆞ고人民도亦其稅의加增ᄒᆞᆷ을不覺ᄒᆞ야國家의財用이豐裕ᄒᆞᆫ境에自至ᄒᆞᄂᆞᆫ者라

[14] 夫何法으로賦稅ᄅᆞᆯ課收ᄒᆞ든지明白ᄒᆞᆫ條目과嚴切ᄒᆞᆫ規則이無ᄒᆞᆫ則收稅ᄒᆞᄂᆞᆫ官吏의幻弄이多ᄒᆞᆯ지오又人民도其的實ᄒᆞᆫ名目을不知ᄒᆞ야或訝惑ᄒᆞᄂᆞᆫ者도有ᄒᆞ고又或怨懟ᄒᆞᄂᆞᆫ者도有ᄒᆞᆯ지라然ᄒᆞᆫ故로政府가此年에徃年已費ᄒᆞᆫ財의都總數ᄅᆞᆯ民間에頒布ᄒᆞ고又明年의將費ᄒᆞᆯ財의都總數ᄅᆞᆯ民間에布告ᄒᆞ야其課收ᄒᆞᆯ賦稅의額數ᄅᆞᆯ定ᄒᆞᆷ이可ᄒᆞ니佛蘭西政治學士寶利柔의賦稅法論評ᄒᆞᆫ條目을擧ᄒᆞ건대

第一賦稅ᄂᆞᆫ政府의當然ᄒᆞᆫ事務ᄅᆞᆯ爲ᄒᆞᆷ이니豐足ᄒᆞᆫ額數ᄅᆞᆯ不收ᄒᆞ면不可ᄒᆞᆫ者

第二納稅ᄒᆞᄂᆞᆫ者의事力에適當ᄒᆞ게課收ᄒᆞᆷ이可ᄒᆞᆫ者

第三收稅ᄒᆞᄂᆞᆫ費用을節略함이可ᄒᆞᆫ者

第四賦稅ᄅᆞᆯ酌定ᄒᆞᆷ과課收ᄒᆞᆷ에人民의生涯ᄅᆞᆯ抑制ᄒᆞ지勿ᄒᆞ고國家의經濟ᄅᆞᆯ損傷ᄒᆞ지勿ᄒᆞ야其合當ᄒᆞᆫ道理ᄅᆞᆯ遵守ᄒᆞᆷ이可ᄒᆞᆫ者

[15] 夫收稅ᄒᆞᄂᆞᆫ法은務ᄒᆞ야貧艱ᄒᆞᆫ人民을顧護ᄒᆞᆷ이可ᄒᆞ니富貴ᄒᆞᄂᆞᆫ者ᄂᆞᆫ其徵納ᄒᆞᄂᆞᆫ額數가雖千金에至ᄒᆞ야도各其事力을隨ᄒᆞ야困難ᄒᆞᆫ句端이無ᄒᆞ거니와艱窶한人民은今日에得ᄒᆞᆫ者로今日에用ᄒᆞ고明日에得ᄒᆞᆫ者로明日에費ᄒᆞ야一日所得ᄒᆞᆫ財利가一日의經費ᄅᆞᆯ抵敵ᄒᆞ기不能ᄒᆞᆫ者가多ᄒᆞ야父母ᄅᆞᆯ養ᄒᆞ며妻子ᄅᆞᆯ顧ᄒᆞ기로其一身의衣食에苟且ᄒᆞ고居處에艱辛ᄒᆞ야歲ᄅᆞᆯ經ᄒᆞ도록可樂한景況이無ᄒᆞ거든何暇에應公ᄒᆞᄂᆞᆫ分義ᄅᆞᆯ生覺ᄒᆞ리오마ᄂᆞᆫ政府가稅ᄅᆞᆯ收ᄒᆞ기ᄂᆞᆫ且私事ᄅᆞᆯ爲ᄒᆞᆷ아니오國家의公費ᄅᆞᆯ經支ᄒᆞᆷ인則公平ᄒᆞᆫ道理로其德澤을均布ᄒᆞ디언정惻隱ᄒᆞᆫ政의小仁을徒行ᄒᆞ야全國

의紀綱을搖動홈은不可ᄒ니

然ᄒ故로賦稅酌定ᄒ기를臨ᄒ야政府의着念홀者ᄂ

第一人民의財産에收稅ᄒᄂ準限을立ᄒ야百兩으로限ᄒ든지千兩으로限ᄒ든지
其準限以下의財産에ᄂ稅를不課ᄒ고又衣服과衾枕의種類러브터農作ᄒ기와宰食
ᄒ기爲ᄒ야飼喂ᄒᄂ牛馬豕羊等畜物에도稅를不加ᄒᄂ事

第二人生의日用ᄒᄂ物品에最堅ᄒ種類ᄂ無稅홈이可ᄒ나然ᄒ나已ᄒ기不獲ᄒ
야課收홀진대極輕히磨鍊홈이可ᄒ事

第三如何ᄒ物品이든지人生의日用에不堅ᄒ者와奢侈ᄒ種類ᄂ政府의意를任ᄒ
야其稅를極重히課ᄒ야도可ᄒ事

[16] 如是ᄒ緣由ᄂ無他라人生의日用에要緊ᄒ物品은大綱으로擧論ᄒ건대穀食
과柴炭과布木과藥材의種類니此ᄂ貧富와貴賤의同用ᄒᄂ者며此人生의必要ᄒ物
種이라其稅를寬歇히ᄒ야貧賤ᄒ人民의生涯를顧恤홈이可ᄒ거니와不緊ᄒ者ᄂ酒
茶와烟草와綾錦의種類니人生의日用에無ᄒ야도可ᄒ고有ᄒ야도有益ᄒ物品아니라
然ᄒ故로其用者ᄂ必然富貴人이多홀지오又或貧者가求홀진대此ᄂ浮浪ᄒ人이니然
ᄒ기其稅를重ᄒ게定ᄒ야浮浪ᄒ者를抑制ᄒ고又富貴人의奢侈ᄒ기爲ᄒ여濫費ᄒᄂ
財物을取ᄒ야政府의經費를補홈도無妨ᄒ者라

[19] 賦稅의輕重으로此其法의便否를議論ᄒ야其中에有異ᄒ緣由를不解ᄒᄂ者
가世上에或其人이不無ᄒ나然ᄒ나此ᄂ其實利를未達ᄒᄂ者의固執ᄒᄂ偏見이라
假令稅가重ᄒ야도政府가其財用을費ᄒ야國家의安寧을經守ᄒ며文明을振起ᄒ야
開化ᄒᄂ諸事에其意를用ᄒ則此ᄂ當然ᄒ賦稅며稅가輕ᄒ야도政府가其財를費ᄒ
딕合當ᄒ道理를不守ᄒ고私慾을恣充ᄒ며忘意를妨行ᄒ야人民이其納稅ᄒᄂ報를
不獲ᄒ則此ᄂ苛酷ᄒ賦稅라竊想ᄒ건대賦稅ᄂ國人의出歛ᄒ財物의都合이니大槩

一身과 一家의 便安홈과 富饒홈을 經營ᄒ기ᄂ 百姓의 各其 自己 一人의 事어니와 全國의 事務인則 政府가 國人의 出歛ᄒ 財勿을 都合지아니ᄒ면 擧行ᄒ기 有難ᄒ 條目이 多ᄒ니 軍士의 守備와 道路의 修築과 學校의 設施ᄒᄂ 種類의 公本된 事業을 擧行ᄒ지아니ᄒ則 一國의 安寧과 文明을 冀希ᄒ기 不可홀지오 國의 開化 及 未開化者의 區別은 政府의 公本된 事業을 施行與否에 在ᄒ니 軍士의 守備가 無ᄒ면 外國의 侵伐이나 內國의 叛亂이 有ᄒ 時ᄅ 當ᄒ면 何道ᄅ 用ᄒ야 防禦ᄒ며 鎭壓ᄒ리오 道路의 修築이 無ᄒ면 人民의 輸運ᄒᄂ 便利ᄅ 何得ᄒ며 學校의 設施가 無ᄒ면 人民이 엇지 倫紀에 明ᄒ며 術業에 精ᄒ야 紊亂ᄒ 風俗과 貧困ᄒ 地境에 不至ᄒ기ᄅ 期必ᄒ리오 此外에 凡百事業이 皆然ᄒ니 政府가 如此히 公本된 諸事業을 施措ᄒ딘디 其費用의 巨大홈은 形勢의 已ᄒ기 不得ᄒ 者라 是故로 賦稅의 重홈은 決斷코 不可ᄒ 事아니오 但政府의 謹愼홀 者ᄂ 國人의 出歛ᄒ 公財ᄅ 一毫라도 私用ᄒ지 勿ᄒ고 天下ᄅ 爲ᄒ여 天下의 寶ᄅ 惜ᄒ기에 在ᄒ니

　古로 從ᄒ야 天下에 君ᄒᄂ 者 或租稅ᄅ 蠲免ᄒᄂ 惠政을 行ᄒ나 然ᄒ나 實際의 事狀으로 推論ᄒ면 寧其蠲免홀 賦稅의 分數ᄅ 用ᄒ야 人民에게 有益ᄒ 公本된 事業을 起홈이 可ᄒ니 夫蠲稅ᄒᄂ 事가 實狀은 愛民ᄒᄂ 本意아니오 病國ᄒᄂ 誤策이라 人民의 怠惰ᄒ 風習을 養成ᄒ기 容易ᄒ고 後來ᄒᄂ 歲月에 此擧가 更無ᄒ면 怨懟ᄒᄂ 聲色도 招致ᄒ기 必然ᄒ則 治國ᄒᄂ 大道에 政을 不知ᄒᄂ 小惠로 極害ᄒ 端緖로디 後世의 史筆을 秉ᄒᄂ 者가 此擧ᄅ 稱頌ᄒᄂ 緣故ᄂ 他가 無홈이라 古昔의 帝王되ᄂ 者가 或人民의 賦稅ᄅ 重課ᄒ고 其費用은 經營인則 侈濫을 喜ᄒ야 峻雕ᄒ 墻宇ᄅ 營作ᄒ거나 功名을 貪ᄒ야 無義ᄒ 戰爭에 從事ᄒᄂ 等類의 私慾으로 國家의 公本된 事勢ᄅ 不顧ᄒ거ᄂ 有時儉約ᄒ 人主ᄂ 如彼ᄒ 惡行을 不恣ᄒ고 人民의 稅ᄅ 蠲免홈이어니와 萬若 人民의 賦稅ᄅ 許免ᄒᄂ 代에 全國의 公本된 事業을 不行홀진대 何人이 此ᄅ 稱ᄒ야 美政이라ᄒ리오 或饑荒ᄒ 時에 地方을 隨ᄒ야 蠲稅ᄒᄂ 惠擧ᄅ 不施홈이 亦不可ᄒ기ᄂ 事勢의 當然

홈이니 政府와 人民이 心을 同ㅎ며 力을 協ㅎ야 賦稅의 輕重을 勿論ㅎ고 其敷用ㅎᄂ 道理를 善行ㅎ야 大經營과 公事業으로 其德澤을 天下에 均布홈이 可き 者라 國이 富饒ㅎ고 民이 蕃殖ㅎ면 稅가 雖重ㅎ야도 貧國의 輕稅에 比ㅎ야 課納ㅎ기 容易ㅎ고 且重ㅎ다 謂홈이 稅의 課收ㅎᄂ 額數를 指홈이오 若 人民의 財貨에 較ㅎ면 亦 貧國의 重稅에 比ㅎ야 甚輕き 者라

제2절

인민의 납세하는 분의

[1] 나라[國]에 정부를 두는 것은 백성을 위해서다. 정부의 모든 일은 실상은 백성의 사무를 대행하는 것이다. 정부가 직분을 행하는 데 비용이 들지 않으면 아주 좋겠지만 인간의 사무가 그렇지 않아 한번 움직일 때마다 쓰이는 것이 재물이고 만사만물에 구하는 것이 재물이다. 재물이라는 것은 공중에 눈비처럼 내리는 것이 아니고 지상에 초목같이 생장하는 것이 아니다. 반드시 사람의 재력(才力)에 의탁[憑依]해야만 세상에서 소중하게 여기는 것이다. 그런데 정부의 관원은 재물을 만들어 내는 사람이 아니므로 일하는 데 드는 비용은 인민에게서 취하지 않으면 안 된다. 그러나 일정한 규범[規模]이 없으면 문란한 폐단이 생긴다. 그래서 수세하는 법이 시작된 것이다. 백성이 세금을 내는 것은 나라를 위해서다. 정부가 만약 인민의 세금을 거두어 나랏일에 쓰지 않는다면

인민이 원망해도 되고 내지 않아도 되지만, 정부가 잘 쓰든 잘못 쓰든 사용하는 곳이 나랏일에 있다면 잘 쓴다고 해서 내고 잘못 쓴다고 해서 내지 않을 도리는 없다. 그러므로 백성은 정부가 잘 쓰기만을 구하고 납세하는 일에 대해서는 원망하지 않고 불평하지 않는 것이 당연한 도리다.

[2] 인민이 어떠한 일에 종사하든지 생계[生涯]를 편안히 하여 집에서는 부모를 편히 모시고 형제, 처자와 즐거움을 나누고, 밖에서는 붕우를 따라다니며 흥에 겨워 놀아도 도둑맞을 우려와 재앙 만날 두려움이 없는 것은 모두 정부의 은택[所賜]이다. 만약 인민이 상여(相與)하는 사이에 정부가 설립되지 않았다면 약자가 억울한 일을 당해도 어디에 호소할 것이며, 강포한 자가 무도한 행위를 저지른들 누가 금지하겠는가. 정부의 덕택(德澤)은 손으로 만지고 눈으로 보는 유형의 물건이 아니다. 자연한 가운데 국인마다 몸에 옷을 입고 음식을 먹는 것과 같아 잠시라도 떨어질 수 없고 물고기가 물을 두는 것과 같아 깨닫지 못한다. 그 광박함은 줄먹[繩墨]으로도 잴 수 없고, 그 중대함은 저울[權衡]로도 달지 못한다. 그러한 연유는 재물을 쓰지 않고는 이루지 못하기 때문이다. 재물은 무형의 물건이 아니다. 반드시 사람의 눈앞에 반짝이며 손안에 드나들다가 정부에 굴러 들어가는 것이다. 유형의 재물로 무형의 덕택을 환매하는 것이므로 어리석은 자의 생각에 미치지 못하는 것이다. 이러한 덕택을 행하는 데 관원을 두지 않을 수 없으니 반드시 녹봉이 있어야 하고, 군사를 기르지 않으면 안 되니 반드시 급료[料布]가 있어야 한다. 학교를 세우지 않으면 안 되니 반드시 비용[浮費]이 있어

야 하고, 외국과 교섭해야만 하니 반드시 경비[用度]가 있어야 한다. 이는 대강을 적은 것이다. 자잘한 조목을 찾아 밝힌다면 다 헤아릴 수 없다.

[3] 정부가 재물이 필요한 까닭은 그 직분을 수행하기 위해서다. 나라가 가난하여 정부의 사무가 원만하게 이루어지지 못한다면 그 책망은 백성에게 돌아간다. 정부를 부지(扶支)하는 일은 온 나라 인민이 담당한 직분이다. 일가를 지탱하는 것도 비용이 모자라면 극히 어려운데, 하물며 한 나라에 있어서랴. 이제 일국을 들어 일가에 비유하면, 인군은 아버지이고 인민은 자식이다. 그 행하는 정치는 비유하자면 장사하는 일이라 말하든 농작하는 도라 부르든 봉행하는 관리들은 심부름꾼이나 머슴과 같다. 아버지가 상업에 심부름꾼을 두는 것도 아들을 위해서고, 농작에 머슴을 두는 것도 아들을 위해서다. 아들의 도리는 모든 행실[周旋]을 근실히 하여 아버지의 우려를 더는 데 있다. 그런데 아버지가 일한 공로는 모르면서 큰 덕택을 바란다면 아버지 한 사람이 맨손으로 어찌 경영하는 일을 성취할 수 있겠는가. 그러므로 애군하는 백성은 납세하는 일로 자기의 당연한 직분을 삼아 터럭만큼도 귀찮게 생각하지 말고 정부와 마음을 합해야 인색한 마음이 생기지 않을 것이다. 만약 정부의 세금 수납하는 일을 꺼려 아무런 까닭도 없이 기한을 위배하는 자는 진실로 악한 백성이라는 이름을 면치 못할 것이다. 인민 되는 자가 깊이 경계할 일은 이보다 더 큰 것이 없을 것이다.

'유형의 재물'과 '무형의 덕택'의 '환매'

정부가 인민의 사무를 대행하여 나랏일을 하려면 돈이 필요하므로 정부가 제대로 쓰건 잘못 쓰건 인민은 세금을 내야만 한다. 정부는 인민이 사회생활을 하면서 약자가 억울한 일을 당하면 이를 해결해 주고 강자가 무도한 행위를 하면 이를 막아주는 역할을 수행한다. 정부는 '덕택(德澤)'을 베풀면서 인민의 생활에 자연스럽게 관여하는 무형의 존재다. 따라서 정부의 덕택은 헤아릴 수 없이 넓고 무겁다. 그런데 정부가 인민에게 덕택을 행사하는 데는 비용이 든다. 덕택을 행하기 위해서는 관리와 군대도 필요하고 학교 같은 시설도 만들고 외교도 해야 하는데, 모두 비용이 드는 일이다. 따라서 인민은 세금을 내야만 한다.

납세는 "유형의 재물로 무형의 덕택을 환매하는 것"이다. 인민의 납세와 정부의 통치는 교환 행위로 간주된다. 그런데 인민이 세금을 내는 것은 어디까지나 나라를 위해서다. 정부가 세금을 사용하는 것은 덕택의 행위다. 따라서 인민은 정부가 세금을 잘 사용하기를 바랄 뿐, 세금 내는 일에 원망도 불평도 해서는 안 된다. 이는 당연한 도리다. 유길준의 민본주의적 발상을 엿볼 수 있다. 납세를 유형의 재물로 무형의 덕택을 환매하는 행위로 보는 발상은 후쿠자와의 「수세론」에서 영향을 받은 것이다. 다만 생각이 약간 다르다. 후쿠자와는 '무익'과 '유익'의 비용이라는 척도를 넣어 말한다. 유형이든 무형이든 가치가 더 많은 것을 만들어 내면 사용된 돈은 '유익의 비용'이고 그렇지 않으면 '무익의 비용'이듯이, 납부한 세금보다 더 가치가 있는 정치의 보호를 받으면 '유익의 비용'이고 그렇지 않으면 '무익의 비용'이라는 것이다(「收稅論」, 『福澤諭吉全集』1). 후쿠자와와 달리 유길준이 말하는 환매는 유익, 무익을 따지는 것이 아니다. 환매는 정부의 '덕택'에 대해 이해(利害) 여부를 따질 수 없는 비대칭적 교환이다. 납세는 인민의 당연한 직분이다. 정부가 덕택을 행하는 데 어떻게 세금을 사용하든 따져서는 안 된다. 이러한 발상은 군주를 아버지로, 인민을 자식으로 보는 정치관에 기초한다. 인민의 '납세하는 분의'는 행동 예법을 신중히 해서 군주의 우려를 덜어야 하는 애군하는 백성의 직분이다. '분의(分義)'는 분수에 알맞은 정당한 도리를 뜻한다. 직분의식을 내포한 말이다.

---

[1] 夫國에政府를實ᄒ기는百姓을爲홈이니然ᄒ故로政府의凡百事爲가實狀은百姓의事務를代行홈이라政府가其職分을行ᄒ기에財費를不要ᄒ면極善ᄒ련마는人間의事務가不然ᄒ야一動一靜에用ᄒ는者가財物이오萬事萬物에求ᄒ는者가財物이어늘財物이라爲ᄒ는者는空中에雨雪又치滴降ᄒ는者아니오地上에草木又치生長ᄒ는者아니라必然히人의才力을憑依ᄒ야世間의重實되는者로ᄃᆡ政府의官員이財物을産出ᄒ는人아닌則其辨事ᄒ는用費는人民에게不取ᄒ면不可ᄒ나然ᄒ나一定홈規模가無ᄒ면紊亂홈弊端이緣起홀지라然홈으로收稅ᄒ는法의始홈이니百姓이稅를出ᄒ기는國을爲홈이라政府가萬若人民의賦稅를收聚ᄒ야國事에不用홀진대人民이或怨望ᄒ야도可ᄒ며逃免ᄒ야도可ᄒ거니와政府가其用을善ᄒ든지其用을不善ᄒ든지其施用ᄒ는處는國事에在홈則善用홈다謂ᄒ야納ᄒ고不善用홈다稱ᄒ야不納ᄒ

는道理는無ᄒᆞ니如此ᄒᆞᆫ故로百姓은政府의善用ᄒᆞ기안求ᄒᆞ고納稅ᄒᆞ는事에至ᄒᆞ여는怨色을不發ᄒᆞ며苦言을不作홈이其當然ᄒᆞᆫ道理라

[2] 人民이如何ᄒᆞᆫ業에從事ᄒᆞ든지其生涯를便安히ᄒᆞ야居홈애父母를安養ᄒᆞ며兄弟와妻子의樂이有홈과出홈에朋友를追逐ᄒᆞ며興况을任從ᄒᆞ야盜賊의憂慮와橫厄의恐怕가無홈은皆政府의所賜라萬若人民의相與ᄒᆞ는間에政府의設立홈이無홀진대弱者가冤抑ᄒᆞᆫ事를被ᄒᆞᆫ들何處에控訴ᄒᆞ며强暴者가無道ᄒᆞᆫ行爲를恣ᄒᆞᆫ들何人이禁止ᄒᆞ리오如彼ᄒᆞᆫ故로政府의德澤이有形ᄒᆞ야手로써摩ᄒᆞ고目으로써睹ᄒᆞ는物아니라自然ᄒᆞᆫ中에國人마다其身의衣를衣홈이며食을食홈과同ᄒᆞ야斯須間이라도不離ᄒᆞ고魚의水를有홈又치不覺ᄒᆞᄂᆞ니其廣博홈은繩墨으로도推測ᄒᆞ기不能ᄒᆞ고其重大홈은權衡으로도評量ᄒᆞ기不得호ᄃᆡ其以然ᄒᆞᆫ緣由는財物을不費ᄒᆞ고는不成ᄒᆞ는者어늘財物은無形ᄒᆞᆫ物이아니오必且人의目前에照耀ᄒᆞ며手中에上下ᄒᆞ야政府에轉入ᄒᆞ는者라有形ᄒᆞᆫ財物로無形ᄒᆞᆫ德澤을換買홈인則愚者의思量에不及ᄒᆞ는者니大槪如此ᄒᆞᆫ德澤을作行ᄒᆞ기에官員을不實홈이不可ᄒᆞ니必然其祿俸이有ᄒᆞ며軍士를不養홈이不可ᄒᆞ니必然其料布가有ᄒᆞ며學校를不設홈이不可ᄒᆞ니必然其浮費가有ᄒᆞ며外國의交涉을不行홈이不可ᄒᆞ니必然其用度가有ᄒᆞᆫ지라此는其大網을記列ᄒᆞᆫ者어니와若其細瑣ᄒᆞᆫ條目을尋求홀진대勝數ᄒᆞ기不能ᄒᆞ니

[3] 然ᄒᆞ나政府가財物을要求ᄒᆞ기는其職分을行ᄒᆞ기爲홈인則國의貧홈으로政府의事務가穩成ᄒᆞ기不能홈은其責望이百姓에게歸ᄒᆞ는者라盖政府를扶支ᄒᆞ는事는全國人民의主擔ᄒᆞᆫ職分이니一家를支撑홈도用度가不足ᄒᆞ면極難ᄒᆞ거든况一國의大홈이리오今一國을擧ᄒᆞ야一家에比喩홀진대人君은其父오人民은其子라其行ᄒᆞ는바政事는設譬ᄒᆞ는ᄃᆡ로商賈ᄒᆞ는業이라謂ᄒᆞ든지農作ᄒᆞ는道라稱ᄒᆞ든지其奉行ᄒᆞ는諸官吏는差人이나雇傭의貌樣이라其父가商業에差人을實홈도其子를爲홈이오

農作에雇傭을實홈도其子를爲홈이니其子의道理는凡百周旋을勤實히ㅎ야其父의
憂慮를損ㅎ기에在ㅎ니其父의事功은不知ㅎ고厚大ㅎ德澤을祈望ㅎ면其父一人이
赤ㅎ手로써其經營ㅎ는事功을成就ㅎ기豈能ㅎ리오然ㅎ지라愛君ㅎ는百姓은納稅
ㅎ는事로自己의當然ㅎ職分을作ㅎ야毫末도歜后ㅎ想覺을不起ㅎ고政府와心을協
ㅎ야鄙吝ㅎ萌動이不作ㅎ리니萬若政府의賦稅收納ㅎ는事를厭避ㅎ고無故히期約
을違背ㅎ는者는眞實로惡ㅎ百姓의名稱을不免홀지라人民되는者의深戒가此에大ㅎ
者가無홀듯

[4] 어떤 사람이 정부의 관원이 되건 그 나라[國]의 민이며 그 군주
의 신하로서 정부의 사무를 담임하는 것이다. 따라서 납세하는 인민이
나 수세하는 관원이나 직분의 당연함은 마찬가지다. 세금의 경중은 나
랏일의 많고 적음에 말미암은 것이다. 무용(無用)해도 정부가 가난하여
무겁게 거두는 것이 아니고, 유용(有用)해도 정부가 백성을 위해 가볍게
거두는 것이 아니다. 국가가 쓰는 것은 인민의 일을 하는 것이니, 인민
은 저마다 돈을 내어 정부가 수합하고 정부는 인민의 돈을 맡아 그 노
고를 대신하는 것이다. 인민이 자기 일에 돈을 내지 않고 누구에게 미
루겠는가.

　이러한 뜻으로 미루어 생각하면, 정부가 나랏일을 행하기 위해 인민
의 세금을 독촉하는 것은 위령(威令)을 멋대로 쓰는 것이 아니라 인민
에게 대임(代任)한 일을 이루려는 것이다. 만약 이를 가리켜 악법[苛法]
이라든가 학정(虐政)이라 한다면, 이는 아주 심한 의견을 제멋대로 행하

여 무도한 의론을 외치는 것이 된다. 가령 국인이 신의를 지키며 염치를 닦아 정부와 관계되는 일에 기한을 어기지 않고 명령을 순종한다면 정부도 기뻐하여 즐거움을 이기지 못할 것이다. 감히 인민에게 엄숙한 정령(政令)을 행하겠는가. 그러므로 인민 되는 자가 자기의 분의를 먼저 닦고 정부의 관대함을 바라는 것이 옳다. 인민은 그 도리를 다하지 않고 정부더러 그 직분을 행하라고 책망한다면 이는 고금 천하에 일찍이 없었던 일이다.

[6] 이로써 보건대 납세하는 일은 인민의 당연한 분의다. 만약 기한을 어기는 폐단이 있으면 정부가 엄정[截嚴]한 법으로 형벌을 쓰게 되어도 백성이 원망하는 말을 할 수 없음은 자기가 먼저 기한을 어긴 죄가 있을뿐더러 정부를 가볍게 보는 완고한 습성[頑習]이 있기 때문이다. 어찌 그 잘못을 깨닫지 못하겠는가. 인세의 물정을 보건대 타인의 논밭을 경작하는 자는 매년 소작료[賭租]를 반드시 내야만 하며, 타인의 돈을 빌려 쓴 자는 일수(日收)면 날마다, 월수(月收)면 달마다 반드시 그 이자를 갚는 것이 오랜 습속이 된 것은 다름이 아니다. 논밭과 돈이 본디 자기 것이 아니라 주인이 있기 때문에 그런 것이다.

천하는 천하의 천하이기 때문에 나라의 대소를 막론하고 그러한 것이다. 나라 안에 있는 논밭과 생산하는 물품은 모두 국가가 관장[掌守]하는 것이다. 인민이 논밭에 농작을 하든 물품으로 무역에 종사하든 이는 사사로운 일로 저마다 생업을 경영하는 것이고, 공본(公本)된 권세는 정부가 갖고 있는 바다. 그러므로 정부는 주인을 대신하여 사무를 행하니, 인민의 세금은 땅 주인에게 내는 소작료나 돈 주인에게 내는 이자와 한가지다. 인민의 사사로운 일[私事]이나 불만[細音]은 잠시 기한을 어기더라도 변괴로 여겨 소송을 하는 자도 있다. 하지만 국가에 바치는 당연한 공납(公納)은 시일을 미루고 지연하는 악습이 많아도 듣는 자가 보통으로 대수롭지 않게 여기고 보는 자도 소홀히 한다. 이 지경이 되어도 정부가 위령으로 하지 않고 인민이 분의를 닦기만을 앉아서 기다리다 국가의 대사를 그르치는 것이 옳겠는가. 인민이 깊이 생각할 것이 또한 이것이다.

[7] 예의를 중시하고 행실을 단정히 하면서 애국하는 인민은 인군의 우려를 걱정하고 인군의 낙을 즐거워하여 정부의 비용을 자기의 담당이라 생각한다. 그러므로 납세하는 데 기한[期約]에 맞추지 못할까 두려워하고 국가에 의외의 사변이 일어나면 자청하여 재물을 바치기도 한다. 이는 백성의 분의를 알기 때문이다. 이웃마을과 친척에 무식한 자가 있어 이 분의를 지키는 도리를 알지 못하면 당연히 정직한 본분으로써 개유(開喩)하고 절실한 사정으로써 경계하여 악한 백성이라는 이름을 피하도록 해야 한다. 진실로 이처럼 한다면 어찌 선미(善美)한 풍속이 아니겠는가. 정부의 사무가 인민의 사무이고 인민의 사무가 정부의 사무이다. 인민의 사무는 흩어진 것이고 정부의 사무는 합해진 것이다. 합해진 것이 있은 연후에 흩어진 것을 보전하는 것이므로 합해진 것을 부지(扶支)하는 책임[責望]이 흩어진 자의 큰 분의다.

납세와 '인민 되는 도리'

정부와 인민의 관계에 관한 유길준의 생각을 잘 보여주는 납세론이다. 앞의 수세론에서 보았듯이 정부는 합리적이고 공정한 조세정책을 취하는 조직으로 상정된다. 정부는 법과 규칙에 의거해 공정하게 세금을 부과해야 하고 인민을 위해 세금을 사용해야 한다. 국사를 행하는 데 필요한 예산을 확보하고자 인민에게 납세를 독촉하는 것은 정부가 위령을 행사하는 것이 아니라 인민에게 위임받은 일을 행하기 위해서다. 이러한 공정한 정부가 행사하는 법과 정치는 가혹한 법도, 악한 정치도 아니다. 인민은 이러한 정부에 대해 신의를 지키고 인민의 분의를 다해야 한다. 그렇게 해야 정부의 관대함을 바랄 수 있다.

유길준은 인민의 납세 의무를 되풀이해 강조한다. 생략한 제8단락에서도 "정부에 납세하는 일은 인민의 인민 되는 대직분"이기 때문에 정부가 요구하는 세액이 많건 적건 거역해서는 안 된다. 국가의 대사로 정부의 지출이 과다해서 세금이 가중되어도 '인민 되는 도리'로서 감히 원망해서는 안 된다고 말한다. 정부의 도리보다 인민의 도리를 더 강조하였다. 인민이 세금을 내는 것은 경작자가 소작료를 내고 돈을 빌린 자가 이자를 내는 것과 같다. 정부가 소작료나 이자처럼 세금을 받는 것은 얼핏 의무의 교환 관계처럼 이해될 수도 있다. 정부가 인민을 대신해 사무를 행하는 것이기에 납세는 인민의 당연한 분의라는 전제에 합당한 비유이다. 이러한 의무의 합리적 교환 관계를 상정했을 때,

인민이 납세 기한을 어기면 정부가 엄격한 법으로 형벌을 내리고, 위령으로써 공납(公納) 지체의 악습을 해소해야 한다는 주장이 성립한다.

공과 사

이러한 발상은 공과 사의 문제로 볼 수 있다. 유길준은 국가가 나라 안의 땅과 물품을 관장하는 행위는 '공본(公本)된 권세'이며, 인민이 이 땅에 농작을 하고 물품으로 교역하는 행위는 생업을 영위하기 위한 '사사로운 일(私事)'이라 말한다. 정부의 권력은 공적인 것이며, 공적 권력 앞에 인민의 생업 활동은 사적 행위에 지나지 않는다. 이러한 전제에서 과연 의무의 공정한 교환 관계가 성립할 수 있을까. 정부는 공적 권력으로서 공정한 정치를 인민에게 베풀어야 하고 인민은 그러한 정부에 대한 납세의 분의를 다해야 하지만, 인민의 활동이 권력이 없는 사적 행위로 간주될 때 의무의 교환 관계는 비대칭적일 수밖에 없다.

한편 생략한 대목에서 유길준은 "정부는 본래 온 나라 인민이 부지한다는 생각[主義] 때문에 만들어진 것이므로 정치의 선악과 득실은 인민이 정부와 함께 부담하는 것이다. 정부의 실책이 있는 것도 인민이 무식하기 때문이다"[9]라고 말한다. 이 언술에서는 정부가 온 나라 인민이 지켜야만 하는, 인민의 합의로 성립한 것이라는 뉘앙스도 없지 않다. 하지만 정부가 행하는 정치의 선악, 득실에 관한 책임을 인민이 공유해야 한다는 것, 정부의 실책이 인민의 '무식'에서 기인한다는 것을 정당화하기 위한 레토릭의 성격이 강하다. 예의를 중시하고 행실이 단정한 '애국하는 인민'은 인군의 근심과 즐거움, 즉 '휴척(休戚)'을 함께하면서 정부의 재정을 책임지는 존재다. 납세의 의무만 강조될 뿐이다. 인민의 사적 세금으로 운용될 공적 정치에서 그것을 향유할 인민의 권리는 잘 드러나지 않는다. 제4편 「인민의 권리」에서 자유와 통의의 권리를 논하던 것과는 적지 않은 단절이 느껴진다. 유길준도 권리의 논리적 구성과 현실적 운용 사이의 간극을 보였던 것일까.

----

[4] 抑且如何혼人이政府의官員되든지其國의民이며其君의臣으로其政府의事務 를擔任홈이라然ᄒ기其納稅ᄒᄂ人民이나收稅ᄒᄂ官員이나其職分의當然홈은同ᄒ 니賦稅의輕重은國事의多少를由홈이오無用ᄒ야도政府가貪ᄒ야重收ᄒᄂ者아니며 有用ᄒ야도政府가百姓을爲ᄒ여輕收ᄒᄂ者아니라國家의用홈이人民의事를爲홈인 則人民은各其財를出ᄒ야政府에收合ᄒ고政府ᄂ人民의財를掌ᄒ야其勞苦를代홈 이니人民이自己의私에其費를不出ᄒ고何人에게推委ᄒ리오

此意로推想ᄒ면政府가國事를行ᄒ기爲ᄒ여人民의賦稅를督促홈은其威令을恣 用홈아니오人民에게代任혼事務를欲成홈이어늘萬若指道호디苛法이라ᄒ든지虐政 이라ᄒ든지ᄒ면此ᄂ已甚혼意見을擅行ᄒ야無道혼議論을倡出홈이니假令國人이信 義를守ᄒ며廉恥를修ᄒ야政府와關係혼事端에期限을不失ᄒ며命令을順從홀진대 政府도亦且欣悅ᄒ야其樂을不勝홀지라敢히人民에게嚴肅혼政令을行ᄒ리오故로 人民되ᄂ者가自己의分義를先修ᄒ고政府의寬大홈을冀望홈이可ᄒ니人民은其道 理를不盡ᄒ고政府ᄃᆞ랴其職分을行ᄒ라責望ᄒ면此ᄂ古今天下에未曾有혼事라

[6] 是를有ᄒ야觀ᄒ건대納稅ᄒᄂ事ᄂ人民의當然혼分義라萬若愆期ᄒᄂ弊端이 有ᄒ면政府가截嚴혼法으로刑罰을用ᄒ기에至ᄒ야도百姓이怨言을作홈이不可홈은

自己가先其失期ᄒᆞᆫ罪가有ᄒᆞᆯ뿐더러政府ᄅᆞᆯ輕忽히視ᄒᆞᄂᆞᆫ頑習이亦存홈이니奈何로其咎ᄅᆞᆯ不悟ᄒᆞ리오人世의物情을見ᄒᆞ건대他人의田地ᄅᆞᆯ耕穫ᄒᆞᄂᆞᆫ者ᄂᆞᆫ每年에其賭租ᄅᆞᆯ必出ᄒᆞ고他人의錢財ᄅᆞᆯ貸用ᄒᆞᄂᆞᆫ者ᄂᆞᆫ日收면每日이오月收면每月마다必然其邊利ᄅᆞᆯ償ᄒᆞ야完久ᄒᆞᆫ習俗을成ᄒᆞᆫ者ᄂᆞᆫ他가無홈이라其田地와錢財가自己의本有物이아니오其主人이自有ᄒᆞᆫ故로然홈이니

今夫天下ᄂᆞᆫ天下의天下인則國의大小ᄅᆞᆯ勿論ᄒᆞ고亦然홈이라國中에在ᄒᆞᆫ田地와產ᄒᆞᄂᆞᆫ物品이皆國家의掌守ᄒᆞᄂᆞᆫ者니人民이其田地에農作을業ᄒᆞ든지物品으로貿易에從事ᄒᆞ든지此ᄂᆞᆫ私事로各其生業을經營홈이오公本된權勢ᄂᆞᆫ政府의執有ᄒᆞᆫ배라然ᄒᆞᆫ故로政府ᄂᆞᆫ主人을代ᄒᆞ야其事務ᄅᆞᆯ行ᄒᆞᄂᆞ니人民의賦稅ᄂᆞᆫ田主에賭租며錢主에게邊利와一體어ᄂᆞᆯ人民의私事細音은暫時失期라도變怪로視ᄒᆞ야擧狀ᄒᆞ기에至ᄒᆞᄂᆞᆫ者도有호ᄃᆡ國家에獻ᄒᆞᄂᆞᆫ當然ᄒᆞᆫ公納은日月을遷就ᄒᆞ야遲延ᄒᆞᄂᆞᆫ惡習이多ᄒᆞ야도聞ᄒᆞᄂᆞᆫ者가尋常ᄒᆞ고見ᄒᆞᄂᆞᆫ者가等閑ᄒᆞ니此境에至ᄒᆞᆯ진대政府가威令으로不以ᄒᆞ고人民이其分義ᄅᆞᆯ修ᄒᆞ기만坐待ᄒᆞ야國家의大事ᄅᆞᆯ傾倒홈이可ᄒᆞᆯ가人民의深思ᄒᆞᆯ者가亦此라

[7] 禮義ᄅᆞᆯ重히ᄒᆞ며行實을端正히ᄒᆞ야愛國ᄒᆞᄂᆞᆫ人民은人君의憂ᄅᆞᆯ是憂ᄒᆞ며人君의樂을是樂ᄒᆞ야政府의用費ᄅᆞᆯ自己擔當으로責望ᄒᆞᄂᆞᆫ지라然홈으로納稅ᄒᆞ기에期約을不及ᄒᆞᆯ가是恐ᄒᆞ고國家에意外事變이有ᄒᆞᆫ時ᄂᆞᆫ自請ᄒᆞ야財物을進獻ᄒᆞ기도ᄒᆞᄂᆞ니此ᄂᆞᆫ百姓의分義ᄅᆞᆯ識ᄒᆞᄂᆞᆫ緣故인則其隣里와親戚에或無識ᄒᆞᆫ者가有ᄒᆞ야此分義의守ᄒᆞᄂᆞᆫ道理ᄅᆞᆯ不知ᄒᆞ가든當然히正直ᄒᆞᆫ本分으로뻐開喩ᄒᆞ며緊切ᄒᆞᆫ事情으로뻐警戒ᄒᆞ야惡ᄒᆞᆫ百姓의名號ᄅᆞᆯ避ᄒᆞ게함이可ᄒᆞ니眞實로如此ᄒᆞᆯ진대엇지善美ᄒᆞᆫ風俗이아니리오政府의事務가人民의事務며人民의事務가政府의事務니人民의事務ᄂᆞᆫ散ᄒᆞᆫ者오政府의事務ᄂᆞᆫ合ᄒᆞᆫ者라合ᄒᆞᆫ者가有ᄒᆞᆫ然後에散ᄒᆞᆫ者ᄅᆞᆯ保全ᄒᆞᄂᆞᆫ故로合ᄒᆞᆫ者ᄅᆞᆯ扶支ᄒᆞᄂᆞᆫ責望이散ᄒᆞᆫ者의大分義라

제8편

정부의 민세 비용과
국채 발행

인민을 위한 정부의 공적 사업을 논한 글이다. 유길준은 정부는 인민을 위해 세운 것이므로 세금을 사용하여 인민을 위한 공무를 수행해야 한다고 주장한다. 『서양사정 2편』권1 「수세론」의 제4항목 "일국의 예산을 써야 할 공무를 논함"을 저본으로 했지만 내용도 많이 다르고 항목도 차이가 있다. 정부의 공무로서 정부 지원하는 일, 인민교육하는 일, 국가의 사업하는 일, 종교 보전하는 일, 궁민 구제하는 일, 국가의 방위하는 일, 외국 교빙하는 일을 들고 있다. 여기서는 정부 지원, 인민교육, 종교 지원에 관한 서술만을 다루기로 한다.

제1절
세금을 사용하는 정부의 사무

[1] 정부는 인민을 위해 세운 것이다. 인군의 명령을 받들어 국가의 사무를 행한다. 그 사무를 행하는 데 재물을 쓰지 않을 수 없다. 돈을 쓰는 조목을 대강 들어 보면, 첫째는 정부를 지원하는 일이고, 둘째는 인민을 교육하는 일이다. 셋째는 국가의 사업[營作]하는 일이며, 넷째는 종교를 지원[扶支]하는 일이다. 다섯째는 궁민을 구제하는 일이고, 여섯째는 국가를 방위하는 일이다. 일곱째는 외국과 교빙하는 일이다.

[2] 첫째, 정부를 지원하는 일. 이 일로 돈을 쓰는 것은 국가의 가장 큰 일이다. 만약 세간에 정부가 없으면 사람의 교제하는 법이 없고, 교제하는 데 법이 없으면 원통한 일이 있어도 호소할 곳이 없고, 재산을 얻어도 보전할 도리가 없다. 그러나 정부를 세우는 데 관원을 두지 않을 수 없고, 관원을 두는 데 녹봉을 주지 않을 수 없다. 만약 녹봉이 없

다면 직임(職任)을 맡은 자가 구차해질 것이다. 사람의 충성이 부족해서가 아니라 자연히 생계에 군색하여 봉공(奉公)하는 데 전념하기 어려울 것이다. 또한 녹봉이 지나치게 박하면 씀씀이가 구차하여 법 밖의 일을 탐내는 풍기[風]를 일으키기 쉽다. 그러므로 관원의 녹봉을 위하여 돈을 쓰는 일은 이러한 논의를 기다리지 않더라도 그 이치가 아주 분명하다.

그러므로 경제(經濟)[정치]하는 요도(要道)는 현능한 선비와 총명한 사람을 천거하여 정부의 관작을 주어 그 직분을 봉행하고 그 규범[規模]을 준수하는 데 있다. 비범한 재주[才量]와 출중한 능력[幹局]이 없으면 정부의 관직을 맡길 수 없다. 경서, 사서를 열람하고 교화를 받아 지식이 두루 넓고 문견이 고명하여 예의를 숭상하고 명절(名節)를 아끼는 인물이라야 정부 직책이 낮은 자라도 성과가 있기를 기대할 수 있다. 만일 이와 같은 본뜻을 돌아보지 않고 학업이 미숙하고 지식이 넓지 않은 자가 진출한다면, 이는 훌륭한 장인[良匠]도 하기 어려운 일을 서투른 공인[庸工]에게 맡겨 필경 넘어지는 지경에 이르는 것과 같다. 경제[정치]하는 대도에 어두울 뿐 아니라 정부를 세운 주된 뜻을 저버리는 것이므로 어찌 살피고 삼갈 일이 아니겠는가.

[3] 그러므로 의정(議政), 행정 및 사법[掌法]의 재상은 직책에 합당한 원로[耆舊]나 영웅호걸[英豪]이 맡고, 하급관리의 경우도 지위에 따라 녹봉을 정해야 한다. 만일 대관들의 녹봉이 하급관리와 같다면 정부가 인색하다는 비웃음을 면치 못할 것이다. 가난한 나라에서 직책이 낮은 자는 인민의 세금이 적기 때문에 실상 돈을 구하는 방편이 없지만, 그래도 차이를 나타내는 등급[分等]이 없으면 안 된다. 또한 남에게 국가의

대사를 부탁하고 정부의 대권을 가차(假借)하면서 그 사람으로 하여금 집과 의복을 심려하게 만든다면, 평이한 비유이긴 하지만 한 짐의 운임을 주고 열 짐의 운반을 요구하는 것과 같다. 가령 직책을 맡은 자는 애국하는 충성으로 이와 같은 생각이 없다고 해도, 운임을 정하는 도를 생각해 본다면 그렇게 하지 못하는 자가 있어도 책망할 수 없다. 녹봉의 많고 적은지에 관계되는 것이 아니라 사세가 자연히 그러한 것이다.

사람이 혹 말하길, "관리의 녹봉이 많으면 세인이 벼슬을 다투어 재물을 탐하는 폐풍이 일어날 것이다"라고 한다. 이는 인정(人情)과 물정[物態]에 통달하지 못한 논평이다. 녹봉을 박한 가운데 더 박하게 하여도 벼슬 구하는 폐풍은 그치지 않을 것이다. 비록 녹봉이 후해도 녹이 벼슬을 따르고 벼슬이 그 덕(德)을 일컬으면 자연히 벼슬에 나아가는 자는 학자와 군자의 사람이 많아 천장부(賤丈夫)[언행이 비루한 사람]를 함부로 받는 일이 없을 것이다. 만일 그렇지 않고 벼슬하되 덕을 고르지 아니 하면 자연히 천장부가 섞여 들어가는 일이 많아질 것이다. 이는 재국(才局)이 부족해도 구하기 쉽기 때문이다. 군자를 등용하는 것은 국가의 복이고, 천장부가 진출하는 것은 인세의 대해(大害)다. 그 손실과 이해는 함께 논할 수도 없다. 또 천장부가 많이 진출할수록 염치의 기강이 무너지고 탐람(貪濫)하는 풍조가 성행할 것이니, 학자와 군자들은 그 기염을 당하지 못하고 함께 벼슬하는 것을 부끄러워하여 나아가지 않는 것이다.

정부 지원

유길준은 인민을 위해 해야 할 정부의 공무로 7개 사업을 제시한다. 이 항목들은 대체로 「수세론」에서 원용하였지만, '외국과 교빙하는 일'은 유길준이 덧붙였다. 인민의 세금을 거두는 가장 중요한 이유는 정부를 지원하는 데 있다. 즉 세금에서 관리들의 봉급을 지불하는 것이다. 그런데 정치의 요체는 어질고 능력 있는 선비와 총명한 사람을 천거하여 정부의 관작에 맞는 직분을 수행하게 하는 데 있다. 군자를 등용하는 것은 국가의 복이지만, 소장부가 벼슬하는 것은 인세의 큰 해악이다. 관료는 비범한 재주와 출중한 능력을 갖춰야 한다. 아울러 경서와 사서를 읽고 교화를 받아 지식이 해박한 인물, 예의(禮義)를 숭상하고 명절(名節)을 생각하는 인물이어야 한다. 이러한 능력과 덕을 갖춘 자가 벼슬을 해야 소장부가 함부로 관리가 될 수 없고 학자, 군자가 벼슬에 나서는 풍조가 조성될 수 있다.

중요한 것은 벼슬의 등급에 맞는 봉급을 보장하는 일이다. 관료들이 애국하는 충성만으로 봉공에 전념할 수는 없다. 의식주를 걱정하지 않을 정도의 급여를 제공해야만 제대로 봉공할 수 있다. 봉급이 박하면 구차해져 법을 벗어나 욕심을 부리기 쉽다. 가난한 나라여서 거둬들이는 세금이 적다고 하더라도 관리의 등급은 두고 등급에 따라 급여를 줘야 한다. 벼슬에 따라 봉급이 정해지고 그러한 벼슬이 덕을 나타내게 되면 학자와 군자는 자연스럽게 벼슬에 나아가기 때문이다. 그렇게 하지 않으면 천장부(소인)가 관료가 되는 일이 많아진다. 천장부가 뒤섞여 있으면 염치의 기강이 무너지고 탐람하는 풍조가 생겨난다. 학자와 군자들이 함께 벼슬하는 것을 부끄러워하여 출사하지 않게 된다.

요컨대 정치의 핵심은 능력과 덕을 갖춘 학자와 군자를 관료로 충원하고, '인정과 세태'에 맞는, 직급에 합당한 경제적 대우를 해주는 데 있다. 유길준의 관리 등용론은 조선 유교사회의 개혁론에서 끊임없이 제기된 인재등용론과 크게 다르지 않다. 다만 소인을 배제하고 능력 있는 군자를 등용하는 방도로서 직급에 맞는 녹봉을 지불할 것을 제안한 점은 특기할 만하다.

---

[1] 大槩政府는 人民을 爲ᄒᆞ여 立ᄒᆞᆫ 者라 人君의 命令을 奉ᄒᆞ야 國家의 事務를 行ᄒᆞᄂᆞ니 其事務를 行ᄒᆞ기에 財物을 不備홈이 不可ᄒᆞ고 又 費財ᄒᆞᄂᆞᆫ 條目을 大網으로 指擧ᄒᆞᆫ대 第一은 政府 支用ᄒᆞᄂᆞᆫ 事며 第二ᄂᆞᆫ 人民 敎育ᄒᆞᄂᆞᆫ 事며 第三은 國家의 營作ᄒᆞᄂᆞᆫ 事며 第四ᄂᆞᆫ 宗敎 扶支ᄒᆞᄂᆞᆫ 事며 第五ᄂᆞᆫ 窮民 救濟ᄒᆞᄂᆞᆫ 事며 第六은 國家의 防備ᄒᆞᄂᆞᆫ 事며 第七은 外國 交騁ᄒᆞᄂᆞᆫ 事라

[2] 第一 政府 支用ᄒᆞᄂᆞᆫ 事: 此事로 財를 費홈은 國家의 最大務라 若世間에 政府가 無ᄒᆞ면 人의 交際ᄒᆞᄂᆞᆫ 法이 無홀지오 交際ᄒᆞ기에 法이 無ᄒᆞ면 寃痛ᄒᆞᆫ 事가 有ᄒᆞ야도 申訴홀 處가 無ᄒᆞ며 財産을 獲ᄒᆞ야도 保全홀 道理가 無홀디나 然ᄒᆞ나 政府를 立ᄒᆞ기에 官員을 不實홈이 不可ᄒᆞ고 官員을 實ᄒᆞ기에 祿俸을 不給홈이 不可ᄒᆞ니 若祿俸이 無홀진대 職任을 供ᄒᆞᄂᆞᆫ 者가 艱苟ᄒᆞ리니 人의 忠誠이 不足ᄒᆞ야 然홈 아니라 自然히 生涯에 窘跲ᄒᆞ야 奉公홈을 傳一ᄒᆞ기 難홀디며 且祿俸이 過度히 薄ᄒᆞᆫ 則 用度에 苟艱ᄒᆞ야 法外事로 貪饗ᄒᆞᄂᆞᆫ

風을起ᄒᆞ기容易한故로官員의祿俸을爲ᄒᆞ여費財ᄒᆞᄂᆞᆫ事ᄂᆞᆫ此論을不俟ᄒᆞ야其理의

甚明ᄒᆞᆫ者니

　然ᄒᆞᆫ故로經濟ᄒᆞᄂᆞᆫ要道ᄂᆞᆫ賢能ᄒᆞᆫ事와聰明ᄒᆞᆫ人을擧ᄒᆞ야政府의官爵을授ᄒᆞ야其

職分을奉行홈과其規模ᄅᆞᆯ遵守홈에在ᄒᆞ니非凡ᄒᆞᆫ才量과出衆ᄒᆞᆫ幹局아니면政府의

官職을任授ᄒᆞᄂᆞᆫ事가不可ᄒᆞᆫ지라經史ᄅᆞᆯ閱覽ᄒᆞ고敎化ᄅᆞᆯ服受ᄒᆞ야知識이博洽ᄒᆞ며

聞見이高明ᄒᆞ야禮義ᄅᆞᆯ崇尙ᄒᆞ고名節을愛惜ᄒᆞᄂᆞᆫ人物이라야政府職責의小者라도

其成效의有ᄒᆞ기를期望홀디어늘倘如此ᄒᆞᆫ本意ᄅᆞᆯ不顧ᄒᆞ고學業이未就ᄒᆞ며知識이不

廣ᄒᆞᆫ者가進홀진대是ᄂᆞᆫ良匠의難就ᄒᆞᄂᆞᆫ事役을庸工에게委托ᄒᆞ야畢竟은顚倒ᄒᆞᄂᆞᆫ

境에至ᄒᆞ리니經濟ᄒᆞᄂᆞᆫ大道에暗昧홀쑨아니라政府建設ᄒᆞᆫ主旨ᄅᆞᆯ背棄홈인則엇지審

愼홀者아니리오

　[3] 然ᄒᆞᆫ지라議政行政及掌法宰相은其職責에合當ᄒᆞᆫ耆舊或英豪ᄅᆞᆯ授任ᄒᆞ고小

官下吏에至ᄒᆞ야도其地位ᄅᆞᆯ隨ᄒᆞ야其祿俸을定홈이可ᄒᆞ니若諸大官의祿이小官下

吏와同ᄒᆞ면此ᄂᆞᆫ政府가鄙吝ᄒᆞᆫ譏嘲ᄅᆞᆯ不免홀디나貧寠ᄒᆞᆫ國에ᄂᆞᆫ其責이少ᄒᆞᆫ者ᄂᆞᆫ人

民의賦稅가些少ᄒᆞᆫ故로實狀其財ᄅᆞᆯ求ᄒᆞᄂᆞᆫ方便이無홈이나猶且示異ᄒᆞᄂᆞᆫ分等이無

ᄒᆞ면不可ᄒᆞᆫ지라抑且人에게國家의大事ᄅᆞᆯ付托ᄒᆞ며政府의大權을假借ᄒᆞ고其人으

로ᄒᆞ여곰家室의累와衣服의憂에心慮ᄅᆞᆯ費ᄒᆞ면雖淺近ᄒᆞᆫ設譬나一駄의運貨을給ᄒᆞ고

十駄의運輸ᄅᆞᆯ求홈과同ᄒᆞ니假令任職ᄒᆞᆫ者ᄂᆞᆫ愛國ᄒᆞᄂᆞᆫ忠誠으로如彼ᄒᆞᆫ思念이無ᄒᆞᆫ

달賃運ᄒᆞᄂᆞᆫ道도考究ᄒᆞ면不勝ᄒᆞᄂᆞᆫ者가有ᄒᆞ야도責望홈이不可ᄒᆞᆫ지라祿俸의多少로

關係홈이아니오事勢의自然히然홈이어늘

　人이或曰호듸官吏의祿俸이厚ᄒᆞᆫ則世人이仕官을爭求ᄒᆞ야貪財ᄒᆞᄂᆞᆫ弊風이起ᄒᆞ

리라ᄒᆞ니此ᄂᆞᆫ人情과物態에未達ᄒᆞᆫ論評이라今에祿俸을薄ᄒᆞᆫ中又薄ᄒᆞ게ᄒᆞ야도求官

ᄒᆞᄂᆞᆫ弊風은不息ᄒᆞᄂᆞ니雖祿俸이厚ᄒᆞ야도祿은其官을隨ᄒᆞ고官은其德을稱ᄒᆞ면自

然仕進ᄒᆞᄂᆞᆫ者ᄂᆞᆫ學者와君子의人이多ᄒᆞ야賤丈夫의濫授홈이無ᄒᆞ려니와若不然ᄒᆞ고
官호ᄃᆡ德을擇지아니ᄒᆞ면自然히賤丈夫의雜進홈이多ᄒᆞ리니是ᄂᆞᆫ財局이不足ᄒᆞ야도
求ᄒᆞ기容易한緣由니君子의用홈은國家의福이오賤丈夫의進홈은人世의大害라其
得失과利害ᄂᆞᆫ同日에語홈도不可홈이오又賤丈夫가多進ᄒᆞᆯᄉᆞ록廉恥의紀綱이頹圯
ᄒᆞ고貪濫ᄒᆞᄂᆞᆫ風이盛行ᄒᆞ리니學者와君子의輩ᄂᆞᆫ其氣熖을不敵ᄒᆞ고仕官에同列을
恥ᄒᆞ야不盡ᄒᆞᄂᆞᆫ者라

[6] 둘째, 인민을 교육하는 일. 이 일은 국가의 가장 중대하고 또 중
대한 것이다. 비용을 아끼지 말고 필요한 경비는 공본(公本)되게 거두어
야 한다. 인민의 교육에 두 가지 분별이 있다. 하나는 일용(日用)하는 교
육이고, 둘은 학문하는 교육이다.

[7] 일용하는 교육의 본뜻을 고찰해 보면, [교육은] 사람이 세상에 태
어나 생활하기 위해 생계의 경영이 없을 수 없는데, 경영하는 데 불가
결한 문견과 지식을 이끌어 주는 가르침[教訓]이다. 그 조목의 대강은
오륜의 행실과 글씨쓰기, 그림그리기, 산수로부터 물산학, 궁리학, 경
제학 및 인체학[人身學]의 개략에 이르며, 또한 천하 각국의 지리, 물산,
정치, 풍속이다. 이것들을 교육하는 데 들어가는 비용은 전국의 공본
된 세금으로 해야 한다. 국인이 각기 견문을 넓히고 지식을 깨우쳐 그
이로움을 서로 주고 일을 서로 돕는 것뿐 아니라 나라를 지키는[備國]
대도가 실상 이 가운데 있기 때문이다.

[9] 인민은 교육을 받으며 또한 교육으로 국가의 본원을 삼는다. 만일

인민이 배우지 못해 자기의 이욕만을 좇고 국가의 대본이 무엇인지 모른다면 이 법을 행할 수 없다. 이는 다름이 아니다. 인민이 교육을 받지 못했기 때문에 교육이 나라의 근본[邦本]되는 이유를 모르고 호사가의 환상이라 비웃는 것이다. 또한 학교의 교사될 인재를 찾아도 그 임무를 감당할 만한 자가 많지 않을뿐더러 무식한 인민은 세금 거두는 도와 재화 출납하는 법에 일정한 규칙이 없어 불미한 일이 반드시 많을 것이다. 또한 사무의 순서를 모르기 때문에 정부가 제도를 설립하고 규칙을 작정하여 각 지방에 똑같이 행한다. 또한 교사될 자의 지식을 말하더라도 그 직책에 맞지 않으면 허명(虛名)이 헛되게 있고 실상(實狀)은 없는 것이다. 그러므로 정부가 반드시 먼저 교사를 교회(敎誨)하는 학교를 세워 그 학식이 사람의 스승이 될 만한 뒤에 비로소 학교를 세우고 교사되는 것을 허락하여 교육하는 대본을 나라 안에 정해야 한다.

[10] 학문하는 교육은 이치가 아주 깊고 그 효용[功]이 아주 높아 이용(利用)하는 법과 후생(厚生)하는 도에 크게 관계된다. 천하 인민에게 6대주 각 나라와 5색 인종의 분별 없이 그 널리 베푸는 이익을 함께 받는다. 그 조목은 넓고 많아 셀 수 없다. 그 큰 강령은 사물[物]을 규명[格]하고 이치[理]를 궁구[窮]하는 것이다. 공부(工夫)가 독실할수록 공효(功效)가 성대하다. 서양국가들의 부강한 도는 실상은 독실한 중(中)을 좇아 흘러나온 것이다.

학문하는 도를 연구하여 이를 닦고 또 그 연구한 이치를 천하에 공포하는 것은 학자의 직책이다. 학문을 닦는 데 필요한 기계와 서책의 비용은 정부가 부담한다. 학문하는 뜻을 생각해 보면 두 가지에 지나지 않는다. 첫째는 연구한 지식을 인세에 공포하는 일이다. 둘째는 이미 연구한 지식을 더욱 궁구하는 공부를 더하는 길이다. 이 두 가지가 서로 의지해야 설 수 있고 서로 떨어질 수 없음은 새의 날개가 서로 도와 날아가는 것과 수레의 바퀴가 서로 도와 굴러가는 것과 같다. 전자가 없으면 후자는 자연히 없다. 후자가 없으면 전자는 있어도 없는 것과 같다. 전자를 행하지 않고 후자가 있는 것을 아직 본 적이 없다.

[12] 교사의 녹봉도 사람의 학식과 재주에 따라 많고 적음을 정해야한다. 교사된 자가 녹봉을 구하는 것은 생계를 위해서다. 생계 구하는 방도로 살펴본다면 교사된 자나 농작과 상업에 종사하는 자나 같다. 학자의 재식(才識)은 농사꾼의 종자이고 장사꾼의 물품이다. 또한 가르치는 녹봉은 농사꾼과 장사꾼이 영위하는 산업과 다를 바 없다. 물품의 좋고 나쁨에 따라 가격의 높고 낮음을 정하고, 종자의 좋고 나쁨을 좇아 수확의 많고 적음을 안다. 녹봉의 많고 적음을 어찌 학식과 재주의 품수(品數)와 등급으로 논하지 않겠는가. [후략]

[16] 그러므로 교육하는 규모를 세우려면 합당한 경비를 아끼지 말아야 하며, 인민의 기풍을 진작시키고 풍속을 인도하여 학술과 재식을 존숭해야 한다. 그리하면 자연히 교육의 품수가 높아질 것이다. 또 그 품(品)이 이와 같아지면 교육하는 도가 성행하여 교육을 원하는 사람이 나날이 더해지고 해마다 늘어나 품수만 귀해질 뿐 아니라 분배(分排)도 더해질 것이다. 그러므로 교육하는 법은 비용을 검약하기보다는 차라리 품수(品數)의 선미(善美)함이 더 귀한 것이다.

✸

인민교육

세금은 인민을 교육하는 데도 사용한다. 인민교육은 국가의 본원이다. 인민의 교육에는 '일용하는 교육', 즉 일상교육과 '학문하는 교육', 즉 학술교육이 있다. 후쿠자와는 '상교(常敎)', '학교(學敎)'라는 말을 썼다(「收稅論」, 『西洋事情二編』). '일용하는 교육'은 생계를 경영하는 데 불가결한 문견과 지식을 가르치는 것이다. 만약 인민이 배우지 못해 자기의 이욕만 좇고 국가의 대본을 모른다면 일상교육을 행할 수 없다. 인민의 일상교육에 공적 자금을 투여하는 것은 인민의 생계를 보장하기 위함이지만, 인민을 계몽하여 상부상조를 조성하는 길이기도 하다. 인민교육은 인민의 계몽이며 나라를 지키는 길이다.

학문하는 교육은 학술 연구와 지식 전달을 위한 교육이다. 유길준은 학술교육을 이용후생과 격물궁리(격물치지)의 관점에서 파악한다. 학술 연구와 지식 전달은 새의 두 날개와 수레의 두 바퀴가 서로 돕는 것처럼 상관적이다. 이 수사는 주자학에서 끌어낸 비유법이다. 퇴계 이황은 "[지(知)와 행(行)] 이 둘이 서로 필요함은 수레의 두 바퀴와 같고 새의 두 날개와 같아 하나를 버리면 갈 수도, 날 수도 없다. 이는 진정 주자의 말씀이다"(「心經後論」)라고 말한 바 있다. 주자는 "함양(涵養)은 반드시 경(敬)으로 하고 학문에 나아감은 치지(致知)에 있다"라는 정자(程子)의 말을 언급하면서 수레와 날개의 비유를 동원하였다(「尊德性齋銘」, 『心經附註』 4卷). 지와 행의 연관성, 혹은 수양과 학문의 상관성을 나타내는 비유법이다. 학술 연구와 지식의 효용성이 분리될 수 없음을 강조하고자 유길준은 이 비유법을 동원하였다.

이들 언어의 용례에서 유학 혹은 주자학의 잔영을 느낄 수 있다. 다만 이러한 유학적 지식관을 지나치게 확대 해석할 것은 아니다. 여전히 유학의 언어로 말해야만 하는 상황이지만, 유길준에게 지식은 더 이상 철학적 사유나 도덕적 수양과 관련된 것은 아니다. '공효(功效)'라는 공리적 효용성은 학술지식을 판단하는 준거가 되어 있다. 후쿠자와도 학술지식은 세상에 광포(廣布)함으로써 많은 사람에게 '비익(裨益)'을 제공할 때 효용성이 있다고 보았고 학술지식의 효용성을 가지고 '덕택(德澤)'을 규정하였다. 발명과 연구의 공적이 많고 지혜가 열릴수록 덕택이 커진다는 것이다(「收稅論」, 『西洋事情二編』). 유길준이 말하는 이용후생과 격물궁리(격물치지)도 학술지식의 실제적 효용성을 중시하는 공리적 지식관과 결부된다.

인민교육에 세금을 사용해야 한다는 발상도 공리적 지식관에서 나온다. 학교 설립은 공부하는 자에게 천하의 지식을 권하고 빈부를 가리지 않고 동일한 학식을 갖추게 하는 데 있다[11]. 학술지식을 생산하는 데 필요한 수단은 정부가 마련해야 한다. 교사의 녹봉은 학식과 재주에 따라 정해야 한다. 교사도 농민, 상인처럼 생계를 구하는 존재로 상정된다. 교사에게 지식과 재주가 갖는 의미는 농민에게 종자, 상인에게 물품이 갖는 의미와 같다. 가르치고 급여를 받는 것은 농업, 상업과 마찬가지로 '산업'이다. 종자의 질, 물품의 질에 따라 수확량과 가격이 결정되듯이, 교사의 녹봉도 교사가 가진 지식과 재주의 가치에 의해 결정된다. 지식은 산업과 생계의 관점에서 이해된다. 기능주의적 발상이다.

———————

[6] 第二人民敎育ᄒᆞᄂᆞᆫ事:此事ᄂᆞᆫ國家의最重大ᄒᆞ고又重大ᄒᆞᆫ者라財費ᄅᆞᆯ不惜ᄒᆞ고其要求ᄒᆞᄂᆞᆫ經費ᄂᆞᆫ公本되히課聚홈이可ᄒᆞ니大槪人民의敎育에二條의分別이有ᄒᆞ야其一은曰日用ᄒᆞᄂᆞᆫ敎育이오其二ᄂᆞᆫ曰學問ᄒᆞᄂᆞᆫ敎育이라

[7] 其日用ᄒᆞᄂᆞᆫ敎育의本意ᄅᆞᆯ考據ᄒᆞ건대夫人이世間에生ᄒᆞ매其生活ᄒᆞ기ᄅᆞᆯ爲ᄒᆞ여生涯의經營이無ᄒᆞ기不可ᄒᆞᆫ故로其經營ᄒᆞ기에關ᄒᆞ기不可ᄒᆞᆫ聞見과知識을引導ᄒᆞᄂᆞᆫ敎訓이라其條目의大綱이五倫의行實과寫字法과畵圖法과算數法으로브터物産學窮理學經濟學及人身學의槩略에至ᄒᆞ고又天下各國의地理物産政治風俗이니此敎育에入用ᄒᆞᄂᆞᆫ財費ᄂᆞᆫ全國의公本된賦稅로以홈이可ᄒᆞᆫ者ᄂᆞᆫ國人이各其聞見을博ᄒᆞ며知識을格ᄒᆞ야其理ᄅᆞᆯ相資ᄒᆞ고業을相助홀ᄲᅮᆫ더러備國ᄒᆞᄂᆞᆫ大道가實狀此中에亦在홈이라

[9] 人民이敎育을被ᄒᆞ며又敎育으로國家의本元을作ᄒᆞᄂᆞ니若人民이不學ᄒᆞ야自己의利欲만是循ᄒᆞ고國家의大本이何物인지不知ᄒᆞᆫ則此法의行홈이不能홀者니此ᄂᆞᆫ他가無홈이라人民이敎育을不被ᄒᆞᆫ故로敎育이邦本되ᄂᆞᆫ理由ᄅᆞᆯ不知ᄒᆞ고好事者의幻想으로反譏ᄒᆞ며又學校의敎師될人才ᄅᆞᆯ求ᄒᆞ야도足히其任을當홀者가不多홀ᄲᅮᆫ더러無識ᄒᆞᆫ人民은賦稅課收ᄒᆞᄂᆞᆫ道와財貨出納ᄒᆞᄂᆞᆫ法에一定ᄒᆞᆫ規則이無ᄒᆞ야不美ᄒᆞᆫ事狀이必多홀지오又其事務의次序ᄅᆞᆯ不解ᄒᆞᄂᆞᆫ故로政府가其制度ᄅᆞᆯ設立ᄒᆞ며其規則을酌定ᄒᆞ야各地方에如一히行ᄒᆞ고又敎師될者의知識으로議ᄒᆞ야도其職責에不適ᄒᆞ면虛名이徒存ᄒᆞ고實狀은不存홀지라然ᄒᆞᆫ故로政府가必先敎師敎誨ᄒᆞᄂᆞᆫ學校ᄅᆞᆯ建ᄒᆞ야其學識이足히人의師ᄅᆞᆯ作홀然後에學校ᄅᆞᆯ始建ᄒᆞ고敎師되기ᄅᆞᆯ許諾ᄒᆞ야

教育ㅎㄴ大本을國中에定홈이可ㅎ者라

[10] 學問ㅎㄴ教育은其理가最澂ㅎ며其功이極高ㅎ야利用ㅎㄴ法과厚生ㅎㄴ道에大關係가有ㅎ니天下人民에게六洲各國과五色各種의分別이無ㅎ고其博施ㅎㄴ利益을共被ㅎㄴ者라其條目이浩繁ㅎ야勝數ㅎ기不可ㅎ니其大綱領은物을格ㅎ고理를窮홈이니大槪其工夫가篤實홀ㅅ록其功效가盛大ㅎ야泰西諸國의富強ㅎ道가實狀은篤實ㅎ中을從ㅎ야流出홀者라

夫學問ㅎㄴ道를研究ㅎ야是를修ㅎ고又其研究ㅎ理致를天下에公布홈은學者의職責이오其學問을修ㅎ기에要求ㅎㄴ器械와書册等類의費ㄴ政府의擔當이라學問ㅎㄴ主意를考ㅎ건대二條에不出ㅎ니一條ㄴ究出ㅎ知識을人世에公布ㅎㄴ事며其二條ㄴ旣究ㅎ知識에更究ㅎㄴ工夫를加ㅎㄴ道라此二箇條가相依ㅎ야立ㅎ고相離ㅎ기不可홈이鳥의翼이相須ㅎ야飛홈과車의輪이相補ㅎ야行홈이니第一條가無ㅎ면第二條가自然히無홀디나第二條가無ㅎ면第一條가雖有ㅎ야도亦無홈과同ㅎ故로其第一條를不行ㅎ고能히第二條의有홈은未曾見ㅎ者라

[12] 教師의祿俸도其人의學識과才操를隨ㅎ야其厚薄을定홈이可ㅎ니大槪教師되ㄴ者가祿俸을求ㅎ기ㄴ其生涯를爲홈이라生涯求ㅎㄴ方道로審考홀진대教師되ㄴ者나農作或商業에從事ㅎㄴ者나同홈인則學者의才識은農者의種子며商者의物品이오又教授ㅎㄴ祿俸은彼農商의營求ㅎㄴ産業과其異가無ㅎ니物品의精麗를隨ㅎ야價格의高低를定ㅎ며種子의良否를從ㅎ야收穫의多少를判ㅎ거ㄴ祿俸의厚薄은如何로學識과才操의品數와等級으로不論ㅎ리오 [후략]

[16] 夫然ㅎ故로 教育ㅎㄴ規模를立ㅎ기ㄴ合當ㅎ經費를勿惜ㅎ고人民을振起ㅎ며風俗을引導ㅎ야學術과才識을尊尙ㅎ則自然히教育의品數가崇高홀디오且其品이如此ㅎ則教育ㅎㄴ道가盛行ㅎ야其教를願被ㅎㄴ者가日로加ㅎ며歲로增ㅎㄴ故

로其品數만貴홀샏아니라其分排도加ㅎ리니然ㅎ기敎育ㅎ는法이其經用의儉約ㅎ기로는寧其品數의善美홈이貴흔者라

[19] 넷째, 종교를 지원[扶支]하는 일. 이 일에 돈을 쓰는 것은 사람마다 의론이 갈리며 나라마다 법[規模]이 같지 않다. 어떤 사람은 "인민이 종교에 귀의하면 신심(信心)이 깊어지고 정의(情義)가 두터워져 세간의 풍화(風化)를 선미(善美)하게 만들기 때문에 상애(相愛)하는 덕을 입게 된다. 따라서 치국하는 도와 큰 관계가 있다. 이것을 지원하기 위해 전국의 세금을 거둬야 한다"라고 말한다. 또 어떤 사람은 말하길, "그렇지 않다. 천하의 종교가 일문(一門)에 그치지 않고 사람이 신의(信依)하는 바는 각기 좋아하는 것을 좇기 때문에 정부의 위세로 인민을 협박하여 '네가 좋아하는 것은 버리고 내가 시키는 것을 좇으라'고 한다면 백성의 자유하는 도리를 구속[拘碍]하여 행하기가 아주 어렵다. 그러므로 정부는 그 사이에 간섭하지 말고 인민으로 하여금 각기 신의하는 종교에 귀의하게 하는 것이 옳다. 같은 국인일지라도 유교를 믿는 자는 유교를 따르고 불교를 좋아하는 자는 불교에 귀의하니, 전국의 세금으로 한 종교만 지원하는 것은 편벽된 정령(政令)을 면치 못할 것이다. 만일 공본된 도를 쓴다고 하여 두 가지 종교를 같이 지원한다면 이는 번거로움을 이기지 못할 뿐 아니라 성과가 있기를 기대할 수도 없다. 또한 나라 안에 시기하는 풍기(風氣)를 불러일으키게 되어 심한 경우에는 분쟁하는 폐단 때문에 국가의 태평을 방해하는 지경에 이르기 쉽다"라고 한다.

[20] 이 두 가지 주장의 옳고 그름을 살펴보자. 방국의 풍기(風氣)가 평온한 열린 경지[闥域]에 이르지 못하여 교육이 성행하지 않고 인심이 안정되지 않은 경우 첫 번째 논을 취하는 것이 옳을 듯하다. 이는 다른 이유에서가 아니다. 인민이 교육을 받지 못하였기 때문에 자기의 마음으로 좋고 싫음을 가려낼 수 없고 음란한 일에 속거나 요사스러운 도에 미혹되기 쉬운 가운데, 어리석은 자는 화복으로 방향을 정하고 아주 가난한 자는 재물로 뜻을 상하여 인심과 풍속이 어지러운 지경이 될 것이다. 만약 두 번째 견해를 따르면 피해를 입는 단서가 너무 클 것이다. 정부는 당연히 나라에서 존중하는 종교를 지원하는 방도에 힘을 다하여 인민의 심성과 습속[俗尙]을 끌어올려야 한다. 인민이 다른 종교에 귀의하는 자가 있으면 다른 종교를 지원하지는 않아도 그 귀의한 인민을 극진히 보호하여 그들이 좋아하는 종교에서 안심할 수 있게 해야 한다. 사소한 일이라도 억지로 금지해서는 안 된다. 어떤 종교든지 중인(衆人)이 신의하는 것이므로 사람이 행할 수 없는 것이 아니다. 반드시 존국(尊國)하는 의기와 애군(愛君)하는 정성이 이 종교나 저 종교나 차이가 없다면 정부는 관대한 덕화(德化)로 그 의기와 정성을 거둬들여야 한다. 국인이 모두 다 교육을 받았을 때는 두 번째 견해를 취하여 인민으로 하여금 각기 신의하는 종교에 귀의하게 한다. 정부는 일체 상관하지 말고 종교 지원하는 일 때문에 거둔 세액을 정지시켜도 될 것이다.

종교 지원

세금을 사용하여 종교를 지원해야 하는가. 두 가지 견해가 있을 수 있다. 하나는 종교부조론이다. 인민이 종교를 믿으면 사회가 좋아져 인민들 사이에 '상애(相愛)하는 덕(德)'이 생기기 때문에 종교를 지원하는 일은 '치국(治國)하는 도', 즉 정치와도 크게 관련된다. 따라서 종교를 지원하는 데 세금을 사용해야 한다는 견해다. 다른 하나는 종교방임론이다. 인민은 각자 좋아하는 바를 좇아 종교를 믿는다. 종교도 다양하다. 정부는 인민이 종교를 믿는 일에 간섭해서는 안 되고 인민에 맡겨야 한다. 한 종교만 지원하면 편벽된 일이다. 그렇다고 공평하게 모든 종교를 다 지원한다면 비효율적일뿐더러 오히려 분쟁을 초래하여 국내 평화를 해칠 수도 있다.

유길준은 두 주장을 개화론과 접합시키면서 절충론을 편다. 우선 인민이 교육을 받지 못해 인심이 불안한 상태에서는 정부가 경비를 사용하여 종교를 부조해야 한다. 인민이 교육을 받지 못하는 미개한 단계에서는 인민들이 사악한 도나 화복, 재물에 미혹되어 인심과 풍속이 어지러워지기 쉽기 때문에 정부는 인민의 심성과 습속을 끌어올릴 수 있도록 종교를 지원해야 한다. 하지만 인민이 교육을 받아 개화된 단계가 되면 종교 믿는 일은 인민 각자에게 맡겨야 한다. 정부는 종교에 상관해서도 안 되고 세금도 사용할 필요도 없다.

유길준의 종교관은 후쿠자와의 그것과 달랐다. 후쿠자와는 어떠한 경우라도 정부가 종교에 관여해서는 안 된다고 생각하였다. 종교는 정부의 존망과 관계가 없으므로 정부의 부지(扶持)를 받을 필요가 없다는 것이다. 그에 따르면, 종교는 자기 자신을 위한 것이다. 종교가 풍속을 바꾸고 사람들이 풍속의 덕택을 입는다 해도 이는 의도하지 않은 결과일 따름이다. 설령 종교가 정부를 세우는 데 도움이 된다고 해도 결코 종교에 세금을 써서는 안 된다. 신앙은 일신의 행복을 구할 따름이다. 후쿠자와는 종교의 기능을 일신의 행복을 구하는 개인적 신앙에 국한시켰고, 종교가 풍속을 바꾸고 정부를 세우는 데 도움을 준다고 보지 않았다. 후쿠자와는 종교에 기초해 국가를 세워야 한다는 종교입국론을 부정하였다(『文明論之槪略』). 유길준은 문명 상태에서는 신앙이 사적 영역의 문제이지만, 인민이 개화되지 않은 상태에서는 종교의 사회적 기능을 긍정하여 종교를 지원해야 한다고 보았다. 그런데 종교를 지원하여 인민의 심성과 습속을 끌어올리는 것은 인민의 개화만을 위함이 아니다. 인민들의 '존국(尊國)하는 의기'와 '애군(愛君)하는 정성'을 양성함으로써 정부의 관대한 덕화에 부응하는 종교의 역할이 상정되어 있다. 1880년대 한국적 현실과 유길준의 군주제 구상이 반영된 종교관이라 하겠다.

---

[19] 第四宗敎扶支ᄒᆞᄂᆞ事:此事에 費財홈으로 人이 各其議論이 歧貳ᄒᆞ며 國이 各其 規模가 不一ᄒᆞ니 或이 曰호ᄃᆡ 人民이 宗敎에 歸依ᄒᆞᆫ 則信心이 湥篤ᄒᆞ며 情義가 厚重ᄒᆞ야 世間의 風化를 善美ᄒᆞ게홈으로 相愛ᄒᆞᄂᆞᆫ 德을 被ᄒᆞᆫ 則治國ᄒᆞᄂᆞᆫ 道에 大關係가 有ᄒᆞ니

其扶支ᄒ기를爲ᄒ여全國의賦稅를課收홈이可ᄒ다ᄒ거늘又或이曰호ᄃ不然ᄒ니天下의宗敎가一門에不止ᄒ고人의信依ᄒᄂ바ᄂ各其好ᄒᄂ者를從흔則政府의威勢로人民을脅迫ᄒ야爾의所好ᄂ捨ᄒ고我의所令을從ᄒ라함이百姓의自由ᄒᄂ道理에拘碍ᄒ야行ᄒ기極難흔지라然흔故로政府ᄂ關涉을其間에勿掛ᄒ고人民으로ᄒ여곰各其信依ᄒᄂ宗敎에歸ᄒ게함이可ᄒ니雖同國人이라도儒敎를信ᄒᄂ者ᄂ儒敎를從ᄒ고佛敎를喜ᄒᄂ者ᄂ佛敎에歸흔則全國의賦稅로一宗의敎만扶支ᄒᄂ事ᄂ偏僻될政令을不免홈이오若公本될道를用ᄒ다ᄒ야二宗의敎에扶支ᄒᄂ事를雙行ᄒ면此ᄂ煩劇홈을不勝홀ᄯ름아니라其成이有ᄒ기도必ᄒ기不可ᄒ고且國中에猜忌ᄒᄂ風氣를鼓起ᄒ야甚흔則紛爭ᄒᄂ弊로國家의泰平을妨害ᄒᄂ境에至ᄒ기易ᄒ다ᄒ니

[20] 今此二論의可否를尋繹ᄒ건대邦國의風氣가穩開흔闢域에未達ᄒ야敎育이不盛ᄒ고人心이未定흔者ᄂ其初論를取用홈이可홀듯ᄒ니此ᄂ無他라人民이敎育을不被흔故로自己의心으로其好惡을擇執ᄒ기不能ᄒ고淫慝흔事에見誣홈과妖惟흔道에被惑ᄒ기容易한中에愚흔者ᄂ禍福으로其方向을定ᄒ고至貧흔者ᄂ財物로其志趣를傷ᄒ야人心과風俗이散亂흔地에歸홀지라若其次論을從ᄒ면其受害ᄒᄂ端緒가甚大ᄒ리니政府가當然히其國의尊重ᄒᄂ宗敎를扶支ᄒᄂ道에用力ᄒ야人民의心性과俗尙을引進ᄒ고人民이或他宗에歸依ᄒᄂ者가有ᄒ거든他宗의扶支ᄒᄂ事ᄂ不行ᄒ야도其歸依ᄒᄂ人民은極臻히保護ᄒ야其所好ᄒᄂ宗敎에其心을安ᄒ게ᄒ고些少라도臆地로禁止홈은不可ᄒ니大槪如何흔宗敎든지衆人의信依ᄒᄂ者인則人의不可行홀者ᄂ아니라必然히尊國ᄒᄂ義氣와愛君ᄒᄂ精誠은彼此敎의殊異가無ᄒ거든政府가寬洪흔德化로其義氣와精誠을收合ᄒ려니와國人이一齊히敎育을被흔時ᄂ次論을採ᄒ야人民으로ᄒ여곰各其信依ᄒᄂ敎에歸ᄒ게ᄒ고政府ᄂ一切上官치勿ᄒ야宗敎扶支ᄒᄂ事로課收ᄒᄂ稅額을停止홈도亦可흔者라

제2절
정부가 국채를 발행하는 이유

[1] 국채는 국재(國財)가 부족할 때 민재(民財)를 빌려 쓰는 것이다. 천하 각국의 빈부가 같지 않지만, 어떤 나라든지 태평무사한 때는 세입하는 세금이 세출하는 경비를 감당하는 것으로 정부의 상례(常例)를 삼는다. 만약 난시를 당하여 방비하기 위해 거액이 필요하거나 흉년 때문에 진휼(賑恤)하는 일에 큰돈이 들거나, 이러한 일들이 아니더라도 전국 인민에게 유익한 큰 사업 때문에 재정이 필요한 때에는 액수가 너무 많아 단지 민세(民稅)만을 늘려 맞추기는 매우 어렵다. 뿐만 아니라 갑자기 인민의 세금을 무겁게 매기면 괴로움을 이기지 못해 떠돌아다니는 자가 반드시 많아질 것이다. 심지어 원망하는 도당이 난동을 부릴 수도 있다. 그리하여 정부는 표(票)를 만들고 나라 안에 영을 내려 민인(民人)의 돈을 빌린다. [후략]

[2] 본국 인민이 가난하여 정부의 국채 모집하는 영을 응할 수 없을 때는 부득이 외국인에게 빌릴 수밖에 없다. 이처럼 외국돈을 빌리는 일도 신의가 본디 두터운 자가 아니면 비록 높은 이자라도 응하는 자가 없을 것이다. 또한 돈 있는 사람이 외국 정부에 빌려주는 것은 오로지 이자를 받기 위함이니, 그 이식이 자연히 본국 인민의 돈에 비해 많을 것이다. 한 냥에 일 년에 5푼, 6푼에서 8푼이나 9푼까지 이르기도 한다. 정부에서 돈을 빌리는 일은 곤란한 지경에 이르렀기 때문이지만, 외국인의 돈은 결단코 빌려 쓰자고 거론도 말아야 한다. 만약 근신치 못하고 상환하는 기약을 어기면, 나라가 이로 인해 위망한 지경에 들기 쉽다. [후략]

[4] 이상 열거한 것으로 보건대 나라들의 국채는 같지 않다. 많은 나라도 있고 적은 나라도 있다. 국가가 부유하다고 국채가 적은 것이 아니며 가난하다고 국채가 많은 것이 아니다. 정부의 할 일에 따라 그렇게 되는 것이다. 인민이 근실하여 국가가 부유할수록 정부의 국채가 많다. 정부가 신(信)을 지켜 인민이 신복(信服)해서 필요한 재물을 외국인에게 빌리는 것을 모를뿐더러 인민이 정부에 재물을 빌려주는 것을 오히려 기뻐하여 조금도 의심하지 않기 때문이다. 또 정부도 그 돈을 사용해 국인을 위해 공본된 사업을 경영하기 때문에 인민의 편리를 더 늘리기 때문이다. [후략]

국채와 '인민의 편리'

국채에 관한 글이다. 국가재정에 관한 인식의 전환을 엿볼 수 있다. 분란이 발생하거나 흉년이 들었을 때, 또는 정부가 큰 사업을 벌일 때, 세금을 늘리기는 쉽지 않으므로 국채를 발행하여 돈을 조달한다. 국채는 국부가 작다고 많은 것이 아니며 국부가 크다고 적은 것이 아니다. 국채의 많고 적음은 정부의 사업 규모에 달려 있다. 유길준은 국채에 관한 통계자료를 제시한다[3]. 통계자료를 통해 인민이 근실하여 국가가 부유할수록 국채가 많다는 사실을 확인한다. 중요한 것은 인민과 정부의 신뢰 관계다. 인민이 정부를 신복하면 외채가 있는지도 모르고 정부에 재물을 빌려주는 것을 기뻐한다는 것이다.

외채 조달에 대해서도 언급한다. 유길준은 한편으로 외채를 빌려 상환하지 못하면 국가의 안위, 즉 안보를 위협하기 때문에 외채를 빌려 쓰면 안 된다고 생각했지만, 다른 한편으로 인민이 가난해서 국채를 매입하지 못할 때 외국돈을 빌리는 것은 불가피하다고 보았다. 인민을 위한 공본된 사업을 시행하여 인민의 편리, 즉 복지를 늘려야 한다는 생각했기 때문이다. 양가적 태도가 엿보인다. 하지만 유길준이 외채를 둘러싼 안보와 복지 사이의 모순을 심각하게 생각한 것 같지는 않다. 외채 문제를 민본주의적 복지의 관점에서 이해한 것은 아마도 열강의 경제적 이권침탈이 아직 본격화되지 않은 1880년대 상황과 관련될 것이다.

［1］ 大槩國債난國財의不足ᄒᆞᆫ時에民財ᄅᆞᆯ貸用ᄒᆞᆫ者라天下各國의貧富가不同ᄒᆞ나然ᄒᆞ나何邦이든지太平無事ᄒᆞᆫ日은歲入ᄒᆞᄂᆞᆫ賦稅가足히其歲出ᄒᆞᄂᆞᆫ經費ᄅᆞᆯ抵當ᄒᆞ야政府의常例ᄅᆞᆯ作ᄒᆞ되萬若亂時ᄅᆞᆯ當ᄒᆞ야其防備ᄒᆞᄂᆞᆫ道로巨費ᄅᆞᆯ要ᄒᆞ든가凶年을因ᄒᆞ야賑恤ᄒᆞᄂᆞᆫ事로大財ᄅᆞᆯ求ᄒᆞ든가如此ᄒᆞᆫ段類아니라도大事業이足히全國人民에게有益ᄒᆞᆯ者가有ᄒᆞ야財費ᄅᆞᆯ要求ᄒᆞᄂᆞᆫ時난其額數의鉅大ᄒᆞᆷ이但民稅ᄅᆞᆯ加ᄒᆞ야足辨ᄒᆞ기極難ᄒᆞᆯᄲᅮᆫ더러又猝然히人民의稅ᄅᆞᆯ重課ᄒᆞ면其苦ᄅᆞᆯ不堪ᄒᆞ야流散ᄒᆞᄂᆞᆫ者가必多ᄒᆞᆯ지오甚ᄒᆞ기에至ᄒᆞᆫ則怨懟ᄒᆞᄂᆞᆫ徒黨의亂萌도起ᄒᆞᆯ지라是故로政府가票ᄅᆞᆯ作ᄒᆞ고國中에令을下ᄒᆞ야民人의財ᄅᆞᆯ取貸ᄒᆞᄂᆞ니 ［후략］

［2］ 本國人民이艱貧ᄒᆞ야政府의國債募集ᄒᆞᄂᆞᆫ令을應ᄒᆞ기不能ᄒᆞᆫ時난不獲已ᄒᆞ야外國人에케取貸ᄒᆞᄂᆞ니如此히外國財ᄅᆞᆯ借貸ᄒᆞ기도其信義가素著ᄒᆞᆫ者아니면雖重邊이라도應ᄒᆞᄂᆞᆫ者가無ᄒᆞ거니와又有財人이外國政府에貸ᄒᆞ기난專혀取利ᄒᆞ기ᄅᆞᆯ爲ᄒᆞᆷ인則其利息이自然히本國人民의財에比ᄒᆞ야重ᄒᆞᆯ지라每兩一年에五分六分으로八分或九分에至ᄒᆞ기도ᄒᆞ니大槩政府의借財ᄒᆞᄂᆞᆫ事가末由ᄒᆞᆫ境에抵ᄒᆞᆫ緣故나然ᄒᆞ나外國人의財난決斷코借用ᄒᆞ기ᄅᆞᆯ擧論도勿ᄒᆞᆯ者라萬若謹愼이無ᄒᆞ고償還ᄒᆞᄂᆞᆫ期約을違失ᄒᆞ면國이此ᄅᆞᆯ因ᄒᆞ야危亡ᄒᆞᄂᆞᆫ域에入ᄒᆞ기捷選이니 ［후략］

［4］ 大槩以上의列記ᄒᆞᆫ者로見ᄒᆞ건대諸國의國債가不一ᄒᆞ야或多ᄒᆞᆫ者도有ᄒᆞ고或少ᄒᆞᆫ者도有ᄒᆞ니國家가富饒ᄒᆞ야國債의少ᄒᆞᆷ이아니며艱困ᄒᆞ야國債의多ᄒᆞᆷ이아니라政府의事爲ᄅᆞᆯ隨ᄒᆞ야然ᄒᆞᆷ이로되人民이勤實ᄒᆞ야國家가富饒ᄒᆞᆯᄉᆞ록其政府의國債가多ᄒᆞ니此난政府되난者가信을守ᄒᆞ야人民의信服ᄒᆞᆷ이되난故로其要用ᄒᆞᄂᆞᆫ財物을外國人에게取貸ᄒᆞ기에不至ᄒᆞᆯᄲᅮᆫ더러人民이其政府에財物納貸ᄒᆞ기ᄅᆞᆯ反喜ᄒᆞ야毫末도不疑ᄒᆞᆷ이오又政府도其財ᄅᆞᆯ費用ᄒᆞ기난國人을爲ᄒᆞ여公本된事業을經營ᄒᆞᄂᆞᆫ故로人民의便利ᄅᆞᆯ加增ᄒᆞᄂᆞᆫ緣由라 ［후략］

제9편

교육제도, 양병제도

서양의 교육제도와 군사제도를 소개하는 두 논고가 실려 있다. 유길준은 서양의 교육이 세상의 안락과 편리를 도모하는 실용, 즉 이용후생을 추구하며, 일정한 규칙과 규율에 따라 이루어진다는 점에 주목한다. 또한 침략적인 군사력은 자위와 방비를 위한 수단이며 군사력을 침략적인 목적에 사용하는 것은 야만의 행실이라는 견해를 보였고, 군인도 법과 규칙을 준수해야 한다고 강조하였다. 유길준의 교육관, 군사관이 잘 드러난 글들이다.

제1절
교육하는 제도

[1] 국가의 대본(大本)은 교육하는 도에 있다. 오늘날 천하에 부강하다고 알려진 나라들은 모두 이 한 가지 일을 면려하여 효과를 이루었다. 이제 교육하는 제도를 보건대, 반드시 일정한 규칙이 있다. 어린이의 부형 되는 자에게 그 아들딸과 동생 조카를 가르치도록 한다. 또한 단지 가르치기를 명할 뿐 아니라 교회(敎誨)하는 처소를 마련하여 배우고 싶어 하는 자가 어려움 없이 취학하도록 한다. 그 처소는 학교를 말한다. 정부는 학교마다 선생을 두어 취학하는 자를 교회하게 하지만 일체의 경비는 인민으로부터 세금을 거둬 충당한다. 들어가는 각 항목의 경비를 얘기하자면, 선생의 녹봉과 서책 구입과 학교 건축이며 그 밖에도 여러 조목의 잡비가 있다.

[2] 선생의 녹봉을 후하게 주는 까닭은 선생이 선생을 하는 동안에는

다른 생계에 종사할 수 없고 교육하는 일로만 직분을 삼기 때문이다. 그러므로 의복과 음식으로부터 일용품에 이르기까지 조금이라도 군색한 일이 없도록 해야 한다. 또한 선생이 선생 되는 연유도 자기의 풍족한 지식과 단정한 행실로 제자를 교회하는 것만이 아니라 자기가 가진 재주로 합당한 예물을 받아 생계의 방도를 구하는 데 있다.

[4] 학교 건축을 논하자면, 심원한 의사(意思)와 굉장한 배포(排鋪), 그리고 세밀한 경륜과 소상한 차서(次序)가 갖추어져 있다. 한마디로 그 뜻을 다 말하기는 어렵지만 대강 기록해 본다. 건축하는 경상(景像)을 화려하게 하는 것은 어린아이의 향학심을 이끌기 위한 뜻이고, 공부와 휴식하는 시간을 분명하게 작정한 것은 사람의 양생하는 도에 유익하기 때문이다. 학습하는 등급과 교회하는 처소를 확실히 마련하는 것은 온갖 사무에 문란함이 없도록 하기 위해서다.

[10] 어려서 배우는 것은 커서 행하기 위해서다. 천하 각국에서 배우는 자들의 본심을 살펴보면, 실효가 있기를 구하고 허명을 생각하지 않는다. 때문에 공부가 독실하여 인세의 안락과 편리에 이바지할 것을 기대한다. 교회하는 제도의 진실함은 이러한 관점에서 보는 것이 옳다. 옛사람의 찌꺼기를 주워 모으기만 하고 실용하는 공력(功力)이 없다면 비록 공부라 하지만 실제로는 아니다. 인간에게 해를 끼침이 오히려 많다. 그러므로 실(實)을 위주로 하는 학업이 인생의 대도다.

[11] 서양인은 교회하는 도를 이처럼 갖추었을 뿐 아니라 양생하는 도도 극진하다. 대학교에는 의사를 두고 학생의 나이와 신체와 골격을 조사하여 부족한 것을 보충하도록 한다. 그 방법을 잠깐 적어보자.

각종 기계로 완력과 호흡력과 다리 힘과 허리힘과 장부(臟腑)의 기력까지 시험하여 그중에 하나라도 부족한 자가 있으면 이에 맞는 운동을 하도록 한다. 가령 완력이 부족한 자는 철퇴를 휘두르게 하고, 허리힘이 부족한 자는 줄을 끌어당기는 기계를 좇아 누워서 움직이게 하며, 다리 힘이 부족한 자는 달리기를 익히게 한다. 이 밖에도 각기 부족한 자마다 거기에 알맞은 기계와 운동이 있다. 그것을 하는 처소인 넓은 건물 안에 각종 기계를 배치하고 학습하는 겨를에 시간을 정해 날마다 수차례 행한다. 이렇게 행하는 운동은 하루 이틀 만에 효험이 있기를 바라지 않는다. 장구한 세월을 거쳐야 비로소 공효(功效)가 나타난다. 시작할 때는 오히려 지루한 생각이 들지만, 일 년이 지나면 예전에 고생하던 허약 체질과 병 기운이 깨끗이 없어짐을 깨닫는다고 한다.

[19] 무릇 학교의 규모와 제도는 이와 같다. 이 밖에 각 조목의 교회하는 일이 적지 않다. 어린아이의 집안 행실을 말해 보자. 침식하는 시간이 있어 일정한 규례를 어기지 않고, 또 꽃피는 아침이나 달뜨는 저녁에 한가로이 산보할 때에도 사물을 만나면 문득 가르치고 일을 당하면 문득 경계하여 교육하는 도를 버리지 않는다. 놀이하는 기구들도 그렇지 않은 것이 없어 깊고 넓은 뜻을 간직하고 있다. 가난한 자의 어린아이는 그 부모 되는 자가 교회하기 쉽지 않다. 그래서 부유한 사람들이 추렴하여 집을 깨끗하고 아름답게 짓고, 여러 놀이기구와 서책을 마련하여 가난한 자의 자녀들이 거리낌 없이 와서 놀게 한다. 이것 또한 일정한 시간이 있는데, 그 시간에는 반드시 단정한 부인이 주관하여 어린아이의 거친 언행을 금지시킨다. 그러므로 부자의 자녀와 가난한 자

의 어린아이가 각자 집에서 양육하는 제도는 차등이 있지만 교회하는 규칙[規制]에는 분별이 없다.

[20] 이와 같이 극진하기 때문에 아동들이 만나 노는 거동을 살펴보면, 초목금수의 기이한 형세와 천지일월의 신묘[深妙]한 이치를 의론하고 국정의 득실과 국세의 강약을 논의하며 천하 각국의 산천, 풍토, 인민, 정치를 문답하여 각기 학식의 장단을 견주고 문견의 넓고 좁음을 헤아린다. 이와 같이 성장하기 때문에 인간 물정에 통달[通透]하고 행실이 단정하고 지각이 풍족하여 타인의 만모(慢侮)를 받지 않는다. 칭찬할 것이 어찌 여기에 있지 않겠는가.

❀

실용 교육

유길준의 실용주의 교육관이 잘 드러나 있다. 유길준은 열강의 부강을 가능하게 만든 교육에 주목하면서 서양의 교육제도를 상세히 소개한다. 국가의 대본은 교육하는 도에 있으며, 때문에 교사 비용과 교과서 구입비, 학교 건축비와 같은 학교재정은 나라의 세금으로 충당된다. 유길준은 건축의 시설과 외양에도 깊은 관심을 보였다. 또한 '시작하는 학교'(초등학교), '문법학교', '고등학교', '대학교' 등 각급 학교에서 어떠한 과목을 개설하고 어떠한 지식교육을 행하는지를 자세하게 소개한다 ([6]~[9]).

서양의 교육은 실질을 중시한다. 교육의 본질은 허명을 생각하지 않고 실효를 구하는 데 있다. '인세의 안락과 편리'를 도모하는 데 있다. 유길준은 서양의 교육을 소개하면서 공부를 하는 '실효', '실용', '주실(主實)'을 강조한다. 서양에서는 대학교를 수료한 자가 자신이 이룬 재주로 '인간의 실사'를 행하여 생계를 구하고 '생민의 이용과 후생하는 도'를 담당한다[9]. 서양의 교육에서는 이용후생의 실학을 실천하고 있는 것이다. 서양 교육이 실효와 실용을 위주로 한다는 유길준의 관찰은 그의 실학정신에 기초한 것임을 말할 나위 없다. 그리하여 "옛사람의 찌꺼기를 주워 모으기만 하고 실용하는 공력이 없다면 비록 공부라 하지만 실제로는 아니다. 인간에게 해를 끼침이 오히려 많다. 그러므로 실(實)을 위주로 하는 학업이 인생의 대도다"라고 말한다. 옛것을 지향하는 유학자들의 학문적 자세에 대한 비판적 시선을 느낄 수 있다. 제12편 제1절에서도 옛사람의 찌꺼기를 음미하는 유학자들을 직설적으로 비판하였다. "만약 수학하는 자가 옛사람의 찌꺼기를 즐겨하여 썩은 선비[腐儒]의 행실로 유의유식(遊衣遊食)하는 나태함이 있다면 국가의 해충이며 인민의 도적이다"(본서 579쪽).

규칙과 규율

유길준은 시간과 규칙에 의해 규율되는 서양의 문명사회가 교육에서 비롯된 것으로 보았다. 유길준은 화려한 학교 건물에 주목한다. 서양의 교육은 아름다운 경관을 갖춘 장소에서 이루어진다. 학교 건물은 심원한 뜻이 들어 있고, 규모가 상당하며, 세밀한 질서가 갖추어져 있다. 유길준은 이러한 건축 양식이 향학심을 끌어올리는 데 의미가 있다고 보았다. 사물의 모습(경상, 외관)이 일정 부분 실질을 규정한다고 생각했다고 볼 수 있다. 사물의 경상은 단지 형식이 아니라 내용을 규율하는 조건으로 작용하는 것이다.

서양 교육에서는 일정한 시간과 규칙에 의거한 규율이 작동한다. 부유한 사람들은 놀이기구와 서책이 구비된 깨끗하고 아름다운 집을 만들어 가난한 자의 자녀들이 '일정한 시간'에 와서 자유롭게 놀 수 있게 해주는데, 이 경우 반드시 단정한 부인이 아이들과 함께하면서 어린아이의 거친 언행을 규율한다. 제도의 차이는 있어도 가르치는 규칙은 같다. 서양에서는 학교뿐 아니라 가정에서도 '일정한 시간'과 '일정한 규례'로써 어린아이의 행실을 규율하는 교육이 이루어진다. 공부를 하고 휴식을 취하는 것도 정해진 시간과 규칙이 있는데, 그렇게 해야 사람의 양생하는 도에 유익하기 때문이다. 대학교에서 이루어지는 과학적 신체운동(physical training)은 양생하는 도의 근대적 형태를 보여준다. 신체운동은 허약한 신체 부위에 적합한 기계를 이용하여 학습하는 겨를에 '시간을 정해' '날마다 수차례 행'하는 규칙에 따라 이루어진다. 유길준은 과학적인 신체운동에서 근대적 양생을 발견한다. 기계와 운동을 통해 신체를 규율하는 근대적 신체관이 유포되면 섭생을 통해 신체를 조율하는 전통적 양생 개념은 변용하게 된다.

유길준이 서양의 교육에서 발견한 것은 시간과 규칙에 의거한 규율이 만들어 내는 문명사회였다. 학습하는 등급과 교육하는 장소가 마련된 것은 사물의 문란함을 없애기 위한 것이라는 발언에서도 등급과 장소에 따라 사물의 질서를 상정하는 질서관을 간취할 수 있다. 유길준은 사물의 경상은 시간(규율)과 공간(등급, 장소)에 의해 질서 지워진다고 생각했던 것이다. 시간과 규칙에 의해 규율되는 교육을 통해 아이들은 자연의 형세와 이치를 의론하고, 정치현실(국정의 득실과 국세의 강약)을 논하며, 세계의 산천, 풍토, 인민, 정치를 문답할 수 있는 인간으로 성장한다. "인간 물정에 통달하고 행실이 단정하고 지각이 풍족하여 타인의 만모를 받지 않는" 교양인이 탄생한다.

---

[1] 凡國家의大本은教育ᄒᄂ道에在ᄒ니現今天下에富强ᄒ기로有名ᄒ諸國은皆此一件事ᄅᆯ勉勵ᄒ야其效ᄅᆯ獲致홈이라今에其教育ᄒᄂ制度ᄅᆯ見ᄒ건대必然히一定ᄒ規則이有ᄒ야童穉의父兄되ᄂ者로ᄒ여곰其子女와弟姪을教訓ᄒ게ᄒ며又但教訓ᄒ기ᄅᆯ命ᄒᆯᄲ름아니라乃教誨ᄒᄂ處所ᄅᆯ排鋪ᄒ야願學ᄒᄂ者ᄂ無碍히就學ᄒ게ᄒ니其處所ᄂ學校ᄅᆯ謂홈이라學校마다政府가先生을實ᄒ야就學ᄒᄂ者ᄅᆯ教誨ᄒ게호디一切浮費ᄂ人民에게稅ᄅᆯ收ᄒ야擔當ᄒᄂ니其所入ᄒᄂ各項用費ᄅᆯ議ᄒ건대先生祿俸과書冊購實와學校築造며其外에도屢條의雜費니

[2] 先生祿俸을厚ᄒ게ᄒ기ᄂ先生이先生되ᄂ時日間에ᄂ他生涯에從事ᄒ기不能ᄒ고但教育ᄒᄂ事務로其職分을作ᄒᄂ지라然ᄒ故로其衣服과飮食으로브터日用事物에至ᄒ야些少라도窘塞한事端이無ᄒ게함이며又先生의先生되ᄂ緣由도自己의豊足ᄒ知識과端正ᄒ行實로弟子教誨ᄒ기만爲홈아니라自己의蘊抱ᄒ才操로其合當ᄒ禮幣ᄅᆯ受ᄒ야其生涯의方道ᄅᆯ求홈이라

[4] 學校築造ᄅᆯ議ᄒ건대深遠ᄒ意思와宏壯ᄒ排鋪며細密ᄒ經論과昭詳ᄒ次序가具備ᄒ니一言으로其意ᄅᆯ道盡ᄒ기有難ᄒ者라然ᄒ나大網記錄ᄒ노니築造ᄒ景像

을華麗히ᄒᆞ기는 幼穉의 向學心을 引進ᄒᆞᄂᆞᆫ 意思며 工夫와 遊息ᄒᆞᄂᆞᆫ 時間을 分明히 酌定홈은 人의 養生ᄒᆞᄂᆞᆫ 道에 有益ᄒᆞ기를 爲홈이며 學習ᄒᆞᄂᆞᆫ 等級과 敎誨ᄒᆞᄂᆞᆫ 處所를 明白히 磨鍊홈은 凡百事務에 紊亂홈이 無ᄒᆞ기를 爲홈이라

[10] 夫幼學ᄒᆞ기는 壯行ᄒᆞ기를 爲홈이라 今天下各國의 修學ᄒᆞᄂᆞᆫ 者의 本心을 審考ᄒᆞ건대 實效의 有ᄒᆞ기를 求ᄒᆞ고 虛名을 不顧ᄒᆞᄂᆞᆫ 故로 工夫가 篤實ᄒᆞ야 人世의 安樂과 便利를 保助ᄒᆞ기로 期待ᄒᆞ니 敎誨ᄒᆞᄂᆞᆫ 制度의 眞實홈은 是를 有ᄒᆞ야 見홈이 亦可ᄒᆞᆫ지라 古人의 糠糟를 拾取ᄒᆞ야 實用ᄒᆞᄂᆞᆫ 功力이 無ᄒᆞᆯ진대 雖曰工夫라 ᄒᆞ나 其實은 아니니 人間에 貽害홈이 反多ᄒᆞᆫ 故로 主實ᄒᆞᆫ 學業이 人生의 大道라

[11] 泰西人이 敎誨ᄒᆞᄂᆞᆫ 道에 如此히 具備홀 ᄲᅵ름 아니라 養生ᄒᆞᄂᆞᆫ 道에도 極臻ᄒᆞ야 大學校에는 醫士를 實ᄒᆞ고 學徒의 年齒와 身體와 骨格을 試究ᄒᆞ야 不足ᄒᆞᆫ 者를 充補ᄒᆞ게 ᄒᆞᄂᆞ니 其道를 暫記ᄒᆞ건대 各種器械로 腕力과 呼吸力과 脚力과 腰力과 臟腑의 氣力ᄭᅡ지 試驗ᄒᆞ야 其中에 一이라도 不足ᄒᆞᆫ 者가 有ᄒᆞᆫ則 相當ᄒᆞᆫ 運動을 行ᄒᆞ게 ᄒᆞᄂᆞ니 假令 腕力이 不足ᄒᆞᆫ 者는 鐵椎를 揮ᄒᆞ케 ᄒᆞ고 腰力이 不足ᄒᆞᆫ 者는 引索ᄒᆞᄂᆞᆫ 器械를 隨ᄒᆞ야 臥動ᄒᆞ게 ᄒᆞ고 脚力이 不足ᄒᆞᆫ 者는 走法을 習ᄒᆞ게 ᄒᆞ며 此外에도 各其 不足ᄒᆞᆫ 者마다 各其 相當ᄒᆞᆫ 器械와 運動이 有ᄒᆞ니 其行ᄒᆞᄂᆞᆫ 處所인則 廣廈中에 各樣器械를 排鋪ᄒᆞ고 學習ᄒᆞᆫ 暇에 時間을 酌定ᄒᆞ야 每日에 幾次行ᄒᆞᄂᆞᆫ 者라 如此히 行ᄒᆞᄂᆞᆫ 運動이 一二日內에 其效驗의 有ᄒᆞ기를 求홈 아니오 長久ᄒᆞᆫ 歲月을 閱歷ᄒᆞ야 其功效를 始現ᄒᆞᄂᆞᆫ 故로 始作ᄒᆞᄂᆞᆫ 時는 支離ᄒᆞᆫ 想覺이 反起ᄒᆞ나 其一年後로브터는 已徃의 辛苦ᄒᆞᆮ 弱質과 病氣가 渙然히 其減홈을 覺ᄒᆞ다 云홈이라

[19] 大凡學校의 規模와 制度는 如此ᄒᆞ거니와 此外에 各條의 敎誨ᄒᆞᄂᆞᆫ 事가 不少ᄒᆞ니 童穉의 家內行實로 論ᄒᆞ야도 寢食ᄒᆞᄂᆞᆫ 時間이 有ᄒᆞ야 一定ᄒᆞᆫ 規例를 不違ᄒᆞ고 又 花朝月夕의 乘閒ᄒᆞᆫ 遊步의 際라도 物을 遇ᄒᆞ면 輒誨ᄒᆞ고 事를 臨ᄒᆞ면 輒警ᄒᆞ야 敎育ᄒᆞᄂᆞᆫ

道를不捨호며遊戲호는諸具도不然호者가無호야深長호意思를包蓄홈이어늘貧者의童穉는其父母되는者가敎誨호기不善호는지라富饒호諸人이出歛호야屋舍를精麗호게築造호며諸盤戲具와書冊을貯實호고貧者의子女로拘碍업시來遊호게호되此亦一定호時間이有호며其時間은又必然端正호婦人이主張호야童穉의荒雜호言行을禁止호느니然호故로富者의子女와貧者의幼穉가各自其家의養育호는制度는差等이有호나敎誨호는規則에至호여는分別이無호더라

[20] 如此호게極臻호지라童穉의會遊호는擧動을視察호면草木禽獸의奇異호形勢와天地日月의深妙호理致를議論호고國政의得失과國勢의强弱을講確호며天下各國의山川風土人民政治를問答호야各其學識의長短을較호고聞見의廣狹을量호느니若兹히生長호지라人間物情에通透호며行實이端正호고知覺이豊足호야他人의慢侮를不受홈이니稱道홀者가엇지此에不在호리오

제2절

양병하는 제도

[1] 군사(軍士)는 민과 나라[民國]를 위호(衛護)하는 방비다. 외국의 침벌과 내지의 난폭(亂暴)이 일어나면 이것에 의지하여 보수하는 방책과 진압하는 도리를 행한다. 사민(私民)이 집을 지어도 반드시 담장과 울타리를 두어 자위(自衛)하는 도를 세우는데, 일국을 지키는 자가 비어(備禦)하는 방책을 행하지 않는다면 어찌 옳겠는가. 그러므로 양병(養兵)하는 일은 정부의 당연한 직분이다. 그런데 자신의 강을 스스로 믿어 약한 자를 멸시하고 자신의 큼을 스스로 과시하여 작은 자를 박대하는 것은 군인을 두는 본뜻이 아니다. 이는 탐려(貪戾)한 야만의 행실이다. 군사는 하루라도 갖추지 않으면 안 되지만 백 년에 한 번 쓰는 것도 원치 않는 것이다. 부득이 설치하여 대비함이 있음을 보여줄 따름이다. 그 설치하는 법[制度]이 아주 어려우니 조목을 들어 논하겠다.

[2] 군사 모집하는 법: 군사를 불러 모으는 법은 천하 각 나라가 저마다 법[規模]에 따라 차이가 있지만 실상은 두 가지 법에 지나지 않는다. 자원(自願)하는 법과 공징(公徵)하는 법이다. 자원하는 법의 규칙[規制]을 살펴보자. 누구든지 군사 되기를 원하는 자가 있으면 정부가 취하여 군인 숫자[軍額]를 채우고, 다른 민을 압박하여 병역을 복무하도록 하는 일은 없다. 공징하는 법의 규칙[規制]은 인민의 빈부와 귀천을 따지지 않고 군인 숫자를 채운다. 군인 숫자는 본래 정해져 있는데 국인이 병역을 모두 복무하기 어려워 추첨하기도 한다. [후략]

[3] 군사의 조련: 군사 조련하는 법은 천하 각국이 대략 같다. 앉고 서는 동작과 나아가고 물러나는 모양과 기계의 용법을 가르치고, 기병과 보병을 편성한다. [후략]

[4] 군사의 행실: 군사는 행실이 있어야만 한다. 누군들 행실이 있어야만 하지 않겠는가마는, 군사의 경우 특별히 다른 것은 그 직분이 보통의 백성과 같지 않은 까닭이다. 인민을 호위하는 것과 국가를 보수하는 데 그 책임[責望]이 깊고 권력이 크다는 것은 사람들이 다 아는 일이다. 책임과 권력이 이처럼 깊고 크기 때문에 행실도 따라서 중요하다. 몸을 단정히 닦고 마음을 정직하게 가져 인군(人君)에게 충성하고 벗들에게 신실하며 일심으로 나라를 높여 타인에게 굴욕당하는 것을 부끄러워해야 한다. 상하의 분의(分義)를 고수하고, 조금이라도 규칙[營規]을 범하지 않을뿐더러 국법을 삼가 준수해야 한다.

사람이 도당(徒黨)을 이루면 그중에는 불학무식한 자도 있고 의리 없이 강포한 자도 있을 것이다. 힘을 자랑하는 자와 위세를 휘두르는 자가 없지 않아 한두 사람의 과실로 중인(衆人)의 애매한 죄를 이루기 쉽고, 또한 단정한 자라도 행실이 단단하지 못하면 일시의 분노 때문에 무리[徒衆]의 위력(威力)을 방자하게 행하기도 한다. 군사의 도당은 천하에서 가장 큰 것이다. 행실을 닦지 않으면 이와 같은 패악한 행동을 어찌 면하겠는가. 군사는 행실이 첫째다. 태평한 때에 행실을 닦아 규칙[營規]과 국법을 준봉한 뒤에야 어지러운 때를 당해도 마을을 노략하는 폐단과 인민을 살해하는 악이 없을 것이다. 만약 군사가 행실을 갖추고 있지 않다면 태평한 때라도 국가[邦家]와 인민에게 해가 되는 것이 도적보다 심하여 소란스러움이 난세와 같을 것이다. 이와 같다면 조련이 잘되고 기계가 이롭더라도 군사라 부를 수 없다. 오히려 호랑이를 키우는 걱정을 끼칠 것이다.

서양 각국이 백 년 전에 군사의 행실이 좋지 않아 나라 안이 매번 시끄러워 제어하는 방도가 없었는데, 그 후에 교육하는 도를 점차 힘써 군사 된 자로 하여금 직분을 지켜 정제(整齊)한 규모를 세우게 하였다. 일본의 최근 경상은 군사의 절제가 갖추어져 시끄러운 지경에는 이르지 않았지만, 행실의 근본이 단단하지 못하여 때로 순사와 다투는 폐단이 있고, 또한 몇 해 전에는 난동자들을 도와 정부를 범하고자 한 군사도 있었다. 이로써 보건대 군사의 행실은 국가와 아주 큰 관계가 있다. 천하 어느 나라든지 그 강약은 실제로는 군사의 행실이 높고 낮은 데에 있다.

[5] 장수를 교양(敎養)하는 일: 장수의 교양은 양병하는 도에서 가장 중요한 조건이고 지선한 규범[規模]이다. 장수가 용병(用兵)할 때에 응변

하는 지략과 무리와 싸우는 용맹은 배워서 잘하는 것이 아니다. 그러나 이것도 문견이 넓고 이력(閱歷)이 오래되어 고금의 사리에 통달하고 장수의 규칙에 단련되면 전혀 무식한 자에 비할 바 아니다. 장수의 직분과 규범[規模]은 배우지 않으면 잘할 수 없다. [후략]

[6] 군사의 기계: 양병하는 도는 행실이 제일이고 조련이 다음이다. 하지만 기계가 정밀하지 못하면 군사의 직분을 다할 수 없다. 옛사람의 병기는 가까이서 접할 때는 칼과 창이었고 멀리서 싸울 때는 화살과 돌의 종류에 지나지 않았다. 오늘날은 그렇지 않다. 총이 세상에 한번 나온 뒤로는 산을 뽑는 용력(勇力)과 날아가는 새 같은 질속(疾速)이라도 이와 같은 인작(人作)의 벼락을 대적할 수 없고 피할 수도 없다. 반드시 기계의 정리(精利)함이 있어야만 나라를 지킬 수 있다. 병기의 정밀한 것을 논하자면 총보다 더한 것은 없지만, 명색이 총이라도 등급[層數]이 같지 않아 제조가 정밀한지 조잡한지 날카로운지 둔한지에 따라 성능[功用]이 크게 다르다.

전시에 임하여 세가 고르고 힘이 맞서도[勢均力敵] 그 승부는 기계가 결정한다. 그러므로 기계가 이롭지 못한 나라는 백만 병사가 있어도 기계가 정밀[精利]한 나라의 일만 군사를 항적(抗敵)할 수 없다. 그러므로 서양 각 나라에서는 병기 제조에 지출을 아끼지 않고 이치를 연구하여 각종의 새로운 것을 만들어 낸다. 그러나 그 법을 전혀 숨기는 일이 없고 다른 나라 사람이라도 배우길 원하는 자가 있으면 가르치는 것을 허용하여 그 정밀함을 천하에 공포한다. [중략] 또한 병기는 나라 안에 통용[主用]하는 것이 균일해야만 난잡한 폐단을 면하기 때문에 정밀한지 조잡한지를 따지지 말고 균일함을 먼저 구하는 것이다.

＊

'자위하는 도'와 '군사의 행실'

군대는 인민과 국가를 방위하는 데 필요하다. 군사는 외국의 침벌을 보수하는 방책이며, 국내의 난동을 진압하는 도리다. 양병은 자위하는 도와 방비하는 방책이다. 양병의 목적은 약소국을 멸시하고 박대하는 데 있지 않다. 군대를 침략에 사용하는 것은 야만의 행실이다. 군사는 방어를 위해 어쩔 수 없이 갖추어야 하지만, 사용하는 것을 바라서는 안된다. 유길준은 군사력을 방어적 수단으로 보았다. '병(兵)'을 '불인(不仁)'으로 여기는 유학적 군사관의 잔영이 엿보인다.

유길준은 양병하는 도로서의 행실과 기계의 중요성을 강조한다. 군사는 무엇보다 행실이 중요하다. 국가의 강약은 군사의 행실에 달렸다. 군사의 행실은 군사의 직분을 지키는 것과 다르지 않다. 군사의 행실을 제어하는 것은 교육이다. 교육은 병사로서의 직분을 지키고 정제한 규범을 세우는 데 필요하다. 행실을 닦는다는 것은 규칙과 국법을 준수하는 것을 뜻한다. 군사 훈련에는 장교의 교양이 중요하다[5]. 장수의 교양은 군대를 양성하는 방법 가운데 가장 중요한 조건이다. 병사를 훈련시키는 기술, 기계 사용법을 배울 때도 교양은 필요하다. 교양은 행실과 조련을 제어하는 조건이다. 하지만 행실과 조련이 잘 되었어도 기계가 정밀하지 못하면 군사의 직분을 다할 수 없다. 기계의 정밀함은 세가 고르고 힘이 맞서는 전투 상황에서 승부를 결정짓는 요소다. 기계의 성능은 병사의 수보다 더 중요하다.

'세가 고르고 힘이 맞서도'라고 풀어쓴 한자말은 '세균역적(勢均力敵)'이다. '세균역적'은 이 글에서는 대등한 전투 상황을 표현하는 말로 쓰였지만, 당시 복수의 국가들이 상호 작용하는 국제사회의 세력균형을 상상할 때 쓰이기도 했다. 한편 "군인은 인민과 국가를 위호하는 방비"라는 서술 부분에서 '인민과 국가'에 해당하는 원어는 '민국(民國)'이다. 때로 '민국'을 백성이 주인 되는 나라를 뜻하는 말로 이해하면서 영정조 때의 '민국' 용법에 연속하고 '대한민국'의 '민국' 용례로 연결시켜 해석하는 경우가 없지 않다. 하지만 제4단락에서 "인민을 호위하는 것과 국가를 보수하는 것"이 군인의 책임이라는 서술에서 보듯이 '민국'은 인민과 국가를 병렬적으로 표기한 것이라 봐야 할 것이다. 유길준이 군주제를 적극 옹호했다는 사실을 생각하면 더욱 그렇다.

제2, 제3단락에서는 서양의 군사제도가 소개된다. 먼저 모병제도로서 '자원하는 법'(지원제)과 '공징(公徵)하는 법'(징병제)을 소개하고, 군사훈련법과 병과(兵科), 진법(陣法) 훈련에 대해서도 언급하였다. 그런데 유길준은 이러한 훈련 못지않게, 아니 그 이상으로 '군사의 행실'을 중시하였다. 군사는 인민과 다른 직분, 즉 인민을 호위하고 국가를 보수하는 직분을 수행하므로 보통의 인민과는 다른 행실이 요구된다는 것이다. 군사의 행실이란 "몸을 단정히 닦고 마음을 정직하게 가져 인군에게 충성하고 벗들에게 신실하며, 일심으로 나라를 높여 타인에게 굴욕당하는 것을 부끄러워"하는 것을 뜻한다. 군사의 직분을 수행하고 군사의 절제를 실행하는 것을 말한다. 군사는 전시에 마을을 노략하는 폐단과 인민을 살해하는 악이 없도록 하려면 평소에 상하의 분의를 고수하고, 규칙과 국법을 준수해야 한다. 이러한 군사의 행실은 국가와 아주 큰 관련성이 있다. 나라의 강약은 군사의 행실이 높고 낮음에 달려 있다. 군사의 행실을 높이기 위해서는 이들을 지휘하는 장수의 교양[교육]이 무엇보다 중요하다. 장수는 직분과 규범[規模]을 배우지 않으면 잘할 수 없다.

---

[1] 軍士는民國을衛護ᄒᆞᄂᆞᆫ防備라外國의侵伐과內地의亂暴가有ᄒᆞᆫ則此를藉ᄒᆞ야保守ᄒᆞᄂᆞᆫ方策과鎭壓ᄒᆞᄂᆞᆫ道理를行ᄒᆞᄂᆞ니私民이家舍를築ᄒᆞ야도墻籬를必實ᄒᆞ야自衛ᄒᆞᄂᆞᆫ道를建ᄒᆞ거든一國을守ᄒᆞᄂᆞᆫ者가其備禦ᄒᆞᄂᆞᆫ策을不施ᄒᆞ면奈何로其可ᄒᆞ리오然ᄒᆞᆫ故로養兵ᄒᆞᄂᆞᆫ事가政府의當然ᄒᆞᆫ職分이어니와其强을自恃ᄒᆞ야弱ᄒᆞᆫ者를蔑視ᄒᆞ며其大를自矜ᄒᆞ야小ᄒᆞᆫ者를薄待ᄒᆞ기는軍士를設實ᄒᆞᄂᆞᆫ本意아니오即是貧戾ᄒᆞᆫ野蠻의行實이니是以로軍士는一日이라도不備ᄒᆞ면不可ᄒᆞ되百年에라도一用홈은不願인則不獲已ᄒᆞ야設實ᄒᆞ고其備의有홈을示홀ᄯᅡ름이라其設實ᄒᆞᄂᆞᆫ制度가甚難ᄒᆞ니條目으로擧ᄒᆞ야論列ᄒᆞ건대

[2] 軍士招募ᄒᆞᄂᆞᆫ法:大槪軍士招募ᄒᆞᄂᆞᆫ法은天下各邦이各其規模를隨ᄒᆞ야其異가有ᄒᆞ나然ᄒᆞ나其實은二法에不出ᄒᆞ니曰自願ᄒᆞᄂᆞᆫ法과曰公徵ᄒᆞᄂᆞᆫ法이라自願ᄒᆞᄂᆞᆫ法의規制를考ᄒᆞ건대何人이든지軍士되기願ᄒᆞᄂᆞᆫ者가有ᄒᆞ면政府가取ᄒᆞ야軍額에充ᄒᆞ고他民을逼ᄒᆞ야兵役을服ᄒᆞ게ᄒᆞᄂᆞᆫ事가無홈이오公徵ᄒᆞᄂᆞᆫ法의規制인則人民의貧富와貴賤을勿論ᄒᆞ고軍額에充ᄒᆞᄂᆞ니軍士의數는本來酌定이有ᄒᆞᆫ則國人이兵役

을皆服ᄒ기有難ᄒ故로簽取ᄒᄂ者라 [후략]

[3] 軍士의組練:軍士組練ᄒᄂ法은天下各國이畧同ᄒ니其坐作ᄒᄂ擧動과進退
ᄒᄂ貌樣이며器械의用法을敎ᄒ고騎兵과步兵을編成호ᄃᆡ [후략]

[4] 軍士의行實:軍士ᄂ行實이有ᄒ然後에可ᄒ니何人이行實의有ᄒ기를不要ᄒ
리오마ᄂ軍士에至ᄒ여ᄂ特別히有異ᄒ者ᄂ其職分이尋常ᄒ百姓과不同ᄒ緣故라
人民을護衛ᄒ기와國家ᄅᆞᆯ保守ᄒ기에其責望의深홈과權力의大홈은人의共知ᄒᄂ
者니責望과權力이如彼히深且大홀진대其行實도亦此ᄅᆞᆯ隨ᄒ야緊重ᄒ者라身을端
正히修ᄒ며心을正直히持ᄒ야人君에게忠誠ᄒ고朋輩에게信實ᄒ며一心으로國을尊
ᄒ야他人에게屈辱홈을受ᄒ기恥ᄒ고上下의分義ᄅᆞᆯ固守ᄒ며一毫라도營規ᄅᆞᆯ勿犯홀
ᄲᅳᆫ더러國法을謹愼히遵守홈이可ᄒ니

夫人이徒黨을成ᄒ면其中에不學無識ᄒ者도有ᄒ며義理업셔强暴ᄒ者도有홀지
라然ᄒ則力을矜ᄒᄂ者와威ᄅᆞᆯ恣ᄒᄂ者가不無ᄒ야一二人의過失로衆人의曖昧ᄒ
罪ᄅᆞᆯ成ᄒ기容易ᄒ고且或端正ᄒ者라도行實이未堅ᄒ면一時의憤을因ᄒ야其徒衆
의威力을放恣히行ᄒ기도ᄒᄂ니今夫軍士의徒黨은天下의最大ᄒ者라執修ᄒᄂ行
實이無ᄒ면如彼ᄒ悖擧ᄅᆞᆯ豈免ᄒ리오然ᄒ故로軍士ᄂ行實의有홈이第一이니泰平ᄒ
時로브터行實을修ᄒ야營規와國法을遵奉ᄒ然後에有亂한時ᄅᆞᆯ當ᄒ야도閭里에鹵
掠ᄒᄂ弊와人民을殺害ᄒᄂ惡이無홀지라萬若軍士의行實이不具홀진대雖泰平ᄒ
時라도邦家와人民에게害되기ᄅᆞᆯ盜賊이애셔甚ᄒ야其騷擾홈이亂世와同ᄒ니如是
ᄒ면組練의精홈과器械의利홈이有ᄒ야도軍士라稱ᄒ기不可ᄒ고養虎ᄒᄂ患을反
遺홈이라

泰西各國이百年以前에軍士의行實이不善홈으로國中이每樣擾惱ᄒ야制御ᄒᄂ
方道가無ᄒ더니其後에敎育ᄒᄂ道ᄅᆞᆯ漸務ᄒ야軍士되ᄂ者로ᄒ여곰其職分을守ᄒ야

整齊호 規模를 立호기에 至홈이오 日本의 近日 景像은 軍士의 節制가 具備호야 騷擾호 境에는 不至호나 其 行實의 根本이 不固홈으로 或 時巡査와 爭詰호는 弊가 有호며 且 年 前에 亂類를 助호야 其 政府를 欲犯호 軍士도 有홈이라 此를 從호야 觀호건대 軍士의 行 實이 國家의 關係에 極大호 者니 天下에 何邦이든지 其 强弱이 實狀은 軍士의 行實 高下 에 在홈이라

[5] 將帥敎養호는 事: 將帥의 敎養이 養兵호는 道에 最重호 條件이며 至善호 規模니 大緊 將帥가 用兵호는 時에 應變호는 智略과 敵衆호는 勇猛은 學호야 能홀 者아니로딕 此 도 聞見이 博大호며 閱歷이 久長호야 古今의 事理에 通達호고 將卒의 規則에 鍛鍊호면 全 혀 無識호 者에 比홀배아니오 將帥의 職分과 規模에 至호여는 不學호면 不能호니 [후략]

[6] 軍士의 器械: 夫 養兵호는 道는 行實이 第一이오 組練이 其次나 然호나 器械가 不 精호면 軍士의 職分을 盡호기亦 不能호니 古人의 兵器는 近接호 則 刀鎗이오 遠戰호 則 矢石의 種類에 不過호더니 今日에 至호여는 不然호야 銃이 世에 一出호 後로브터 雖 拔山 호는 勇力과 飛鳥 又튼 疾速이라도 如是호 人作의 霹靂은 抵敵호기 不能호며 避免호기 末由호지라 必然히 器械의 精利홈이 有호 然後에 其 國을 可保니 却又 兵器의 精호 者를 議論호면 銃에 過호는 者가 無호거니와 銃이라호는 名色中에도 其 層數가 不一호야 精麗 利鈍의 製造로 其 功用이 懸殊호 則

戰時를 臨호야 其 勢가 均호며 力이 敵호야도 其 勝負는 器械가 決호는니 然호 故로 器 械의 不利호 國은 百萬의 兵이 雖 有호야도 器械 精利호 者의 一萬軍을 抗敵호기 不能호 니 是以로 泰西 各方이 兵器의 製造에 財費를 不惜호고 理致를 究格호야 各種의 新異호 者를 鑄出호나 然호나 其 法을 全匿홈이 無호고 他邦人이라도 願學호는 者가 有호 則 許 敎호야 其 精利홈을 天下에 公布호딕 [중략] 且 兵器는 國中에 主用호는 者가 均一호 然 後에 亂雜호 弊를 免호는 故로 精麗는 姑舍호고 均一홈을 先求호는 者라

[8] 군사의 비용: 이 비용은 국가의 가장 큰 세출액이다. 군사의 음식과 의복에서 기계와 급료[料布]와 약재, 그리고 장수의 녹봉에 이르기까지 모두 정부가 마련하는 것이다. 어떤 이는 "국가의 강약이 군사비의 많고 적음에 상관이 없다"라고 말하지만 이는 통달하지 못한 자의 말이다. 군사의 일거일동[一動一靜]은 실상은 재물이 없으면 할 수 없을뿐더러 군사가 사용하는 온갖 물건은 모두 없어서는 안 될 것들이다. 만약 재물이 모자란다면 군사는 하루도 양성할 수 없으니, 비용의 연관됨이 어찌 중하지 않겠는가. 그러나 이 비용이라는 것은 모두 인민의 세금에서 나온 것이다. 정부는 절용하는 방도를 경영하되 지나치게 인색하면 양병하는 도를 오히려 잃을 것이니 득중(得中)해야만 한다. 인민도 양병하는 비용을 위해 성의를 다해야 한다. 정부가 군사를 두는 것은 인민을 위함이니 그 비용은 실상 인민이 담당해야 한다.

[9] 양병하는 도는 이처럼 중대하여 반드시 일정한 법으로써 하고 조금이라도 사정(私情)을 허용하지 않는다. 그러므로 국인의 빈부귀천을 따지지 말고 군사의 조련에 통달하여 만일 국가에 일이 있게 되면 백성마다 군사 아닌 자가 없어야 한다. 또한 장수된 자는 반드시 공부가 있고 난 뒤에 그 직책을 담당해야 한다. 그러므로 공부 없는 자는 장수의 지위를 감히 바라지 못하여 세력이 있어도 억지로 군사의 기강을 문란하게 할 수 없다. 만약 장수의 공부 없는 자가 장수의 지위에 있으면 비록 응변하고 적을 제압하는 지략은 있어도 병사를 조련하고 진을 치는 규칙[規制]에는 어두울 것이다. 병부(兵部)의 대관(大官)과 도독(都督)의 직임(職任)은 부하 장수를 지휘할 때 지혜가 있는 것을 숭상하기 때문에

공부의 유무는 고사하고 재국(才局)의 대소를 먼저 묻는 것이다.

[10] 천하 국가들[邦]의 군사 수를 3, 4년 전 기록으로 살펴보자.

영국 46만 4,092명, 프랑스 50만 2,866명, 독일 42만 7,241명, 이탈리아 17만 명, 오스트리아 26만 7,005명, 러시아 78만 81명, 네덜란드 10만 명, 스페인 10만 명. 벨기에 10만 4,683명, 스웨덴·노르웨이 5만 6,814명, 덴마크 5만 552명, 미국 2만 7,177명, 멕시코 2만 2,000명, 브라질 13만 5,000명, 칠레 6만 5,750명, 아르헨티나 30만 7,400명

이 기록을 가지고 보면 대국의 군사 수가 소국에 비해 오히려 적은 경우도 있다. 이는 상비군의 수를 말한 것으로 그 나라의 경황에 따라 같지 않다. 전시를 당하면 어느 나라[邦]든 인민이 모두 군역에 복무하기 때문에 나라[國]의 대소로 군사의 강약이 있지만 이 또한 그렇지 않은 경우가 있다. 부유한 나라가 비록 작을지라도 가난하고 게으른 대국보다 배로 강한 경우도 있다. 이로써 생각하면 천하의 대세를 짐작할 수 있다.

[11] 이 나라들의 양병하는 지출비를 살펴보자. 아주 많은 경우는 우리 돈으로 환산하면 18억 2,370만 5,700냥에 이른다. 모두 인민의 세금에서 나온 것이다. 각국 인민이 양병하기 위해 내는 세금을 평균 내어 사람당 분배되는 숫자를 적어 본다.

프랑스 100냥, 영국 92냥 2전, 네덜란드 88냥 2전. 독일 57냥 1전 4푼, 러시아 50냥 8전, 덴마크 43냥 2전, 이탈리아 36냥 2전, 오스트리아 33냥 2전, 벨기에 37냥 6전, 스웨덴·노르웨이 24냥

[12] 국가의 방비는 육지에만 있지 않고 수군이 없으면 안 된다. 때문

에 서양 나라들은 수군을 설치하여 그 강약을 판단한다. 그 규칙도 육군을 교양하는 도와 같지만, 그 조목은 수륙이 다르다. 번거롭게 상세하게 기록하지는 않겠다. 그 직분을 대략 들어 보면 본국의 해변을 호위하여 적의 침벌을 방비하고 외국과 조약을 체결하여 상인의 권리를 보수하는 것이다. 천하 각국의 병선의 수를 적어 본다.

영국 227척, 프랑스 366척, 러시아 379척, 이탈리아 72척, 독일 50척, 오스트리아 40척, 스웨덴·노르웨이 83척, 덴마크 44척, 스페인 134척, 네덜란드 107척, 포르투갈 39척, 그리스 16척, 미국 93척, 칠레 10척, 중국 70여 척, 일본 40여 척.

이 기록에 의하면 병선의 수는 각국에 차이가 있다. 그 지출비도 역시 인민의 세금에서 나오는데, 국중의 상업이 번창하면 족히 그 지출한 효험을 얻을 수 있다. 상업이 성하지 않은 방국은 해군도 강대할 수 없다. 다만 합중국은 해군에 힘쓰지 않아 타국보다 적은 것이지 상업이 크지 않아 그런 것은 아니다. 최근 들어 합중국 인민도 해군이 많지 않음을 우려하여 병선을 증설하자는 의론을 주창하여 정부를 권면하고 있다.

❁

군사비와 '득중'

유길준은 군사력의 통계 지표를 통해 주요 국가들의 강약을 보여준다. 세계 각국의 상비군의 수, 인민 1인당 군사비 부담액, 군함 수의 통계 숫자 등을 제시한다. 이들 수치를 통해 주요 국가들 사이의 군사력의 순위를 객관적으로 드러낸다. 유길준은 육군뿐 아니라 해군력에도 관심을 보였다. 실제 19세기 서구 열강의 서세동점은 경제적 이익을 추구하는 동인에 의해 촉발되었고 해군력이 이를 추동하였다. 해군력은 훗날 청일전쟁(1894), 러일전쟁(1905)의 승패를 가르는 결정적 요소로 작용했는데, 1880년대에도 중일관계에 영향을 미친 핵심적인 요소였다. 임오군란, 갑신정변이 발생했을 때 군함의 성능은 전투력을 전개하는 시간을 줄이는 데 중요한 의미를 가졌다. 해군력은 근대동아시아 국제관계를 추동하는 핵심적 요소였다. 유길준은 해군의 직분이 적의 침략으로부터 해안을 방비하고 외국과 조약을 체결하여 상인의 권리를 보수하는 데 있다고 말한다. 해군력이 국가 방비뿐 아니라 무역 보호에 필요하다고 본 것이다.

그런데 유길준은 대국과 소국 간의 강약의 차이를 군사력만으로 규정하지는 않았다. 군사력은 경제력에서 나온다고 보았다. 소국이라도 부유하기만 하면 가난한 대국보다 강할 수 있다. 유길준은 경제력이 있고 의지만 있으면 군사력 증강은 가능하다고 생각하였다. 해군력 증강도 국부가 있어야 가능하다. 유길준은 "상업이 성하지 않은 방국은 해군도 강대할 수 없다"라고 단언한다.

국가의 강약은 군사비와 관련된다. 군사력 증강은 군사비에 달렸다. 양병을 하려면 군사비가 필요하다. 군사재정은 어떻게 확보해야 할까. 경제정책을 통해 국부를 확보하거나 세금에서 조달해야 한다. 재정이 부족하면 군사를 양성할 수 없다. 군사는 인민을 위한 것이므로 군사비는 인민이 부담해야 한다. 하지만 인민의 세금에서 나오기 때문에 절약해야 한다. 그렇다고 지나치게 인색하면 양병하는 도를 잃을 수 있다. '득중(得中)'이 바람직하다. 유길준은 절용의 전통적 경제윤리와 양병의 길 사이에서 중용을 취한다. 득중의 논리는 유길준이 전통적인 절용의 경제윤리에서 얼마간 벗어난 것으로 이해할 수도 있다. 하지만 개혁개방과 새로운 국가 형성이 요구되는 상황에 대응하는 양병(군사력 증강)을 생각하면서 인민의 부담을 생각하는 보수적 사유를 드러낸 것이기도 하다. 변동과 개혁의 시기에 중용은 온건 보수의 윤리이기 쉽다.

유길준은 상업사회를 전제로 부강의 문제를 이해하였다. 유길준은 재정 부족으로 국부를 늘리기 어려운 상황에서 절약의 경제윤리를 내세우는 한편, 군사비를 늘리면 인민의 세금 부담이 커지고 군사비 사용에 인색하면 양병을 할 수 없는 상황에서 군사비 증강의 군사적 논리와 절약의 경제윤리 사이의 '득중'을 요구한다. 유길준은 군사 대국에 대응하여 경제력을 갖춘 소국의 가능성을 모색하지만 실제 경제력이 취약한 한국적 상황에서 이러한 '득중'의 논리로 부국강병을 실천할 구체적인 구상을 강구하기는 쉽지 않아 보인다.

한편 유길준은 양병에서도 사사로운 정을 배제하고 법규칙을 엄격하게 적용해야 한다고 말한다. 빈부귀천을 떠나 군사 조련에 통달하여 유사시 백성마다 군사 아닌 자가 없어야 한다. 지휘관은 직책을 수행하기 위한 '공부'가 요구된다. '공부'란 어떤 일을 이루거나 학문, 기술을 익히는 데 드는 시간과 정력을 뜻한다.

[8] 軍士의支費:此費는國家의最大호歲出호는財額이니軍士의飲食과衣服으로
브터器械와料布와藥材며將帥의祿俸에至호야皆政府의辦備호는者라或曰호딕國
家의强弱이軍士支費의多寡에相關이無호다호나此는未達훈者의言이니軍士의一動
一靜이實狀은財物아니면不能홀쑨더러軍士의需用호는百物은皆不可無훈要件이라
萬若財物이不足홀진대軍士는一日도養호기不能호리니支費의關係가엇디不重호리
오然호나其所謂支費는必皆人民의賦稅를取홈인故로政府는節用호는方道를經營
호딕過히吝嗇훈則養兵호는道를反失홈이니得中호기를要홈이可호거니와人民도養
兵호는支費를爲호여其誠意를勤홈이可호니政府의軍士를實호기는人民을爲홈인則
其支費가實人民의擔當이라

[9] 養兵호는道가如此히重大호야一定훈法으로必以호고些少라도私情을不容호
는故로國人의貧富貴賤을無論호고軍士의組練에通達호야若國家의有事훈時를當
호면百姓마다軍士아닌者가無홈이오又其將帥되는者인則必然其工夫가有훈然後
에其職責을堪當홀지라然홈으로工夫업는者는將帥의地位를希冀호기不敢호야勢
力이有호야도臆地로軍士의紀綱을紊亂호기不能호니萬若將帥의工夫업는者가將
帥의地位를居홀딘딕雖其應變호고制敵호는智畧은有호나鍊兵호고排陣호는規制
에는昧홀지라兵部의大官과都督의職任은部下의將帥를指揮호야智慧잇기를崇尙호
는故로工夫의有無는姑舍호고才局의大小를先問홈이라

[10] 天下諸邦에軍士의數를三四年前의考錄으로見호건대

　　英吉利 四十六萬四千九十二人(鄕勇及義勇兵의合훈數)

　　佛蘭西 五十萬二千八百六十六人

　　日耳曼 四十二萬七千二百四十一人　　　伊太利 十七萬人

墺地利 二十六萬七千五人	俄羅斯 七十八萬八十一人
荷蘭 十萬人	西班牙 十萬人
白耳義 十萬四千六百八十三人	瑞典/諾威 五萬六千八百十四人
丁抹 五萬五百五十二人	合衆國 二萬七千一百七十七人
墨西哥 二萬二千人	巴西 十三萬五千人
智利 六萬五千七百五十人	亞然丁 三十萬七千四百人

此錄으로考ᄒ건대大邦의軍額이小國에比ᄒ야反少ᄒ은者가有ᄒ니此는常備軍의數를謂홈이라其國의景況을隨ᄒ야不齊ᄒ은者어니와戰時를當ᄒ면何邦이든지其人民이皆軍役에服ᄒ는故로國의大小로軍의强弱이有ᄒ딕此도亦或不然ᄒ야富饒ᄒ國은雖小ᄒ야도大國의貧惰ᄒ은者애셔倍强ᄒ기도ᄒ니是를由ᄒ야尋考ᄒ면天下의大勢를斟及홀듯

[11] 今此諸邦의養兵ᄒ는支費를考閱ᄒ건대極多ᄒ은者가我錢으로打計ᄒ야十八億二千三百七十萬五千七百兩에至ᄒ나然ᄒ나此는皆人民의賦稅를從ᄒ는者니各國人民의養兵ᄒ기爲ᄒ여呈納ᄒ는稅를平均數로每人의分排ᄒ는數를記ᄒ면

國名	每一人의呈納ᄒ는養兵費
佛蘭西	一百兩
英吉利	九十二兩二錢
荷蘭	八十八兩二錢
日耳曼	五十七兩一錢四分
俄羅斯	五十兩八錢
丁抹	四十三兩二錢

伊太利	三十六兩二錢
墺地利	三十三兩二錢
白耳義	三十七兩六錢
瑞典/諾威	二十四兩

[12] 國家의防備가陸地에만不在ᄒ고水軍이無ᄒ면不可ᄒ故로泰西各邦이水軍을設寘ᄒ야其强弱을判斷ᄒ니其規도陸軍의敎養ᄒᄂ道와同ᄒ나其條目은水陸의異가有ᄒ지라明細ᄒ記錄은不煩ᄒ노니其職分을略擧ᄒ건대本國의海邊을護衛ᄒ야敵人의侵伐을備禦ᄒ며外國의條約을訂結ᄒ야商賈의權利를保守ᄒᄂ니今夫天下各國의兵船의數를記ᄒ건대

英吉利	二百二十七隻	佛蘭西	三百六十六隻
俄羅斯	三百七十九	隻伊太利	七十兩隻
日耳曼	五十隻	墺地利	四十隻
瑞典/諾威	八十三隻	丁抹	四十四隻
西班牙	一百三十四隻	荷蘭	一百七隻
葡萄牙	三十九隻	希臘	十六隻
合衆國	九十三隻	智利	十隻
中國	七十隻有餘	日本	四十隻有餘

此錄으로據ᄒ면兵船의數가各國의異同이有ᄒ니其支費ᄂ亦人民의稅中으로從出ᄒᄂ者나然ᄒ나國中의商賈가蕃殖ᄒ면足히其費用ᄒ效驗을獲ᄒᄂ지라然ᄒ故로商賈의不盛ᄒ邦國은海軍도强大ᄒ기不能ᄒ되惟合衆國은海軍을不務ᄒ야他國이어셔少ᄒ이오商賈의不大ᄒ을因緣ᄒ은아니니近日에至ᄒ야合衆國人民이海軍의不盛ᄒ을憂ᄒ야兵船增寘ᄒᄂ議論을倡ᄒ야其政府를勸ᄒ더라

제10편

화폐, 법률, 순찰

화폐, 법률, 순찰을 소개한 장이다. 왜 이들 제도를 한데 묶어 소개할까. 아마도 국가를 운용하는 기틀 혹은 제도로 보았기 때문일 것이다. 경제를 운용하는 화폐는 국가의 명맥이자 생민의 기혈이고, 규율을 세우는 법률은 대중의 질서를 유지하는 큰 도구이며, 순찰은 국가의 치평을 도와 개명한 진보를 지키는 큰 정치의 하나다. 화폐경제, 법치, 경찰은 상업에 기초한 문명사회의 정치와 사회를 유지하는 제도라 할 수 있다.

화폐의 대본

[1] 화폐는 국가의 명맥이고 생민의 기혈이다. 만물의 표준을 세워 매매하는 매개를 행하니 그 공덕이 크다고 할 것이다. 여기 두 사람이 있는데, 한 사람은 베[布]를 가지고 있고 한 사람은 조[粟]를 갖고 있다. 베와 조를 서로 바꾸는 도를 행하고자 한다면, 베 한 자에 조 얼마를 주고, 조 한 말에 베 얼마를 줄 것인지는 화폐의 가치에 따라 많고 적음이 정해진다. 이는 베 한 자의 길이가 그 길이를 갖는 것이 아니라 화폐가 그 길이를 잰 것이다. 조 한 말의 많음이 그 많음을 갖는 것이 아니라 화폐가 그 말을 잰 것이다. 만일 화폐의 표준이 없다면 베와 조를 주고받는 분량이 막연하여 의거하는 방편이 아주 어려웠을 것이다. 다행히 조와 베를 서로 필요로 해서 팔고 사는 바람을 함께 이룬 것이지만, 만일 베를 가진 자는 조가 필요한데 조를 가진 자는 베가 필요하지 않

다면, 베를 가진 자는 타인이 바라지 않는 것을 시킬 수 없는 것이다. 베를 지니고 시장을 방황하다 베가 필요한 자를 찾아 베를 주고 조 가진 자가 원하는 걸 갖고 와서 자기가 필요한 조와 비로소 바꾸게 될 것이다. 어찌 베와 조만이 그러하겠는가. 만물이 다 그러하다. [후략]

　[5] 화폐는 일국의 주권을 나타내는 소중한 물건이다. 그러므로 그것을 주조하는 권한은 오직 중앙 대정부의 손에 있다. 전국에 통용되는 화폐는 어떤 것을 표준으로 삼든 먼저 균일하기를 힘쓰며 이미 균일하다면 정교하기를 요지로 삼는다. 균일하고 정교한 뒤에야 인민과 나라가 모두 편하여 화폐의 도가 크게 갖추어졌다고 비로소 말할 수 있다. 경제인은 "화폐가 균일하지 않으면 민이 폐를 입고, 화폐가 정교하지 않으면 나라가 병을 입으며, 균일하지도 않고 정밀하지도 않으면 인민과 나라가 해를 함께 입는다"라고 말한다. 이 말을 자세히 음미해 보니 뜻이 명확하고 이치가 뚜렷하여 좌담(座談)하는 허론(虛論)이 아니라 시용(施用)하는 실학(實學)에서 나온 큰 뜻이다. 그러므로 재화를 잘 다스리는 자는 생민의 보편[普同]의 기혈을 편안하게 하고 방국의 활동하는 명맥을 순조롭게 하여 그 표준의 체(體)와 매개의 용(用)을 어기지 않고 균정(均精)한 대도를 세운다.

❊

표준으로서의 화폐와 '신의'

화폐는 물건의 교환 가치를 정하는 표준(척도)으로서 기능한다. 생략한 제2~제4단락에서는 금화, 은화, 동화 등 화폐의 종류와 제조법, 은행국과 화폐제도에 관해 상세히 소개한다. "지폐의 용도가 잘 이루어지면 금은의 유통을 대신하여 수운(輸運)의 편리를 돕고 경제하는 도에도 크게 관계한다"[4]는 서술도 눈에 띈다. 은행국에 원금(元金)을 보관해 두고 지폐를 운용하는 금본위제도에 관한 소개도 보인다. 정부의 신의가 두텁고 경제가 안정되어 인민이 서로 믿는 때는 은행국이 원금을 갖추지 않아도 은행표와 지폐를 발행하는 법이 있다. 인민이 정부의 허가를 얻어 은행국을 설치하고 은행표를 발행하기도 한다. 지폐가 불에 타거나 물에 가라앉아 없어져도 은행국에 둔 원금은 그대로 있으니 세간의 보화는 줄지 않는다. 타거나 없어진 것은 '금은의 그림자[虛影]'일 따름이다. 만일 법규가 부실하여 비축한 원금이 적고 은행표나 지폐를 많이 발행할 경우 지폐와 허금(虛金)이 명목[名]과 실질[實]이 부합하지 않아 인민이 불신하고 화폐가 통용되는 도가 막히게 된다. 이렇게 되면 농민이 게을러진다. 장인도 일을 못해 제조업도 스러지게 된다. 상업도 끊어지고 시장도 닫히게 되어 무역하는 효과가 억지되기 때문에 민생에 큰 화를 초래하게 된다[4].

유길준은 화폐론에서도 신의를 중시하고 명과 실을 따지는 사고법을 드러낸다. 은행국이 법률로 규율하는 화폐제도는 정부의 신의, 경제 안정, 인민의 신뢰가 서로 작용하는 것을 매개하면서 상업사회를 상정한다. 화폐는 상업사회를 운용할 뿐 아니라 근대국가를 지탱하는 핵심 제도다. 화폐는 주권의 상징이다. 따라서 중앙 정부가 주조권을 독점해야 한다. 화폐의 모양과 크기가 균일하고 정밀해야 백성과 나라가 안정되어 화폐제도가 갖추어진다. 따라서 화폐의 균일하고 정교한 표준이 중요하다. 화폐가 균일하지 않으면 백성이 피해를 입고 신의를 잃게 된다. 화폐가 정교하지 않으면 명과 실이 달라져 매개의 기능을 상실하고 나라가 폐해를 입게 된다.

유길준의 화폐론은 신체의 비유와 체용의 사유를 보인다. 이는 유길준이 화폐를 이해하는 데 얼마간 전통적 사고법이 작용했음을 시사한다. 화폐는 국가의 명맥이고 생민의 기혈이다. 또한 화폐는 만물의 표준을 세우는 '표준의 체'이며, 매매하는 매개를 행하는 '매개의 용'이다. 표준의 본체로서의 속성은 균일함이고 매개의 작용으로서의 속성은 정교함이다. 재화를 다스리는 재정 담당자나 정치관료는 백성의 기혈을 북돋고 방국의 활동하는 명맥을 원활히 해야만 '표준의 체(體)'와 '매개의 용(用)'에 부합한 균정(均精)한 대도, 즉 균일하고 정밀한 화폐제도를 확립할 수 있다. 신체의 비유와 체용의 사유는 유길준이 화폐를 인민의 경제활동에 표준을 제공하고 거래를 활성화하는 매개로서 기능하는 수준에서 이해하였음을 보여준다. 이는 유길준이 부국(富國)을 상정하고 국부를 토대로 국제사회에 대응하는 국민경제보다는 인민을 잘살게 하는 부민(富民)을 지향하는 민본주의의 관점에서 화폐를 이해했을 가능성이 있음을 시사한다. 화폐를 탁상공론의 '허론'이 아니라 실천적인 '실학'의 차원에서 파악한 것은 이와 관련될 것이다.

---

[1] 夫貨幣ᄂ國家의命脈이오生民의氣血이라百物의標準을立ᄒ야販購의媒介를

行ᄒᄂ니其功德은可히大ᄒ다謂ᄒ리로다今此에二人이有ᄒ야一人은布ᄅ持ᄒ고一人은粟을持ᄒ야布粟의相易ᄒᄂ道ᄅ欲行홈애布一尺에粟의幾何ᄅ授홈과粟一斗에布의幾何ᄅ授홈은貨幣의價値ᄅ準ᄒ야其多少ᄅ定혼則此ᄂ布一尺의長이其長을有홈아니라乃貨幣가其尺을尺홈이오粟一斗의多가其多ᄅ有홈아니라亦貨幣가其斗ᄅ斗홈이니貨幣의標準이若無ᄒ면布粟의換授ᄒᄂ分量이茫如ᄒ야摸據ᄒᄂ方便이甚難홀디로ᄃᆡ猶幸粟과布가相要ᄒ야其售求ᄒᄂ願을偕適홈이어니와若有布者ᄂ粟을要호ᄃᆡ有粟者ᄂ布ᄅ不要혼則有布者ᄂ其勢가他人의不欲ᄒᄂ바ᄅ强ᄒ기不能혼지라乃其布ᄅ携ᄒ고場市上에彷徨ᄒ야要布者ᄅ求ᄒ야其布ᄅ授ᄒ고有粟者의所要ᄅ持返ᄒ야自己의所要ᄒᄂ粟과始換ᄒ리니奚獨布粟이然ᄒ리오萬物이皆然홈이라 [후략]

　[5] 盖貨幣ᄂ一國의主權을表揭ᄒᄂ大物이니是以로其鼓鑄ᄒᄂ權은惟中央大政府의掌握에在혼者라全國中에通行ᄒᄂ貨幣ᄂ何物로其標準을立ᄒ든지均一ᄒ기로先務ᄅ作ᄒ고旣均혼則又精ᄒ기로要旨ᄅ作ᄒ야均且精然後에民國이俱便ᄒ야貨幣의道가大備ᄒ다始謂홀디니經濟人이云호ᄃᆡ貨幣가不均ᄒ면民이其獘ᄅ受ᄒ고貨幣가不精ᄒ면國이其病을受ᄒ며不均不精ᄒ면民國이其害ᄅ共受ᄒ다ᄒ니此言을細味ᄒ건대其意가明確ᄒ며其理가昭著ᄒ야坐談ᄒᄂ虛論아니오施用ᄒᄂ實學을從ᄒ야流出혼大旨라然혼故로財貨ᄅ善理ᄒᄂ者ᄂ生民의普同혼氣血을滋和ᄒ며邦國의活動ᄒᄂ命脈을調順ᄒ야其標準의體와媒介의用을不違ᄒ고均精혼大道ᄅ立홈이라

법률의 공도

　[1] 법률은 대중의 질서를 유지하는 큰 도구다. 방국(邦國)은 이것이 없으면 어지러워지고 인류는 이것이 없으면 어그러진다. 그러므로 세계의 어느 나라[邦]건 지혜[智愚]의 등급이 높고 낮음을 막론하고 저마다 상칭(相稱)한 법률이 있어 인민의 상여(相與)하는 권리를 보수한다. 하지만 그 방법[道]의 좋고 나쁨은 지혜의 등급에 따른다. 자연한 도리에 기초하여 인세의 기강[綱紀]을 세우는 것은 마찬가지지만, 고금의 변천한 시대와 피차의 상이한 풍속에 따른 형도(衡度)[저울과 자]가 저마다 편한 관계를 만들게 되니, 나라[國]마다 같지 않고 지방마다 차이가 나는 일이 저절로 생겨난다.

　법률의 본의는 미루어 따져 보면 정직한 도를 권하고 억울한 일을 바로잡는 데 있다. 여중(輿衆)이 각기 상등(相等)한 지위에 서서 상사(相同)

한 직(職)이 없다면 시비의 분별과 선악의 상벌은 한 사람이 관련된 때는 자기의 주견을 따르는 것이 옳을 수도 있다. 하지만 높이 날고 멀리 달아나 독처(獨處)할 수는 없고 수많은 군생(羣生)이 빈번히 오가는 가운데 무성하게 잡거하니, 온갖 사물이 영축(營逐)하고 교접(交接)함이 실이 얽히고 고슴도치가 모인 것과 같다. 경쟁(競爭)을 조종하고 습속[習尙]을 제어하여 서로 범하지 않는 계역(界域)을 분명히 정하고 서로 빼앗을 수 없는 조목[科條]을 엄격히 세워 윤리[倫紀]를 바르게 하고 풍속[俗趨]을 바로잡는 일은 필부의 사력(私力)으로 할 수 없고 반드시 공중(公衆)이 다 같이 높여야 한다. 그러므로 법률의 권한은 왕에게 있다. 왕이 이 권한을 갖는 것도 인민이 스스로 지킬 수 없는 대권을 맡아 보호하는 도(道)와 고르게 하는 정(政)을 행하기 위해서다. 토지가 넓고 인민이 많아 왕 한 사람이 혼자 정(政)과 도(道)를 행할 수는 없기 때문에 정부에 명하여 법률을 정하고 관리를 임명하여 이것을 맡으니, 이를 사법관이라 한다.

사법관은 왕의 명령을 받들고 정부의 법률을 지켜 천하의 공도(公道)를 보존함으로써 자신의 직무[職守]로 삼는다. 그러므로 법(法)을 범하는 자가 있으면 귀천과 빈부를 따지지 않고 행해야 할 율(律)을 반드시 행하여 인간의 불평을 없앤다. 이와 같기 때문에 귀하기가 공경에 이르고 부유하기가 왕후에 비길 자라도, 자신이 법관이 아닌데 위세만을 부려 빈천한 자를 함부로 잡아들여 사사로이 벌한다면, 이는 국권(國權)을 남행(濫行)하고 왕법(王法)을 난용(亂用)하는 일이 된다.

[2] 법률을 마련하는 것은 교화가 미치지 않는 곳을 대비하기 위해

서다. 천하 각인이 각기 신명(身命), 재산과 명예를 정직한 도로 지켜 안녕한 낙을 누리는 것은 예의염치의 사유(四維)가 베풀어져 교화의 대본이 섰기 때문이다. 그러나 무도의 패란한 무리와 불의의 난폭한 무리가 틈을 엿보고 분란을 틈타 멋대로 일을 일으키는 자가 왕왕 없지 아니하니, 이를 제어하는 것은 법률에 있다. 하지만 법률을 예비하는 주된 취지는 민인(民人)의 죄려(罪戾)를 미연에 막는 것이다. 형벌의 작용[用]은 이미 죄 지은 자를 벌하는 것이므로 범죄의 대소에 따라 형의 경중이 있다. 형의 정도는 저울[權衡]과 같아 사소한 과불급(過不及)으로 경중이 크게 달라진다. 어떤 사람은 "죄 없는 자가 재앙을 입는 것이 죄 있는 자가 죄를 면하는 것과 다를 바 없으니 법을 집행하는 사람은 이것을 생각하여 근신해야 한다"라고 말한다. 그러므로 큰 성인은 "형이 후손에 미치지 않는다"라고 했고, 또한 "죄인의 처자식은 잡아들이지 않는다"라고 하였다. 또한 이렇게 하는 가운데 죄안(罪案)을 신중히 살펴 죽을 지경에서 삶을 구하고, 범증(犯證)이 적실(的實)하다면 친애하는 자일지라도 감히 법을 구부려 은(恩)을 베풀지 아니한다. 법은 천하의 법이고 한 사람의 법이 아니다. 천하의 사람들이 저마다 잡고자 한다면 분란한 폐단을 이기지 못할 것이다. 그러므로 왕이 천하의 대위(大位)에 앉아 천하의 대권을 잡고 저마다 일국을 주재하는 것이다. 만약 사법관이 이 뜻을 생각하지 않고 위세를 함부로 행한다면 일국의 강기(綱紀)를 무너뜨려 화근을 빚어 내고 분란을 심을 수 있다. 때문에 왕은 반드시 사법관을 신중히 가려야 한다.

[3] 상등인은 법을 사랑하고, 중등인은 법을 두려워하며, 하등인은

법을 싫어한다. 법을 사랑하는 자는 이를 범하기 부끄러워하고, 법을 두려워하는 자는 이를 범하기 꺼려한다. 법을 싫어하는 자는 이를 범하기 부끄러워하지도 않고 꺼려하지도 않아 기회를 만나면 거리낌 없이 하고 싶은 대로 한다. 법을 범하지 않는 것은 사세가 감히 그럴 수 없고 처지가 그럴 수 없기 때문이지, 심술이 바르기 때문이 아니다. 그러나 법률상 인품을 의론하여 세 등급으로 구별한 것은 생후 학식의 범위[圈限]와 지각의 수준[層節]에 따른 것이다. 교화가 널리 미치는 정도에 따라 죄를 범하는 수가 줄고 있다.

이로써 보건대 인세의 풍속[俗趣]을 바로잡는 것은 법률을 엄히 정하는 것보다 교화를 힘쓰는 데 있다. 범죄는 대소를 막론하고 반드시 벌하고 용서하지 말아야 하는 것이 요체[要道]다. 이는 오로지 법관의 직무에 속하는 것으로서 사인(私人)의 책무[擔責]와 무관하기에 이 일에 대해 혀를 놀릴 수는 없다. 그러나 법관의 공정치 못한 조처가 있을 때는 억울함을 호소해서 안 될 것도 없다. 또 고발하는 풍조가 세간의 순박한 도를 흐리기도 하지만 죄상의 경중에 따라 행하는 것이 옳은 경우도 있다. 가령 여기에 한 사람이 있다고 치자. 도둑이 그의 집에 들어와 사람을 겁박하고 물품을 약탈하는데, 그 사람의 힘이 족히 도둑을 잡아 법관에게 넘길 수 있는데도 그 도둑이 벌 받을 경상을 측은히 생각하여 그가 한 짓을 방치[放過]한다면, 이는 부인(婦人)의 인(仁)으로 헛되이 선한 자비를 베풀어 타인의 악을 길러주고 인세의 큰 걱정을 남기는 것이다.

그 까닭을 밝혀 보자. 그 사람이 눈감아 줘 그 도둑이 그때 요행히 모면한다면 그 마음이 점차 자라나 다시 타인에게 반드시 악행을 자행하게 될 것이다. 그렇게 된다면 한때 방치한 뒤 열 사람이 그 해를 입든지 백 사람이 그 악을 당하든지 실상은 모두 당초에 방치한 자의 잘못이다. 그러므로 범죄를 방치하는 일이 이러한 경우가 되어서는 안 된다. 반드시 법정에 고하여 세인이 함께 가질 걱정을 잘라 없애는 것이 당연하다. 또한 범죄인을 사인(私人)이 고발하고 법관이 처벌하는 것은 모두 법을 행하는 일이지 자기 뜻을 마음대로 하는 것이 아니다.

❇

사회와 법

법률은 사회질서를 유지하는 도구다. 어느 나라든 지혜의 등급에 관계없이 각기 '상칭(相稱)한 법률'을 가지며, 이 법률에 의거하여 '인민의 상여(相與)하는 권리'를 보전한다. '상칭(相稱)'은 서로 걸맞다, 서로 부합한다는 뜻이다. '칭(稱)'은 저울질한다는 뜻이다. '상여(相與)'는 서로 더불어 지낸다는 뜻이다. 『주역』에 "상전(象傳)에 이르길, 늙은 지아비와 젊은 처는 지나쳐서 서로 더불어 사는 것이다[象曰 老夫女妻 過以相與也]"(『易』大過)라는 말이 보인다. 『사기』에도 다음과 같은 용례가 있다. "처음 상산왕(常山王)[張耳]과 성안군(成安君)[陳餘]은 벼슬하기 전에는 서로 더불어 지내 막역한 친구였는데, 훗날 장염(張黶)과 진택(陳澤)의 일로 다투어 둘은 서로 원망하게 되었다 … 이 둘은 서로 더불어 지내 천하에 둘도 없는 친구였는데도 결국 서로 잡아먹으려 한 것은 어째서인가.

우환은 욕심이 많은 데서 생기고 사람의 마음은 헤아리기 어렵다[始常山王成安君爲布衣時 相與爲刎頸之交 後爭張黶陳澤之事 二人相怨…此二人相與天下至驩也 然而卒相禽者 何也 患生於多欲而人心難測也]"(『史記』淮陰侯列傳).

유길준은 '상여'라는 말을 자주 사용하였다. 앞에서도 '인민의 상여하는 권리', '인민이 상여하는 사이'와 같은 용례가 많이 나왔다. 유길준은 '상여'를 사회적 관계에서 영위되는 교제라고 보았다. '상여하는 권리'는 사회적 권리를 지칭한다. '자연한 도리'에 기초하여 사회의 기강을 세우는 것은 모든 나라가 마찬가지며, 어떤 나라든 법률을 보유한다는 점도 같다. 그런데 각국의 법률은 고금의 변천과 피차의 차이로 인해 다르다. 법률과 권리의 좋고 나쁨은 지혜의 등급에 따른다.

유길준은 법률이 작동하는 영역으로서 사회와 사회의 질서를 상정한다. 인간은 로빈슨 크루소처럼 홀로 높이 날고 멀리 달아나[高飛遠走] '독처(獨處)'할 수는 없다. 『후한서』에 이와 관련된 서술이 있다. "무릇 사람이 살아가는 데 잡처에 군거한다. 그러므로 기강[經紀]과 예의가 있어 서로 사귀어 접한다. 너는 홀로 이를 닦으려 하지 않고 어찌 높이 날고 멀리 달아나 인간 세상에 있지 않는 것인가[凡人之生 群居雜處 故有經紀禮義以相交接 汝獨不欲修之 寧能高飛遠走 不在人間邪]"(『後漢書』卓茂傳). 유길준은 실이 얽히고 고슴도치가 모인 것처럼 수많은 군생이 무성하게 잡거하는 가운데 온갖 사물이 영축(營逐)하고 교접하는 세상을 상정한다. '영축(營逐)'은 '영영축축(營營逐逐)'의 축어로 세력이나 이익을 앞다투어 좇는다는 뜻이다. '교접'은 교제와 같은 뜻이다. '여중(輿衆)'이 각기 '상등(相等)한 지위'에 서서 '상사(相同)한 직'을 행하는 사회를 상정한다.

'상등', '상사', '상여'는 사람들의 상호적 관계가 이루어지는 사회를 상정한 말이다.

군거와 잡거의 사회생활은 '영축'의 경쟁과 '상여'의 교제로 이루어진다. 이러한 잡거의 사회생활에서는 경쟁을 조율하고 각인이 교제하는 가운데 서로 권리의 경역[界域]을 확실히 정해 서로 범할 수 없도록 해야 한다. 준수할 조목을 엄격히 만들어 윤리 기강을 바르게 하고 풍속을 바로잡아야 한다. 법률은 사회의 경쟁과 교제를 규율한다. 상여하는 권리는 상칭한 법률이 인민들의 사회적 관계를 규율할 때 성립한다. 이는 한 사람의 힘만으로 안 되고 '여중(輿衆)', '공중(公衆)'[the public]이 그렇게 해야만 가능하다. '여중', '공중'은 인민들이 모여 저절로 성립하는 것이 아니라 그 군생이 법률에 의해 규율될 때 탄생한다.

법률과 '자연한 도리', '정직한 도'

법은 천하의 공공성을 구현하는 규범이다. 법률은 '자연한 도리'에서 성립하며 '정직한 도'를 구현하는 도구다. 법률은 정직한 도를 권하고 억울한 일을 바로잡는 기능을 수행한다. 사법관은 왕의 명령을 받들고 정부의 법률을 지켜 천하의 공도를 보전하는 역할을 수행한다. 법률의 연원은 자연한 도리, 천하의 공도가 된다. 법률은 공공성을 갖는다. '법은 천하의 법이고 한 사람의 법이 아니다'라는 말은 '천하는 천하의 천하요 한 사람의 천하가 아니다'라는 유학의 천하위공(天下爲公) 사상에서 유추되었을 수도 있다. 하지만 유길준은 공공성의 근거를 주자학적인 추상적인 천에서 직접 도출한 것이 아니라 사회질서를 유지하는 법률의 정당성을 변증하기 위해 '자연한 도리'를 끌어낸 것으로 보인다.

그런데 사회질서를 유지하는 주체는 왕이다. 법률의 권한은 왕에게 있다. 왕은 천하의 대위에 앉아 천하의 대권을 잡고 일국을 주재하는 존재로서 법률 제정권을 갖는다. 법률 제정권을 보유한 왕은 인민을 보호하는 도(道)와 사회를 가지런히 하는 정(政)을 행한다. 하지만 왕은 넓은 토지와 많은 인민을 혼자 도맡아 도(道)와 정(政)을 행할 수는 없어 사법관에게 위임한다. 사법관은 왕의 명령을 받들며 법률을 적용함으로써 천하의 공도를 구현하는 법 집행의 대리자다. 법률의 '법'과 '율'은 구별되는 개념이다. '법'은 왕이 정치를 통해 구현하려는 '자연한 도'와 관련되며, '율'은 인간의 불평을 없애는 '정직한 도'와 연관된다. 때문에 유길준은 사법관이 법을 범하는 자가 있으면 귀천과 빈부를 따지지 않아야 하고 율(律)을 반드시 행하여 인간의 불평을 없애야 한다고 말한다. '왕법'은 자연한 도를 구현하는 왕의 권한의 근원이며, 법관은 이러한 왕법을 실현하는 법률을 적용함으로써 공정한 사회를 구현하는 존재다. 법률에 의해 규율되는 문명사회와 왕이 법률을 통괄하는 군주제가 결합된 법률관이라 할 수 있다.

법률은 무도와 불의를 행하는 무리를 통제하는 데 꼭 필요하다. 법률 제정의 목적은 인민의 범죄를 미연에 방지하는 데 있다. 인민은 올바른 심성을 가졌기 때문이 아니라 사세와 처지 때문에 어쩔 수 없어 법을 지킨다. 범죄는 대소를 막론하고 반드시 벌하고 용서하지 말아야 한다. 도둑을 잡을 수 있는데 벌 받을 것을 측은히 여겨 도둑질을 방치하는 것은 헛되이 자비를 베풀어 악을 키우고 사회에 걱정을 끼치는 '부인(婦人)의 인(仁)'에 지나지 않는다. 다만 법의 적용은 신중히 죄안을 살펴 증거가 확실했을 때 엄정히 해야 한다. 형벌의 집행은 저울처럼 사소한 과불급만으로도 경중이 달라지기 때문이다. 하지만 사회의 풍속을 바로잡는 것은 법률을 엄격히 하는 것보다 교화를 힘쓰는 데 있다. 교화가 법률보다 우선한다. 세상 사람들이 정직한 도로써 신명과 재산과 명예를 지키고 안녕한 낙을 누리는 것은 예의염치에 의거한 '교화의 대본'이 있어서다. 범죄의 발생은 교화의 정도에 달려 있다. 유학 사상의 자장이 느껴지는 대목이다.

―――――――

[1] 夫法律은大衆의秩序를維持ᄒᄂᆫ大具니邦國이是가無ᄒ며亂ᄒ고人類가是가無ᄒ며悖ᄒᄂ지라然ᄒᆫ故로世界의何邦이든지其智愚等級의高下를勿論ᄒ고各其相稱ᄒᆫ法律이有ᄒ야人民의相與ᄒᄂᆫ權利를保守홈이로딕其道의善否ᄂ亦且智愚의等級을隨ᄒᄂ니自然ᄒᆫ道理에基礎ᄒ야人世의綱紀를立ᄒ기ᄂ同然ᄒᆫ者나然ᄒ나古今의變遷ᄒᆫ時代와彼此의殊異ᄒᆫ風俗으로隨應ᄒᄂᆫ衡度가各便ᄒᆫ關係를起ᄒ야各國의不齊홈과地方의參差홈이自生홈이라

法律의本意를推究ᄒ건대正直ᄒᆫ道를勸ᄒ며寃抑ᄒᆫ事를平ᄒ기에在ᄒ니興衆이各其相等ᄒᆫ地位에立ᄒ야相同ᄒᆫ職이無ᄒᆫ則是非의分辨과善惡의褒懲이一人의干涉에ᄂ自己의主見을任從홈이或可ᄒ나高飛遠走ᄒ야獨處ᄒ기不能ᄒ고林葱ᄒᆫ羣生이熙穰ᄒᄂᆫ中間에芸然雜居ᄒ니千萬般事物의營逐과交接이絲의棼홈과蝟의集홈이라其競爭을操縱ᄒ며習尙을宰制ᄒ야莫相犯ᄒᄂᆫ界域을明定ᄒ고毋相奪ᄒᄂᆫ科條를嚴立ᄒ야倫紀를是正ᄒ며俗趨를是斜ᄒ기ᄂ匹夫의私力으로不能ᄒᆫ者오必

公衆의 同尊ᄒᆞᄂᆞᆫ者라야可ᄒᆞᆫ故로法律의權은王者에게在호ᄃᆡ王者의是權을有홈도 人民의自守ᄒᆞ기不能ᄒᆞᆫ大權을合執ᄒᆞᄋᆞ야保護ᄒᆞᄂᆞᆫ道와導齊ᄒᆞᄂᆞᆫ政을行홈이니土地 의廣홈과人民의衆홈으로王者一人이能히其政과其道ᄅᆞᆯ獨行ᄒᆞ기不能ᄒᆞᆫ則政府ᄅᆞᆯ 命ᄒᆞᄋᆞ야法律을定ᄒᆞ고官吏ᄅᆞᆯ命ᄒᆞᄋᆞ야是ᄅᆞᆯ掌ᄒᆞ니此ᄂᆞᆫ曰司法官이라

其官은王者의命令을奉ᄒᆞ며政府의法律을守ᄒᆞᄋᆞ야天下의公道ᄅᆞᆯ保存홈으로其職 守ᄅᆞᆯ作ᄒᆞᄂᆞᆫ故로法을犯ᄒᆞᄂᆞᆫ者가有ᄒᆞ면貴賤과貧富ᄅᆞᆯ不顧ᄒᆞ고其當行ᄒᆞᄂᆞᆫ律을必 行ᄒᆞᄋᆞ야人間의不平을平ᄒᆞᄂᆞ니如是ᄒᆞᆫ지라貴ᄒᆞ기公卿에至ᄒᆞ고富ᄒᆞ기王侯ᄅᆞᆯ擬ᄒᆞᄂᆞᆫ 者라도其身이法官아니오但其威勢ᄅᆞᆯ恣ᄒᆞᄋᆞ야貧賤ᄒᆞᆫ者ᄅᆞᆯ擅捕私刑ᄒᆞᆫ則此ᄂᆞᆫ國權을 濫行ᄒᆞ고王法을亂用홈이라

[2] 法律의設有홈은教化의不及ᄒᆞᆫ處ᄅᆞᆯ備홈이니天下各人이各其身命財産及名譽 ᄅᆞᆯ正直ᄒᆞᆫ道로守ᄒᆞᄋᆞ야安寧ᄒᆞᆫ樂을享ᄒᆞ기ᄂᆞᆫ禮義廉恥의四維가張ᄒᆞᄋᆞ야教化의大本이 立함이로ᄃᆡ無道의悖亂ᄒᆞᆫ徒와不義의暴橫ᄒᆞᆫ輩가隙을伺ᄒᆞ며釁을乘ᄒᆞᄋᆞ야其發을恣 ᄒᆞᄂᆞᆫ者가徃徃其有홈이不無ᄒᆞ니此ᄅᆞᆯ制ᄒᆞ기ᄂᆞᆫ法律에在ᄒᆞ나然ᄒᆞ나法律도其豫備 ᄒᆞᆫ主旨ᄂᆞᆫ民人의罪戾ᄅᆞᆯ未然에防홈이오刑罰의用에至ᄒᆞᄋᆞ야其已然ᄒᆞᆫ者ᄅᆞᆯ懲홈인則犯 의大小ᄅᆞᆯ由ᄒᆞᄋᆞ야刑의輕重이有ᄒᆞ니夫刑의適度ᄂᆞᆫ權衡과同ᄒᆞᄋᆞ야些少의過不及으로 輕重이懸殊ᄒᆞᆫ지라或人이云호ᄃᆡ無罪者의橫羅가有罪者의倖免과無異ᄒᆞᆫ則執法人 의謹愼이玆ᄅᆞᆯ念ᄒᆞᄋᆞ야玆에在홈이可ᄒᆞ다ᄒᆞ니然ᄒᆞᆫ故로大聖人은其刑이嗣에不及ᄒᆞ고 又曰罪人의妻孥ᄅᆞᆯ不收라홈이며且如是ᄒᆞᆫ中에도罪案을審愼ᄒᆞᄋᆞ야死中에生을求ᄒᆞ고 犯證이的實ᄒᆞᆫ則雖親愛ᄒᆞᄂᆞᆫ者라도法을枉ᄒᆞᄋᆞ야恩을伸ᄒᆞ기不敢ᄒᆞᄂᆞ니法은天下의 法이오一人의法이아니로ᄃᆡ天下의人人이各執ᄒᆞᆫ則紛亂ᄒᆞᆫ弊ᄅᆞᆯ不勝홀故로王者가天 下의大位에居ᄒᆞ며天下의大權을執ᄒᆞᄋᆞ야各其一國을主宰홈이어ᄂᆞᆯ萬若司法官이此 義ᄅᆞᆯ不顧ᄒᆞ고其威ᄅᆞᆯ妄行ᄒᆞᆫ則此ᄂᆞᆫ一國의綱紀ᄅᆞᆯ隳壞ᄒᆞᄋᆞ야禍胎ᄅᆞᆯ釀成ᄒᆞ고亂萌을

種栽홈이니是以로王者가必其司法官을愼擇홈이라

[3] 上等人은法을愛ㅎ고中等人은法을畏ㅎ며下等人은法을厭ㅎㄴ니法을愛ㅎㄴ者ㄴ是를犯ㅎ기恥ㅎ고法을畏ㅎㄴ者ㄴ是를犯ㅎ기惡ㅎ며法을厭ㅎㄴ者ㄴ是를犯ㅎ기不恥不惡ㅎ야機會를遇ㅎ면其所欲을放ㅎ야顧忌ㅎㄴ者가無ㅎ고但其不犯홈은事勢의不敢홈과處地의不能홈을由홈이오其心術의正홈이아니나然ㅎ나法律上에人品을議論ㅎ야三等을區別ㅎㄴ者ㄴ其生後學識의圈限과知覺의層節을擧홈인故로敎化의普洽ㅎㄴ度를隨ㅎ야辜戾의故犯ㅎㄴ數가減홈이라

是를由ㅎ야人世의俗趨를導正ㅎ기ㄴ法律을嚴히定ㅎㄴ니애셔敎化를務ㅎ기에在호딕罪犯의大小를毋論ㅎ고必罰勿宥홈이其要道니此ㄴ法官의職守에專歸홈이오私人의擔責에不關ㅎ야其間에脣舌을遊홈이不可ㅎ나法官의不公을擧措가有ㅎ時ㄴ其冤을鳴ㅎ야도不可홈이亦無ㅎ고且告訐ㅎㄴ風이世間의淳樸ㅎ道를澆漓홈이나其犯狀의輕重을因ㅎ야其行홈이亦可ㅎ者도有ㅎ지라假令此에一人이有ㅎ니竊盜가其家에立ㅎ야人을刦ㅎ며物品을搶奪ㅎ거늘其力이足히其盜를縛ㅎ야法官에게送致홀디로딕其受罰홀景像을惻隱히生覺ㅎ야其所爲를放過ㅎ則此ㄴ婦人의仁으로徒善ㅎ慈悲를發ㅎ야他人의惡을養ㅎ고人世의大患을遺홈이니

其故를欲明홀진대其盜가其人의放過홈을被ㅎ야伊時의倖免을獲ㅎ則其心이漸長ㅎ야他人에게必然其惡行을又恣ㅎ리니然則一時放過ㅎ後에十人이其害를受ㅎ든지百人이其惡을遇ㅎ든지其實은皆當初放過ㅎ者의過라然ㅎ故로罪犯을放過홈이如此ㅎ境遇를當ㅎ여ㄴ不可ㅎ니法庭에必告ㅎ야世人의大同ㅎ患을剪除홈이當然ㅎ者며且罪犯을私人의告發홈과法官의施罰홈이皆法의行홈이오自己의意를逞홈이니라

[4] 천하 고금의 역사를 살펴보면, 정부의 제도가 온전하면 법률이 관평(寬平)하여 인민이 각기 생업에 편안[穩安]하고 범법하는 자가 적다. 정부의 제도가 불완전하면 법률이 엄혹(嚴酷)하고 엄혹할수록 오히려 범법하는 인민이 많아 생업이 평온하지 못하다. 대개 법률이 관평한 것은 정부와 인민이 서로 믿어 애호(愛護)하는 도를 서로 다한 까닭이다. 엄혹한 것은 그렇지 않아 정부가 인민을 시의(猜疑)한다. 이로 인해 그들의 동정(動靜)과 유식(遊息)을 의혹심을 갖고 살피고 혐오감을 갖고 관찰하니 참과 거짓, 고의와 과실의 분별이 서지 않는다. 때문에 법망[禁網]에 한번 걸린 자는 옥석이 함께 타버리는 탄식이 언제나 많다. 그러나 법률은 때를 따라 적중(適中)한 도(度)가 있지만, 관평함과 엄혹함이 또한 저마다 피차의 한때가 있으므로 관평할 때에 관평하는 것과 엄혹할 때에 엄혹한 것이 득중(得中)한 공도(公道)다.

정부의 법률은 두 가지 종류가 있다. 하나는 변천법(變遷法)이고, 다른 하나는 항구법(恒久法)이다. 변천법은 시속(時俗)의 취향[趨尙]과 사물의 추이[移換]에 응하여 늘기도 하고 줄기도 하는 것이며, 항구법은 나라 안의 규도(規度)와 전장(典章)을 지켜 백세 동안 바뀌지 않는 것이다. 변천법은 실상은 항구법에서 흘러나온 것이다. 그러나 두 법의 근본을 탐색하면 처음은 역시 고래(古來)의 습관을 따라 인력(人力)을 빌리지 않고 자연히 성취된 것이다. 이로써 생각한다면 인세의 문명개화를 증진하려는 자도 학자의 고론(高論)을 취하여 신법을 정하는 것보다 자기의 초매(草昧)한 구속(舊俗)을 개정(改正)하는 것이 편리한 득책이다. 또한 구속(舊俗)을 모방[擬倣]하여 새로 정하는 율례(律例)를 덧붙이면 실상은 때를 따르는 양법(良法)이다. 신법을 주장하는 자도 구례(舊例)에 기초하지 않으면 그 뜻을 파악할 수 없다.

[6] 이와 같이 법률은 고풍구례(古風舊例)를 말미암아 생겨나는 것이다. 고풍구례는 그 취향(趣向)을 개정할 수는 있지만 전체를 폐각(廢却)하는 것은 매우 어렵다. 그러므로 일국의 정권(政權)을 주재하는 큰 원칙은 신중히 옛것을 개정하는 데 있다. 지상(紙上)의 공론을 망신(妄信)하여 신기(新奇)를 좋아하고 옛것을 버린다면 이는 경솔한 극치에 이른 것이다.

영국 정부가 민을 보호하여 자주하는 권리를 얻게 한 까닭은 국내 인심에 젖어든 누대의 구습으로 인해 정령과 제도를 개정했기 때문이다. 프랑스는 법을 자주 바꾸어 국민(國民)의 자주 권리와 재산을 평균하는 일로 제도를 시행한 적이 있지만 뜻을 얻지 못했다. 정부 위에 서서 뜻을 성취한 자는 엄한 군주가 많다. 프랑스의 풍습은 압제하는 정령이 아니므로 아래를 제어하기 아주 어려웠기 때문에 설령 관대한 자주하는 법을 만들어도 국민의 풍속[俗尙]에 맞지 않아 제도가 쉽게 깨졌다. 그리하여 프랑스가 국민의 자주하는 권리를 위하여 공평 편의한 개혁을 여러 차례 행했지만 오랫동안 영국에 시행된 코르푸스[谷壽氏]의 양법[인신보호법]을 채용하지 못했다. 코르푸스법의 취지는 어떠한 죄인이든 체포되었을 때 본인 혹은 타인이라도 불공평한 생각이 들어 뭇사람 앞에서 논변[辨破]하는 재판을 받게 해달라고 법정에 호소하면, 그 죄인과 관련된 관리와 소송 원고를 호출하여 그 시비와 곡직을 판결하여 억울한 자는 바로 풀어 주고 죄 있는 자는 상당한 벌을 받도록 하는 것이다.

이 법이 있어 인민을 멋대로 체포하는 폐단이 아주 적다.

　[7] 정부가 호령(號令)을 시행할 때는 그 조처가 신속함이 중요하므로 한 사람의 손에서 나오는 것이 좋다. 의사원(議事院)(議政府—原註)처럼 중인(衆人)이 회의하는 대국(大局)을 행하는 것은 대단히 불편하다. 그러므로 영국에서 호령을 내리는 전권은 국왕과 집정대신에게 신속함이 입군독재하는 정체와 다를 바 없다. 집정이 맡아 행하는 전권이 이처럼 중대하지만, 의사원에 지는 책임도 엄하다. 만약 집정대신에게 불량하거나 잔혹한 일이 있으면 반드시 벌하여 그 죄를 용서하지 않고, 설사 세무나 재판을 담당하는 하급관리라도 소행이 불미스러운 때는 의사원의 관인이 집정을 향해 그 이유를 캐물으면 이를 벌하지 않을 수 없다.

　영국의 이 같은 공평한 정치 법률은 하루아침의 소란으로 그 체제가 변경된 것이 아니라 [영국인들이] 천여 년의 고풍구례를 잃지 않고 이를 삼가 지키고 또 삼가 신중히 개정하면서 성립한 것이다. 그러므로 정부가 조처하는 요결은 마음을 평안히 하고 기를 펴서 사물을 감내하는 데 있다. 지금 인민이 자유불기(自由不羈)하는 법[規制]을 보유하는 것은 고래의 습관을 신중히 살펴 절충 조화하고 점차 사(邪)를 버리고서 정(正)으로 돌아왔기 때문이다. 일시의 폭거를 자행하여 완벽한 보물[全璧의 寶]을 찾아낸 것이 아니다.

　오늘날 영국 정부를 살펴 천오백 년간의 경상을 돌이켜보면 전후의 같고 다름이 하늘과 땅만큼 크게 다른데, 높은 데를 오르는데 낮은 데로부터 점차 나아가는 걸음걸이가 실로 쪽빛에서 나온 푸른색이다. 이로써 보건대 일국의 인민이 공평한 정화(政化)에 푹 젖어 참고 견디어 일을 처리한다면, 경거(輕擧)와 폭동이 없고 자연히 습관을 개정하여 극선(極善)한 지경에 이를 것임이 분명하다. 영국 정부의 연혁은 당세의 귀감이라 할 수 있다.

＊

항구법과 변천법

정부 제도와 법률의 성격은 서로 연관된다. 정부 제도가 잘 갖추어져 있으면 인민의 생업이 보장되고 범법자가 적지만, 불완전하면 법률이 엄해 범법 행위가 많고 인민이 살기 어렵다. 정부와 인민이 서로 신뢰할 때 법률은 관대하고 서로 믿지 못할 때 법률은 가혹해진다. 법률은 때에 따라 적중(適中)한 도(度)가 있다. 법률이 피차의 경우에 맞추어 관대할 때는 관대하고 엄혹할 때는 엄혹한 것이 '득중한 공도'다.

유길준은 법을 변천법과 항구법으로 구분한다. 변천법은 풍속의 취향과 사물의 변화에 따라 변하는 법이고, 항구법은 영구히 변하지 않는 국가의 법제도를 규정한 법이다. 변천법은 항구법에서 유래하는데, 둘다 관습에 의거해 자연히 성립한 것이다. 관습에 의거해 법률을 개정하는 것이야말로 때를 따르는 양법이다. 문명개화도 학자의 이론에 의거해 신법을 제정하는 것이 아니라 관습을 개정하는 형태로 이루어져야 편리한 득책이 된다.

유길준은 생략한 제5단락에서 서양법의 역사적 사례를 통해 이러한 사실을 확인한다. 국법을 창건한 것으로 명성이 자자한 아테네의 솔론

(Solon), 스파르타의 리쿠르구스(Lycurgus), 영국의 알프레드 대왕(Alfred the Great)은 법을 새로 제정하지 않고 전해 내려온 조례를 증보하고 개정하였을 따름이다. 로마법도 정제된 체재를 갖추는 데 오랜 세월이 걸렸다. 유길준은 "법률의 대본은 태고의 구례에서 나온 것이며, 그 유래하는 바가 일조일석에 이루어진 것이 아니다"라고 말한다. 유럽국가들도 국법을 새로 만드는 경우는 없다. 로마의 옛법과 봉건시대의 옛 제도를 절충해서 쓴다. 사람들은 나폴레옹이 기왕의 습속을 일거에 개혁했다고 말하는데 그렇지 않다. 이전에 없던 새 법을 창안한 것이 아니라 수백 년간 프랑스에 침윤된 로마법을 참고해 만든 것이다[5].

'고풍구례'와 점진적 개정

변천법은 풍속을 규정하고 항구법은 국가 제도를 규율한다. 항구법이 변천법보다 근원적이다. 하지만 두 법 모두 관습에 의거해 성립한다. 유길준은 성문법을 부정하고 관습법만을 생각하였다. 유길준의 보수적 사유가 잘 드러난 법률관이다. 법률은 '고풍구례(古風舊例)'를 따라 생겨나는 것이다. 고풍구례는 나아갈 방향을 개정할 수는 있지만 전체를 없앨 수는 없다. 정치는 신중하게 옛것을 개정하는 것이 원칙이다. 이론적인 '지상의 공론'을 내세워 옛것을 버리고 신기한 것만을 추구하는 건 대단히 경솔한 짓이다. 유길준은 '고풍구례'에 의거한 법의 점진적 개정을 주장하였지만, 정부의 정책에 대해서는 신속한 조처를 강조한다. 이러한 관점에서 "의사원처럼 중인이 회의하는 대국(大局)을 행하는 것은 대단히 불편하다"는 평가를 내리고 군주의 전권을 용인하는 입헌군주제를 옹호하였다.

변천법과 항구법이란 용어와 이에 관한 설명이 어디서 나왔는지는 알기 어렵다. 아마도 유길준 자신의 발상일 가능성이 있다. 그런데 고풍구례에 입각한 법률의 점진적 개정을 주장하고 탁상공론이나 이론에 의거한 진보적 개정을 부정한 유길준의 견해는 『서양사정 외편』 제2장 「국법과 풍속」을 저본으로 번안하여 재서술한 것이다. 영국 인신보호법과 이 법이 풍속이 맞지 않아 프랑스에 정착하지 못한 역사적 사실에 관한 서술도 후쿠자와의 번역본에 의거하였다. '코르푸스[谷壽氏]의 양법'은 하비아스 코르푸스법(Habeas Corpus Act)(인신보호법, 1679)을 가리킨다. '곡수씨(谷壽氏)'는 'Corpus'의 음차일 것이다.

고풍구례와 관련된 유길준의 서술은 「국법과 풍속」의 논지를 따르고 있다. 다만 유길준은 후쿠자와(원래는 버튼)의 서술에서 자신의 생각에 맞는 것을 선택적으로 차용하였다. 일부러 빠뜨린 후쿠자와의 다음 문장을 통해 유길준의 견해를 엿볼 수 있다.

여러 나라에서 고풍구례에서 양법이 생겨난 일이 매우 많고, 특히 사람의 직분이 달라 당류(党類)를 나누는 풍습은 세상을 위해 크게 유익하다. 그 한 부류 중에는 스스로 일종의 권한을 갖추어 정부의 과분한 위력을 어느 정도 억제하고, 마치 정부 속에 하나의 소정부를 일으킨 모양새로 국민의 보호를 행하는 일이 적지 않다. 옛적 초매(草昧)의 시절에 사원의 승려들에게 권위가 있었던 것은 그 일례다. 오늘날에도 각 도(都) 각 부(府)는 스스로 일종의 개별법[殊典]을 갖추고 있어 정부가 위력으로써 압도하지 못한다. 또한 '무니

시팔리티(municipality)'라는 것이 있다. 시민회동이란 뜻인데, 원래 로마 시대부터 시작되었고 그 후 점차 유럽국가들에 유행하였다. 즉 생업을 영위하는 시민이 동심협력하여 법을 만들어 오로지 이에 의뢰하여 생을 편안히 하는 까닭이다. 그리하여 맹악 흉포한 무사들이 일개의 시인(市人)에 대해 이들을 능압(凌压)함은 용이할지라도 이렇게 일반의 법으로써 서로 합중(合衆)하기 때문에 감히 해를 가할 수 없었다고 한다(『西洋事情外編』 二, 「国法及び風俗」).

후쿠자와(버튼)는 고풍구례에서 양법이 생겨날 뿐 아니라 사람의 직분에 따라 당류(党類)가 생겨나는 현상을 지적하면서 당류를 나누는 풍습이 세상에 크게 유익하다는 사실을 강조하였다. 스스로 권한을 갖추어 정부의 과도한 권력을 어느 정도 억제하는 행태, "정부 속에 하나의 소정부를 일으킨 모양새"에 주목한 것이다. 독자성을 가졌던 사원의 승려들, 개별법을 갖춘 지방자치 단체, 동심협력하여 자체의 시민법을 만들어 운용한 시민단체와 같은 역사적 사례를 보여줌으로써 자기를 보호하기 위해 정부 권력에 대항하는 인민(국민)의 행위를 평가하였다. 정부에 순종하는 정체를 상정한 유길준이 이러한 서술을 용납할 리 없었을 것이다.

중국 고사를 인용하는 용례에서도 법 개정과 관련된 유길준의 보수적 관점을 읽을 수 있다. 먼저 유길준이 인용한 '전벽(全璧)의 보(寶)'라는 고사를 보자. '전벽(全璧)'은 결손이 없는 완벽한 물건을 비유하는 말이다. 빌린 물건을 원래 상태대로 온전하게 되가져온다는 뜻의 '전벽귀조(全璧歸趙)' 혹은 '완벽귀조(完璧歸趙)'가 어원이다. 전국시대 인상여

(藺相如)가 화씨벽(和氏璧)을 진(秦)나라에 휴대하고 갔다가 조(趙)나라로 갖고 돌아온 고사에서 유래한다(『史記』廉頗藺相如列傳). 유길준은 '전벽', '완벽'을 공명정대한 법, 자유관대의 법을 지칭하는 비유로 사용하였다. 프랑스가 일시의 폭거를 통해 '전벽', '완벽'의 법을 실현하려는 개혁을 여러 차례 시행했지만 실패로 끝났음을 지적한 것이다. 한편, 푸른색이 쪽빛에서 나왔다는 '청출어람(靑出於藍)'이라는 말은 유길준이 귀감으로 삼은 영국의 사례를 보여주고자 인용한 고사다. 흔히 '청출어람'은 제자가 스승보다 뛰어나다는 비유로 사용된다. 유길준은 이러한 용법과 달리 쪽빛에서 같은 계통의 색상인 푸른색이 나온다는 뜻으로 사용하였다. 즉 색상의 연속성을 나타낸 말이다. 고풍구례의 연속성과 점진성을 강조한 비유인 것이다.

---

[4] 天下의古今歷史를考ᄒ건대政府의制度가安全ᄒ者ᄂ法律이寬平ᄒ야人民이各其生業에穩妥ᄒ고觸犯ᄒᄂ者가少ᄒ며政府의制度가不完ᄒ者ᄂ此와反ᄒ야法律이嚴酷ᄒ고嚴酷ᄒᆯ스록人民의觸犯ᄒᄂ者가反多ᄒ야生業이不穩ᄒ니大槪法律이寬平ᄒ者ᄂ政府와人民이相爭ᄒ야愛護ᄒᄂ道를互盡ᄒᄂ緣由어니와嚴酷ᄒ者ᄂ不然ᄒ야政府가其人民을猜疑ᄒᄂ지라此를因ᄒ야其動靜과遊息을訝惑心으로伺察ᄒ며嫌惡性으로究觀ᄒ야眞僞와故誤의分別을不立ᄒᄂ故로禁網에一觸ᄒᄂ者ᄂ玉石의俱焚ᄒᄂ歎이每多ᄒ나然ᄒ나法律이時를隨ᄒ야其適中ᄒ度가有ᄒ나寬平홈과嚴酷홈이亦各彼此의一時가有ᄒ則寬平ᄒᆯ時에寬平홈과嚴酷ᄒᆯ時에嚴酷홈이乃得中ᄒ公道라

是以로政府의法律은其種이二가有ᄒᆞ니一曰變遷法이오二曰恒久法이라變遷法은時俗의趨尙과事物의移換을應ᄒᆞ야隨增隨刪ᄒᆞᄂᆞᆫ者오恒久法은國中의規道와典章을護守ᄒᆞ야百世의不易ᄒᆞᄂᆞᆫ者니變遷法이其實은恒久法을從ᄒᆞ야流出홈이라然ᄒᆞ나此二法의根本을探索ᄒᆞᆫ則其始ᄂᆞᆫ亦古來習慣을從ᄒᆞ야人力을不藉ᄒᆞ고自然成就ᄒᆞᆫ者니룰由ᄒᆞ야考ᄒᆞᆫ건대人世의文明開化를增進ᄒᆞ기爲ᄒᆞᄂᆞᆫ者도學士의高論을取ᄒᆞ야新法을定ᄒᆞᄂᆞ니애셔寧自己의草昧舊俗을改正홈이便利ᄒᆞᆫ得策이오且舊俗을擬仿ᄒᆞ야新定ᄒᆞᄂᆞᆫ律例를增附ᄒᆞᆫ則其實은亦隨時ᄒᆞᄂᆞᆫ良法이니盖新法을倡出ᄒᆞᄂᆞᆫ者도舊例에不基ᄒᆞ고ᄂᆞᆫ其意匠을摸捉ᄒᆞ기不能홈이라

[6] 若是ᄒᆞᆯ지라法律은古風舊例를由ᄒᆞ야生出ᄒᆞᄂᆞᆫ者니古風舊例ᄂᆞᆫ其趣向을改正홈은可ᄒᆞ나全體를廢却ᄒᆞ기에至ᄒᆞ여ᄂᆞᆫ甚難ᄒᆞ니故로一國의政權을主宰ᄒᆞᄂᆞᆫ大主意ᄂᆞᆫ謹愼히舊物을改正ᄒᆞ기에在ᄒᆞ고紙上의空論을妄信ᄒᆞ야新奇를喜ᄒᆞ고其舊를捨棄ᄒᆞ면此ᄂᆞᆫ輕忽ᄒᆞᆫ極度에抵홈이니

英吉利의政府가民을保護ᄒᆞ야自主ᄒᆞᄂᆞᆫ權利를獲遂ᄒᆞ게ᄂᆞᆫ緣由ᄂᆞᆫ全國內人心의浸灌ᄒᆞᆫ累世舊習을因ᄒᆞ야其政令制度를改正홈이어늘佛蘭西ᄂᆞᆫ其法을屢變ᄒᆞ야國民의自主權利와或貨財平均ᄒᆞᄂᆞᆫ事로其制度를設行홈이有ᄒᆞ되其志를得ᄒᆞ기不能ᄒᆞ고政府上에立ᄒᆞ야其意를成就ᄒᆞᆫ者ᄂᆞᆫ嚴主가多ᄒᆞ니盖佛蘭西의風習은壓制ᄒᆞᆫ政令이아닌則其下를駕馭ᄒᆞ기甚難ᄒᆞᆫ故로假令寬大自主ᄒᆞᄂᆞᆫ法을設ᄒᆞ야도國民의俗尙에不適ᄒᆞ야其制가易破홈이라然ᄒᆞ기佛蘭西가國民의自主ᄒᆞᄂᆞᆫ權利를爲ᄒᆞ여公平便宜ᄒᆞᆫ改革을數行ᄒᆞ나多年英吉利에行用ᄒᆞᄂᆞᆫ谷壽氏의良法을採用ᄒᆞ기不能ᄒᆞ니谷壽氏法의趣意ᄂᆞᆫ如何ᄒᆞᆫ罪人이든지逮捕ᄒᆞᆫ時에本人或他人이라도不公平ᄒᆞᆫ思를抱ᄒᆞ야衆人前辨破ᄒᆞᄂᆞᆫ裁判을請受ᄒᆞ기로法庭에訴ᄒᆞᆫ則其罪人에關係ᄒᆞᆫ官吏及其訴訟의原告를呼出ᄒᆞ야其是非와曲直을斷ᄒᆞ야寃屈ᄒᆞᆫ者ᄂᆞᆫ直赦ᄒᆞ고果然有罪

혼者는相當혼罰을蒙被호는事니此法이有혼則人民을擅捕호는弊가絶少홈이라

[7] 政府의號令을施行호기는其處實가神速홈을貴重호는故로一人의手를從出홈이可호니議事院(議政府)又치衆人會議호는大局의行홈이甚不便혼지라是以로英吉利에號令施發호는全權은國王及執政大臣에歸호야其神速홈이立君獨裁호는政體와無異호니執政의任行호는全權이如是重大호나議事院을對호야其擔任혼責이亦嚴혼지라萬若執政大臣이不良殘酷혼事가有호면必罰호야其罰를不假호고設使收稅或裁判호는一小吏라도其所爲가不美혼時에議事院의官人이執政을向호야其根由를探索혼則此를不罰호기不得호니

蓋英吉利國의如此公平혼政治法律이一朝의騷亂을由호야其體裁를變更홈아니오惟千餘載의古風舊例를不失호고是를謹守호며又謹愼히改正홈을由호야成就혼者라故로政府의處實호는要訣은心을平호고氣를舒호야事物을堪忍호기에在호니今其人民의自由不羈호는規制를保有홈은古來習慣을審愼호야折衷調和호고次第로邪를棄호야正에歸홈이오一時의暴擧를恣호야全璧의實를探取홈아니라

今日英吉利의政府를考究호야千五百年間의景像을反顧혼則前後의異同이雲壤의懸隔이로딕高에升홈애卑를從호야其漸近혼步趨가實出藍혼靑이라是를由호야觀호건대一國의人民이公平혼政化에沾沐호야事를處호기堅忍혼則輕擧와暴動이無호고自然其習慣을改正호야極善혼境에達홈이暸然호니英吉利政府의沿革이當世의龜鑑이라謂홈이可홀듯

[8] 그러므로 국풍(國風)의 습관과 시세[世趨]의 이동(異同)으로 인해 저 나라[邦]의 선미(善美)한 법률이 이 땅 인민에게 맞지[合] 않는 것도

있고 고대의 공명한 법률이 지금의 습속[俗尙]에 맞지[適] 않는 것도 있다. 법률은 민속(民俗)과 국제(國制)에 적합한 연후에 공도(公道)라 부를 수 있다. 법률의 첫 번째 대원칙은 공중(公衆)의 해환(害患)을 막는 데 있으므로 소수인의 이익을 위해 이를 굽히는 것은 극도로 불공(不公)한 것이다. 인생의 상애(相愛)하는 이치로 미루어 보면, 동류 생족(同類生族)에게 형률을 가하는 것은 참으로 차마 하기 힘든 일이지만, 범죄의 정도를 헤아려 그에 상당하는 벌을 내리는 것이 중인(衆人)의 화(禍)를 없애는 것이며 다른 인민을 권면하는 것이니, 이 또한 부득이한 정법(政法)이다. 그러므로 형법의 운용이 조금이라도 상당한 정도[適度]를 지나치면 포학하다 할 것이고 미치지 못하면 태만하다 할 것이다. 새로 정한 율례로 지난날의 일을 추궁하는 것은 인정(人情)에 가깝지 않고, 아직 공포하지 않은 형조(刑條)를 가지고 잘못된 허물을 논하는 것은 왕정(王政)에 어긋나는 것이며, 좋고 싫음의 사사로운 정을 가지고 평결[疑似]의 경중을 판결하는 것은 국헌(國憲)을 따르지 않는 것이다. 득중한 공도는 이 세 가지에서 어긋남[差]을 함께 면하는 것이다.

　[9] 또한 법률은 어떠한 기초에 서든 그 현존하는 때에는 나라의 강기(綱紀)다. 편리한지 아닌지 좋은지 싫은지를 따지지 말고 이를 준봉(尊奉)하고 이를 경종(敬從)하여 감히 어지럽히지 말고 감히 범하지 말아야 하며 군민 상하가 한몸이 되어 준수하는 것이 보국(保國)하는 대도다. 신진(新進)하는 젊은이들은 혹 다른 나라의 경황을 좋아하고 자소(自小)하는 생각을 일으켜 인사와 물정을 모르고 일시의 경솔한 의론으로 전국의 소란을 선동하기 쉽다. 이는 프랑스의 원로들도 면치 못했던 과오다.

새로운 법을 시행하려면 고전을 깊이 살펴 보태거나 줄여 개정하는 취지로 윤색한 조례를 덧붙이고, 국인의 습관에 순적(順適)하여 이목을 놀래지 않게 해야 한다. 그런 후에 안전한 경역에 점차 나아가 문명한 법도[軌度]를 끌어올릴 것이다. 법률의 공도는 국인이 그 뜻을 같이 좋아하는 데 있고, 또한 그 뜻을 범하는 자가 있으면 국인이 함께 미워하는 공의(公義)로 적중(適中)한 조문[科條]을 시행하는 데 있다. 그러므로 법률의 공도는 인민의 권리를 보호[屛翰]하여 무도불공(無道不公)한 침벌을 방어하는 것이라 하겠다.

❀

법률의 공도와 '득중'

법률은 나라의 강기이며, 군주와 인민이 일체가 되어 법률을 준수하는 것이 보국하는 대도다. 법률의 공도는 국인이 법률의 취지를 다 같이 좋아하는 데 있고, 그 취지를 범하는 자가 있으면 다함께 미워하는 '공의(公義)'로서 '적중(適中)'한 조목을 시행하는 데 있다. 법률의 공도는 인민의 권리를 보호하여 무도하고 공정하지 못한 침벌을 방어하는 데 있다. 법률의 공도는 나라의 강기인 현존하는 법률을 편리한지 아닌지, 좋은지 싫은지를 따지지 말고 준수해야 하며, 어지럽히거나 범해서도 안 되는 절대 규범이다. 법률의 공도는 국인이 법의 취지를 함께 좋아하고 이를 범하는 자를 함께 미워하는 공의에서 성립한다. 공도의 공공성은 소수인의 이익을 위한 것이 아니라 공중(公衆)의 화를 없애는 데서 출발한다. 이러한 공도는 지나쳐도 안 되고 모자라서도 안 되는 '득중(得中)'을 통해 실현될 수 있다.

법률은 천하의 공도를 보전하는 규범이다. 법률은 민속과 국제(國制)에 적합해야만 공도라 할 수 있다. 공도가 법률의 보편성이라면, 민속과 국제는 법률의 특수성을 가리킨다. 법률은 시간적으로 시세에 따라 습속이 달라져 옛날과 지금이 맞지[適] 않을 수 있고, 공간적으로 국풍의 습관, 즉 국제가 달라 타국과 자국이 서로 맞지[合] 않을 수 있다. '민속'은 시세에 따라 변하는 습속으로서 옛날과 지금이 맞지[適] 않는 경우가 발생하고, '국제'는 국풍의 습관으로서 타국과 자국이 맞지[合] 않는 상황이 발생한다. 여기서 '적(適)'은 시간적인 경우에, '합(合)'은 공간적인 경우에 쓰였다. 이러한 불일치를 해소하는 방법이 '득중'(혹은 '적중')과 '개정'의 논리다.

'득중'은 옛날과 오늘의 사이, 타자와 자기의 사이에서 '중'을 취하는 것을 뜻한다. 지나치지 않게 옛것 중에 오늘에 적절하지 않는 것을 바꾸고 남의 것 중에서 자기 것에 부합하지 않는 것을 바꾸는 것이다. 과불급의 논리에 입각한 '득중'이다. 실제 사회에서 '득중한 공도'를 실현하는 유력한 규범은 형법이다. 형법은 정치[王政]와 법률[國憲]이 만나는 지점에서 작동한다. 여기서 형법을 적정한 정도로 시행하는 것이 '득중한 공도'다. 유길준은 형법을 시행하는 득중한 공도로서 세 가지를 상정한다. 새로 정한 법으로 지난 일을 추궁하지 않는 것(人情), 공포하지 않은 형벌의 조목을 가지고 죄를 따지지 않는 것(王政), 사사로운 정을 가지고 판결하지 않는 것(國憲)이다. 유길준은 공도의 득중을 법률에 의거하여 인정을 살피는 왕정에서 찾았다.

　법률의 점진적 개정은 문명사회로 나아가는 길이다. 법은 점진적으로 개정되어야 한다. 법의 개정은 고전, 즉 옛법을 깊이 살펴 덧붙이거나 줄이는 형태가 되어야 한다. 아울러 국인의 습관, 즉 관습에 순응하는 형태가 되어야 한다. 사람들이 놀랄 정도로 법률을 급하게 개정해서는 안 된다. 관습에 기초해 점진적으로 개정해야 한다. 이를 통해 점차 '안전한 경역'으로 나아가고 '문명한 법도'를 끌어올릴 수 있다. 문명사회로 나아갈 수 있다.

---

[8] 是故로 國風의 習慣과 世趣의 異同을 由ᄒ야 彼邦의 善美흔 法律이 此地人民에게 不合흔 者가 有ᄒ고 古代의 公明흔 法律이 今時의 俗尙에 不適흔 者도 有ᄒ니 法律은 其 民俗과 國制에 適合흔 然後에 可히 公道라 謂홀지라 法律의 第一大主義ᄂ 公衆의 害患을 防ᄒ기에 在흔 則 小數人의 利益을 爲ᄒ여 是ᄅ 枉흠이 不公흔 極度니 夫人生의 相愛ᄒᄂ 理로 推觀ᄒ면 同類生族에게 刑律을 加흠이 誠 不忍흔 一事나 然ᄒ나 罪犯의 分度ᄅ 參量ᄒ야 其 相當흔 罰을 用ᄒ기ᄂ 衆人의 禍ᄅ 除ᄒ며 又 他人民을 勵흠이니 此亦 不得已흔 政法이라 然ᄒ기 刑法의 用이 一毫라도 其 相當흔 適度에 過ᄒ면 暴虐ᄒ다 謂홀지오 不及ᄒ면 怠慢ᄒ다 稱홀 디로딕 新定흔 律例로 前日의 事狀을 追究흠은 人情에 不近ᄒ고 未布흔 刑條로 昔誤흔 咎戾ᄅ 執論흠은 王政에 有違ᄒ며 好惡의 私情으로 疑似의 輕重을 判決흠은 國憲을 不遵흠이니 得中흔 公道ᄂ 此三者의 差ᄅ 俱免흠이니

　[9] 且夫 法律은 如何흔 基礎에 立ᄒ든지 其 現存ᄒᄂ 時ᄂ 其 國의 綱紀라 其 便否와 好惡을 勿論ᄒ고 是ᄅ 尊奉ᄒ며 是ᄅ 敬從ᄒ야 敢히 擾ᄒ지 勿ᄒ고 敢히 犯ᄒ지 勿ᄒ야

君民上下가 一體遵守홈이 保國ᄒᄂᆫ 大道니 新進ᄒᆫ 少年은 或他邦의 景況을 喜ᄒ고 自小ᄒᄂᆫ 懷想을 起ᄒ야 人事와 物情에 未達ᄒ고 一時의 輕忽ᄒᆫ 議論으로 全國의 騷亂을 煽起ᄒ기 容易한 者라 此ᄂᆫ 佛蘭西의 耆舊老成도 未免ᄒᆫ 過擧니 新法을 欲施ᄒᆯ진대 古典을 愼考ᄒ야 增刪改正ᄒᆫ 大旨로 潤色ᄒᄂᆫ 條例를 附成ᄒ고 國人의 習慣을 順適ᄒ야 其耳目을 驚駭홈이 無ᄒᆫ 然後에 安全ᄒᆫ 境域에 漸趨ᄒ야 文明ᄒᆫ 軌度를 引進ᄒ리니 法律의 公道ᄂᆫ 國人이 其趣意를 同好홈에 在ᄒ고 又 其趣意를 犯ᄒᄂᆫ 者가 有ᄒ면 國人의 同惡ᄒᄂᆫ 公義로 適中ᄒᆫ 科條를 施ᄒ기에 在홈이라 故로 曰 法律의 公道가 人民의 權利를 屏翰ᄒ야 無道不公ᄒᆫ 侵伐을 防禦ᄒᄂᆫ 者라 ᄒ노라

제3절

순찰의 제도

    [1] 순찰의 본의는 국가의 치평(治平)을 도와 개명한 진보를 지키는 데 있다. 그러므로 법제(法制)의 질서를 파괴하여 인세의 안녕에 방해되는 자를 쫓아내고, 온평(穩平)한 큰 뜻에 장애가 되고 사회(社會)의 화호(和好)에 손상되는 자를 억제한다. 민생의 복지와 안녕(安康)에 유관한 사항은 모두 그 직이 간여한다. 그 일이 중대한 연유를 이로 인해 알 수 있다.

    순찰하는 도는 두 가지로 구별한다. 하나는 행정경찰[行政警飭]이고, 다른 하나는 사법경찰[司法警飭]이다. 행정경찰은 편의한 조치로써 화환(禍患)과 재해를 미연에 방지하여 인민이 죄에 빠지지 않게 하는 뜻이고, 사법경찰은 이미 저질러진 범죄를 수색하고 체포하여 인민의 화난(禍難)을 제거하는 취지다. 그러므로 행정경찰의 힘이 미치지 않을 때는 사법경찰의 직이니, 이 두 가지의 분계(分界)는 그 사이에 머리털 하나도 들어가지 않는다. 비유를 하나 들자면, 여기에 한 사람이 있어 남의 집 담장을 넘으려 했을 때 이를 막으면 이는 행정경찰이고, 그 사람이 한 발이라도 담 위를 이미 넘은 때는 이유 없이 남의 집에 잠입하는 미수범이니 곧 사법경찰에 속하여 형률의 처단을 받게 된다. 그러므로 실상은 행정과 사법의 경찰이 표리를 이룬다. [후략]

[4] 이로써 보건대 순찰하는 도는 국가의 하나의 큰 정치다. 관아를 세우고 관리를 두어 사무를 관장하고 순찰하는 인사를 명하여 거리와 골목을 돌아다니게 한다. 그 제도가 정밀[愼密]하고 규모가 엄정함은 붓으로 일일이 쓸 수 없다. 하지만 인민의 죄과를 미연(未然)에 방지하고 사후[已然]에 따지는 큰 취지를 벗어나지 않는다. 그 직무는 정관(政官)의 귀와 눈이고 법관(法官)의 손과 발이다. 인세의 질서를 보수하여 비상시의 폭동과 불의의 재난을 진압하므로 그 공(功)이 무비(武備)보다 못하지 않다. [후략]

[5] 순찰하는 규칙이 민간의 미세한 사물에 간섭[挿理]하는 권한을 행하지는 않는다. 그러나 조금이라도 국법[國禁]을 어긴 자는 용서하는 것을 불허한다. 정부와 인민 사이에 깊은 관계가 있으니 순찰하는 인물을 신중히 고르지 않으면 안 된다. 모집하는 규정을 살펴보면, ① 나이가 강장(强壯)한 자(20세 이상 50세 이하), ② 글을 대략 아는 자, ③ 나쁜 병이 없는 자, ④ 성질이 굳건하고 주벽이 없는 자, ⑤ 염치가 훼손되지 않은 자(나라 곡식을 훔쳐 먹지 않고 남의 부채가 없는 자), ⑥ 보증인이 있는 자, ⑦ 2개년 이상 봉공(奉公)하는 데 지장이 없는 자.

[6] 이와 같이 순찰하는 인사를 택하여 그 직무를 맡기되, 관위(官威)를 빌려 사민(私民)에게 횡포할까 염려하여 그 권한을 분명히 정하고 행실을 조심한다. 또한 봉공하는 동안에는 타인의 재산에 보증서는 것을 불허하고, 순행할 때 비바람이 몰아쳐도 남의 집에 들어가거나 시장에서 물품을 매매하는 것도 불허한다. 이는 깊은 뜻을 포함한 것이다. 또한 그 직에 태만한 자가 있을까 우려하여 감독하는 관리를 두어 때때로 거리에 파출하여 순찰의 직무가 부지런한지 태만한지를 보고 품행이 단정한지도 함께 살핀다. 순찰은 돌아다니는 동안 겪은 모든 일을 적어 감독관에게 제출하고, 감독관은 이것을 받아 관아에 전해 올린다.

[7] 순찰은 인민의 동정을 시찰함으로써 직무를 행하는 것에만 그치지 않는다. 남의 어려움을 풀고 남의 위급함을 구해 준다. 길을 잃은 어린아이가 있으면 인도하여 집에 돌려보내고, 술 취한 사람이 넘어졌을 때 붙잡아 다칠 걱정을 없애주며, 길에서 급한 병이 생긴 자를 도와주며, 다친 자를 부축하여 의사의 치료를 받게 한다. 어떤 사고든지 타인의 보조가 필요한 자는 모두 순찰의 힘을 빌린다. 그리하여 인민이 안도하여 태평한 낙을 누리고 불시의 환난에 대비하고 뜻밖의 걱정을 없애 안전한 복을 받는 것은 순찰의 도움[補助]이 많아서다.

❁

순찰의 본의

경찰(순찰)은 군대, 감옥과 더불어 국가가 인민을 통제하는 핵심 제도의 하나다. 정부는 경찰을 통해 국가의 질서를 보전하는 기능을 수행한다. 경찰의 본의는 국가의 치평을 도와 개명한 진보를 지키는 데 있다. 순찰의 기능은 두 가지가 있다. 행정경찰과 사법경찰이다. 행정경찰은 사회의 질서를 유지하는 기능을 수행한다면, 사법경찰은 인민의 복지를 돕는 기능을 수행한다.

먼저 경찰의 질서유지 기능을 보자. 순찰은 법질서를 파괴하여 인세의 안녕에 방해되는 자를 없애고, 사회의 화평을 해치는 자는 억제하는 임무를 수행한다. 경찰의 기본 취지는 인민의 범죄를 사전에 예방하고 사후에 이를 규명하는 데 있다. 사법경찰이 이와 관련된 직무를 수행한다. 사법경찰은 범죄인을 수색, 나포하고 증거물을 수집하여 검찰관에게 넘겨주는 사항, 실종자, 간질환자, 기아, 구속인과 관계되는 사항에 간섭하는 임무를 수행한다[2]. 경찰은 민간의 미세한 사적 영역에 간여해서는 안 되지만, 국법을 지키는 임무를 수행함으로써 사회질서를 보수한다. 이 임무는 군대가 대외 방어를 담당하는 것 못지않다. 제4단락의 후략 부분에서 유길준은 사회질서를 보전하는 기능을 영국 경찰의 사례에서 확인한다. 영국에서는 사소한 범죄가 끊이지 않아 여야 간 논란 끝에 경찰 제도를 만들었는데, 10년도 되지 않아 편리함을 인정받았고, 다른 서양 국가들도 앞다투어 이 제도를 받아들였다는 것이다[4].

한편 경찰은 민생의 복지와 안녕에 관한 직무를 수행한다. 순찰은 인민의 동정을 시찰하는 직무뿐 아니라 인민의 어려움을 도와주는 임무도 수행한다. 행정경찰은 인민의 재해를 방호하고, 인민의 건강을 간호하고, 인민의 방탕한 풍속과 음란한 풍습을 제지하며, 국법을 범하려는 자를 탐색하고 예방한다. 이 경우 경찰은 정부와 인민 사이의 깊은 관계에 간여하는 매개 역할을 한다. 따라서 정부와 인민의 사이를 매개하는 순찰에 종사할 사람은 신중하게 선발해야 한다. 경찰 업무에 부응하는 자격은 연령, 식자(識字) 능력, 건강한 신체, 강고한 성격, 염치, 확실한 신분 등이다.

───────

[1] 夫巡察의本意는國家의治平을助ᄒ야開明ᄒᆫ進步를守ᄒ기에在ᄒ니是以로法制의秩序를破潰ᄒ야人世의安寧에妨害되는者를驅除ᄒ며穩平ᄒᆫ大旨에障碍ᄒ야社會의和好에損傷되는者를抑遏ᄒ야民生의福祉와安康에有關ᄒᆫ事項은皆其職의干預홈인則其事의重大ᄒᆫ緣由가此를因ᄒ야可見홀지라

今此巡察ᄒᄂ道를二種에區別ᄒ야其一은曰行政警飭이오其二는曰司法警飭이니行政警飭은便宜ᄒᆫ處實로禍患과凶害를未發에防ᄒ야人民으로罪辜에勿陷ᄒᄂ意思며司法警飭은已發ᄒᆫ罪犯을搜索ᄒ며捕詰ᄒ야人民의患難을除祛ᄒᄂ趣旨라然ᄒᆫ故로行政警飭의力이未及ᄒᆫ時는司法警飭의職이니此二者의分界가其間에一髮을不容ᄒᄂ지라一譬를設ᄒ건대此에一人이有ᄒ야人家의墻垣을欲踰ᄒᄂ時에是를防護ᄒᆫ則此는行政警飭이오其人이一足이라도墙上에已踰ᄒᆫ時는無故히人家에潛入ᄒᄂ未遂犯이니乃司法警飭에屬ᄒ야刑律의處斷을受홀지라然ᄒᆫ故로其實은行政과司法의警飭이表裏되ᄂ니 [후략]

[4] 是를由ᄒ야觀ᄒᆫ則巡察ᄒᄂ道가亦國家의一大政이라衙司를建ᄒ고官吏를寘ᄒ야其事務를掌ᄒ며巡察ᄒᄂ人士를命ᄒ야街市及坊巷애周行ᄒᄂ니其制度의愼密홈과規模의嚴正홈은一筆로枚擧ᄒ기不勝홀디로딕人民의罪過를未然에防止ᄒ

고已然에糾詰ᄒᆞᄂᆞᆫ大旨趣에不出ᄒᆞ야其職掌이乃政官의耳目이오法官의手足이라人世의秩序ᄅᆞᆯ保守ᄒᆞ야非時의暴亂과不意의禍害ᄅᆞᆯ鎭壓ᄒᆞᆫ則其功이武備에不讓ᄒᆞ니 [후략]

[5] 巡察ᄒᆞᄂᆞᆫ規則이民間의微細ᄒᆞᆫ事物에揷理ᄒᆞᄂᆞᆫ權은不行ᄒᆞ나然ᄒᆞ나一毫라도國禁에有違ᄒᆞᆫ者ᄂᆞᆫ寬恕ᄒᆞ기不許ᄒᆞᄂᆞᆫ故로政府와人民의間에湊切ᄒᆞᆫ關係가是存ᄒᆞ니巡察ᄒᆞᄂᆞᆫ人士ᄅᆞᆯ愼擇ᄒᆞᆷ이無ᄒᆞ면不可ᄒᆞᆫ지라是以로其召募ᄒᆞᄂᆞᆫ規程을考ᄒᆞ건대

　一　年紀의强壯ᄒᆞᆫ者(二十歲以上五十歲以下)

　二　文義ᄅᆞᆯ畧通ᄒᆞᄂᆞᆫ者

　三　惡病의不存ᄒᆞᆫ者

　四　性質이堅忍ᄒᆞ며酒癖의無ᄒᆞᆫ者

　五　廉恥의不破ᄒᆞᆫ者(國穀偸食及他人負債의不報ᄒᆞᆫ者)

　六　保證人의有ᄒᆞᆫ者

　七　二個年以上奉公에無碍ᄒᆞᆫ者

[6] 如是ᄒᆞ게巡察ᄒᆞᄂᆞᆫ人士ᄅᆞᆯ擇ᄒᆞ야其職務ᄅᆞᆯ授ᄒᆞ되猶且官威ᄅᆞᆯ藉ᄒᆞ야私民에게橫暴ᄒᆞᆯ가念慮ᄒᆞ야其權限을明定ᄒᆞ고行實을操飭ᄒᆞ며又其奉公ᄒᆞᄂᆞᆫ間은他人錢財의保證되기ᄅᆞᆯ不許ᄒᆞ고巡行ᄒᆞᄂᆞᆫ時에風雨가暴至ᄒᆞ야도人家에入ᄒᆞ기와廛市에物品販購ᄒᆞ기도不準ᄒᆞᄂᆞ니此ᄂᆞᆫ深密ᄒᆞᆫ意思ᄅᆞᆯ包ᄒᆞᆷ이어니와或且其職에怠慢ᄒᆞᄂᆞᆫ者가有ᄒᆞᆯ가是憂ᄒᆞ야乃警巡ᄒᆞᄂᆞᆫ官吏ᄅᆞᆯ實ᄒᆞ고有時로街市에派出ᄒᆞ야巡察의職務勤慢을視ᄒᆞ고又其品行의端否ᄅᆞᆯ兼管ᄒᆞᄂᆞᆫ故로巡察이其周行ᄒᆞᄂᆞᆫ際에逢着ᄒᆞᆫ一切諸事ᄅᆞᆯ記ᄒᆞ야警巡에게傳ᄒᆞ고警巡은是ᄅᆞᆯ受ᄒᆞ야官司에遞呈ᄒᆞᆷ이라

[7] 盖巡察이人民의動靜을視察ᄒᆞᆷ으로其職務ᄅᆞᆯ作ᄒᆞᆯᄯᆞ름에不止ᄒᆞ고人의難을釋ᄒᆞ며人의急을求ᄒᆞ야小兒의迷路ᄒᆞᆫ者가有ᄒᆞ면是ᄅᆞᆯ導ᄒᆞ야其家에歸ᄒᆞ고醉人의顚倒

ᄒᆞᄂᆞᆫ者가有ᄒᆞ면是ᄅᆞᆯ扶ᄒᆞ야疵傷ᄒᆞᄂᆞᆫ患을免ᄒᆞ며道中에急病이發ᄒᆞᆫ者ᄅᆞᆯ擁護ᄒᆞ며致

傷ᄒᆞᆫ者ᄅᆞᆯ扶持ᄒᆞ야醫士의救治ᄅᆞᆯ托ᄒᆞ고又如何ᄒᆞᆫ事故든지他人의補助ᄅᆞᆯ須ᄒᆞᄂᆞᆫ者

ᄂᆞᆫ皆巡察의力을賴ᄒᆞᄂᆞ니是故로人民이其堵ᄅᆞᆯ安ᄒᆞ야泰平ᄒᆞᆫ樂을享홈과不時의患

을備ᄒᆞ고非意의憂ᄅᆞᆯ除ᄒᆞ야安全ᄒᆞᆫ福을受홈이亦巡察의補助가多홈이라

제11편

편당, 생계, 양생

제11편은 「편당하는 기습」, 「생계 구하는 방도」, 「양생하는 규칙」의 세 절로 구성되어 있다. 「편당하는 기습」은 공공정치를 지향하는 일종의 정당론이다. 유길준은 취향과 의론이 달라 편당이 생기는 것을 인정하면서 공론에 의거한 공공정치를 상정한다. 「생계 구하는 방도」 에서는 지식과 생업의 필요성을 강조한다. 지식이 있어야만 생업을 얻고 무위도식을 벗어나 자주적인 생계를 이룰 수 있다는 것이다. 「양생하는 규칙」에서는 신체 운동을 통한 양생을 받아들이면서 양생을 일신뿐 아니라 사회, 국가 수준에서 논의한다. 유길준은 정당의 공론정치, 자주적 생계, 사회적 양생(위생)을 공공정치의 요체로 보았다. 공공정치는 규칙과 공론에 의한 공적 규율뿐 아니라 오륜과 도리의 작용에 의존하는 것이었다.

제1절
편당하는 기습(氣習)

[1] 사람의 천품[天稟]한 성정은 고금이 다르지 않고 피차가 같다. 그러나 세상에 살면서 사물을 재탁(裁度)하는 데 취향이 같지 않아 의론이 서로 갈리고, 호오(好惡)가 고르지 않아 취사(取捨)가 서로 다르다. 천하의 사물은 출처가 무궁하므로 사람의 이끌림도 이에 따라 분분하다. 취향이 서로 같으면 의론도 같고, 호오가 같지 않으면 취사도 같지 않다. 서로 같은 자는 성기(聲氣)가 호응하여 같은 당[同黨]이라 부르고, 같지 않은 자는 취지가 맞지 않아 다른 당[他黨]이라 부른다. 이것이 편당(偏黨)의 시초다.

옛날 서양 역사책을 보면 편당의 폐해가 아주 심했다. 작게는 몸이 무너지고 크게는 나라를 뒤엎어 인세의 근심이 이보다 더한 것이 없었다. 공심(公心)으로 하지 않고 단지 사욕(私慾)을 부려 보잘것없는 덕과 사소한 원한으로 서로 공격을 가해 그 도가 좋지 않았기 때문이다. 후대에 이르러 지혜[智慮]의 추이[步趨]가 차츰 나아지면서 편당하는 법[規模]도 면목을 일변하였다. 의론이 격앙되어도 사의(私意)를 손상하지 않고, 취향이 다르다고 해서 위권(威權)을 남용하지 않았다.

이 당이 잘못한 것을 저 당이 변박(辨駁)하고 저 당이 잘못한 것을 이 당이 지적하여, 높아지려는 기개로 분경(粉競)하는 기풍[風]을 불러일으키지 않고 이기기 좋아하는 습성으로 면려(勉勵)하는 도를 이룬다면, 다투는 것이 공(公)이라 할 수 있다. 국가 정령이 편리한지 아닌지 득인지 실인지, 인민의 경황이 이로운지 해로운지 좋은지 나쁜지를 강구하고 헤아려, 같은 당의 사람들이 각기 뜻을 다해 옳은 것을 채택하고 그른 것을 바꾸어 한 당의 공의(公議)를 이룬다. 그러나 음비(陰祕)한 사론[私黨]을 만들지 않고 세간에 공포하여 천하의 여론으로 시비를 정한다. 다른 당의 배척을 받아 잘못이 확실하다면 흔연히 개오(改悟)하여 잘못을 덮지 않는다. 또한 다른 당의 의론이라도 선미한 것은 칭찬하여 그 옳음을 받아들인다. 실상은 인민과 나라[民國]의 대계를 위해 득실을 항론(抗論)하는 것이지 일신의 사욕 때문에 이해를 다투는 소의(小意)가 아니다. 그러므로 편(偏)이라 해도 편이 아니고, 당(黨)이라 해도 당이 아니다. 서로 공평한 도를 사용하여 정법(政法)을 논의하는 기틀을 세우는 것이며, 저마다 제어하는 힘을 가지고 권세를 자행하는 폐단을 막는 것이다. 참으로 나라의 복이고 생민의 이로움이다.

이렇게 본다면 편당하는 도는 두 가지가 있다. 공(公)을 주로 하고 사(私)를 버리는 경우는 나라가 번창하고, 공을 버리고 사를 좇는 경우는 나라가 무너진다. 또한 중인(衆人)이 합하여 한 당을 이루면 그중에 또한 편심(偏心)을 가진 자가 없지 않겠지만, 그러한 사람은 그 당에서도 용납하지 않아 공심인(公心人)의 제어를 받을 것이다. [후략]

[3] 이들 여러 당이 각기 의견을 말하고 논의를 세워 언사(言詞)로 화살과 돌을 삼고 문자(文字)로 창과 갑옷을 대신하여 서로 시비를 공격하고 서로 곡직을 논박하는데, 누가 잘하는지 못하는지를 결정하는 것은 국인의 공론이다. 어느 당의 주의(主義)든지 국인이 모두 좋다고 한 연후에야 그 당이 정부의 권력[權柄]을 잡고 국가의 정령을 행한다. 집권하는 연한이 있어 만일 그 사이에 모든 조처와 행위가 편당의 국견(局見)을 벗어나고 공평한 법도[軌度]를 따른다면 국인이 모두 기뻐하여 정권의 재집권을 허락하지만, 만일 그렇지 않으면 국중의 공론이 벌떼처럼 일어나 다른 당의 주의를 허용하기 때문에 그 당은 권력을 잃게 된다.

이 때문에 정부의 관리는 사사로운[私曲] 소견(小見)으로 감히 위권[威柄]을 남용하지 못하고, 전전긍긍하는 근신으로써 공(公)에 봉직할 따름이다. 그런데 당의(黨議)는 각기 주된 뜻이 공(公)을 위하고 사(私)를 돌보지 않기 때문에, 일을 행하고 사람을 상대하여 논박할 때는 각 당의 명분[名目]이 있다. 그러나 교유하는 동안에는 붕우 친척의 즐거움이 넘쳐 흘러 술잔을 나누는 화의(和意)와 음악과 글을 하는 정화(情話)로 서로 다투는 기미가 나타나지 않는다. 또한 당론의 색깔[偏色]을 가지고 가문의 대대로 전하는 유업으로 삼지는 않는다. 아버지는 아들이 좋아하지 않는 것을 강요하지 않고 형은 동생이 즐겨하지 않는 것을 권하지 않기에, 한 집안에 각 당의 이름은 있어도 가족의 화목함[和氣]은 달라지지 않고, 남녀 간의 결혼도 서로 통하여 당색[黨目]의 같고 다름에 구애받지 않는다.

✤

편당과 정당

정당정치의 공공성에 관한 정당론이다. 인간 본성(human nature)은 보편적이지만 사람들의 취향과 견해는 다르다. 취향이 같은 사람들끼리 당파를 이루고 자기 당과 다른 당을 구별하는 것은 인간의 습성이다. 그런데 서양의 역사를 보면 사사로운 편당이 공정한 정당으로 발전하는 것을 확인할 수 있다. 서양에서는 사람들이 당을 이루어 조그마한 덕과 사소한 원한을 가지고 서로 공격하는 일이 많았다. 작게는 일신에, 크게는 일국에 폐단을 초래할 정도로 편당의 폐해는 아주 심했다. 공심이 아니라 사욕을 내세우는 일이 많았다. 하지만 지혜가 발달하면서 정당제도가 크게 바뀌었다. 치열한 논쟁이 벌어져도 사적 의견을 손상하지 않았고, 취향이 다르다고 위권(威權)을 멋대로 사용하지 않게 되었다.

'나라의 체제와 민의 습관'에 따라 정당의 명분은 다르고 때문에 다양한 정당이 존재한다. 생략된 제2단락에서 유길준은 영국과 미국의 정당을 소개한다. 영국의 정당정치는 "국가 정령의 구제를 보수하고자 하는" 보수당과 "정부의 규제를 변개하여 진선하기를 행하는" 개진당이 이끈다. 유길준은 영국의 정당정치에서 "보수란 완고한 고집[堅執]이 아니고 개진이란 경솔[輕忽]한 망거(妄擧)가 아니다"는 사실을 확인한다. 자신이 직접 견문했던 미국의 정당에 관한 소개는 더 상세하다. 공화당(Republican Party)과 민정당(Democratic Party)은 둘 다 공화정체를 주장하지만, 전자는 진보주의를 내세우고 후자는 보수주의를 표방한다. 무관세를 주장하는 자유통상당, 지폐 사용을 주장하는 녹배당(綠背黨, Greenback Party), 금주를 주장하는 청성당(淸醒黨, Prohibition Party), 여권 신장을 주장하는 여권당 등도 언급한다[2]. 서양의 학문당과 종교당을 소개하면서 근대서양의 학문은 종교의 구속에서 벗어나 자유하는 권리를 획득하였다는 사실도 언급한다. 학문당의 목표를 설명하면서 격물치지(格物致知)와 궁리진성(窮理盡性)을 통해 이용후생과 정덕(正德)을 달성한다는 유학 방법론을 끌어들인 점도 주목할 만하다[4].

정당과 공공정치

유길준은 정당론에서 공과 사의 정치에 관한 견해를 드러내는 한편, 경려의 정신에 입각한 공공정치의 구현을 지향한다. 정당은 사를 버리고 공을 지향하는 공공정치를 추구해야 한다. 공심(公心)이 편심(偏心)을 지양하는 정치다. 당내에 편심을 가진 자는 당내 정치를 통해 공심인(公心人)의 제어를 받는다. 당의 잘못을 서로 비판하고 옳은 것을 추구하여 서로 논쟁을 벌이는 것이야말로 공공정치의 조건이다. 이를 위해서는 자만심에 의거한 경쟁이 아니라 면려하는 정신이 요구된다. 정당은 당내 논의를 통해 국가 정령과 인민의 경황에 관한 '당의 공의', 즉 당론을 이루고, 정당의 공의를 세상에 공개하여 '천하의 여론'으로 시비를 정한다. 일신의 사욕을 가지고 작은 이익을 다투는 것이 아니라 인민과 나라의 대계를 위해 득실을 논할 때, 다른 당의 비판과 옳은 주장도 받아들일 수 있다. 국가와 인민을 위한 정당의 공공정치는 당내 정치에서건 정당정치에서건 공개성(publicity)과 공공성(publicness)에 의거해야 한다. 공평한 도를 사용하여 정법을 논의하는 기틀을 세우고 권력을 자행하는 것을 제어할 수 있어야 한다. 정당은 공평한 도에 의거해 법제도를 형성하는 한편, 상호견제를 통해 정치권력의 남용을 방지하는 제도적 장치다.

유길준의 정당론은 공공정치의 변형과 공적 영역의 출현을 시사한다. 서양사회의 근대적 공공성에 주목했을 때 유길준이 찾아낸 공공성의 요체는 '규칙'과 '공론'이었다. 서양의 노동자 사회에서는 등짐장수, 마부와 같은 노동자들이 무게, 거리를 정하는 규칙을 영생(營生)하는 도로 삼고 무리들[徒中]의 공론에 따라 합당한 짐삯을 받는다(제6편). 법률가 사회에서는 율사들의 공론이 시비를 따지는 근거이고, 법관이 내리는 공결(公決)의 근거는 법 규칙이다(제11편 2절). 정치사회에서는 정부가 민간의 공익을 위해 규도(規度)를 세우고 인민의 자주는 시정(市井)의 공론으로 구현된다(제6편). 이밖에도 군주와 인민이 함께 지키는 군민공치, 그리고 정령과 법률이 민의 공론에 부응하는 공론정치도 공공정치와 관련된다(제5편 2절). 정당은 정치사회에서 국가 정령과 관련된 '정법'과 인민의 경황과 관련된 '공의'('공론')를 만들어 내는 정치제도다.

이러한 공론관은 유교적 공론을 대체하는 근대적 공론의 출현을 의미한다. 유교 정치사회에서 '공론'은 국가의 흥망이나 유학의 성쇠를 대의명분으로 삼는 '국가 공공의 의론'이었고, 공론의 주체는 사간원, 사헌부, 홍문관의 언관이나 재야 유생들이었다. 그런데 유교적 공론정치는 개항개방의 질서변동에 제대로 대응하지 못하게 된다. 이러한 상황에서 유길준은 근대적 '규칙'과 '공론'에 의거해서 정치사회의 공공성이 작동하는 새로운 형태의 공공정치를 구상한 것이다. 공론은 규칙에 의거한다. 공론은 다수의 집합적 의견(opinion)이 아니라 사회 구성원들이 법제와 규칙에 기초해서 만들어 내는 사회적 공공성을 가진 공적 여론(public opinion)이다. 정당은 이러한 공론 개념에 기초한 것이며, 유교적 공론정치에서 기능했던 붕당과는 구별된다.

유길준의 공론정치론은 1890년대 후반에 비록 근대적 정당은 아니었지만 독립협회, 협성회 등의 단체나 만민공동회와 같은 토론회를 통해 확산되었다. 『독립신문』의 한 사설에는 "나라마다 공론을 가지고 백사(百事)를 하는데 대한은 공론하는 사람들이 없는 고로 정부에서 세상공론이 어떠한지 알 수도 없고 또 공론이라 하는 것은 공변되어야 공론이어늘 그저 사랑에나 모여 한두 사람이 말하는 것은 공론이 아니라 그런 고로 나라마다 인민들이 모이는 처소가 있어 여럿이 규칙 있게 모여 정체하게 만사를 토론하야 좌우편 이야기를 다 들은 뒤에 작정한 의론이 공론이라"는 발언이 보인다(『독립신문』 1898년 2월 24일자 사설). 공론은 인민의 토론에서 나오며 토론은 규칙을 갖춘 '회(會)'를 통해 가능하다고 말하기도 했다. '회'는 이전의 '편쌈[편싸움]하는 회'나 '아(亞)자 걸음으로 향음 주례하는 회'와 같은 사당(私黨)이 아니라 정치사회에서 가장 필요한 근대적 공공권의 기초로 간주된다(『독립신문』 1898년 2월 19일자 사설). 근대적 공공영역이 출현하고 인민의 공론에 기초한 공론정치 구상이 부상하였다. 유길준의 정당론은 한국에서 근대적 공공정치론의 효시를 이룬다고 할 수 있다. 다만 유길준은 '나라의 체제와 민의 습관'에 따라 편당의 모습이 다르다고 했는데, 그의 공공정치론에 반영된 것 같지는 않다.

———————

[1] 夫人의天稟흔性情은古今이無異ᄒ고彼此가亦同ᄒ나然ᄒ나世間에居ᄒ야事物을裁度홈애其趣向이不一흔지라議論이互歧ᄒ고好惡가不均흔故로取捨가相左홈이오天下의事物은其出이無窮흔故로人의牽引이亦從ᄒ야紛紜흔者라趣向이相同흔則議論이亦同ᄒ고好惡가不同흔則取捨가亦不同ᄒ야相同흔者ᄂ聲氣의救應으로同黨이라稱ᄒ고不同흔者ᄂ志趣의矛盾으로他黨이라謂ᄒ니此ᄂ卽偏黨의始라

泰西往古의史牒을稽ᄒ건대偏黨의禍害가甚多ᄒ야小흔則其身이敗ᄒ고大흔者ᄂ其國을覆ᄒ야人世의患이此에莫過ᄒ니公心으로不以ᄒ고私慾을但濟ᄒ야一飯의德과睚眦의怨으로攻擊을互加ᄒ야其道가不善흔緣由어니와後代에至ᄒ야其智慮의步趨가漸進홈애偏黨ᄒᄂ規模도亦其面目을一變ᄒ야議論의激昂홈으로私意의損失이不生ᄒ고趨尙의携貳홈으로威權의恣用이不行ᄒ니

此黨의不善흔者를彼黨이辨駁ᄒ며彼黨의有失흔者를此黨이指摘ᄒ야欲高ᄒᄂ氣槩로粉競ᄒᄂ風을吹起치아니ᄒ고好勝ᄒᄂ習性으로勉勵ᄒᄂ道를修成흔則所爭은公이라謂홀디며國家政令의便否와得失이며人民景況의利害와善惡을講究ᄒ며商確ᄒ야同黨의諸人이各其意를盡ᄒ야可흔者를採ᄒ고否흔者를替ᄒ야一黨의

公議를 成호되 陰秘호 私藁를 不作호고 世間에 公布호야 天下의 興論으로 其 是非를 決홀새 他黨의 排擊을 被호야 其 過失이 實호즉 亦 欣然히 改悟호야 其 非를 不飾호고 又 或 他黨의 議라도 善美호눈 是를 讚道호야 其 可홈을 許與호ᄂ니 其 實은 民國의 大計를 위호야 得失을 抗論홈이오 一身의 私慾으로 其 利害를 爭鬪호ᄂ 小意아닌즉 偏이라 謂홈이 偏이아니오 黨이라 謂홈이 亦 黨이아니라 乃 公平호 道를 互用호야 政法의 間難호ᄂ 機를 立함이며 操制호ᄂ 柄을 各持호야 權勢의 恣橫호ᄂ 弊를 遏홈이니 誠有國의 福이오 生民의 利라

是를 由호야 觀호건대 偏黨호ᄂ 道가 有二호야 公을 主호고 私를 棄호ᄂ 者ᄂ 其 國이 昌호며 公을 廢호고 私를 循호ᄂ 者ᄂ 其 國이 殘호ᄂ니 抑且 衆人이 合호야 一黨을 成호즉 其間에 又 或 偏心을 持호 者가 不無호나 然호나 如彼호 人은 亦 其 黨에도 不容호야 公心人의 制御를 服受홈이라 [후략]

[3] 此 諸黨이 各 其意를 說호며 論을 立호야 言詞로 矢石을 作호며 文字로 戈甲을 代호야 是非를 互擊호고 曲直을 相駁호되 及 其 善惡을 決斷호기에 至호여ᄂ 國人의 公論이라 是以로 何黨의 主義든지 國人이 皆曰可然後에 其 黨이 政府의 權柄을 遂執호야 國家의 政令을 乃行호ᄂ니 其 執權호ᄂ 年限이 有호야 若 其間에 凡百是措와 行爲가 偏黨의 局見을 脫棄호고 公平호 軌度를 遵依호즉 國人이 皆悅호야 政權의 連執홈을 許호고 若 不然호면 國中의 公論이 蜂起호야 他黨의 主義를 許호ᄂ 故로 其 黨이 權을 失호ᄂ지라

是를 由호야 政府의 官吏ᄂ 私曲호 小見으로 威柄을 濫用호기 不敢호고 戰兢호ᄂ 謹愼으로 公에 在호야 其 職을 奉홀ᄯ름이니 却夫黨議ᄂ 各 其 主意가 公을 爲호고 私를 不顧호ᄂ 故로 其 事를 事호고 其人을 人호야 論詰호ᄂ 際에ᄂ 各黨의 名目이 存호나 然호나 交遊호ᄂ 間에ᄂ 友朋親戚의 歡好가 藹洽호야 栖酌의 和意와 琴書의 情話로 相爭호ᄂ 氣味가 不現호고 且 黨論의 偏色으로 家門의 世傳호ᄂ 箕裘를 不作호야 父가 其子의 所

不好를不强호고兄이其弟의所不樂을不勸호야一室의內에各黨의名이有호딕家族
의和氣는自如호며男女의嫁娶도相通호야黨目의異同으로不拘홈이라

제2절

생계 구하는 방도

[1] 사람이 세간에 살면서 생활하는 데에는 세 가지 큰 강령이 있다. 음식과 의복과 집이다. 옛날을 올려보고 지금을 내려다보며 현우귀천(賢愚貴賤)이 경영하고 주선(周旋)하는 것을 살펴보면, 그 시비와 곡직은 실상 이 세 가지를 벗어나지 않는다. 그러나 이것을 구하는 도리에 법이 없으면 사람은 금수와 다를 바 없다. 그래서 생민의 자연한 정리(正理)에 근거하여 오륜의 행실을 작정하고 사람의 대도를 밝힌 것이다. 그러므로 이 세 조목을 구하는 데 오륜에 의하여 법으로써 해야 한다는 것이며, 오륜을 돌아보지 않고 사욕을 자행해서는 안 된다고 말한다. 앉아서 손톱 끝으로 물이나 튕기면서 평생을 한가롭게 보내는 자는 대대로 전하는 곳간이 산처럼 쌓였어도 한낱 거지와 같은 자이니 가련한 인생이다. 이와 같은 자는 해로움이 일신에 그치지 않고 나라에 미치는 한

낱 유의유식(遊衣遊食)하는 사람으로 만물의 도적이다. 이러한 자가 많을수록 나라가 빈약해짐은 의론을 기다리지 않아도 분명하다. 어찌 한심한 일이 아니겠는가.

그렇기 때문에 서양인이 생계[生涯]를 구하는 방도에는 분명한 규칙이 있다. 천만 가지의 각종 사업이 이 한 가지 방책에 지나지 않음은 수많은 물줄기가 반드시 바다로 돌아가는 것과 같다. 그렇지만 본래 배워 얻은 지술(智術)이 없으면 또한 그 방도를 따르는 데 어려운 일이 많다. 그리하여 학교를 세워 가르치고 깨우치니, 배운 자는 노심(勞心)하는 자리에 있고 못 배운 자는 노력(勞力)하는 사람이 된다. 농공상(農工商)은 우리가 논하지 않아도 생계 구하는 곡절을 잘 알 것이다. 이 밖에도 논해야 할 것이 많다. 어떤 직업으로 생계를 구하든 분수를 확실히 정하고 언약을 굳게 지키며 재주를 잘 닦아 남에게 뒤지는 걸 싫어해야 한다. 그러므로 그 궁구(窮究)하는 성벽(性癖)은 시기하는 싹이 있는 듯하지만, 실상은 서로 권하는 도이고, 그 경영하는 기상은 분경(奔競)하는 풍습이 있는 듯하지만, 실상은 서로 배우는 것이다. 이렇게 함으로써 국가의 부강한 기틀을 세우고 인민의 풍요로운 경황을 이루면, 무당이나 점쟁이의 허무한 습속[俗尚]이나 사주 관상의 터무니없는 이치를 믿지 않을뿐더러 당초에 말하는 자도 없을 것이다. 단지 실재[有實]한 것만을 좇아 비기(秘記)나 동요(童謠) 같은 허황된 소동으로 세상을 미혹하고 민을 속이는 자는 불용하고 각자 생업에 편안하며 마음을 단정히 하여 공사(公私)의 화평과 복록을 누린다. 이렇게 되면 상을 주면서 도둑질할 자를 찾아도 따르는 자가 드물 것이다. 주색잡기를 권해도 응하는 자가 적을 것이다. 이로써 살펴보건대 헛소문[訛言]이나 퍼뜨려 민심을 소란하게 하고 정부를 원망하는 자, 그리고 외도(外道)에 종사하여 가산을 탕진하고 친척을 흩어지게 하는 자는 배우지 못한 인민이 생업이 없기 때문이다. [후략]

[4] 저술하는 것도 그 뜻이 생계 구하는 방도 중 가장 훌륭한 한 가지다. 우리나라의 풍속은 도학군자와 문장명사(文章名士)의 고명한 이론과 심원한 저술이 상자에 가득차고 책상에 넘쳐도 저술한 주인이 살아 있을 때에는 거론하지 않고 후세의 자손을 기다려 출간하는 일을 맡겼다. 그러므로 만일 자손이 떨치지 못하면 비록 정미(精美)한 학문과 심묘한 지술(智術)이라도 세상에 공포하지 못하고, 혹 그 자손 가운데 어리석은 자가 있으면 벽에 도배하거나 시장바닥의 휴지로 써버리기 때문에 한 평생 고생해서 쌓은 공부[工程]가 눈 진창[雪泥]의 기러기 발톱처럼 남은 자국도 없다.

서양에서는 그렇지 않다. 저술하는 자가 자기가 쓴 것을 살아있는 동안에 출간하여 세상에 공포한다. 출판하는 것은 자기의 힘을 들이는 것이 아니다. 저술하는 자가 글 쓰는 공부만 뛰어나다면 출판하는 자가 서책을 다투어 구한다. 다른 이유에서가 아니다. 저술하는 의론이 세인에게 유익한 문장이면 천하 각국에서 구입하는 자가 끊이지 않기 때문에 그러한 것이다. 또한 저자도 이로 인해 생계 구하는 방도가 생기는 것은 출판인이 책을 판매하는 대로 정부의 일정한 규칙에 따라 책값의 100분의 20 혹은 10분의 1을 저작료[著述幣]로 주기 때문이다. 그러므로 학자가 어떠한 사물을 만나든지 이치를 궁구하여 극진(極臻)한 경역을 연구하여 정미(精美)한 의론을 세운다. 또한 외국에 유람한 사람이라도 그 지방의 산천 풍토와 인정 물정과 정치 법률을 상세히 기록하여 저술하는 일로 생계를 삼는다. 가난한 나라에서는 인민 가운데 배우지 못한 자가 많기 때문에 이러한 일로 생업을 영위할 수는 없지만, 이 때문에 저술하는 일을 그만두면 인민의 우매함을 면하기 어려우니 깊이 헤아려야 할 것이 여기에 있지 않겠는가.

또한 저술하는 이외에도 학자가 생계를 구하는 방책은 여럿이다. 조목을 다 들어 말하기는 지루하지만, 그중 한 가지를 들면 연설하는 일이다. 연설이란 학자가 저마다 잘하는 것으로 확실한 근거[確據]를 깊이 궁구하여 생민의 도덕이든지 물품의 이치든지 저마다 그러한 까닭을 글로 의론하여 중인 앞에서 낭독하는 것이다. 혹 외국의 사정과 본국의 풍속[俗尙]에 대해서도 선미(善美)한 것은 칭찬하고 괴이한 것은 비웃어 권면하는 의사와 징계하는 마음을 포함하기도 한다. 그러므로 사람의 문견을 넓히고 교화를 힘쓰는 도에 도움이 없지 않다. 서양에는 시골 마을이나 가난한 마을이라도 강연장[演說廳舍]이 없는 지방은 없다. 또한 연설하는 자도 사례가 넉넉하여 반시간에 우리 돈 4,000냥이 되는 자도 있고, 적어도 400냥 이하는 드물다. 학자의 등급에 따라 많고 적음을 정하기 때문이다. 그래서 10,000냥 이상 되는 자도 있다.

[9] 생계 구하는 방도로 논하면 어떤 사물이든 본뜻을 따지면 그렇지 않은 것이 없다. 신문지와 서책을 인쇄하는 자, 장사치의 점원과 농가의 머슴, 점포를 차린 자와 만물을 제조하는 자 모두 그러하다는 사실은 장황하게 논할 필요가 없다. 어떤 사물에든지 나아가지 않고 편안

히 앉아 생계가 없다고 핑계를 대는 자는 우망(愚妄)하다는 조롱을 면치 못할 것이다. 사람이 생계를 구하는 것이지 생계가 사람을 택하는 것이 아니다. 각기 생계를 구하는 데 직업[産業]이 있다. 이 사람이 하는 것은 저 사람이 하지 않고, 저 사람이 만드는 것은 이 사람이 만들지 않는다. 한 사람이 두 가지 것을 겸하기 어렵기 때문에 이 사람이 가진 것을 가지고 저 사람에게 없는 것을 보충하고, 저 사람의 있는 것을 취하여 이 사람의 없는 것을 돕는다. 이렇게 하면 저 사람의 물품이 비싸질 때 이 사람의 물품도 귀해질 것이고, 이 사람의 물가가 낮아질 때 저 사람의 물가도 떨어질 것이다. 물가가 높아지거나 떨어진다고 해도 인생의 수고로움[契活]에는 관계가 적을 것이다. 푼돈 나올 곳이 없는데 생업을 영위하지 않고 타인에게 의뢰하여 한 사람이 경작한 것을 백 사람이 먹고 한 아낙네가 짠 것을 열 사람이 입게 된다면, 나라의 형세도 빈약해질 뿐 아니라 생민의 생활[營産]도 힘들어질 것이다. 생계를 구하는 자는 농공상을 막론하고 자기의 업으로 삼은 바를 따라 부지런히 힘써 심력을 다해야 할 것이다.

✺

생계와 지식

인간은 살면서 경영하고 주선하는 것에 관해 시비곡직을 따지지만 가장 기본적인 것은 의식주다. 유길준은 먹는 것을 우선해서 식, 의, 주의 순으로 적고 있다. 생활은 '경영'과 '주선'으로 표현된다. '경영'은 생계를 유지하는 것이다. '주선(周旋)'은 읍양진퇴(揖讓進退)하는 행례(行禮)나 내왕하며 교제하는 것, 즉 사회생활에 필요한 예절을 뜻한다. 의식주, 즉 생계를 구하는 방도에는 법이 있다. 사람과 짐승을 구별하는, 즉 문명과 야만을 구분하는 법이다. 사람의 생계는 사람의 자연한 정리에서 비롯되는 오륜의 행실과 관련되며, 법은 이러한 행실과 결부된다. 생계를 구하는 길은 오로지 오륜과 법에 의거해야 한다. 오륜을 돌보지 않거나 사욕을 멋대로 행해서는 안 된다.

상속받은 재산이나 축내는 자들은 거지나 다름없다. 무위도식하는 자들은 '만물의 도둑'이다. 무위도식의 폐해는 나라에까지 미치기 마련이다. 사람들의 나태한 행실은 국가에까지 영향을 준다. 이렇게 되지 않으려면 교육을 통해 '지술(智術)'을 익혀야 한다. 여기서 맹자가 말하는 노심자(勞心者), 노력자(勞力者)의 개념 틀이 동원된다. 맹자는 "옛말에 이르기를 어떤 사람들은 마음을 힘쓰고 어떤 사람들은 힘을 부린다. 마음을 쓰는 사람은 남을 다스리고, 힘을 쓰는 사람은 남의 다스림을 받는다. 남의 다스림을 받는 사람이 남을 먹이고 남을 다스리는 사람은 남에게 먹힌다. 이는 천하의 통의다[古曰 或勞心或勞力 勞心者治人 勞力者治於人 治於人者食人 治人者食於人 天下之通義也]"(『孟子』 藤文公上)라고 말하였다. 또한 『춘추좌전』에서도 "군자는 마음을 쓰고 소인은 힘을 쓰는 것이 선왕의 제도다[君子勞心 小人勞力 先王之制也]"라 해서 '노심'과 '노력'을 각각 군자와 소인에 대응시켰다. 군자=노심자, 소인=노력자로 보았던 것이다. 이와 달리 맹자는 노심자=정신노동자(지배자), 노력자=육체노동자(피지배자)로 보았다. 한편 농가(農家)는 모든 사람이 농작을 해야 한다고 주장했는데, 맹자는 이에 대항하여 분업과 협동의 필요성을 역설하였다. 유길준은 이러한 도식을 '배운 자'=노심자, '못 배운 자'=노력자로 바꾸었다. 식자-무식자의 개념틀을 내세워 군자-소인, 정신노동자-육체노동자의 개념틀을 대체한 것이다. 배움과 못 배움이 생계를 구하는 핵심 조건으로 부상한 셈이다. 지식사회의 출현이라 볼 수 있지 않을까. 이제는 생계 구하는 방도로서 '지술'이 중요해진다.

생업과 직분

생계의 핵심은 생업(직업)을 갖는 데 있다. 공공생활이건 사적 생활이건 화평과 복록은 안정된 생업을 가졌을 때 가능하다. 생업을 통해 생계를 영위하는 것은 '분수', '언약', '재주'에 기초했을 때 가능하다. 그런데 생계를 유지하려면 남에게 뒤지는 걸 싫어하는 습성도 필요하다. 이 습성이 시기(猜忌)와 분경(奔競)의 심정을 야기할 수도 있지만 꼭 그런 것은 아니다. '사물의 이치를 궁구하는 성벽'이나 '경영하는 기상'은 질투나 경쟁의 습관보다는 서로 권하고 서로 배우는 길을 열어준다. 격물치지와 생업의 경영은 서로 권하고 서로 배우는 상호부조의 사회를 형성하는 조건이다. 생업과 지식은 상관적이다. 지식과 생업은 부국과 부민에 필요한 조건이다. 무당, 점, 사주관상 등으로 세상을 미혹하거나 사람을 속이고 유언비어를 퍼뜨려 민심을 어지럽히고 가산을 탕진하는 것은 못 배운 데다 직업마저 없기 때문이다.

유길준은 관리, 교사, 저술가, 의사, 변호사, 항해사, 발명가의 생계 방식을 소개한다. 관리가 인군의 명령을 받아 백성을 위해 직책을 수행하는 것은 '위국(爲國)하는 충성'과 '향국(向國)하는 정성'에서 나온 것이지만, 생계를 구하는 방도이기도 하다[2]. 교사는 학문과 지식으로 존경받지만, 학문만 한다면 의식주를 해결할 수 없다. 교사는 후학을 가르치고 깨우치는 일이 인생의 큰 즐거움이며 유쾌한 일이지만, 자신도 굶주림과 추위를 면해야 하므로 학비를 받아 생계를 꾸려야 한다. 학비를 받는 것은 생계를 구하는 방편이자 놀고먹는 인민을 만들지 않기 위해서도 필요하다[3]. 의사는 정부의 허가를 받아 의술을 행하는데, 생계를 구하는 방도이므로 사례를 받는다. 대신 가난한 자는 정부가 제중원 같은 병원을 설립하여 구제한다[5]. 율사는 사건의 곡직을 가지고 따질 뿐 형세의 강약에 좌우되어서는 안 된다. 법관이 공정하지 못한 판결을 내릴 경우 율사의 공론으로 잘잘못을 따지므로 근신하지 않을 수 없다[6]. 유길준은 항해사와 발명가도 소개한다. 발명가는 국가의 큰 복이고 생민의 큰 이익이 되는 존재다. 발명가는 서양문명에 크게 기여하였다. 발명은 나라의 부강과 인민의 개명, 나아가 천하의 이익을 가져다준다. 발명은 가난한 자가 자본 없이 생계를 유지하는 방책이기도 하다. 유길준은 발명가를 '경륜(經綸)하는 자'라고 표현했다. 국가의 대사를 계획하고 운영한다는 '경륜'이란 말을 쓰고 있다[7][8].

지식사회에서 학자의 생계는 무엇보다 중요하다. 저술과 연설은 학자의 생계책이다. 조선의 주자학자나 문장가들의 고명한 이론과 깊이 있는 글이 사후에 묻혀버리거나 출간해도 도배지나 휴지로 쓰이는 경우가 허다하다. 서양에서는 저자 생전에 출판업자가 출판 판매하고 저자에게 인세를 주기 때문에 학자들은 훌륭한 이론이나 견문록을 저술하여 생계를 꾸릴 수 있다. 연설은 대중을 상대로 학자가 주의, 주장, 의견을 피력하는 행위인데, 학자의 생계 구하는 방도의 하나다. 연설은 공중의 출현을 전제로 하는 근대적 현상으로서 인민을 계몽하는 행위였다. 근대어 '연설'은 후쿠자와 유키치에 의한 'speech'의 번역어였다. 원래 '연설'은 불경을 해설, 강론한다는 뜻을 가진 불교 용어였다.

유길준이 생계법을 소개하고 생업을 강조한 것은 무위도식의 습관을 크게 경계했기 때문이다. "사람이 생계를 구하는 것이지 생계가 사람을 택하는 것이 아니다"라는 말이 단적으로 보여준다. 생계를 찾으려 애써야만 생업이 생겨난다는 말이다. 분업의 발상도 엿보인다. 물론 생산량 증대를 상정한 애덤 스미스의 분업 개념과는 다르다. 한 사람이 여러 일을 동시에 하기 어려우므로 일을 나누어 서로 부족한 것을 보충하고 돕는다는 논리는 자본주의 생산론보다는 직분론에 가깝다. 저 사람의 물품이 비싸지면 이 사람의 물품도 귀해지고 이 사람의 물가가 낮아지면 저 사람의 물가도 떨어진다는 논리는 한정된 물품경제에서 필요에 의해 교환 가치가 등가적으로 결정된다는 의미일 것이다. 수요와 공급의 원칙에 따르는, 보이지 않는 손(invisible hand)에 의한 가격 결정을 생각한 것은 아니다. 핵심은 생산량 증대가 아니다. 타인에 의존한 무위도식이 아니라 생업을 통해 생계를 유지하는 방도를 확보하는 데 있다. 농공상을 막론하고 부지런히 생업을 다할 때 국부가 늘고 생민은 안정된 생활이 보장된다. 자본 논리보다는 직업 논리이지만, 어쩌면 직분론적 직업의식에서도 자본주의의 맹아를 찾을 수 있을지 모른다. 무위도식을 없애려면 생업을 갖도록 해야 한다는 주장은 훗날 『독립신문』

의 사설들에서 되풀이된다.

---

[1] 大抵人이世間에處ᄒᆞ則其生活ᄒᆞ기에三條在綱領이有ᄒᆞ니曰飮食과衣服과宮室이라古ᄅᆞᆯ仰ᄒᆞ며今을俯ᄒᆞ야賢愚貴賤의經營ᄒᆞᄂᆞᆫ바와周旋ᄒᆞᄂᆞᆫ者ᄅᆞᆯ考察ᄒᆞ건대其是非와曲直이實狀은此三條에不脫ᄒᆞ나然ᄒᆞ나此ᄅᆞᆯ求ᄒᆞᄂᆞᆫ道理에法이無ᄒᆞ면人이禽獸와無異ᄒᆞᆯ지라乃生民의自然ᄒᆞᆫ正理에根據ᄒᆞ야五倫의行實을酌定ᄒᆞ야人의大道ᄅᆞᆯ明ᄒᆞᆷ이니然ᄒᆞᆫ故로此三條ᄅᆞᆯ求ᄒᆞ기에五倫을依ᄒᆞ야法으로以ᄒᆞ則可ᄒᆞᆫ者라稱ᄒᆞ며萬若五倫을不顧ᄒᆞ고私慾을縱恣ᄒᆞ則不可ᄒᆞᆫ者라謂ᄒᆞᆷ이어니와爪末水ᄅᆞᆯ座彈ᄒᆞ고平生을間送ᄒᆞᄂᆞᆫ者ᄂᆞᆫ世傳ᄒᆞᄂᆞᆫ倉積이如山ᄒᆞ야도一介乞人과同ᄒᆞᆫ者니可隣한人生이라若是ᄒᆞᆫ者ᄂᆞᆫ其害가一身에不止ᄒᆞ고其國에歸ᄒᆞ야一介遊衣遊食ᄒᆞᄂᆞᆫ人으로百物의盜賊이니如此ᄒᆞᆫ者多ᄒᆞ면其國의貧弱ᄒᆞᆷ은議論을不俟ᄒᆞ야著明ᄒᆞᆫ者라엇디위ᄒᆞ야寒心ᄒᆞᆯ者가非此리오

然ᄒᆞᆫ지라泰西人의其生涯求ᄒᆞᄂᆞᆫ方道ᄂᆞᆫ分明ᄒᆞᆫ規則이存ᄒᆞ야千萬條의各散ᄒᆞᆫ事業이此一條의方策에不過ᄒᆞ야衆流가海에必歸ᄒᆞᆷ과同ᄒᆞ되本來學得ᄒᆞᆫ智術이無ᄒᆞ고ᄂᆞᆫ亦其方道ᄅᆞᆯ從ᄒᆞ기에艱窘ᄒᆞᆫ事端이多有ᄒᆞᆯ지라乃學校ᄅᆞᆯ建ᄒᆞ야敎ᄒᆞ며誨ᄒᆞ니學ᄒᆞᆫ者ᄂᆞᆫ勞心ᄒᆞᄂᆞᆫ地에居ᄒᆞ고不學ᄒᆞᆫ者ᄂᆞᆫ勞力ᄒᆞᄂᆞᆫ人을作ᄒᆞ則農工商은吾人의論이無ᄒᆞ야도生涯求ᄒᆞᄂᆞᆫ曲折을解得ᄒᆞ려니와此外에도可論ᄒᆞᆯ者가多ᄒᆞ니如何ᄒᆞᆫ職業으로其生涯ᄅᆞᆯ求ᄒᆞ든지分數ᄅᆞᆯ確定ᄒᆞ고言約을固守ᄒᆞ며才操ᄅᆞᆯ精修ᄒᆞ야人에게後ᄒᆞᄂᆞᆫ事ᄅᆞᆯ嫌ᄒᆞᄂᆞᆫ故로其窮究ᄒᆞᄂᆞᆫ性癖은猜忌ᄒᆞᄂᆞᆫ萌動이有ᄒᆞ듯ᄒᆞ나實狀은相勸ᄒᆞᄂᆞᆫ道며其經營ᄒᆞᄂᆞᆫ氣像은奔競ᄒᆞᄂᆞᆫ風習이存ᄒᆞ듯ᄒᆞ니實狀은互學ᄒᆞᄂᆞᆫ事니然ᄒᆞᆷ으로以ᄒᆞ야國家의富强ᄒᆞᆫ機ᄅᆞᆯ建ᄒᆞ며人民의富裕ᄒᆞᆫ景을飾ᄒᆞ야巫祝과卜筮의虛無ᄒᆞᆫ俗

尙이며四柱와觀相의浮浪호理致를不信홀뿐더러當初에說道호노者도無호야但有
實호事를從호야秘記나童謠又튼荒誕호騷動으로世를惑호고民을誣호노者노不容
호고各其業을便安히호며其心을端正히호야公私의和平과福祿을享受호노니然호
지라賞호며셔盜賊될者를求호야도從호노者가稀홀지오雜技와酒色을勸호야도應호
노者가少홀지라此를因호야探究호건대訛言이나起호야民心을擾亂호며政府를怨望
호노者와外道에從事호야家産을蕩敗호고親戚을離散호노者노不學호人民의無業
호緣故라 [후략]

[4] 著書호노者도其意가亦生涯求호노方道의極美호一條니大槪我邦의風俗은
道學君子와文章名士의高明호理論과宏探호述作이箱篋에滿盈호며几案에充溢호
야도其著述호主人이生時에노擧論홈이無호고後世子孫을俟호야其登板호노策을
任호노故로若其子孫이不振호면雖精美호學問과深妙호智術이라도人世에公布호
기不能호고或其子孫의蠢蒙호者를遇호면墻壁의塗褙와塵市의休紙에歸호야一生
의積苦호工程이雪泥의鴻爪又치餘痕도無호되

泰西에노不然호야著書호노者가其述作호바를自己生時에登板호야世間에公布
호노니其登板호기노自己의事力을費홈아니라著書호노者가其製述호노工夫만精緊
홀진대登板호노者가其書冊을爭求호노니此노無他라其著述호議論이世人에有益
호文章이면天下各國의購求호노者가其踵을接호야至호노故로然홈이오又著書人
도此를因緣호야其生涯求호노方道를成호노者노登板人이其書冊을販售호노대로
政府의一定호規則을遵依호야其本價의百分의二十或十分의一을著述幣로贈遺호
노緣由라是故로學者가如何호物을逢着호든지其理를窮究호야極臻호境域을格
야精美호議論를立호고又外國에遊覽호人이라도其地方의山川風土와人情物態와
政治法律을詳細히記錄호야著述호노事로其生涯를作홈이니大槪貧艱호國에노人

民의不學ᄒᆞᆫ者가多ᄒᆞᆫ則如此ᄒᆞᆫ等事로其生業을營求홈이不能ᄒᆞ나然ᄒᆞ나是ᄅᆞᆯ由ᄒᆞ야著述ᄒᆞᄂᆞᆫ事ᄅᆞᆯ廢ᄒᆞ면其人民의愚昧홈은免ᄒᆞ기亦難ᄒᆞ리니深量ᄒᆞᆯ者가此에不在ᄒᆞ리오

又著書ᄒᆞᄂᆞᆫ外에도學者의生涯求ᄒᆞᄂᆞᆫ方策이不一ᄒᆞ니條目을擧ᄒᆞ야談破ᄒᆞ기ᄂᆞᆫ支離ᄒᆞ나其中에一條ᄅᆞᆯ指出ᄒᆞ건대演說ᄒᆞᄂᆞᆫ事라夫演說이라ᄒᆞᄂᆞᆫ者ᄂᆞᆫ學士가各其所長으로深究確據ᄒᆞ야生民의道德이든지物品의理致든지各其所以然ᄒᆞᆫ緣由ᄅᆞᆯ文詞로論出ᄒᆞ야衆人前에朗讀ᄒᆞᄂᆞᆫ事니或外國의事情과本國의俗尙에至ᄒᆞ야도善美ᄒᆞᆫ者ᄅᆞᆯ稱讚ᄒᆞ고怪異ᄒᆞᆫ者ᄅᆞᆯ譏弄ᄒᆞ야勸勉ᄒᆞᄂᆞᆫ意思와懲戒ᄒᆞᄂᆞᆫ氣味ᄅᆞᆯ含包ᄒᆞ기도ᄒᆞᄂᆞᆫ지라然故도亦人의聞見ᄅᆞᆯ博ᄒᆞ며教化ᄅᆞᆯ勵ᄒᆞᄂᆞᆫ道에有補홈이不無ᄒᆞ니泰西에僻鄕과窮村이라도演說廳舍의無有ᄒᆞᆫ地方은無ᄒᆞ며又演說ᄒᆞᄂᆞᆫ者도其幣帛이厚ᄒᆞ야半時間에我錢四千兩에至ᄒᆞᄂᆞᆫ者도有ᄒᆞ고少ᄒᆞ야도四百兩以下ᄂᆞᆫ稀ᄒᆞ나此ᄂᆞᆫ學者의層級으로其厚薄을定ᄒᆞᄂᆞᆫ故로萬兩以上에至ᄒᆞᄂᆞᆫ者도有홈이라

[9] 大槩生涯求ᄒᆞᄂᆞᆫ方道로論ᄒᆞ야何事何物이든지其本意ᄅᆞᆯ追究ᄒᆞ면不然ᄒᆞᆫ者가無ᄒᆞ니新聞紙及書冊登板ᄒᆞᄂᆞᆫ者며商賣의差人과農家의雇傭이며店舍排鋪ᄒᆞᄂᆞᆫ者와百物製造ᄒᆞᄂᆞᆫ者의皆然홈은張皇ᄒᆞᆫ論을不俟ᄒᆞ려니와如何ᄒᆞᆫ事物에든지不就ᄒᆞ고安坐ᄒᆞ야生涯업다稱托ᄒᆞᄂᆞᆫ者ᄂᆞᆫ愚妄ᄒᆞ다謂ᄒᆞᄂᆞᆫ譏嘲ᄅᆞᆯ不免ᄒᆞ리니人이生涯ᄅᆞᆯ求홈이오生涯가人을擇홈은아니라各其生涯ᄅᆞᆯ求ᄒᆞ야産業이有ᄒᆞᆫ則此의爲ᄒᆞᄂᆞᆫ者ᄂᆞᆫ彼의不爲ᄒᆞᄂᆞᆫ者며彼의作ᄒᆞᄂᆞᆫ者ᄂᆞᆫ此의不作ᄒᆞᄂᆞᆫ者라一人이二事ᄅᆞᆯ兼ᄒᆞ기有難ᄒᆞᆫ故로此의有ᄒᆞᆫ바ᄅᆞᆯ擧ᄒᆞ야彼의無ᄒᆞᆫ바ᄅᆞᆯ補ᄒᆞ며彼의有ᄒᆞᆫ바ᄅᆞᆯ取ᄒᆞ야此의無ᄒᆞᆫ바ᄅᆞᆯ助ᄒᆞᄂᆞ니如此ᄒᆞ면彼의物品이高騰ᄒᆞᄂᆞᆫ時ᄂᆞᆫ此의物品도翔貴홀지오此의物價가低降ᄒᆞᄂᆞᆫ時ᄂᆞᆫ彼의物價도下落ᄒᆞ야物資의高低로人生의契活에關係가少ᄒᆞᆯ디어늘分錢出處가無ᄒᆞ고生業을不營ᄒᆞ며他人에게依賴ᄒᆞ야一人의耕ᄒᆞᆫ者ᄅᆞᆯ百人이食ᄒᆞ고一婦의

織훈바를 十人이 衣호기에 至호則 有國의 形勢도 貧弱호려니와 生民의 營産도 艱苦홀디니 生涯를 求호는 者는 農工商을 無論호고 自己의 業호바를 隨호야 黽勉호야 心力을 盡홀디어다

제3절
양생하는 규칙

[1] 사람의 생로병사는 세간의 자연한 이치다. 그러나 사람이 세상에 있는 동안 양생하는 도를 근신하여 질고(疾苦)의 우환을 면하고 강녕한 복지를 누리는 것이 인세 직분의 한 가지 관건[關係]이다. 부모를 섬기는 자가 이 도에 어두우면 자식의 직분[職]을 닦지 못하는 것이고, 군주를 섬기는 자가 이 도를 가벼이 하면 신자(臣子)의 직분[分]을 힘쓰지 않는 것이다. 고위 관료[長者]와 정부가 이 도를 경시하면 고위 관료와 정부의 책임을 행하지 않는 것이다. 이 규칙에 관한 지식이 있어도 실용하는 학문이 없으면 행하기 어렵다. 이는 다른 이유에서가 아니다. 양생하는 도의 이치를 궁구하지 않으면 그 공효(功效)가 어떠한 것인지 알수 없다. 또한 그 이치를 궁구하여 아는 자라도 경험하는 방책이 없으면 그 실상(實狀)을 행할 수 없다. 한 사람의 몸에는 한 사람의 양생이

있고, 한 집에는 한 집의 양생이 있고, 한 나라에는 한 나라의 양생이 있다. 이제 서양인의 양생하는 규칙을 논해 보자.

[2] 지체(肢體)운동은 사람이 동물이기 때문에 만일 몸을 태만히 하고 운동하는 습관[恒性]이 없으면 마음이 저절로 게을러질 뿐 아니라 기혈이 자연히 순환하는 도리[度數]를 잃어 근골(筋骨)이 차츰 연약한 경역에 이르고, 연약해져 질병에 걸리기 쉽다. 그러므로 지체 운동은 각인 일신의 양생하는 도에 긴요한 것이다. 그 운동은 군사의 조련이 아니다. 걷고 싶은 자는 걷고 타고 싶은 자는 탄다. 붕우 두세 사람이 옷자락을 나란히 하고 지팡이를 짚고 휘파람을 불면서 숲속 언덕에 오르며 시를 읊으면서 시냇가를 따라 거닐다 저녁놀 지친 새를 벗 삼아 느린 걸음으로 돌아온다. 가벼운 수레를 부리거나 빠른 말을 타고 숲속에서 깊은 회포를 풀고 해변에서 멀리 바라보다가 곧게 뻗은 큰길을 질주하여 돌아오기도 한다. 여름날, 가을날 저녁에는 작은 배에 돛을 펴고 물결치는 저녁 경치를 희롱하며 물 위 맑은 기운을 호흡하는 것으로 즐거움을 삼는 자도 있다. 각 학교에는 학생[書生]의 정력이 천품한 적도(適度)에 미치지 못한 자를 기계의 힘으로 복원하는 법을 행한다. 또한 군사체조를 가르쳐 양생하는 도를 좇는데, 이는 깊은 원려에서 나온 것이다. 만일 하루아침에 국중에 일이 발생할 경우 학생들도 적과 싸울 수 있는 군사의 직분을 닦기 위해서다.

[3] 침식과 의복을 신중히 선택하는 이치도 양생하는 도의 아주 중요한 것이다. 일찍 자고 늦게 자는 일과 일찍 일어나고 늦게 일어나는 일은 모두 사람에게 아주 해롭다. 그러므로 일찍 일어나고 늦게 자면서

일하는 것이 보통 사람의 기력에는 적당하지 않다. 또한 잠자리가 너무 덥거나 너무 추운 것도 이롭지 못하며, 협소한 방에 두세 사람이 동침하는 것은 더욱 좋지 않다. 사람이 내뱉는 더러운 기운이 방안에 충만하여 깨끗한 기운에 뒤섞이면 사람의 호흡이 막히는 병을 일으키기 쉽기 때문이다.

음식으로 말하더라도 식료와 음료를 삶거나 익히는 법은 사람의 양생을 적당하게 한다. 또한 잘게 씹고도 갑자기 삼키지 않아야만 알맞게 소화가 이루어질뿐더러 일정한 시간으로 그 기한의 빠르고 늦음을 어기지 말아야 한다. 사람의 장부(臟腑)는 비유하자면 증기기관[滊輪]의 기계이고, 음식물은 석탄과 물의 재료이다. 기계가 석탄과 물을 얻은 뒤에야 작동하는 이치와 같이 장부도 음식물을 먹은 뒤에야 기와 혈을 돌게 하는 힘을 만들어 낸다. 음식물의 양이 많으면 석탄과 물이 너무 많은 것과 같다. 기계가 손상되기 쉬운 것처럼 장부도 손상을 입을 것이다. 음식물이 적으면 석탄과 물이 부족하여 기계가 지체되는 것처럼 장부도 항도(恒度)의 힘을 잃을 것이다. 그러므로 적중(適中)한 분수(分數)로 과불급이 없어야만 한다.

의복은 사철의 춥고 더움 때문에 가죽옷이나 베옷을 입는 것이 본연한 상도(常道)이다. 그렇지만 여름철이라도 홑옷은 사람 몸의 보생(保生)하는 열기를 너무 지나치게 발설하기 때문에 실상은 좋지 않다. 첫째 조건은 정결함이다. 만약 의복이 더러우면 보기에 추한 것은 고사하고 축축한 나쁜 기운이 들어와 몸에 해롭다고 한다.

이상에서 말한 것과 같다고 하면, 부자는 양생하는 규칙을 준수할 수 있지만 빈자는 알아도 행하기 아주 어려울 것이다. 어찌 그렇게 되겠는가. 역시 그렇지 않다. 우리나라 가난한 사람의 경상을 생각하면 실상은 매우 어렵다. 서양인의 빈곤한 분수(分數)와 편리한 제도로는 용이한 일이다.

[4] 집과 도로가 정결한 것은 양생하는 관계에 심중(深重)한 것이다. 대개 사람의 질병은 기혈이 정상을 잃은 데서 나온 것이 매양 많지만, 또한 더러운 기운이 유포되는 데서 비롯된 것도 적지 않다. 이는 서양인의 수백 년 경험에서 그 연유를 살펴본 것이다. 우리는 경험[經歷]이 없기 때문에 아직 믿을 것은 아니다. 또한 전염하는 병의 괴질과 염병의 종류는 오로지 더러운 기운의 독이다. 그러므로 서양에 스페인의 남쪽 고을들이 더러움 때문에 전염병이 많이 퍼지고, 또 우리나라를 말하더라도 각처 도회지는 해마다 새봄에 싹을 내고 초가을에 열매 맺는 시절에는 유행병이 왕왕 독을 퍼뜨린다. 만약 이와 같은 병을 운수의 관계라 한다면 어찌 더러운 지방에 있고 각국의 정결한 도시에는 없겠는가.

더러운 기운을 없애는 길은 집의 거처와 도로의 소제를 청결히 하는데 있고, 또 집 근처에 식목하는 일도 도움이 되며, 목욕을 자주 하는 것도 아주 좋다. 서양인의 집안에는 욕실이 없는 집이 없고, 도로의 경황을 보면 광활한 큰길 양쪽에 울창한 수목을 심어 웬만한 더러운 기운의 독을 빨아들인다. 길 위에는 한 점도 더러운 물건이 없어 아주 깨끗하다. 집마다 변소는 땅속의 굴로 수십 리를 통하여 바닷물이 드나들 때 씻겨 내려간다. 이는 도시에서 이루어지는 것이다. 시골에서는 변소의 문을 밀폐하고 대소변은 땅속에 묻어 그 기운이 새어 나오는 것을 막는다.

[5] 국법을 범하지 않는 것은 사람의 지선한 도리이지만 양생하는 규칙에도 한 조목의 대강(大綱)이다. 그 연유를 말해 보자. 만약 국법을 범하면 큰 경우는 사형당하는 죄[一律]이고 작은 경우라도 몸에 괴롭힘을 입는 일이 저절로 많다. 이 어찌 양생하는 도와 관계가 없겠는가. 그러므로 정부의 법령[法禁]에 몽매한 자는 양생의 여러 규칙을 잘 닦아도 실상은 요긴한 조목에 무식함을 면할 수 없는 것이다.

[6] 이상 기재한 여러 조목은 양생하는 규칙의 대강이다. 이 밖에 세세한 것도 많지만 천 가지 만 가지 다른 일들이 실상은 이 수가지 조목의 대강을 벗어나지 않는다. 한 사람의 양생은 그 사람의 행실과 지식에 있지만, 일국의 양생은 그 규모와 권세가 그 나라의 정부에 있다. 때문에 그 직임을 행하기 위해 위생관사(衛生官司)를 세우고, 비용은 인민이 다 같이 낸 세금으로 하며, 군읍(郡邑)이 바둑알처럼 흩어져 있는 지방마다 이 관사가 없는 곳이 없다. 도로를 깨끗이 하는 일은 정부가 행한다. 전염병이 유행하면 더러운 기운을 소제하는 약으로 그것이 전염되는 것을 예방하고, 병자를 격리할 때는 정부가 병자가 타는 차를 마련하여 호송하되 소독약을 차에 뿌려 지나가는 도로에 그 기운이 퍼지지 않게 한다. 또한 병자의 집이 길가에 있어 차들이 지나가는 시끄러운 소리를 듣기 싫어하거나 잠을 잘 수 없으면 정부가 집 근처에 톱밥이나 가는 모래 같은 부드러운 것을 뿌려주기도 한다. 이러한 일을 일일이 다 기록하기는 실로 어렵다. 이를 미루어 헤아리면 규칙이 주밀(周密)하고 잘 구비되어 있음을 알 수 있다.

양생과 직분

이 글에서는 서양인의 양생법, 즉 양생하는 규칙의 대강을 소개한다. 양생하는 도는 일차적으로는 근신하여 질병과 고통의 우환을 면하고 편안한 복지를 향유하는 인간의 직분이다. 양생은 몸의 기혈을 돌보는 보생을 뜻한다. 신체의 양생은 신체의 기력을 증진하는 운동이다. 몸을 게을리하고 운동하지 않으면 마음이 게을러지고 기혈의 순환이 약해지며 근골도 차츰 연약해져 병에 걸리기 쉽다. 지체 운동은 '각인 일신의 양생하는 도'에 긴요하다. 또한 기력의 양생은 옷을 입고 음식을 먹으며 집에서 생활하는 방식에 영향을 받는다. 양생을 신체운동(physical training)의 차원에서 해석하는 것은 전통적 양생관과는 다르다. 전통적 양생은 자연적 섭생을 통해 몸의 조화를 보전하는 것이다. 유길준이 소개한 서양의 양생은 조화론적인 양생이 아니라 기계론적인 양생이라 하겠다.

그런데 양생의 도는 일신의 양생에 머무르지 않고 사회 영역에까지 확장된다. 유길준은 "한 사람의 몸에는 한 사람의 양생이 있고, 한 집에는 한 집의 양생이 있고, 한 나라에는 한 나라의 양생이 있다"라고 말한다. 일신의 양생은 부자 관계, 군신 관계, 그리고 정부-인민 관계에 연루된다. 양생하는 도에 어두우면, 자식은 부모를 섬기는 직분을 수행할 수 없고, 신하는 군주를 섬기는 본분을 다할 수 없다. 정부는 인민에 대한 책임을 행할 수 없다. 양생이 부족하면 제대로 직분을 수행할 수 없다는 것이다.

양생과 위생

양생은 국법과도 무관하지 않다. 국법 준수는 사람의 지선한 도리이지만 양생하는 규칙과 관련된다. 국법을 범하면 형벌을 받아 신체를 훼손하게 되니 양생하는 도와 관계된다. 여기서 양생의 규칙은 법령에 관한 지식과 맞물려 있다. 무식해서는 제대로 양생할 수 없다. 지식과 양생의 상관성은 양생이 실용하는 학문이라는 전제에서 성립한다. 양생은 양생하는 도의 이치를 궁구해야만 효력을 제대로 발휘한다. 양생의 이치를 궁구했다고 해도 경험하는 방책이 있어야 제대로 실천할 수 있다. 실용과 경험의 실천적 학문인 실학의 차원에서 이해했을 때, 양생은 일신의 신체를 보양하는 수준에 머무르지 않고 일신의 신체적 양생을 규율하는 사회, 국가의 존재 양태 수준에서 논의된다.

이러한 수준에 이르면 근대적 위생의 문제에 만나게 된다. 한 사람의 양생은 그 사람의 행실과 지식에 있지만, 일국의 양생은 정부에 달려 있다. 정부가 일국의 양생을 위해 직분을 행사할 때 위생이란 문제가 대두된다. 서양에서는 정부가 지방 각지에 인민의 세금으로 위생관사(衛生官司)를 설립하여 도로를 깨끗이 정비하고, 병자의 격리와 소독 등 전염병 방역에 관한 상세한 규칙이 있었다. '위생관사'라는 용어를 사용했지만, '위생'이라는 말이 개념으로 성립한 것은 아니다. 당시 일본에서는 '위생'이라는 번역어가 이미 쓰이고 있었지만, 유길준은 기존의 양생 개념을 넓히는 수준에서 근대적 위생을 생각한 것으로 보인다. 전통적 양생의 의미를 살리고 싶었던 것이 아닐까.

[1] 大抵人의生老病死는世間의自然흔理라然하나人이其在世흔時에養生하는道
를謹慎하야疾苦의憂患을免하고康寧흔幅祉를享홈이人世職分의一條關係니事親
하는者가此道에茫昧하면人子의職을不修홈이오事君하는者가此道를輕易하면臣
子의分을不愬홈이며又長者와政府가此道를泛視하면長者와政府의責을不行홈이
라此規則에知識이有하기도實用하는問學이無하면行하기亦難하니其由는無他라養
生하는道의理致를不究하고는其功效의如何홈을知하기不能하며又其理를究知흔
者라도經驗하는方術이不有하면其實狀을行하기不能하니一人의身에는一人의養
生이有하고一家에는一家의養生이有하고一國에는一國의養生이有흔지라今에泰西
人의養生하는規則을論하건대

[2] 肢體運動은人이動物인故로若其身을怠惰히持하고運動하는恒性이無흔則其
心이自倦홀쑨더러氣血이自然히其循環하는度數를失하야筋骨이軟弱흔境域에漸趨
하고且其軟弱홈을因緣하야疾病의侵攻이易홀디니是로肢體의運動이各人一身의
養生하는道에緊要흔者라且其運動은軍士의組練아니오欲步者는步하고欲乘者는
乘하느니或數三朋友가襟을聯하고節을携하야舒嘯하는興으로林皐에登陟하며風
咏하는趣로川溪를沿洄하다가夕陽의倦鳥를伴하야緩步로歸하며或輕車를命하며或
快馬를騎하고林間의幽懷를暢하며海邊의遐眺를凭하다가髮直흔大道에疾驅하야
歸하기도하며夏秋의良夕인則小舟에帆을張하고滄波의晩景을戱하야水上의淸氣를
呼吸홈으로取樂하는者도有하고各學校에는書生의精力이其天稟흔適度에未及흔
者를器械의力으로復元하는法을行하며又軍士의體操를敎하야其養生하는道를從
하거니와此는遠慮를包含흔事니若一朝에國中의有事흔時를當하면其書生도亦能히
赴敵하는軍士의職分을修하기爲이라

[3] 寢食과衣服의擇愼ᄒᆞᄂᆞᆫ理도亦養生ᄒᆞᄂᆞᆫ道의極緊ᄒᆞᆫ者니大槩早寢晚寢과早起晚起가皆人의極害ᄒᆞᆫ者라故로夙興夜寐ᄒᆞᄂᆞᆫ勤이凡人의氣力에ᄂᆞᆫ不適홈이오且衽席의太煖홈과太寒홈도不利ᄒᆞᆫ中에狹小ᄒᆞᆫ室에二三人의同寢ᄒᆞᄂᆞᆫ事가尤不善ᄒᆞᆫ緣由ᄂᆞᆫ人의吐出ᄒᆞᄂᆞᆫ穢氣가室內에充滿ᄒᆞ야空淸ᄒᆞᆫ氣에混雜ᄒᆞᆫ則人의呼吸에窒塞ᄒᆞᄂᆞᆫ病을起ᄒᆞ기易ᄒᆞ며

飮食으로論ᄒᆞ야도食料와飮料로브터其烹임ᄒᆞᄂᆞᆫ法을人의養生에適當케ᄒᆞ며又細히嚼ᄒᆞ고도突히呑홈이無ᄒᆞᆫ然後에消化性이其適度ᄅᆞᆯ行ᄒᆞᆯᄲᅮᆫ더러一定ᄒᆞᆫ時間으로其期限의早晚을勿違홈이可ᄒᆞ니人의臟腑ᄅᆞᆯ譬喩ᄒᆞ건대滊輪의器械며食物은炭水의材料라器械가炭水ᄅᆞᆯ得ᄒᆞᆫ後에其工을立ᄒᆞᄂᆞᆫ理와同ᄒᆞ야臟腑도食物이有ᄒᆞᆫ後에야其氣와血의運旋ᄒᆞᄂᆞᆫ力을助成ᄒᆞᆫ則食物이其量에過ᄒᆞ면炭水의太多홈이라器械의易損홈을招홈ᄀᆞᆺ치臟腑도其損을受ᄒᆞᆯ지오食物이少ᄒᆞ면炭水의不足홈으로器械의滯遲홈ᄀᆞᆺ치臟腑도亦其恒度의力을失ᄒᆞᆯ디니然ᄒᆞᆫ故로適中ᄒᆞᆫ分數로過不及의無홈을要求홈이오

衣服인則四時의寒煖으로裘葛의用홈이本然ᄒᆞᆫ常道나然ᄒᆞ나夏節이라도單衣ᄂᆞᆫ人身의保生ᄒᆞᄂᆞᆫ熱氣의潑泄홈이大過ᄒᆞᆫ故로實狀은不善ᄒᆞᆫ者어니와第一은精潔ᄒᆞᆫ條件이니若衣服이汗穢ᄒᆞ면見ᄒᆞ기麤陋홈은姑舍ᄒᆞ고其鬱濕ᄒᆞᆫ惡氣의相薄홈으로人身에有害ᄒᆞ다ᄒᆞ니

以上의論列홈과同ᄒᆞᆯ진대富人은可히養生ᄒᆞᄂᆞᆫ規則을遵守ᄒᆞ려니와貧者ᄂᆞᆫ知ᄒᆞ야도行ᄒᆞ기極難ᄒᆞᆯ지라奈何로其可ᄒᆞ리오亦且不然ᄒᆞ니我邦貧窶人의景像으로想ᄒᆞ면其實이甚艱호ᄃᆡ泰西人의貧困ᄒᆞᆫ分數와便利ᄒᆞᆫ制度로ᄂᆞᆫ容易한者라

[4] 家室과道路의精潔ᄒᆞᆫ事ᄂᆞᆫ養生ᄒᆞᄂᆞᆫ關係에深重ᄒᆞᆫ者니大槩人의疾病이其氣血의失常홈을從出홈이每多ᄒᆞ나亦汚穢氣의流播ᄒᆞᄂᆞᆫ者로因緣홈도不少ᄒᆞ니此ᄂᆞᆫ泰

西人의 累百年經驗으로 其緣由를 審考홈인則 我輩는 經歷이 不有홈으로 未信홀者아니오 且傳染ᄒᆞᄂᆞᆫ病의 怪疾과 癘疫의 種類는 專혀 穢氣의 毒이라 然ᄒᆞᆫ故로 泰西에 西班牙國의 南方諸郡이 汗穢홈으로 傳染病이 多行ᄒᆞ고 又我邦으로 論ᄒᆞ야도 各處都會地는 每年新春의 發生ᄒᆞᄂᆞᆫ時와 初秋의 泄畜ᄒᆞᄂᆞᆫ節이면 流行病이 往往 毒을 肆ᄒᆞ니 萬若如此ᄒᆞᆫ病을 運數의 關係라 홀진대 如何로 汗穢ᄒᆞᆫ地方에 有ᄒᆞ고 各國精潔ᄒᆞᆫ諸都會에는 無ᄒᆞᆫ가

汗穢氣를 消止ᄒᆞᄂᆞᆫ道는 家室의 居處와 道路의 掃除를 淸潔히홈에 在ᄒᆞ고 又人家近處에 植木ᄒᆞᄂᆞᆫ事가 其一助며 沐浴을 頻數히 行홈도 極善ᄒᆞᆫ者라 泰西人의 家中에는 浴室의 無ᄒᆞᆫ者가 無ᄒᆞ고 道路의 景況인則 廣濶ᄒᆞᆫ大路에 兩邊으로 鬱靑ᄒᆞᆫ樹木을 種ᄒᆞ야 如干汗氣의 毒을 吸呑ᄒᆞ며 道上에는 一點도 荒麤ᄒᆞᆫ物이 無ᄒᆞ야 淸爽ᄒᆞᆫ極度에 至ᄒᆞ며 每戶의 厠所는 地中의 隱窟로 數十里를 通ᄒᆞ야 海潮의 出入ᄒᆞᄂᆞᆫ時에 滌除ᄒᆞᄂᆞ니 此는 城市의 行ᄒᆞᄂᆞᆫ者어니와 鄕曲에는 厠室의 戶를 密閉ᄒᆞ고 大小便은 土陷에 藏實ᄒᆞ야 其氣의 泄發을 防ᄒᆞ더라

[5] 國法不犯ᄒᆞᄂᆞᆫ事는 人의 至善ᄒᆞᆫ道理어니와 養生ᄒᆞᄂᆞᆫ規則에도 一條大綱이니 其緣由를 論ᄒᆞ건대 萬若國法을 犯ᄒᆞ면 大者는 一律이오 小者라도 其身의 受苦ᄒᆞᄂᆞᆫ事端이 自多ᄒᆞ리니 此條가 엇디 養生ᄒᆞᄂᆞᆫ道에 關係가 無ᄒᆞ리오 然ᄒᆞᆫ故로 政府의 法禁에 蒙昧ᄒᆞᆫ者는 養生의 諸他規則을 善修ᄒᆞ야도 實狀은 要緊ᄒᆞᆫ條件에 無識홈을 未免홈이라

[6] 右의 記載ᄒᆞᆫ諸條는 養生ᄒᆞᄂᆞᆫ規則의 大槩라 此外에 細瑣ᄒᆞᆫ者가 亦夥ᄒᆞ나 然ᄒᆞ나 千枝와 萬條의 散異ᄒᆞᆫ件事가 實狀은 此數目의 大綱에 不脫ᄒᆞ니 一人의 養生은 其人의 行實과 知識에 在ᄒᆞ거니와 一國의 養生은 其規模와 權勢가 其國의 政府에 存ᄒᆞᆫ故로 政府가 其職任을 行ᄒᆞ기 爲ᄒᆞ야 衛生官司를 立ᄒᆞ고 其浮費는 人民의 通同ᄒᆞᆫ稅로 以ᄒᆞ야 郡邑의 某布ᄒᆞᆫ地方마다 此司의 無ᄒᆞᆫ處가 無ᄒᆞ니 道路를 精潔히ᄒᆞᄂᆞᆫ事는 政府가 是를

行ᄒ며又或傳染病이流行ᄒ면穢氣消除ᄒᄂᆫ藥으로其傳布홈을豫防ᄒ고病人이避接ᄒᄂᆫ時ᄂᆫ政府가亦病人의所乘ᄒᄂᆫ車를具ᄒ야護送호ᄃᆡ穢毒消除ᄒᄂᆫ藥으로其車에塗ᄒ야經過ᄒᄂᆫ道路에其氣가不散ᄒ고又或病人의家室이路邊에在ᄒ야車馬의雜還ᄒ聲跡을厭聞ᄒ든가又或睡에就ᄒ기不能ᄒ則政府가亦其家近處에木屑과細沙의軟柔ᄒ種類로布實ᄒᄂ니盡如此ᄒ等事가其條를逐ᄒ야記ᄒ기實難ᄒ지라此를推諒ᄒ면其規則의周密홈과具備홈을覺홀듯

제12편

애국심과 아동교육

이 장에는 애국심론과 아동교육론에 관한 두 글이 실려 있다. 유길준은 외국인에게 수치와 업신여김을 받지 않고 나라의 존귀한 지위를 보전하려면 군주를 존중해야 한다고 말한다. 인민의 애국심은 군주에 대한 충성을 뜻한다. 애국심은 인민의 교화와 성심에서 나온다. 한편 유길준은 서양의 아동교육에서 아동의 자연적 성질을 맞추는 양육 방식과 더불어 규율과 훈육의 중요성을 발견한다. 어린아이와 여자를 나라의 근본으로 보면서도 남성이 그러한 근본을 배양하는 직분을 가졌다는 인식을 보인다. 유길준의 애국심론과 아동교육론은 꼭 정합적이지는 않다. 애국심론은 군주에 충성하는 애국 인민의 형성을 한국적 특수성의 차원에서 다룬 반면, 아동교육론은 인간의 보편적 심성과 사해동포주의적 인간관에 입각해 있다.

제1절
애국하는 충성

[1] 나라[國]는 일족 인민(一族人民)이 한 폭의 대지를 점유[據有]하여 언어와 법률과 정치와 습속과 역사가 같고 또한 동일한 제왕과 정부에 복사(服事)하여 이해와 치란을 공유하는 것이다. 토지의 넓음과 인민의 많음으로 각기 산천을 할거(割據)하여 작은 것과 큰 것이 별처럼 벌려 있고 바둑돌처럼 놓여 있다. 그러므로 사람이 사람 되는 원리를 생각하면 피차의 구별이 없지만, 나라가 나라 되는 대도로 미루어 보면 그들과 우리의 분별이 있다. 나라는 사람이 회합함으로 말미암아 이름이 서는 것이고, 사람은 나라가 세워짐에 부의(附依)하여 터를 이루는 것이다. 나라는 사람을 좇아 이름을 얻지만, 사람은 나라가 없으면 터가 없음은 고사하고 이름도 없을 것이다. 이제 그 이치를 밝히기 위해 마음 내키는 대로 논하기로 한다.

사람은 가족의 성씨와 항렬의 이름자가 있지만 이는 각기 일신(一身)의 사칭(私稱)이며 보편한 공명(公名)이 아니다. 가령 우리 조선인을 말하면 '조선인' 세 글자가 가장 중대한 공칭(公稱)이다. 따라서 우리 조선인 되는 자는 성명이 누구 아무개이든지 또한 몸의 빈부귀천을 막론하고 이처럼 중대한 '조선인'이라는 공명을 공유하여 강약의 구분이 없다. 때문에 그 삶은 빼앗을 수 있어도 그 이름은 빼앗기 어렵고, 그 일은 훼손할 수 있을지언정 그 이름은 훼손하기 어렵다. 외국인을 대하는 데 행실을 단정히 하고 의모(儀貌)를 엄숙히 하여 이름을 영화롭게 해야 하고, 만약 한 점 수치라도 남기고 오욕을 받아 이름을 훼손한다면 일신의 치욕에 그치지 않고 전국의 죄인 되는 것을 면치 못할 것이다. 어떤 사람이 외국인과 불미한 관계가 있든지 외국인은 반드시 조선인이 이와 같다고 말할 것이기 때문이다. 한 사람의 악행으로 전국인이 오명을 함께 받는 것이다.

그러므로 우리가 공유한 조선인이라 불리는 공명의 직책을 지키고자 한다면, 이 이름을 부모의 이름같이 공경하여 타인에게 굴하지 않고 또한 치욕[羞辱]을 남기지도 않고 정도(正道)와 대권(大權)으로써 보호하여, 천하에 감히 이 이름을 만모(慢侮)하는 자가 있다면 용감한 의기로 다투어 존귀[尊重]한 지위를 잃지 말아야 한다. 대개 이 도는 우리 조선인 만이 혼자 그런 것이 아니다. 천하 어떤 나라 사람이든 모두 이와 같다. 영국인은 '영국인'이라 부르는 것이 그 국인의 공명이고, 프랑스인은 '프랑스인'이라 부르는 것이 그 국인의 공명이다. 만국의 보편한 통의이니, 타국인이 공명을 보호하는 도리와 정성을 여기에 적는다.

[2] 타국인이 자기 나라를 사랑하는 일에 칭찬할 만한 것이 많다. 대개 애국심은 인민이 교화를 점피(霑被)할수록 지성감발(至誠感發)하는 것이다. 그러므로 나라의 정부 된 자는 인민을 교회(敎誨)하는 일에 종사하여 마음을 다하고 힘을 다하여 큰돈을 쓰는 것을 아끼지 않고, 나라의 인민 된 자는 어떤 일, 어떤 것이든 나라를 위하는 일이면 생사를 돌보지 않는다. 관직을 맡은 자와 학문을 힘쓰는 자는 자연히 주된 뜻이 나라를 위하는 한 가지 일을 벗어나지 않지만, 농업을 하는 자도 나라를 위해서고, 장사를 하는 자도 나라를 위해서고, 물품을 제조하는 자도 마찬가지다. 민간의 모든 사물이 나라를 위하는 것 이외에는 없다. 견문이 이와 같고 습상(習尙)이 이와 같아 아버지가 이것으로 자식에게 전하고 형이 이것으로 동생을 가르치며 어르신이 소년을 대하거나 붕우끼리 얘기할 때도 이것으로 서로 힘쓴다. 그러므로 삼척동자와 규중(閨中)처녀라도 자기 나라가 어떤 일이건 타국에 미치지 못한다는 얘기만 들어도 분기(憤氣)를 이기지 못하고 부끄러운 마음이 저절로 생겨 유치한 소견일지라도 타인에게 굽히지 않는 경륜을 의론한다. 그 나라가 어찌 부유하지 않으며, 어찌 강하지 않겠는가.

한 사람의 몸으로 논하면 잘난체하는 심성으로 타인을 억누르려는 생각은 아름다운 일이 아닐 것이다. 하지만 한 나라의 체모(體貌)를 돌아본다면 한 터럭이라도 타국에게 굽히지 말고 교화[功化]를 널리 펼쳐 광대한 영명(榮名)을 떨치고 권리를 고수하여 존귀[尊重]한 지위를 차지해야 한다. 인군으로 하여금 적국의 우려가 없게 하고 정부로 하여금 외국인의 만모를 받지 않게 하는 것이 진실로 의사(義士)의 기절(氣節)이며 충신의 심성이다. 무릇 사람이 나라의 민이 되어 나라를 향해 충의(忠義)의 기성(氣性)이 없다면 이는 민 되는 본분을 어기는 것이다.

✤

'조선인이라는 공명'과 애국심

인민의 애국심을 논한 글이다. 먼저 나라에 관한 정의가 이루어진다. 나라는 "일족 인민이 한 폭의 대지를 점유하여 언어와 법률과 정치와 습속과 역사가 같고, 또한 동일한 제왕과 정부에 복사하여 이해와 치란을 공유하는 것"으로 정의된다. 인민은 군주와 정부에 복종하여 이를 섬기는 존재이며, 인민이 공유하는 이해와 치란은 군주, 정부와 관련된 것이다. 여기서 인민은 정치의 객체로 상정되어 있다. 나라는 산천을 할거하여 대국이든 소국이든 별처럼 많고 바둑돌처럼 촘촘히 배열되어 있다. "별처럼 벌려 있고 바둑돌처럼 놓여 있다[星羅棊(碁)布]"는 표현은 만국이 할거하는 국제사회의 모습을 형용한 수사로서 개항기에 자주 사용된 말이다. 춘추전국의 할거 상태나 주권국가체제의 국가들의 병존을 형상하는 말이다.

사람은 '사람이 사람 되는 원리'로 보면 피차의 구별이 없지만, '나라가 나라 되는 대도'로 보면 저들과 우리의 분별이 있다. 나라는 인민의 집합(회합)으로서 이름이 성립하며, 인민의 터가 된다. 나라는 사람에 의해 이름을 얻지만, 사람은 나라가 없으면 터도 없고 이름도 없다. 나라가 사람의 명목과 실재를 규정하는 것이다. 사람은 나라가 없으면 터전을 갖지 못할 뿐 아니라 이름도 가질 수 없다. 인민의 이름은 개별적인 '사칭(私稱)'이지만, '조선인'은 조선에 보편적인 '공명(公名)', '공칭(公稱)'이 된다. 조선인이라는 공명을 지키려면 용감한 의기로써 조선의 존귀한 지위를 지켜야 하고, 이를 위해서는 군주의 지위를 존중해야 한다. 외국인에게 수치와 업신여김을 당하는 것은 조선인이라는 공명을 훼손하는 것이다. 이는 일신의 치욕일 뿐 아니라 전국의 죄인이다. 이러한 주장은 『독립신문』 사설에 계승되었다.

인민의 '교화'와 '지성(至誠)'

조선인이라는 공명, 공칭을 보전하려면 애국심이 있어야 한다. 유길준은 애국심을 두 가지 측면에서 언급한다. 먼저, 애국심은 인민의 교화와 지성(至誠)에서 나온다. 애국심은 인민이 교화를 점피할수록 지성을 감발하는 것이다. '점피(霑被)'는 적셔줌과 감싸줌을 받는다는 뜻인데, 인민이 교화를 입는 것을 가리킨다. 인민이 교화될수록 애국심의 지성이 감발한다는 것이다. 유길준은 전통적인 교화 관념을 동원하였다. 또한 애국심은 나라의 체모와 명예를 중시하는 태도와 관련된다. 애국심은 군주가 적국외환의 우려를 갖지 않고, 정부가 외국인으로부터 모욕과 수치를 받지 않도록 하는 절개와 충심, 충의의 심성을 가리킨다. 요컨대 애국심의 요체는 대내적으로는 교화에 기초한 지성의 감발, 대외적으로 외국으로부터 모욕을 받지 않도록 군주를 공경하는 충성심이다. 이러한 애국심은 '애국성(愛國誠)'으로 표현된다.

[1] 夫國은一族人民이一幅大地룰據有ᄒ야其言語와法律과政治와習俗과歷史가同ᄒ고又同一ᄒ帝王과政府룰服事ᄒ야利害와治亂룰共受ᄒᄂ者니土地의廣홈과人民의多홈으로各其山川룰割據ᄒ야小者와大者가星의羅홈과棊의布홈이라然ᄒ故로人의人되ᄂ原理룰思究ᄒ면彼此의區別이無ᄒ나國의國되ᄂ大道로推究ᄒ면渠我의分辨이有홈인則國은人의會合홈을因緣ᄒ야其名이立함이오人은國의建設홈을附依ᄒ야其基룰成홈이라國이雖人을從ᄒ야其名을得ᄒ나人도國이無ᄒ면其基의不存홈은姑舍ᄒ고其名도無ᄒ리니今에其理룰析明ᄒ기위ᄒ야論柄을恣用ᄒ건대

　人이雖其家族의姓氏와行列의名字가有ᄒ나此ᄂ各其一身의私稱이오普同ᄒ公名아니니假令我朝鮮人으로議ᄒ야도朝鮮人三字가第一重大ᄒ公稱이라是以로我輩의朝鮮人되ᄂ者ᄂ其名姓은誰某이든지又其身의貧富貴賤도無論ᄒ고如此히重大ᄒ朝鮮人이라稱ᄒᄂ公名을同有ᄒ야强弱의區分이無홈으로其生은可奪이로딕此名은難奪이오其業은可毀언뎡此名은難毀라外國人을對홈애行實을端正히ᄒ며儀貌룰莊肅히ᄒ야此名을榮華롭게함이可ᄒ고萬若一點羞恥라도遭ᄒ며汙辱을受ᄒ야此名을虧損ᄒ면其一身의恥辱에不止ᄒ고全國의罪人되기룰未免ᄒ리니其緣由ᄂ如何ᄒ人이外國人에게不美ᄒ關係가有ᄒ든外國人은必曰朝鮮人이如此ᄒ다謂홀딘則一人의惡行으로全國人이其汙名을共受홈이니

　然ᄒ기我輩가共有ᄒ朝鮮人이라稱ᄒᄂ公名의職責을欲守홀진대此名을父母의名ᄀ치恭敬ᄒ야他人에게不屈ᄒ고又羞辱을貽홈도無ᄒ야正道로써保ᄒ며大權으로써護ᄒ야天下에敢히此名을慢侮ᄒᄂ者가有ᄒ거든義氣의勇으로爭ᄒ야尊重ᄒ地位룰勿失홈이可ᄒ지라大槩此道가我朝鮮人의獨然홈아니오天下의何國人이든지亦皆如此ᄒ야英吉利人은英吉利人이라稱홈이其國人의公名이오佛蘭西人은佛蘭西

人이라呼ᄒᆞ니亦其國人의公名이라萬國의普同ᄒᆞᆫ通義니他國人의其公名保護ᄒᆞᄂᆞᆫ
道理와精誠을是記ᄒᆞ노라

[2] 他國人의其國을愛ᄒᆞᄂᆞᆫ諸事에可히稱道ᄒᆞᆯ者가多ᄒᆞ니大槩愛國心은人民이敎
化ᄅᆞᆯ需被ᄒᆞᆯᄉᆞ록至誠感發ᄒᆞᆯ者라然ᄒᆞᆫ故로國의政府되ᄂᆞᆫ者ᄂᆞᆫ人民敎誨ᄒᆞ기에從事
ᄒᆞ야心을盡ᄒᆞ며力을竭ᄒᆞ야鉅財ᄅᆞᆯ費ᄒᆞ되不惜ᄒᆞᆷ이오國의人民되ᄂᆞᆫ者ᄂᆞᆫ何事何物이
든지其國을爲ᄒᆞᄂᆞᆫ者면死生을不顧ᄒᆞᄂᆞ니官職을供ᄒᆞᄂᆞᆫ者와學問을務ᄒᆞᄂᆞᆫ者ᄂᆞᆫ自
然히主意가其國을爲ᄒᆞᄂᆞᆫ一事에不出ᄒᆞ려니와農業을修ᄒᆞᄂᆞᆫ者도國을爲ᄒᆞᆷ이오商賣
ᄅᆞᆯ營ᄒᆞᄂᆞᆫ者도國을爲ᄒᆞᆷ이오物品을製造ᄒᆞᄂᆞᆫ者도亦然ᄒᆞᆫ지라民間의凡百事物이其
國을爲ᄒᆞᄂᆞᆫ外에ᄂᆞᆫ無ᄒᆞᆷ이니見聞이如此ᄒᆞ며習尙이如此ᄒᆞ야父가是로其子에게傳ᄒᆞ
고兄이是로其弟ᄅᆞᆯ誨ᄒᆞ며長老가少年을對ᄒᆞᆷ과朋友의談議라도是로相勉ᄒᆞᄂᆞᆫ지라
然ᄒᆞᆷ으로三尺童子와閨中處女라도自己의國이何事로든지他國에不及ᄒᆞᄂᆞᆫ傳說만
聽ᄒᆞ야도憤氣ᄅᆞᆯ不勝ᄒᆞ며羞心이自出ᄒᆞ야雖幼穉의所見이라도他人에게不屈ᄒᆞᆯ經綸
을議評ᄒᆞᄂᆞ니其國이如何로不富ᄒᆞ며不强ᄒᆞ리오

夫一人의身으로論ᄒᆞ면妄尊ᄒᆞᆫ心性으로他人을壓過ᄒᆞᆯ意想이美事아니라謂ᄒᆞ되
나然ᄒᆞ나一國의體貌ᄅᆞᆯ顧諒한則一毫라도他國에게見屈치勿ᄒᆞ고功化ᄅᆞᆯ廣布ᄒᆞ야
光大ᄒᆞᆫ榮名을揚ᄒᆞ고權利ᄅᆞᆯ固守ᄒᆞ야尊重ᄒᆞᆫ地位ᄅᆞᆯ占ᄒᆞᆷ이可ᄒᆞ니人君으로ᄒᆞ여곰敵
國의虞慮가無ᄒᆞ게ᄒᆞᆷ과政府로ᄒᆞ여곰外人의慢侮ᄅᆞᆯ不受케함이眞實로義士의氣節이
며忠臣의心性이라凡人이其國의民이되고其國을向ᄒᆞ야忠義의氣性이無ᄒᆞᆫ則此ᄂᆞᆫ其
民되ᄂᆞᆫ本分을昧ᄒᆞᆷ이라

[3] 농민의 애국성(愛國誠)을 논해 보자. 농작은 국가의 대본을 세워

생민의 명맥에 관계하는 것이다. 나태한 풍속이 일어나 부지런히 일하는 힘으로써 하지 않는다면 농민의 생계가 군색할 뿐 아니라 온 나라가 이로 말미암아 피폐한 지경에 이를 것이다. 또한 외국의 곡식을 사들이지 않을 수 없으므로 국내의 재화가 없어져 텅 빈 껍질로 빈약한 환난을 면치 못할 것이다. 이렇게 되면 외국의 만모가 뒤따르고 내지의 도적이 일어날 것이다. 인군의 깊은 근심과 정부의 큰 걱정이 헤아릴 수 없고, 심지어는 그 위태한 경상이 아침저녁에 늘 있어 구제하기 아주 어렵다. 옛사람의 말에 이르길, "나라에 10년 동안 쌓인 것이 없으면 나라가 공허해지고, 3년 동안 쌓인 것이 없으면 나라는 나라 노릇을 할 수 없다"라고 했다. 이 말로 보더라도 농민의 충성이 없으면 방국을 부지하는 힘이 어려울 것이다. 또한 과세의 법규가 적당하지 않으면 농민의 충성이 있어도 불공평한 정령을 감내할 수 없을 것이다. 농민의 충성도 정부의 교화를 입어 감발하는 것이니, 만약 국가가 유사한 때를 당해 구차한 지경에 이른다면 묘당의 공의로 과세를 무겁게 더한다 해도 기꺼이 받들어 행할 것이다. 농민의 공이 어찌 크지 않겠는가.

[4] 상인의 애국성은 그 도가 대단히 크다. 규범[規模]을 정대하게 하고 약속을 신실히 하며 상권을 확보하여 내지의 번성한 실상을 이루되, 물질의 품질을 속이거나 시일의 기한을 늦춤으로써 국인의 공명에 수치스러움을 남기는 일이 없게 한다. 외국의 해관세를 기피하거나 외국인과 물화를 환매하는 데 사기하는 폐단이 있으면 그 해는 반드시 모두 그 나라로 돌아와 수치를 입는 일이 적지 않을 것이다. 그러므로 상업에 종사하는 자가 일신의 사욕으로 온 나라의 대체(大體)를 손상하는 것

은 그 직분이 크게 안 되는 일이다. 이 도리에 어긋나고 우매한 경륜을 멋대로 한다면 그 일이 이루어지지 않음은 고사하고 악명을 천하에 떨쳐 더러운 지목을 받을 것이다. 뿐만 아니라 그 사람의 정부 되는 자도 천하를 향해 부끄러움을 이기지 못하고 상품의 수세권(收稅權)으로 나라를 이롭게 하기는커녕 외국의 만모를 받게 된다. 대개 방국의 교제하는 법이 정치와 관계되는 것은 사신에게 있고 물화(物貨)와 관계되는 것은 상인에게 있다. 그러므로 외국과 통교[通和]하는 도는 사신과 상인이 실상 표리를 이룬다. 이로써 보건대, 상인의 사무는 비록 사민(私民)의 직업이지만, 그 관계되는 방국의 공본된 교제와 재화의 권세에 서로 연관되어 대단히 중대하다. 애국성(愛國誠)으로 조제(調制)하여 근신할 자가 어찌 여기에 있지 않겠는가.

[5] 제조업자의 애국성도 그 이치가 아주 넓다. 대개 물품 제조하는 일은 그 근원을 따지면 인간의 생계와 일용을 위하는 것에 지나지 않지만, 국가의 빈부와 강약에 깊은 관계가 있어 장인[工匠] 되는 자가 명심할 조건이다. 나라 안의 물산은 천생(天生)과 인작(人作)의 분별이 있다. 천생하는 것은 무궁하고 인작하는 것은 유한하지만, 천생하는 사물이 인작하는 공인을 만나지 못하면 금옥(金玉)의 보물이라도 지푸라기와 흙처럼 천할 것이다. 그러므로 나라 안에 인작하는 공부가 있으면 천생물은 모자라도 천하 만국의 물산이 모두 그 손에 들어올 것이다. 영국의 부유한 한 가지로 미루어 생각하면 그 명확한 증거를 세울 수 있지만, 지루한 얘기는 그만두자. 장인 되는 자가 그 직업이 국가에 관계되는 것임을 모르고 거친 의견과 구차한 경륜으로 소홀한 재간[目才]과

조잡한 수단에 의지하여 정밀[精緊]한 것을 해치고 정교한 것을 막아 순박한 도로 자처하는 것은 세상 물정에 어두워 국인의 재기(才技)를 해치는 일로서 애국성에 어긋나는 것이다.

그러므로 어떤 공인이 어떤 물품을 제작하든 이치를 궁구하고 재주를 단련하여 극진한 경역에 이르기를 기약한 후에 애국성이 있다 말할 뿐더러 자기의 생업도 온전할 것이다. 정교한 규범[規模] 없이 거칠게 제조되어 물품이 외국에 한번 나간다면 천하 사람이 반드시 "아무개 나라의 인작하는 물품은 재주 없는 경역을 벗어나지 못했다"라고 하면서 비웃는 자도 있고 불쌍히 여기는 자도 있을 것이다. 타인이 비웃는 것도 극도로 수치스러운 일이지만 타인에게 불쌍히 여겨지는 것은 더욱 슬퍼할 일이다. 국인의 공명에 깊은 수치와 큰 욕이라 해도 지나친 말이 아니니, 애국성 있는 장인이 깊이 생각할 점이다.

[6] 공직자(供職者)의 애국성은 이 의론을 통해 비로소 밝혀지는 것은 아니지만, 외국의 규범을 기록하기 위해 이 같이 번거로움을 무릅쓴다. 대개 서양 각국의 관직 품급은 책임의 경중으로 정하고, 청환(淸宦)[임명직 문관 벼슬]이라는 관직은 없다. 또한 여러 군영의 장교와 각 관청의 아전도 모두 정부의 관원이며 천한 일자리가 아니다. 그러므로 각 관원은 그 직에 따라 법 바깥에는 감히 한 걸음도 범하지 않고 그 존귀한 지위를 공경한다. 국가의 재화를 훔쳐 쓰거나 법률을 어지럽히는 자는 그 나라를 욕하는 것과 다를 바 없고, 인군의 명령을 돌아보지 않고 한 몸의 사욕을 제멋대로 좇아 인민을 떠돌아다니게 하는 자는 그 나라의 적(賊)이다. 이는 모두 애국성에 위배되는 일이다. 또한 외국인을 접대하는

것도 관인의 행실을 정직하게 하고, 몸가짐[儀表]을 공손히 하여 보호하는 책임[責望]을 극진히 함으로써 그 나라의 공명을 천하에 빛나게 해야 한다. 공직자의 애국성이 없으면 국인의 애국성이 격렬히 일어나 그 몸을 벌하게 된다. 그러므로 또한 공직자가 근신해야 하는 것이다.

[7] 학자[修學者]의 애국성은 국가와 가장 큰 관계가 있다. 사람이 어떤 일을 하든지 학식이 주장되어야 하며, 학식은 물의 근원과 나무의 뿌리와 같은 것이다. 학문이 나라의 근원을 열어 주는 책임[責]을 지고 나라의 뿌리를 재배하는 직무[職]를 맡으니, 학자(學者)의 애국성은 자연한 도리다. 농공상 및 관리의 애국심도 또한 이 가운데서 나온다. 학자의 직분은 그 나라의 교화[化導]하는 큰 책임을 스스로 맡아 천만 사물에 문명한 풍기(風氣)를 떨쳐 일으키고 편리한 문호를 개도하여 한 푼이라도 타국에 뒤지는 것이 있으면 매질당할 수치심[羞愧心]으로 밤낮으로 연구하여 타인에 우승할 방도를 경영한다. 만약 수학하는 자가 옛사람의 찌꺼기를 즐겨하여 썩은 선비[腐儒]의 행실로 유의유식(遊衣遊食)하는 나태함이 있다면 국가의 해충[鼠蠹]이며 인민의 도적이다. 그러므로 학자가 나라에 충(忠)을 다하고자 하면 나라 안의 어떤 일이든 무관한 것이 없다. 농민의 기구가 정밀하지 못하면 정밀한 도를 추구(推究)하여 개량하는 것도 애국하는 성심이고, 장인의 도구가 부실하면 정교한 이치를 궁격(窮格)하여 새로 만드는 것도 애국하는 성심이며, 정령이 불편한 것이 있으면 정부의 관인을 경계하여 이로움을 좇는 방편을 가르쳐주는 것도 애국하는 성심이다. 또한 인생의 일용상행(日用常行)하는 일에서 음식, 의복, 거처에 이르기까지 아름답지 못한 것이 있으면 글

로 따져 논하고 말로 확실한 것을 강구하여 진선(盡善)한 경지에 이르기를 기약하는 것도 학자의 애국성이다. 이와 같은 일을 학문 있는 자가 행하지 않으면 누가 할 수 있겠는가. 그러므로 천문을 상통하고 지리를 하달하더라도 자기의 몸과 이름을 아끼고 타인의 시비를 기피하여 공중(公衆)의 이해를 눈여겨보지 않는 자는 애국성이 부족한 학문인이다. 국인의 지식을 넓혀 그 추향(趨向)이 고명한 경역에 이르면 천하만국에 사표(師表)의 지위를 차지하여 그 혜화(惠化)와 광영(光榮)이 사해를 덮을 [覆被] 것이다. 서양학자의 애국성이 이와 같으니 목표로 삼을 만하다.

[8] 이와 같으므로 나라를 위하는 길은 공직하는 자에 그치지 않는다. 그 나라의 인민이면 어떤 일, 어떤 것에 마음을 쓰든지 모두 나라를 위하는 일이다. 그러나 그중에서 깊은 관계와 큰 직분은 학문하는 자에게 있다. 공직자는 인군의 명령으로 국가의 정령을 행할 따름이니 타인에 비해 권력이 무겁고 지위가 높다 할 수는 있지만, 타인이 그 권세 지위[權位]가 미치지 못한다고 애국성까지 미치지 못할 이유는 없다. 실상 정령을 행하는 자도 그 나라의 사람이고 정령을 받는 자도 그 나라의 사람이다. 그러므로 군주[君父]의 신자(臣子)됨은 피아의 분별이 없으니, 신자 되는 도리에 군주가 맡기는 직분이 없다 하여 충의를 다하지 않는다면 어찌 옳겠는가. 그러므로 애국하는 충성은 빈부와 귀천의 차이가 없고 천성의 품부(稟賦)로 자연한 직분인 것이다. 혹 논자가 우둔한 얘기를 멋대로 해서 "공직하는 것 말고는 나라를 위하는 사업은 없다"라고 말하고 나라 안의 천만 가지 사물을 모두 사사(私事)의 경륜으로 돌리는데, 아직 의리에 통달하지 않은 의론이다.

국가를 보수하는 직책과 분의(分義)는 공직자에 그치지 않고 나라의 인민이 공유한 것이다. 무사한 때에 태평한 낙으로 저마다 직종에 종사하는 것은 방국의 공본된 업이지만, 만일 유사한 때를 당해 외국의 침략을 받는다면 국인이 일제히 떨쳐 일어나 욕이 인군에게 미칠까 두려워하고 부끄러움이 정부에 돌아갈까 걱정하여 생사를 가리지 않고 싸움터에 기꺼이 나아간다. 그러므로 평시라도 인민이 군사의 조련을 익혀 불시의 변이 일어나면 온 나라 장정이 군사 아닌 자가 없다. 만약 국가의 유사시에는 인군을 버리고 자기 처자만 데리고 난을 피하기에 급급하여 산골짜기로 달아나는 자는 유약한 성질에 애국하는 충성이 없을뿐더러 나라를 배반한 적과 다를 바 없다. 설사 난을 피해 달아난다 한들 갈 곳이 어느 땅이겠는가. 필경은 국내 지방에 지나지 않을 것이다. 이처럼 인군을 배반하고 안전한 처소에 홀로 갔다가 온 나라가 위태한 지경에 이르면 피난한 그 사람도 혼자 온전할 수 없는 이유는 분명하다. 국인이 저마다 생각하되 자기 일신의 생사에 얽매이지 않고 인군의 한을 풀어 주고 방국의 공명을 보전하는 것이 우리의 직분이라 한다면, 그 충의와 공효(功效)가 산골짜기로 달아난 나라를 배반한 겁쟁이에 비해 어떠할 것인가. 실로 이와 같다면 살아도 천지간에 부끄러움이 없고 죽어도 영예가 있을 것이니, 애국하는 인민의 아름다운 일[美事]이 이보다 더할 것은 없을 것이다.

[9] 외국인을 접대하는 일도 애국성 있는 자는 극진히 삼가고 조심한다. 어느 나라 사람이건 타국에 온 자는 그 정부의 덕화와 법률을 신복(信服)하고 인민의 예절과 신의를 신뢰[恃賴]하여, 신명과 재산의 정권

(正權)을 보전하는 데 걱정 없기를 바랄 것이다. 친척과 붕우를 이별하고 멀리 온 연유가 자기가 구하는 경영으로 무역에 뜻을 두든, 유람에 종사하든, 먼 길 나그네의 처절한 회포와 고국의 아득한 정서는 꽃 피고 달 뜨는 아름다운 날과 비바람 치는 어두운 밤에 자연히 누르기 어려워 때로 절로 나타난다.

나라의 명호(名號)는 저 나라와 이 나라의 분별이 있지만 사람의 정회(情懷)는 저 사람 이 사람의 품부(稟賦)가 저절로 같으므로, 예(禮)로 서로 사귀고 의(義)로 서로 맺어 위락(慰樂)하는 도를 행하고 편안한 방도를 도모한다. 풍속에 어긋나 흡족하지 않은 일이 생겨도 외국인이라 몰랐던 것이라 하여 주인의 도리로 잘못을 용서한다. 설령 가난한 자가 생계를 위해 외국인에게 고용되더라도 약속을 굳게 지키고 행실을 잘 닦고 언어도 공손히 하여 고용되는 도리를 극진히 하되, 자주하는 권리와 불굴하는 성기(性氣)로 국인의 공명을 보전해야 한다. 또한 사기하는 일과 거만한 말씨, 얼굴빛으로 자기의 사신(私身)에도 욕을 끼쳐서는 안 된다. 외국인에게 고용되는 일이 천하라 할지라도 아주 어렵기는 이보다 더하는 것이 없으니, 애국하는 자가 가장 삼가는 조건이다.

또한 불행한 때를 당해 이 나라와 저 나라 사이에 전쟁이 일어나면 저 나라 사람이 이때에는 이 나라 사람의 원수[讎敵]이지만, 전쟁을 선포하기 전부터 머물던 자는 살해해서는 안 된다. 그러므로 정부가 기한을 정하고 기한 전에 떠나라는 명령을 내린다. 그러나 떠나지 않는 자가 있으면 나라의 기밀을 누설할까 염려하여 친구의 가택에 가둬두기도 하고, 정부의 관사에 구류하기도 하며, 의복과 음식과 거처의 모든 사항을 편하게 하여 휴전한 후에 풀어 보내는 것이 공법의 대도다. 그러므로 원수국[讎國]의 인민이라 해서 때를 틈타 살해하는 것은 어질지 못한 야만인[野人]의 풍속이다. 한때의 분노로 인해 죄 없는 생명을 해치면 천하의 비웃음도 사려니와 필경은 배상금을 지불하게 될 것이다. 애국인이 명심할 조목이 또한 여기에 있다.

직분과 '애국성'

여기서는 농민, 상인, 제조업자, 공직자, 학자를 사례로 애국성의 양상을 소상히 서술하고 있다. 농민의 애국성은 국가에 대한 농민의 충성을 뜻한다. 농업은 국가의 대본이므로 농민이 나태하면 농민의 생계가 곤궁해지고 온 나라가 피폐해져 외국의 멸시를 받게 된다. 농민의 충성은 방국을 부지하는 근본이다. 그런데 농민의 충성은 정부의 교화를 입어 감발하는 것이니, 농민의 충성을 얻으려면 과세가 적절해야 한다. 상인의 애국성은 규범을 정대하게 하고 약속을 지켜 본국의 상권을 지켜 국가를 번성시키고 신용을 지켜 '국인의 공명'을 부끄럽게 하지 않는 것이다. 상인은 일신의 사욕으로 나라의 위신을 손상시키거나 도리를 어기고 어리석은 일을 자행하는 수치스러운 행동으로 외국의 수모를 받게 해서는 안 된다. 장인의 애국성은 물품을 제작할 때 이치를 궁구하고 재주를 단련하여 극진한 경역에 이르기를 기약하는 것이다. 물품을 정교하게 제조하여 국인의 공명에 수치와 욕을 끼치지 않게 해야 한다. 공직자의 애국성은 관인의 행실을 정직히 하고 행동거지를 공손히 하여 보호하는 책임을 극진히 함으로써 나라의 공명을 천하에 빛내는 것이다. 요컨대 농민, 상인, 제조업자, 공직자에게 요구되는 애국성은 직분에 필요한 덕목을 실현함으로써 국인의 공명을 손상시키지 않고 수치스러운 행동을 삼감으로써 외국으로부터 수치와 모멸을 받지 않도록 하는 심성이다. 애국성은 공('공명')과 사('사욕')의 관점에서 파악된다. 생업과 직분을 영위함으로써 군주의 위신과 국가의 체면을 지켜야 한다는 유길준의 사상이 충실히 반영된 개념이다.

학자의 애국성은 이들 직군들의 애국성을 포괄하는 근본적인 것이다. 학문은 모든 일의 근원이기 때문이다. 농기구나 공구를 정밀하게 만드는 이치를 따지고 법령과 의식주를 개선하는 방편을 궁구하는 것과 같은 일은 학자의 애국성이다. 학문이 나라의 근원을 열어 주고 나라의 뿌리를 재배하기 때문에 학자의 애국성은 자연한 도리다. 학자의 애국성은 나라의 교화와 문명개화를 통해 타국에게 뒤지지 않고 수치를 당하지 않을 방도를 강구하는 데 있다. 자기의 신명을 돌보지 않고 타인의 시비를 살펴 공중의 이익을 돌보고, 인민의 계몽을 통해 '혜화(惠化)'와 '광영'이 사해를 덮는 데 있다. 학자의 애국성은 이러한 직분을 실천하는 데 있다. '사해를 덮는다'는 말의 원문은 '사해에 부피(覆被)한다'이다. '부피(覆被)'는 덮는다는 뜻인데, 은택을 베푼다는 말의 비유다. 유길준의 스승 박규수, 선배 김윤식은 서세동점의 상황에서 유교문명이 오히려 서양을 점차 덮어 교화시킬 것이라는 '서피(西被)', '점피(漸被)'의 발상을 보였다(장인성, 『장소의 국제정치사상』). '부피'라는 말도 비슷한 뜻이다. 이러한 학자는 학문인과 구별된다. 천문지리에 통달했지만 자신의 신명만 생각하고 타인의 시비와 공중의 이해를 살피지 않는 자는 '애국성이 부족한 학문인'이다. 무위도식하면서 옛사람의 찌꺼기나 좋아하는 썩은 유학자는 '국가의 해충'이며 '인민의 도적'이다. 학자는 일상생활과 의식주에 좋지 못한 것을 논변함으로써 진선한 경지를 기대하는 자다. 여기서 학자는 지식인에 해당한다. 메이지 초기의 계몽지식인들도 『명륙잡지(明六雜誌)』를 통해 '학자'(지식인)의 현실 참여를 둘러싸고 직분 논쟁을 벌였다. 이른바 학자직분론이다.

군주에 대한 충성

애국성은 '애국하는 성심', '애국하는 정성'의 줄임말이지만, '애국하는 충성'을 줄여 쓴 말이기도 하다. 제12편의 편명은 '애국하는 충성'으로 되어 있지만, 페이지별 색인에서는 '애국성'으로 줄여 쓰고 있다. 제5편에서는 '애국하는 정성'(149쪽)이란 말을 쓰기도 했다. '애국성'이 '애국하는 성심', '애국하는 정성', '애국하는 충성'의 줄임말로 쓰인 것이 아니라 '애국성'이란 말을 이처럼 다양하게 풀어 썼을 수도 있다. '애국성'은 메이지 초기에 사용된 용례다. 메이지 일본에서 '애국'은 패트리어티즘(patriotism)의 번역어였다. 니시 아마네[西周]는 패트리어티즘을 '애국의 성(誠)'으로 번역하였고 "자신의 부모형제를 생각하는 것이 아니라 자연스럽게 자신의 생국(生國)을 사랑하는 것"이라 풀이하였다. 번역어 '애국'은 메이지 계몽지식인이 근대국가 형성에 맞는 국가관과 인간상을 창출하기 위해 도입한 개념이었다. 후쿠자와 유키치는 '보국심

(報國心)'이란 말을 사용하였다. 근대일본의 애국심은 열강의 위협을 의식하면서 자각되었고, 자주독립과 부국강병을 위한 국민통합의 실천적 윤리로서 요구된 것이었다. 애국심은 국가생존과 국민창출을 매개하는 도덕윤리였다.

유길준에게는 '성심', '정성', '충성'의 어느 말이 되었든 '애국성'은 군주를 매개로 한 국가에 대한 '성(誠)'을 의미하는 것이었다. 그런데 유길준이 사용한 애국성=애국심이 근대내셔널리즘에 입각한 애국심이나 조국애에 기초한 애국주의(patriotism)와 일치한다고 보기는 어렵다. 애국성은 외국의 모욕에 분개하고 나라의 위신(prestige)을 세우고자 하는 심성, 자국의 권리를 지키려는 애정의 표현이긴 하지만, 네이션의 형성을 추동하는 근대내셔널리즘에서 나온 것이라 보기는 어렵다. 직분 의식이 국가의 대외적 위기상황에 대응하여 표출된 것이다. 군주의 위신을 국가의 위신과 동일시했을 때 '애군'과 '애국'의 구별은 애매해진다. 충성 대상이 국가인지 군주인지도 모호하다.

애국성은 결국 군주에 대한 충성과 통한다. 애국하는 충성은 군주의 신자(臣子) 된 도리를 다하는 것이다. 임금이 맡기는 직분이 있으면 물론이고 직분이 없어도 충성을 다해야 한다. 애국하는 충성은 천부의 직분이다. 빈부귀천의 차이가 없이 자연히 타고난 직분이다. 인민의 직분은 사사로운 한 몸의 생사에 얽매이지 않고 임금의 근심을 막아내고 나라의 공명을 보전하는 데 있다. 인민의 애국하는 충성은 치욕이 임금에게 미칠까 두려워하고, 치욕이 정부에 돌아갈까 걱정하는 심정, 나라의 공명을 보전해야 한다는 의식, 군주를 위해 일제히 떨쳐 일어나 죽음을 무릅쓰고 기꺼이 전쟁터에 나아갈 수 있는 기개다. 마땅히 군주를 버리거나 군주를 배반하는 행위는 허용되지 않는다. 설사 인민이 외국인에게 고용되어 일을 하더라도 예의 행실을 제대로 보여 고용된 도리를 다해야 하며, 자주하는 권리와 불굴의 의기로 국인의 공명을 보전해야 한다.

---

[3] 農者의愛國誠을論ㅎ건대大槩農作은國家의大本을立ㅎ야生民의命脈에關係ᄒᆞᆫ者니懶惰ᄒᆞᆫ風俗이作ㅎ야服勤ㅎᄂᆞᆫ力으로不以ㅎ면農者의生涯에窘塞홀ᄯᅮ름아니라全國이此를由ㅎ야疲弊ㅎᄂᆞᆫ境에至ㅎ며且外國의穀을不購ㅎ기不得ㅎᄂᆞᆫ故로其國內의貨寶가消散ㅎ야枵然ᄒᆞᆫ空殼으로貧弱ᄒᆞᆫ患을未免ㅎᄂᆞ니如此ᄒᆞᆫ則外國의慢侮가從ㅎ야至홀디며內地의盜賊이因ㅎ야起ㅎᄂᆞᆫ지라人君의深憂와政府의大患이可히涯涘를不測홀디며甚ㅎ기에至ㅎ여ᄂᆞᆫ其危殆ᄒᆞᆫ景像이朝夕에在ㅎ야求措ㅎ기極難ㅎ리니古人의言에曰호ᄃᆡ國에十年의積이無ㅎ면其國이空虛홈이오三年의積이無ㅎ면其國이不國이라한則此言으로見ㅎ야도農者의忠誠이無ㅎ고ᄂᆞᆫ邦國의扶支ㅎᄂᆞᆫ力이亦難홀디며且課稅의法規가不適ㅎ면農者의忠誠이雖有ㅎ야도不公不平ᄒᆞᆫ政令을堪耐ㅎ기不能홀지라農者의忠誠도政府의敎化를被ㅎ야感發ㅎᄂᆞᆫ자니萬若國家의有事ᄒᆞᆫ時를當ㅎ야苟且ᄒᆞᆫ境에至ᄒᆞᆫ則廟堂의公議로賦稅를重히加ㅎ호ᄃᆡ欣然히奉行ㅎᄂᆞ니農者의功이엇디不大ㅎ리오

[4] 商者의愛國誠은其道가極大ㅎ니規模를正大히ㅎ며約束을信實히ㅎ고本國의商權을確守ㅎ야內地의蕃盛ᄒᆞᆫ實狀을至호ᄃᆡ物質의品質을幻弄ㅎ거나時日의期限을遷就ㅎ야如此홈으로國人의公名에羞를貽홈이無ㅎ게ㅎ며外國海關稅를逃免코

져ᄒᆞ든지外國人과物質換賣에欺詐ᄒᆞᄂᆞᆫ弊가有ᄒᆞ든지其害ᄂᆞᆫ必皆其國에歸ᄒᆞ야恥
ᄅᆞᆯ見홈이不少ᄒᆞᆯ지라然ᄒᆞᆫ故로商賈에從事ᄒᆞᄂᆞᆫ者가一身의私慾으로全邦의大體ᄅᆞᆯ損
傷홈이其職分의大不可ᄒᆞᆫ者니如此ᄒᆞᆫ道理ᄅᆞᆯ背馳ᄒᆞ고愚昧ᄒᆞᆫ經綸을縱恣ᄒᆞ則其事
의不成홈은姑舍ᄒᆞ고惡名을天下에颺ᄒᆞ야汚穢ᄒᆞᆫ指目을受ᄒᆞᆯ섇더러其人의政府되ᄂᆞᆫ
者도天下ᄅᆞᆯ向ᄒᆞ야愧赧홈을不勝ᄒᆞ며商物의收稅權으로利國ᄒᆞ기ᄂᆞᆫ勿論ᄒᆞ고外國
의慢侮가至ᄒᆞᄂᆞ니大槩邦國에交際ᄒᆞᄂᆞᆫ法이政治의關係ᄂᆞᆫ使臣에게在ᄒᆞ고物貨의關
係ᄂᆞᆫ商賈에게在ᄒᆞᆫ故로外國通和ᄒᆞᄂᆞᆫ道에使臣과商賣가實狀其表裏라此ᄅᆞᆯ由ᄒᆞ야
觀ᄒᆞ건대商賈의事務가雖曰私民의職業이나其關係ᄂᆞᆫ邦國의公本된交際와財貨의
權勢에相連ᄒᆞ야極重ᄒᆞ고最大ᄒᆞ니愛國誠으로調制ᄒᆞ야謹愼ᄒᆞᆯ者가엇디此에不在
ᄒᆞ리오

[5] 製物者의愛國誠도其理가極博ᄒᆞᆫ者니大槩物品製造ᄒᆞᄂᆞᆫ事ᄂᆞᆫ其源을究ᄒᆞ건대
人間의生涯와日用을爲ᄒᆞ기에不過ᄒᆞ나國家의貧富와強弱에深重ᄒᆞᆫ關係가有ᄒᆞ야工
匠되ᄂᆞᆫ者의明心ᄒᆞᆯ條件이라國中의物産은天生과人作의分別이有ᄒᆞ니天生ᄒᆞᄂᆞᆫ者ᄂᆞᆫ
無窮ᄒᆞ고人作ᄒᆞᄂᆞᆫ者ᄂᆞᆫ有限ᄒᆞ나天生ᄒᆞᄂᆞᆫ物이人作ᄒᆞᄂᆞᆫ工을不遇ᄒᆞ면金玉의至寶
라도草芥와土壤의賤홈과同ᄒᆞᆯ지라然ᄒᆞᆫ故로國中에人作ᄒᆞᄂᆞᆫ工夫가有ᄒᆞ면天生物은
乏少ᄒᆞ야도天下萬國의物産이皆其掌握에歸ᄒᆞᄂᆞ니英吉利의富饒ᄒᆞᆫ一端으로推察
ᄒᆞ면其明確ᄒᆞᆫ證據ᄅᆞᆯ立ᄒᆞᆯ디로딕支離ᄒᆞᆫ屑話ᄅᆞᆯ停ᄒᆞ거니와工匠되ᄂᆞᆫ者가其職業이國
家에關係되옴을不知ᄒᆞ고鹵率한意見과苟且ᄒᆞᆫ經綸으로疎忽ᄒᆞᆫ目才와荒雜ᄒᆞᆫ手段
을憑恃ᄒᆞ야精緊ᄒᆞᆫ者ᄅᆞᆯ毀ᄒᆞ며巧細ᄒᆞᆫ者ᄅᆞᆯ沮ᄒᆞ야淳朴ᄒᆞᆫ道로自處ᄒᆞᄂᆞᆫ者ᄂᆞᆫ世間物
情에暗昧ᄒᆞ야國人의才技ᄅᆞᆯ病害ᄒᆞᄂᆞᆫ事로愛國誠에反戾홈이라

然ᄒᆞᆫ故로如何ᄒᆞᆫ工匠으로如何ᄒᆞᆫ物品을製作ᄒᆞ든지理致ᄅᆞᆯ窮究ᄒᆞ며才操ᄅᆞᆯ鍛鍊
ᄒᆞ야極臻ᄒᆞᆫ境域에抵ᄒᆞ기로期必ᄒᆞᆫ然後에愛國誠이有ᄒᆞ다謂ᄒᆞᆯ섇더러自己의生業도

穩全ㅎ리니 精巧ㅎ 規模업시 荒麤ㅎ게 製造ㅎ야 其物品이 外國에 一出ㅎ則 天下人이 必曰 某國의 人作ㅎ는 物品이 無才ㅎ 境域을 不脫ㅎ다ㅎ야 嗤笑ㅎ는 者도 有ㅎ고 憐恤ㅎ는 者도 有홀지라 他人의 嗤笑도 羞愧의 極度에 達홈이어니와 他人의 憐恤을 受ㅎ는 一款은 其中에도 自哀홀 者니 國人의 公名에 深羞와 大辱이라 謂ㅎ야도 過論이아닌則 愛國誠잇는 工匠의 深思홀 者라

[6] 供職者의 愛國誠은 此論을 待ㅎ야 始明ㅎ는 者아니로되 外國의 規模를 記出ㅎ기 爲ㅎ야 如此히 好煩홈이니 大槩泰西 各國의 官職品級은 其責任의 輕重으로 定ㅎ고 淸宦이라 謂ㅎ는 官職이 無ㅎ며 又 諸營의 將校와 各司의 吏胥라도 皆 政府의 官員이오 賤ㅎ 仕役아니라 然ㅎ 故로 各官員은 其職을 從ㅎ야 法外에는 一步도 犯ㅎ기 不敢ㅎ야 其 尊重ㅎ 地位를 恭敬ㅎ느니 夫國家의 財貨를 盜弄ㅎ거나 法律을 濁亂ㅎ는 者는 其國을 辱홈과 無異ㅎ며 人君의 命令을 不顧ㅎ고 一己의 私慾을 縱ㅎ야 人民을 流散케ㅎ는 者는 其國의 賊이라 此는 皆 愛國誠에 背戾ㅎ는 事며 又 外國人 接待ㅎ기도 官人의 行實을 正直히ㅎ고 儀表를 恭遜히ㅎ야 保護ㅎ는 責望을 極臻히홈으로 其國의 公名을 天下에 有光ㅎ게함이 可ㅎ니 供職者의 愛國誠이 無ㅎ則 國人의 愛國誠이 激起ㅎ야 罰이 其身에 及ㅎ는 故로 亦 供職者의 謹愼ㅎ는 者라

[7] 修學者의 愛國誠은 國家에 最大ㅎ 關係가 有ㅎ 者니 人이 何事를 從ㅎ든지 學識이 主張되야 水의 源과 木의 根과 同ㅎ 者라 然ㅎ 故로 學問이 國의 源에 疏導ㅎ는 責을 是擔ㅎ며 國의 根에 培栽ㅎ는 職을 是任ㅎ니 學者의 愛國誠은 自然ㅎ 道理라 農工商宦의 愛國心이 亦 此中을 從ㅎ야 出홈인則 學者의 職分은 其國의 化導ㅎ는 大責을 自任ㅎ야 千萬事物에 文明ㅎ 風氣를 揚起ㅎ며 便利ㅎ 門戶를 開導ㅎ야 一分이라도 他國에 後ㅎ는 者가 有ㅎ면 撻市ㅎ 羞愧心으로 晝夜 硏究ㅎ야 他人에 優勝홀 道를 經營ㅎ느니 萬若 修學ㅎ는 者가 昔人의 糠垢를 嗜好ㅎ야 腐儒의 行實로 遊衣遊食ㅎ는 怠惰性이 有ㅎ則 國

家의 鼠蠹며 人民의 盜賊이라 是以로 學者가 國에 其忠을 欲盡홀진대 國中의 何事든지 不關ᄒᆞᄂᆞᆫ者가 無ᄒᆞ야 農者의 器具가 不精ᄒᆞ거든 其精緊ᄒᆞᆫ 道를 推究ᄒᆞ야 改良홈도 愛國ᄒᆞᄂᆞᆫ 誠心이며 工匠의 器用이 不實ᄒᆞ거든 其工巧ᄒᆞᆫ 理를 窮格ᄒᆞ야 新造홈도 愛國ᄒᆞᄂᆞᆫ 誠心이며 政令의 不便ᄒᆞᆫ者가 有ᄒᆞ거든 政府의 官人을 警戒ᄒᆞ야 順利ᄒᆞᆫ 方便을 指授홈 도 亦 其愛國ᄒᆞᄂᆞᆫ 誠心이오 又 人生의 日用常行ᄒᆞᄂᆞᆫ 事로브터 飮食과 衣服과 居處에 至ᄒᆞ야 不美ᄒᆞᆫ者가 有ᄒᆞ면 文章으로 論難ᄒᆞ며 談辯으로 講確ᄒᆞ야 盡善ᄒᆞᆫ 境에 至ᄒᆞ기로 期必홈도 學者의 愛國誠이니 如此ᄒᆞᆫ 等事를 學問잇ᄂᆞᆫ 者가 不行ᄒᆞ면 何人이 能ᄒᆞ리오 然ᄒᆞ기 天文을 上通ᄒᆞ고 地理를 下達호ᄃᆡ 自己의 身名을 顧惜ᄒᆞ며 他人의 是非를 避忌 ᄒᆞ야 公衆의 利害를 泛看ᄒᆞᄂᆞᆫ者ᄂᆞᆫ 愛國誠의 不足ᄒᆞᆫ 學問人이니 國人의 知識을 廣博히 ᄒᆞ야 其趣向이 高明ᄒᆞᆫ 境域에 至ᄒᆞᆫ則 天下萬國에 師表의 地位를 占ᄒᆞ야 其惠化와 光榮 이 四海에 覆被ᄒᆞᄂᆞ니 泰西學者의 愛國誠은 如此ᄒᆞ기로 其準的을 作홈이라

[8] 若玆ᄒᆞᆫ지라 爲國ᄒᆞᄂᆞᆫ 道가 供職ᄒᆞᄂᆞᆫ者에 不止ᄒᆞ고 其國의 人民이면 何事何物에 其心을 用ᄒᆞ든지 皆 其國을 爲ᄒᆞᄂᆞᆫ 事나 然ᄒᆞ나 其中의 深關係와 大職分은 學問ᄒᆞᄂᆞᆫ者 에게 在ᄒᆞ니 夫供職者ᄂᆞᆫ 人君의 命令으로 國家의 政令을 行홀ᄯᆞ름인則 他人에 比ᄒᆞ야 權 力이 重ᄒᆞ고 地位가 高ᄒᆞ다 謂홈은 可ᄒᆞ거니와 他人이 其權位의 不及홈으로 愛國誠ᄭᅡ지 不及ᄒᆞᄂᆞᆫ 理由ᄂᆞᆫ 無ᄒᆞ니 實狀은 政令을 行ᄒᆞᄂᆞᆫ者도 其國의 人이오 政令을 受ᄒᆞᄂᆞᆫ者도 其國의 人이라 然則 其君父의 臣子되기ᄂᆞᆫ 彼我의 分別이 無ᄒᆞ니 其臣子되ᄂᆞᆫ 道理에 其君 父가 授任ᄒᆞᄂᆞᆫ 職分이 無ᄒᆞ다 ᄒᆞ야 其忠義를 不盡홈이 奈何 其可리오 然ᄒᆞᆫ 故로 愛國ᄒᆞ ᄂᆞᆫ 忠誠은 貧富와 貴賤의 殊異가 無ᄒᆞ야 天性의 稟賦로 自然ᄒᆞᆫ 職分이어늘 論者가 或 迂 僻ᄒᆞᆫ 譚柄을 恣ᄒᆞ야 云호ᄃᆡ 供職ᄒᆞᄂᆞᆫ 外에ᄂᆞᆫ 爲國ᄒᆞᄂᆞᆫ 事業이 無ᄒᆞ다 ᄒᆞ야 國中의 千萬 種事物을 皆 私事經綸에 歸ᄒᆞᄂᆞ니 此ᄂᆞᆫ 義理에 未達ᄒᆞᆫ 議論이라

由是로 國家保守ᄒᆞᄂᆞᆫ 職責과 分義가 供職者에 不止ᄒᆞ고 其國의 人民이 共有ᄒᆞᆫ者니

無事ᄒᆞᆫ時에泰平ᄒᆞᆫ樂으로各其職種에從事ᄒᆞᆷ은邦國의公本된業이어니와若有事ᄒᆞᆫ時ᄅᆞᆯ當ᄒᆞ야外國의侵亂을被ᄒᆞᆫ則國人이一齊히奮起ᄒᆞ야辱이其人君에게及ᄒᆞᆯ가懼ᄒᆞ며恥가其政府에歸ᄒᆞᆯ가憂ᄒᆞ야死生을不顧ᄒᆞ고戰地에樂赴ᄒᆞᄂᆞ니然ᄒᆞᆫ지라雖平時라도人民이軍士의組練을習ᄒᆞ야不時의變이起ᄒᆞ면全國壯丁이軍士아닌者가無ᄒᆞ거늘萬若國家의有事ᄒᆞᆫ時ᄅᆞᆯ臨ᄒᆞ야人君을棄ᄒᆞ고其妻子ᄅᆞᆯ是携ᄒᆞ야亂을避ᄒᆞ기에急ᄒᆞ야山谷에奔竄ᄂᆞᆫ者ᄂᆞᆫ懦惻한性質에愛國ᄒᆞᄂᆞᆫ忠誠이無ᄒᆞᆯᄲᅵᆫ더러叛國ᄒᆞᄂᆞᆫ賊과無異ᄒᆞᆫ지라設使亂을避ᄒᆞ야往한다謂ᄒᆞᆫᄃᆞᆯ往ᄒᆞᄂᆞᆫ處가何地리오畢竟은其國內地方에不過ᄒᆞ리니如此히人君을背ᄒᆞ고安全ᄒᆞᆫ處所에獨往ᄒᆞ다가其全國이危殆ᄒᆞᆫ境에至ᄒᆞ면避亂한其人도獨全ᄒᆞ기不能ᄒᆞᆯ理由ᄂᆞᆫ分明ᄒᆞᆫ者니國人이各思ᄒᆞᄃᆡ自己一身의生死ᄂᆞᆫ不拘ᄒᆞ고人君의懷ᄅᆞᆯ적ᄒᆞ며邦國의公名을保全ᄒᆞᆷ이我輩의職分이라ᄒᆞ면其忠義와功效가山谷에奔避ᄒᆞᄂᆞᆫ叛國ᄒᆞᆫ懦夫에比ᄒᆞ야如何ᄒᆞᆯ者인가誠如是ᄒᆞ면生ᄒᆞ야도天地間에無愧ᄒᆞ고死ᄒᆞ야도亦且其榮이有ᄒᆞ리니愛國ᄒᆞᄂᆞᆫ人民의美事가此에莫過ᄒᆞ다ᄒᆞ노라

[9] 又外國人接待ᄒᆞᄂᆞᆫ事도愛國誠잇ᄂᆞᆫ者ᄂᆞᆫ極臻히謹愼ᄒᆞᄂᆞ니大槩何國人이든지他國에來ᄒᆞᄂᆞᆫ者ᄂᆞᆫ其政府의德化와法律을信服ᄒᆞ며人民의禮節과信義ᄅᆞᆯ特賴ᄒᆞ야身命과財産의正權을保全ᄒᆞ기에無憂ᄒᆞᆷ을期必ᄒᆞᆷ이오其親戚과朋友ᄅᆞᆯ離別ᄒᆞ고遠來ᄒᆞᆫ緣由가雖自己의有求ᄒᆞᄂᆞᆫ經營으로貿易에留意ᄒᆞ든지遊覽에從事ᄒᆞ든지遠客의凄切ᄒᆞᆫ懷抱와故國의渺茫ᄒᆞᆫ情緒ᄂᆞᆫ花月의良辰과風雨의暗夜에自然히難禁ᄒᆞ야有時로自發ᄒᆞᆯ지라

國의名號ᄂᆞᆫ彼此國의分別이雖有ᄒᆞ나人의情懷ᄂᆞᆫ彼此人의稟賦가自同ᄒᆞᆫ則禮로相交ᄒᆞ며義로相結ᄒᆞ야慰樂ᄒᆞᄂᆞᆫ道ᄅᆞᆯ行ᄒᆞ며順便한方을謀ᄒᆞ고或風俗애離齬ᄒᆞ야未洽ᄒᆞᆫ事端이有ᄒᆞ야도其不知ᄒᆞᆷ이外國人되ᄂᆞᆫ緣故라ᄒᆞ야主人의道理로其過ᄅᆞᆯ恕

ᄒᆞ며假令貧者가其生涯를위ᄒᆞ야外國人의雇傭이되야도其約束을堅守ᄒᆞ고行實을 善修ᄒᆞ며言語도恭謹히ᄒᆞ야雇傭되ᄂᆞᆫ道理를極臻히호ᄃᆡ自主ᄒᆞᄂᆞᆫ權利와不屈ᄒᆞᄂᆞᆫ 性氣로國人의公名을保全ᄒᆞ고又欺詐ᄒᆞᄂᆞᆫ事情과倨慢ᄒᆞᆫ辭色으로自己의私身애도 貽辱홈이不可ᄒᆞ니外國人에게雇傭되ᄂᆞᆫ事가賤ᄒᆞ기는賤ᄒᆞ다謂홀디나極難ᄒᆞ기는又 此에過ᄒᆞᄂᆞᆫ者가無ᄒᆞ니愛國ᄒᆞᄂᆞᆫ者의最愼ᄒᆞᄂᆞᆫ條件이며

又不幸ᄒᆞᆫ時를當ᄒᆞ야此國과彼國의間에戰爭이起홈으로彼國人이雖其時에此國 人의讎敵이나然ᄒᆞ나其宣戰ᄒᆞ기前으로브터留駐ᄒᆞ든者ᄂᆞᆫ殺害홈이不可ᄒᆞᆫ故로其 政府가期限을定ᄒᆞ고其限前發去ᄒᆞᄂᆞᆫ令을下ᄒᆞ나不去ᄒᆞᄂᆞᆫ者가有ᄒᆞ면其國의秘機 를漏泄홀가念慮ᄒᆞ야其友朋의家宅에保囚ᄒᆞ기도ᄒᆞ며政府의舘舍에拘留ᄒᆞ기도ᄒᆞ고 其衣服飮食居處의凡節은便히ᄒᆞ야休戰ᄒᆞᆫ後에放送홈이公法의大道라然홈으로讎 國의人民이라ᄒᆞ야乘時殺害ᄒᆞᄂᆞᆫ者ᄂᆞᆫ不仁ᄒᆞᆫ野人의風俗이니一時의憤怒를因ᄒᆞ야無 罪ᄒᆞᆫ生命을害ᄒᆞ면天下의譏笑도招ᄒᆞ려니와畢竟은賠償銀을徵出ᄒᆞ기에至ᄒᆞᄂᆞᆫ지라 愛國人의明心홀條目이亦此에在홈이라

어린아이 양육하는 법

[1] 인간의 큰 근본을 깊이 생각하면 어린아이[孩嬰]를 양육[撫育]하는 규범[規模]보다 더 중요한 것은 실로 없다. 오늘의 어른[長老]은 옛날에는 어린아이였다. 지금의 어린아이가 어찌 훗날의 어른이 아니겠는가. 인세의 큰 질서[大序]를 이어나가 천만 대(代)의 통운(統運)을 보존하고, 인사(人事)의 큰 벼리[大紀]를 이어받아 천만 종(種)의 사물을 보전한다. 집, 나라, 천하의 관계가 대소의 구분은 있지만, 그[양육하는] 규범의 실마리는 집으로부터 나라에 이르고 나라를 미루어 천하에 미치는 것이다. 그러나 이 규범[規]은 사람마다 말하고 집마다 깨우쳐 행할 수 있는 것이 아니다. 오늘의 어른이 옛날 어린아이 때 교양을 받는 데 도가 있었기 때문에 성취하는 실효를 나타낸 것이다. 교양의 관계는 매우 심원하여 몇 마디 말로 묘사할 수 없지만, 한 마디로 말한다면 부모 되

는 자가 지식이 풍족해진 후에 어린아이를 양육하는 법을 깨닫는다. 어린
아이가 10세 되기 전에는 교육하는 책임이 오로지 어머니에게 있고, 10세
이후에는 교육하는 도는 전적으로 아버지에게 있다. 그런데 10세 이전
이 10세 이후보다 더욱 어렵다. 사람의 어머니가 되어 지식이 없으면 어
린아이를 보육할 자가 반드시 적을 것이다. 온 나라 어린아이의 부모가
전혀 지식이 없는 때는 나라의 쇠미함이 이에 비롯되기 때문에 국가의
죄인이라 지목해도 책임을 피하기 어려울 것이다. 아아, 어느 뉘가 자
식을 사랑하지 않으며 나라를 걱정하지 않겠는가.

　[2] 이 같은 이치로 미루어 생각하면, 어린아이는 나라의 근본[邦本]
이고, 여자는 어린아이의 근본이며, 지금의 어머니는 옛날의 여자애다.
그러므로 여자애가 실상은 방본(邦本)의 근본[本]이거니와 만약 교육을
받지 않는다면 방본의 근본이 되는 직책을 능히 닦기는 고사하고 기본
을 병들고 해치게 할 따름이다. 삼가 두려워할 것은 이것이다. 그런데
사내아이와 여자애의 10세 전 양육[撫養]은 여자에게 있다. 배우지 못
한 여자에게 어린아이의 양육을 잘 하라고 책임 지우는 것은 장님으로
하여금 단청(丹青)을 분별하고 귀머거리로 하여금 음악을 논평하라 말
하는 것과 같다. 그 성과가 있기를 어찌 바라겠는가. 오히려 여자를 가
르치는 것은 그 책임이 전적으로 남자에게 있다. 이로써 본다면 남자는
곧 방본의 근본을 배양[培栽]하는 직분을 스스로 맡은 자다. 그러므로
여자가 지식이 없는 것은 그 죄가 실상은 남자에게 있다. 서양인의 어
린아이를 양육하는 주장을 들어 보면 다음과 같다.

　[9] 어린아이의 성(性)을 순하게 하여 거스름이 없게 하는 연유를 의론

해 보자. 대개 유아[穉兒]는 언어를 말하지 못하고 지각이 아직 자라지 못했더라도 그 심령의 허명(虛明)함으로 당장의 호오(好惡)와 편부(便否)를 감촉하기는 어른에 비해 아직 더할 것이 있다. 말을 못하기 때문에 정회(情懷)를 펼쳐내지 못하고 지각이 아직 자라지 않았기 때문에 성기(性氣)를 참을 수 없어 은연한 중에 그 감촉하는 정신이 천성을 해칠 따름이다. 불평한 기성(氣性)이 점차 단전(丹田)에 그 뿌리를 내려 말 배우기 전에 깊고 단단한 터를 이미 세우면 장성한 뒤라도 뽑아내기 쉽지 않다. 그러므로 일절 행해서 안 되는 것은 유아가 울 때 때리는 일이다. 소아의 울음은 그 천성에 거스르는 불편한 이유를 어머니에게 호소하는 것이므로 실상은 어머니가 양육하는 도에 어둡기 때문이다. 그 아이를 오히려 꾸짖는 것은 그 성(性)을 이미 거스른 가운데 한층 더 거스르는 것이다. 이렇기 때문에 유아의 부모 되는 자가 명심할 것은 첫째 그 성을 순하게 하는 데 있다.

[11] 이처럼 놀게 해주는 가운데도 일정한 규범[規模]을 행하여 침식하는 시간을 어기지 않고 언사와 행동, 어른을 공경하는 예절과 벗을 좇는 거동은 모두 어른의 교훈을 받도록 하되, 만일 터럭만큼이라도 어긋남이 있으면 반드시 벌하고 용서하지 말아야 한다. 벌하는 법은 성난 얼굴로 매질을 가하고 화난 말로 질책을 하는 것이 아니라 조용히 불러들여 간곡한 얘기로 타일러야 한다. [후략]

[16] 또한 놀이[遊戲]를 함께하는 동무[同伴]도 가려 취해야 한다. 어린아이의 악행은 전염하는 병과 같아 퍼지기 아주 쉽다. 요량이 아직 서지 않은 어린아이가 놀이 동무의 악행을 본받는 것은 자연스러운 이세

(理勢)다. 그러므로 타인의 자녀가 불미스러우면 상종을 못하게 해야 한다. 타인의 자녀가 행실을 닦지 않았다고 해서 금수(禽獸)로 보는 것은 아니다. 부모의 가르침이 좋지 않기 때문이다. 이처럼 금절(禁絶)하는 것은 사세로는 박절한 듯하지만, 어쩔 수 없는 사정 때문에 그리 하지 않을 수 없다. 그러한 중에도 타인의 자녀라 해서 내버려두지 말고 자기 자녀처럼 회유(誨諭)하여 양심의 감각으로 사람의 행실을 배우게 하는 것이 한 인간이 상여(相與)하는 좋은 방도다.

같은 나라 사람이 각기 일가의 분별로 보면 피아의 구분이 있지만, 합하여 일국으로 의론하면 타인이라도 같은 집안[同室]의 의로움[義]이 있다. 그러므로 타인의 자녀라 해서 나쁜 곳에 빠지는 걸 보고도 지나친다면, 아기가 기어가 우물에 빠지는 것을 구하지 못하는 것과 어찌 다르겠는가. 천하의 각 나라[邦]가 분할하여 피차의 구역을 정하지만, 인종은 너와 나의 경계[畀]를 세우지 않으므로 어진 사람[仁厚人]의 공심(公心)은 사해를 일가로 보아 서로 가르치고 서로 배우기를 바라는 것이다.

[19] 이상 열거한 것은 타인의 실마리를 주운 것이니, 이 밖에도 그 규범[規模]과 제도의 치밀함이 언어로 형용하고 붓과 먹으로 베껴낼 수 없는 것이 많다. 고개를 돌려 보면 우리나라의 아동교육하는 도를 어찌 개탄하지 않겠는가. 다른 나라는 유치한 옷의 차가움과 따뜻함, 그리고 음식의 굶주림과 배부름을 적절히 하여 양육하는 즐거움이 극진하거늘, 우리나라는 유치한 나쁜 옷, 나쁜 음식도 없는 것이 많아 굶주림과 차가움을 면치 못한다. 다른 나라 유아들은 학교에 출입하여 교회(敎誨)

하는 법이 갖추었지만, 우리나라 유아들은 교육이 소략해서 자기 이름도 쓰지 못하는 자가 많다. 뿐만 아니라 다른 나라 자녀들은 양생하는 규칙이 정비되어 질병의 재액이 적지만, 우리나라의 자녀들은 병에 상하여 초년에 요절하는 자가 많다. 유아의 많은 병 가운데 천연두[痘症]가 가장 심한데, 그 참혹한 경상은 때로 차마 보고 들을 수가 없다. 유아는 한바탕 겁살운(劫殺運)을 겪고 병이 나은 경우에도 얼굴에 딱지가 가득하여 살아나도 병신을 면치 못하는 자가 많지만, 다른 나라는 우두법을 써서 참혹한 화를 면하고 온전하지 못할 자가 없으니, 그 공효가 매우 크다.

[20] 어떤 사람은 "인세가 멀리 내려올수록 인종이 단소(短少)하여 기혈과 근골(筋骨)이 전인(前人)보다 못 하다"라고 말하면서 이처럼 인종이 쇠약한 연유를 해명한다. 하지만 전세(前世)의 옛날 관(冠)과 전해지는 옷을 보면, 금세(今世)에는 이처럼 커다란 것을 입을 자가 없다. 하지만 서양인은 어린아이의 양육하는 도와 양생하는 규칙과 여자의 접대를 개정한 뒤부터 인종이 점차 커져 수백 년 전인(前人)의 갑옷이 금인(今人)에게 아주 작아 입을 수 없다고 한다. 대개 이와 같은 실효는 세월의 장구함을 거쳐 비로소 보이는 것이며 일조일석의 공용(功用)으로 기필(期必)할 수는 없는 것이다.

'양육[撫育]'과 '나라의 근본[邦本]'

어린이 양육은 인간의 가장 기본적이고도 중요한 일이다. 어린아이는 나라의 근본[邦本]이다. 어른은 한때 어린이였으며 어린이는 언젠가 어른이 된다. 시간적으로 어린이는 인간 세상의 종적 질서와 벼리(기강)의 연속적 계승을 통해 누대의 통운(統運)을 보존하고 온갖 사물을 보수하는 존재다. 공간적으로 규범의 실마리는 집으로부터 나라에 이르고 나라를 미루어 천하에 미치는 것인데, 이러한 규범은 어린아이 때 받은 교양으로 인해 가능해진다. 부모가 지식을 갖추어 어린아이를 양육하는 법을 알았을 때 어린아이는 교양을 갖게 된다. 부모가 지식이 없으면 어린아이를 양육할 수 없어 국가의 쇠약을 초래하므로 나라의 죄인이다. 어린이의 교양은 후술하듯이 근대적 규율과 훈육에서 생성되는 것으로서 근대적 교양과 연관된다. 하지만 동시에 시간적으로 현재의 어린아이를 과거의 어른, 미래의 어른과의 시간적 계승을 통해 누대의 통운을 보수하는 존재로 상정하고, 공간적으로 양육하는 규범을 집에서 나라에 이르고 나라를 미루어 천하에 미치는 것으로 파악하는 방식에서는 유학적 사고법이 엿보인다.

한편 어린아이를 가르치는 어머니는 옛날의 여자아이이며, 따라서 여자아이는 실상 방본(邦本)의 근본이다. 따라서 여자의 배움도 중요하다. 어린아이의 양육은 배운 여자가 맡아야 한다. 여성의 지식은 어린아이의 양육뿐 아니라 나아가 '방본의 근본'으로 간주된다. 진보적 여성관이 엿보인다. 하지만 유길준이 말하는 여성의 지식과 책임은 어린아이의 양육에 한정될 뿐, 여성의 사회적 참여까지 상정한 건 아니다. 여성을 가르치는 책임은 전적으로 남성에게 있다. 여자가 지식이 없는 것은 남자의 죄다. 이러한 젠더관은 유길준이 여성의 지식과 직분을 여전히 집(가정)의 틀에서 생각하였음을 시사한다.

생략한 단락에서는 서양에서 행해지는 어린아이의 양육과 교양에 관한 여러 측면들을 소개한다. 제18단락에서는 서양에서는 성인이 되면 스스로 책임을 지는 독립된 생활을 한다는 사실을 소개하면서, 어렸을 때의 교육이 이러한 성인의 행태에 중요한 의미를 갖는다고 지적한다. 서양의 아동교육과 관련하여 그 밖에 젖먹이기, 잠재우기, 운동시키기와 양생, 옷 입히기, 대소변 보기, 놀이 교육, 식사 예절, 학교 다니기, 예절 교육, 물욕을 억제하는 교육, 교우에 관한 교육, 행실 교육 등을 소개한다.

규율과 훈육

아동 양육에서 가장 중요한 일은 어린아이의 자연적 성질을 맞추어 성품을 순하게 해주는 것이다. 거스르는 성질이 뿌리박히게 되면 성장한 뒤에도 바꾸기 쉽지 않다. 어린아이의 놀이를 금지해서도 안 된다. 생물의 활동하는 자연한 '이세'를 억압해서는 안 된다는 말이다[10]. 그런데 아동교육에서는 일정한 규율에 의한 훈육이 더 중요하다. 젖먹이에게 수유를 하고 양생을 위한 운동을 하고 대소변을 보는 일들은 '일정한 시각'에 이루어져야 한다. 먹고 자는 시간도 엄수해야 한다[4][5][6][8].

'일정한 시각'은 규율로서 작용한다. 어린아이에게 노는 것을 허용해야 하지만 놀 때에도 '일정한 규율'이 있어야 한다[11]. 시간의 규율과 더불어 어린아이의 행위를 제어하는 어른의 교훈도 필요하다. 장난감 놀이 같은 유희도 교훈적이어야 한다[10]. 또한 규율과 교훈을 거스르는 행동을 했을 때에는 벌을 줘야 한다. 공경하는 예절과 친구 사귀는 방법도 어른의 교훈을 받도록 하되 어긋나면 벌을 줘야 한다. 학교생활에서 "어린아이를 교양하는 도는 어떤 사물에든지 일정한 시한으로 행하여 어린 시절부터 규범 속에 성장하고 기약을 어기는 것을 불허하여 이에 유염(濡染)하고 이에 훈도(薰陶)하여 후일의 믿음 있는 사람이 되게 하는 것이 최상의 미법(美法)이고 제일의 양책이다"[13]. 아동의 행실은 규범과 한계에 의해 규율되어야 한다[17].

유길준이 서양의 아동교육에서 발견해낸 것은 인간의 보편성이다. 인간의 보편성을 상정하는 근거는 '양심의 감각'과 '사해일가(四海一家)'의 보편주의다. 일가의 분별은 일국의 차원에서 보면 타인이라도 같은 집안의 의로움이 있고, 인종(혹은 인류)은 국가들의 분할된 피차의 구역을 넘어 너와 나의 경계를 세우지 않는다. 사해일가의 보편성을 상정할 수 있는 근거는 서로 가르치고 서로 배우기를 바라는, 어진 사람의 공심(公心)이다. 여기에는 타인의 자녀가 나쁜 곳에 빠진 걸 보고 지나치지 않는 측은지심(惻隱之心)도 작용한다. 측은지심은 인간의 행동을 규정하는 본원적 심성이지만, 인류의 보편적 심성을 생각하는 심리적 근거로도 상정된다. 이러한 측은지심은 '양심의 감각(sense of conscience)'과 만난다. '양심의 감각'은 영국의 자유주의 사상, 좁게는 스코틀랜드 계몽사상에서 논의되는 그것과 연결되는 개념일 것이다. 유길준이 이 개념을 어떻게 이해했는지 이 글만으로는 알기 어렵지만, '측은지심'과 '양심'을 같이 놓고 보는 시선이 성립했을 여지는 있다.

유길준은 아동 양육에 보이는 서양과 한국의 현격한 차이를 대비시킨다. 아동교육의 현격한 차이를 '측은지심'과 '양심의 감각'으로 쉽게 줄일 수 없음은 유길준의 서술에서 어렵지 않게 읽어 낼 수 있다. 그런데 유길준은 전세와 금세 사이의 시간적 격차가 어린아이를 양육하는 도와 양생하는 규칙과 여성에 대한 대우가 바뀌면서 점차 극복되고 있음을 서양의 사례에서 확인하였다. 장구한 세월을 거쳐 지금 사람이 옛사람을 능가하는 진보가 이루어진 것처럼, 언젠가 규칙과 규율이 확립된다면 한국도 서양을 넘어서는 진보가 가능하다고 생각했을지 모른다. 측은지심과 양심의 감각, 사해동포주의에 입각해서 인간의 보편성을 상정했을 때, 오랜 세월을 거치게 되면 문명의 차이가 해소될 것이라는 낙관주의가 성립한다.

----

[1] 大槩人間의大本을尋考ᄒᆞᆫ則孩嬰의撫育ᄒᆞᄂᆞᆫ規模에셔加重ᄒᆞᆫ者가實無ᄒᆞ니今日의長老ᄂᆞᆫ卽舊時의孩嬰이라今日의孩嬰이엇디後日의長老아니리오人世의大序ᄅᆞᆯ嗣續ᄒᆞ야千萬代의統運을保存ᄒᆞ고人事의大紀ᄅᆞᆯ承授ᄒᆞ야千萬種의事物을守持ᄒᆞᄂᆞ니家國天下의關係가大小의分은有ᄒᆞ되其規模의起緒ᄂᆞᆫ家ᄅᆞᆯ從ᄒᆞ야國에至ᄒᆞ고國을推ᄒᆞ야天下에及홈이라然ᄒᆞ나此規ᄂᆞᆫ人마다說ᄒᆞ며戶마다論ᄒᆞ야能行ᄒᆞᄂᆞᆫ者아니오乃今日의長老가舊日孩嬰의時에其敎養의受홈이有道홈을由ᄒᆞ야成就ᄒᆞᄂᆞᆫ實效

를著ᄒᆞᄂᆞ니教養의關係ᄂᆞᆫ甚히邃遠ᄒᆞ야數句話로摸粧ᄒᆞ기不能ᄒᆞ거니와一言으로蔽ᄒᆞ건대父母되ᄂᆞᆫ者가知識에豊足ᄒᆞᆫ然後에孩嬰의撫育ᄒᆞᄂᆞᆫ規模를覺ᄒᆞᆯ디니孩嬰의十歲前은其教育ᄒᆞᄂᆞᆫ責이專혀其母에게在ᄒᆞ고十歲後ᄂᆞᆫ其教育ᄒᆞᄂᆞᆫ道가全혀其父에게存ᄒᆞ되十歲前이十歲後에比ᄒᆞ야尤難ᄒᆞᆫ지라人의母되야知識이無ᄒᆞᆫ者ᄂᆞᆫ孩嬰을保育ᄒᆞᆯ者가必少ᄒᆞ리니國中孩嬰의父母가全혀知識이無ᄒᆞᆫ時ᄂᆞᆫ其國의衰薇ᄒᆞᆷ이此를識由ᄒᆞᆷ인則國家의罪人이라指目ᄒᆞ야도其責을難逃ᄒᆞᆯ디니嗟呼라何人이其子를不愛ᄒᆞ며其國을不憂ᄒᆞ리오

[2] 如此ᄒᆞᆫ理致로推想ᄒᆞ면孩嬰은邦本이오女子ᄂᆞᆫ孩嬰의本이니今日의慈母ᄂᆞᆫ舊日의童女라然ᄒᆞᆫ故로童女가實狀은邦本의本이거니와萬若教育을不被ᄒᆞᆫ則邦本의本되ᄂᆞᆫ職責을能修ᄒᆞ기ᄂᆞᆫ姑舍ᄒᆞ고基本을病害ᄒᆞᆯᄯᅮᆷ이니可히愼懼ᄒᆞᆯ者가此라然ᄒᆞ기孩男과孩女의十歲前撫養이女子에게在ᄒᆞᆫ則不教ᄒᆞᆫ女子로孩嬰의育養을善ᄒᆞ라責ᄒᆞᆷ이瞽者로ᄒᆞ여곰丹青을分辨ᄒᆞ고聾者로ᄒᆞ여곰音樂을論評ᄒᆞ라謂ᄒᆞᆷ과同ᄒᆞᆫ지라其成效의有ᄒᆞ기를엇디希待ᄒᆞ리오却夫女子의有教ᄒᆞᆷ은其責이全혀男子에게在ᄒᆞ니此를由ᄒᆞ야觀ᄒᆞ건대男子ᄂᆞᆫ乃邦本의本을培栽ᄒᆞᄂᆞᆫ職分을自任ᄒᆞᆯ者라然ᄒᆞᆷ으로女子의知識이無ᄒᆞᆷ은其罪가實狀은男子에게歸ᄒᆞ니泰西人의孩嬰撫育ᄒᆞᄂᆞᆫ論을聞ᄒᆞ건대其論에曰ᄒᆞ되

[9] 幼穉의性을順히ᄒᆞ야拂逆ᄒᆞᆷ이無ᄒᆞ게ᄒᆞᄂᆞᆫ緣由를議論ᄒᆞ건대大槩穉兒가雖言語를不發ᄒᆞ며知覺이未長ᄒᆞ야도其心靈의虛明ᄒᆞᆷ으로當場의好惡와便否를感觸ᄒᆞ기ᄂᆞᆫ老成者에比ᄒᆞ야猶且有加ᄒᆞ니言語를不發ᄒᆞᄂᆞᆫ故로情懷를舒出ᄒᆞ기不能ᄒᆞ고知覺이未長ᄒᆞᆫ故로性氣를忍吞ᄒᆞ기不能ᄒᆞ야隱然ᄒᆞᆫ中에其感觸ᄒᆞᄂᆞᆫ精神이天性을激傷ᄒᆞᆯᄯᅮᆷ이라不平ᄒᆞᆫ氣性이漸次로丹田에其根을托ᄒᆞ야學語ᄒᆞ기前에深固ᄒᆞᆫ基를已立ᄒᆞᆫ則長成ᄒᆞᆫ後라도拔出ᄒᆞ기未易ᄒᆞ니此由를위ᄒᆞ야一切不行ᄒᆞᆯ者ᄂᆞᆫ穉兒의㘞

哭ㅎㄴ時에敲打ㅎㄴ事라小兒의哮哭은其天性에拂逆ㅎㄴ不便ᄒ緣委를其母에게告訴홈인則其實은慈母가撫育ㅎㄴ道에茫昧홈을由홈이거늘其兒를反責ㅎㄴ此ᄂ其性을已拂ᄒ中에一層의拂逆홈을加홈이라如是ᄒ故로幼穉의父母되ᄂ者의明心홀者가第一은其性을順히ᄒ기에在홈이라

[11] 如此히許遊ㅎㄴ中에도一定ᄒ規模를用ㅎ야其寢食ㅎㄴ時間을勿違ㅎ고言辭와行動이며敬長ㅎㄴ禮節과逐伴ㅎㄴ儀貌를皆長者의敎訓을從受ᄒ게호ᄃ若一毫라도有違ㅎ면必罰ㅎ고不怒ㅎ며其罰ㅎㄴ法은怒色으로楚撻을加홈과疾言으로呵責을行홈이아니오從容히招引ㅎ야懇篤ᄒ說話로開諭ㅎ고 [후략]

[16] 又其遊戱ㅎㄴ同伴도擇取케함이可ㅎ니童穉의惡行은傳染ㅎㄴ病과同ㅎ야流播ㅎ기最易한者라料量未定ᄒ童蒙이遊伴의惡行을效則ㅎㄴ理勢의自然홈인故로他人의子女가不美ㅎ거든相從을禁斷홈이他人의子女가行實을不修ᄒ다謂ㅎ야禽獸와同視홈은아니로ᄃ其父母의敎訓이不善홈인則如此히禁絶홈이事勢로ᄂ追切ᄒ듯ㅎ나不得已ᄒ事情으로不得不然ᄒ緣故어니와其然ᄒ中에도他人의子女라謂ㅎ야等棄ㅎ지勿ㅎ고自己의子女叉티誨諭ㅎ야其良心의感覺으로人의行實을學ㅎ게함이亦一人間의相與ㅎㄴ好道니

同國人이各其一家의分別로視ㅎ면彼我의分이有ㅎ나合ㅎ야一國으로議論ㅎ면雖他人이라도同室의義가有ᄒ지라然ᄒ則他人의子女라ㅎ야惡地에陷溺홈을泛看ㅎ면赤子의匍匐ㅎ야井에入홈을不救홈과奚異ㅎ리오夫天下의各邦이分割ㅎ야彼此의區域을定ㅎ나人種은爾我의界를不立ㅎㄴ故로仁厚人의公心은四海를一家로視ㅎ야相敎ㅎ며相學ㅎ기를願홈이라

[19] 以上의記列함은他人의緖餘를掇拾홈이니此外에도其規模와制度의縝密홈이言語로形容ㅎ고毫墨으로摸寫ㅎ기不得ㅎㄴ者가多ㅎ거니와首를回ㅎ야我邦의孩

嬰教育ᄒᆞᄂᆞᆫ道를願ᄒᆞ건대엇디慨然치아니ᄒᆞ리오他邦의幼穉ᄂᆞᆫ衣의寒煖과食의飢飽를均適히ᄒᆞ야撫育ᄒᆞᄂᆞᆫ樂이極臻ᄒᆞ거ᄂᆞᆯ我邦의幼穉ᄂᆞᆫ惡의惡食도無ᄒᆞᆫ者가多ᄒᆞ야飢寒을不免ᄒᆞ고他邦의幼穉ᄂᆞᆫ學校에出入ᄒᆞ야教誨ᄒᆞᄂᆞᆫ規模가具備ᄒᆞ거ᄂᆞᆯ我邦의幼穉ᄂᆞᆫ教育의疎略홈으로自己의姓名도不記ᄒᆞᄂᆞᆫ者가多ᄒᆞᆯᄲᅳᆫ더러他邦의子女ᄂᆞᆫ養生ᄒᆞᄂᆞᆫ規則이整備홈으로疾病의灾厄이少ᄒᆞ거ᄂᆞᆯ我邦의子女ᄂᆞᆫ各病에受傷ᄒᆞ야初年의夭折ᄒᆞᄂᆞᆫ者가多ᄒᆞ고幼穉의百病中痘症이最酷ᄒᆞᆫ지라其慘殘ᄒᆞᆫ景像이有時로見聞에不忍ᄒᆞ야幼穉의一場劫殺運을經홈이오平癒ᄒᆞᆫ者라도或滿面ᄒᆞᆫ痂痕으로生後病身을不免ᄒᆞᄂᆞᆫ者가多호ᄃᆡ他邦은牛痘의法을用ᄒᆞ야慘殘ᄒᆞᆫ禍를免ᄒᆞ고救全치못ᄒᆞᆯ者가無ᄒᆞ니其功效가甚大ᄒᆞ더라

[20] 人이或曰호ᄃᆡ人世가降遠ᄒᆞᆯᄉᆞ록人種이短少ᄒᆞ야氣血과筋骨이前人을不敵ᄒᆞᆫ다ᄒᆞ야如此히人種의降衰ᄒᆞᆫ緣由를解明ᄒᆞ야謂호ᄃᆡ前世의舊冠과遺衣를見ᄒᆞ면今世에ᄂᆞᆫ若此히偉大ᄒᆞᆫ制樣을被戴ᄒᆞᆯ者가無ᄒᆞ다ᄒᆞ나泰西人인則孩嬰의撫育ᄒᆞᄂᆞᆫ道와養生ᄒᆞᄂᆞᆫ規則이며女子의接待를改正ᄒᆞᆫ後로브터人種이漸大ᄒᆞ야數百年前人의甲冑가今人에게甚小ᄒᆞ야服着ᄒᆞ기不能ᄒᆞ다ᄒᆞ니大槩如是ᄒᆞᆫ實效ᄂᆞᆫ歲月의長久홈을閱ᄒᆞ야始見ᄒᆞᄂᆞᆫ者오一朝一夕의功用으로期必ᄒᆞ기不能ᄒᆞᆫ者라

제13편

서양의 학술, 군제, 종교

제13편에서는 서양의 학술, 군사제도, 종교를 소개한다. 이 논고들이 어떠한 이유로 이 장에 배치되었는지는 모호하다. 문명사회와 근대국가를 이루는 데 필요한 요소로 보았기 때문이겠지만 그리 정합하지는 않다. 아마도 『서유견문』의 결론을 배치하기에 앞서 미처 수록하지 못한 글들을 정리한 것이 아닐까 싶다. 일종의 잡편이라 할 수 있겠다.

제1절
서양 학술의 내력

[4] 서양 학술의 큰 원칙[主意]은 만물의 원리를 연구하고 그 공용(功用)을 발명하여 인생의 편리한 도리를 돕는 데 있다. 학자들이 밤낮으로 고심하는 경륜(經綸)은 실상은 천하 사람을 위해 그 쓸모를 이롭게 하고[利用], 이로 말미암아 삶을 두텁게 하며[厚生], 또한 이로써 덕을 바르게[正德] 하는 것이다. 학술의 공효(功效)와 교화(敎化)가 어찌 크지 않겠는가. 서양학자의 말에 이르길, "사람의 재지(才智)는 고(古)와 금(今)이 다를 바 없는데, 후인(後人)이 전인(前人)에 미치지 못한다고 말하는 것은 학업에 태만하여 세상을 병들게 하는 의론이다. 그러므로 사람이 세상을 살아가는 데 당연히 학문을 힘써 고인(古人)이 밝히지 못한 것을 밝히고 미치지 못한 것을 채우고, 또 신기술[新工]을 생각해 내 전인을 능가해야 한다"라고 했다. 이 말을 깊이 생각해 보면 자만[自恃]하는 벽(癖)

이 있는 듯하지만, 배우는 사람에게는 가장 훌륭한 생각이다. 이제 학술의 공덕이 성취된 것으로서 삶에 유익한 것을 약간 적어 본다.

화륜기계, 화륜차, 화륜선, 전신[電氣信], 전기등, 가스등[炭氣燈], 방적기계, 염색법, 우두법, 의술기계, 피뢰침[避霹靂法], 도금법[鍍金銀法], 모본법(摸本法), 재봉기계, 농작기계, 화학기계, 물리학[窮理學]기계, 천문학기계, 음식 제독(除毒)법.

❊

실험과 실학

여기서는 서양의 학술사를 약술하고 있다. 생략한 [1]~[3]의 단락에서 먼저 시, 문장, 생물학, 철학을 전공한 그리스의 문장가, 철학자들을 일일이 거론한다. 또한 국운이 쇠퇴하면서 학자의 기풍이 끊어지고 아라비아 학자들의 측량학, 의학, 철학을 통해 서양 학문의 한 줄기가 보전되었다는 사실을 지적한다. 유길준이 서양 학술의 역사를 소개하면서 중시한 것은 실험과 실학이다. 서양에서는 1400년대까지는 시문을 숭상하고 실용 있는 학업을 게을리했다. 1600년대에 이르러서도 학문하는 방법에 허와 실이 뒤섞여 이론이 분명하지 못했다. 그런데 프랜시스, 바콘데스, 카데스 같은 학자들이 실용 학문을 연구하고 이론을 증명하여 세상 사람들의 의혹을 깨우치고 몽상을 깨뜨렸으며 허탄한 풍속을 배척하였다.

로저 베이컨(Roger Bacon)도 이러한 관점에서 설명한다. 유길준은 베이컨이 실험의 방법을 제창하여 망원경, 혼합의 원리, 의학, 기계학의 중요한 것들을 발명하였음에 주목하였다. 하지만 동시에 몽매한 시대였기에 베이컨이 신선이 되는 '황당한 도'를 신봉하여 연금술에 공력을 허비한 것, 그리고 별자리의 운행을 가지고 사람의 길흉을 판단하는 '기괴한 이론'을 세운 것에 대해서는 비판을 서슴지 않았다. 과학(실용학문)과 비과학(허탄한 이론)을 준별하는 유길준의 생각을 엿볼 수 있다.

이용후생과 정덕, 고와 금

유길준은 실리와 실용의 관점에서 서양 학술사를 개관한다. 그는 서양 학술사의 큰 흐름을 짚으면서 학술의 취지가 만물의 원리를 연구하고 실제적인 용도를 발명하여 인생의 편리한 도리를 돕는 데 있음을 확인하고 있다. 학자들이 연구하는 궁극적인 목적은 이용후생(利用厚生)과 정덕(正德)에 다름 아니다. 학술의 실용성과 교화력을 중시하는 학술관은 유학적 실학정신과 상통한다. 앞에서도 말했듯이, 실학정신이 서양 학술과 만났을 때 이러한 방식으로 표출된 것이라 볼 수도 있다.

실학정신이 실용적 혹은 진보적 서양 학술과 조우했을 때 옛것을 우선시하는 전통적 상고주의는 약화될 수밖에 없다. 사람의 재주와 지혜는 고와 금이 다르지 않다. 후인이 전인에 미치지 못한다는 것은 "학업에 태만하여 세상을 병들게 하는 의론"이다. 학문을 힘써 고인이 밝히지 못한 것을 밝히고 미치지 못한 것을 채우고 신기술을 발명하여 전인을 능가해야 한다. 옛것을 중시하는 유학적 세계관과 시간 관념을 전복

시키는 발상이다. 서양학술의 '공효와 교화'가 결실한 근대문명의 이기 (利器)들을 몸소 체험했기에 가능한 사고의 전환일 것이다.

　이러한 사고법의 전환에서 1880년대 유길준의 실학이 조선후기의 실학과 문맥을 달리한다는 점을 확인할 수 있다. 조선후기 실학은 유교패러다임 속에서 지금의 개혁을 위해 옛것의 가치와 제도를 동원하였다. 주자학적 지식사회를 비판하기 위해 옛것(선진유교)을 끌어들여야만 했다. 조선후기 실학에서는 고(古)와 금(今)의 시간축이 강하게 작동하였다. 북학파의 경우 청국의 문물도 고(古)와 금(今)의 시간축에서 상정된 유교문명의 틀에 포섭되었다. 이와 달리 유길준은 유교패러다임을 벗어나는 문맥에서 옛것을 능가하는 현재의 가치와 제도의 실용성과 효용성에 주목하였다. 고와 금의 시간축을 역전시켰다. 이러한 시간의 역전은 유교패러다임에서 경험하지 못한, 근대문명에 의해 강력한 피(彼)와 차(此)의 공간축이 부과된 데서 비롯된 것이다. 근대패러다임을 갖춘 이질적 타자인 서양이 들어오는 개항개방의 문맥에서 새롭게 성립한 피와 차의 공간축이 고와 금의 시간축을 변형시킨 것이다. 서양의 근대를 체험한 유길준은 공간축의 존재를 강하게 의식하였고, 공간축의 변형이 초래하는 시간축의 변형을 민감하게, 선구적으로 읽어 냈던 것이다. 이용후생과 정덕의 실학정신이 있었기에 가능한 일이었다.

---

[4] 大抵泰西學術의大主意는萬物의原理를硏究ᄒ며其功用을發明ᄒ야人生의 便利ᄒᆫ道理를助ᄒ기에在ᄒ니諸學者의日夜로苦心ᄒᆫ經論이實狀은天下人을위ᄒ

야其用을利ᄒ게ᄒ고因ᄒ야其生을厚ᄒ게ᄒ며又因ᄒ야其德을正ᄒ게함이니學術의

功效와敎化가엇디不大ᄒ리오泰西學者의言에曰호ᄃᆡ人의才智ᄂᆞᆫ古今이無異ᄒ니後

人이人이前人을不及ᄒ다함은學業에怠慢ᄒ야病世ᄒᄂᆞᆫ議論이라然ᄒᆫ故로人이世에

生ᄒ매當然히學問을務ᄒ야古人의不發ᄒᆫ者ᄅᆞᆯ發ᄒ야不及ᄒᆫ者ᄅᆞᆯ補ᄒ고又新工을

想出ᄒ야前人이어서駕高홈이是可ᄒ다ᄒ니此言을潛究ᄒ면自恃ᄒᄂᆞᆫ癖이有ᄒᆫ듯ᄒ

나然ᄒ나修學ᄒᄂᆞᆫ人을向ᄒ여ᄂᆞᆫ最美ᄒᆫ意思라今에學術의功德이成就ᄒᆫ바人生에

有益ᄒᆫ諸物을若干記錄ᄒ건대

火輪器械火輪車火輪船電氣信電氣燈炭氣燈紡績器械染色法牛痘法醫術器械避霹靂法鍍金銀法摸本法裁縫器械農作器械化學器械窮理學器械天文學器械飮食除毒法

제2절
서양 군제의 내력

[5] 스웨덴 왕 이래로 각국의 화기(火器) 수가 날로 증가하고 그 용법이 더욱 성하여 천하의 이기(利器)가 총포보다 나은 것이 없었다. 1750년 (134년 전)경 프러시아 왕 프레더릭[厚禮突益]은 문무를 겸비한 뛰어난 재능을 가진 불세출의 영웅으로서 스웨덴 왕의 유법(遺法)을 계승하여 화기 사용하는 법[規模]을 주로 삼았고 신기술이 뛰어난 자를 써서 옛 법에 빠진 것을 채웠다. 수년 만에 프러시아의 군법이 크게 나아져 그 명성을 유럽 전역에 크게 떨쳤다. 그리하여 모든 나라가 그 법을 채용하니, 여기서 또한 서양 군제가 일변하였다.

이때부터 산수, 측량 등 학술이 점차 밝아져 진열(陳列)과 항오(行伍)의 진퇴하는 법을 수학의 이치에 기초하여 속도[遲速]를 정하였다. 또 악기를 불어 병졸의 보법(步法)을 조절하는 것도 이때 처음 시작되었다.

보병의 진열은 앞뒤 세 사람이 나란히 서는 횡진(橫陳)이었다. 소총에 장전하는 것은 총구[火門]의 형태를 고쳐 총구용 화약을 쓰지 않아 급발(急發)하는 편리를 크게 늘렸고, 야전포 제도를 간편하게 하고 기병의 갑옷을 고쳐 전법은 맹렬함과 신속함을 오로지 중시하였다. 대포는 기마를 이용하여 끌었다. 이는 모두 프러시아 왕의 신법이다. 다만 산병(散兵)의 법은 북아메리카 합중국 독립군이 처음 시작한 것이다. 당시 전쟁이 벌어진 땅은 평야가 적고 산림의 은폐한 곳이 많았기에 미국인들은 산병의 전법을 써서 영국 병사를 여러 차례 격파하였다.

[6] 프러시아 왕 이후 천하의 병제가 일신하였다고는 하지만, 군사 되는 자는 단지 군사의 조련을 익혔고 군사의 행실을 배우지는 않았다. 그리하여 무사한 때는 군사의 명호(名號)는 있었지만, 하루아침에 유사한 때를 당하면 실용이 없는 자는 의기가 부족하고 충성이 미흡하여 살고자 하는 사욕에 급하고 윗사람을 위해 죽겠다는 정성이 없었다. 1800년대(100여 년 전) 초기에 이르러 프랑스 황제 나폴레옹[拿破崙] 1세가 이러한 폐단을 깊이 탄식하여 국인으로 하여금 군사의 조련을 익히게 하였고, 또한 국인이 각자 나라를 위해 출전하는 책무[職責]가 있는 것으로 엄히 법을 세워 장수를 무애(撫愛)하고 군사를 구휼[惠恤]하였다. 공 있는 자를 상줄 때는 한 번에 천금을 아끼지 않았고 죄 있는 자를 벌줄 때는 친척이라도 용서하지 않았다. 그리하여 인민은 충의(忠義)의 성(性)을 격발(激發)하여 나라를 사랑하고 군주를 높이는 데 두 마음이 없기 때문에 전장에 나아갈 때 죽음을 돌아보지 않았다. 나뉘어서는 산병(散兵)을 이루어 각기 한 사람의 힘을 다하고, 합해져서는 밀대(密隊)를 이루어 적

에게 나아가는 데 앞을 다투었다. 장수의 영(令)은 물불이라도 피하지 않으니 진퇴가 손발같이 지휘에 뜻을 따랐다. 이와 같았기에 나폴레옹은 능히 개세(蓋世)하는 공업(功業)으로 유럽국가들을 압도하였고 그의 이름을 듣는 자들은 무서워 떨었다. 오늘날 서양국가들의 병제는 모두 나폴레옹의 법을 채용한 것이다.

✾

상비군과 총기

서양 군사제도의 역사에 관한 소개다. 유길준은 상비군 제도의 형성과 총기의 발달에 깊은 관심을 보였다. 특히 총기의 발달이 서양 군사제도의 형성에 미친 영향에 관한 서술은 매우 흥미롭다. 총기의 발달과 더불어 군제와 병법의 개혁이 이루어졌고 상비군이 출현하였으며 국민개병제가 도입되어 애국심이 고양되었다는 내용이다. "1750년(134년 전)경에 프러시아 왕 프레더릭이…" 운운하는 구절에서 1884년 무렵에 저술된 글임을 알 수 있다. 개항 초기 유길준이 가졌던 군사적 관심이 반영된 글로 볼 수 있다.

생략한 몇 개 단락에서는 총기와 상비군의 출현에 관해 서술하고 있다. 옛날 서양국가들은 봉건제도와 세록을 기반으로 삼아 신하를 양성하였다. 각국 군주들이 서로 공격하고 국내 귀족들도 서로 다투는 상황이 지속되었다. 이때에는 무예를 중시하고 학문을 경시하였다. 칼과 창으로 한 사람과 대적하는 것을 중시하였고 이를 첫째가는 공명으로 생각하였다. 그런데 1300년대에 총이 출현하면서 군사제도가 바뀌었다. 한 사람과 대적하거나 필부의 용기를 발휘하는 것보다는 지혜와 전술을 중시하게 되었다. 그 결과 귀족의 형세는 크게 약해졌고, 마침내 귀족은 봉급을 주고 용병을 고용하게 되었다. 'soldier'는 봉급 받는 사람이란 뜻이다[1]. 또한 총이 출현하면서 문무의 두 직제가 시작되었다. 병사의 수가 국세의 강하고 약함을 나타내면서 평시에도 병사를 양성하는 풍속이 생겨났다. 특히 1450년 프랑스 왕 샤를 7세가 영국과 싸워 이긴 뒤에 후환을 염려하여 평시에 군사력을 갖추게 되었는데, 여기서 상비군 제도가 성립하였다. 봉급제는 군사훈련법과 새로운 병법을 연구하는 데 기여하였다[2][3][4].

프리드리히, 나폴레옹, 워싱턴

유길준은 프러시아의 프리드리히(프레더릭) 대왕과 프랑스의 나폴레옹이 행한 군사개혁에 주목한다. 18세기 중반 프러시아의 프리드리히 대왕은 총기 개발, 수학 및 측량술 발달, 행진법 개선, 야전포 및 기병 갑옷 개량 등 군사개혁을 이룩하였고, 서양 각국도 그 영향을 받아 군제를 일신하였다. 하지만 군사훈련만 익히고 '군사의 행실'은 배우지 않아 의기와 충성심이 높지는 않았다. 나폴레옹 1세는 이러한 폐단을 없애기 위해 국민개병제를 시행하였고 신상필벌의 원칙을 실천하였다. 징병제는 인민의 충성심을 불러일으키고 죽음도 불사하는 애국존군(愛國尊君)의 심성을 양성하는 중요한 계기였다. 이를 통해 장수의 지휘에 일사불란하게 움직이는 병사의 각개 전투력과 집단 전투력은 크게 향상

되었다. 나폴레옹의 군사개혁은 '개세(蓋世)하는 공업(功業)'을 보이면서 서양 군사제도의 표준이 되었다.

여기서 프리드리히 대왕과 나폴레옹 1세가 언급된 것에 주목할 필요가 있다. 한국이 국난에 처하고 주권을 상실하게 되는 상황에서 프리드리히 대왕과 나폴레옹 황제, 워싱턴 대통령은 국난을 극복한 영웅의 표상으로서 기억되었다. 개항 개화기 동아시아 국가들에서는 정치적, 군사적 위기에 대처할 영웅호걸의 출현을 기대하였는데, 서양의 영웅이 어떻게 받아들여지고 해석되었는지를 보는 것도 흥미롭다. 어떤 영웅을 선호하고 어떻게 표상했는지를 보면 각 정치사회의 사고법이 얼마나 다른지 짐작할 수 있다. 1850년대 개항기 일본의 지식인들은 군사적 위기에 처해 나폴레옹을 예찬하면서 군사적 영웅의 모델로 삼기도 했다. 개항기 중국과 한국에서는 나폴레옹보다는 워싱턴을 예찬하는 경향이 강했다. 중국과 한국의 유학 지식인들은 침략적인 영국, 프랑스에 비판적이었던 것과 달리 영토적 야욕이 없는 공평무사한 나라 미국에 대단히 우호적이었다. 워싱턴을 선양을 실천하고 요순삼대의 이상적 정치를 구현한 군주로 예찬하였다.

유길준도 1884년 미국 유학 중에 워싱턴을 예찬한 한시 두 편을 남겼다. 「워싱턴[華盛頓]」과 「워싱턴 고택을 지나며[過華盛頓故宅]」라는 시다. 유길준은 워싱턴을 "국난을 구한 의로운 스승", "백성에게 덕을 베풀고" 대통령직을 물러난 뒤 고택에 돌아와 평민으로 살아간, 요순시대의 태평을 구현한 인물로 노래하였다(「矩堂詩稿」, 「矩堂詩鈔」). 하지만 이러한 워싱턴 예찬은 이상세계를 노래하는 시적 음영(吟詠)으로서만 의미가 있을 뿐이다. 워싱턴은 현실세계를 논하는 정치론이나 정책론에서는 별 의미가 없었다. 유길준은 나폴레옹에 대해서는 별 관심을 보이지 않았다. 이 글에서도 나폴레옹을 서양 군제사를 서술하는 가운데 객관적 사실로서 언급했을 뿐 자신의 주관적 감정을 이입하지는 않았다. 프리드리히에 대한 서술도 마찬가지다.

프리드리히 대왕은 훗날 국망의 상황에서 재발견된다. 유길준은 자신이 번역한 『프러시아국 프레더릭 대왕(普魯士國厚禮斗益大王)』의 서문에서 프리드리히 대왕의 정책을 언급하였다. 양절체제론을 설명할 때 잠깐 언급했지만, 프리드리히가 시행한 국내정책은 높이 평가하지만 대외정책은 비판하는 양면적 평가를 내렸다. 유길준은 '사면이 모두 적[四面皆敵]'인 고립무원의 처지에서 적국을 제압한 뛰어난 용맹과 지략을 보인 한편, 중과세 정책으로 인민(국민)의 적개심을 높이고 충성심을 강화하여 국내 불안을 없앤 프리드리히의 통치력을 높이 평가하였다. 하지만 조약을 파기하면서 마리아 테레지아 여제를 기만하고 선전포고도 없이 타국 영토를 탈취한 프리드리히의 침략적 외교정책에는 비판적이었다. 유길준이 보기에 프리드리히 대왕은 내치에서는 '하늘이 낳은 영웅'이었지만 외치에서는 '광포하고 교활한 자'였다. 내치는 '지성(至誠)'의 정치를 행하였지만 외치는 '교활'한 행동을 보인 양절인(兩截人)이었다(『普魯士國厚禮斗益大王』序文). 이러한 양면적 평가에서 유길준의 정치관을 엿볼 수 있다.

[5] 瑞典王의後에各國火器의數가日로增加ᄒᆞ며其用法이亦且益盛ᄒᆞ야天下의利器가銃砲上에出ᄒᆞᄂᆞᆫ者가無ᄒᆞᆫ지라一千七百五十年(一百三十四年前)의時頃에普魯士王厚禮突益이文武兼備ᄒᆞᆫ大材ᄅᆞᆯ抱ᄒᆞ야不世出ᄒᆞᆫ英雄ᄋᆞ로瑞典王의遺法을繼ᄒᆞ야火器發用ᄒᆞᄂᆞᆫ規模에其意ᄅᆞᆯ專ᄒᆞ고新工의奇ᄒᆞᆫ者ᄅᆞᆯ運ᄒᆞ야舊法의闕ᄒᆞᆫ者ᄅᆞᆯ補ᄒᆞ니數年間에普魯士國의軍法이大勝ᄒᆞ야其威名이歐洲全幅에轟振ᄒᆞᄂᆞᆫ故로諸國이亦皆其法을採用ᄒᆞ니此亦泰西軍制의一變이라

此時ᄅᆞᆯ當ᄒᆞ야算數測量等學術이漸明ᄒᆞ야陳列과行伍의進退ᄒᆞᄂᆞᆫ法을數學의理에基ᄒᆞ야其遲速을定ᄒᆞ며又樂器ᄅᆞᆯ鳴ᄒᆞ야兵卒의步法을調節홈도亦此時의始初홈이오步兵의陳列은前後三人의並立ᄒᆞᄂᆞᆫ橫陳을作ᄒᆞ고小銃에裝丸ᄒᆞ기는火門의形을改ᄒᆞ야口藥을不用ᄒᆞᄂᆞᆫ故로急發ᄒᆞᄂᆞᆫ便利ᄅᆞᆯ大增ᄒᆞ며野戰砲의制度ᄅᆞᆯ輕便히ᄒᆞ고騎兵의甲胄ᄅᆞᆯ改ᄒᆞ야戰法을猛烈홈과迅速홈ᄋᆞ로專主ᄒᆞ며大砲ᄂᆞᆫ騎馬ᄅᆞᆯ用ᄒᆞ야引行ᄒᆞ니此皆普魯士王의新法이오惟散兵의法은北阿美利加洲合衆國獨立軍의始初ᄒᆞᆫ者니當時戰爭ᄒᆞᆫ地ᄂᆞᆫ平野가少ᄒᆞ고山林의隱蔽ᄒᆞᆫ處가多ᄒᆞᆫ故로美洲人이散兵의戰法을用ᄒᆞ야英吉利의兵ᄅᆞᆯ屢破홈이라

[6] 普魯士王의後에天下의兵制가一新ᄒᆞ다云ᄒᆞ나然ᄒᆞ나軍士되ᄂᆞᆫ者가但軍士의組練을習ᄒᆞ고軍士의行實은不學ᄒᆞᆫ故로無事時ᄂᆞᆫ軍士의名號가雖有ᄒᆞ나一朝의有事ᄒᆞᆫ時ᄅᆞᆯ當ᄒᆞᆫ則實用이無ᄒᆞᆫ者ᄂᆞᆫ義氣가不足ᄒᆞ며忠誠이未洽ᄒᆞ야圖生ᄒᆞᄂᆞᆫ私慾에急ᄒᆞ고死上ᄒᆞᄂᆞᆫ精誠의無有ᄒᆞᆫ緣由러니一千八百年代(一百餘年前)의初頃에至ᄒᆞ야不蘭西皇帝第一世拿破崙이此弊ᄅᆞᆯ深嘆ᄒᆞ야國人ᄋᆞ로ᄒᆞ여곰軍士의組練을習ᄒᆞ고又國人이各自其國을위ᄒᆞ야出戰ᄒᆞᄂᆞᆫ職責의有홈ᄋᆞ로嚴히其法을立ᄒᆞ야將師ᄅᆞᆯ撫愛ᄒᆞ며軍士ᄅᆞᆯ惠恤홀ᄉᆡ有功者ᄅᆞᆯ賞ᄒᆞ기ᄂᆞᆫ一擲에千金을不惜ᄒᆞ고有罪者ᄅᆞᆯ罰ᄒᆞ기

ᄂ親戚이라도 不恕ᄒ니 此ᄅᆯ 由ᄒ야 人民이 忠義의 性을 激發ᄒ야 國을 愛ᄒ며 君을 尊ᄒ기에 二心이 無ᄒᆫ 故로 戰場에 赴흠애 其死ᄅᆯ 不顧ᄒᄂᆫ지라 分ᄒ야 散兵을 作ᄒᆫ則各其 一人의 力을 盡ᄒ고 合ᄒ야 密隊ᄅᆯ 成ᄒᆫ則 敵에 赴흠을 爭先ᄒ야 將師의 令은 水火라도 不避ᄒ니 進退가 手足ᄀᆺ치 指揮에 其意ᄅᆯ 順ᄒᄂᆫ지라 如此ᄒᆫ 故로 拿破崙이 能히 盖世ᄒᄂᆫ 功業으로 歐洲諸國을 壓倒ᄒ야 其姓名을 聞ᄒᄂᆫ 者가 戰慄함이니 現今泰西諸國 의 兵制ᄂᆫ 皆拿破崙의 法을 取用흠이라

서양 종교의 내력

[1] 종교는 숭상[宗尙]하는 가르침(敎)을 말한다. 천지간에 어느 나라든지 저마다 복종하는 종교가 있음은 우리나라가 공맹의 도를 존숭하는 것과 같다. 이제 천하의 종교를 거론해 보자. [후략]

[2] 그리스는 서양에서 가장 오래된 나라다. 당시 국인이 존숭하는 도는 오로지 허황한 의사(意思)와 괴이한 사적(事蹟)을 위주로 하여 열두 천신을 경봉(敬奉)하였다. [후략]

[3] 그 후 로마 시대에 이르러 그리스의 구속(舊俗)은 지켜지지 않았고, 땅이 광활하기 때문에 각종 인민이 복종하는 종교가 많은 종파[門路]로 갈라졌다. 그런데 1888년 전에 아시아 대륙 유대국에 예수가 태어났다. 이 사람이 남긴 가르침이 오늘날 서양국가에 통용되고 있다. 예수의 전후 내력을 대략 들어보자. 예수를 복종하는 자는 이렇게 말한다. [후략]

[7] 대략 천여 년 동안 종교의 시비가 분분[紛紜]하여 일정한 결말[究竟]이 없었다. 이는 천지의 개벽을 거쳐도 결말이 날 수 없는 것이니, 사람의 지혜가 개명한 경역에 이르면 추향(趨向)이 저절로 바르게 될 것이라 하여 정부는 법령을 관대히 하여 종교의 금령을 없앴다. 사람들은 각기 마음이 즐겨하는 바에 따라 존숭[尊奉]하는 자는 존숭하고 서로 배치[背馳]하는 자는 달리하여 얽매이지 않은 생각으로 자유하는 습속을 이루었다. 이로 말미암아 종교를 달리하는 자들에게 큰 도움이 되었다. 그러나 교황의 형세가 차츰 약해져 관할하던 지방도 보전하지 못하고 이탈리아 정부에게 빼앗겼다. 지금도 복종당(服從黨)의 수는 700만 명 아래로 내려가지 않고, 교황의 지위는 각국 제왕과 어깨를 나란히 한다. 알지도 못하는 자들은 "예수교와 천주학은 다른 종교다"라고 말하지만, 실은 예수교가 천주학이고 천주학이 예수교다. 둘 사이에 사소한 분별이 있다면 교황에 항거하는 당은 예수교라 부르고 복종하는 당은 천주학이라 부르는 것이다. 서양인은 복종당의 종교를 가리켜 '구교'라 하고 항거당의 종교는 '신교'라 부르는데, 그 속에서도 분파[分門]한 명목이 같지 않고 각기 좋아하는 바를 좋아한다.

그런데 신, 구교 두 당의 주의(主義)를 보면, 신자들은 자신들의 종교가 천하 사람을 교화하는 근본이라 말하지만, 나의 문견으로는 결단코 그렇지 않다. 오히려 천하 사람에게 해를 끼치는 일이 많다. 그 이유를 밝혀 보자. 천주학은 가르침을 세운 본의가 사람을 사랑하는 도를 위주로 한다고 말하지만, 그 가르침을 위해 사람을 죽이는 일을 당연한 직분으로 여기고, 또 죄가 있어도 사제[敎正]에게 세척하는 예[세례]를 행하여 상제(上帝)의 용서를 받으면 그 죄가 다 없어진다 하여 악행을 저지르는 일이 자연스레 많아진다. 또한 사제가 고기를 먹지만 아내를 취하지 않는 것은 우리나라의 승려와 같은데, 이 또한 괴이한 생각이다. 이 가르침을 믿는 자는 교황을 상천(上天)같이 믿고 의지하여 자기 정부보다 더 두려워하고 자기 부모보다 더 사랑한다. 또한 이 가르침을 숭상하는 나라는 다른 나라의 토지와 인민을 그 종교의 형세로 침탈하는 음모[陰計]를 꾸민다. 프랑스가 우리나라와 베트남[安南]에서 이를 행하였는데, 우리나라는 우리 도[吾道][유학]의 정대함 때문에 그 계책이 행해지지 않았지만, 베트남은 오늘날 프랑스의 속박[羈絆]에 매여 있다. 또 천주학에 복종하는 중국 인민은 프랑스의 보호를 감수하여 조금도 부끄러워하는 빛이 없으니, 삼가 두려워해야 할 것이 이것이다. 예수교의 경우는 이 같은 폐해가 없다고 한다.

❋

종교와 풍속

유길준의 종교관이 잘 드러난 글이다. 종교는 숭상하는 가르침을 말한다. 우리나라에서 공맹의 도, 즉 유학을 존숭하듯이 모든 나라에는 저마다 종교(가르침)가 있다. 유길준은 종교의 다양성이 풍속의 차이에서 비롯되었고 역사적으로 형성된 것으로 본다. 생략한 제2단락에서는 그리스 신화에 관해, 제3단락~제6단락에서는 가톨릭과 기독교의 장구한 역사를 길게 서술하는데, 유길준이 서양의 종교를 원리적으로 이해하기보다는 정치사회적, 역사적 맥락에서 이해하였음을 알 수 있다. 유길준은 종교를 풍속과 관련된 가르침으로 이해하였다. 종교를 정치사회적, 역사적 맥락에서 이해했을 때 그리스 신화, 기독교, 유교(공맹의 도)를 각 문화권에 통용되는 종교 혹은 가르침으로 보고 이것들을 함께 다루는 것이 가능해진다.

유길준은 서양 종교사를 리뷰하면서 서양 종교의 '괴이함'과 '허황됨'에도 주목한다. 유길준이 보기에 서양 종교사에서는 '괴상한 일'이 많다. 열두 신을 받드는 그리스인의 신화는 '괴이한 사적'에 기초한 '허황된 이야기'가 많다. 예수의 부활과 승천도 '허황된 것'이다. "그것이 허황된 것인지 진실[的實]된 것인지는 예수교를 믿지 않는 자들은 저절로 안다"[3]. 유길준에게 서양의 신화와 종교를 구성하는 원리와 사적은 경험적 관점에서 용인할 수 없는 비정상적이고 비논리적인 것이었다.

예수교와 천주학

유길준은 말한다. 서양의 종교는 세상 사람들에게 폐해를 끼친다. 천주교, 예수교 신자들은 자신들의 종교가 천하인을 교화하는 근본이라 말하지만 '나의 문견'에 의거해 판단하건대 "결단코 그렇지 않다". 오히려 천하 사람에게 해를 끼치는 일이 많다. 천주학은 사랑하는 도를 말하지만 이 가르침을 위해 사람을 죽이는 일을 당연한 직분으로 여긴다. 또 죄를 지어도 하나님의 용서를 받으면 된다고 생각하므로 오히려 악행을 저지르는 경우가 많다. 천주학 신자는 교황을 자기 정부보다 더 두려워하고 자기 부모보다 더 사랑한다. 한국, 베트남, 중국의 사례에서 보듯이 천주학을 숭상하는 나라는 천주교 세력을 이용하여 타국의 토지와 인민을 침탈하기도 한다. 이러한 천주학은 삼가 두려워해야 한다.

이러한 천주교 비판에서는 벽사론(闢邪論)의 분위기가 느껴진다. 다만 기왕의 벽사론과 차이도 있다. 유길준의 천주교 비판은 종교의 원리와 현실적 기능을 구별하고 종교의 의미를 역사적 경험에서 찾는 관점에서 성립한다. 이기경(李基慶), 이만채(李晚采)가 편찬한 『벽위편(闢衛編)』이나 윤종의(尹宗儀)의 『벽위신편』에서 보듯이 지난날의 벽사론이 대체로 천주학의 종교적 원리에 대해 강하게 비판한 것과 달리, 유길준은 천주교의 종교 원리 자체보다는 원리와 현실의 불일치, 천주교의 정치사회적 행태를 비판하는 모습을 보였다. 이 점은 스승 박규수나 선배 김윤식이 1850년대, 60년대 때 보였던 벽사론적 발상과 통하는 측면이 없지 않다. 박규수와 김윤식은 당대의 벽사론적 견해를 공유하면서도 천주학의 종교적 원리의 비논리성과 비현실성, 종교적 원리의 현실과의 괴리, 천주학의 침략성을 비판하였다. 특히 천주교의 국내 확산을 막기 위해서는 천주교를 무턱대고 배척할 것이 아니라 천주교 서적들을 번역하고 지방 학교에까지 배포하여 천주교의 원리를 제대로 알고 유학의 논리를 동원하여 합리적으로 대응해야 한다고 주장하였다(장인성, 『장소의 국제정치사상』). 실학정신이 반영된 천주교 대응이라 하겠다. 유길준의 천주교 비판은 박규수, 김윤식의 그것과 강조점이 다르지만, 이러한 차이는 1880년대 유길준의 서양체험('문견')과 개항개방의 상황이 반영된 데서 비롯된 것이라 생각된다. 실학적 사유를 기반으로 천주교를 파악했다는 점에서는 상통한다.

　이 글은 "1888년 전에 아시아 주 유대 나라에 예수가 태어났으니…" [3] 운운하는 대목에서 1888년에 작성된―혹은 수정된―글임을 알 수 있다. 1888년이라는 시점은 한국에 개신교가 이미 들어온 상황이었고, 유길준도 누구보다도 일본과 미국에서 예수교(개신교)를 직접 체험했던 때였다. 이러한 개신교 수용사와 유길준의 개인적 체험을 감안한다면 유길준의 기독교 관련 서술이 깊이가 있다고 보기는 어렵다. 유길준은 예수교에 관해 "이와 같은 폐해가 없다고 한다"라고 전문(傳聞)의 형태로 서술한다. 이러한 서술법에서 유길준이 원리적, 역사적 사실에서 예수교가 천주교와 다르다고 인식했다기보다는 원리의 측면에서건 실제의 측면에서건 예수교에 대해 심리적 거리를 가졌음을 알 수 있다. 예수교와 천주학의 차이를 교황에 대한 복종 여부라는 '조그만 구별'에서 찾을 뿐 실제 예수교와 천주학은 같다는 서술에서도 유길준이 개신교에 별로 관심이 없었음을 추정할 수 있다. 관습화된 벽사론적 천주교 이해의 잔존과 개신교에 대한 관심의 부재를 보건대 유길준은 종교 자체에 그다지 관심이 없었던 것으로 보인다. 유길준은 종교(religion)를 가르침(learning)의 차원에서 이해하였다. 믿지 않는 자들이 '저절로 아는', 즉 믿지 않는 자에게 자명한 지식의 영역에서 종교의 문제를 보았던 것이다. 실학적 합리성에 익숙한 유길준의 사상적 영위의 일면을 보여준다.

[1] 夫宗敎と宗尙ᄒᄂᆫᄋᆫ敎ᄅᆞᆯ謂홈이니天地間에何國이든지各其服從ᄒᄂᆫ宗敎의有홈이我邦이孔孟의道ᄅᆞᆯ尊崇ᄒᄂᆫ事와同ᄒᆫ지라今에天下의宗敎ᄅᆞᆯ擧論ᄒᆞ건대 [후략]

[2] 希臘國ᄋᆫ泰西의最久ᄒᆫ者라其時ᄅᆞᆯ當ᄒᆞ야國人의尊崇ᄒᄂᆫ道가虛誕한意思와性異ᄒᆫ事蹟으로專主ᄒᆞ야十二天神을敬奉ᄒᆞ니 [후략]

[3] 基後에羅馬國의世에至ᄒᆞ여ᄂᆫ希臘舊俗을不守ᄒᆞ나然ᄒᆞ나其地方의廣闊홈으로各種人民의服從ᄒᄂᆫ宗敎가其門路의岐分홈이多ᄒᆞ더니一千八百八十八年前에亞細亞洲猶太國에耶蘇가始生ᄒᆞ니此人의遺敎가現今泰西諸國의通行ᄒᄂᆫ者라彼耶蘇의前後來歷을略擧ᄒᆞ건대耶蘇敎服從ᄒᄂᆫ者의言에曰호ᄃᆡ [후략]

[7] 上下千餘年間에宗敎의是非가紛紜ᄒᆞ야一定ᄒᆫ究竟이無ᄒᆞ니此ᄂᆫ天地의開闢을經ᄒᆞ야도究竟ᄒᆞ기不能ᄒᆫ者나人의智慧가開明ᄒᆫ城에至ᄒᆫ則趍向이自正ᄒᆞ리라ᄒᆞ야政府가法令을實厚히ᄒᆞ야宗敎의禁令을除ᄒᆞ고人이各其心의樂ᄒᄂᆫ바ᄅᆞᆯ從ᄒᆞ야尊奉ᄒᄂᆫ者ᄂᆫ尊奉ᄒᆞ고背馳ᄒᄂᆫ者ᄂᆫ背馳ᄒᆞ야不拘ᄒᄂᆫ意로自由ᄒᄂᆫ俗을成ᄒᆞ니是로由ᄒᆞ야宗敎背馳ᄒᄂᆫ者의大助ᄅᆞᆯ作ᄒᆞ나然ᄒᆞ나敎皇의形勢ᄂᆫ寢衰ᄒᆞ야其管轄ᄒᆞᄃᆫ地方도不保ᄒᆞ고伊太利國政府의佔奪을被호ᄃᆡ祇今도服從黨의數가猶且七百萬人에不下ᄒᆞ고又敎皇의地位ᄂᆫ各國帝王의列에肩齒ᄒᆞ니不知者ᄂᆫ或謂호ᄃᆡ耶蘇敎와天主學이異宗이라ᄒᆞ나其實은耶蘇敎가天主學이오天主學이耶蘇敎라其間에些少ᄒᆫ分別이有ᄒᆫ者ᄂᆫ敎皇을抗拒ᄒᄂᆫ黨은耶蘇敎라稱ᄒᆞ고服從ᄒᄂᆫ黨은天主學이라名홈이로ᄃᆡ泰西人은服從黨의敎宗을指ᄒᆞ야舊敎라ᄒᆞ고抗拒黨의敎宗은新敎라呼ᄒᆞᄂᆫ니其中에도分文ᄒᆫ名目이不一ᄒᆞ야各其所好ᄅᆞᆯ好ᄒᆞ나

新舊敎二黨의主義ᄅᆞᆯ見ᄒᆞ건대其尊泰者의言이曰호ᄃᆡ彼의宗敎가天下人을敎化ᄒᄂᆫ根本이라ᄒᆞ나我의聞견으로ᄂᆫ決斷코不然ᄒᆞ야天下人에게貽害ᄒᄂᆫ事端이反多

ᄒ니其由를證ᄒ건대天主學이라ᄂᆞ謂ᄒᄂᆞ者ᄂᆞ其立敎ᄒᆫ本意가愛人ᄒᄂᆞ道를專主홈
이라云ᄒ나其敎를위ᄒ야人을殺ᄒᄂᆞ事ᄂᆞ當然ᄒᆫ職分으로視ᄒ고又罪咎가有ᄒ야도
敎正에게洗滌ᄒᄂᆞ禮를行ᄒ야上帝의寬恕를獲ᄒ則其罪가盡祛ᄒ다ᄒ야惡行의作
犯이自多홀지오且其宗正은肉을食ᄒ되妻를不娶ᄒᄂᆞ事ᄂᆞ我邦의僧徒와同ᄒ니亦一
性異ᄒᆫ意思며其敎를服ᄒᄂᆞ者ᄂᆞ敎皇을上天又치信依ᄒ야畏懼ᄒ기를自記의政府
에過ᄒ고愛慕ᄒ기를自記의父母에加ᄒ며又其敎를崇尙ᄒᄂᆞ國은他邦의上地와人民
을其宗敎의形勢로侵奪ᄒᄂᆞ陰計를行ᄒᄂᆞ니此ᄂᆞ不蘭西가我邦과安南에行ᄒ야我
邦은五道의正大홈으로其計가不售ᄒ고安南은今日不蘭西의羈絆을被홈이오又中
國人民이天主學을服從ᄒᄂᆞ者ᄂᆞ不蘭西의保護를甘受ᄒ야些少의羞愧ᄒᄂᆞ色이無
ᄒ니可히愼懼홀者가此라耶蘇敎에至ᄒ여ᄂᆞ如彼ᄒᆫ禍害ᄂᆞ無ᄒ다云ᄒ더라

학업하는 조목

[1] 사람이 학업을 닦지 않으면 사람이 사람 되는 직업과 책무[責望]를 다할 수 없다. 일신의 관계도 그렇지만, 일가의 성쇠와 흥망이 가인(家人)의 학업 유무에 있고 나라의 부강과 빈약은 국인의 학업 다소에 있다. 그 도가 어찌 크고 무겁지 않겠는가. 그런데 학업에는 허명(虛名)과 실상(實狀)의 분별이 있다. 어떠한 학업을 허명이라 하는가. 이치를 따지지 않고 문자만 숭상하여 청춘부터 백발이 될 때까지 시문 공부를 혼자 즐기되 이용(利用)하는 책략과 후생(厚生)하는 방도가 없는 것이다. 실상 있는 학업은 어떠한 것을 가리키는가. 사물의 이치를 궁격(窮格)하여 그 성(性)을 다하고 밤낮으로 부지런하여 백 천만 가지의 실용(實用)에 그 뜻을 오로지 하는 것이다. 그러므로 학업의 명칭은 피차가 일반이나 허실의 차이는 구름과 진흙만큼 다르다.

이제 서양인의 학업하는 조목을 들어 보겠다. 그 명호(名號)가 같지 않아 문호를 나누고 구역을 정하여 그 독실한 공정(工程)과 근면한 성력(性力)이 한 가지 재주에 공(功)을 이루기를 힘쓰고 많기를 탐한다. 그래서 정치하지 못한 폐단이 없다. 견문한 것을 뽑아 적어본다.

[20] 종교학: 이 학문은 서양국가들에 통행(通行)하는 예수교와 천주학의 공부를 가리킨다. 이 학문을 전공[專修]하는 자는 예배당 사제[教正]의 자리를 도모한다. 한 마디로 말하자면, 서양에 다른 학문이 없고 종교학만 있었다면 오늘날의 부성(富盛)한 산업[基業]과 문명한 개화를 이루기는 고사하고 오히려 큰 해를 끼쳐 빈약하고 야비한 경역에 떨어져 구제하는 방책이 없었을 것이다. 종교학만 주장하는 방국은 설사 그 종교가 서양에 비해 백 배 낫더라도 나라가 빈약하고 부진한 것은 자연한 세다. 그러므로 불교를 존숭하는 인도의 나라들이 영국의 속박[羈絆]을 벗어나지 못하는 것이다.

[21] 이상 열거한 여러 학술 이외에 수없이 많은 명목을 일일이 열거할 수 없다. 세상일은 날마다 다르고 달마다 새로워져 그 갈래가 나올수록 많아지므로 교력(巧歷)[역산(曆算)에 정통한 사람]의 재주라도 측정할 수 없다. 사람은 일개 혈육의 몸이다. 수천만의 무궁한 일을 아득한 창해의 한 좁쌀로 겸해서 할 수는 없다. 그러므로 각 학문 중에 한 가지를 오로지 닦아 도중에 그만두거나 한 삼태기의 흙이 모자라도록 하지 않는다. 다른 학문의 대강(大綱)을 함께하는 것은 인생의 긴요한 사리(事理)에 없어서 안 되는 것을 할 따름이다. 정치학을 전공한 자는 다른 학문을 약간 공부해도 정치학사의 명호(名號)를 갖고, 법률학이나 기계

학도 다른 학문을 겸하는 일이 혹 있더라도 전공한 학문의 학사라 칭한다. 모든 학문이 그렇지 않은 경우가 없다.

또한 인세를 돌아 보면, 대중의 상여(相與)하는 도는 부족한 것을 서로 돕고 편리한 것을 서로 바꾸는 것이므로 여러 학문의 학사는 각기 한 가지 잘하는 것을 닦아 세계에서 할 일을 유지한다. 그러므로 각 조목의 학술을 어렸을 때 닦고 장성한 후에 공용(功用)을 나타내는 것이다. 만약 그 배움이 실상이 있는 것이 아니고 허명만이라면 그 공(功)을 이룬들 어찌 쓸모가 있겠는가. 학업은 실용이 있는 도가 아니면 공부하는 성벽이 굳건하지 않고, 공부하는 성벽이 굳건하지 않으면 능히 그 공(功)을 이루기 어렵다. 국가의 가장 큰 근본은 실용에 있고, 인민의 가장 큰 실용은 공부하는 성벽에 있다.

✳

학문의 실용과 효용

유길준은 학업하는 조목을 일일이 들면서 간략하게 소개한다. 농학, 의학, 산학, 정치학, 법률학, 물리학[格物學], 화학, 철학, 광물학, 식물학, 동물학, 천문학, 지리학, 신체학[人身學], 고고학[博古學], 언어학, 병학, 기계학, 종교학 등이다. 철학과 관련해서는 철학, 성리학, 궁리학 등이 섞여 쓰이고 있다. 유길준은 서양의 인쇄술이 발명되면서 성리학, 시학, 사학이 크게 성했다고 서술하는 한편[2], 서양 학자들을 소개하는 대목에서는 헤겔이 궁리학을 했고, 해밀턴과 스펜서가 성리학을 한 것으로 소개한다[3]. 참고로 제1절 「서양 학술의 내력」에서는 성리학, 궁리학이란 말을 사용하였다. 전통 용어와 새로운 용어가 혼용되는 모습을 보여준다.

서양 학문은 실용성과 효용성이라는 관점에서 소개된다. 정치학은 관리가 되는 데 필요한데, 일신, 일가, 일국, 천하에 적합한 경륜을 제공하는 학문이다. 물리학은 서양의 부강을 가져다준 기초 학문이며, 화학도 물리학과 짝을 이루는 효용성이 무한한 학문이다. 지리학은 지구가 생성된 묘리(妙理)를 배우는 공부이다. 사람의 길흉을 점치는 '헛된 풍수설'이 아니다. 유길준은 서양의 종교학에는 우호적이지 않았다. 서양에 종교학만 있었다면 문명개화는커녕 오히려 큰 해를 끼쳐 서양이 '빈약 야비한 경역'에 빠졌을 것이며, 이는 서양뿐 아니라 종교학만 주장하는 나라에 보이는 일반적 현상이라고 보았다. 인도가 식민지 상태를 벗어나지 못한 까닭도 종교(불교)에 있다고 보았다. 유길준이 학문을 평가하는 기준은 실용성과 효용성이었다. 학자들은 부족한 것을 서로 돕고 편리한 것을 서로 바꾸는 상호부조와 교역이 이루어지는 사회생활에 부응하는 실용성과 효용성이 있는 학문을 제공해야 한다. 공용(효용성)과 쓸모(실용성)를 가져야만 '실상'의 학문이다. 실용과 효용을 추구하는 공부일 때, "국가의 가장 큰 근본은 실용에 있고, 인민의 가장 큰 실용은 공부하는 성벽에 있다"는 언설이 성립한다.

[1] 人이學業을不修ᄒᆞ면人의人되ᄂᆞᆫ職業과責望을盡ᄒᆞ기不能ᄒᆞᄂᆞ니一身의關係도然ᄒᆞ거니와一家의盛衰와興亡이其家人의學業有無에在ᄒᆞ고國의富强과貧弱은其國人의學業多少에存ᄒᆞᆫ지라其道가豈不大且重ᄒᆞ리오마ᄂᆞᆫ學業이又虛名과實狀의分別이有ᄒᆞ니如何ᄒᆞᆫ學業을虛名이라謂ᄒᆞᄂᆞᆫ가理致를不究ᄒᆞ고文字를是尙ᄒᆞ야靑春으로白首에至ᄒᆞ도록詩文의工夫로自娛호ᄃᆡ利用ᄒᆞᄂᆞᆫ策略과厚生ᄒᆞᄂᆞᆫ方道ᄂᆞᆫ無홈이오又實狀잇ᄂᆞᆫ學業은如何ᄒᆞᆫ者를指홈인가事物의理를窮格ᄒᆞ야其性을盡ᄒᆞ고晝夜로勤孜ᄒᆞ야百千萬條의實用애其意를專홈이니然ᄒᆞᆫ故로學業의名稱은彼此가一般이나其虛實의懸殊ᄂᆞᆫ雲泥의判異홈이라

今에泰西人의學業ᄒᆞᄂᆞᆫ條目을擧ᄒᆞ건대其名號가不一ᄒᆞ야門戶를分ᄒᆞ며區域을定ᄒᆞ야其篤實ᄒᆞᆫ工程과勤懇ᄒᆞᆫ性力이一技에其功을成ᄒᆞ기로是務ᄒᆞ고多ᄒᆞ기를貪ᄒᆞ야不精ᄒᆞᆫ弊가無ᄒᆞ니見聞의及ᄒᆞᄂᆞᆫ者를抄騰ᄒᆞ노라

[20] 宗敎學此學은泰西諸國에通行ᄒᆞᄂᆞᆫ耶蘇敎와天主學의工夫를謂홈이니此學을專修ᄒᆞᄂᆞᆫ者ᄂᆞᆫ禮拜堂敎正의位를希圖홈이라一言으로蘇ᄒᆞ건대泰西에他學이無ᄒᆞ고宗敎學만有ᄒᆞ면今日의富盛ᄒᆞᆫ基業과文明ᄒᆞᆫ開化를致ᄒᆞ기ᄂᆞᆫ姑舍ᄒᆞ고大害를反貽ᄒᆞ야貧弱野鄙ᄒᆞᆫ境域에陷ᄒᆞ야救濟ᄒᆞᄂᆞᆫ方策이無홀디니宗敎學만主張ᄒᆞᄂᆞᆫ邦國은設使其宗敎가泰西의宗敎에比ᄒᆞ야百勝ᄒᆞ야도其國의貧弱不振ᄒᆞ기ᄂᆞᆫ自然ᄒᆞᆫ勢라是以로佛敎를尊尙ᄒᆞᄂᆞᆫ印度諸邦이英吉利의羈絆을不脫홈이라

[21] 以上의列記ᄒᆞᆫ各條學術外애無數ᄒᆞᆫ名目이枚擧ᄒᆞ기不遑ᄒᆞ니大槩世事ᄂᆞᆫ日異月新ᄒᆞ야其端이愈出홀ᄉᆞ록愈多ᄒᆞᆫ則巧歷의才라도測定ᄒᆞ기不能ᄒᆞ며人은一箇血肉의身이라百千萬無窮ᄒᆞᆫ事爲를渺然ᄒᆞᆫ滄海一粟으로兼行ᄒᆞ기不可ᄒᆞᆫ故로各學中에一門을專修ᄒᆞ야半島의廢와一簣의虧를勿作ᄒᆞ고他學의大綱을兼修ᄒᆞ기ᄂᆞᆫ人

生의 切要한 事理에 缺乏홈이 不可한 者를 爲홀 ㅼ름이로딕 政治學을 專主한 者는 他學의 若干을 領略ᄒ야도 政治學士의 各號를 有ᄒ고 法律學或器械學도 他學의 兼홈이 或有ᄒ딕 其專主한 學의 學士라 稱ᄒ야 諸學이 不然한 者가 無ᄒ니

且 人世를 顧ᄒ건대 大衆相與ᄒ는 道가 其虧乏을 互資ᄒ고 便利를 相換한 則 諸學의 學士는 各其一能을 修ᄒ야 世界事爲의 現像을 維持홈이라 然한 故로 各條學術를 幼少時에 修究ᄒ야 長成後의 功用을 發ᄒᄂ니 萬若 其學이 實狀잇는 者아니오 虛各ㅼ름이면 其功을 成한들 用處가 奚有ᄒ리오 學業은 實用잇는 道아니면 工夫ᄒᄂ 性癖이 不堅ᄒ고 工夫ᄒᄂ 性癖이 不堅ᄒ면 能히 其功을 成ᄒ기 亦難ᄒ니 國家의 最大한 根本은 實用에 在ᄒ고 人民의 最大한 實用은 工夫ᄒᄂ 性癖에 在홈이라

제14편

상인의 대도와
개화의 등급

제14편에는 「상인의 대도」, 「개화의 등급」 두 논설이 실려 있다. 상업사회론, 개화론에 해당한다. 제3편 「방국의 권리」, 제4편 「인민의 권리」와 더불어 핵심이 되는 장이다. 「상인의 대도」를 「개화의 등급」보다 앞에 배치한 것은 상업사회론을 개화론의 전제로 보았기 때문일 것이다. 「상인의 대도」는 상업사회에 기초한 문명사회론이다. 유길준은 교역에 기초한 상업사회를 지향하는 관점에서 문명사회와 개화의 문제를 생각한다. 「개화의 등급」은 문명사회를 지향하는 문명개화의 한국적 방법론이다. 유길준의 독자적인 관점과 방법이 잘 드러난 글로서 이 책의 총괄 내지 결론에 해당한다. 사회과학의 한국적 존재 양태를 생각할 때 적지 않은 함의를 주는 논설이다.

상인의 대도

[1] 상인[商賈]도 국가의 대본(大本)이다. 그 관련성의 중대함은 농사에 뒤지지 않는다. 정부의 부유함과 인민의 번성함은 실상 이 도로써 하지 않으면 이룰 수 없다. 피차의 지방에 있는 것과 없는 것을 서로 보태고 귀한 것과 천한 것을 서로 바꿈으로써 인생에 부족한 것을 보태고 유익한 것을 통하니, 천하의 안락한 생업이고 선미(善美)한 습속[習尙]이다. 그러므로 옛날에 성인은 시전(市廛)의 법을 가르쳤고 무역의 도를 세웠다. 그런데 후세에 이르러 상인을 천시하여 수레를 타고 비단옷을 입는 것을 금하고, 국량(局量)과 재덕(才德)이 있는 자라도 벼슬길에 나아가는 것을 불허하니, 이는 벼슬하는 자의 상인 대접이 잘못된 것이다.

벼슬하는 사람은 입는 옷과 먹는 음식, 일용하는 온갖 사물 모두를 누구의 힘을 빌려 원하는 바를 이루고 구하는 바를 얻는가. 물품은 각기 생산하는 지방이 있다. 사람이 운전(運轉)하는 도를 빌지 않고 생물같이 스스로 날거나 스스로 걸어올 수 없음은 분명하다. 솥에서 음식이 저절로 생겨날 수 없고 옷장에서 의복이 저절로 나올 수 없음은 삼척동자라도 타인의 말을 기다리지 않아도 스스로 안다. 그러므로 상인의 사업은 방국에 없어서는 안 되는 대도일 뿐 아니라 인민의 생계[生涯]를 구하는 방책으로 논하더라도 한 사람의 장부(丈夫)가 경영하는 생업으로서 부유해지는 양책이지 사도(邪道)가 아니다.

그런데 시대가 내려올수록 인심이 경박하여 오로지 취리(取利)하기를 주로 하고 인생의 신의를 생각하지 않는 자가 간혹 없지 않은데, 이는 한 마리 물고기가 온 물을 흐리는 것이다. 선비가 "사람이 취리하는 방도를 따르면 천생한 본심을 지키지 못한다"라고 해서 마침내 상인의 도를 천시하는 풍속이 생겨났다. 사람이 세상을 살면서 곡식을 피하는 신선이 아니면 반드시 생계가 없을 수 없다. 쓸데없이 준론(峻論)을 일삼지 말고 어떠한 일로 취리하는 도를 따르든 그 도리와 행실이 정대한지 아닌지를 논하는 것이 옳지 일의 귀천을 따지는 것은 옳지 않다. 사람 일에 귀천이 있는 것이 아니라 취리하는 행실에 귀천이 있다. 그러므로 옛 성인은 "인의(仁義)는 진실로써 이롭게 하는 것이다"라고 했다.

[2] 가만히 생각해 보면 상고시절에 인민은 저마다 한 곳에 살면서 늙어죽을 때까지 서로 왕래하지 않고 농사[稼穡]로 생업을 삼았을 따름이다. 그런데 풍기가 점차 열리면서 사람의 지혜도 점차 자랐다. 무역하는 도를 세워 인생의 편리를 더했는데, 풍속이 경박한 지경이 되어 백성이 취리하는 도를 좇는 것이 목마른 말이 샘으로 달려가고 굶주린

사람이 먹을 것을 찾는 것과 같아 그 세를 막기 어려웠다. 그리하여 국정을 잡은 자가 인심과 시세를 헤아려 상인 천대하는 법으로 일시의 권도(權道)를 써서 분경(奔競)하는 기습(氣習)을 억제한 것이다. 그때는 사람의 재주가 뛰어나지 않고 기계의 제도가 정밀하지 못하여 사람마다 몸에 걸친 옷과 배에 채운 곡식을 자기 손으로 짜고 씨를 뿌려도 부족할 염려가 있었다. 그러므로 만약 물품을 만드는 자가 적고 무역에 종사하는 자가 많으면 실업(失業)하는 백성이 오히려 있을까 두려워 그러했던 것이다.

후세에 이르러 재주와 지식이 초매(草昧)한 옛사람에 비할 바 아니므로 수확하는 온갖 곡식과 제조하는 온갖 물품이 옛날에 비해 몇 배나 더 많아졌다. 무릇 사람의 생업이 풍족할수록 요구하는 조건이 많고 요구하는 바가 많을수록 부족한 것이 많다. 뿐만 아니라 인사(人事)가 번식(蕃殖)할수록 구별하는 명목이 많고 구별하는 바가 많으면 겸해서 행하기가 어렵다. 농작으로 업을 삼는 자가 장인[工匠]의 일을 겸할 수 없지만 농작하는 데 필요한 기계가 있고, 장인으로 업을 삼는 자가 농부의 일을 겸할 수 없지만 장인 되는 데 필요한 곡식이 없을 수 없다. 이 두 가지 일만 그런 것이 아니라 인간의 천만 가지 사물에 업을 삼는 도가 그렇지 않은 것이 없다. 어떠한 물건이든지 만든 자가 물품을 짊어지고 세상에 다니면서 물품을 필요로 하는 자를 찾아 환매(換賣)하고자 한다면 번잡함을 이길 수 없을 뿐 아니라 물건을 만든 자의 사세(事勢)로 의론해도 해가 적지 않을 것이다. 어느 겨를에 제작하고 어느 겨를에 다니면서 팔겠는가. 청탁[行求]에 드는 비용[浮費]도 반드시 많을 것이고 판매하는 시일도 반드시 더딜 것이니, 그 시일에 그 비용으로 제조하는 일에 전념한다면 그 사람이 이로울 뿐 아니라 국가의 부요(富饒)한 실상(實狀)이 더할 것이다.

장사하는 자가 물품을 만드는 자는 아니지만 그 공효(功效)가 제조자에 비해 가볍지 않은 까닭은 상인이 없으면 제조하는 물품이 산같이 쌓여도 쓸 곳이 없기 때문이다. 그러므로 무역하는 사람이 실상 물품 제조하는 자와 물품 요구하는 자의 중간에서 중매[媒妁]의 도를 행하는 것으로, 수고하는 대신에 이익을 취하는 것은 당연한 일이다. 설사 농작하는 자가 한 해 부지런히 일해 수확한 곡식이 넉넉하여 노적가리가 충일(充溢)한들 일용하는 각종 물품이 풍족할 길이 있겠는가. 곡식을 판매하여 각 물품을 구입하지 않을 수 없으니, 만약 곡물상이 없으면 군색함이 아주 심할 것이다. 이러한 이치로 미루어 보면, 상업은 국가의 대정(大政)이다. 고금의 사세는 자연히 다른 것이 많다. 정부는 인사(人事)를 살피고 시세에 응하여 옛사람이 억제하던 도를 뒤집어 금일에는 권장하는 정치를 행해야 할 것이다.

[3] 정부가 상인을 보호하는 도는 인민이 재물을 주고받는 법[規模]을 신실하게 하고 물품을 운반하는 방도를 편리하게 하는 데 있다. 주고받는 법은 법률을 엄격히 지키는 데 있고 운반하는 방도는 도로를 평탄히 닦는 것에 지나지 않는다. 이 두 가지에 일정한 규칙이 없다면 상인의 흥왕함을 날마다 바란다고 한들 어찌 얻겠는가. 리(利)가 있는 곳은 인민이 달려들어 물불도 피하지 않고 남을 앞지르고 남의 것을 서로 다투어 빼앗으니, 정부가 진실로 그 성질을 길들여 광명한 도리와 정직한

제도로 인도하면 어리석은 인민일지라도 감히 간사한 행실을 멋대로 행하지 못할 것이다. 하지만 만일 정부가 편벽된 규모로 이익만을 추구하는 자를 허락하여 중인의 해를 생각하지 않고 약간의 세금을 탐낸다면, 국가의 폐단이 깊고 오래갈 것이고 인민의 살길이 막힐 것이다. 이 어찌 옳겠는가. 그러므로 국가의 정령은 중인이 이익을 독점[都賈]하는 것을 결단코 허용해서는 안 된다. 시세는 고금이 다르기 때문에 사정도 따라서 변하는 것이 인생의 자연한 이치다.

❋

'국가의 대본', '선미한 습속', '취리하는 행실'

기왕에 「상인의 대도」는 논자들의 주목을 거의 받지 못했다. 「개화의 등급」만을 주목했을 뿐이다. 하지만 이 글에서 논의되는 상업사회론은 「개화의 등급」의 문명개화론 못지않게 중요하다. 상업사회론은 제7편 수세론에서도 잠깐 언급된 적이 있다. 유길준은 상인을 '국가의 대본'으로 정의한다. 중대한 인식의 전환이다. 상업은 더 이상 사도(邪道)가 아니라 방국의 대도라는 것이다. 유길준은 상업을 단순히 직업 활동의 하나가 아니라 교역 행위로서 이해한다. 상업(교역)은 '방국의 대도'와 '인민의 생계'의 양면에서 새롭게 규정된다. 상업이라는 교역 행위는 인민의 생계를 구하는 방책이자 부를 늘리는 양책이다. 정부의 부유한 재정과 인민의 부유한 삶은 상업과 교역을 통해 실현될 수 있다. 상업(교역)은 부국과 부민을 이루는 방도인 것이다. 이러한 의미에서 상업(교역)은

"천하의 안락한 생업이고 선미한 습속"이다.

상업사회에서는 이익을 얻는 행위가 상업 윤리로서 용인된다. 이익이 천심을 해친다고 생각해서 취리하는 도를 부정하고 상인의 도를 천시했던 기존의 풍속이나 관습적 사고는 비판받아 마땅하다. 유길준은 고대에도 성인이 '시전의 법'을 가르쳤고 '무역의 도'를 세웠다는 사실을 끌어들여 상인의 도를 정당화한다. 『주역』에 "낮에는 시전이 열려 천하의 백성을 부르고 천하의 재화를 모은다. 교역하고 물러나 저마다 그 바를 얻는다[日中爲市 致天下之民 聚天下之貨 交易而退 各得其所]"(『周易』繫辭下)라고 했다. 교역을 주장할 때 흔히 얘기되는 논거다. 고대 중국에 있었던 제도나 현상을 끌어들여 새로운 것의 수용을 정당화하는, 훗날 서양의 제도와 학문의 수용을 주장할 때 유학자들이 종종 내세웠던 일종의 부회설(附會說)이다. 이러한 부회론과 '리(利)'를 긍정하는 사고법의 출현은 유교사회에서 상업사회로 이행하는 어떤 조짐이나 이행해야만 한다는 당위적 소망이 싹텄음을 시사한다. 유길준은 일본에서 귀국하자마자 상업사회의 주체인 회사의 설립을 논한 「회사설」을 저술한 바 있다.

이제 이익을 취하는 것은 사람을 이롭게 하는 '인의(仁義)'의 행위로서 정당화된다. 이익을 추구하는 상인의 사업, 즉 장사나 교역은 나쁜 방도가 아니라 좋은 방책이다. 이러한 이익 개념을 받아들였을 때 '의(義)'와 '리(利)'를 대립 개념으로 보는 유학적 사유는 약해질 수밖에 없다. 『맹자』 「양혜왕(梁惠王)」 편에 근거해서 '의'와 '리'를 대립적으로 파악한 관점은 오랫동안 조선 유학자들의 상업관을 규율하였다. 이익을 추구하는 행위는 '사도(邪道)'로 간주되었다. 하지만 이제 이익을 추구하는 것이 인민의 삶을 이롭게 하는 '인의'의 행위로 정당화될 때, '의'와 '리'는 더 이상 대립 개념일 수 없다. 교역을 허용할 수밖에 없는 개항의 문맥에서 상업적 이익을 긍정할 때 맹자식 의리 개념은 재해석되거나 변형될 수밖에 없다. '리'는 오히려 '의'의 행위일 수 있다. 문제는 이익을 취하는 행위가 아니라 이익을 취하는 도리와 행실이 얼마나 올바르냐이다. 상업사회에서는 '의'와 '리'는 가치의 문제가 아니라 윤리의 문제로 변용된다.

이러한 이익 관념이 출현한 계기는 개항기의 교역 상황과 관련이 있다. 19세기 동아시아의 개항은 관세불평등을 규정한 불평등조약을 매개로 국제무역이 확산되는 과정이었다. 국제교역(자유무역)은 경제적 이익을 확대하려는 열강의 요구에서 촉발된 것이었지만, 동아시아 국가들도 열강에 대항할 부국강병을 위해서는 불가피한 선택이었다. 1880년대 한국에서 서양과의 조약 체결은 본격적인 개항을 뜻하며, 개항은 무역을 허용한다는 의미였다. 국제무역은 대외정책의 핵심 사안이었다. 1880년대 초반 한국의 재정을 주도한 어윤중은 대외 방어를 위한 부국강병을 실천하려면 국제무역을 통해 국부를 늘려야만 한다는 견해를 보였다(『從政年表』). 유길준의 상업사회론도 이러한 개항과 교역의 상황에 대응하는 것이었다. 어윤중이 교역 문제를 국가재정의 확충이라는 차원에서 생각했다면, 유길준은 보다 넓은 시각에서 교역을 인민의 삶과 국가의 부를 증진시키는 상업사회와 문명사회의 원리로서 파악하였다.

'인생의 편리'와 '국가의 대정'

상업은 사회발전 단계에 따라 의미가 다르다. 인민이 교통 없이 죽을 때까지 자신의 생업을 영위했던 상고시대에는 농사에 의존하는 자급자족만이 있었다. 그런데 기풍이 열리고 지혜가 생기면서 '무역하는 도'를 세워 '인생의 편리'를 더했지만 풍속이 경박해지면서 이익을 추구하는 경향이 강해졌다. 그러자 권력자가 인심과 시세를 헤아려 '일시의 권도(權道)'로써 상인을 천대하는 법을 만들어 교역을 억제하였다. 생산품이 한정된 자급자족의 농촌사회에 상인이 많아지면 실업자가 늘어날 우려가 있기 때문이다. 하지만 재주와 지식이 크게 열리면서 생산품이 크게 늘고 인민이 풍족해지면서 분업과 교역이 필요해졌다. 농민이 농업용 기계를 직접 만들기 어렵고 기술자도 곡식을 직접 생산하기 어려워졌기 때문이다.

교역의 도는 인생의 편리라는 측면에서는 보편적인 원리다. 문명개화가 어떤 수준이든지 어느 사회에서나 물품 교환은 삶의 편리함을 제공한다. 그런데 인심과 시세에 따라 교역의 양상은 다르다. 재주와 지식이 열릴수록, 즉 문명개화가 진전될수록 교역의 도는 노동과 이익의 문제를 수반한다. 농업과 제조업 간에 분업이 필요해지고 수요가 늘면서 판매가 중요해진다. 판매 중개인으로서 상인의 역할이 커지면서 교역을 중개하여 이익을 얻는 상인의 행위는 정당화된다. 교역의 도는 단지 인생의 편리에 이바지하는 데 그치지 않고 부국과 관련된 정치경제학적 문제가 된다. 여기서 교역은 단순한 교환 행위가 아니라 정치 행위가 된다. 상업은 국가의 대정(大政)이 된 것이다. 그렇다면 정부는 상업을 권장하는 정치를 행해야만 한다.

상업이 국가의 대본, 국가의 대정이라면 국가가 일정 부분 간여하지 않을 수 없다. 정부는 상인을 보호해야 한다. 여기서도 법률과 규칙이 중요하다. 상업의 융성을 도모하려면 상인 보호책으로 상품 교환에 관한 제도를 법률로 확립해야 하고, 상품 운송에 필요한 도로도 개설해야 한다. 상품 매매에서 법률을 엄격히 준수해야 하고 상품 유통도 규칙을 필요로 한다. 정부는 사람들의 이기심을 광명한 도리와 정직한 제도로 통제해야 하고 이익 독점을 허용하면 안 된다. 유길준은 상품경제를 보장함으로써 상업적 이익을 허용하면서도 광명한 도리와 정직한 제도로 이익 편중을 통제하는 국가를 상정한다.

---

[1] 商賈는亦國家의大本이라其關係의重大홈이農作에不後ㅎ야政府의富饒홈과人民의蕃盛홈이實狀은此道로不以ㅎ면其成이不能ㅎᄂ니彼此의地方이기有無를相資ㅎ며貴賤을相易ㅎ야人生의不足ᄒ者를補ㅎ며有益ᄒ者를通ㅎ야天下의安樂한生業이오善美ᄒ習尙이라然ᄒ故로古者에聖人이市塵의法을敎ㅎ며貿易의道를立함이거늘奈何로後世에至ㅎ여ᄂ商賈를賤視ㅎ야車를桀홈과錦을衣홈을禁ㅎ고局量과才德의有ᄒ者라도宦路에進ㅎ기를不許ㅎ니此ᄂ仕宦ㅎᄂ者의商賈待接홈에過홈이라

大抵仕宦ㅎᄂ其人인들其衣ㅎᄂ바衣와食ㅎᄂ바食이며其日用ㅎᄂ바百千事物이皆何人의力을賴ㅎ야其願을遂ㅎ며求를應ㅎᄂ가物品이各其所産ㅎᄂ地方이有ᄒ則人의運轉ㅎᄂ道를不資ㅎ고生物又치自飛ㅎ거나自步ㅎ야來ㅎ기不能홈은分明

ᄒᆞ니釜中에飮食이自生ᄒᆞ기不能ᄒᆞ고笥中에衣服이自出홈이亦無홈은三尺의童子라도他人의言을不俟ᄒᆞ야自知ᄒᆞᄂᆞᆫ者라然ᄒᆞᆫ則商賈의事業이邦國에其闕홈이不可ᄒᆞᆫ大道라謂홀ᄲᅮᆫ外에人民의生涯求ᄒᆞᄂᆞᆫ方策으로議論ᄒᆞ야도亦一丈夫의經紀ᄒᆞᄂᆞᆫ生業으로富厚ᄒᆞᄂᆞᆫ良策이오邪道아니어늘

時代가降홀ᄉᆞ록人心이澆薄ᄒᆞ야取利ᄒᆞ기를專主ᄒᆞ고人生의信義를不願ᄒᆞᄂᆞᆫ者가間有홈이亦不無ᄒᆞᆫ則此ᄂᆞᆫ一魚의全水를濁홈이라士者가以호ᄃᆡ人이取利ᄒᆞᄂᆞᆫ方道를從ᄒᆞ면天生ᄒᆞᆫ本心을不守ᄒᆞᆫ다ᄒᆞ야遂乃商賈의道를賤視ᄒᆞᄂᆞᆫ風俗이成홈이니人이世에生홈애辟穀ᄒᆞᄂᆞᆫ神仙아니오必然其生涯가無홈이不可ᄒᆞᆫ則用處업시峻論을勿作ᄒᆞ고如何ᄒᆞᆫ事로取利ᄒᆞᄂᆞᆫ道를從ᄒᆞ든지其道理와行實에正大홈과否홈을議論함이可ᄒᆞ고其事의貴賤을問홈은不可ᄒᆞ니人事에貴賤이有홈아니오其取利ᄒᆞᄂᆞᆫ行實에貴賤이有홈이니然ᄒᆞᆫ故로古聖人이曰ᄒᆞ샤대仁義ᄂᆞᆫ眞實로써利ᄒᆞ게홈이라

[2] ᄒᆞ심竊想ᄒᆞ건대上古時節에人民이各一方에處ᄒᆞ야老死에至ᄒᆞ도록不相往來ᄒᆞ고稼穡으로生業을作홀ᄯᆞ름이러니風氣의漸開홈을隨ᄒᆞ야人의知慧도漸長ᄒᆞᄂᆞᆫ지라貿易ᄒᆞᄂᆞᆫ道를設立ᄒᆞ야人生의便利를補홈이거늘風俗이澆薄ᄒᆞᆫ地境에趨ᄒᆞ야百姓이取利ᄒᆞᄂᆞᆫ道에赴홈이渴馬의泉에奔ᄒᆞ며飢人의食에赴홈과同ᄒᆞ야其勢를渴止ᄒᆞ기有難ᄒᆞᆫ故로國政을執ᄒᆞᆫ者가人心과時勢를審量ᄒᆞ야商賈賤待ᄒᆞᄂᆞᆫ法으로一時의權道를用ᄒᆞ야奔競ᄒᆞᄂᆞᆫ氣習을抑制홈이니其時ᄂᆞᆫ人의才操가不巧ᄒᆞ고器械의制度가不精ᄒᆞ야每人이各其身에絲ᄒᆞᄂᆞᆫ바와其腹에穀ᄒᆞᄂᆞᆫ바를自己의手로織ᄒᆞ며種ᄒᆞ야도不足ᄒᆞᆫ念慮가有ᄒᆞᆫ故로萬若物品을造作ᄒᆞᄂᆞᆫ者ᄂᆞᆫ少ᄒᆞ고貿易에從事ᄒᆞᄂᆞᆫ者가多ᄒᆞᆫ則失業ᄒᆞᄂᆞᆫ百姓이反有홀가是懼ᄒᆞ야然홈이어니와

及後世에至ᄒᆞ야才操와智識이草昧ᄒᆞᆫ古人에比홀者아닌則其收穫ᄒᆞᄂᆞᆫ百穀과造製ᄒᆞᄂᆞᆫ百物이往昔에比ᄒᆞ야幾倍로加多ᄒᆞ니凡人의生業이豐足홀ᄉᆞ록要求ᄒᆞᄂᆞᆫ條

件이多ᄒᆞ며要求ᄒᆞᄂᆞᆫ바가多ᄒᆞᆯᄉᆞ록不足ᄒᆞᆫ者가多ᄒᆞᆯᄲᅮᆫ더러人事가蕃殖ᄒᆞᆯᄉᆞ록區別ᄒᆞᄂᆞᆫ名目이夥ᄒᆞ고區別ᄒᆞᄂᆞᆫ바가夥ᄒᆞᆫ則兼行ᄒᆞᄂᆞᆫ者가難ᄒᆞᆯ지라農作으로爲業ᄒᆞᄂᆞᆫ者가工匠의事ᄅᆞᆯ兼ᄒᆞ기不能호ᄃᆡ其農作ᄒᆞ기에要求ᄒᆞᄂᆞᆫ器械가有ᄒᆞ며工匠으로爲業ᄒᆞᄂᆞᆫ者가農夫의事ᄅᆞᆯ兼ᄒᆞ기不能호ᄃᆡ其工匠되기에要求ᄒᆞᄂᆞᆫ穀食은其無ᄒᆞᆷ이不可ᄒᆞ니但是二者의事가然ᄒᆞᆷ이아니오人間의千萬事物에爲業ᄒᆞᄂᆞᆫ道ᄂᆞᆫ不然ᄒᆞᆫ者가無ᄒᆞ거ᄂᆞᆯ如何ᄒᆞᆫ物件이든지其造作ᄒᆞᄂᆞᆫ者가其物을負載ᄒᆞ고世上에行ᄒᆞ야其物要求ᄒᆞᄂᆞᆫ者ᄅᆞᆯ求ᄒᆞ야換賣ᄒᆞ기로見ᄒᆞᆯ진대其煩遽ᄒᆞᆷ도不勝ᄒᆞ려니와製物者의事勢로議論ᄒᆞ야도其害가不少ᄒᆞ니何暇에製作ᄒᆞ며何暇에行販ᄒᆞ리오其行求ᄒᆞᄂᆞᆫ浮費도必多ᄒᆞᆯ지오販賣ᄒᆞᄂᆞᆫ時日도必遲ᄒᆞᆯ디니其時日에其浮費로製造ᄒᆞ기에專主ᄒᆞ면其人이利ᄒᆞᆯᄲᅮᆫ더러國家의富饒ᄒᆞᆫ實狀이加ᄒᆞ리니

大槩商賈ᄒᆞᄂᆞᆫ者가物品造作ᄒᆞᄂᆞᆫ者ᄂᆞᆫ아니나其功效가製造者에比ᄒᆞ야不輕ᄒᆞᆫ緣由ᄂᆞᆫ商賈가無ᄒᆞ면製造ᄒᆞᄂᆞᆫ物品이山又치畜積ᄒᆞ야도用處가無ᄒᆞᆷ이라然ᄒᆞᆫ故로貿易ᄒᆞᄂᆞᆫ人은其實이物品製造ᄒᆞᄂᆞᆫ者와物品要求ᄒᆞᄂᆞᆫ者의中間에處ᄒᆞ야媒妁의道ᄅᆞᆯ行ᄒᆞᆷ인則其勞苦ᄒᆞᄂᆞᆫ代에取利ᄒᆞᄂᆞᆫ事가當然ᄒᆞᆷ이니假使農作ᄒᆞᄂᆞᆫ者로終歲에勤苦ᄒᆞ야耕獲ᄒᆞᆫ穀食이足ᄒᆞ야露積充溢ᄒᆞᆯ들日用ᄒᆞᄂᆞᆫ各種物品이야豊足ᄒᆞᆯ道가有ᄒᆞᆫ가其勢가穀食을販賣ᄒᆞ야各物을購求ᄒᆞᆯ디니萬若貿穀商이無ᄒᆞ면其窘塞ᄒᆞᆷ이極臻ᄒᆞᆯ지라此理로推究ᄒᆞ면商賈ᄂᆞᆫ國家의大政이라古今의事勢가自然히有異ᄒᆞᆫ者가多ᄒᆞ니政府ᄂᆞᆫ人事ᄅᆞᆯ察ᄒᆞ며時勢ᄅᆞᆯ應ᄒᆞ야古人의抑制ᄒᆞᄂᆞᆫ道ᄅᆞᆯ反ᄒᆞ야今日의勸奬ᄒᆞᄂᆞᆫ政을行ᄒᆞᆷ이可ᄒᆞᆷ이라

[3] 政府의商賈保護ᄒᆞᄂᆞᆫ道ᄂᆞᆫ人民의財物與受ᄒᆞᄂᆞᆫ規模ᄅᆞᆯ信實케ᄒᆞᆷ과物品輸運ᄒᆞᄂᆞᆫ方道ᄅᆞᆯ便利케ᄒᆞᆷ애在ᄒᆞ니與受ᄒᆞᄂᆞᆫ規模ᄂᆞᆫ法律을嚴命히守ᄒᆞ기에在ᄒᆞ고輸運ᄒᆞᄂᆞᆫ方道ᄂᆞᆫ道路ᄅᆞᆯ修平ᄒᆞ기에不過ᄒᆞᆫ지라此二者에一定ᄒᆞᆫ規則이無ᄒᆞᆯ진대商賈의興旺ᄒᆞᆷ

을雖曰冀望홀들豈得ㅎ리오利의在ㅎ處ᄂ人民의趨홈이水火라도不避ㅎ고人을先ㅎ
야人을奪ㅎ기로互爭ㅎᄂ니政府가眞實로其性을順ㅎ야光明혼道理와正直혼制度
로引導ㅎ면雖蚩蠢혼人民이라도敢히奸邪혼行實을放恣ㅎ기不能홀디어늘萬若政
府가偏辟된規模로專利ㅎᄂ者를許諾ㅎ야衆人의害를不思ㅎ고若干稅錢을貪取ㅎ
ᄂ時ᄂ國家의弊端이深長홀지오人民의生路가鬱塞홀지라如何其可리오然혼故로國
家의政令은衆人의利를都賈ㅎᄂ者를決斷코勿許홈이可ㅎ니時勢가古今의異홈이
有혼則事情의隨變홈이人生의自然혼理라

[4] 천하의 나라는 하나에 그치지 않고 인간의 일은 만(萬)을 헤아려
도 넘친다. 풍기가 점차 열리는 지경에 이르면 사람들의 재국(才局)도 따
라서 넓어지기 때문에 사해를 일가로 보아 인생의 편리를 서로 꾀한다.
상인은 실상은 개화의 대조(大助)다. 사람의 재주를 권장하며 사물의
공작(工作)을 격려하여 세계의 학식과 생민의 복록을 늘리기 때문이다.
각국의 통상하는 본의가 사람의 대도(大道)를 세우는 것이고 대의(大義)
를 맺는 것이지만, 단속하는 규제가 없고 이익을 꾀하는 욕심을 내버려
둔다면 반드시 뜻밖의 분란이 일어날 것이다. 그러므로 조관(條款)을 정
해 서로 지킬 것을 약속하고 세칙을 마련하여 서로 준수하도록 해야 한
다. 하지만 한 나라가 혼자 그 권한을 차지한다면 공평한 뜻을 잃고,
또 이 나라 백성이 저 나라의 명령만 받는 것을 좋아하지 않기 때문에
반드시 양국이 협의하여 각기 통상하는 법을 작정하는 것이다.
　미개(未開)한 나라가 항구를 닫고 있을 때 선개(先開)한 나라의 정부

가 권유하여 통상하는 조약[章條]을 체결하는 것은 토지와 인민을 엿보는 마음이 있어서가 아니다. 인생의 아름다운 일[美事]을 남과 같이 행하여 나의 넉넉한 것을 가지고 저들의 부족한 것을 돕고 저들의 넉넉한 것을 취하여 나의 부족한 것을 채우며 사람의 재력(才力)으로 천생한 복을 향유하는 것이니, 이는 현세에 바뀌지 않는 법이라 할 것이다. 그런데 처음 여는[始開] 나라는 인민의 풍기가 완고하여 외국의 물정과 어긋나고 또한 천생한 물품은 족하지만 인작하는 재주가 정교하지 않아 타인의 취용(取用)에 맞지 않을뿐더러 장사하는 도리도 타국인과 같지 않아 해를 입는 일이 매양 많다. 이는 다름이 아니다. 다른 나라의 풍속을 모르기 때문에 접대할 때 신실한 언약이 적고, 또 서로 응하는 물종(物種)은 서로 구하는 정(情)을 어긋나 둘 사이의 정의(情義)와 기약(期約)이 두텁지 못하고 맞지 않아 미흡한 기색을 띤다. 이미 연[已開] 나라의 인민은 장사판에서 백번 싸운 노졸(老卒)이다. 기회에 응하여 이익을 얻는 데 능하다. 하지만 새로 연[新開] 나라의 인민은 절제 없는 군사와 같으므로 그 적수가 되지 못한다. 반드시 여러 번 단련된 후에 이익을 다투는 방책을 비로소 얻는 것이다.

　[5] 비유하는 이치로써 실상의 경황을 말해 보자. 전쟁은 난시의 상업[商賈]이고, 상업은 평시의 전쟁이다. 상업은 물화(物貨)로써 하고 전쟁은 병기로써 하지만 승부를 가리고 이해를 다투는 것은 동일하다. 상업의 물화가 정교하지 않은 것은 군사의 병기가 둔졸한 것과 같다. 병기가 둔졸한 자가 반드시 져서 배상금을 물게 되는 것은 피치 못할 형세다. 물화가 거칠면 상업의 대권을 잃어 나라 안의 이권을 빼앗길 것이다.

그렇다면 배상금을 무는 것과 무슨 차이가 있겠는가. 더 심할 것이다. 배상금을 무는 것은 일시의 패배한 불행[厄會]이라 지나버리면 그뿐이지만, 상권(商權)은 한번 잃으면 회복할 기한이 묘연해서 진작시키기 매우 어렵다. 그러므로 상업하는 도를 정대하게 하여 타인이 감히 이를 범하지 못하게 하고 물화의 제작을 정밀하게 하여 타인의 제어를 받지 말아야 한다.

병(兵)은 속임수도 꺼리지 않으므로[兵不厭詐] 남을 속이는 계책이 병가(兵家)의 상사(常事)라고 하지만, 상업하는 자는 결단코 그리 해서는 안 된다. 만일 내가 타인을 속인다면 타인도 나를 속일 것이고, 내가 그렇지 않으면 타인도 그렇지 않을 것이다. 이는 옛사람이 말한 "네게서 나온 것이 네게 돌아간다"는 것이다. 잠시의 권변(權變)으로 약간의 소리(小利)를 탐하여 장구한 경륜(經綸)을 돌보지 않으면 상업의 본의를 무너뜨릴 뿐 아니라 방국의 영예를 훼손하는 죄명을 면치 못할 것이다. 또한 다른 상인이 정대한 도로 응한다면 패할 것임은 손바닥 뒤집듯이 쉬운 일이다. 이후에는 물화를 거래하는 자가 끊어질 것이니, 장사로 업을 삼는 자는 깊이 헤아려야 할 것이다.

[6] [전략] 인조물[제조품]이 적은 나라가 외국과 통상할 때는 수출하는 각종 물품이 천연물[天生物]에 불과하다. 그러면 외국의 물화는 인조물만 수입하여 나라 안의 빈곤한 형세가 극심할 것이다. 또한 외국 통상에 힘쓰는 나라는 해군의 방비가 성하지 않으면 안 된다. 해적의 겁탈도 방비하고 외국 정부가 조약을 어기는 것도 시비하여 본국 인민의 상권을 보수하기 위해서다.

[7] 상인의 직분: 상업은 생계 구하는 방도의 일책(一策)이다. 사람이 세상을 살면서 부모가 계시면 봉양하는 것이 사람 자식의 임무[職]이고, 처자가 있으면 돌보아 기르는 것이 가장의 책임[責]이다. 이는 어떠한 방도를 따르든지 세상 사람이 다 같이 갖는 직책(職責)이다. 상인에게는 특별한 직분(職分)이 있으므로 상인의 직분이라 한다. 그 직분을 대강 말하면, 인생의 편리한 방도를 경영하는 것과 국가가 부요(富饒)할 기회를 도모하는 것에 큰 관계와 큰 책임[責望]이 있다.

민간의 물화를 서로 통하는 것은 사람의 노고를 대행하는 것이고, 나라 안의 물화를 평균하는 것은 정부의 사무를 방조하는 것이며, 본국과 외국의 물자를 교역하는 것은 양국의 화목한 교제를 협보(協輔)하는 것이다. 그러므로 물화가 통하지 않거나 물가가 고르지 않거나 물품의 교역이 행해지지 않는다면, 이는 모두 상인이 직분을 다하지 않기 때문이다. 만약 직분을 다하지 못한다면 어찌 상인이라 하겠는가. 이로써 고찰한다면 상인이 직분을 다할 수 없을 때는 국가와 인민에게 해를 끼치는 일이 적지 않아 안전하게 지탱할 권한이 없을 것이다.

상인된 자는 그 직분의 중대함을 자임해야 한다. 인민의 편리한 방도가 부족하면 자기의 직분을 다하지 못해서인지 부끄러워하며, 국가가 부성(富盛)한 경상이 나타나지 않으면 자기의 직분이 행해지지 않아서인지 염려하여 심사(深思)와 원려(遠慮)로 실효가 있기를 기약해야 한다. 만약 외국의 상인이 자기 나라보다 성(盛)하다면 본국의 상권을 잃지 않을까 두려워하고 이권을 뺏기지 않을까 두려워하여 상인의 일[業]을 자기 한 사람의 사사로운 일[私事]로 보지 말고 온 나라와 관련된 공적인 것으로 생각해야 한다. 신(信)이 없으면 이 직분을 지킬 수 없으며, 의(義)가 없으면 이 직분을 행할 수 없으며, 지(智)가 없으면 이 직분을 정할 수 없다. 이 세 가지의 행실이 구비된 뒤에야 상인의 직분을 다했다고 비로소 말할 수 있다. 상인된 자가 명심할 것은 이에 지나지 않는다.

[10] 나라 안의 상인이 능히 당연한 도리로 그 일[業]을 행하여 인민을 편리하게 하고 국가를 부요하게 하면, 그 공이 나라를 지키는 장수에 견줄 수 있고 그 덕이 민을 다스리는 재상과 같다. 정대한 지위와 광명한 사업은 남아의 경륜이요 장부의 생계다. 이제 서양 각국의 상무(商務)의 법[規制]을 살펴보자. [후략]

❉

국제교역과 문명개화

개항과 교역과 개화는 상관적이다. 남는 것을 바꾸어 부족한 것을 채우는 교역은 천생한 복을 향유하는 것이며, 불변의 법칙이다. 교역은 개화를 추동하는 모멘텀을 제공한다. 상인은 문명화를 추동하는 주체일 수 있다. 문명개화는 '사해일가'의 보편주의적 세계관과 '인생의 편리'를 꾀하는 공리주의적 사고를 가져다준다. 상업은 재주를 계발하고 물품 제조를 장려하여 세계적 지식과 인민의 복지를 늘리게 해준다. 교역의 보편적 원리에 관한 인식에 기초했을 때 세계적 수준에서 교역의 의미를 생각하는 관점이 성립한다.

국제경제 차원의 교역도 국내경제 차원의 교역과 마찬가지로 상업사회에 관한 자유주의적 견해에 기초한다. 국제통상과 국내교역은 연속적인 것으로 이해된다. 교역의 기능과 역할에 관한 서술에서는 국내사회와 국제사회를 연속적으로 파악하는 사고법이 엿보인다. 국제교역도 '사람의 대도'를 세우고 '대의'를 맺는 것으로서 국내의 경우와 마찬가지로 이익을 추구하는 욕심을 규제해야 한다. 특정 국가가 통상 이익을 독점하는 것은 공평성을 해치기 때문이다. 따라서 조약을 맺어 준수하는 약속과 세칙을 정해야 한다. 통상법이 필요하다. 통상을 하더라도 풍속이 다르고 물정이 어두워서 해를 입을 수도 있지만 법과 규칙으로 제어할 수 있다. 유길준은 개항과 통상조약 체결을 토지, 인민을 침탈하는 행위로 보지는 않았다. 국제교역을 보는 낙관주의로 인해 유길준이 개항에 함축된 교역(경제)과 정치(군사)의 상관성, 그리고 열강의 침략성을 보지 못할 우려는 있다. 이미 개항한 나라들이 교역의 경험을 살려 아직 열지 않은 국가를 권유하는 '대도'를 용인했을 때 국제 수준에서 계몽의 낙관주의적 사유가 작동한 것으로 볼 수도 있다. 개항과 통상을 자국 인민, 토지, 경제의 침탈로 여겼던 위정척사론자의 경우라면 이 같은 낙관주의는 결코 생각할 수 없다.

물론 유길준이 국제사회의 권력정치 현실을 보지 못한 건 아니다. 유길준은 「국권」, 「중립론」에서도 국제정치를 보는 현실주의 감각을 드러낸 바 있다. 유길준은 경제적 이익을 다투는 전쟁 같은 국제사회의 현실을 직시하고 있었다. 열강들이 무역전쟁이 벌이는 국제사회에서 "전쟁은 난시의 상업이며, 상업은 평시의 전쟁"이다. 유길준의 발언은 후쿠자와의 『문명론의 개략』을 떠올리게 한다. 후쿠자와는 서양의 무형

무한한 공산물과 일본의 유형 유한한 천연물을 교환하는 교역은 일본의 손망(損亡)을 초래할 수 있는 불평등 교환이지만 인민의 지견(智見)을 열고 학문 기술을 왕성하게 하려면 허용할 수밖에 없다고 주장하였다. 동시에 "전쟁은 독립국의 권의(權義)를 신장시키는 술책이며, 무역은 나라의 빛을 발하는 징후"라는 견해를 보였다(『文明論之槪略』). 무역과 전쟁은 이익을 다툰다는 점에서는 같다.

상업과 '신의'

상업과 교역을 보는 유길준의 시선은 후쿠자와와는 달랐다. 유길준은 전쟁에서 패배하여 배상금을 지불하는 것보다 상업의 대권을 잃어 나라의 이권을 빼앗기는 상황을 우려하면서 "상업하는 도를 정대하게 하여 타인이 감히 이를 범하지 못하고 물화의 제작을 정밀하게 하여 타인의 제어를 받지 않아야 한다"라고 말한다. '상업의 본의'와 '정대한 도'에 입각한 국제통상을 말한다. 무역전쟁에서 취할 방도는 정당한 상업의 도를 실천하고 물품을 정밀하게 제작하여 외국의 간섭과 통제를 받지 않아야 한다는 수세적인 것이었다. 국제무역의 권력정치적 속성이나 열강의 침략적 행태보다는 통상의 윤리 문제를 중시하면서 신의와 자기책임의 윤리를 강조한다.

유길준은 군사적 책략과 상업의 윤리를 구별한다. 속임수도 불사하는 군사적 계책과 달리 상업 활동에서는 남을 기만하여 이익을 추구해서는 안 된다는 것이다. "병은 속임수도 꺼리지 않는다[兵不厭詐]"는 말은 "번다한 예의를 지키는 군자는 충성과 신의를 꺼리지 않지만, 전장에서는 속임수를 꺼리지 않는다. 적을 속이는 술책을 쓸 뿐이다[繁禮君子 不厭忠信 戰陣之間 不厭詐僞 君其詐之而已矣]"(『韓非子』難一)라는 말에서 유래한다. 진(晉)나라 문공(文公)이 초(楚)나라와 전쟁을 하기 위해 의견을 구했을 때 구범(舅犯)이 대답한 말이다. 문공은 구범의 의견을 좇아 초나라 군대를 쳐부술 수 있었다. 유길준의 경우 속임수를 꺼리지 않는 책략은 무역 활동에 사용해서는 안 되는 것이었다. 상업 활동에서는 신의가 가장 중요한 덕목이다. 『맹자』를 원용한 것도 같은 맥락이다. "네게서 나온 것이 네게 돌아간다[出乎爾者反乎爾]"(『孟子』梁惠王下)라는 말은 길흉화복이 자신에서 비롯된다는 뜻인데, 유길준은 타인을 속이면 타인에게 속임을 당한다는 '신의'의 문제로서 인용하였다.

'신의'의 문제는 법률과 규칙을 신의로써 준수해야 한다는 신념과 관련된다. 신의는 유길준의 정치적 사유를 관통하는 윤리적 규범이었다. 그런데 외국과 교제하는 개항의 상황에서 신의는 소국 한국이 의탁할 유력한 윤리적 규범이었다. 김윤식의 경우도 외국과의 분쟁을 회피하기 위해서도 신의로써 국제법을 준수해야 한다는 주장을 폈다(『雲養集』). 하지만 소국 한국의 국제적 위상과 대외관계에 따라, 정치적 문맥에 따라, 이 언어의 의미는 달랐다. 유길준은 국망이 곧 닥쳐오는 상황에서 저술한 「평화극복책」(1907)에서 일본의 '선의'에 대해 '신의'를 가지고 일본과 우호적 관계를 유지할 것을 주장하였는데, 이때 분란의 자기 책임을 강조한 것도 『서유견문』에서 피력한 상업관, 교역관이 정치관과도 밀접히 관련된 것임을 시사한다. 김윤식도 이때 국망을 초래한 한국의 자기책임을 강조하였다. 유길준과 김윤식이 때때로 "사람은 반드시 스스로 업신여긴 후에 남이 그를 업신여기며, 집은 반드시 스스로 훼손한 다음에 남이 이를 훼손하며, 나라는 반드시 스스로 해친 다음에 남이 이를 해친다[夫人必自侮 然後人侮之 家必自毁 而後人毁之 國必自伐 而後人伐之]"(『孟子』離婁上)라는 글귀를 인용한 것도 이와 무관하지 않다.

'상인의 직분'과 '상업의 공부'

상인의 직분은 '인민의 편리한 방도'를 강구하고 '국가의 부성한 경상'을 만들어 내는 것, 즉 인민의 삶을 편리하게 하고 국부를 증대시키는 데 있다. 상인은 인민교역, 국내유통, 대외무역을 통해 사람의 수고를 대신하고 정부의 일을 도와주며 국가 간 교제에 협력해야 한다. 상인의 직분은 물품의 교역과 유통, 물가 안정과 관련된다. 상인이 이러한 직분을 행하지 못한다면 국가와 인민에게 해를 미치게 된다. 따라서 상인에게는 이러한 직분을 수행하는 데 합당한 윤리가 요구된다. 우선 상업 활동의 실효성을 기하기 위해서는 '심사(深思)와 원려(遠慮)', 즉 사려(思慮, prudence)의 덕목이 요구된다. 이 덕목이 있어야 상인은 상권과 이권을 둘러싼 쟁투가 벌어지는 국제사회의 권력정치를 포착하는 현실감, 그리고 상업 활동을 개인의 사적인 것이 아니라 국가와 관련된 공적인 것으로 생각하는 공공심을 가질 수 있다. 직분을 지키고 행하는 데는 세 가지 행실이 요구된다. 신(信), 의(義), 지(智)의 덕목이다. 유길준은 상인의 직분 윤리로서 인륜을 규율하는 인의예지신(仁義禮智信)의 덕목 가운데 '신'과 '의'와 '지'를 강조한 셈이다.

생략한 제8, 제9단락에서는 '상인의 공부', '상인의 경계(警戒)'에 관해 언급한다. 상인의 경영법과 윤리에 관한 서술이다. 유길준은 '상인의 공부'와 관련하여 상업에 필요한 테크닉과 지식을 요구하는 한편, 학문을 숭상하고 언행을 삼가며, 어른을 섬기는 데 공경하는 도리를 지키고 임금을 섬기는 데 '충성하는 분의(分義)'를 닦아 국가의 선량한 민이 될 것을 요청한다[8]. 여기서는 상인에게 '인'과 '예'를 요구했다고 볼 수 있다. 한편 '상인의 경계'와 관련해서는 상인은 타국과 교역을 행할 때 '인민 된 도리'를 다할 것을 강조한다. 여기에서도 교역의 '규칙'과 '도리'에 어긋나는 행위를 했을 때 상인의 체면뿐 아니라 자국도 욕을 먹는다는 점을 역설한다. 상인은 '염치의 절개'로써 자기의 신명을 아껴야 하고 '충독(忠篤)한 의기'로 자기 나라를 존중해야 한다[9]. 염치와 의기로 이익을 추구하는 마음을 절제해야 한다는 말이다.

이렇게 보면 유길준은 상인에게 인의예지신의 유학적 윤리 덕목을 요구했다고 말할 수 있다. 이러한 덕목을 갖춘 상인이어야 상인의 '당연한 도리'를 실천할 수 있다. 즉 상업 활동을 통해 인민의 편리를 도모하고 국부를 증대할 수 있다. 상인이 인민의 편리를 꾀하고 국부를 늘리는 두 가지 직분을 수행했을 때 나라를 지키는 장수 못지않은 공을 세울 수 있고 정치하는 재상과 같은 덕을 가진 자가 될 수 있다. 직분('정대한 지위')과 공덕('공명한 사업')은 상인의 존재 의미이며, 상인은 직분을 수행함으로써 국가의 대본이 될 수 있다. 상인은 상업사회의 주체로서 직분 수행을 통해 국가에 기여하는 존재인 것이다. 이러한 상인을 전제로 했을 때 유길준이 구상한 상업사회는 유학적 덕목과 직분 윤리가 작동하는 사회였다고 말할 수 있다. 이익사회가 아니라 도덕적 사회였다.

[4] 大抵天下의國이一에不止ᄒ고人間의事ᄂᆞ萬으로數ᄒ기애過ᄒ니風氣가漸開ᄒᄂᆞᆫ域에抵ᄒᆫ則人의才局이從ᄒ야廣博ᄒᄂ故로四海ᄅ을一家로視ᄒ야人生의便利ᄅᆞᆯ相營ᄒᄂᆞ니商賈가實狀은開化의大助라人의才操ᄅᆞᆯ勸獎ᄒ며物의工作을激勵ᄒ야世界의學識과生民의福祿을增加ᄒᄂ故로各國의通商ᄒᄂ本意가人의大道ᄅᆞᆯ建ᄒᆷ이오大義ᄅᆞᆯ結ᄒᆷ이나管束ᄒᄂᆞᆫ規制가無ᄒ고謀利ᄒᄂᆞᆫ慾心을任縱ᄒᆫ則必然히意外의紛亂이起來ᄒᆯ지라乃條欸을講定ᄒ야相守ᄒ기ᄅᆞᆯ約ᄒ고稅則을磨鍊ᄒ야互遵ᄒ기ᄅᆞᆯ許호ᄃᆡ一國이其權을獨執ᄒᆫ則公平ᄒᆫ意ᄅᆞᆯ有失ᄒ고且此國의民이彼國의命令만受ᄒ기ᄅᆞᆯ不樂ᄒᄂ故로必然兩國이協議ᄒ야各其通商ᄒᄂᆞᆫ法을酌定ᄒᆷ이니

未開ᄒᆫ國이其港을鎖한時ᄂᆞᆫ先開ᄒᆫ國의政府가勸ᄒ며說ᄒ야通商ᄒᄂᆞᆫ章條ᄅᆞᆯ訂結ᄒᆷ은其土地와人民을欲ᄒ야覬覦ᄒᄂᆞᆫ心이有ᄒᆷ아니라人生의美事ᄅᆞᆯ人과同行ᄒ야我의有餘ᄒᆫ者ᄅᆞᆯ擧ᄒ야彼의不足ᄒᆫ者ᄅᆞᆯ助ᄒ며彼의有餘ᄒᆫ者ᄅᆞᆯ取ᄒ야我의不足ᄒᆫ者ᄅᆞᆯ補ᄒ고人의才力으로天生ᄒᆫ福을享受ᄒᆷ이니此ᄂ現世에不易ᄒᆯ法이라謂ᄒᆯ디언마ᄂ始開ᄒᄂᆞᆫ國은人民의風氣가頑固ᄒ야外國의物情에齟齬ᄒ고又天生ᄒᆫ物品은足호ᄃᆡ人作ᄒᄂᆞᆫ才操가不精ᄒ야他人의取用에不適ᄒᆯᄲᆞᆫ더러商賈ᄒᄂᆞᆫ道理도他國人과不同ᄒ야受害ᄒᄂᆞᆫ事가每多ᄒ니此ᄂ無他라他邦의風俗을不知ᄒᄂ故로其接待ᄒᄂᆞᆫ際에信實ᄒᆫ言約이少ᄒ고且其相應ᄒᄂᆞᆫ物種은其相求ᄒᄂᆞᆫ情을違ᄒ야兩間의情義와期約이不篤ᄒ며不合ᄒ야未洽ᄒᆫ氣色을相包ᄒ고已開ᄒᆫ國의人民은商賈場에百戰ᄒᆫ老卒이라機ᄅᆞᆯ應ᄒ야利ᄅᆞᆯ射ᄒ기에巧ᄒ거늘新開ᄒᆫ國의人民은節制업ᄂᆞᆫ軍士와同ᄒᆫ則其敵手되기ᄂᆞᆫ不能ᄒ니必然累度의鍛鍊이有ᄒᆫ後에其爭利ᄒᄂᆞᆫ方策을始獲ᄒᆷ이라

[5] 比喩ᄒᄂᆞᆫ理致로實狀의景況을議ᄒ건대戰爭은亂時의商賈며商賈ᄂᆞᆫ平時의戰

爭이니商賈ᄂᆞ物貨로以ᄒᆞ고戰爭은兵器로以ᄒᆞ나勝負를決ᄒᆞ야利害를爭ᄒᆞ기ᄂᆞ同一
ᄒᆞᆫ者라商賈의物貨가不精ᄒᆞ면軍士의兵器가鈍拙홈과同ᄒᆞ니兵器의鈍拙ᄒᆞᆫ者가必
敗ᄒᆞ야賠償銀을徵出홈은形勢의不免홈인則物貨의麤率한者ᄂᆞ商賈의大權을失ᄒᆞ
야國中의利柄을見奪홀지라然ᄒᆞᆫ則賠償銀을徵出홈과何等의差異가有ᄒᆞ리오愈甚
ᄒᆞᆫ者가存ᄒᆞ니賠償의徵出홈은一時의見敗ᄒᆞᆫ厄會라過去ᄒᆞ則得已ᄒᆞ려니와商權은
一失ᄒᆞ면恢復홀期限이杳然ᄒᆞ야振作ᄒᆞ기極難ᄒᆞ니然ᄒᆞᆫ故로商賈ᄒᆞᄂᆞ道를正大히
ᄒᆞ야他人이是를犯ᄒᆞ기不敢ᄒᆞ고物貨의製作을精緊히ᄒᆞ야他人의制御를不受홈이이
可ᄒᆞᆫ지라

兵의詐를不厭홈으로欺人ᄒᆞᄂᆞ計策이兵家의常事라謂ᄒᆞ나商賈ᄒᆞᄂᆞ者ᄂᆞ決斷코
勿行홈이可ᄒᆞ니若我가他人을欺홀진대他人도亦我를欺ᄒᆞ려니와我가不然ᄒᆞ면他人
도亦不然홀딘則此ᄂᆞ古人의謂ᄒᆞᆫ바爾에出ᄒᆞᆫ者가爾에反홈이거늘蹔時의權變으로若
干의小利를貪ᄒᆞ야長久ᄒᆞᆫ經綸을不顧ᄒᆞ면商賈의本義를崩壞홀ᄯ름에不止ᄒᆞ야邦
國의榮譽를損汚ᄒᆞᄂᆞ罪名을不免홀지오又他商賈가正大ᄒᆞᆫ道로應ᄒᆞ則其敗홈은反
掌의易홈이라此後로ᄂᆞ物貨去來ᄒᆞᄂᆞ者頓絶ᄒᆞ리니商賈로其業을治ᄒᆞᄂᆞ者의深量홀
者라

[6] [전략] 國中에人造物이稀少ᄒᆞᆫ者가外國과通商ᄒᆞᄂᆞ時ᄂᆞ其輸出ᄒᆞᄂᆞ各種物品
이天生物에不過ᄒᆞᄂᆞ니然ᄒᆞ면外國의物貨ᄂᆞ人造ᄒᆞᆫ者만輸入ᄒᆞ야國中의貧困ᄒᆞᆫ形
勢가極盡홀지라又外國通商을務ᄒᆞᄂᆞ者ᄂᆞ海軍의備가不盛ᄒᆞ면不可ᄒᆞ니此ᄂᆞ海浪
賊의劫奪도防備ᄒᆞ고外國政府의違約ᄒᆞᄂᆞ者도是非ᄒᆞ야本國人民의商權을保守홈
이라

[7] 商賈의職分大槩商業은生涯求ᄒᆞᄂᆞ方道에一策이라人이世에生홈애父母가有
ᄒᆞᆫ則奉養홈이人子의職이오妻子가有ᄒᆞᆫ則顧育홈이家長의責이니此ᄂᆞ如何ᄒᆞᆫ方道를

從ᄒᆞ든지世人의同然ᄒᆞᆫ職責이어니와商賈에至ᄒᆞ야特別ᄒᆞᆫ職分이有ᄒᆞᆫ故로擧ᄒᆞ야商賈의職分이라謂홈이라其職分을大綱議論ᄒᆞ건대人生의便利ᄒᆞᆫ方道를經營홈과國家의富饒ᄒᆞᆯ機會를圖謨홈애大關係와大責望이有ᄒᆞ니

民間의物貨를相通홈은人의勞苦를代行홈이오國中의物價를平均홈은政府의事務를傍助홈이오本局과外國의物을交易홈은兩國의和睦ᄒᆞᆫ交際를協輔홈이라然ᄒᆞᆫ故로物貨가不通ᄒᆞ든지物價가不均ᄒᆞ든지物品의交易이不行ᄒᆞ든지此ᄂᆞᆫ皆商賈의其職分을不盡ᄒᆞᄂᆞᆫ緣由니萬若其職分을不盡ᄒᆞᆯ딘ᄃᆡᆺ엇디商賈라謂ᄒᆞ리오是를由ᄒᆞ야考察ᄒᆞᆫ則商賈가其職分을修ᄒᆞ기不能ᄒᆞᆯ時ᄂᆞᆫ國家와人民에게貽害ᄒᆞᄂᆞᆫ事가不少ᄒᆞ야能히安全케支撑ᄒᆞᄂᆞᆫ權이無ᄒᆞᆯ지라

商賈되ᄂᆞᆫ者가其職分의重大홈으로者任ᄒᆞ야人民의便利ᄒᆞᆫ方道가不足ᄒᆞ거든自己의職分의不修홈인가是愧ᄒᆞ며國家의富盛ᄒᆞᆫ景像이不現ᄒᆞ거든自己의職分이不行홈인가是憂ᄒᆞ야深思와遠慮로實效의有ᄒᆞ기를期必ᄒᆞ고萬若外國의商賈가自己의國이어셔盛ᄒᆞ거든本國의商權을見失ᄒᆞᆯ가是懼ᄒᆞ며利柄을見奪ᄒᆞᆯ가是畏ᄒᆞ야商賈의業을自己의一人私事로勿視ᄒᆞ고全國의公本된關係로思量함이可ᄒᆞ니信이無ᄒᆞ면此職分을守ᄒᆞ기不能ᄒᆞ며義가無ᄒᆞ면此職分을行ᄒᆞ기不能ᄒᆞ며智가無ᄒᆞ면此職分을定ᄒᆞ기不能ᄒᆞᆫ지라此三者의行實이具備ᄒᆞᆫ然後에商賈의職分을盡홈이라始謂ᄒᆞᆯ디니商賈되ᄂᆞᆫ者의明心ᄒᆞᆯ者가此에莫過홈

[10] 國中의商賈가能히當然ᄒᆞᆫ道理로其業을行ᄒᆞ야人民을便利케ᄒᆞ고國家를富饒케ᄒᆞ면其功이守邦ᄒᆞᄂᆞᆫ將帥에比肩ᄒᆞ고其德이治民ᄒᆞᄂᆞᆫ宰相에同齒ᄒᆞ야正大ᄒᆞᆫ地位와光明ᄒᆞᆫ事業으로男兒의經綸이오丈夫의生涯니今에泰西各國商務의規制를視ᄒᆞ건대 [후략]

개화의 등급

[1] 개화란 인간의 온갖 사물[千事萬物]이 지선극미(至善極美)한 경역에 이르는 것을 말한다. 그러므로 개화하는 경역은 한정할 수 없다. 인민 재력(才力)의 분수에 따라 등급의 높고 낮음이 있지만, 인민의 습상(習尙)과 방국의 제도[規模]에 따라 차이도 발생한다. 이것은 개화하는 수준[軌程]이 같지 않기 때문이지만, 핵심은 사람이 하느냐 하지 않느냐에 달려 있을 따름이다. 오륜의 행실을 독실하게 해서 사람이 도리를 알면 이는 행실의 개화이고, 사람이 학술을 궁구해서 만물의 이치를 밝힌다면 이는 학술의 개화이며, 국가의 정치를 정대하게 해서 백성에게 태평한 낙이 있으면 정치의 개화이고, 법률을 공평히 하여 백성에게 억울한 일이 없으면 법률의 개화이며, 기계의 제도를 편리하게 해서 사람의 쓸모를 이롭게 한다면 기계의 개화이며, 물품의 제조를 정교하게 해

서 사람의 생을 두텁게 하고 거친 일이 없다면 물품의 개화다. 이 몇 개 조목의 개화를 합친 뒤에야 비로소 개화를 구비한 것이라 할 수 있다. 천하고금 어느 나라를 살펴보아도 개화가 극진한 지경에 이른 것은 없다. 그러나 대략 층급(層級)을 구별하면 세 유형에 지나지 않는다. 개화하는 자, 반개화한 자, 미개화한 자다.

[2] 개화하는 자는 천사(千事)와 만물(萬物)을 궁구하고 경영해서 날로 새롭고 또 날로 새롭기를 기약한다. 이렇게 하므로 진취하는 기상이 웅장하여 사소한 나태함이 없다. 또한 사람을 대하는 도에서는 언어를 공손히 하고 행동거지를 단정히 하며, 잘하는 자를 본받고 못하는 자를 불쌍히 여겨, 감히 만모(慢侮)하는 기색을 보이지 않고 감히 비루한 용모를 드러내지 않는다. 지위의 귀천과 형세의 강약으로 인품을 구별하지 않고, 국인이 마음을 합일하여 여러 조목의 개화를 함께 힘쓴다.

[3] 반개화한 자는 사물의 궁구도 행하지 않고 경영도 없어 구차한 계획과 고식(姑息)하는 의사로 작게 이룬 지경[域]에 안주하고, 장구한 계책이 없는데도 오히려 자족하는 심성이 있다. 사람을 접대하는 데 잘하는 자를 칭찬[許與]함이 적고, 못하는 자를 능모(凌侮)하여 항상 거만한 기색을 띠고, 제멋대로 스스로를 높이며, 귀천의 지위와 강약의 형세를 가지고 인품(人品)을 구별함이 아주 심하다. 그러므로 국인이 저마다 일신의 영화와 욕심을 영위[經綸]하고 여러 조목의 개화에 전념하지 못한다.

[4] 미개화한 자는 야만의 부락[種落]이다. 천사와 만물에 규모와 제도가 없을뿐더러 당초에 경영도 하지 않고, 잘하는 것이 무엇인지 못

하는 것이 무엇인지 분별도 못해 거처와 음식에도 일정한 법[規度]이 없고, 또한 사람을 대할 때 기강과 예법[禮制]이 없다. 그러므로 천하에서 가장 불쌍한 자다.

[5] 이처럼 등급을 나누어 논했지만, 면려하기를 그치지 않는다면 반개화한 자와 미개화한 자라도 개화하는 자의 경역[闥域]에 이를 수 있다. 속담에 시작이 반이라 했다. 면려하면 이루지 못할 것이 어디 있겠는가. 대개 반개화한 자의 나라에도 개화하는 자가 있고, 미개화한 자의 나라에도 개화하는 자가 있다. 개화하는 자의 나라에도 반개화한 자도 있고 미개화한 자도 있다. 국인이 일제히 개화하기란 극히 어려운 일이다. 인생의 도리를 지키고 사물의 이치를 궁구하면 만이(蠻夷)의 나라에 있어도 개화하는 자이고, 인생의 도리를 닦지 않고 사물의 이치를 따지지 않는다면 개화한 나라에 있어도 미개화한 자다. 이와 같이 말한 것은 각기 한 사람의 몸을 들어 말한 것이다. 하지만 한 나라의 경황을 의론한다면 인민에 개화하는 자가 많으면 개화하는 나라이고, 반개화한 자가 많으면 반개화한 나라이며, 미개화한 자가 많으면 미개화한 나라다.

반개화한 자에게 권하여 이를 행하게 하고 미개화한 자를 가르쳐 이를 깨우치는 것은 개화하는 자의 책망과 직분이다. 가만히 생각하건대 행실의 개화는 천하만국을 통하여 동일한 규범[規模]이 천만 년의 장구함을 열력(閱歷)하여도 변치 않는 것이지만, 정치 이하의 여러 개화는 시대에 따라 변개(變改)하기도 하고 지방에 따라 다르기도 할 것이다. 그러므로 옛날[古]에 맞은 것이 오늘[今]에 맞지 않는 것이 있고, 저들

[彼]에 좋은 것이 우리[此]에게 좋지 않은 것도 있다. 고금의 형세를 짐작(斟酌)하고 피차의 사정을 비교(比較)하여 좋은 것[長]을 취하고 나쁜 것[短]을 버리는 것이 개화하는 자의 대도다.

❋

'개화'와 '층급(層級)'

'개화'란 무엇인가. 유길준은 "인간의 천사만물이 지선극미한 경역에 이르는 것"으로 정의한다. '지선극미한 경역'—'극진한 경역', '극진한 지경'이란 말도 쓰였다—은 지극히 좋고 아름다운 경지라는 뜻이다. 더 이상 나아갈 곳이 없는 문명의 최종 상태를 가리킨다. 개화는 이러한 '지선극미한 경역'에 이르는, 그것을 향해 나아가는 진행 상태다. 개화의 최종적 목표를 '지선극미한 경역'으로 상정하는 한, 개화는 그 한계를 설정할 수 없을 뿐더러 궁극적으로 그 경역에 도달할 수 없다. 좋음과 아름다움의 지극함이 무엇인지는 규정할 수 없기 때문이다. 그리하여 유길준은 개화의 '지선극미한 경역', '극진한 지경'은 천하 고금의 어떤 나라도 달성한 적이 없다고 말했을 것이다. 어떤 나라도 도달한 적이 없는 '지선극미한 경역'은 어떤 절대적 상태를 상정한 것으로 보일 수도 있다. 하지만 규정할 수 없는 무한정성은 오히려 서양문명까지도 상대화할 여지를 허용할 수도 있지 않을까. 후쿠자와 유키치도 현존의 최고 문명이기에 유럽문명을 지향해야 한다고 했지 유럽문명을 유일한 절대적인 것으로 보지는 않았다(『文明論之槪略』).

'개화'는 'civilization'과 마찬가지로 명사이면서 동명사다. 일본에서는 문명에 해당하는 말로 '문명', '개화'와 더불어 '문명개화'가 통용되었다. '문명개화'는 후쿠자와가 『서양사정 외편』에서 'civilization'의 번역어로서 사용한 말이다. 'civilization'은 문명(명사)과 문명화(동명사)라는 두 가지 뜻이 있는데, '문명개화'는 이 두 가지 뜻을 반영한 말로 볼 수 있다. '문명개화'는 서양문명을 목표로 문명화하는 것을 뜻한다. 근대한국에서도 '문명개화'의 용례가 없지 않지만 '개화'가 일반적이었다. 두 용어 모두 일본에서 들어왔는데, 메이지 일본에서 상투어였던 '문명개화'는 한국에서는 통용되지 않고 '개화'가 널리 사용되었다. 왜 '문명개화'보다 '개화'가 선호되었을까. 원래 한자어 '문명'은 문치(文治)에 의한 교화를 뜻한다. 유교문명과 관련된 말이었다. 유교문명과 일정한 거리를 두었던 일본은 일찍부터 서양문명을 인지하였고 메이지 일본에 들어 서양의 근대국가와 부국강병을 모델로 삼게 되면서 서양문명을 '문명'으로 규정할 수 있었다. 이와 달리 1880년대 유교사회 한국에서는 '문명'을 번역어가 아니라 기존의 유학적 함의를 담은 말로 이해했을 것이며, '문명개화'라는 표현은 어색했을 것이다. 적어도 유길준의 경우 근대문명을 지향하는 문명화의 의미로서는 '개화'가 더 적절했을 것이다.

1890년대 초반 김윤식의 다음 발언은 '문명'과 '개화'가 결합될 수 없음을 보여준다. 김윤식은 1880년대에 유통된 '개화'라는 말을 이렇게 비판하였다.

나는 일찍이 개화의 설을 아주 기이하게 여겼다. 대저 개화란 야만인의 풍속을 고치는 것인데, 유럽의 풍문을 듣고 자기의 풍속을 고치는 것을 개화라고들 한다. 동토는 문명(文明)의 땅이니 어찌 다시 이를 열어 고칠 것이 있겠는가. 갑신의 역적들이 유럽을 숭상하고 요순(堯舜)을 낮추고 공맹(孔孟)을 폄하하여 이륜(彝倫)의 도를 야만이라 부르고, 저들의 도로써 이를 바꾸고자 걸핏하면 개화라 불렀다. 이는 천리(天理)가 끊어 없어지고 관(冠)과 신발이 뒤바뀐 것이라 말할 수 있다. 선비와 군자가 입만 앞세워서야 되겠는가. 이들이 말하는 개발변화(開發變化)는 문식(文飾)의 말이다. 이른바 개화란 곧 시무(時務)를 말한다(『續陰晴史』(上)「開化說」).

김윤식은 '개화'를 유교적 관점에서 이해한다. '개화'란 원래 미개인들이 거친 풍속을 고치는 것인데, 급진 개화파들은 유럽을 존숭하여 유교의 도를 야만이라 해서 그 도를 바꾸는 것을 '개화'라 한다는 말이다. 김윤식은 "동토는 문명(文明)의 땅이니 어찌 다시 이를 열어 고칠[開之化] 것이 있겠는가"라고 자문한다. '문명'과 '개화'를 유학적 언어로 사용하였다. '개화'를 유학적 의미의 '시무(時務)'로 파악한 반면, 개화당이 말하는 '개화'는 '개발변화'로 재해석하였다. 김윤식은 1880년대에 유통된 '개화' 용어를 사용하면서도 유학 이념을 담아 자기 방식으로 이해한 것이다.

그런데 1880년대 개화 개념은 일의(一義)적인 것이 아니었다. 김윤식의 '개화' 비판은 '갑신제적(甲申諸賊)', 즉 갑신정변을 일으킨 김옥균 등 개화당 세력의 급진개혁을 의식한 것이었다. 박영효는 '개화'를 새로운 문물을 성취하여 자립한다는 '취신자립(就新自立)'으로 이해하였다. 이와 달리 유길준은 "사물의 이치와 근본을 궁구하고 고량(考諒)하여 나라의 처지와 시세에 합당하게 하는" 개화를 주장하였고, 그러한 개화는 '득중(得中)'을 통해 가능하다고 보았다. 1880년대 개화 개념은 다의(多義)적이었다. 그런데 1890년대 후반에 가면 유학이념으로 포섭하면서 '개화'를 긍정하고 정당화하는 부회론적 발상도 보였다. 『황성신문』에서는 '개화'의 어원을 각각 『주역』 「계사전(繫辭傳)」과 『예기』 「학기(學記)」에 나온 '개물성무(開物成務)'와 '화민성속(化民成俗)'에서 찾으면서 개화를 옹호하였다. 개화를 배척하는 자는 복희, 황제, 당요, 주공, 공자의 죄인이라는 것이다. 이러한 이해는 '개화'가 한국사회에 내재화(embedded)되기 시작했음을 보여준다. 논자에 따라 약간씩 뜻을 달리했지만 '개화'를 어떤 문명된 상태로 나아가는 진행 과정으로 파악하는 관점은 같았다.

유길준의 경우도 '개화'를 진행 상태로 여겼다. 유길준은 개화의 단계를 미개화, 반개화, 개화로 구분하였는데, '반개화', '미개화'에 대해서는 일정 부분 구현되거나 도달되지 않은 상태를 나타내는 완료형 동사어미를 사용하지만('반개화한', '미개화한'), '개화'에 대해서는 현재 진행형 동사어미를 사용하였다('개화하는'). '미개화'와 '반개화'는 과거에서 현재까지 전개된 개화된 정도를 나타낸다. 이와 달리 '개화'는 달성될 수 없는 목표를 향해 부단히 나아가는 것이다. '지선극미한 경역'으로서 문명을 상정했을 때 '개화'는 미래의 어느 순간까지도 완료될 수 없는 영구히 현재 진행의 시제로 상정될 수밖에 없다.

'지선극미한 경역'이 객관적으로 무엇인지 정의하지 않는 한, 그리고 '지선극미한 경역'을 절대 기준으로 삼아 현재를 규정하는 것이 아니라 그 경역에 이르는 과정이 문제가 되는 한, 개화하는 경상이 어떠한지 어떤 수준과 정도의 개화를 지향하는지가 문제가 될 따름이다. 미래의 개화는 현재의 경상에 의해 규정되는 것이다. 개화의 정도는 인민의 능력, 인민의 습속, 방국의 규범 등에 달려 있다. 중요한 것은 '사람이 하느냐 하지 않느냐'에 달려있다. 개화는 행실, 학술, 정치, 법률, 기계, 물품 등 제반 영역에서 각각에 요구되는 덕목이 실현되는 것을 뜻한다. 행실의 돈독함, 학술의 궁구함, 정치의 정대함, 법률의 공평함, 기계의 편리함, 물품의 정밀함은 각각의 덕목이다.

미개화, 반개화, 개화의 분류법 혹은 등급은 일본 지식인들의 문명 발전론, 특히 후쿠자와 유키치의 문명사회 단계설의 영향을 받은 것이었다. 후쿠자와는 『장중만국일람(掌中萬國一覽)』(1869)에서 야만과 문명을 구별하는 문명론을 처음으로 제시하였다. 후쿠자와가 1867년 미국여행 때 뉴욕에서 구입한 미국 지리학자 미첼(Samuel Mitchell)이 저술한 지리 교과서 『미첼 신학교지리(*Mitchell's New School Geography*)』(개정증보판, 1866)의 「사회상태」에서 차용한 것이었다. 후쿠자와는 『세계국진(世界國盡)』(1869)에서도 야만, 미개, 반개, 문명의 4등급 단계설을 제시하면서 사회상태의 특징을 글과 도판을 통해 상세하게 묘사하였다. 이 문명사회 단계설은 코넬(Sarah S. Cornell)의 저서 『코넬 고교지리(*Cornell's High School Geography*)』(신판, 1861)와 미첼 지리교과서에서 원용한 것이었다. 코넬은 사회상태를 5단계(야만, 미개, 반개, 개화, 문명)로 설정했는데, 미첼은 '문명'과 '개화'를 하나로 묶어 4단계로 수정하였다. 후쿠자와는 바로 미첼의 4단계설을 채용하였고, 미첼의 판화 도판을 전재(轉載)하여 각 단계의 사회상태를 시각적으로 보여주었다(Craig, *Civilization and Enlightenment*). 후쿠자와는 훗날 『문명론의 개략』에서는 야만, 반개, 문명의 3단계로 수정하였다. 유길준은 일본 유학 중 후쿠자와의 저서들을 통해 문명사회 단계설을 접했을 것이다. 미국 유학 중에 코넬, 미첼의 지리교과서를 읽었을 수도 있다. 유길준의 미개화, 반개화, 개화의 3단계는 『문명론의 개략』의 3단계설에 영향을 받았을 개연성이 높다.

미첼과 코넬의 문명사회 단계설은 스코틀랜드 계몽사상의 문명사회론을 받아들인 것이었다. 존 로크, 애덤 스미스, 애덤 퍼거슨, 윌리엄 로버트슨, 존 밀러 등 18세기 스코틀랜드 계몽사상가들은 자연상태에서 사회상태로의 진보에 관하여 논의하였다. 대체로 스코틀랜드 계몽사상가들은 이론적 추론보다는 역사적 사실을 중시하는 방법론을 공유하였고, 인간은 사회의 진보에 적응하는 능력을 갖고 태어나며 사회에 의해 형성된다고 생각하였다. 사회의 발전은 직선적이며, 문명사회가 야만사회로 돌아가거나 상업사회가 유목사회로 퇴보하는 일은 없다고 보았다. 퍼거슨은 문명화된 사회도 영구적 상태가 아니라 보았고, 밀러는 인간은 자신의 상황을 개선하여 다음 단계로 진보하는 기질과 능력을 갖추었고 무지에서 지식으로, 야만에서 문명으로 자연스럽게 진보한다고 생각하였다(Albert Craig, *Civilization and Enlightenment*; 이영석, 『지식인과 사회』). 사회는 단계를 거쳐 진보한다는 스코틀랜드 계몽사상은 18세기 후반에 대학에서 교양인으로 확산되었고 19세기 초중반에 교과서에 실리면서 대중에 널리 확산되었다. 코넬과 미첼의 지리교과서는 스코틀랜드 문명사회론이 미국에 확산되는 매개가 되었다. 유길준의 개화론은 후쿠자와의 문명론을 매개로, 자기도 모르는 사이에 미국의 문명사회 단계설에 접속되었고, 나아가 스코틀랜드 계몽사상의 문명사회론과 연결된 셈이다.

사회발전의 수준을 나타내는 '층급(層級)', '등급'은 'class'의 번역어다. 스코틀랜드 문명사회 단계설에서 '등급'은 시간적 진보를 위해 상정된다. 등급은 시간적 비동시성을 나타낸다. 그런데 단선적 진보를 전제로 하는 스코틀랜드 문명단계설이 비문명사회에 수용되었을 때, 개화의 등급은 공간적 동시성의 차원으로 변모한다. 비서구사회에서 등급은 분류(classification)와 같은 의미를 갖게 된다. 서양의 개화된 문명에 대해 자국의 위치를 야만으로 자리매김할지, 미개화로 설정할지, 반개화로 규정할지의 문제가 대두된다. 그런데 유길준은 왜 후쿠자와의 야만-반개-문명을 미개화-반개화-개화로 치환했을까. 우선, 1880년대 한국에서 '문명개화'가 아니라 '개화'를 사용했던 이유와 관련될 것이다. 문명을 자처한 1880년대 유교사회 한국의 지적 분위기나 유교적 덕목을 중시하는 유길준의 유학관을 생각했을 때 서구적 '문명' 개념을 그대로 차용하기는 어려웠을 것이다. '문명'을 차용할 경우 '야만'도 갖다 쓸 수밖에 없을 것이다. 이 경우 한국은 '반개'의 위상에 고정될 개연성이 높아진다. 또한, 유길준은 개화를 인민의 능력, 인민의 습속, 방국의 규범에서의 정도의 문제, 인민들의 주체적 실천의지의 문제, 각 영역에 필요한 덕목의 실현 정도의 문제로 파악했는데, 이 경우 후쿠자와식 호명보다는 미개화, 반개화, 개화라는 명칭이 유길준의 개화론에 부합한다고 볼 수 있다.

미개화-반개화-개화는 개화의 주체적 실천에 의해 한 등급 높은 상태로 이행할 수 있는 유동성을 높여주는 분류 방식일 수 있다. 여기서 "반개화한 자의 나라에도 개화하는 자가 있고, 미개화한 자의 나라에도 개화하는 자가 있다. 개화하는 자의 나라에도 반개화한 자도 있고 미개화한 자도 있다"라는 발언이 가능해진다. "인생의 도리를 지키고 사물의 이치를 궁구하면 만이(蠻夷)의 나라에 있어도 개화하는 자이고, 인생의 도리를 닦지 않고 사물의 이치를 따지지 않는다면 개화한 나라에 있어도 미개화한 자다"라는 언설이 가능해진다. '인생의 도리'를 지키는 정도와 '사물의 이치'를 궁구하는 양상이라는 분류 혹은 등급의 기준을 채택했을 때, 한국이 미개화에서 반개화로, 반개화에서 개화로 이행할 수 있는 전망을 가질 수 있을 것이다. '인생의 도리'와 '사물의 이치'라는 기준이야말로 유길준 문명론의 성격을 보여주는 것이기도 하다.

'지선극미'에 이르는 '면려', '짐작'과 '비교'

개화 개념의 상대화는 유길준이 서양의 근대문명을 반드시 절대화하지는 않았음을 시사한다. 미개화, 반개화, 개화를 국가의 총체적 상태와 인민의 개별적 상태로 구분해 파악했을 때, 개화한 나라(서양)에도 미개화한, 반개화한 자가 있고, 반개화한 나라(한국)에도 개화한 자가 있다는 상대화의 논리를 제시할 수 있게 된다. 여기서 미개화국, 반개화국도 '지선극미한 경역'을 지향할 자격과 기회를 부여받는다. 유길준은 이렇게 해서 자국의 존재가치를 확인받고 문명사회로 나아갈 전망을 가질 수 있었던 것이 아닐까. 핵심은 지선극미한 경역에 이르는 개화과정에서 "사람이 하느냐 하지 않느냐"라는 실천의 문제로 귀착한다. 이 실천은 '면려'를 뜻한다. 개화는 지선극미한 경역을 향한 부단한 면려다. '지선극미한 경역'—도달할 수 없는 이상적 상태—을 상정하면서 면려를 실천했을 때, 주체는 자기존재를 의식하고 확인하며 개화는 주체적일 수 있다. '면려'는 제4편에서 논의한 '경려'와도 통한다.

'지선극미한 경역'은 획득해야 할 필연성을 지닌 진보적 논리의 세계가 아니다. 진보주의자들이 현실의 급격한 변화, 혁명적 개혁을 통해 도달할 수 있다고 믿는 유토피아와는 다르다. '지선극미한 경역'은 거기에 이르는 면려의 의지와 행위를 요구하는, 하지만 현실을 규율하는 이치 혹은 법칙을 갖지 못한, 북극성과 같은 지표(指標)일 따름이다. 그것은 혁명적 개혁을 통해 획득할 수 있는 것이 아니라 점진적 개혁, 즉 '면려'를 통해 이를 수 있다고 생각되는 하나의 도달점으로 상정되는 것이다. 혁명적 개혁을 자극하는 것이 아니라 점진적 보수의 심성을 이끌어 내는 준거일 뿐이다.

개화의 방법은 무엇인가. 개화의 대도는 "고금의 형세를 짐작하고 피차의 사정을 비교하여 좋은 것을 취하고 나쁜 것을 버리는" 사단취장으로 귀결된다. 개화는 짐작(斟酌)과 비교(比較)에 의거한 사단취장(捨短取長)의 실천이다. '짐작'과 '비교'는 구별된다. 짐작은 시간적으로 옛날의 자기에 비추어 현재의 자기를 유추하는 것이다. 비교는 공간적으로 자기와 타자의 같고 다름을 헤아리는 것이다. 짐작과 비교의 심리는 문명사회를 지향하는 주체의 정체성을 자극한다. 정체성은 옛날을 짐작하여 현재를 규정하고 저들과 우리를 비교함으로써 더 나은 현재의 우리가 되고 싶어 하는 의지와 심성의 표현이다. 고금의 짐작과 피차의 비교를 통한 사단취장은 논리적 합리성보다는 경험적 합리성을 중시하는, 유길준이 말하는 '시세와 처지'를 고려하는 상대적인 관점이 요구되는, 실제적이고 역사적인 방법이다. '지선극미한 경역'에 이르는 '면려'는 이러한 사단취장을 반복하는 과정일 것이다.

---

[1] 大槩開化라ᄒᆞᄂᆞᆫ者ᄂᆞᆫ人間의千事萬物이至善極美ᄒᆞᆫ境域에抵흠을謂흠이니然ᄒᆞᆫ故로開化ᄒᆞᄂᆞᆫ境域은限定ᄒᆞ기不能ᄒᆞᆫ者라人民才力의分數로其等級의高低가有ᄒᆞ나然ᄒᆞ나人民의習尚과邦國의規模ᄅᆞᆯ隨ᄒᆞ야其差異흠도亦生ᄒᆞᄂᆞ니此ᄂᆞᆫ開化ᄒᆞᄂᆞᆫ軌程의不一ᄒᆞᆫ緣由어니와大頭腦ᄂᆞᆫ人의爲不爲에在흘ᄯᆞ름이라五倫의行實을純篤히ᄒᆞ야人이道理ᄅᆞᆯ知ᄒᆞᆫ則此ᄂᆞᆫ行實의開化며人이學術을窮究ᄒᆞ야萬物의理致ᄅᆞᆯ格흔則此ᄂᆞᆫ學術의開化며國家의政治ᄅᆞᆯ正大히ᄒᆞ야百姓이泰平흔樂이有흔者ᄂᆞᆫ政治의開化며法律을公平히ᄒᆞ야百姓이寃抑흔事가無흔者ᄂᆞᆫ法律의開化며器械의制度ᄅᆞᆯ便利히ᄒᆞ야人의用을利ᄒᆞ게한者ᄂᆞᆫ器械의開化며物品의制度ᄅᆞᆯ精緊히ᄒᆞ야人의生을厚히ᄒᆞ고荒麤흔事가無흔者ᄂᆞᆫ物品의開化此屢條의開化ᄅᆞᆯ合흔然後에開化의具備흔者라始謂흘지라天下古今의何國을顧考ᄒᆞ든지開化의極臻흔境에至흔者ᄂᆞᆫ無ᄒᆞ나然ᄒᆞ나大綱其層級을區別ᄒᆞ건대三等에不過ᄒᆞ니曰開化ᄒᆞᄂᆞᆫ者며曰半開化흔者며曰未開化흔者라

[2] 開化ᄒᆞᄂᆞᆫ者ᄂᆞᆫ千事와萬物을窮究ᄒᆞ며經營ᄒᆞ야日新ᄒᆞ고又日新ᄒᆞ기를期約ᄒᆞ
ᄂᆞ니如此흠으로其進取ᄒᆞᄂᆞᆫ氣像이雄壯ᄒᆞ야些小의怠惰흠이無ᄒᆞ고又人을待ᄒᆞᄂᆞᆫ
道에至ᄒᆞ여ᄂᆞ言語를恭遜히ᄒᆞ며形止를端正히ᄒᆞ야能ᄒᆞᆫ者를是傚ᄒᆞ며不能ᄒᆞᆫ者를是
矜ᄒᆞ고敢히慢侮ᄒᆞᄂᆞᆫ氣色을示ᄒᆞ지못ᄒᆞ며敢히鄙悖ᄒᆞᆫ容貌를設ᄒᆞ지못ᄒᆞ야地位의貴
賤과形勢의强弱으로人品의區別을不行ᄒᆞ고國人이其心을合一ᄒᆞ야屢條의開化를
共勉ᄒᆞᄂᆞᆫ者며

[3] 半開化ᄒᆞᆫ者ᄂᆞᆫ事物의窮究도不行ᄒᆞ며經營도不有ᄒᆞ야苟且ᄒᆞᆫ計圖와姑息ᄒᆞᄂᆞᆫ
意思로小成ᄒᆞᆫ域에安ᄒᆞ고長久ᄒᆞᆫ策이無호ᄃᆡ猶且自足ᄒᆞᄂᆞᆫ心性이有ᄒᆞ야人을接待
ᄒᆞ기ᄂᆞᆫ能ᄒᆞᆫ者를許與흠이少ᄒᆞ고不能ᄒᆞᆫ者를凌侮ᄒᆞ야恒常倨傲ᄒᆞᆫ氣色을帶ᄒᆞ고妄
意自重ᄒᆞ야貴賤의地位와强弱의形勢로人品의區別을已甚히行ᄒᆞᄂᆞᆫ故로國人이各
其一身의榮華와慾心을經綸ᄒᆞ고屢條의開化에心을不專ᄒᆞᄂᆞᆫ者며

[4] 未開化ᄒᆞᆫ者ᄂᆞᆫ卽野蠻의種落이니千事와萬物에規模와制度가無有ᄒᆞᆯᄲᆞᆫ더러當
初에經營도不爲ᄒᆞ고能ᄒᆞᆫ者가如何ᄒᆞ지不能ᄒᆞᆫ者가如何ᄒᆞ지分別도不能ᄒᆞ야居處
와飮食에도一定ᄒᆞᆫ規度가不存ᄒᆞ며且人을待ᄒᆞ기에至ᄒᆞ여ᄂᆞ紀綱과禮制가無ᄒᆞᆫ故
로天下에最可矜ᄒᆞᆫ者라

[5] 若是ᄒᆞ게等級을分ᄒᆞ야論ᄒᆞ나然ᄒᆞ나勉勵ᄒᆞ기를不已ᄒᆞ면半開化ᄒᆞᆫ者와未開
化ᄒᆞᆫ者라도開化ᄒᆞᄂᆞᆫ者의閾域에至ᄒᆞᄂᆞ니俚言에云호ᄃᆡ始作이半이라勉勵ᄒᆞ면不成
ᄒᆞᄂᆞᆫ者가何有ᄒᆞ리오大槩半開化ᄒᆞᆫ者의國에도開化ᄒᆞᄂᆞᆫ者가有ᄒᆞ며未開化ᄒᆞᆫ者의國
에도開化ᄒᆞᄂᆞᆫ者가有ᄒᆞ니然ᄒᆞᆫ故로開化ᄒᆞᄂᆞᆫ者의國에도半開化ᄒᆞᆫ者도有ᄒᆞ며未開化
ᄒᆞᆫ者도有ᄒᆞᆫ지라國人이一齊히開化ᄒᆞ기ᄂᆞᆫ極難한事니人生의道理를守ᄒᆞ며事物의理
致를窮究ᄒᆞ면是ᄂᆞᆫ蠻夷의國에도在ᄒᆞ야도開化ᄒᆞᄂᆞᆫ者며人生의道理를不修ᄒᆞ고事
物의理致를不究ᄒᆞ면開化ᄒᆞᆫ國에在ᄒᆞ야도未開化ᄒᆞᆫ者라如此히言ᄒᆞ기ᄂᆞᆫ各其一人의

身을 擧論흠이어니와 一國의 景況을 議論ㅎ기에 至흔 則其人民의 開化ㅎ 者가 多ㅎ면 開化ㅎ 國이며 半開化흔 者가 多ㅎ면 半開化흔 國이며 未開化흔 者가 多ㅎ면 未開化흔 國이니

半開化흔 者를 勸ㅎ야 是를 行ㅎ게흠과 未開化흔 者를 誨ㅎ야 是를 覺ㅎ게흠은 開化ㅎ 者의 責望과 職分이라 竊想ㅎ건대 行實의 開化 天下萬國을 通ㅎ야 其同一흔 規模가 千萬年의 長久흠을 閱歷ㅎ야도 不變ㅎ 者어니와 政治以下의 諸開化 時代를 隨ㅎ야 變開ㅎ기도ㅎ며 地方을 從ㅎ야 殊異ㅎ기도ㅎ리니 然흔 故로 古에 合ㅎ든 者가 今에 不合ㅎ 者가 有ㅎ며 彼에 善흔 者가 此에 不善흔 者도 有흔 則古今의 形勢를 斟酌ㅎ며 彼此의 事情을 比較ㅎ야 其長을 取ㅎ고 其短을 捨흠이 開化ㅎ 者의 大道라

[6] 개화하는 일을 주장하여 힘써 행하는 자는 개화의 주인이고, 개화하는 자를 부러워하여 배우기 좋아하고 취하기 즐겨하는 자는 개화의 손님[賓客]이며, 개화하는 자를 두려워하고 미워하는데 부득이 따르는 자는 개화의 노예다. 주인의 지위에 있지 못한다면 차라리 손님의 자리를 취할지언정 노예의 대열에 서서는 안 된다. 손님의 이름[名]이 있으면 주인의 예우가 있고, 또한 진취하는 성기(性氣)가 분발하게 되면 주인의 한 자리를 점거하여 손님의 이름[名]과 자리[位]를 벗어던지고 옛날의 주인을 손님으로 삼는 것도 기약할 수 있다. 만약 노예가 되면 늘 타인의 지휘를 좇기 때문에 수치스러운 일이 적지 않을뿐더러 조금이라도 실수하는 경우에는 토지와 인민도 보전할 수 없어 개화하는 자의 부용(附庸)이 되기 쉬우니, 삼가 조심해야 할 것이 이보다 더한 것은 없다.

사람의 기벽(氣癖)을 가지고 논한다면, 개화하는 일에 손님의 자리를 차지하는 것도 극히 수치스러운 일이다. 그러나 시세와 처지는 인력으로 어찌할 수 없다. 설령 출중한 지혜와 비범한 용단이 있어도 초탈할 수 없고 다만 순행(順行)할 따름이다. 그러므로 외국의 새로운 개화[新開化]를 처음 보는 자가 처음에 혐오하고 질시하다가 취하지 않을 수 없는 것이 있어 마지못해 취용(取用)하는 모습은 개화의 노예를 벗어나지 못한 것이다. 그러다가 견문이 넓어지고 지각이 고명해지면 비로소 개화의 손님이 된다. 이로 말미암아 면행(勉行)하기를 그치지 않는다면 주인의 당호(堂戶)에 들어가 사는 것도 이룰 수 있다.

천하 각국이 개화하던 시초를 상세히 살펴보면, 지혜로써 한 자는 규모(規模)가 온전하고 폐단이 없을 뿐 아니라 항상 주인의 형세를 보유한다. 용단으로써 한 자는 완전한 규도(規度)가 적고 무수한 폐단이 생기므로 차질이 생기는 일이 많지만 오랜 뒤에는 주인의 자리나 손님의 지위를 차지한 자가 많다. 위력으로써 한 자는 백성의 지식이 결핍되어 전혀 억지로 행하는 일이 많기 때문에 규범이 어떠한지는 고사하고 폐단은 오히려 용단한 자보다 적지만 정부의 위태함은 늘 나라 안에 큰 적이 있는 것과 같아 가장 어려운 것이다. 만약 정부가 이와 같이 하지 않으면 백성이 개화의 노예가 되어 타인의 지휘를 받지 않을 수 없으므로 정부가 어쩔 수 없이 보국하는 계책을 쓴 것이다. 일심으로 인민을 애호하여 진취하는 기상이 웅장하다면 손님의 지위를 잃지 않을 것이며, 장구한 세월이 흘러 인민의 지식이 넓고 높아지면 주인의 이름까지도 도모하는 나라가 있을 것이다. 만일 정부와 인민이 똑같이 무식해서 지혜로 하는 것도 없고 용단으로 하는 것도 없고 위력으로 하는 것도 없어 경장(更張)하는 규모를 행하지 않고, 진기(振起)하는 기력이 부족하여 애호하되 본받지 않고 흠선(欽善)하되 배우지 않고 두려워하되 깨닫지 못한다면, 타인의 노예가 되어 개화하는 지휘에 복종할 따름이다. 국인이 마음을 같이하여 경계[戒愼]할 것이 여기에 있다.

[7] 개화는 실상(實狀)과 허명(虛名)의 분별이 있다. 실상개화란 사물의 이치와 근본을 궁구하고 고량(考諒)하여 나라의 처지와 시세에 합당하게 하는 것이다. 허명개화란 사물에 대한 지식이 부족한데, 타인의 경황을 보고 부러워서 그러하든 두려워서 그러하든, 앞뒤를 추량(推量)하는 지식이 없고 시행할 것을 주장하여 재물 쓰는 것이 적지 않은데 실용은 그 분수에 미치지 못하는 것이다. 외국과 처음 통하는 자는 일차로는 허명의 개화를 경력(經歷)하지만 세월이 오래되어 무한한 연력(練歷)이 있은 후에 비로소 실상개화에 나아간다. 그러므로 타인의 장기(長技)를 취하려는 자는 결단코 외국의 기계를 구매하거나 장인[工匠]을 고용해서는 안 된다. 반드시 먼저 자기 나라 인민이 그 재주를 배워 그 사람으로 하여금 일을 행하도록 해야 한다.

사람의 재주는 없어지지 않지만 재물은 유한한 것이다. 만약 자기 국인이 그 재주를 닦으면 당장에 이로울 뿐 아니라 나라 안에 전파하여 그 효험이 후세에 미치게 될 것이다. 그러나 외국의 기계를 구매하면 기계가 상했을 때는 그 기계는 다시없을 것이고 장인[工匠]을 고용하면 그가 떠났을 때 그 장인은 다시없을 것이니, 무슨 기계와 무슨 장인으로 그 일을 다시 행하겠는가. 기계를 다시 구입하고 장인을 다시 고용하지 않으면 안 될 것이다. 진실로 이와 같다면 내가 허비하는 것은 재물이다. 이처럼 허비하는 재물을 어디서 얻어 오겠는가. 필경 백성에게 그 해가 돌아갈 따름이다.

[8] 아아, 개화하는 일은 타인의 장기(長技)를 취할 뿐 아니라 자기의 선미(善美)한 것을 보수하는 데도 있다. 타인의 장기를 취하는 뜻[意向]도 자기의 선미한 것을 보완하기 위한 것이다. 그러므로 타인의 재주를 취해도 실상(實狀) 있게 쓰는 때는 자기의 재주다. 시세를 헤아리고 처지를 살펴 경중(輕重)과 이해(利害)를 판단한 후에 앞뒤를 분별하여 순서[次序] 있게 시행해야 한다. 그런데 지나친 자는 털끝만큼의 분별도 없이 외국이면 더없이 좋다고 하고 자기 나라는 어떤 사물이든 좋지 않다고 한다. 더 심한 경우는 외국의 경황을 칭찬[稱道]하고 자기 나라를 만모하는 폐속(弊俗)도 있다. 이를 개화당이라 칭하지만 이 어찌 개화당이겠는가. 실상은 개화의 죄인이다. 미치지 못한 자는 완고한 성품으로 사물의 분계(分界)가 없고, 외국인이라면 이적이라 하며 외국 물건이면 쓸모없는 것이라 하며 외국 글은 천주학이라 하면서 감히 가깝게 취하지 않고 자기 몸이 천하제일인 양 자처한다. 심한 경우에는 피해서 사는 자들도 있다. 이를 수구당이라 칭하지만 이것이 어찌 수구당이겠는가. 실은 개화의 원수[讎敵]다.

성인은 "지나침[過]과 미치지 못함[不及]은 같다"라고 말한다. 그러나 개화하는 도는 지나친 자의 폐해가 미치지 못한 자보다 심하다. 그 까닭은 다름이 아니다. 지나친 자는 나라를 위태롭게 하는 것이 빠르고, 미치지 못한 자는 나라를 위태롭게 하는 것이 느리기 때문이다. 그러므로 반드시 득중(得中)한 자가 있어 지나친 자를 규제[調制]하고 미치지 못한 자를 권면하여 남의 장기를 취하고 자기의 좋은 것을 지켜 처지와 시세에 응한 뒤에야 백성과 나라[民國]를 보전하여 개화의 큰 공을 이룰 수 있다. 입에 외국 궐련을 물고 앞가슴에 외국시계를 차고, 몸은 걸상이나 교의[交椅]에 걸터앉아 외국 풍속이나 한담하면서 그 말을 대충 풀어내는 자가 어찌 개화인이라 하겠는가. 이는 개화의 죄인도 아니요, 개화의 원수도 아니다. 개화의 허풍에 빠져 심중에 주견이 없는 일개 개화의 병신이다.

❋

개화의 '주인', '손님', '노예'

주체적 개화를 논한 글이다. 유길준은 두 범주의 개화 유형을 제시하면서 주체적 개화를 모색한다. 개화 유형의 첫째 범주는 '개화의 주인', '개화의 손님', '개화의 노예'다. 개화를 주체적으로 실천하는지 여부를 기준으로 한 분류다. 개화의 주인은 개화하는 일을 주장하여 힘써 행하는 자이고, 개화의 손님은 개화를 부러워하여 배우기와 취하기를 즐겨하는 자다. 개화의 노예는 개화하는 자를 두려워하고 미워하면서도 부득이 따르는 자다. 경계해야 할 것은 개화의 노예다. 개화의 노예가 되면 타인의 지휘를 받기 때문에 수치스러운 일을 많이 당할 뿐 아니라 개화국의 속국[附庸]이 될 수 있다. 유길준은 개화의 노예를 부정하면서 개화의 손님 정도는 될 수 있어야 한다고 주장한다. 손님이라는 이름이라도 있으면 주인으로부터 예우를 받을 수 있고 진취적 기상으로써 분발하면 주인이 될 수도 있기 때문이다. 개화의 손님이 되는 것도 수치스러운 일이지만 인력으로 어찌할 수 없는 시세와 처지를 감안했을 때 불가피한 일이다. 개화의 손님이라는 위치에서 '면행'한다면 견문이 넓어지고 지각이 밝아져 언젠가 개화의 주인이 될 수도 있다.

개화하는 덕목 혹은 수단으로는 지혜, 용단, 위력이 있다. 지혜는 개화의 주인이 되는 데 필요한 덕목이며, 용단이나 용기는 개화의 주인과 개화의 손님에 요구되는 덕목이다. 위력은 용단에 의한 개화보다는 폐단이 적지만 정부의 위기를 초래할 수도 있다. 그런데도 정부가 어쩔 수 없이 위력을 사용하는 것은 백성이 개화의 노예가 되어 개화국의 속국이 되는 것을 막는 보국의 계책이다. 만일 정부가 일심으로 인민을 애호하여 진취하는 기상이 웅장하다면, 손님의 지위를 잃지 않고 오랜 세월을 거쳐 개화의 주인이 될 수도 있다. 요컨대 인민의 지식과 진취하는 기상이야말로 개화의 손님, 나아가 개화의 주인이 되는 데 필요한 조건이며, 정부는 때로 부득이 위력을 사용하여 이 과정을 재촉할 수 있다. 어쩌면 유길준은 정부가 위력을 행사하는 것이 일시적인 권도(權道)라 생각했을지도 모른다.

'실상개화'와 '허명개화'

개화 유형의 둘째 범주는 개화의 적실성에 따른 분류다. '실상개화'와 '허명개화'다. 이 둘을 가르는 기준은 지식(이론)과 실제(처지와 시세)의 일치 여부다. 실상개화는 사물의 이치와 근본을 궁구하고 헤아려 나라의 처지와 시세에 합당하게 하는 것이다. 허명개화는 사물에 대한 지식이 부족하고 앞뒤를 헤아리는 지식이 없어, 시행하지만 실용이 분수에 미치지 못하는, 실용성이 없는 개화를 지칭한다. 처음 개화하는 때는 허명개화를 겪지 않을 수 없다. 어떻게 해야 허명개화에서 실상개화로 갈 수 있을까. 유길준은 먼저 경험을 축적해야 한다고 말한다. "세월이 오래되어 무한한 연력(練歷)이 있은 후에 비로소 실상개화에 나아간다"는 것이다. 또한 지식과 기술을 주체적으로 습득해 실상개화를 이룰 수 있다고 보았다. 개화국의 기술을 취한다고 해서 외국의 기계를 구매하거나 외국 기술자를 고용해서는 안 된다. 반드시 자국 인민이 기술을 배워 행하도록 해야 한다. 경험의 축적은 개화가 '나라의 처지와 시세'에 합당한 적실성을 확보하는 데 필요하며, 지식 기술의 주체적 습득은 지식(이론)과 실제(처지와 시세) 사이의 간극을 줄이는 방책이라 해석할 수 있다.

허명에서 실상으로 나아가는 데는 '세월의 구원함'과 '무한한 연력(練歷)'이 필요하다는 유길준의 견해에서 점진적 보수주의의 경향을 엿볼 수 있다. 개화는 타인의 장기를 취할 뿐 아니라 "자기의 선미한 것을 보수"하는 것이기도 하다. 타인의 장기를 취하는 까닭은 자기의 선미한 것을 보수하기 위해서다. 실상개화는 "시세를 헤아리고 처지를 살펴 경중과 이해를 판단한 후에 앞뒤를 분별하여 순서 있게 시행"하는 것이다. 유길준의 보수주의 사상의 핵심을 보여주는 대목이다.

개화의 '죄인', '원수', '병신' 그리고 '득중'

'개화의 죄인', '개화의 원수', '개화의 병신'은 개화의 유형이 아니다. 개화를 부정하거나 개화 흉내나 내면서 허영으로 개화를 행하는 자를 비난하는 언사다. 개화의 죄인은 외국 것을 숭상하고 자기 것을 업신여기는 개화당의 과(過)의 행위를 비난하는 말이다. 개화의 원수는 외국 것을 죄다 부정하고 자기 것만 존숭하는 수구당의 불급(不及)의 행위를 비판하는 말이다. 개화의 병신은 외국 궐련을 피우고 외국 시계를 차고 외국 흉내나 내고 외국 풍속이나 떠들어대는, "개화의 허풍에 빠져 심중에 주견이 없는", 허명개화를 일삼는 자들을 비난하는 말이다.

여기서도 유길준은 '과불급'과 '득중(得中)'의 논리를 제시한다. '개화의 죄인'(개화당)의 지나침과 '개화의 원수'(수구당)의 미치지 못함 사이에서 중용을 모색한다. 유길준은 『논어』를 끌어들여 "지나침[過]과 미치지 못함[不及]은 같다"라고 하면서도 개화는 지나침의 폐해가 미치지 못함의 폐단보다 더 심하다고 강조한다. 지나친 자는 미치지 못한 자보다 나라를 위태롭게 하는 일이 더 많다는 것이다. 나라의 위태로움을 막으려면 득중의 자세가 필요하다. '처지와 시세'에 부응하여 득중한 자가 지나친 자를 규제하고 미치지 못한 자를 권면하여 남의 장기를 취하고 자기의 좋은 것을 지킬 수 있어야 한다. 득중은 처지와 시세에 부응하는 보수적 개화의 논리였다. 장소적 특수성에 적실한 개화를 모색하는 주체성(identity)의 표현이었다.

'죄인', '원수', '병신'이라는 비판적 호명에는 주체적 개화를 지향하는 유길준의 의지뿐 아니라 1880년대에 펼쳐진 개화정책과 개화사상에

대한 회한이 들어있다. '과불급'과 '득중'의 논리는 1880년대 개화 대 수
구가 대결하는 정치적 경험에서 나온 것이기도 했다. 앞에서 김윤식의
개화 비판을 보았는데, 이 개화 비판도 1880년대 개화정책과 개화사상
에 대한 김윤식의 회한을 드러낸 것이었다. 하지만 회한의 성격은 달랐다.
김윤식은 유학 이념을 가지고 개화의 이념적 측면을 문제 삼았다면, 유
길준은 실학적 관점에서 개화의 방법을 비판했던 것이다. '개화의 죄인',
'개화의 원수', '개화의 병신'이라는 비판적 호명은 1890년대 후반『독립
신문』논설들에서 소환되면서 현실 비판의 정치언어로서 기능하게 된다.

────────

[6] 開化ㅎᄂ事ᄅ主張ㅎ야務行ㅎᄂ者ᄂ開化의主人이오開化ㅎᄂ者ᄅ歆羨ㅎ야
學ㅎ기ᄅ喜ㅎ고取ㅎ기ᄅ樂ㅎᄂ者ᄂ開化의賓客이며開化ㅎᄂ者ᄅ恐懼ㅎ고疾惡호
ᄃᆡ不得已ㅎ야從ㅎᄂ者ᄂ開化의奴隸니主人의地位ᄅ居ㅎ기不得ᄒᆞᆯ진대寧賓客의座
ᄅ取ᄒᆞᆯ디언뎡奴隸의列에ᄂ立ᄒᆞᆷ도不可ㅎ니賓의名이有ㅎ면猶且主人의禮遇나有ㅎ
고又進取ㅎᄂ性氣가奮發ㅎ기에至ㅎ則主人의一座ᄅ占居ㅎ야客의名位ᄅ脫棄ㅎ
고或且舊日主人으로賓을作ㅎ기도期必ㅎ려니와萬若奴隸되ᄂ時ᄂ恒常他人의地
位ᄅ隨ㅎ야羞恥되ᄂ事端이不少ᄒᆞᆯ뿐더러些少라도先手ㅎᄂ境이有ㅎ면其土地와人
民도保全ㅎ기不能ㅎ야開化ㅎᄂ者의附庸되기容易ㅎ니可히謹愼ᄒᆞᆯ者가此에莫過한
지라

　大槩人의氣癖으로議論ㅎ면開化ㅎᄂ事에賓의座ᄅ處ᄒᆞᆷ도恥愧의極ᄒᆞᆫ者나然ㅎ
나時勢와處地ᄂ人力으로如何ㅎ기不能ᄒᆞᆫ者니設令出衆ᄒᆞᆫ智慧와非凡ᄒᆞᆫ勇斷이由
ㅎ야도超脫ㅎ기不能ㅎ고但順行ᄒᆞᆯ뜻름이라故로外國의新開化ᄅ初見ㅎᄂ者가其

始에는嫌懼ㅎ며疾惡ㅎ야不取ㅎ기不可흔者가有흔則已ㅎ기不得ㅎ야取用ㅎ는形
貌가開化의奴隷를不免ㅎ다가及其聞見이廣博ㅎ며知覺이高明흔時를當ㅎ면始乃開
化賓客이되나니此를因ㅎ야勉行ㅎ기不已ㅎ면主人의堂戶에入居ㅎ기도成就흘지라

今夫天下各國의開化ㅎ든始初를詳考ㅎ건대智慧로以흔者는規模가穩全ㅎ고弊
端이不存흘뿐아니라恒常主人의形勢를保有ㅎ고勇斷으로以흔者는完全흔規度가
少ㅎ고無數흔弊端이生흔故로差失ㅎ는事가多ㅎ나久後에至ㅎ여는主人의席이나賓
客의位를占有흔者가多ㅎ며威力으로以흔者는百姓의知識이缺乏흠을因ㅎ야全혀臆
地로行ㅎ는事가多흔故로其規模의如何흠은姑舍ㅎ고弊端은猶且勇斷흔者에比ㅎ
야略少ㅎ나其政府의危殆흠인則國中에大敵이有흠과恒同ㅎ야最難한者로딕萬若
政府되는者가不如此ㅎ면百姓이開化의奴隷되야他人의指揮를受ㅎ기不免흘지라然
흔故로政府가不得已ㅎ야保國ㅎ는計를用흠이로딕一心으로人民을受護ㅎ야進取
ㅎ는氣像이雄壯흠으로此도亦賓客의地位를不失ㅎ고歲月의長久흠을閱歷ㅎ야人
民의知識이博高ㅎ기에至흔則主人의名號도圖謀ㅎ는者가有ㅎ거니와萬一政府와人
民이一同ㅎ게無識ㅎ야智慧로以흠도無ㅎ고勇端으로以흠도無ㅎ고威力으로以흠도
無ㅎ야更張ㅎ는規模를不行ㅎ며振起ㅎ는氣力이不足ㅎ야愛好호딕不效ㅎ며歆羨
호딕不學ㅎ고恐懼호딕不悟ㅎ면他人의奴隷되야開化ㅎ는指揮를服從흘ᄯᆞ름이니國
人이心을同ㅎ야戒愼흘者가此에在흠이라

[7] 且夫開化는實上과虛名의分別이有ㅎ니實狀開化라ㅎ는者는事物의理致와根
本을窮究ㅎ며考諒ㅎ야其國의處地와時勢애合當케ㅎ는者며虛名開化라ㅎ는者는
事物上에知識이部足호딕他人의景況을見ㅎ고歆羨ㅎ야然ㅎ든지恐懼ㅎ야然ㅎ든
지前後를推量ㅎ는知識이無ㅎ고施行ㅎ기로主張ㅎ야財를費ㅎ기不少호딕實用은其
分數를抵ㅎ기不及흠이니外國을始通ㅎ는者가一次는虛名의開化를經歷ㅎ나歲月의

久遠홈으로無限ᄒ練歷이有ᄒ後에至ᄒ則實狀開化에始赴홈이라然ᄒ故로他人의
長技ᄅ取ᄒᄂ者가決斷코外國의器械ᄅ購買ᄒ거나工匠을雇用ᄒ지勿ᄒ고必先自
己國人民으로其才ᄅ學ᄒ야其人으로ᄡ其事ᄅ行홈이可ᄒ니

盖人의才操ᄂ窮盡홈이無ᄒ거니와才物은有限ᄒ者라萬若自己國人이其才ᄅ修
홀진대當場에利홀ᄯ아니라國中에傳播ᄒ야其效驗이後世에遺ᄒ기에至ᄒ려니와外
國의器械ᄅ購買ᄒ면其器械가傷ᄒᄂ時ᄂ其器械가更無홀지오工匠을雇用ᄒ면其
工匠이去ᄒᄂ時ᄂ其工匠이更無홀지라如何ᄒ器械와如何ᄒ工匠으로其事ᄅ更行
ᄒ리오其勢가其器械ᄅ更購ᄒ고其工匠을更雇ᄒᄂ니眞實로如是홀진대我의虛費
ᄒᄂ者ᄂ財物이라若玆히虛費ᄒᄂ才物이何處ᄅ從ᄒ야得來ᄒ리오畢竟은百姓에게
其害가歸홀ᄯ름

[8] 嗟呼라開化ᄒᄂ事가他人의長技ᄅ取홀ᄯ아니오自己의善美ᄒ者ᄅ保守ᄒ기
에도在ᄒ니大槩他人의長技ᄅ取ᄒᄂ意向도自己의善美ᄒ者ᄅ補ᄒ기爲홈인故로他
人의才操ᄅ取ᄒ야도實狀잇게用ᄒᄂ時ᄂ則自己의才操라時勢ᄅ量ᄒ며處地ᄅ審ᄒ
야輕重과利害ᄅ判斷ᄒ然後에前後ᄅ分辨ᄒ야次序로施行홈이可ᄒ거늘過한者ᄂ
毫末의分別도無ᄒ고外國이면盡善ᄒ다ᄒ야自己의國에ᄂ如何ᄒ事物이든지不美ᄒ
다ᄒ며已甚ᄒ기에至ᄒ여ᄂ外國의景況을稱道ᄒ야自己의國을慢侮ᄒᄂ弊俗도有ᄒ
니此ᄅ開化黨이라謂ᄒ나此豈開化黨이리오其實은開化의罪人이며不及ᄒ者ᄂ頑固
ᄒ性稟으로事物의分界가無ᄒ고外國人이면夷狄이라ᄒ고外國物이면無用件이라ᄒ
고外國文字ᄂ天主學이라ᄒ야敢히取近ᄒ지못ᄒ며自己의身이天下의第一인듯自處
ᄒ나甚ᄒ기에至ᄒ여ᄂ避居ᄒᄂ者도有ᄒ니此ᄅ守舊黨이라謂ᄒ나此豈守舊黨이리
오其實은開化의讎敵이니

聖人의言이有ᄒ되過홈과不及홈이同ᄒ다ᄒ나然ᄒ나開化ᄒᄂ道에至ᄒ여ᄂ過

한者의弊害가不及ᄒ者에셔甚ᄒ니其故ᄂ無他라過한者ᄂ其國을危케함이速ᄒ고不及ᄒ者ᄂ其國을危케함이遲홈이라然ᄒ故로必然히得中ᄒ者가有ᄒ야過한者ᄅ調制ᄒ며不及ᄒ者ᄅ勸勉ᄒ야他의長技ᄅ取ᄒ고自己의美事ᄅ守ᄒ야處地와時勢ᄅ應ᄒ然後에民國을保全ᄒ야開化의大功을奏ᄒ리니若其口中에外國卷烟을含ᄒ고胸前에外國時標ᄅ佩ᄒ며其身이拚凳이나交椅애踞座ᄒ야外國의風俗을閒話ᄒ야其言語ᄅ略解ᄒᄂ者가豈曰開化人이리오此ᄂ開化의罪人도아니오開化의讎敵도아니라開化의虛風에吹ᄒ야心中에主見업시一箇開化의病身이라

[9] 세대[世級]가 내려올수록 사람의 개화하는 도는 진보[前進]한다. 논자들은 혹 "후인(後人)이 전인(前人)에 미치지 못한다"라고 말하지만 이는 통달하지 못한 담론이다. 사람 일은 끝이 없어 시대에 따라 변환(變幻)이 생기는 것이다. 후인이 응변(應變)하는 도리를 행하지 않고 옛 제도[規模]를 고수하여 할일을 하다가 맞지 않는 일이 있으면 걸핏하면 "금인(今人)이 어찌 감히 고인(古人)과 같겠는가"라고 말하는데, 이 말이 어찌 그렇겠는가. 만약 사람의 기질과 국량(局量)이 대대로 줄어든다면 지금부터 몇 천 년 지나면 응당 사람의 할일이 끊어질 것이고, 또 몇 천 년 지나면 사람의 도리도 없어질 것이니, 이는 이치가 그렇지 않음이 확실하다.

사람의 지식은 이력[閱歷]이 많을수록 신기한 것과 신묘한 것이 거듭 나타난다. 여기서 이를 증험해 보자. 고인은 육지를 왕래할 때 보행을 대신한 것이 말 아니면 수레였기에 천리 먼 길을 열흘보름의 여행으로

간신히 도착할 수 있었지만, 금인은 화륜차가 신속(神速)하여 반나절 수고도 들지 않는다. 고인은 물길에 한 조각 목선으로 만경창파에 출몰하여 바람파도가 험악할 때는 아주 위태로웠지만, 금인은 화륜선이 견고해서 만리 풍랑을 평지보다 편하게 왕래한다. 고인은 백리 사이에 봉서(封書)로 소식을 전하는데 왕복 2, 3일을 허비했지만, 금인은 전기선이 신묘하여 만 천리 떨어진 지역이라도 순식간에 왕복하여 지척에서 대화하는 것과 다를 바 없다. 고인은 각종 물품을 제조하는 법으로 인력만을 썼기 때문에 고생스러운 경상이 불쌍했는데, 금인은 화륜 기계가 편리하여 하루 제작하는 것이 몇 만 인의 작업[工夫]을 대적한다. 이러한 일들은 우리가 문견한 대로 고인이 할 수 없었던 바이며, 근세에 이르러 비로소 공효를 나타낸 것이다.

[10] 이 신기하고 신묘한 이치는 옛 세계에 없었고 금일에 비로소 생긴 것이 아닌가. 천지간의 자연한 근본은 고금의 차이가 없지만, 고인은 궁격(窮格)을 다하지 않았고 금인은 궁구하여 터득[攄到]한 것이다. 이로써 본다면 금인의 재식(才識)이 고인에 비해 월등한 듯하지만, 실상은 고인이 처음 만든 것을 윤색(潤色)할 따름이다. 화륜선이 신묘하다고 하지만 고인이 배를 만든 제도를 벗어날 수 없고, 화륜차가 기이하다고 하지만 고인이 수레를 만든 제도[規模]를 두지 않으면 만들 수 없다. 이밖에도 어떠한 사물이든지 모두 마찬가지여서 고인의 성법(成法)을 이탈하고 금인의 신규(新規)를 낼 수는 없다. 우리나라에도 고려자기는 천하에 유명한 것이고, 이충무공의 거북선은 철갑병선으로 천하에서 가장 먼저 창출한 것이며, 교서관(校書館)의 철주자(鐵鑄字)도 천하에서 가장

먼저 만든 것이다. 우리나라 사람이 만약 궁구하고 또 궁구하여 편리한 도리를 경영했더라면 온갖 만물이 금일에 이르러 천하만국의 명예가 우리나라에 돌아왔을 것인데, 후배가 전인(前人)의 옛법[舊規]를 윤색하지 않았던 것이다.

'변환' 혹은 '응변'

개화의 유형과 방법론에서는 타자를 받아들여 개화로 나아가는 주체적 대응에 관해 논하였다. 개화의 '주인', '손님', '노예', 그리고 개화의 '실명'과 '허명'은 저들 대 우리의 구도에서 저들의 문명을 받아들이는 우리의 주체적 대응을 모색할 때 제기된 것이었다. 개화는 피차의 공간 축에서 상정된 현상이었다. 그런데 바로 이어지는 단락에서 유길준은 고인과 금인 사이, 전인과 후인 사이를 말한다. 고금의 시간 축에서 옛날 이치와 오늘날 이치의 관련성, 고법과 신법의 상관적 양상을 논한다. '변환(變幻)' 혹은 '응변(應變)'은 옛날과 오늘날의 시간 축에서 일어난다. 피차의 공간 축에서 상정된 '개화'와 고금의 시간 축에서 설정된 '변환', '응변'은 어떻게 부합할 것인가.

유길준은 금인(후인)이 고인(전인)에 미치지 못한다는 전통적 견해를 통달하지 못한 담론에 불과하다고 부정한다. 사람일은 시대에 따라 변환하며 개화하는 도는 진보한다. 편리한 화륜기계로 제작하는 금인의 작업은 인력을 사용했던 고인의 물품 제조를 능가한다. 신기하고 신묘한 이치는 옛 세계에는 없었고 금일에 비로소 생겨난 것이다. 금인이 고인보다 깊이 격물해서 이치를 터득했기 때문이다. 여기서 고인의 법과 문명을 존숭하는 전통적 고금 관념은 깨진 것처럼 보인다. 사람의 지식이 만들어 내는 신기한 것과 신묘한 것을 매개로 고인과 금인에 관한 전통적 세계관이 전환되었다. 말, 수레를 대체한 신속한 화륜차, 목선을 대체한 견고한 화륜선, 편지를 대체한 신묘한 전기선 등 신기한 것과 신묘한 것을 매개로 고인과 금인의 위상은 역전된 듯이 보인다. 유길준은 금인의 문명기술이 더 뛰어나고 금인의 재주와 지식이 고인보다 우월함을 용인하는 듯하다.

'성법(成法)'의 '윤색'

그런데 유길준은 고인의 존재 의미를 쉽게 놓지는 않는다. 금인의 신묘한 제작들은 고인이 만든 제도의 틀 속으로 회수된다. 화륜선은 신묘하지만 고인이 배를 만든 제도를 벗어날 수 없고, 화륜차가 기이한들 고인이 수레를 만든 법이 있었기에 가능했던 것이다. '고인의 성법(成法)'이 없었다면 '금인의 신규(新規)'는 없었다. 금인은 고인이 처음 만든 것을 윤색할 따름이다. 여기서 '윤색(潤色)'이란 말에 주목할 필요가 있다. '고인의 성법'과 '금인의 신규'라는 말에 유의해야 한다. '성법(成法)'은 '신규(新規)'보다 보편적이고 근원적이다. 새로운 규칙인 신규는 확립된 법규범인 성법을 윤색하는 것에 지나지 않는다. 이러한 성법을 상정했을 때, 고려자기, 거북선, 주조활자를 천하에서 가장 먼저 창제한 우리나라의 존재 가치를 내세울 수 있게 된다. 하지만 유감스럽게 이러한 전인의 법을 윤색하는 노력은 이어지지 않았다.

피차의 공간 축에서 개화를 상정하고 고금의 시간 축에서 응변을 생각하는 두 사유는 보완적이며 상관적이다. 주체적 개화와 점진적 응변(변환)의 사고법을 지탱하는 것은 '성법'이다. 성법이란 옛날부터 축적된 관습이다. 유학적 사유에 내재된 상고(尙古)사상은 주체적 개화론의 뒤편에서 길게 그림자를 드리운 것처럼 보인다. 유길준은 궁구하고 또 궁구하여 편리한 도리를 경영하고 옛법을 윤색하는 노력이 필요하다고 말한다. 궁구하고 또 궁구하여 윤색할수록, 그리하여 응변하고 변환할수록, 성법은 기억되고 소환될 것이다. 성법을 윤색한다는 발상에서 새로운 창생을 꿈꾸는 혁신적 진보와 대비되는 점진적 보수의 모습을 엿볼 수 있다.

───────

[9] 世級이降홀스록人의開化ᄒᄂ道ᄂ前進ᄒᄂ니言者가或曰호ᄃᆡ後人이前人을不及혼다ᄒᄂ나然ᄒᄂ나此ᄂ未達혼談論이라人事가無窮혼故로時代ᄅᆞᆯ隨ᄒ야變幻홈이有ᄒ거ᄂᆯ後人이應變ᄒᄂ道理ᄅᆞᆯ不行ᄒᄀᆞ舊規模ᄅᆞᆯ株守ᄒ야事爲上에施ᄒ다가不合ᄒᄂ者가有ᄒ면曰今人이何敢古人과同ᄒ리오ᄒ나此言이豈然ᄒ리오萬若人의氣質과國量이代마다減衰홀진대祇今을從ᄒ야幾千年을經ᄒ면應當人의事爲가絶홀지오又幾千年을再過ᄒ면人의道理도無ᄒ리니此ᄂ理의不然홈이的實혼지라

人의知識은閱歷이多홀스록新奇혼者와深妙혼者가疊出ᄒᄂ니今에此ᄅᆞᆯ證ᄒ건대古人은陸地往來에代步ᄒᄂ物이馬아니면車라千里長路ᄅᆞᆯ旬望의旅行으로艱辛히得達ᄒ더니今人은火輪車의神速홈으로半日의工을不費ᄒ고水路에ᄂ一片木船

으로萬頃의滄波에出沒ㅎ야風濤의險惡홀時는危殆홈도極臻ㅎ더니今人은火輪船의

堅固홈으로萬里의風浪을平地에셔便히來往ㅎ고古人은百里間에一封書消息을傳

ㅎ기에來往間二三日은虛費ㅎ더니今人은電機線의深妙홈으로萬千里의殊域이라도

瞬息間에往復ㅎ야咫尺에對話홈과無異ㅎ고古人은各種物品의製造ㅎ는法이人力

을費홀ᄯ름이라其辛若혼景狀이可矜ㅎ더니今人은火輪器械의便利홈으로一日의製

作ㅎ는者가幾萬人의工夫를對敵혼則此等事는吾輩의聞見혼대로古人의不能혼바

며近世에至ㅎ야其功效를始顯혼者라

[10] 抑此新奇ㅎ고深妙혼理致는舊世界에不存ㅎ고今日에始有혼者아니오天地

間의其自然혼根本은古今의差異가無호딕古人은窮格ㅎ기部盡ㅎ고今人은窮究ㅎ

야攄到혼者니此를由ㅎ야觀ㅎ면今人의才識이古人에比ㅎ야越加혼듯ㅎ나然ㅎ나實

狀은古人의草創혼者를潤色홀ᄯ름이라火輪船이雖曰神妙ㅎ나古人의作舟혼制度

를違ㅎ기는不能ㅎ고火輪車가雖曰奇異ㅎ나古人의造車한規模를不有ㅎ면不成홀

지오此外에도如何혼事物이든지皆然ㅎ야古人의成法을離脫ㅎ고今人의新規를出

ㅎ기는不能ㅎ니我邦에도高麗磁器는天下의有名혼者며李忠武의龜船은鐵甲兵船

이라天下의最先出혼者며校書의鐵鑄字도天下의最先創行혼者라我邦人이萬若窮

究ㅎ고窮究ㅎ야便理혼道理를經營ㅎ얏드면千萬事物이今日에至ㅎ야天下萬國의

名譽가我邦에歸ㅎ얏슬디어늘後輩가前人의舊規를潤色디아니함이으로다

유길준전서 편찬위원회, 『유길준전서』(전5권), 서울: 일조각, 1971.

유길준, 김태준 옮김, 『서유견문』, 서울: 박영사, 1976.

유길준, 채훈 옮김, 『서유견문』, 서울: 대양서적, 1972.

유길준, 허경진 옮김, 『서유견문』, 서울: 서해문집, 2004.

유동준, 『유길준전』, 서울: 일조각, 1987.

『龍湖閑錄』 4, 서울: 국사편찬위원회, 1980.

『養陰晴史』.

『雲養集』.

『雲養續集』.

『독립신문』.

『西洋事情』(『福澤諭吉全集』 第1卷), 東京: 岩波書店, 1958.

『文明論之概略』(『福澤諭吉全集』 第4卷), 東京: 岩波書店, 1959.

佐藤一齋, 『言志四錄』, 東京: 講談社, 1978.

강철구, 「서양문명과 인종주의」, 『서양사론』 70-1, 한국서양사학회, 2011.

김용구, 『만국공법』, 서울: 소화, 2014.

박제경, 『근세조선정감』, 서울: 탐구당, 1975.

박한민, 「유길준 『세계대세론』(1883)의 전거와 저술의 성격」, 『한국사학보』 53, 고려사학회, 2013.

서명일, 「『서유견문』 19~20편의 전거와 유길준의 번역」, 『한국사학보』 68, 고려사학회, 2017.

쓰키아시 다쓰히코, 최덕수 옮김, 『조선의 개화사상과 내셔널리즘』, 파주: 열린책들, 2014.

와타나베 히로시, 「경쟁과 '문명': 일본의 경우」, 『문명』·『개화』·『평화』, 서울: 아연출판부, 2008.

이영석, 『지식인과 사회: 스코틀랜드 계몽운동의 역사』, 서울: 아카넷, 2014.

이종흡, 「스코틀랜드 계몽주의와 자본주의적 사회질서」, 『영국연구』 10, 영국사학회, 2003.

장인성, 「"필묵으로 형용할 수 없어 고사한다": 유길준의 『서유견문』」, 『문화재』 2017년 4·5월호, 한국문화재단, 2017.

장인성, 『장소의 국제정치사상』, 서울: 서울대학교출판부, 2002.

정용화, 『문명의 정치사상: 유길준과 근대 한국』, 서울: 문학과지성사, 2004.

최남선, 「세계적 지식의 필요」, 『소년』 1909년 5월호.

최남선, 「초등대한지리고본」, 『소년』 1910년 4월호.

최덕수, 「서거 100주년 유길준 연구의 현황과 과제」, 『한국사학보』 53, 고려사학회, 2013.

Berry, Christopher, "Scottish Enlightenment," *Routledge Encyclopedia of Philosophy*, vol.3 (London; Routledge, 1998).

Burton, John Hill, *Political Economy, for use in schools and for private intruction*, London and Edinburgh: William and Robert Chambers, 1852.

Craig, Albert, *Civilization and Enlightenment: The Early Thought of Fukuzawa*

Yukichi, Cambridge: Harvard University Press, 2009.

Denny, O. N., *China and Korea*, Shanghai, 1888.

Quinton, Anthony, *The politics of imperfection: the religious and secular traditions of conservative thought in England from Hooker to Oakeshott*, London: Faber and Faber, 1978.

용어

원저자

유길준(俞吉濬, 1856~1914)

개화사상가, 계몽운동가. 갑오개혁을 주도한 정치관료. 근대한국 최초의 일본, 미국 유학생. 한성 계동에서 출생하였다. 본관은 기계(杞溪), 자는 성무(聖武), 호는 구당(矩堂). 유년기에 유학교육을 받았고 1870년대 박규수의 사랑방을 드나들면서 김옥균, 박영효, 서광범, 김윤식 등과 교유하면서 개혁사상을 접했다. 1881년 조사시찰단 어윤중을 수행하여 일본을 견문하였고 후쿠자와 유키치[福澤諭吉]의 게이오의숙에서 수학하면 서 문명개화론을 접했다. 귀국 후 『한성순보』 발간에 간여하였다. 1883년 7월 보빙사 민영익의 미국행을 수행하였고 미국에 남아 매사추세츠 주 샐럼 시 인근의 덤머아카데미 (Governor Dummer Academy)에서 수학하였다. 갑신정변이 발발하자 1885년 귀국하 지만 개화당 세력으로 몰려 포도대장 한규설의 자택에서 6년간 연금생활을 보냈다. 1894년 내부협판, 내부대신이 되어 갑오개혁을 주도했지만 1896년 아관파천으로 김홍집 내각이 붕괴하면서 일본으로 망명하였다. 1907년 고종 퇴위 후 사면을 받아 귀 국한 이후에는 흥사단, 한성부민회, 노동야학회 등 사회활동과 교육사업에 전념하였다. 『서유견문』(1895)은 연금생활 중에 집필한 대표작이다. 초기 저작으로 과거제 폐지를 주장한 「과문폐론」(1877)이 있고, 일본 유학 후에 「언사소(言事疏)」(1883), 「경쟁론」(1883), 「세계대세론」(1883)을 집필하였고, 연금 중에는 「중립론」(1885), 「국권」(1888), 「지제의 (地制議)」(1891), 「세제의(稅制議)」(1891)를 저술하였다. 만년에는 「평화극복책」(1907), 『노동야학독본』(1908), 『대한문전』(1909) 등을 출간하였다. 『정치학』(라트겐), 『폴란드 쇠망사』, 『프러시아 프리드리히 대왕 7년전쟁사』, 『크리미아 전쟁사』, 『이탈리아 독립 전쟁사』 등을 번역하기도 했다. 한시집으로 김윤식이 엮은 『구당시초(矩堂詩抄)』가 있다.

저자

장인성

서울대학교 정치외교학부 교수. 서울대학교 외교학과와 동 대학원 석사과정을 마쳤고, 도쿄대학 총합문화연구과 국제관계론 전공에서 개항기 한일 국제정치사상에 관한 비교 연구로 박사학위를 받았다. 연구 분야는 동아시아국제정치사상, 한일 정치사상사, 동아시아 개념사 등이고 주요 저서로 『장소의 국제정치사상』(서울대학교출판부, 2002), 『근대한국의 국제관념에 나타난 도덕과 권력』(서울대학교출판부, 2006), 『메이지유신』 (살림, 2007), 『동아시아 국제사회와 동아시아 상상: 한국국제정치사상 연구』(서울대학교 출판문화원, 2017) 등이 있다.

서유견문
한국 보수주의의 기원에 관한 성찰

1판 1쇄 찍음 | 2017년 11월 1일
1판 1쇄 펴냄 | 2017년 11월 15일

원저자 | 유길준
저 자 | 장인성
펴낸이 | 김정호
펴낸곳 | 아카넷

출판등록 2000년 1월 24일(제2-3009호)
10881 경기도 파주시 회동길 445-3 2층
전화 031-955-9510(편집) · 031-955-9514(주문) | 팩시밀리 031-955-9519
책임편집 | 김일수
www.acanet.co.kr | www.phildam.net

ⓒ 장인성, 2017

Printed in Seoul, Korea.

ISBN 978-89-5733-573-4 94080
ISBN 978-89-5733-230-6 (세트)

이 도서의 국립중앙도서관 출판시도서목록(CIP)은
서지정보유통지원시스템 홈페이지(http://seoji.nl.go.kr)와
국가자료공동목록시스템(http://www.nl.go.kr/kolisnet)에서
이용하실 수 있습니다.(CIP제어번호: CIP2017027708)